Michel Austin / Pierre Vidal-Naquet

Gesellschaft und Wirtschaft im alten Griechenla

Verlag C. H. Beck München

Aus dem Französischen übersetzt von Andreas Wittenburg

Der deutschen Fassung liegt folgende Ausgabe zugrunde:
Michel Austin et Pierre Vidal-Naquet,
Economies et sociétés en Grèce ancienne (Périodes archaïque et classique).
Zweite, durchgesehene Auflage, Paris 1973

Die vier Karten wurden
mit freundlicher Genehmigung des Verlages Boringhieri, Turin,
der italienischen Ausgabe des Buches entnommen.

CIP-Kurztitelaufnahme der Deutschen Bibliothek

Austin, Michel:
Gesellschaft und Wirtschaft im alten Griechenland/
Michel Austin; Pierre Vidal-Naquet. [Aus d. Franz.
übers. von Andreas Wittenburg]. – München: Beck,
1984.
Einheitssacht.: Economie et société en Grèce
ancienne ⟨dt.⟩
ISBN 3 406 09457 0

NE: Vidal-Naquet, Pierre:

ISBN 3 406 09457 0

Umschlagentwurf: Bruno Schachtner, Dachau
Umschlagbild: Marktszene auf einer attischen schwarzfigurigen Vase, nach 550
(The Metropolitan Museum of Art, New York)
Für die deutsche Ausgabe:

Satz und Druck: Appl, Wemding
Printed in Germany

In Gedenken an die Mitglieder
der Weißen Rose,
die, unter Berufung auf Aristoteles
und Plutarch, 1942–43 in München
gegen die Tyrannei kämpften

Vorwort zur deutschen Ausgabe

Dieses Buch hat seine ihm eigene Geschichte. Aufgrund einer Anregung von Pierre Levêque ist es als Studienbuch für Studenten der französischen Universitäten in ihrem ersten und zweiten Jahr entstanden – Studenten, die nach den Erschütterungen der Revolte von 1968 Wirtschafts- und Sozialgeschichte studieren wollten, ohne sich immer über die Umstellungen im klaren zu sein, die im Übergang von der Zeitgeschichte in die Alte Geschichte notwendig werden. Seitdem ist dieses Buch mehrmals neu aufgelegt worden, und ihm ist auch die Ehre widerfahren, in mehrere Sprachen übersetzt zu werden: zunächst ins Englische im Jahre 1977, dann 1982 ins Italienische, und nun, im Jahre 1984, das schon berühmt war, bevor es begann, erscheint eine deutsche Ausgabe.

Die Wirtschaftsgeschichte der griechischen Welt in archaischer und klassischer Zeit ist natürlich inzwischen nicht stehengeblieben. Die Entwicklung der Forschung und der Zuwachs an Quellen sind zwar berücksichtigt worden, etwa durch die Hereinnahme neuer Dokumente wie des außerordentlich interessanten, auf einer Bleitafel erhaltenen Briefes eines Händlers im Schwarzmeergebiet (Text 41), dessen Bedeutung durch die Bemerkungen Bendetto Bravos erhellt worden ist; dennoch ist dieses Buch im großen und ganzen dasselbe geblieben. Wir standen vor der Wahl, ein völlig neues Buch zu schreiben oder das vorliegende in Einzelheiten zu ergänzen. Wir haben uns zu letzterem entschlossen, und zwar nicht aus Trägheit, sondern weil wir uns beide anderen Forschungen zugewandt haben.

Was waren die ursprünglichen Gedanken des Buches gewesen? Von zwei Autoren verfaßt, deren einer aus Großbritannien, der andere aus Frankreich stammt, ist dieser Band von J. K. Davies (Phoenix 29, 1975, 94) beschrieben worden als „in zwar summarischer, doch systematischer Darstellung gegebene Interpretation der griechischen Geschichte und Gesellschaft, die die Tradition Gernets und den Einfluß der Arbeiten M. I. Finleys in sich vereint". Was Gernet angeht, so handelt es sich in der Tat um Forschungstradition. Nur kurz noch hat Pierre Vidal-Naquet diesen großen Gelehrten erlebt, auf den eine Erneuerung der griechischen Studien in Frankreich zurückgeht, die sich leider eher gegen die Erforscher des griechischen Altertums vollzogen hat als mit ihnen. Diese Tradition ist vor allem durch die Bücher und Seminare Jean-Pierre Vernants vermittelt und eingebracht worden. Auch Michel Austin, der zu den ersten Teilnehmern an den Seminaren Pierre Vidal-Naquets in den Jahren 1966–1967 gehörte, zählte zu den Hörern Jean-Pierre Vernants. Und beide waren und sind noch heute im wahrsten Sinne des Wortes Schüler von M. I. Finley. Die französisch-britische

Zweisamkeit ist aber nicht einfach eine Wiederholung der früheren: der von Gernet und Finley. Dieses Buch reiht sich in die Tradition ein, die in Deutschland Max Weber und Johannes Hasebroek repräsentieren, und sicherlich ist es das Werk Hasebroeks und auch Bernhard Laums, das auf dem Wege über Gernet, Vernant und Edouard Will in Frankreich, von Karl Polanyi und Moses Finley im angelsächsischen Bereich verbreitet, unsere Überlegungen am meisten geprägt hat. Wollte man unsere intellektuelle Herkunft weiter zurückverfolgen, so stieße man natürlich auf Marx, und zwar besonders auf jenen Marx der ‚Grundrisse' mit ihrem Reichtum an Gedanken, deren Saat erst ein Jahrhundert nach ihrer Niederschrift (1857–1858) beginnen sollte aufzugehen. Diese Bemerkungen führen uns dahin, einen Wunsch zu äußern, der allerdings besonders demjenigen der beiden Autoren am Herzen liegt, der in Paris lebt. Durch mehr als ein Jahrhundert, im 19. und noch zu Beginn des 20. Jahrhunderts, hat die deutsche Altertumswissenschaft das entsprechende Feld in Frankreich bei weitem überragt und beherrscht, was gelegentlich sehr unterschiedliche Reaktionen hervorgerufen hat. So hat man von einer „deutschen Krise des französischen Denkens" sprechen können, vor allem nach 1870–1871. Französische Forscher wurden offenbar dazu angehalten, Deutsch zu lernen und zu lesen, und ohne daß sie sich immer chauvinistischer Reaktionen enthalten konnten, nahmen sie sorgfältig Notiz von dem, was jenseits der Vogesen veröffentlicht wurde. Die deutschen Wissenschaftler ihrerseits beherrschten allesamt des Französische als führende internationale Sprache. Wilamowitz hatte ganz sicher keine sehr hohe Meinung von der französischen Altertumswissenschaft, aber wie seine Zeitgenossen und Schüler hatte er nicht die allergeringste Schwierigkeit, französische Äußerungen zu lesen. Die beiden Weltkriege haben diesen Austausch weitgehend unterbrochen, und es gäbe in diesem Zusammenhang manches Traurige zu erzählen. So zeigte sich z. B. die Bibliothèque Nationale nach 1918 in chauvinistischer Reaktion wenig bemüht, ihre Bestände an deutschen Zeitschriften zu komplettieren, und ganz allgemein ging die Berücksichtigung deutscher wissenschaftlicher Literatur bei den Anschaffungen in einigen Bereichen dramatisch zurück. Nach dem Zweiten Weltkrieg hat der Triumph des Englischen als Weltsprache, in Deutschland zum Nachteil des Französischen, in Frankreich zum Nachteil des Deutschen, den direkten Kontakt schwerer gemacht. Wäre dieses Buch ins Deutsche übersetzt worden, wenn nicht vorher eine englische Ausgabe erschienen wäre? Deutsche Forscher können den berechtigten Eindruck haben, daß ihre Arbeiten, die Neues bringen (z. B. die Christian Meiers und seiner Schüler), in Frankreich nicht hinreichend bekannt sind, und Franzosen haben umgekehrt das gleiche Gefühl. Dabei hätte man seit einigen Jahren meinen können, daß der Austausch nicht mehr einseitig verlaufen würde – indes es gibt keinen Austausch mehr.

Glücklicherweise scheint sich diese Situation jetzt allmählich zu ändern, und zwar dank einiger, die vermittelnd eingreifen. Ihnen ist es auch zu verdanken, daß dieses Buch in Deutschland erscheinen kann. Drei wenigstens sollen genannt sein: Hinnerk Bruhns, der ein wahrer Botschafter der deutschen Altertumswissenschaft in Frankreich und der französischen in Deutschland ist; Andreas Wittenburg, der dieses Buch übersetzt hat und dank dessen diese dritte Übersetzung vermutlich die gelungenste ist; und Ernst-Peter Wieckenberg, der gewollt und sich dafür eingesetzt hat, daß dieses Buch auf Deutsch erscheint. Ihnen sagen wir unseren Dank.

M.A. und P.V.-N.

Vorbemerkung des Übersetzers

Auf dem deutschen Markt sind kaum Bücher erhältlich, die ausgewählte Quellentexte zur griechischen Geschichte in Übersetzung bieten, wie es sie für den angelsächsischen oder französischen Sprachbereich in größerer Zahl gibt. Das ist angesichts weiter abnehmender Griechischkenntnisse bei Studenten und Interessierten um so bedauerlicher, als es auch an brauchbaren Übersetzungen einzelner Werke antiker Autoren häufig fehlt, wie ich bei der Vorbereitung dieser Ausgabe von neuem feststellen konnte. In den Übersetzungen ohne Paralleltext sind nur in Ausnahmefällen die griechischen Begriffe in Umschrift hinzugesetzt, was oft als unerläßlich erscheint; zweisprachige Ausgaben sind im Vergleich zum Angebot der Loeb Classical Library oder der Collection Budé nur in relativ geringer Zahl erhältlich. Wollte man eine ausführliche Bestandsaufnahme machen, wie kürzlich in Frankreich geschehen,[1] dann würde diese Bilanz wohl eher negativ ausfallen. Notwendigerweise zeigt sich dieser Mangel im Quellenteil dieses Buches, denn nicht jeder Text konnte für den Band von Grund auf neu übersetzt werden. Häufig mußte auf ältere Übersetzungen zurückgegriffen werden (vor allem auf die für ihre Zeit vorbildlichen Metzlerschen Übersetzungen), was sich dann in antiquierter Sprache zeigt. Gelegentlich wurde der Text vorliegender Übersetzungen der in der Einleitung gegebenen Interpretation angepaßt. Ein Verzeichnis der benutzten Übersetzungen findet sich auf S. 337.

Da das Buch auch für Studienanfänger gedacht ist und solche, die nicht Spezialisten sind, wurde auf die in der wissenschaftlichen Literatur üblichen Abkürzungen weitgehend verzichtet. Die wenigen, die verwendet wurden, sind auf S. 335 aufgelöst.

A. W.

[1] Nicole Loraux, La recherche sur l'antiquité classique en France, in: M. Godelier (Hrsg.), Les sciences de l'homme et analyse et propositons pour une politique nouvelle de la société en France, Paris 1982, 238 f.

Inhalt

I. DARSTELLUNG

Erstes Kapitel: Grundvorstellungen und Hauptprobleme

Zweites Kapitel: Die homerische Welt

Drittes Kapitel: Die archaische Zeit (8.–6. Jahrhundert v. Chr.)

Viertes Kapitel: Die archaischen Staaten und Sparta

Fünftes Kapitel: Das Athen der klassischen Zeit

Sechstes Kapitel: Die griechischen *poleis* und wirtschaftliche Probleme

Siebentes Kapitel: Die Zeit der Krisen

II. TEXTE UND DOKUMENTE

Erstes Kapitel: Grundvorstellungen und Hauptprobleme

Zweites Kapitel: Die homerische Welt

Drittes Kapitel: Die archaische Zeit

Viertes Kapitel: Die archaischen Staaten und Sparta

Fünftes Kapitel: Das Athen der klassischen Zeit

Sechstes Kapitel: Die griechischen *poleis* und wirtschaftliche Probleme

Siebentes Kapitel: Die Zeit der Krisen

ANHANG

I. DARSTELLUNG

Erstes Kapitel

Grundvorstellungen und Hauptprobleme

Die Kontroverse über die griechische Wirtschaft der Antike[1]

Die politische Geschichte hat eine lange Tradition; sie geht, wie man weiß, auf die Griechen zurück. Die Wirtschaftsgeschichte hingegen ist eine Entdeckung des 19. Jahrhunderts. Das heißt nicht, man habe sich nicht auch vorher für wirtschaftliche Fragen im Rahmen der Alten Geschichte interessiert: Seit dem 18. Jahrhundert findet man Detailstudien zu diesen Problemen. Im Jahre 1817 veröffentlicht August Boeckh seine große Arbeit zur athenischen Wirtschaftspolitik unter dem Titel ‚Die Staatshaushaltung der Athener'. Aber all diese Arbeiten gewannen keinen unmittelbaren Einfluß auf die Historiker, die sich mit der Antike beschäftigten. Für einige Zeit blieb die Wirtschaftsgeschichte ein Gebiet für sich, wurde noch nicht in die allgemeine Geschichtswissenschaft eingegliedert. So geschah es, daß einer der Größten auf dem Gebiet der griechischen Geschichte, der Engländer George Grote, eine ‚Griechische Geschichte' schreiben konnte (erschienen in London zwischen 1846 und 1856), in der wirtschaftliche Fragen, wenn sie auch nicht ganz fehlten, doch nur einen sehr bescheidenen Platz einnahmen und nicht Gegenstand einer systematischen Untersuchung waren. Dabei wäre Grote, der ein einflußreicher Geschäftsmann in der City war, eigentlich der richtige gewesen, ihre Bedeutung zu erfassen, auch wenn er sie nur durch die Brille des englischen Liberalismus betrachtet hätte. Langfristig jedoch mußte sich die Frage stellen, wie man die neue wirtschaftliche Dimension in die griechische Geschichte eingliedern konnte.[2]

Der erste umfassende Versuch in dieser Richtung wurde gegen Ende des 19. Jahrhunderts unternommen und ist mit den Namen der großen deutschen Historiker und Philologen Eduard Meyer, Karl Julius Beloch, Georg Busolt verbunden (insbesondere Eduard Meyer).[3] Einige deutsche Wirtschaftswissenschaftler des 19. Jahrhunderts hatten Theorien entwickelt, in denen sie die wirtschaftliche Entfaltung durch den Gang der Geschichte hindurch schematisch zusammenfaßten (oder zusammenfassen wollten), und sie bedienten sich dabei der Vorstellung von Stufen der wirtschaftlichen Entwicklung, die die Menschheitsgeschichte durchlaufen habe. So meinte einer von ihnen, nämlich Karl Bücher, in seinem Werk ‚Die Entstehung der Volkswirtschaft', das erstmals 1893 erschien und mehrmals neu aufgelegt wurde, es seien drei Stufen wirtschaftlicher Entwicklung zu erkennen: die geschlossene Hauswirtschaft (ein von einem Vorgänger, Karl Rodbertus, übernommener Gedanke), die Stadtwirtschaft und die Volkswirtschaft. Nach seiner Vorstellung entsprachen diese drei Stufen im großen und ganzen den drei großen Abteilungen der Geschichte, und zwar die geschlossene Hauswirtschaft der Antike, die Stadtwirtschaft dem Mittelalter und die Volkswirtschaft der Neuzeit. Als rein abstrakte Theorie, wie sie für die großen Entwürfe des 19. Jahrhunderts typisch ist, konnte Büchers Schema einer Überprüfung anhand der Fakten nicht standhalten, insbesondere was die Antike betraf. Eduard Meyer und nach ihm die anderen deutschen Geschichtsforscher unternahmen es, sein Schema zu widerlegen und eine ‚realistischere' Sicht der griechischen Wirtschaft der Antike an seine Stelle zu setzen. Ihre ausdrückliche Absicht war es, eine griechische Geschichte zu schreiben, die ‚moderner' war als alles Bisherige; von dieser Warte aus sollte die Wirtschaft endlich den ihr zustehenden Platz in einer Geschichte des alten Griechenland finden. Das war ohne Zweifel ein sehr berechtigter Anspruch, aber er führte sie geradewegs auf einen anderen Irrweg. Ebenso wie das Bemühen um nationale Einheit im zeitgenössischen Deutschland ihre Sicht von der politischen Geschichte Griechenlands beeinträchtigte, so war das Bild, das sie von der griechischen Wirtschaftsgeschichte zeichneten, eine mehr oder minder getreue Wiedergabe der wirtschaftlichen Entwicklung im modernen Europa. Die Vorstellungen und die Terminologie der zeitgenössischen Wirtschaftsgeschichte wurden buchstabengetreu auf die griechische Welt übertragen. Ihrer Ansicht nach hatte es vom 8. Jahrhundert an eine beachtliche Entwicklung der griechischen Industrie und des Handels gegeben, verbunden mit einem Aufschwung in der Warenproduktion und im Güteraustausch nach Art des Kapitalismus und mit dem Beginn der Geldwirtschaft. Das sei das Ende der alten Wirtschaftsform gewesen, die sich auf Landbesitz gründete. Die alten landbesitzenden Aristokratien seien durch eine Geldaristokratie ersetzt worden, die Grundbesitzer hätten ‚Industriellen' und Handelsherren weichen müssen. Die politische Geschichte wurde zum großen Teil auf der Grundlage des angenommenen wirtschaftlichen Umschwungs und seiner sozialen Folgen neu interpretiert. Das Verhalten griechischer Staaten wurde wirtschaftlichen Erwägungen modernster Art zugeschrieben. Diese Historiker schreckten nicht davor zurück, tatsächliche oder vermeintliche Parallelen zur neuzeitlichen Geschichte Europas zu ziehen, ganz im Gegenteil: „Das siebente und sechste Jahrhundert in der griechischen Geschichte", schrieb Eduard Meyer, „entspricht in der Entwicklung der Neuzeit dem vierzehnten und fünfzehnten Jahrhundert n. Chr.; das fünfte dem sechzehnten".[4] Deutlicher konnte man nicht sein. Gegen die Angriffe der Historiker wehrte sich Karl Bücher, so gut er konnte. Es bereitete ihm keine Mühe, die zahlreichen Lücken und Schwächen in der Argumentation seiner Gegner aufzudecken, die sich auf eine zu extensive Auslegung der Quellen gründeten. Aber seine eigene Ansicht von der antiken Wirtschaft wurde dadurch nicht gestützt.

Der Ausgangspunkt der Debatte war offensichtlich schlecht gewählt, und sie ging in die falsche Richtung. Man könnte fast sagen, daß sie sich davon nie erholt hat, um so mehr als das Ansehen und die Autorität der deutschen Geschichtsforscher oft einer Sicht von der griechischen Wirtschaft zur Gültigkeit verhalfen, die sicherlich unhaltbar war. Aber die Schuld lag auf beiden Seiten. Der grundlegende Irrtum, den sowohl Bücher wie Meyer und all ihre Schüler begingen, bestand in der Fragestellung, von der die Debatte ausging. Das Problem wurde auf die Alternative eingeengt (und man hat das lange Zeit weiter getan), ob die griechische Wirtschaft ‚modern' oder ‚primitiv' gewesen sei. Einmal abgesehen von dem Werturteil, das in einer solchen Formulierung lag und das geeignet war, den Blick bewußt oder unbewußt in die falsche Richtung zu lenken, gingen die beiden Kontrahenten von der Voraussetzung aus, daß die wirtschaftliche Entwicklung ein linearer Prozeß sei, der theoretisch in einer gleichmäßigen Kurve verlaufe, wenn das auch in der Praxis nicht immer der Fall sei. Bei der Betrachtung der griechischen Wirtschaft ging es also darum zu bestimmen, an welchem Punkt im Koordinatenkreuz sie angelangt war, um sie dann je nach der gefundenen Antwort als ‚modern' zu charakterisieren, als ‚primitiv' oder als erst in einem Zwischenstadium befindlich. Die fundamentale Frage danach, ob man ‚die griechische Wirtschaft' isoliert betrachten konnte, ausgehend von wirtschaftlichen Vorstellungen, die für die Moderne entwickelt worden waren, diese Frage wurde nicht gestellt. Während man zunächst über *Grundlagen* hätte diskutieren müssen, tat man so, als sei alles lediglich eine Frage der *Fakten:* Man brauche nur die wirtschaftlichen Fakten zu untersuchen, dann sei jede Frage gelöst. Da die Fakten Büchers Theorie klar widerlegten, konnten die Modernisten sich in dem Glauben wiegen, die Kontroverse sei zu ihren Gunsten entschieden.

Um aus dieser Sackgasse herauszukommen, mußte man einen neuen Ausgangspunkt finden, und der große deutsche Soziologe Max Weber ist es, dem man den Anstoß zu einem besseren Verständnis des Stellenwerts verdankt, den die Wirtschaft innerhalb der griechischen Geschichte einnahm.[5] Von Anfang an wies Weber die falsche Alternative zwischen Modernismus und Primitivismus zurück, in die man die Debatte hatte einzwängen wollen (trotzdem hat man sie durchaus auch später wieder aufgegriffen)[6]. Von der institutionellen Ebene ausgehend, unterstrich Max Weber die Besonderheiten der griechischen Geschichte und suchte die griechische *polis* in ihrem Gegensatz zur mittelalterlichen Stadt zu definieren. Die griechische *polis* war eine aristokratische Gesellschaft von Kriegern oder Seefahrern und ein Konsumentenzentrum, während die mittelalterliche Stadt ein Produktionszentrum war. Ein Handwerker im Florenz des 14. Jahrhunderts, Bürger einer Stadt, die eine Landschaft *(contrado)* beherrschte, war insofern Bürger, als er einer Zunft angehörte, und seinen Anteil an der Herrschaft übte er mittels dieser Zunft aus, deren Mitglied er war. In Athen gab es nichts dergleichen; Schmiede, Töpfer und Händler, sofern sie Bürger waren, waren das nicht als solche, sondern vielmehr weil sie von einem Bürger und der Tochter eines Bürgers abstammten, in ihren Phratrien und Demen eingeschrieben und anerkannt waren. Weber stellte vor allem die Rolle des Krieges in der griechischen Geschichte heraus: Die griechische Demokratie als politischer Interessenverein der Bürger habe die Erträge des Krieges, der Tribute und des Landes an seine Mitglieder verteilt. Diese Vorstellungen Webers wurden aufgegriffen und weiterentwickelt von Johannes Hasebroek in seinen beiden Büchern ‚Staat und Handel im alten Griechenland'[7] und ‚Griechische Wirtschafts- und Gesellschaftsgeschichte bis zu den Perserkriegen'[8], von denen das erstere in theoretischer Hinsicht das wichtigere ist. Nach dem Vorbild Webers verlagerte Hasebroek die Debatte von der Ebene der Form und der Größenordnung wirtschaftlicher Tätigkeit auf eine andere, nämlich die der Beziehungen von Wirtschaft und politischem Leben in der griechischen Stadt. Seiner Meinung nach konnte es in der griechischen Stadt keine Wirtschaftspolitik im modernen Sinne geben (merkantile Politik, Bemühen um Absatzmärkte usw.), da es keinen *nationalen* Handel noch eine *nationale* Industrie gab angesichts der bedeutenden Rolle, die Fremde, seien es Freie oder Sklaven, in der Wirtschaft spielten – Leute also, die keinen Anteil am politischen Leben der Stadt hatten. Die Bürger behielten sich das alleinige Recht auf Grundbesitz vor, und die anderen Wirtschaftszweige (Handel, Handwerk etc.) wurden zu einem großen Teil Fremden überlassen. Sofern griechische Staaten Interesse an wirtschaftlichen Dingen zeigten, ging es ihnen allein darum, die Einfuhr von lebenswichtigen Gütern zu sichern: Man sorgte sich nur um die Bürger als Konsumenten, nicht um die Bürger als Produzenten.[9] Ansonsten kümmerte der Staat sich um seine Einkünfte und sicherte sich diese durch Erhebung von Steuern auf wirtschaftliche Tätigkeit oder einfach durch Kriegführung und Herrschaft in ihren verschiedenen Formen.

Es ist augenfällig, worin der wirklich neue und positive Ansatz Webers und Hasebroeks bestand. Sie verlagerten die Debatte von der Ebene der Fakten und der abstrakten Vorstellungen von Wirtschaftsformen auf die Erörterung der Beziehungen zwischen Wirtschaft und Institutionen der griechischen *polis:* Man konnte ihrer Auffassung nach die griechische Wirtschaft nicht ohne weiteres außerhalb des Gesamtzusammenhanges der *polis* untersuchen.

Man hätte glauben mögen, daß das Werk Webers und Hasebroeks die Diskussion endgültig aus den Bahnen herausgeführt hätte, in die sie geraten war. Aber leider war das nicht der Fall. Hasebroeks Werke sorgten für Aufregung und entfachten die Kontroverse zwischen Modernisten und Primitivisten von neuem, obwohl sie jetzt eigentlich überholt war, oder hätte sein sollen. Er bot der Kritik Angriffsflächen durch seinen übersteigerten Schematismus, durch einige zweifelhafte Annahmen und durch Lücken in seiner Kenntnis. Das rechtfertigt nicht die Mißachtung der Grundgedanken seiner Analyse und der Webers, doch genau das ist häufig geschehen. Wenn wir auch in unserer Detailkenntnis der griechischen Wirtschaft seit Hasebroek große Fortschritte gemacht haben, so ist doch die Erörterung der Grundlagen allgemein vernachlässigt worden, und man hat für die Betrachtung der griechischen Wirtschaft kein neues Gesamtschema entwickelt, das in der Lage wäre, die Vorstellungen Hasebroeks zu ersetzen. Gelegentlich fährt man sogar fort, so zu tun, als habe eine Diskussion niemals stattgefunden und die Position Eduard Meyers und seiner Schüler sei immer noch akzeptabel.[10]

Man sollte allerdings in diesem Zusammenhang das Werk des hungaro-amerikanischen Historikers und Anthropologen Karl Polanyi erwähnen, das einen besonderen Platz einnimmt. Denn obwohl Polanyi nicht auf die Wirtschaftsgeschichte der griechischen Antike spezialisiert war und es ihm nicht darum ging, ein Schema zu finden, das gerade auf die griechische Geschichte anwendbar war, so bedeuteten seine Gedanken doch einen wichtigen Fortschritt auf dem Wege zum Verständnis der Wirtschaft in vorneuzeitlichen Gesellschaften. Sie bieten uns daher eine Grundlage für eine ganze Reihe von Erwägungen allgemeiner Art.[11]

Indem er die Stellung der Wirtschaft innerhalb der menschlichen Gesellschaft untersuchte, unterschied Polanyi sehr deutlich zwischen der modernen Gesellschaft und anderen. In der modernen Gesellschaft hat die Wirtschaft sich befreit und losgelöst („disembedded"), sie ist ein Bereich für sich geworden. Man kann sie daher isoliert betrachten und mit Hilfe von Konzepten, die für sie allein formuliert wurden: Die Wirtschaft ist ein Bereich, der seinen eigenen Gesetzen gehorcht. In den anderen Gesellschaften hingegen, und ganz besonders in den ‚primitiven' und archaischen, ist die Wirtschaft immer mehr oder weniger in die Gesellschaft und all ihre Institutionen ‚eingebettet', sie ist kein Bereich für sich, der von der betreffenden Gesellschaft als solcher empfunden und organisiert wird. Man kann sie daher nicht isoliert betrachten, sie existiert nicht unabhängig, und ihr Funktionieren wird ständig von sozialen Faktoren beeinflußt werden, die nicht wirtschaftlicher Art und ihr fremd sind. Daraus folgt, daß man nicht auf die Konzepte und die Terminologie der modernen Wirtschaft zurückgreifen darf, um den Platz zu bestimmen, den die Wirtschaft in derartigen Gesellschaften einnimmt, denn diese Konzepte sind in der Tat nur auf die Welt anwendbar, für die sie geschaffen wurden.

Um die modernen wirtschaftlichen Konzepte bei der Untersuchung anderer Gesellschaften zu ersetzen, schlug Polanyi vier funktionelle Muster vor, mit deren Hilfe man den Austausch und die Verteilung der Güter in diesen Gesellschaften verstehen konnte: Reziprozität, Redistribution, Austausch und Hauswirtschaft. Man wird diesen vier Mustern nicht unbedingt absoluten Wert beimessen oder versuchen wollen, sie systematisch auf die griechische Geschichte anzuwenden, auch wenn sie geeignet sind, verschiedene Aspekte zu erhellen.[12]

Von großer Bedeutung ist hingegen die von Polanyi getroffene Scheidung zwischen einer Wirtschaft, die in ihrem Verhältnis zur Gesellschaft als autonom gelten kann, und einer solchen, die in die Gesellschaft integriert ist. Damit wird ausgesprochen, was der Analyse Webers und Hasebroeks zugrunde lag, nämlich der Gedanke, daß es unmöglich sei, die griechische Wirtschaft isoliert zu betrachten und sie aus dem sozialen und institutionellen Rahmen der griechischen Geschichte herauszulösen. Wir wollen daher die von Polanyi getroffene Scheidung auf die griechische Welt übertragen und wollen sehen, wie die griechische Wirtschaft in die Gesellschaft ‚eingebettet' ist und welche Konsequenzen sich daraus für die Untersuchung dieses Gegenstandes ergeben.

Die griechische Wirtschaft ist in die Gesellschaft ‚eingebettet'

Eine erste Feststellung, die von Anfang an getroffen werden muß, ist die, daß die Vorstellung von ‚der Wirtschaft' im modernen Sinne sich im Griechischen nicht ausdrücken läßt, weil es diese Vorstellung nicht gab. Das griechische Wort *oikonomia* bedeutet nicht dasselbe wie das von ihm abgeleitete Wort ‚Ökonomie' oder unser Wort ‚Wirtschaft'. Es bedeutet ‚Führung eines Haushalts' (des *oikos*) im weitesten Sinne (also die Hauswirtschaft, wenn man so will), und das nicht allein in wirtschaftlicher Hinsicht. Es kann ebensogut ‚Führung, Verwaltung, Organisation' im allgemeinen Sinne heißen und auf verschiedene Bereiche angewendet werden; so kann man bei den wirtschaftlichen Angelegenheiten der *polis* von *oikonomia* sprechen, und das ist der Ursprung unseres Begriffs der Nationalökonomie. Es gibt zwei Schriften des 4. Jahrhunderts, die den Titel ‚*Oikonomikos*' bzw. ‚*Oikonomika*' tragen, und zwar eine von Xenophon sowie eine weitere in drei Büchern, die wir möglicherweise drei verschiedenen Autoren aus der Schule des Aristoteles verdanken. Die Schrift des Xenophon hat die Führung eines Familienbesitzes zum Gegenstand und beschäftigt sich mit der Rolle des Hausvaters. Der im engeren Sinne wirtschaftliche Teil betrifft den landwirtschaftlichen Betrieb; die Landwirtschaft wird gepriesen und hervorgehoben gegenüber den anderen Arten wirtschaftlicher Betätigung wie dem Handwerk, Tätigkeiten, die eines ehrenwerten Mannes unwürdig sind. Man wird da eine Erörterung zur Landwirtschaft finden und technische Ratschläge, aber auch Ausführungen über die Art, wie der Herr eines *oikos* seine Frau und seine Sklaven behandeln sollte. Die Schrift Xenophons enthält also nicht eine Studie über mannigfaltige Arten wirtschaftlicher Betätigung ganz allgemein, sondern einzig und allein der Landwirtschaft, und unter der Überschrift *oikonomia* finden allerlei Funktionen nicht wirtschaftlicher Art ihren Platz, weil sie sich aus der Rolle des Herrn im *oikos* ergeben: Wirtschaftliche und nicht-wirtschaftliche Funktionen sind in einer Hand vereinigt, und es ist nicht möglich, das eine vom anderen zu trennen (s. Text 4). So wird es auch im 1. Buch der aristotelischen ‚*Oikonomika*' dargestellt, in dem im übrigen des öfteren das Werk des Xenophon anklingt. Das 3. Buch nimmt in detaillierter Form ein Thema wieder auf, das schon im 1. Buch umrissen worden war, nämlich das Verhältnis von Mann und Frau in der Ehe (s. Text 1). Was das 2. Buch anbetrifft, so handelt es sich hier um eine Beispielsammlung zweckdienlicher fiskalischer Mittel, oder, wie man sagen könnte, Strategeme, mit deren Hilfe sich Herrscher, Generäle und Städte im Falle wirtschaftlicher Krisensituationen aus der Affäre gezogen hatten oder versucht hatten, ihre Einkünfte aufzubessern. Der Sammlung geht eine kurze Einführung voraus, in der der Autor zwischen vier Formen der ,Wirtschaft' unterscheidet, und zwar der königlichen, der einer Satrapie, der einer *polis* und der privaten. Es handelt sich dabei nicht um die Wirtschaft im modernen Sinne, sondern um den Finanzhaushalt. Die Einsichten des Autors sind auch da eher bescheiden: Allen diesen Formen der ,Wirtschaft' sei als Prinzip gemeinsam, daß „die Ausgaben die Einnahmen nicht übersteigen dürfen". Im Geiste solcher Feststellungen geht der Autor daran, die fiskalischen Strategeme zusammenzustellen, die ihm am beachtenswertesten erscheinen und am ehesten in der Zukunft anwendbar (s. Text 91).

Da die Wirtschaft im modernen Sinne für die Griechen nie eine unabhängige Kategorie bildete, so sollten wir bei den griechischen Autoren kein wahres wirtschaftliches Denken oder ökonomische Analyse erwarten (auch wenn man gelegentlich versucht war, das anzunehmen).[13] Was man oft als ökonomische Analyse hat bezeichnen wollen, waren, wie sich in der Regel herausstellte, einfache und alltägliche Feststellungen zur wirtschaftlichen Tätigkeit, oder es war gar so, daß diese Aussagen überhaupt nichts mit ökonomischer Analyse im eigentlichen Sinne zu tun hatten. Das soll nicht heißen, daß die Griechen die Bedeutung wirtschaftlicher Faktoren in der Geschichte nicht zu erkennen wußten (das wäre ganz sicher falsch), sondern es bedeutet lediglich, daß diese Faktoren nicht für im strengen Sinne allein wirtschaftliche angesehen wurden. Sie existierten nur in Verbindung mit anderen Faktoren und Gegebenheiten, denen die Griechen größere Bedeutung beimaßen. Für griechische Historiker gab es keine Wirtschaftsgeschichte, sondern nur politische Geschichte. Thukydides zum Beispiel schildert in den ersten Kapiteln seines Werkes die Entwicklungsstadien der griechischen Welt von den ersten Anfängen bis in seine Zeit, und in dieser Zusammenfassung spielen wirtschaftliche Faktoren eine wichtige Rolle (Thukydides 1, 2, 2):

„Handel gab es nicht sowie auch keinen gesicherten Verkehr, weder zu Lande noch zu Wasser; alle nutzten ihr Gebiet nur, um gerade davon zu leben, sie hatten keinen Überschuß an Gütern und bebauten das Land nicht, da unsicher war, ob nicht ein anderer kommen und alles wegnehmen würde, zumal auch nichts befestigt war. Da sie glaubten, die Tag für Tag notwendige Nahrung überall beschaffen zu können, wanderten sie ohne Bedenken aus, und deswegen waren sie weder durch Größe der Städte noch durch ein anderes Mittel stark."

Doch im weiteren Verlauf mißt Thukydides wirtschaftlichen Gegebenheiten nur sehr beschränkte Bedeutung in der Geschichte seiner eigenen Zeit bei. Für ihn bewegt sich wahre Geschichte und deren Untersuchung auf einem höheren Niveau, nämlich dem der Politik. Sobald ein primitives Stadium der wirtschaftlichen Entwicklung überwunden ist, sind wirtschaftliche Überlegungen nicht mehr entscheidend und können in den Hintergrund treten. Mit anderen Worten, Wirtschaftsgeschichte spielt nur dann eine Rolle, wenn politische Geschichte noch nicht möglich ist. Die Sicht des Thukydides ist bezeichnend für den Platz, den die Griechen der Wirtschaft in ihrer Wertskala zuwiesen. Man könnte sagen, daß jede ökonomische Analyse der griechischen Geschichte unvermeidlich in eine politische Untersuchung mündet und sich mit ihr verquickt.

Platon, der doch in vielem so verschieden von Thukydides ist, argumentiert da nicht anders. Der Bedarf läßt die ursprüngliche Stadt entstehen (Staat 2,369b–c), doch während das Gebäude allmählich wächst, zeigt sich, daß es das Schicksal der Wirtschaft ist, unter Kontrolle gebracht zu werden. Die Produzierenden sind von den Kriegern und Philosophen aufs strengste getrennt. Umgekehrt sehen wir, daß das Gold eine immer größere und unheilvollere Rolle spielt, wenn Platon im 8. und 9. Buch des ‚Staats' den Niedergang der Stadt schildert (s. Text 105).

Was im folgenden aufgrund einer Sprachregelung ‚Wirtschaft' genannt werden soll, stellte also für die Griechen keinen eigenen Bereich dar. Um die Terminologie Polanyis wieder aufzunehmen, die Wirtschaft war im weitesten Sinne des Wortes in die Gesellschaft ‚eingebettet'. ‚Wirtschaftliche' Angelegenheiten befanden sich ständig im Einflußbereich von Faktoren und Überlegungen, die wir heute als ‚nicht-wirtschaftlich' bezeichnen würden. Daher führt die ökonomische Analyse nicht nur zu politischen, sondern auch zu ethischen Betrachtungen und zur Untersuchung der Werte ganz allgemein.

‚Nicht-wirtschaftliche' Faktoren und wirtschaftliche Tätigkeit

Wenn wir in dieser Weise von ‚Werten' sprechen, die die Einstellung der Griechen zu einer Art von Fragen bestimmten, die wir heute als ‚wirtschaftlich' einstufen würden, so wollen wir damit nicht a priori über ihre Bedeutung urteilen. Sie sind ebenso Wirkung wie Ursache, doch bietet das Studium dieser Werte, dieser intellektuellen Grundhaltungen einen geeigneten Ausgangspunkt,

Zu den Hauptgedanken, die das wirtschaftliche Verhalten der Griechen bestimmten, gehörte zuallererst, daß ein grundlegender Unterschied zwischen den verschiedenen Berufen gemacht wurde, wie häufig aus klassischer Zeit belegt (s. Text 3, 4, 5, 12). Nur einige Berufe entsprachen der Würde eines ehrenhaften Mannes, andere hingegen galten als niedrig, und sie paßten daher nur für die unteren Klassen, für Fremde oder Sklaven. In dieser Hierarchie der Berufe nahm die Landwirtschaft fast immer einen Platz für sich an der Spitze der Skala ein und war streng getrennt von den anderen wirtschaftlichen Tätigkeiten. Fast für alle stellte der freie, unabhängige und autarke Grundbesitzer ein Ideal dar. Schon in den frühesten literarischen Quellen, bei Homer und Hesiod, findet man die Vorstellung von der Landwirtschaft als einer der Grundlagen des zivilisierten Lebens (s. Text 30) in enger Verbindung mit dem Opfer, dem Kochen und dem Familienleben.[14]

Am unteren Ende der Skala finden wir die anderen Formen wirtschaftlicher Tätigkeit, den Handel und die sogenannten ‚banausischen' Berufe, die Handarbeit bedeuteten. Diese Berufe waren der allgemeinen Auffassung nach eines ehrenhaften Mannes nicht würdig. In der Praxis konnte der soziale Status eines Mannes entscheidenden Einfluß auf den von ihm ausgeübten Beruf haben; umgekehrt findet man, daß Handwerk, Handel und dergleichen oft und zumindest in gewissem Ausmaß den unteren Schichten und den Fremden überlassen blieben.

Dennoch könnte man den Handwerker den Helden der griechischen Geschichte nennen, doch ist er es nur im Verborgenen. Es gibt nicht eine einzige materielle Schöpfung der griechischen Zivilisation, die er nicht geprägt hat: Der Architekt des Parthenon war ebenso ein Handwerker (und kein Architekt im heutigen Sinne) wie der Bildhauer, der die Goldelfenbeinstatue der Athena geschaffen hat. Das Werk Platons, der die Handwerker von der Lenkung des Staatswesens ausschloß, ist reich an Bildern aus dem Handwerk und an Lob handwerklicher Tätigkeit. Darüber hinaus hat man gezeigt, daß sich in der Kosmologie Platons der *dēmiourgos,* der Schöpfer der Welt, aller handwerklichen Fertigkeiten bedient, die man zu seiner Zeit kannte, in erster Linie der Techniken des Metallhandwerks.[15] Platon stellt wie Xenophon die Landwirtschaft weit über das Handwerk, selbst wenn es die minderen Bestandteile der ‚Schöpfung' sind, die auf landwirtschaftliche Fertigkeit zurückgehen, und das Wort, das die Welt des Materiellen bezeichnet *(chōra),* dasselbe ist, das auch zur Bezeichnung der Landschaft und des bestellten Landes dient. Zusammenfassend können wir für das klassische Altertum ganz allgemein feststellen, daß der Handwerker als Person gering geachtet und herabgesetzt wurde, auch wenn man sein Werk bewunderte (s. Text 11). Und was am wichtigsten ist, es gab niemals eine eigene Kategorie der Handwerker außer vielleicht in den Konstruktionen einiger Theoretiker wie z. B. des Städteplaners und Philosophen Hippodamos von Milet.

Das Wort *dēmiourgos* selbst hatte in verschiedenen Teilen der griechischen Welt zwei ganz verschiedene Bedeutungen: In Athen zum Beispiel bezeichnete es die Handwerker, die im allgemeinen kleine Leute waren. In anderen Staaten hingegen, so auf der Peloponnes und in Mittel- und Nordwestgriechenland (s. Text 54), gebrauchte man das Wort zur Bezeichnung der Oberbeamten, Persönlichkeiten von gehobener sozialer Stellung (s. auch Text 28).[16] In der klassischen *polis* waren gewerbliche und politische

Funktion unabhängig voneinander: Das waren zwei verschiedene Ebenen, die sich nicht berührten. In Athen konnte man Bürger, Metoiken und Sklaven dieselben Arbeiten verrichten sehen, aber Zugang zur politischen Macht hatten nur die Bürger. Natürlich war die Stadt so aufgeteilt, daß manche Viertel durch ihre wirtschaftliche Funktion definiert waren (Viertel, in denen ein bestimmtes Gewerbe ausgeübt wurde, Hafenviertel usw.), aber Stadtviertel, die Metoiken oder Sklaven vorbehalten waren, gab es nicht.

Einige religiöse Gegebenheiten können dazu dienen, die zwiespältige Rolle gewerblicher und wirtschaftlicher Tätigkeit im griechischen Denken zu illustrieren. Der Heros Prometheus war eine zweideutige Gestalt: Durch seine Erfindungen ist er der Wohltäter der Menschheit, aber gleichzeitig ist er der Gegner des Zeus. Aus Hermes hat man den Repräsentanten einer sozialen Klasse, nämlich der Händler, machen wollen, doch in Wirklichkeit leitet sich seine Stellung als Beschützer des Handels vor allem aus seiner Rolle als Mittelsmann ab. Hephaistos, der Gott des Handwerks, dessen Fähigkeiten besonders auch bei Homer gefeiert wurden, war im Gegensatz zu den anderen Göttern ein hinkendes und häßliches Geschöpf. Athena hingegen, die unter anderem die Göttin hausfraulicher Tätigkeiten ist, kann dem Vorwurf schändlicher Gestalt entgehen. Ohne Frage gilt nicht derselbe Wertmaßstab für weibliche wie für männliche Wesen, aber die Rolle der Athena war ohnehin viel umfassender: Sie repräsentiert eine besondere Form der Klugheit, einer besonnenen und praktischen Klugheit *(mētis)*, die besonders in ihrer Verbindung mit der Schiffahrt (dem Bau der Schiffe und der Navigation) ihren Ausdruck findet, und es gibt nicht das geringste Anzeichen für eine negative Bewertung dieser Seite ihrer Tätigkeit.[17]

Neben einer Hierarchie der Berufe gab es, wenn auch kaum davon abzuheben, eine Hierarchie der Erwerbszweige: Einige davon sah man als legitim an, andere wiederum hielt man für moralisch verwerflich oder auch nicht, je nachdem in welchem Geiste man ihnen nachging. Von neuem treten ethische Erwägungen der Entwicklung rein wirtschaftlicher Wertvorstellungen entgegen. Der Handel an und für sich wurde nicht notwendigerweise für gut oder schlecht angesehen. Er war zu billigen, sofern er allein darauf abzielte, durch die Beschaffung fehlender lebensnotwendiger Güter die Autarkie zu sichern. Doch wenn der Handel zum Selbstzweck wurde und nur den größtmöglichen Gewinn suchte, dann war er moralisch zu verurteilen. Diese Ansicht findet sich schon bei Homer; einige Jahrhunderte später, am Ende der klassischen Zeit, erläutert Aristoteles sie ausführlich (s. Text 2, 26, 128, 129). Der Kleinhandel ist am schlechtesten, denn er erfordert Verschlagenheit und Betrügerei: Wesentliches Merkmal des Kleinhändlers ist es, daß er seine Ware für einen höheren Preis verkauft, als sie wirklich wert ist.

Krieg und Politik jedoch sind höchst respektable oder wenigstens doch legitime Arten des Erwerbs (s. Text 7, 8, 9), und das gilt unter gewissen Voraussetzungen für alle Epochen der griechischen Geschichte.[18] Wer den

Krieg gewonnen hatte, der konnte über die Person und das Vermögen des Besiegten frei verfügen, und diese grundsätzliche Berechtigung wurde niemals bestritten. Der Krieg blieb in der Tat in der ganzen Antike eine der wichtigsten Quellen für die Beschaffung von Sklaven. Aber natürlich hatte der Krieg als Erwerbszweig auch seine Grenzen. Selten zielten Kriege zwischen griechischen Staaten auf eine Gebietserweiterung (bei Kriegen gegen Nichtgriechen war das etwas anderes, wie man im Zusammenhang mit der Kolonisation sehen wird); doch auch da gibt es Ausnahmen, wie z. B. im Fall Spartas zu Beginn der archaischen Zeit oder der sizilischen Tyrannen im 6. und 5. Jahrhundert. Athen hat im 5. Jahrhundert eroberte Gebiete nicht annektiert;[19] was athenische Ansiedlungen auf fremdem Gebiet angeht, so waren das in der Regel Garnisonen, und die Gründung von Kolonien, die im Interesse der Herrschaft standen wie Amphipolis, ging im allgemeinen zu Lasten von Nichtgriechen. Selbst nach diesen Einschränkungen wäre es noch falsch, wenn man nun allen Kriegen unterstellen wollte, sie seien einzig und allein im Hinblick auf den Erwerb unternommen worden. Und noch gefährlicher wäre es zu behaupten, Kriege in Griechenland hätten ‚wirtschaftliche Gründe' gehabt. Die Gründe für einen Krieg waren sehr häufig im politischen Bereich zu suchen. Aber war der Krieg einmal erklärt, so wurde die Berechtigung des Erwerbs durch Eroberung niemals in Frage gestellt. Man kann zwar sagen, daß die Griechen oft Wirtschaftliches durch den Druck des Krieges erreichten, aber umgekehrt kaum, daß Kriege durch den Druck der Wirtschaft entstanden. Die Auseinandersetzung von Griechen und Persern zum Beispiel hatte ganz sicher keine ‚wirtschaftlichen Gründe'. Auf seiten der Perser bestand ein Verlangen nach Macht und Herrschaft, auf seiten der Griechen das Bestreben, die politische Freiheit zu bewahren. Aber in ihrem Verlauf konnten diese Auseinandersetzungen ohne weiteres wirtschaftliche Dimensionen annehmen. Der athenische Feldherr Kimon z. B. bereicherte sich und seine Mitbürger durch die Plünderung persischen Territoriums. Niemand hätte damals im Traume daran gedacht, ihn deswegen zu kritisieren, wenn er sich aber dem Handel zugewandt hätte, um ein Vermögen zu erwerben, wäre das ganz anders gewesen (Plutarch, Kimon 9,3–6; 13,5–7).

Eine Reihe anderer wichtiger Erwägungen im Zusammenhang mit der griechischen Wirtschaft betrifft die Arbeit.[20] Zuerst einmal ist festzustellen, daß es eine einheitliche Vorstellung von ‚der Arbeit' als einer der wichtigen Funktionen des Menschen in all ihren Erscheinungsformen nicht gab. Dort, wo wir hinter zahlreichen Formen menschlicher Tätigkeit eine einzige große Produktivkraft von sozialem Wert erkennen, nämlich ‚die Arbeit', sahen die Griechen nur eine Vielzahl verschiedener Berufe (deren Status, wie gezeigt wurde, höchst unterschiedlich bewertet werden konnte) und zogen keine einheitliche Verbindungslinie. Sie sahen vielmehr gelegentlich einen Beruf (die Landwirtschaft) ganz im Gegensatz zu den anderen (Handwerk, Handel usw.; s. Texte 4, 5).

Festzuhalten ist auch die Tatsache, daß Arbeit als solche bei den Griechen nie einen positiven inneren Wert annahm. Vergeblich wird man in der griechischen Literatur nach Spuren einer Ideologisierung der Arbeit suchen. Die Arbeit war natürlich für viele Griechen eine unvermeidliche Notwendigkeit, aber sie war kein Wert an sich. Hesiod predigt in den ‚Werken und Tagen' seinem Bruder Perses unermüdlich die Notwendigkeit der Arbeit als Mittel zur Überwindung der Not (s. Text 10), aber er macht daraus kein wahres Lob der Arbeit.[21] Jedenfalls sieht Hesiod es für ganz natürlich an, daß Sklavenarbeit die Arbeit des freien Mannes ergänzt.

Ein anderer Unterschied muß noch betont werden, der sich wiederum auf der moralischen Ebene bewegt. Es war nicht unbedingt die Arbeit an sich, die für gut oder schlecht angesehen wurde. Das, worauf es ebensosehr, wenn nicht noch mehr ankam, waren die Bedingungen, unter denen diese Arbeit durchgeführt wurde. In der Moderne sind Arbeiter und Arbeit voneinander getrennt: Es handelt sich um eine Ware, die der Arbeiter anderen verkaufen kann, ohne daß damit, wenigstens der Theorie nach, eine Unterwerfung seiner Person verbunden ist. In der griechischen Welt aber gab es eine solche Trennung nicht: Für jemanden zu arbeiten bedeutete, sich ihm zu unterwerfen, während es „Zeichen eines freien Mannes ist, nicht für einen anderen zu leben" (Aristoteles, Rhetorik 1, 9, 1367a 33).[22] Ein freier Mann wollte, wenn er arbeiten mußte, für sich selbst arbeiten und nicht für andere. Später (in Kap. 5) wird gezeigt werden, welche Auswirkungen diese Art zu denken auf die Organisation der handwerklichen Tätigkeit in Athen hatte.

Zusammenfassend ist zu sagen, daß das, was wir produktiven Unternehmergeist nennen und was, in gewissen Grenzen, für die Moderne kennzeichnend ist, den Griechen fremd war.[23] In diesem Zusammenhang ist noch darauf hinzuweisen, daß bei den Griechen nur beschränkte Vorstellungen von Arbeitsteilung existierten. Bei zahlreichen griechischen Autoren findet man Ideen, die oberflächlich an die moderne Theorie der Arbeitsteilung erinnern könnten. Doch wenn man genauer hinsieht, so wird man gewahr, daß es nicht um Arbeitsteilung im modernen Sinne, d.h. mit dem Ziel der Produktionssteigerung geht, sondern um die qualitative Verbesserung der Produkte aufgrund stärkerer Spezialisierung (s. Text 6).

Soll man all diese Ideen nur für die Wiedergabe aristokratischer Vorurteile und für Träumereien reaktionärer Philosophen halten? Wollte man jeden Einfluß dieser Vorstellungen auf die griechische Geschichte in Abrede stellen, so müßte man zeigen, daß es ein anderes, konkurrierendes Wertsystem gegeben hat, von den unteren sozialen Schichten oder doch für sie formuliert, das die Werte der Aristokratie zurückwies und an ihre Stelle die der Arbeit und der wirtschaftlichen Tätigkeit setzte. In Wahrheit gibt es aber nur wenige Spuren eines solchen Wertsystems: Man könnte an die Rolle denken, die im 5. Jahrhundert z.B. bei Herodot das Thema des ‚ersten Erfinders' spielte, dieses kulturbringenden Heros, sei es ein einzelner oder mehrere, der die Menschheit aus einer Abhängigkeit befreite durch eine Entdekkung, bei der es sich um etwas Technisches handeln konnte.[24] Doch auch in jener Epoche, die oft mit der Zeit der Aufklärung verglichen worden ist, scheint eine einmal gemachte Erfindung nicht entwicklungsfähig zu sein: im allgemeinen wurden die aristokratischen Werte nicht in Frage gestellt.

Wie schließlich wurden bei den Griechen Reichtum und Armut definiert?[25] Für uns bedeuten Reichtum und Armut zwei entgegengesetzte Extreme, die sich niemals berühren: Man ist reich, wenn man mehr hat, als notwendig ist, um ‚anständig' zu leben, man ist arm, wenn man über weniger als dieses Minimum verfügt. Demzufolge gibt es viele Leute, die zwischen den beiden Extremen liegen und weder reich noch arm sind. Kriterium ist nicht, ob man gezwungen ist zu arbeiten oder nicht, sondern ob man ein bestimmtes Vermögen besitzt: Man kann reich sein und arbeiten, wie man arm sein kann und nichts tun. Die Definition der Griechen war eine ganz andere: die beiden Kategorien bedeuteten nicht zwei Extreme, sondern berührten sich und konnten sich sogar überschneiden. Kriterium war nicht der Besitz eines bestimmten Vermögens, sondern ob man gezwungen war zu arbeiten. Für einen Griechen war man reich, wenn man leben konnte, ohne arbeiten zu müssen. Von daher gesehen waren die meisten Griechen ‚arm', weil sie gezwungen waren zu arbeiten. Darüber hinaus unterschieden die Griechen zwischen einem armen Mann und einem Bettler, der überhaupt nichts hatte und auf die Großzügigkeit anderer angewiesen war. Häufig wurden moralische Werte mit der Vorstellung von Reichtum und Armut verbunden: Reichtum wurde im allgemeinen als ein ‚Segen' angesehen[26] und als eine Grundvoraussetzung für die Entwicklung menschlicher Tugenden, während Armut ‚Unglück' bedeutete, das schlechten Einfluß auf die Menschen ausübte und sie außerstande setzte, Tugenden zu entwickeln (s. Text 18, 113). Diese Erwägungen führen zurück zu dem, was vorher über die mangelnde Wertschätzung der Arbeit gesagt worden war: die Muße und der Umstand, nicht zu einer wirtschaftlichen Tätigkeit gezwungen zu sein, waren eine verbreitete Idealvorstellung.

Doch man muß sich davor hüten, zu sehr zu verallgemeinern und anzunehmen, daß diese Vorstellungen in gleichem Ausmaß für alle Epochen und Orte der griechischen Geschichte galten. Zunächst einmal ist von einer gewissen zeitlichen Entwicklung auszugehen. So hat man zeigen können, daß die negative Beurteilung der Handarbeit offenbar nicht immer gleich stark betont wurde. Es ist unterstrichen worden, daß die homerischen Helden vor Handarbeit als solcher nicht zurückschrecken. Die Erklärung für diese offensichtliche Veränderung der Vorstellungen liegt, wie es scheint, ein weiteres Mal in den äußeren Umständen und in der inneren Einstellung, mit der die Arbeit ausgeführt wurde, und dabei wiederum spielen die Kriterien der Autarkie und persönlichen Freiheit eine Rolle. Odysseus konnte ohne Scheu und Scham selbst Hand anlegen, denn indem er das tat, suchte er seine wirtschaftliche Unabhängigkeit zu bewahren. Ein Handwerker in der klassischen *polis* hingegen war in jedem Falle von anderen abhängig; er konnte sich nicht selbst versorgen wie der freie Bauer und galt daher weniger als dieser.

Auch muß man zwischen den verschiedenen griechischen Staaten Unterschiede machen. Dieselben Vorstellungen besaßen nicht dasselbe Gewicht in Staaten von so unterschiedlicher Struktur wie Athen und Sparta. Was die *homoioi* (die ‚Gleichen') anging, so kannte in Sparta die Ablehnung jedweder wirtschaftlichen Tätigkeit keine Ausnahme (s. Text 56). Das war ein Extremfall, dem man andere Auffassungen in Athen und eine positive Einstellung zu technischem Können gegenüberstellen kann, obwohl es dann notwendig wäre, die Grenzen solcher Entwicklungen klar aufzuzeigen (s. Kapitel 4 und 5).

Aber man muß sich ebenso hüten, in das andere Extrem zu verfallen und in diesen Vorstellungen lediglich aristokratische Vorurteile zu sehen oder philosophische Utopien, die keinen realen Einfluß auf den Verlauf der griechischen Geschichte genommen hätten. Zum einen trifft man zu oft auf diese Vorstellungen, als daß sie ohne Bedeutung sein könnten, und, wie zu sehen war, wurden die aristokratischen Werte auch im allgemeinen nicht ernsthaft in Frage gestellt. Zum anderen kann man häufig Verbindungen zwischen den Utopien der Philosophen und der geschichtlichen Realität feststellen. Sowohl Platon wie Aristoteles z. B. wollten in ihren idealen Staaten die Handwerker vom Bürgerrecht ausschließen, selbst wenn sie anerkannten, daß diese für die Existenz des Staates unentbehrlich waren (s. Text 5). Und genau das war in einigen griechischen Staaten der Fall. „In Theben", schreibt Aristoteles (Politik 3,1278 a25; vgl. Politik 6,1321 a29), „gab es ein Gesetz, daß erst an der Regierung teilhaben durfte, wer sich während zehn Jahren von den Marktgeschäften ferngehalten hatte." Gemeint waren diejenigen, die dort Handel oder ein Handwerk betrieben hatten (s. auch Text 4). Ähnlich in ihrer Tendenz, wenn auch in Einzelheiten unklar, ist eine fragmentarische Inschrift aus Kyrene aus dem Ende des 4. Jahrhunderts, in der unter der Oberhoheit des Ptolemaios eine Verfassung für die Stadt festgelegt wurde. Der Besitz des vollen Bürgerrechts wurde da auf diejenigen beschränkt, die über ein Vermögen von mindestens 20 Minen verfügten, und bestimmte Einschränkungen der politischen Rechte wurden denen auferlegt, die gewisse Berufe ausübten oder ausgeübt hatten.[27] Hier handelt es sich nicht um die Utopie eines Philosophen, sondern um historische Realität. Und wir befinden uns nicht in einer fernen, archaischen Epoche, sondern diese Inschrift gehört in die nachklassische, die frühhellenistische Zeit.

Die Sklaverei in Griechenland

Bis jetzt war von der Sklaverei in Griechenland nur indirekt die Rede. Aber aus dem, was vorher über das Vorurteil gegen Handarbeit, das Fehlen einer Arbeitsideologie, das Ideal der Muße und die Bedeutung des Krieges im Leben der griechischen Staaten gesagt wurde, geht schon hervor, warum Sklavenarbeit den Griechen als notwendige Vorbedingung zivilisierten Lebens erscheinen mußte.[28] Um die Einrichtung der Sklaverei zu erklären, muß man aber natürlich noch andere Faktoren in Rechnung stellen, obwohl es auch hier schwierig wird, klar zwischen Ursache und Wirkung zu unterscheiden. Einerseits ist da der relative Stillstand der technischen Entwicklung zu nennen, der eine Steigerung der Produktion ohne den Rückgriff auf Sklavenarbeit unmöglich machte. Dieser Stillstand hing teilweise damit zusammen, daß es einen Fortschrittsgedanken wie den unseren für die Griechen nicht gab.[29] Sicher wäre es ein Irrtum, behaupten zu wollen, der Fortschrittsgedanke an sich sei den Griechen fremd gewesen. Die Griechen der klassischen Zeit waren sich sehr wohl dessen bewußt, daß ihre Zivilisation aus bescheidenen Anfängen hervorgegangen war und nach und nach einen höheren Stand erreicht hatte. Die ersten Kapitel im Werk des Thukydides zeigen das sehr deutlich (s. Text 7, 53, 55, 107). Die Entwicklung bestimmter grundlegender Techniken wurde als positiver Beitrag zu diesem Fortschritt anerkannt. Der Mensch hatte aufgrund seiner technischen Fähigkeiten die Zivilisation schaffen können. Aber Fortschritt in der Vergangenheit bedeutete nicht gleichzeitig die Möglichkeit und Notwendigkeit des Fortschritts in der Zukunft. War ein bestimmter Grad der Zivilisation einmal erreicht, so verlor der technische Fortschritt seinen Wert, und die wirklichen Werte wurden auf einer anderen Ebene gesucht. Eine bestimmte Art des Fortschritts, sei es technischer oder wirtschaftlicher, war die Voraussetzung für die Existenz zivilisierter Staaten, aber er war nicht Sinn und Zweck ihrer Existenz.[30]

Des weiteren ist es ein Grundelement der griechischen Geschichte, daß man von der Ungleichheit der Menschen ausging, was in der Praxis niemals ernsthaft in Frage gestellt wurde.[31] Im Verlauf der griechischen Geschichte wurde die Ungleichheit sogar noch zunehmend hervorgehoben, als man die Vorstellung vom freien Bürger entwickelte und zugleich die vom Sklaven, den man als Ware auf dem Markt kaufte (später dann konnte man natürlich seine Kinder im Hause heranziehen) und der (zumindest theoretisch) völlig rechtlos war. Aus unserer Sicht liegt in der Freiheit des einen und der Versklavung des anderen ein krasser Widerspruch. Aber die Griechen sahen das ganz anders: die Freiheit des einen war ohne die Versklavung des anderen gar nicht vorstellbar, und die beiden Extreme hielt man nicht für widersprüchlich, sondern sie ergänzten sich und bedingten einander.

Es ist daher nicht verwunderlich, daß Sklavenarbeit in der einen oder anderen Form in allen Epochen der griechischen Geschichte zu finden ist und daß niemand ihre Notwendigkeit ernsthaft in Zweifel zog. Schon bei Homer und Hesiod ist sie eine selbstverständliche Gegebenheit und ist das durch die ganze Antike hindurch geblieben. In klassischer Zeit, im frühen 4. Jahrhundert, sagt ein Invalide, der sich dagegen wehrt, daß man ihm seine staatliche Rente streicht, zu den Geschworenenrichtern: „Ich habe ein Geschäft, das mir aber nicht sehr viel einbringt; ich selbst kann es nur mit Mühe betreiben, aber einen Sklaven, der die Arbeit übernimmt, kann ich mir noch nicht kaufen." (Lysias 24, 6) Und Xenophon schreibt in seinen ‚Memorabilien' (2, 3, 3): „Die, die dazu in der Lage sind, kaufen sich Sklaven, damit sie Mitarbeiter haben." Offenbar gab es für den athenischen Durchschnittsbürger der klassischen Zeit nichts Selbstverständlicheres als das Bestreben, wenigstens einen Teil der eigenen Arbeit auf Sklaven abzuwälzen. Utopien spiegeln in dieser Hinsicht die Realität wider. Ein Beispiel mag genügen (einmal ganz abgesehen von Platon und Aristoteles, vgl. Text 14): in den ‚Ekklesiazusen', der ‚Weibervolksversammlung' des Aristophanes, übernehmen die Frauen die Macht, und man führt den Kollektivbesitz an allen Gütern ein. Als Blepyros fragt: „Doch sagt, wer besorgt denn den Ackerbau?", da antwortet Praxagora ganz einfach: „Die Sklaven" (Ekklesiazusen 651; s. auch Text 13).

Es gab allerdings am Ende des 5. und zu Beginn des 4. Jahrhunderts eine zaghafte geistige Strömung, die keinen wahren Unterschied zwischen Griechen und Barbaren erkennen wollte und versicherte, Sklaverei sei nichts anderes als eine Konvention, die theoretisch nicht zu rechtfertigen sei. Aristoteles bemühte sich im ersten Buch seiner ‚Politik', diese Auffassung zu widerlegen und seinerseits zu zeigen, daß ganz im Gegenteil die Antithese von Herren und Sklaven naturbedingt sei, daß die Einen von Natur aus Herren seien und die Anderen zu Sklaven geboren. Die Argumentation des Aristoteles war durchaus nicht unwiderlegbar; aber die Sklaverei blieb dennoch eine anerkannte Praxis, auch wenn man sie nicht mit logischen Argumenten rechtfertigen konnte.

Die Sozialgeschichte

Aus dem bisher Gesagten geht eindeutig hervor, daß man eine Wirtschaftsgeschichte des alten Griechenland nicht schreiben kann wie eine Wirtschaftsgeschichte der Neuzeit, indem man von denselben Grundvorstellungen ausgeht, die für letztere gelten. Darüber hinaus muß man sich über die Unzulänglichkeit der zur Verfügung stehenden Quellen im klaren sein – ein Punkt, auf den wir später zurückkommen werden. Aber was ist über die Sozialgeschichte zu sagen?

Die Probleme, die bei dem Studium der griechischen Sozialgeschichte auftreten, sind von derselben Art wie jene in der Wirtschaftsgeschichte und zum Teil mit ihnen verbunden. Wenn es gefährlich erscheint, moderne wirtschaftliche Vorstellungen zu übertragen, so muß man sich gleichermaßen fragen, inwieweit Fragestellungen, die für das Studium der Sozialgeschichte entwickelt wurden, auf das antike Griechenland anwendbar sind.

So wie es eine ‚modernistische' Periode in der Betrachtung der griechischen Wirtschaftsgeschichte gegeben hat, gab es auch eine ‚modernistische' Periode (oder besser gesagt, modernistische Tendenzen) in der der griechischen Sozialgeschichte. Die neuzeitlichen Vorstellungen der sozialen Klassen und des Klassenkampfs wurden mehr oder weniger direkt auf das alte Griechenland angewendet, und das Ergebnis war, daß man aus der griechischen Sozialgeschichte ein getreues Abbild von Europa in der Zeit nach der industriellen Revolution formte.[32] Einen extremen Standpunkt in dieser Hinsicht repräsentieren nicht die vorher erwähnten deutschen Forscher wie Eduard Meyer und andere, sondern Richard von Pöhlmann mit seiner ‚Geschichte der sozialen Frage und des Sozialismus in der antiken Welt'. Die marxistischen Theorien vom Klassenkampf bildeten den Ausgangspunkt der Untersuchung. Auch wenn Pöhlmann sich ausdrücklich verteidigte, es sei nicht seine Absicht, die Geschichte der Antike in modernistischer Weise zu betrachten, ist dies doch ganz offensichtlich eben der Fehler, in den er verfiel (man vergleiche dazu den nützlichen Anhang, den Friedrich Oertel der 3. Auflage des Werks beigegeben hat). Pöhlmann legte seiner Rekonstruktion eine modernistische Sicht der griechischen Wirtschaft zugrunde, die seiner Auffassung nach eine kapitalistische Wirtschaft neuzeitlicher Prägung war, mit allen sozialen und politischen Konsequenzen, die sich daraus ergaben. Da diese Voraussetzung sicherlich falsch ist, fällt das Gebäude der griechischen Sozialgeschichte, das Pöhlmann darauf aufgebaut hat, in sich zusammen. Doch müssen wir deshalb die modernen Vorstellungen sozialer Klassen und des Klassenkampfs für das Studium der Sozialgeschichte des alten Griechenlands völlig beiseite lassen?

Zunächst ist grundlegend festzustellen, daß in gleicher Weise, wie es keine eigenständige ‚wirtschaftliche' Kategorie gab, auch keine unabhängige ‚soziale' Kategorie existierte. Wir können daher a priori davon ausgehen, daß die griechische Sozialgeschichte ebenso wie die Wirtschaftsgeschichte in die politische Geschichte eingegliedert ist.

Die Frage nach dem Stellenwert, den der Klassenkampf in der antiken Gesellschaft einnimmt, und besonders nach der Rolle, die die Sklaven in dieser Hinsicht gespielt haben, ist ein schwieriges Problem und muß mit großer Vorsicht angegangen werden. Wie man weiß, gibt es keine einheitliche Definition des Klassenbegriffs,[33] doch kreisen die modernen Vorstellungen und Auseinandersetzungen um drei Grundgedanken. Der eine ist im wesentlichen empirisch: eine soziale Klasse ist eine Gruppe von Menschen, die einen mehr oder minder klar definierten Platz in der sozialen Skala einnimmt, und man spricht also von den oberen, den mittleren oder den unteren Klassen. In der angelsächsischen Welt hat man diese Gliederung bekanntlich verfeinert und durch vielfältige Unterteilungen im einzelnen herausgearbeitet. Man könnte das etwa damit vergleichen, wie Arthur Evans und seine Nachfolger vorgingen: nachdem sie eine Unterteilung der ‚minoischen' Funde in die drei Klassen Frühminoikum, Mittelminoikum und Spätminoikum vorgenommen hatten, teilten sie dann jede Periode in drei Untergruppen (Frühminoikum I, II, III usw.), so als ob die Weltgeschichte ganz automatisch dem dreigeteilten Aufbau der Reden Ciceros folge. Zwei weitere Grundgedanken, die eine fundamentale Rolle gespielt haben, hat der Marxismus in die Debatte eingebracht. Eine Klasse wird demnach zunächst definiert durch den Platz, den sie in den Produktionsverhältnissen einnimmt: Handelt es sich um die produzierende Klasse oder um diejenige, die in den Genuß des Ertrages gelangt, ohne am Produktionsprozeß selbst beteiligt zu sein? Genau darin nämlich besteht aus der Sicht von Karl Marx der Unterschied zwischen Arbeiterklasse und Bourgeoisie. Schließlich hat der Marxismus noch eine andere Theorie entwickelt, nämlich die vom Klassenbewußtsein: Gemeinsamkeit der Interessen, Bildung einer gemeinsamen Sprache und eines gemeinsamen Programms, Anwendung dieses Programms im politischen und sozialen Handeln. Die beiden letzteren Definitionen des Klassenbegriffs (der einer Klasse an sich und einer Klasse für sich) sind nicht miteinander deckungsgleich. Ohne sich zu widersprechen, konnte Marx in einer Passage seines Buches ‚Der 18. Brumaire des Louis Bonaparte' (1852) einerseits versichern, daß die französischen Bauern eine soziale Klasse repräsentierten, weil „ihre Lebensweise, ihre Interessen und ihre Bildung" – man kann hinzufügen: und ihr Platz im Produktionsprozeß – „sie von anderen Klassen trennen und ihnen feindlich gegenüberstellen", daß aber andererseits aufgrund ihrer Zersplitterung keine andere Beziehung unter ihnen besteht als zwischen Kartoffeln in einem großen Sack und sie daher keine Klasse darstellen.

Aber wie steht es da mit dem alten Griechenland? Soll man wörtlich nehmen, was am Anfang des Kommunistischen Manifests steht: „Die Geschichte aller bisherigen Gesellschaft ist die Geschichte von Klassenkämpfen. Freier und Sklave, Patrizier und Plebejer, Baron und Leibeigener, Zunftbürger und Gesell, kurz Unterdrücker und Unterdrückte standen in stetem Gegensatz zueinander"? Mit anderen Worten geht es hier um zwei Fragen: gab es Klassenkämpfe im alten Griechenland und war die zentrale Frage dieser Kämpfe der Gegensatz zwischen Sklavenhaltern und Sklaven? Die Antwort fällt nicht leicht. Wenn man das bedeutendste der aus der griechischen Antike überlieferten Bücher aufschlägt, in denen politische, wirtschaftliche und soziale Überlegungen angestellt werden, nämlich die ‚Politik' des Aristoteles, so kann man feststellen, daß der Philosoph von Anfang an in seinem Werk prinzipiell unterscheidet zwischen dem Sklaven, der, wie es in einer Welt der Handwerker nur zu verständlich ist, als ‚Werkzeug' definiert wird, und dem Herren: „Einiges trennt sich gleich von Geburt an, das eine zum Dienen, das andere zum Herrschen." (Politik 1,1254a22) Erstere nennt Aristoteles „Sklaven von Natur aus“. Aber später, als er die Veränderungen in der griechischen Gesellschaft betrachtet, und besonders im 5. Buch, wo es um das Phänomen der *stasis* geht (Auseinandersetzungen innerhalb eines Staates), spricht er in den Termini des Klassenkampfes und geht aus von der Überlegung, daß jede der Gruppen, die sich gegenüberstehen, ganz allein den Staat in seiner Gesamtheit regieren wolle. In der Tat zeigt sich im zweiten Teil dieses Buches, daß es nicht an antiken Texten fehlt, die auf lebhafte Weise ein leidenschaftliches Klassenbewußtsein auf der einen oder anderen Seite der Kampfesfront ausdrücken. Aber diese beiden Feststellungen stehen nicht in Zusammenhang miteinander und laufen nicht auf das hinaus, was man sich heute unter Klassenkampf vorstellt. Insbesondere wird man den Platz verschiedener sozialer Gruppen innerhalb des Produktionsprozesses als Kriterium für den Klassenkampf in der Antike vergeblich suchen. Natürlich gab es nichts, was im entferntesten dem ähnelte, was wir ‚Arbeiterklasse‘ nennen, aber darüber hinaus war es eben keineswegs der Platz innerhalb des Produktionsprozesses, der die sozialen Klassen voneinander trennte. Ein athenischer Bürger, der auf derselben Baustelle oder in derselben Werkstatt handwerkliche Arbeit leistete, wo auch ein Metoike oder Sklave (sei es sein eigener oder der eines anderen) arbeitete, war in sozialer Hinsicht von seinen Arbeitskollegen durch Abgründe getrennt. Kein gemeinsamer Kampfeswille einte sie (und ebensowenig brachte sie Konkurrenz um Lohn oder Arbeit gegeneinander auf). Ohne Frage waren Arbeiten, die für minderwertig gehalten wurden oder körperlich anstrengend waren (das war in erster Linie die Arbeit in den Bergwerken), mehr oder minder den Sklaven vorbehalten, doch bedeutete das mitnichten die Herausbildung eines gemeinsamen Bewußtseins der Sklaven untereinander. In Athen konnten sowohl die Arbeiter in den Bergwerken, ein Steinmetz, die Schutzleute wie auch jemand, den wir als höheren Beamten bezeichnen würden, Sklaven sein, aber ihr einziges gemeinsames Anliegen war das Verlangen nach Freiheit. Sie legten es nicht darauf an, die Führungsschicht der Gesellschaft zu ersetzen, und noch weniger wollten sie eine ‚klassenlose Gesellschaft‘ aufbauen, wie sie die neuzeitliche Bourgeoisie zu errichten vermeinte, als ihr Kampf sie an die Macht gebracht hatte, oder wie die sozialistische Ideologie sie realisieren möchte.

Die Sklaven also, oder wenigstens die, die wir als ‚Kaufsklaven‘ *(chattel-slaves)* bezeichnen, bildeten keine Klasse. Freilich muß das nicht heißen, daß sie nicht doch, um mit Aristoteles zu sprechen, die ‚Werkzeuge‘ waren, ohne die die griechische *polis* einfach nicht darzustellen war. Die folgenden Sätze bei Aristoteles sind berühmt (Politik 1,1253b33–1254a1): „Wenn nämlich jedes einzelne Werkzeug auf einen Befehl hin, oder einen solchen schon voraus ahnend, seine Aufgabe erfüllen könnte, wie man das von den Standbildern des Daidalos oder den Dreifüßen des Hephaistos erzählt, von denen der Dichter sagt, sie seien von selbst zur Versammlung der Götter erschienen (Homer, Ilias 18,376), wenn also auch das Weberschiffchen so webte und das Plektron die Kithara schlüge, dann bedürften weder die Baumeister der Gehilfen noch die Herren der Sklaven."

Aristoteles stellt hier – das wird in der Regel übersehen – nicht allein Herren und Sklaven einander gegenüber. Es gibt aber in der Tat eine Gruppe von ‚Sklaven', an der sich Züge zeigen, die sie in die Nähe einer modernen sozialen Klasse rücken lassen: Die ‚Gleichen' *(homoioi)* in Sparta waren nicht selbst Produzenten, sondern lebten von der landwirtschaftlichen Produktion, die die Heloten erbrachten. Diese stellten gemeinsam Forderungen, die in einem dauernden Zustand der Revolte ihren Ausdruck fanden (s. Kap. 4), doch muß für diesen Fall noch ein anderer Unterscheidungsfaktor eingebracht werden. Seit den Errungenschaften der bürgerlichen Revolution sind die modernen sozialen Klassen, wenn auch nicht durch Beweglichkeit in der Praxis, so doch zumindest durch ihre formalrechtliche Durchlässigkeit charakterisiert. Der Sohn eines Arbeiters oder auch der Arbeiter selbst können von Rechts wegen Angehörige der Bourgeoisie werden. Hingegen konnten mit Ausnahme eines Sonderfalls, mit dem wir uns hier nicht weiter aufzuhalten brauchen (die *mothakes,* die angeblich gemeinsam mit den jungen Spartiaten erzogen wurden), Heloten von Rechts wegen nicht zu vollberechtigten Spartiaten werden. Wir müssen demnach die oft vertretene Ansicht, nach der Auseinandersetzungen zwischen Sklaven und Herren als Äußerung des Klassenkampfes in der Antike zu verstehen seien, ganz und gar zurückweisen. Desgleichen ist die parallel laufende Ansicht abzulehnen, die aus dem neuzeitlichen Kampf um die Abschaffung der Sklaverei in den Kolonien geboren wurde,[34] daß nämlich die Sklaverei der klassischen Zeit die Ursache für den Niedergang der griechischen Gesellschaft gewesen sei. In Wirklichkeit war es die Sklaverei, die die Existenz dieser Gesellschaft erst ermöglichte, indem sie die Freiheit des Bürgers garantierte.[35]

Hat man den Gegensatz zwischen Herren und Sklaven als mögliche Ursache des Klassenkampfes in der griechischen Welt erst einmal ausgeschieden, so bleibt zu fragen, was denn nun eigentlich die wesentlichen Charakteristika solcher Auseinandersetzungen waren. Es sind zwei, und sie sind untrennbar miteinander verbunden. Erstens bestand der Gegensatz nicht zwischen Gruppen, die verschiedene Plätze innerhalb der Produktionsverhältnisse innehatten, sondern, grob gesagt, zwischen Besitzenden und Nichtbesitzenden, wobei die wichtigste Form des Wohlstandes der Landbesitz war. Sehr häufig bestand auch tatsächlich ein Gegensatz zwischen einer wohlhabenden Minderheit und einer verarmten Mehrheit, wobei jedoch mit Aristoteles darauf hinzuweisen ist, daß nicht die Zahl das wesentliche Kriterium war, sondern der Reichtum. Das Vokabular, das die Griechen benutzten, um diese beiden gegensätzlichen Gruppen zu bezeichnen, ist auffallend reich (s. Text 18): Auf der einen Seite stehen die Begriffe *aristoi, esthloi, eugeneis, epieikeis, gennaioi, gnōrimoi, kaloikagathoi, chrēstoi, charientes, beltistoi* usw., die die wohlhabende Minderheit bezeichnen, auf der anderen Seite benennt man mit Worten wie *plēthos, dēmos, ochlos, kakoi, deiloi, ponēroi, cheirous, mochthēroi* usw. deren Widersacher.[36] Es hat keinen Sinn, daß man versucht, für jedes dieser Worte eine Schattierung zu finden, die es genau von den anderen absetzt: in Wirklichkeit handelt es sich um austauschbare Synonyme. Die offensichtliche Tendenz, der diese Termini folgen, und damit auch ihre Herkunft, sind nicht zu übersehen: Positive Begriffe bleiben der Minderheit vorbehalten, während der größere Teil der Worte, die die Mehrheit bezeichnen, abwertenden Charakter besitzt. Des weiteren ist zu bemerken, wie den sozialen Klassen implizit moralische Qualität zugesprochen wird: Positive Eigenschaften sind das Privileg der wohlhabenden Minderheit (man vergleiche dazu, was vorher über die Vorstellungen zu Reichtum und Armut gesagt wurde).

Der Gegensatz zwischen einer Minderheit der Besitzenden und einer Mehrheit der Nichtbesitzenden ist grundlegend für den Klassenkampf in Griechenland; doch für sich allein reichte das nicht aus, um Auseinandersetzungen organisierter Gruppen auszulösen. Eine zweite notwendige Bedingung tritt noch hinzu: zum Klassenkampf kommen konnte es nur zwischen Bürgern, und zwar aufgrund dessen, daß sie dem Staat angehörten (oder angehören konnten) und demzufolge politische Macht besaßen. Es gab Reiche und Arme außerhalb der Bürgerschaft, aber der Gegensatz zwischen ihnen konnte sich nicht entwickeln aus dem einfachen Grunde, weil sie keinerlei Zugang zur politischen Macht hatten. Das erklärt zum Teil die fehlende Beteiligung von Sklaven als Gruppe an den sozialen und politischen Auseinandersetzungen der Bürger untereinander in Staaten wie Athen. Umgekehrt trägt derselbe Umstand dazu bei, die aktive Rolle zu erklären, die Gruppen wie die Heloten in Sparta in Auseinandersetzungen eben deswegen gespielt haben, weil sie in gewisser Weise Teil des Staates waren (oder doch wenigstens diesen Anspruch erhoben).

Nach dem bisher Gesagten wird man nicht erwarten, daß es bei Auseinandersetzungen zwischen Bürgern speziell um rein wirtschaftliche Anliegen ging, und in der Tat bildeten politische Forderungen und wirtschaftliche Forderungen oft ein untrennbares Ganzes. Die Verfassungen griechischer Staaten neigten dazu, die soziale Zusammensetzung der Bürgerschaft und die Art der Vermögensverteilung unter ihren Mitgliedern widerzuspiegeln (s. Text 19). Politische Umwälzungen bedeuteten daher oft gleichzeitig soziale Umwälzungen. Doch ohne den politischen Aspekt des Kampfes unter Bürgern unterschätzen zu wollen, kann man doch versuchen, die rein wirtschaftlichen Faktoren dieser Kämpfe herauszuarbeiten. Hervorzuheben ist, daß im Gegensatz zu modernen Verhältnissen wirtschaftliche Forderungen niemals Arbeitsbedingungen und Löhne betrafen, da es ja, wie bereits dargelegt, weder eine Arbeiterklasse noch einen Arbeitsmarkt gab. Und es hat auch keinen irgendwie gearteten Protest von seiten mittelloser Bürger gegen die Sklavenarbeit gegeben, die ihnen vielleicht Konkurrenz machen konnte. Schon in archaischer Zeit waren die Schlagworte der Revolution die Schuldentilgung und die Neuverteilung des Bodens. Die echten wirtschaftlichen Forderungen betrafen stets entweder die Verteilung überschüssigen staatlichen Reichtums an die Bürger (s. Text 20, 111, 115) oder (was häufiger der Fall war) die Neuverteilung des Landbesitzes, der fast überall in der griechischen Welt den Bürgern vorbehalten war (s. Kap. 5). Landbesitz, das ‚Landlos', war oft die Grundlage des Bürgerrechts, doch konnte das Verhältnis sich auch umkehren, so daß die Zugehörigkeit zur Gruppe der Bürger die Grundlage für das Recht auf Landbesitz wurde, zumal man sich einig war, daß unter Bürgern, und zwar nicht nur in Demokratien, das Prinzip der Gleichheit in irgendeiner Weise realisiert sein müsse (die praktische Konsequenz war natürlich Gegenstand von Kontroversen, s. Text 114). Hinter dem Schlagwort von der Neuverteilung des Bodens stand also eine gewisse Logik. Die Spannung zwischen Bürgern fand in wirtschaftlicher und sozialer Hinsicht ihren Ausdruck in einem gespannten Verhältnis zwischen den Großgrundbesitzern und den unabhängigen Kleinbauern. Die große Errungenschaft der klassischen Zeit (das ‚griechische Wunder', wenn man so will) war es, den Aufstieg der Bauern in die Mitte des Staates ermöglicht zu haben: Der Bauer wurde, in manchen Staaten wenigstens, vollberechtigter Bürger – ein Phänomen, das es in der Geschichte vor den Griechen nicht gegeben hatte. Als im Laufe des 4. Jahrhunderts aus verschiedenen Gründen (s. Kap. 7) das Ideal vom Bürger und Bauern sowohl in der Realität wie in der Vorstellung an Boden verlor, begann der Abstieg der klassischen *polis.* Gerade damals tauchte die Forderung nach Neuverteilung des Bodens in der griechischen Geschichte mit verstärkter Heftigkeit wieder auf.

Der Gegensatz zwischen Bürgern, die etwas besaßen, und anderen, die nichts besaßen, war der bei weitem stärkste und wichtigste trennende Faktor innerhalb der Bürgerschaft, aber er war nicht der einzige. Aristoteles war sich dessen offenbar voll bewußt (s. Text 14) und mit ihm viele andere Griechen.

Einer dieser trennenden Faktoren war der Unterschied zwischen Mann und Frau (s. Text 15 und 16).[37] Die klassische *polis* von der Art Athens war bekanntlich eine Männergemeinschaft, und in zweifacher Hinsicht durch Exklusivität gekennzeichnet: zum einen waren die Fremden ausgeschlossen (und der Sklave stellte den Extremfall eines Fremden bar aller Rechte dar), zum anderen die Frauen. In einem Staat dieser Art war es völlig unvorstellbar, daß die Sklaven daran denken konnten, die politische Macht zu erobern: Das war eine Annahme, die noch nicht einmal den Komödiendichtern mit all ihrer Phantasie in den Sinn kommen konnte. Und was die Ausübung der Macht durch die Frauen angeht, so stellte das keine reale Gefahr im politischen Leben dar, sondern gehörte in das Reich der Utopien. Wie Aristophanes dieses Thema für seine ‚Lysistrata' und die ‚Weibervolksversammlung' auswertete, ist wohlbekannt. Aber in archaischen Gesellschaften war die Situation eine andere, und Sparta ist dafür das bekannteste Beispiel. Wie in diesen Gesellschaften einerseits politische Forderungen von

,Sklaven' von der Art der Heloten eine ständige Realität ihrer Geschichte sind, so findet man in der Legende und einigen Teilen der Überlieferung die Möglichkeit einer Machtausübung durch Frauen (der ,Gynokratie', um das griechische Wort zu benutzen) angedeutet. Aus diesem Grund tadelt Aristoteles in einem Passus der ,Politik' (2,1269b7–1270a31) die Verfassung der Spartaner, und er stellt dabei die Weiberherrschaft auf die gleiche Stufe wie die Machtausübung durch Heloten.

Ein weiterer trennender Faktor ist der Gegensatz, der zwischen Jung und Alt bestand[38] und der, möglicherweise als Erinnerung an eine ferne Vergangenheit, noch in historischer Zeit zum Tragen kam (s. Text 17). Die Staatsform der griechischen *polis*, die im allgemeinen und mit Recht für das charakteristische Element der griechischen Geschichte angesehen wird, ist indessen im Gesamtzusammenhang der Geschichte des Griechentums relativ jungen Ursprungs. Die *polis* überlagert in gewisser Weise ältere Institutionen und Gruppierungen, ohne sie jedoch völlig zu verdrängen. Die Altersklassen sind ein gutes Beispiel dafür, und man findet sie auch in vielen Teilen der griechischen Welt (s. Text 129). Sparta und die kretischen *poleis* sind das eindeutigste Beispiel (s. Text 57): dort spielten die Altersklassen eine wesentliche Rolle in der sozialen Organisation. In allen griechischen Staaten, seien sie demokratisch oder oligarchisch, galt das Prinzip der Anciennität bei der Verteilung politischer Macht. Es gibt besondere Fälle in der griechischen Geschichte, wo man sehen kann, wie sich der Gegensatz zwischen Jung und Alt innerhalb der Stadt zu einem offenen politischen Konflikt ausweiten kann und der Staat sich in zwei feindliche Gruppen geteilt findet (s. Text 17).

Die wichtigsten Quellen

Weiter oben ist gesagt worden, daß es für die Griechen keine unabhängige wirtschaftliche oder soziale Kategorie gab. Daher kann man auch bei den griechischen Autoren keine Abhandlung speziell zu diesem Thema erwarten. Einschlägige Bemerkungen sind aber in der gesamten erhaltenen griechischen Literatur verstreut zu finden. Als besonders wichtig kann man neben den Historikern vor allem die Werke der Staatstheoretiker des 4. Jahrhunderts nennen, des Platon und des Aristoteles, von letzterem insbesondere die ,Politik'; daneben gibt es die am Anfang genannten Abhandlungen zur Ökonomie, die teilweise Berührungspunkte zeigen mit den ,Werken und Tagen' des Hesiod, einem Lehrgedicht, das uns wichtige Auskünfte über das Leben eines Bauern im Boiotien des 7. Jahrhunderts gibt; dann ist da die sogenannte Schrift ,Über die Einkünfte' des Xenophon, ein auf etwa 355 zu datierendes Werk, in dem der Autor eine Reihe geeigneter Maßnahmen vorschlägt, um Athen aus den finanziellen Schwierigkeiten zu befreien, in denen es sich befindet, und das eine bemerkenswerte Äußerung wirtschaftlicher Mentalität in den griechischen Staaten der klassischen Zeit darstellt; ferner ist die Attische Komödie zu nennen; schließlich die Schriften der Redner des ausgehenden 5. und des 4. Jahrhunderts und anderes mehr.

Neben den literarischen Texten haben wir das Zeugnis der Inschriften (Dokumente auf Papyrus sind natürlich aus vorhellenistischer Zeit nicht überliefert).[39] Ergiebige Inschriften aus archaischer Zeit gibt es nur wenige. Erst mit der vollen Entfaltung der attischen Demokratie in der Mitte des 5. Jahrhunderts wird es allgemein üblich, öffentliche Dokumente (Volksbeschlüsse, Verträge usw.) mehr oder minder systematisch auf Stein zu veröffentlichen. Der Beitrag der Inschriften zur Wirtschafts- und Sozialgeschichte ist beachtlich. Auch hier ist es die Gesamtheit des epigraphischen Materials, das Informationen liefern kann. Besonders wichtig sind die Texte zum Staatshaushalt (Inventare, Abrechnungen der Schatzmeister in den Tempeln und Heiligtümern, Abrechnungen über die öffentlichen Ausgaben, die sogenannten ‚Tributlisten' des Attischen Seebundes aus dem 5. Jahrhundert, die Gesetzgebung zu gewissen wirtschaftlichen Fragen usw.); ferner sind da die Verträge von Staaten untereinander, die manchmal einige wirtschaftliche Klauseln enthielten; dann gibt es die Hypothekensteine (*horoi*, d. h. ‚Steinpfeiler'), die man auf attischen Landgütern aus dem 4. Jahrhundert gefunden hat; des weiteren zahlreiche Inschriften, die die Metoiken und die Sklaven betreffen usw.

Schließlich ist der Beitrag der Archäologie zu betonen. Es ist hier nicht der Platz, eine Bilanz dessen aufzumachen, was die Archäologie zur Wirtschafts- und Sozialgeschichte beigetragen hat, und auszuführen, was sie noch wird beitragen können. Der Hinweis auf einige neuere Literatur zu diesem Thema mag genügen.[40] Die Archäologie kann eine ganze Reihe von Fakten aufdecken, die uns sonst unbekannt bleiben: z. B. kann sie uns Auskunft geben über den Handel und Beziehungen der griechischen Staaten untereinander oder zwischen Griechen und Nichtgriechen. Sie kann auch bestätigen, berichtigen und vervollständigen, was wir bereits aus literarischen Quellen wissen (wie z. B. die Aktivitäten der Griechen in Ägypten in archaischer Zeit).[41] Überhaupt kann alles, was durch Ausgrabungen ans Licht kommt, in einen wirtschaftlichen und sozialen Rahmen eingeordnet werden. Unter den Dingen, die für die Wirtschaftsgeschichte besonders wichtig sind, sind die Münzhortfunde[42] hervorzuheben und vor allem die Vasen; was die letzteren betrifft, so muß man sich allerdings davor in Acht nehmen, zu weitgehende Schlüsse allein auf der Grundlage von Keramikfunden zu ziehen – eine Versuchung, der Geschichtsforscher oft erlegen sind.[43]

Wenn man die verschiedenen Arten von Quellen zusammenfaßt – die literarischen, epigraphischen und archäologischen –, so könnte man den Eindruck gewinnen, die Überlieferung sei reichlich. Dennoch darf man die Grenzen unserer Kenntnis nie aus den Augen verlieren. Einer der wichtigsten Mängel für das Studium der Wirtschaftsgeschichte Griechenlands ist das Fehlen gesicherter statistischer Angaben, was einen detaillierten statistischen Ansatz unmöglich macht. So kennen wir z. B. die genauen Bevölkerungszahlen Athens in klassischer Zeit nicht, geschweige denn die anderer griechischer Staaten, und daher bleiben diesbezügliche Feststellungen im Bereich mehr oder weniger glaubhafter Vermutungen. Im allgemeinen weiß man sehr viel mehr über die klassische Zeit als über die vorausgehenden Jahrhunderte. Qualität und Zahl der Quellen variieren auch regional. Wie überhaupt in der griechischen Geschichte nimmt Athen auch bei den Quellen zur Wirtschaft und Gesellschaft mit Abstand den ersten Platz ein. Es wäre sinnlos, wollte man die Lücken sowie die Gefahren einer unausgewogenen Darstellung in Abrede stellen, denen jede Untersuchung zur griechischen Geschichte ausgesetzt ist.

Zweites Kapitel

Die homerische Welt

Die mykenische Welt

Die Geschichte der Griechen im Altertum hat zwei deutlich voneinander getrennte Phasen durchlaufen. Von diesen ist die Geschichte der griechischen *polis*, die grob gesagt im 8. Jahrhundert mit dem Ende der ‚Dunklen Jahrhunderte' und dem Beginn der archaischen Zeit einsetzt, der besser bekannte und wichtigere Teil. Aber chronologisch gesehen handelt es sich dabei sozusagen nur um die zweite Geschichte Griechenlands: Eine ganz andere geht dem voraus, nämlich die des mykenischen Griechenland in der Bronzezeit. Das war nicht eine Geschichte von Stadtstaaten, sondern von Königreichen, die, so klein sie auch waren, zentralistisch und bürokratisch aufgebaut waren und sich bis zu einem gewissen Grade nach dem Vorbild gleichzeitiger vorderorientalischer Kulturen richteten. Einerseits sind uns diese Königtümer bekannt geworden durch die archäologischen Entdekkungen, die im letzten Jahrhundert mit den Ausgrabungen Heinrich Schliemanns begannen und danach ständig fortgeführt wurden und die unter anderen die Paläste von Mykene, Tiryns, Pylos zutage gefördert haben; andererseits wissen wir darüber aufgrund der Entzifferung der Silbenschrift auf den Tontäfelchen von Knossos, Mykene und Pylos (neuerdings auch Theben), des sogenannten Linear B, die 1952 dem englischen Architekten Michael Ventris gelang. Die Entzifferung des Linear B hat ermöglicht, die Organisation der großen zentralen Paläste in ihren Einzelheiten aufzudekken, wo jedwede wirtschaftliche Tätigkeit einer geradezu überraschend minuziösen buchhalterischen Kontrolle unterworfen war. Diese mykenische Welt zerfiel im Laufe des 12. Jahrhunderts, das für den gesamten östlichen Mittelmeerraum eine Zeit grundlegender Veränderungen war. Mit dem Ende der mykenischen Welt verschwand die Art des sozialen Aufbaus, für die sie steht, ein für allemal aus der griechischen Geschichte, und dasselbe gilt für alles, was an Institutionen und kulturellen Einzelheiten mit ihr zusammenhängt. Die griechische Geschichte der klassischen Zeit sollte nicht eine Geschichte der Paläste mit ihrer buchhalterischen Bürokratie sein, sondern die Geschichte der *polis.* Daher ist der Einschnitt am Ende der Bronzezeit der tiefste in der griechischen Geschichte.[1]

Die Homerischen Epen als historische Quelle

Die Geschichte der mykenischen Welt liegt außerhalb des Rahmens, der diesem Buch gesetzt ist; dennoch war ein Hinweis darauf notwendig. Die ersten schriftlichen Quellen, die uns aus der Zeit nach dem Ende der mykenischen Paläste überliefert sind, und zugleich die ersten literarischen Werke der Griechen sind die ‚Ilias' und die ‚Odyssee'. Erklärtermaßen werfen diese Dichtungen einen Blick zurück auf Geschehnisse, die sich in der Bronzezeit, in der mykenischen Welt ereignet hatten. Die Frage, auf welche historische Epoche sich das Zeugnis Homers beziehen könne und in welchem Ausmaß man es als historische Quelle verwenden dürfe, ist Gegenstand einer lang andauernden Debatte, die bei weitem noch nicht abgeschlossen ist, in der man aber nicht umhin kann, Stellung zu beziehen. Sie lautet mit anderen Worten: was stellen die Homerischen Epen als historische Quelle dar?[2]

Nach Auffassung einer Mehrheit der Forscher zeichnen die Homerischen Epen lediglich ein mehr oder minder getreues Bild von der untergegangenen mykenischen Welt, und Homer wäre dann neben den archäologischen Entdeckungen und den Zeugnissen des Linear B als eine wichtige Quelle für die griechische Geschichte in der Bronzezeit zu nennen. So weit verbreitet diese Ansicht auch ist, bleibt sie doch unhaltbar. Es ist wahr, daß die Homerischen Dichtungen diese verlorene Welt darzustellen suchen. Oft ist darauf hingewiesen worden, daß sie in der Tat verschiedene mykenische Elemente enthalten, die mit dem Zusammenbruch der Paläste verschwunden waren, an die aber Homer die Erinnerung bewahrt hat (Ortsnamen, Gegenstände, Bräuche usw.). Dennoch ist das sehr wenig, wenn man an all das denkt, was im Hinblick auf Institutionen und kulturelle Erscheinungen in der Zeit zwischen dem Ende der mykenischen Welt und Homer vergessen wurde. Es gibt bei Homer auch viele Anachronismen, die nicht in den Kreis der mykenischen Welt passen, sondern in Wahrheit einer späteren Zeit angehören. Die Entzifferung des Linear B hat den Unterschied zwischen mykenischer Welt und homerischer Gesellschaft noch deutlicher gemacht: Eine tiefe Kluft trennt die mykenischen Paläste mit ihrer minutiösen Bürokratie von den Palästen der homerischen Könige, die sich in ihrer Organisation unendlich viel bescheidener ausnehmen und in denen ein wesentliches Element der mykenischen Welt, nämlich die Schrift, völlig fehlt. In der Zeit, die zwischen der mykenischen Welt und Homer liegt, verschwand eine Art von Gesellschaft endgültig, und von ihrer Existenz haben die Griechen nachfolgender Generationen keine Ahnung mehr.[3]

Soll man also davon ausgehen, daß die Homerischen Epen in erster Linie die Verhältnisse der Zeit widerspiegeln, in der sie gedichtet wurden, also des 8. Jahrhunderts (nach der heute weitestgehend akzeptierten Datierung), wobei die ‚Ilias' an den Anfang des Jahrhunderts oder etwas früher und die ‚Odyssee' in die zweite Hälfte des Jahrhunderts zu setzen ist? Diese Ansicht ist weniger verbreitet als die vorher genannte, aber sie ist vertreten worden. In der Tat ist es möglich, Elemente herauszuschälen, die sehr wahrscheinlich der Zeit angehören, in der der Dichter lebte. So konnte man Verbindungen zwischen der ‚Odyssee' und dem Beginn der Kolonisation im Westen in der zweiten Hälfte des 8. Jahrhunderts aufzeigen (s. Text 20). Andererseits kann man aber wohl kaum in den homerischen Epen eine getreue Schilderung der Welt sehen, in der der Dichter lebte. Man muß immer mit der bewußt archaisierenden Tendenz des Dichters rechnen, der auf eine versunkene Welt zurückblickt und sich bemüht, sie in Erinnerung zu rufen. Er ist sich dessen bewußt, daß vor verhältnismäßig kurzer Zeit tiefgreifende Veränderungen stattgefunden haben, doch er vermeidet es, darauf anzuspielen. So sagt er bis auf eine einzige Anspielung nichts von den Doriern, die sich nach dem Untergang der mykenischen Paläste in Griechenland niedergelassen hatten, noch erwähnt er die Ansiedlung der Griechen in Kleinasien in der Zeit der ‚Dunklen Jahrhunderte'. Er wollte eine nicht mehr existierende Gesellschaft darstellen, besaß aber keine Anhaltspunkte, nach denen er sich richten konnte. Daher war das, was der Dichter beschrieb, sehr wahrscheinlich weder die mykenische Welt noch seine eigene Zeit, sondern eine Welt, die zeitlich zwischen beiden lag, nämlich das Griechenland der ‚Dunklen Jahrhunderte' (10. und 9. Jahrhundert), die auf den Untergang der mykenischen Paläste folgten und der Entstehung der *polis* im 8. Jahrhundert vorangingen, durch die eine völlig neue Epoche der griechischen Geschichte eingeleitet wurde.[4]

Doch man kann nicht einfach die homerische Welt mit den Verhältnissen während der ‚Dunklen Jahrhunderte' gleichsetzen. Die homerische Gesellschaft beschreiben heißt nicht so viel wie die wirkliche griechische Gesellschaft des 10. und 9. Jahrhunderts beschreiben. Man muß die Möglichkeit von Anachronismen in beiden Richtungen in Betracht ziehen. Schematisch gesprochen könnte man sagen, daß sich bei Homer drei historische Ebenen überlagern: die mykenische Welt, die der Dichter in Erinnerung rufen will; die ‚Dunklen Jahrhunderte'; die Zeit, in der er lebte. Oft wird es nicht leicht sein zu unterscheiden, was der einen oder anderen dieser drei Ebenen zugehört.

Doch das historische Interesse am Werk Homers erschöpft sich keinesfalls in diesen Fragen, auch nicht im Hinblick auf die in diesem Buch behandelten Themen. Es gilt, die Gesetze dieser gewaltigen dichterischen Erzählung zu erforschen. Dann zeigen sich etwa Gegensatzpaare, die man danach zu allen Zeiten in der griechischen Kultur wiederfinden wird. So sehen wir z. B., wie Homer die grundlegenden Unterschiede betont zwischen den Menschen, die Brot essen, das Land bebauen, die sich Vieh halten und Opferhandlungen begehen, die in der ‚Odyssee' Pylos, Sparta und Ithaka bewohnen, und andererseits den nicht menschlichen Wesen, d.h. den menschenfressenden Ungeheuern, Sirenen oder Göttinnen oder was auch immer, denen Odysseus auf seinen Fahrten begegnet, und dieser Gegensatz geht in seiner Bedeutung weit hinaus über die Frage, ob das Pylos des Nestor dasselbe ist, das die Archäologen aus Cincinnati in Epano-Engliano gefunden haben. Doch sollte das den Historiker nicht davon abhalten, aufmerksam zu lesen. Das Kyklopenabenteuer im 9. Buch der ‚Odyssee' z. B. beschreibt zwar einerseits Wilde im mythischen Sinne – ‚Barbaren' und Hirten, wie sie die Griechen wohl kannten –, aber gleichzeitig auch ein Land, zu dessen Kolonisation in ganz realistischer Weise aufgefordert wird (s. Text 30).

Wie dem auch sei, man sieht – um zu konkreteren Problemen zurückzukehren –, wie Homer sich dessen bewußt war, daß die untergegangene mykenische Welt reicher und mächtiger gewesen war als die, in der er lebte. So wie er sie sich vorstellt, ruft der Dichter diese Welt ins Leben zurück, und indem er das tut, übertreibt er den Reichtum ihrer Könige allzu gern. Die Beschreibungen der homerischen Paläste mit ihren unermeßlichen Reichtümern und der großen Zahl an Sklaven können wir nicht wörtlich nehmen: Die Genauigkeit der Zahlenangaben ist rein illusorisch, und man darf sich davon nicht in die Irre führen lassen. Vergeblich wird man unter den archäologischen Funden aus dem 10. und 9. Jahrhundert nach Spuren eines Wohnsitzes suchen wie des großen Hauses des Odysseus auf Ithaka. Das Bild, das uns die Archäologie von der griechischen Welt eben dieser Zeit bietet, ist bei weitem weniger spektakulär: die materielle Kultur erfährt einen beachtlichen Rückschritt, viele Siedlungsplätze werden verlassen, und die Verbindungen zur Außenwelt sind praktisch unterbrochen. Nach den Störungen, die das Ende der mykenischen Epoche kennzeichnen, erholt sich die griechische Welt nur schrittweise und beginnt sich erst langsam wieder zu festigen.[5]

Im übrigen erscheint die homerische Welt als zu einheitlich. Wenn man Homer liest, könnte man denken, daß es in jener Zeit überhaupt keine Unterschiede zwischen den verschiedenen Teilen der griechischen Welt gegeben habe. Doch es ist schwer zu glauben, daß das in der Realität so gewesen ist.[6] Zu fast jeder Epoche ihrer Geschichte ist die griechische Welt durch das Fehlen einer einheitlichen Entwicklung in ihren verschiedenen Regionen gekennzeichnet. Doch fehlen für die Zeit, in die die homerische Gesellschaft im großen und ganzen zu gehören scheint, die Möglichkeiten für eine Kontrolle, und das Bild der homerischen Gesellschaft muß sich daher notwendigerweise einen gewissen Grad von Abstraktheit bewahren.

Schließlich muß man noch die Unterschiede zwischen ‚Ilias' und ‚Odyssee' betonen:[7] Strenggenommen gibt es keine ‚homerische Gesellschaft', sondern nur eine Gesellschaft der ‚Ilias' und eine der ‚Odyssee'. Zuerst einmal ist da ein Zeitunterschied: Die ‚Ilias' spiegelt eine Welt wider, die archaischer ist und weniger offen als die der ‚Odyssee'. Dann gibt es einen Unterschied im Thema: Die ‚Ilias' beschreibt eine Gesellschaft, die sich im Krieg befindet und in der die Kriegeraristokratie aufgrund ihrer militärischen Überlegenheit die führende Rolle spielt. Demzufolge sind die unteren

Klassen in dieser Gesellschaft von geringerer Bedeutung angesichts der Tatsache, daß sie, wie der Dichter sagt (Ilias 2,202), „weder im Kriege zählten noch im Rate" (s. Text 21). Die ‚Odyssee' gibt dagegen ein viel detaillierteres Bild der Gesellschaft, und zwar vor allem in dem Bereich, den wir Wirtschaft nennen. Insbesondere räumt die ‚Odyssee' der Einzelperson einen weit größeren Raum ein: Leute aus dem niederen Volk, das in der ‚Ilias' nur eine begrenzte Rolle spielt, tauchen wesentlich öfter in der Darstellung auf, und der Dichter zeigt größeres Interesse an ihrem Schicksal. Es wäre schwierig, wollte man die Gesellschaft der ‚Ilias' schildern. Das folgende gilt also in erster Linie für die ‚Odyssee', doch immer, wenn sich die Möglichkeit bietet, werden Unterschiede zur ‚Ilias' aufgezeigt werden.

Kennzeichen der homerischen Gesellschaft

Grundlegende Institution der homerischen Welt ist, so scheint es wenigstens, das *oikos* eines Aristokraten. Die großen Helden stehen im Vordergrund der Handlung und agieren meist selbständig, als ob die Gemeinschaft nicht existierte. Die Rolle, die Gemeinschaft und *polis* spielen, wird nicht eindeutig klar; der Rang, den die *polis* einnimmt, ist um so schwieriger zu bestimmen, als wir notwendigerweise von unserer Kenntnis der späteren griechischen Geschichte beeinflußt sind, von dem nachfolgenden Aufstieg der *polis,* so daß wir versucht sind, die homerische Welt allein vor dem Hintergrund der weiteren griechischen Geschichte zu untersuchen.

Richtig ist, daß man bei Homer *poleis* im Sinne städtischer Siedlungen findet, mit einem zentralen Ort, wo sich die Bewohner versammeln (der *agora*). Diese Städte sind die einzige Form von Siedlungen, die der Dichter kennt: Nirgendwo bei Homer werden Dörfer erwähnt, obwohl sie in weiten Teilen der griechischen Welt zu jener Zeit existiert haben müssen, so wie es sie später gab. Aber die homerischen Städte sind keine *poleis* im späteren Sinne des Wortes, im Sinne unabhängiger und souveräner politischer Gemeinwesen. Die Begriffe *dēmos, polis, politai,* die in späterer Zeit dazu dienen, diese Vorstellung auszudrücken, kommen zwar auch bei Homer vor, aber sie sind mit weitaus weniger Bedeutungsinhalt gefüllt, als dies später der Fall sein wird. Gelegentlich jedoch kommen Ansätze eines Gemeinschaftsgefühls zum Vorschein, wie z.B. bei der Gerichtsszene in der Schildbeschreibung im 18. Buch der ‚Ilias' oder in der Szene auf der *agora* in Ithaka im 2. Buch der ‚Odyssee' – eines Gemeinschaftsgefühls, das manchmal in unterschwelligem Gegensatz zum Trachten der Helden steht. Es besteht also eine gewisse Spannung zwischen der homerischen Stadt und dem aristokratischen *oikos.*[8]

Was ist das überhaupt, ein *oikos?* Gelegentlich wird der Begriff mit ‚Familie' übersetzt,[9] doch diese Übersetzung ist zu eng und könnte in die Irre führen. Ein *oikos* ist, auch wenn man es nur auf die Menschen bezöge, sehr viel mehr als eine Familie im heutigen Sinne (d.h. die Gruppe Eltern – Kinder als Kernfamilie, wenn man den allerengsten Sinn des Wortes nehmen wollte). Unseren Begriff ‚Familie' kann man ins Griechische gar nicht übersetzen. Es ist zwar richtig, daß ein *oikos* allein von den Personen her gesehen in seinem Kern aus einer mehr oder weniger großen familiären Gruppe besteht. Doch es schließt auch alle die Menschen ein, seien sie Freie oder Sklaven, die unmittelbar von dem Herren eines *oikos* abhängig sind – alle Dienenden, denen eine der vielen im Rahmen des wirtschaftlichen Lebens eines *oikos* anfallenden Aufgaben übertragen ist. Je größer und mächtiger ein solches *oikos* ist, desto höher wird auch die Zahl der von ihm Abhängigen sein. Mit anderen Worten: ein *oikos* als Institution ist von den Menschen her gesehen nicht allein auf dem Prinzip verwandschaftlicher Bindung aufgebaut.

Doch der Begriff des *oikos* umfaßt viel mehr als nur eine Anzahl von Menschen. Das *oikos* schließt jede Art von mobilem und immobilem Besitz ein, der praktisch von den Menschen nicht zu trennen ist, insofern er nämlich deren materielle Existenz sichert. Demzufolge sind Grund und Boden, Gebäude, Vieh und Vorräte jeder Art, die Gerätschaften usw. Bestandteil des *oikos*. Das *oikos* stellt nicht nur eine Gruppe von Menschen dar, sondern auch eine wirtschaftliche Einheit, und es wird von einem großen Herrn geführt, der in der homerischen Welt ein bedeutender militärischer Führer ist wie Menelaos oder Odysseus. Vom Wirtschaftlichen her gesehen ist das Ideal des *oikos* die Autarkie (dieser Idealvorstellung sollte in der griechischen Welt eine lange Geschichte beschieden sein): Soweit irgend möglich soll das *oikos* in der Lage sein, den Eigenbedarf zur Aufrechterhaltung seiner Existenz von sich aus zu decken. Strenggenommen gibt es keinen Austausch innerhalb des *oikos*: Die gesamte Produktion wird dem Herrn des *oikos* übergeben, der sie dann nach eigenem Gutdünken verteilt. Das *oikos* ist also gleichzeitig eine Produktionseinheit wie eine Verbrauchseinheit, und der größte Teil seiner materiellen Bedürfnisse wird ohne Kontakt mit der Außenwelt gedeckt und ohne jeden Austausch auf dem Wege des Handels.

Was war nun die Grundlage für den materiellen Reichtum eines aristokratischen *oikos*? In erster Linie Grund und Boden: die Angehörigen des Kriegeradels waren vor allem Landbesitzer. Seit Homer bestand die Vorstellung von der Landwirtschaft als Grundlage der Zivilisation (s. Text 30).[10] Der Boden wurde auf jede erdenkliche Art und Weise ausgebeutet, durch Ackerbau, durch Kulturpflanzen (Wein, Oliven, Obstbäume) und Gemüseanbau, doch überwog im ganzen gesehen die Viehzucht (zumindest entsteht dieser Eindruck).[11] Der Reichtum der großen Grundeigentümer berechnete sich vor allem aus der Zahl ihres Viehbestandes, insbesondere der Rinder, die sie auf ihren Gütern hatten (s. Text 24). Über den Landbesitz und den Viehbestand hinaus (und auch den Besitz an Sklaven, die man zum beweglichen Besitz eines *oikos* rechnen kann) gab es noch den ‚Schatz', den man zusammengetragen hatte und der in einem besonderen Raum im Zentrum des Palastes aufbewahrt wurde. Dort waren Lebensmittelvorräte gelagert wie Getreide, Gefäße mit Öl und Wein, des weiteren auch kostbare Stoffe, Gebrauchs- oder Edelmetalle als Barren oder in Form von Waffen, Dreifüßen und Kesseln (s. Text 23). Nicht allein im Interesse und zu Zwekken des Verbrauchs (was allerdings auch eine Rolle spielte, s. weiter unten) mußte der Herr eines *oikos* einen möglichst großen Schatz besitzen, sondern auch aus Gründen des Prestiges. Die Macht eines reichen Kriegsherrn bemaß sich unter anderem daraus, wie beeindruckend sein Schatz war und wie prächtig die Geschenke, die er in der Lage war, Leuten ebenbürtigen Ranges zu überreichen, die als Gäste zu ihm kamen.

Wie schon gesagt, war die Autarkie das wirtschaftliche Ideal des *oikos*. In der Praxis war es nicht immer möglich, diesem Ideal Genüge zu leisten, und außerdem muß man die unersättliche Gier des Adels nach Reichtum in Rechnung stellen. Zu den unerläßlichen Dingen, die das *oikos* nicht selbst liefern konnte, gehörten vor allem Metalle und Sklaven. Daher war es nicht möglich, völlig ohne Kontakt mit der Außenwelt auszukommen. Die Mentalität und die Wertvorstellungen der homerischen Welt zeigen sich in der Art und Weise, wie die Helden es unternahmen, sich diese notwendigen Dinge zu beschaffen.

Die erste Art des Erwerbs war ganz einfach der Krieg. Er wird bei Homer und insbesondere natürlich in der ‚Ilias' ungeschminkter und brutaler geschildert als jemals später in der griechischen Geschichte. Kriegszüge, die im Interesse des Beutemachens unternommen werden, sind durchaus nichts Ungewöhnliches bei Homer, und homerische Helden brüsten sich gewöhnlich mit solchen Taten. Odysseus beginnt im Palast des Alkinoos die Erzählung seiner in Troja begonnenen Irrfahrten mit folgenden Worten (Odyssee 9, 39–43):

„Von Ilion her trug mich der Wind und brachte mich zu den Kikonen, nach Imaros. Dort zerstörte ich die Stadt und vernichtete die Männer. Und als wir aus der Stadt die Weiber und viele Güter genommen hatten, verteilten wir sie unter uns, so daß mir keiner des gleichen Anteils verlustig ginge."

Die Beute, die man dem Feind abgenommen hatte, wurde an die Teilnehmer des Zuges verteilt, und ihr Führer hatte Anrecht auf einen besonderen Anteil.[12]

Krieg konnte jedoch nicht das einzige Mittel des Erwerbs sein. Um sich Metalle und Preziosen zu beschaffen, mußte man normalerweise auf Tausch zurückgreifen, zumal der Krieg auch Gefahren in sich barg: Es konnte passieren, daß man es mit einem Gegner zu tun hatte, der stärker war als man selbst, und daß sich dann die Aggression gegen den Aggressor kehrte. Obgleich die Gewalt in den Homerischen Epen eine große Rolle spielt, kennt man doch auch, zumindest in der ‚Odyssee', einen festen Kodex für Beziehungen nach außen, mit dessen Hilfe der Austausch bei gleichzeitiger Wahrung der aristokratischen Werte organisiert werden konnte. In der ‚Odyssee' findet man zahlreiche Beispiele für eine bestimmte Art des Tauschs, nämlich des Austauschs von Gabe und Gegengabe, die vielen ‚primitiven'

Gesellschaften gemein ist;[13] in der ‚Ilias' findet sich ein Beispiel im 6. Buch (Ilias 6, 212–36). In der homerischen Welt, wie in vielen archaischen Gesellschaften, macht man kein Geschenk, das nicht im eigenen Interesse steht: Man schenkt nicht nur aus Vergnügen am Schenken, sondern weil man sich, indem man schenkt, eine Gegengabe erhofft, früher oder später ein Gegengeschenk oder die Erweisung eines Dienstes erwartet. Dieses Prinzip ist so tief in der homerischen Welt verwurzelt, daß es niemals in Frage gestellt wird: der Dichter sieht diese Praxis als selbstverständliche Gegebenheit an. Das Geschenk begründet die Verpflichtung zur Gegengabe. So sieht man also, wie die Helden ihre Gäste empfangen und ihnen bereitwillig ‚Geschenke' überreichen (Waffen, Metalle, Preziosen usw.), immer in der sicheren Erwartung, dafür ihrerseits etwas zu bekommen, seien es vergleichbare Gegenstände oder entsprechende Dienstleistungen (s. Text 26). Mit Hilfe dieser Institution konnte man den Austausch organisieren und die Lücken im System der Selbstversorgung schließen. Man muß betonen, daß dieser Austausch nichts mit Handel zu tun hatte; jeder Gedanke an Gewinn war grundsätzlich ausgeschlossen. Vielmehr war es das Prinzip der Ausgewogenheit, das zur Geltung kam: die Geschenke, die von beiden Seiten gegeben wurden, mußten sich die Waage halten, und es war undenkbar, daß man auch nur den kleinsten Gewinn aus der Transaktion schlug. Ein Austausch dieser Art konnte sich daher ohne weiteres in den Rahmen aristokratischer Wertvorstellungen einfügen. Und so sehen wir die homerischen Helden, wie sie selbst lange Reisen unternehmen, um sich auf dem Wege des Austauschs das zu beschaffen, was im *oikos* fehlt. Aber welche Rolle spielte nun der echte Handel in der homerischen Welt?

Bis zu einem gewissen Grade gibt es Handel (s. Text 30), mehr in der ‚Odyssee' als in der ‚Ilias', aber er ist noch kaum entwickelt. Bei Homer gibt es keine Verkaufsmärkte und die *agora* in den Städten besitzt keine wirtschaftliche Funktion, sondern ist nur ein Versammlungsplatz. Homer kennt keinen terminus technicus zur Bezeichnung des Händlers; Händler sind für ihn nur ganz vage *prēktēres* (d.h. ‚Agenten').[14] Das Wort *emporos*, das später zur Bezeichnung gerade des maritimen Händlers werden sollte, bedeutete noch nichts anderes als ‚Passagier' (auf einem Schiff). Die einzigen wirklich auf Handel spezialisierten Menschen sind Fremde, insbesondere die Phönizier. In der ‚Ilias' werden sie nicht oft erwähnt (s. jedoch Ilias 6,289–91; 23, 740–45), sehr viel häufiger in der ‚Odyssee'. Man sieht, wie sie kostbare Dinge (Kunstwerke, Juwelen) und Sklaven heranschaffen. Manchmal können sie ganz einfach zu Piraten werden und verkaufen ihre Passagiere in die Sklaverei. Sie stehen immer in schlechtem Ruf; ihre Ware nimmt man gerne, aber man traut ihnen nicht. Zu einer positiven Bewertung des Handels tragen sie jedenfalls nicht bei.[15] Daraus wird klar, welchen Platz der Handel auf der homerischen Werteskala einnahm. Die deutlichste Illustration dieses Umstands sind die Phaiaken (s. Text 277). Die Phaiaken sind der Idealtypus eines seefahrenden Volkes; sogar ihre Namen sind häufig aus dem Bereich des Meeres und der Schiffahrt abgeleitet (Odyssee 8,111–19). Sie besitzen außerordentliche navigatorische Fähigkeiten, die manchmal geradezu in den Bereich des Wunderbaren gehörten. Aber das bedeutet nicht, daß die Phaiaken etwa im maritimen Handel tätig wären. Sie haben im Gegenteil keinerlei Beziehungen zur Außenwelt und sind Fremden gegenüber sehr mißtrauisch. Sie leben nicht vom maritimen Handel, sondern vom Ertrag des Bodens. Obwohl ein seefahrendes Volk, lehnen sie den Handel ab. Gerade im Lande der Phaiaken wird Odysseus die größte Beleidigung zuteil, als man ihn beschuldigt, ein Händler zu sein, dem allein an seiner Ware und seinem Profit liege – eine Beleidigung, der er nur begegnen kann, indem er in überzeugender Weise seine körperlichen Fähigkeiten und damit seinen Status als Held demonstriert (Odyssee 8,145–93; vgl. auch unten S. 134, Anm. 14).

Die unteren Klassen bei Homer

Vor allem ging es Homer um die Helden; was die unteren Klassen betrifft, so gibt er uns daher nur ein lückenhaftes Bild. In der ‚Ilias' spielen sie eine sehr geringe Rolle. Die ‚Odyssee' hingegen zeigt größeres Interesse, und zwar nicht nur für die unteren Klassen als Gruppe, sondern auch für Individuen (das unterschiedliche Thema ist hier offenbar von Bedeutung). Aber der Unsicherheitsfaktor bleibt groß: die Hierarchie der unteren Klassen ist daher äußerst umstritten.

Will man den sozialen Status eines Menschen bestimmen, so ist nach einer weit verbreiteten Ansicht in der homerischen Welt das entscheidende Kriterium nicht die Tatsache, ob er die persönliche Freiheit besitzt oder nicht, sondern welche Stellung er im Verhältnis zu einem *oikos* einnimmt. Der Status eines Menschen wurde nicht losgelöst definiert, sondern durch die bestehende oder fehlende Zugehörigkeit zu einer Gruppe; die Grundeinheit der homerischen Gesellschaft aber war das aristokratische *oikos.* Demzufolge, so hat man gesagt, war die niederste Stufe nicht die Stellung eines Sklaven, sondern die des Theten, eines freien Mannes, der jedoch kein Vermögen und Besitz sein eigen nannte und daher seinen Lebensunterhalt verdienen mußte, indem er einem anderen seine Dienste anbot und verkaufte; auf diese Weise begab er sich in ein Abhängigkeitsverhältnis, ohne sicher zu sein, den vereinbarten Lohn auch zu erhalten. Achilles in der Unterwelt erklärt, er wolle lieber ein Thete unter den Menschen sein und im Dienste eines armen Mannes stehen, als unter den Toten im Reich des Hades herrschen (s. Text 29). Die Lage eines solchen Theten war mißlich, sein Schicksal ungewiß: Er hatte keinerlei Bindungen und gehörte nicht zum *oikos* eines Aristokraten wie der Sklave, der sich insofern in einer besseren Lage befand.

Im übrigen ist klar, daß der Status eines Sklaven in der Praxis äußerst unterschiedlich sein konnte. Was die Art der zu verrichtenden Arbeit angeht, so gab es keinen Unterschied zwischen Freien und Sklaven; selbst die Helden konnten sich an der Arbeit beteiligen, und die negative Einstellung zur Arbeit war, wie weiter oben gezeigt worden ist, noch nicht so stark ausgebildet wie in späterer Zeit (vgl. z.B. Odyssee 23,189–201). Aber innerhalb des *oikos* konnte der Status eines Sklaven variieren. Unter den Sklaven, die zum *oikos* des Odysseus gehören, seien es männliche oder weibliche, kann man zwei Gruppen unterscheiden. Außer den normalen Sklaven, die lediglich die ihnen aufgetragenen Aufgaben verrichten, gibt es eine Gruppe privilegierter Sklaven, die sich der Gunst und des Vertrauens ihres Herrn erfreuen und an der Führung des *oikos* teilhaben. Eumaios hat von Odysseus ein Stück Land und eine Frau bekommen und sich außerdem einen Sklaven gekauft. Er ist nicht freigelassen worden (Homer kennt die Möglichkeit der Freilassung nicht), aber es ist so, als ob das geschehen wäre. Der Status des Eumaios kann im Vergleich zu dem manch eines freien Mannes als überlegen erscheinen.[16]

Freilich darf man dem Gegensatz zwischen Freien und Sklaven nicht jede Tragweite absprechen. Zunächst einmal muß der Thete, von dem Achill spricht, nicht unbedingt der typische Fall sein; der Status eines Theten mag in der Realität unterschiedlich gewesen sein und muß nicht eine genau definierte Untergrenze auf der sozialen Skala repräsentieren. Genauso ist es mit Eumaios: Er ist ein Ausnahmefall, und im allgemeinen ist das Schicksal eines Sklaven in der ‚Odyssee' weniger beneidenswert als das seine. Und selbst Eumaios, wie privilegiert er auch ist, erlangt nicht die volle Freiheit, sondern bleibt an das *oikos* des Odysseus gebunden. Zahlreiche Passagen machen glauben, daß der Gegensatz zwischen Freiem und Sklaven doch sehr deutlich empfunden wird, „denn es nimmt der weitumblickende Zeus dem Manne die Hälfte seines Wertes, wenn ihn der Tag der Knechtschaft ergriffen hat".[17]

Über die weiteren Glieder der Gesellschaft wissen wir nur wenig. Es gibt Anzeichen für die Existenz unabhängiger Hirten, aber man weiß kaum etwas über ihr Leben. Von abhängigen Bauern, wie man sie in archaischer Zeit findet, gibt es keine Spur, aber das muß selbstverständlich nicht heißen, daß es sie in homerischer Zeit nicht gegeben hätte. Auch Handwerker findet man. Eine besondere Gruppe scheint die der *dēmiourgoi* gewesen sein. Das waren nicht eigentlich die Handwerker, denn dieser Gruppe gehörten die Seher, Ärzte, Zimmerleute, die Sänger und Herolde an (s. Text 28). Ihre jeweiligen Tätigkeiten waren in irgendeiner Weise etwas Besonderes und gehörten nicht in den üblichen Rahmen des *oikos.* Die *dēmiourgoi* waren also umherziehende Spezialisten, die der Gemeinschaft ihre Dienste anboten (das genau ist die Bedeutung des Wortes), und ihr Können verschaffte ihnen eine gewisse Sonderstellung.

Das ist in groben Zügen die Gesellschaft der ‚Odyssee'. Ganz offensichtlich liegt zwischen dieser Welt und der klassischen *polis* ein weiter Abstand, und es scheint kaum notwendig, die Unterschiede noch mehr zu betonen.

Eher sollte man kontinuierliche Elemente unterstreichen und Ähnlichkeiten, die zwischen dieser Welt oder, besser gesagt, zwischen ihrer Ethik und ihrer Wertordnung und den Vorstellungen späterer Jahrhunderte bestehen.[18]

Die zeitlich als nächste folgende Quelle zur griechischen Geschichte, das Werk des Dichters Hesiod, berichtet uns über einen Bereich der griechischen Gesellschaft, den Homer vernachlässigt hatte, nämlich das Leben der Bauern. Hesiod unterscheidet sich auch in einem anderen, ganz grundlegenden Punkt von Homer, nämlich durch seine völlige Zurückweisung von Gewalt und Krieg. Aber in verkleinertem Maßstab ist seine Idealvorstellung von Unabhängigkeit nicht grundsätzlich verschieden von der des homerischen *oikos*, und die Bedeutung von Geschenk und Gegengeschenk ist ihm nicht fremd (s. Text 31). Die homerische Auffassung vom Handel ähnelt auf geradezu überraschende Weise den Überlegungen, die Aristoteles einige Jahrhunderte später anstellen sollte: Der Handel ist geringzuschätzen, insofern er nach Profit strebt, und er bleibt im wesentlichen eine Tätigkeit für Fremde; der einzige Austausch, der zulässig erscheint, ist der, der nicht auf Erwerb aus ist und dem Ziel der Autarkie dient (s. Text 2). Das Streben der homerischen Helden ist darauf gerichtet, durch ihre Taten ewigen Ruhm zu erlangen. Dieses selbe Ideal finden wir, wenn auch auf die Ebene einer Bürgerschaft und in den Bereich der Auseinandersetzung der griechischen Staaten untereinander übertragen, wieder ausgesprochen in den Reden des Perikles bei Thukydides.

Schließlich gibt es eine Episode in der ‚Odyssee', deren Bedeutung unterstrichen werden muß, weil sie die Zukunft vorauszuahnen scheint: gemeint ist die utopische Schilderung der Phaiaken, die erste Utopie der griechischen Literatur (s. Text 27). Die reale Welt der ‚Odyssee' – das ist Ithaka – ist nicht die Welt der Spezialisten. Die Frauen im Palast des Odysseus haben alle Arbeiten zu tun gelernt; eine spezielle Aufgabe haben unter ihnen allein einige, die den Mühlstein drehen, und eine von diesen beklagt ihr Schicksal (Odyssee 20,105–19). Des weiteren bleibt Ithaka, obwohl es eine Insel ist, eine Welt, deren Menschen sich dem Landleben zuwenden. Bei den Phaiaken hingegen teilen die Frauen die verschiedenen Aufgaben unter sich auf, und diese Spezialisierung auf einzelne Funktionen wird mit den nautischen Fähigkeiten der Phaiaken in Verbindung gebracht. In dieser Utopie können wir Züge entdecken, die das klassische Athen einige Jahrhunderte im voraus erahnen. Das legt natürlich den Gedanken nahe, daß das athenische Modell nicht ganz von ungefähr entstanden ist. Thukydides hat das sehr wohl verstanden, als er in den ersten Kapiteln seines Werkes, der sogenannten Archäologie (s. Text 43), dieses Modell in die Vergangenheit zurückprojizierte. Dennoch bleibt Tatsache, daß die Phaiaken, die in die Zukunft zu weisen scheinen, nicht die Helden der ‚Odyssee' sind. In eben dem Moment, da die ersten Fahrten über das Meer und die Kolonisation ihren Anfang nahmen, erzählte Homer von einer Welt des Landes.

Drittes Kapitel

Die archaische Zeit (8.–6. Jahrhundert v. Chr.)

Die Entwicklung der *polis*

Die archaische Zeit stellt vielleicht die wichtigste Periode der griechischen Geschichte dar. Die griechische Zivilisation der klassischen Zeit mag spektakulärer und besser bekannt sein und demzufolge mehr Aufmerksamkeit auf sich ziehen, aber sie ist nicht denkbar ohne die ihr vorausgehende Epoche. In jedem Bereich hat die archaische Zeit grundlegende neue Entwicklungen eingeleitet.

Was den institutionellen Bereich angeht, so war die wichtigste Neuerung die Entwicklung der *polis,* die zum wesentlichen Rahmen wurde, innerhalb dessen sich die griechische Zivilisation im Laufe der Jahrhunderte bis zur hellenistischen Zeit entfaltete.

Die Entstehung der *polis* bleibt im dunkeln. Es ist in der Tat nur schwer möglich, einen absoluten Beginn festzusetzen: die *polis* stellt einen ‚Idealtypus' dar, und alles hängt allein davon ab, von welchen Kriterien man ausgeht. Des weiteren entwickelte sich die *polis* nicht überall in der griechischen Welt (s. auch unten Kap. 4) und nicht immer nach dem gleichen Muster. Und schließlich sind die zeitgenössischen Quellen rar und nicht sehr aussagekräftig. Die unklare Rolle, die die *polis* bei Homer spielt, wurde bereits betont. Nach den ‚Werken und Tagen' des Hesiod zu urteilen, scheint es, daß in Boiotien um 700 jener Prozeß der Vereinigung von Stadt und Land noch nicht stattgefunden hatte, der ein wesentlicher Charakterzug wenigstens der klassischen *polis* ist: für Hesiod, der auf dem Lande in Askra lebt, ist die Stadt Thespiai eine ferne und feindliche Welt, in der die „geschenkefressenden Könige" regieren (s. Text 30). Die literarischen Quellen, die deutliche Aussagen machen, reichen nicht weiter als bis in die zweite Hälfte des 7. Jahrhunderts zurück.[1] Die Archäologie ist hier auch keine große Hilfe: Die Entstehung städtischer Siedlungen bedeutet nicht automatisch die Entwicklung der *polis,* und im übrigen scheint die Bildung eigentlicher Städte ein relativ langsamer Prozeß gewesen zu sein, außer in Kleinasien (man betrachte die Ausgrabungen des alten Smyrna) und später bei den Kolonien. Der sicherste Beleg für die Anfänge der *polis* ist die sogenannte ‚Große Kolonisation', die um die Mitte des 8. Jahrhunderts einsetzte. Auf die Gründe und Merkmale der Kolonisation werden wir später zurückkommen. Im vorliegenden Zusammenhang ist einstweilen folgendes von Bedeutung: erstens handelte es sich nicht um eine zufällige Bevölkerungsverschiebung, sondern in jedem Einzelfalle um eine (bis zu einem gewissen Grade) von der jeweiligen Mutterstadt organisierte Bewegung; zweitens waren die in Sizilien, Unteritalien und in anderen Bereichen gegründeten Kolonien mit Ausnahme einiger *emporia* von Anfang an *poleis,* die sich oft die Institutionen ihrer Mutterstadt zum Vorbild nahmen, was ein klarer Beweis dessen ist, daß es die *polis* gab, als die Kolonisation begann.

Die Gründe für die Entwicklung der *polis* sind nicht bekannt. Gewöhnlich werden geographische Gegebenheiten zur Erklärung herangezogen, und man meint, daß die physische Zerrissenheit Griechenlands die politische Zersplitterung zur Folge gehabt habe. Nun ist es richtig, daß die *polis* der klassischen Zeit sich häufig in den charakteristischen geographischen Rahmen Griechenlands einfügt. In der ‚typischen' *polis* liegt die städtische Siedlung am Fuße einer *akropolis,* die den Bewohnern als Fluchtburg dient. Im Umkreis der städtischen Siedlung befindet sich ein Territorium, das im Besitz einzelner Bürger ist (was allerdings für Sparta nicht zutrifft, s. unten Kap. 4) und aus einer oder mehreren fruchtbaren Ebenen besteht. Jenseits des bebauten Ackerlandes erhebt sich sogleich das Gebirge: man gelangt in eine wilde Gegend, die nicht Einzelnen, sondern der Gemeinschaft gehört und sich nur als Weideland eignet (s. Text 78); oder, wenn es sich um bewaldete Gebiete handelt, es arbeiten dort die Holzfäller. Die städtische Siedlung liegt normalerweise in der Nähe des Meeres, aber nur selten direkt am Meer. Sofern die *polis* einen Hafen (sei es einen Flottenstützpunkt oder einen Handelshafen) besitzt, ist dieser oft von der städtischen Siedlung getrennt (der Fall Athen und Piräus zeigt das besonders deutlich).

Doch die geographischen Gegebenheiten reichen zur Erklärung des Phänomens nicht aus. Einerseits ist dazu zu sagen, daß die *polis* eine relativ späte Entwicklung innerhalb der griechischen Geschichte ist und der geographische Faktor sich früher hätte auswirken müssen. Andererseits entspricht die Verteilung der *poleis* auch nicht immer den physikalischen Beschaffenheiten des Landes. Es gibt, wenn überhaupt, nur sehr wenige *poleis* im westlichen Teil Griechenlands, wo man mehr hätte erwarten können. Attika, das ziemlich stark zergliedert ist, bildete das Territorium einer einzigen *polis,* während Boiotien, obwohl geographisch einheitlicher, unter viele *poleis* aufgeteilt war. Man findet mehrere *poleis* auf kleinen Inseln wie Keos (s. Text 86) oder Amorgos, aber nur eine auf großen Inseln wie Chios und Samos. Offensichtlich vermögen geographische Gegebenheiten nicht alles zu erklären.

Man hat zeigen können, daß ein Zusammenhang besteht zwischen der Verteilung der *poleis* in Ost- und Zentralgriechenland, auf den Inseln der Ägäis und in Kleinasien einerseits und der Lage der wichtigsten bekannten mykenischen Plätze andererseits. Es haben sich, mit anderen Worten, einige *poleis* an den Plätzen früherer mykenischer Burgen gebildet, die als Zufluchtsort dienten (genau das ist die alte Bedeutung des Wortes *polis* – eine Bedeutung, die sich zum Beispiel im offiziellen Sprachgebrauch in Athen erhalten hat, wo in Texten noch zu Anfang des 4. Jahrhunderts das Wort *polis* im Sinne von *akropolis* verwendet wird). Doch man darf von der Archäologie nicht mehr erwarten, als sie geben kann. Siedlungskontinuität an sich beweist noch gar nichts, wie der Fall von Salamis auf Zypern zeigt, wo diese Kontinuität von mykenischer Zeit an nachzuweisen ist und dennoch für die klassische Zeit zweifelhaft erscheint, ob es sich um eine *polis* handelt. Andererseits scheinen neuere Schweizer Ausgrabungen in Eretria auf Euboia zu belegen, daß ein Grabmonument des 8. Jahrhunderts, das über der Begräbnisstätte eines Soldaten errichtet worden war, im folgenden Jahrhundert zu einem Ort gemeinschaftlichen Kultes wurde.[2] Wenn das Grab eines Kriegers oder eines Königs zum Heiligtum eines Heros geworden ist, so kann man sagen, der Übergang von ‚homerischer Zeit' zur Epoche der archaischen *polis* sei vollzogen – aber der Schritt ist dann eben schon getan, sobald man das feststellen kann.

Der Prozeß der Herausbildung der *polis* bleibt in der Tat für uns völlig im dunkeln und muß es auch bleiben. Jede Auseinandersetzung mit dieser Frage kann nur der Einsicht dienen, daß es uns ganz und gar unmöglich ist, ein entscheidendes Kriterium zu finden, das gleichzeitig der *polis* der früharchaischen Zeit, der klassischen Zeit oder gar der hellenistischen und römischen Zeit eignet. Jede Suche nach dem ‚Ursprung' heißt nichts anderes, als aus späteren Verhältnissen Rückschlüsse zu ziehen. Jedes Argument ist umkehrbar. Weiter oben ist z. B. gezeigt worden, daß das einzige, was den Bauern bei Hesiod mit Thespiai verbindet, der Haß auf die Könige und Richter ist, die ihn ausplündern; aber ebensogut könnte man einwenden, daß diese Art von Abhängigkeit an sich schon ein Bindeglied darstellt und belegt, daß es eine gemeinschaftliche Grundlage der Autorität gibt. Es ist schwierig, die Vergangenheit nicht im Lichte ihrer Zukunft zu sehen.

Sind die beiden Städte – die im Krieg und die im Frieden – die Homer im 18. Buch der ‚Ilias' beschreibt, die eine mit ihren Kriegern, die andere mit ihren Richtern, wirkliche *poleis* im klassischen Sinne? Sie waren es ohne Frage für einen Athener des 5. Jahrhunderts. Man sollte ergänzend hinzufügen, daß wir durch die schriftlichen Quellen nur über die Endphase des Entwicklungsprozesses der *polis* unterrichtet sind. Das älteste Dokument, das die Existenz von Formeln kollektiver Beschlußfassung belegt wie etwa „die *polis* hat beschlossen", ist eine Inschrift aus dem kretischen Dreros, die in die zweite Hälfte des 7. Jahrhunderts zu datieren ist und mehr oder minder in dieselbe Zeit gehört wie Drakon in Athen.[3] Es kann kein Zweifel bestehen, daß zu jener Zeit die *polis,* bezeichnet durch einen Singular mit kollektiver Bedeutung oder einen Plural (die Athener, die Spartaner), d. h. als organisierte Gesellschaft, seit längerem existierte. Aber auch dann ist man gezwungen, aus der Zukunft auf die Vergangenheit zu schließen. Man muß daher ganz einfach feststellen, daß es die *polis* zu jenem Zeitpunkt gab und daß die von Fall zu Fall eher beschränkte oder größere Gruppe der ‚Bürger' (ein Begriff, der sich teilweise auch in Hinblick auf zukünftige Entwicklungen definiert) von nun an das führende Element war. Diese Gruppe ist es, die sich den materiellen Gegebenheiten der Zeit entgegenstellt und sie zu ändern sucht.

Die wichtigsten Errungenschaften der archaischen Zeit in diesem Bereich sollen kurz genannt werden: An erster Stelle steht da vom 7. Jahrhundert an die Kodifizierung des Rechts, die häufig das Werk eines Gesetzgebers war – eines Mannes, dessen Funktion aus dem religiösen Bereich herausgelöst war und zugleich öffentlichen Charakter trug. Die Normen, die das gesellschaftliche Leben regelten, wurden definiert und der willkürlichen Handhabung durch die Mächtigen entzogen, die Rechtsprechung wurde zur öffentlichen Angelegenheit. In der Terminologie Louis Gernets ist dies der Schritt vom Zustand des *prédroit* zu dem des *droit*.[4] Ganz allgemein war ein Aufschwung der sozialen und wirtschaftlichen Verhältnisse der Bürger zu verzeichnen (s. unten). Eines der wichtigsten Kennzeichen für die Entwicklung des gemeinschaftlichen Bewußtseins, sei es als Symptom oder als Ursache, war die sogenannte ‚Hoplitenreform', die sich im Laufe des 7. Jahrhunderts vollzog: das Bürgerheer, in dem der Einzelne innerhalb einer Gruppe kämpft, spiegelte im militärischen Bereich den Aufbau des Staates wider (s. Text 34).[5]

Gleichzeitig mit dem Begriff des Bürgers bildeten sich allmählich die Gegenpositionen heraus, die in klassischer Zeit deutlich definiert werden sollten: die des Nichtbürgers, der außerhalb der politischen Gemeinschaft stand, und vor allem die des Sklaven als gänzlich Außenstehendem, der keine Freiheit besaß und in der Theorie völlig rechtlos war. Die Verbindung, die zwischen der Entwicklung dieser beiden extremen und gegensätzlichen Vorstellungen besteht, der des Bürgers und der des Sklaven, ist mehr als nur ein theoretischer Zusammenhang. Die archaische Zeit erlebte gleichzeitig *sowohl* die Entfaltung des Gemeinschaftsbegriffes und die aufsteigende Bedeutung des Bürgers innerhalb des Staates *als auch* die Entwicklung der Kaufsklaverei *(chattel-slavery)* in beträchtlichem Ausmaß.[6] Sklavenarbeit in der einen oder anderen Form war als solche keine Erfindung der archaischen Zeit, denn schon Homer spricht von der Sklaverei. Außerdem kannten die Griechen andere, archaische Formen der Abhängigkeit, die sich von der Kaufsklaverei unterschieden. Das waren vor allem die Heloten, auf die wir später zurückkommen werden. Aber die Institution der Kaufsklaverei und die weite Verbreitung des Sklavenbesitzes stellten eine neue Entwicklung der archaischen Zeit dar, und zudem eine Entwicklung, die nicht von dem Aufstieg der *polis* zu trennen ist. Die Griechen selbst waren sich dieses Umstandes bewußt. So sagt Herodot, als er über Ereignisse in ferner, ‚vorgeschichtlicher' Zeit spricht: „Zu jener Zeit hatten die Athener wie die anderen Griechen noch keine Sklaven" (s. Text 15). Dennoch lagen die ‚Anfänge der Kaufsklaverei' für die Griechen in vorgeschichtlicher Zeit, während sie von den Heloten immer meinten, daß diese Einrichtung (in Sparta und anderswo) einen genau festzulegenden Ursprung in historischer Zeit gehabt habe.[7] Es gab einmal eine ganze Reihe von Schriften über die ‚Erfindung' der Sklaverei, aus denen Athenaios eine Anzahl von Zitaten herausgesucht hat (s. Text 50). Interessant ist, daß die Bewohner von Chios die ersten gewesen sein sollen, die dazu übergingen, Fremde als Sklaven zu kaufen, denn es ist gerade Chios, aus dem eines der frühesten Zeugnisse für eine Entwicklung zur Demokratie überliefert ist.[8] Die beiden Entwicklungsprozesse hängen zusammen: ein deutlicher Beleg dafür wird weiter unten im Zusammenhang mit der Solonischen Reform in Athen gegeben werden.

Die Unruhen der archaischen Zeit

Diese Veränderungen in der griechischen Geschichte gingen nicht ohne größere Unruhen vonstatten. Die archaische Zeit erlebte in der Tat viele Krisen. Im folgenden soll versucht werden, deren Ursachen darzulegen und zu zeigen, welche Lösungen angestrebt wurden.

Eine Theorie, die aus dem letzten Jahrhundert stammt und auf deutsche Geschichtsforscher (Eduard Meyer und andere) zurückgeht, wollte für viele Spannungen der archaischen Zeit die soziale und wirtschaftliche Entwicklung verantwortlich machen. Nach dieser Theorie habe es vom 8. Jahrhundert an eine wirtschaftliche Umwälzung gegeben; die handwerkliche Produktion und der Handel hätten sich in bedeutendem Ausmaß entwikkelt. Einige (wie Meyer) vertraten die Ansicht, die Kolonisation sei eine Folge dieses Entwicklungsprozesses und beruhe zum Teil auf dem Bemühen, neue Absatzmöglichkeiten für die Überproduktion der griechischen Stadtstaaten zu finden. Andere wiederum (wie Beloch) meinten, die Kolonisation habe letztlich die Fortentwicklung angeregt. In beiden Fällen wurden Parallelen gezogen zwischen der Entwicklung Europas und der archaischen Zeit Griechenlands. Die soziale Folge der wirtschaftlichen Umwälzungen sei die Herausbildung einer neuen Klasse von reichen Industriellen und Händlern gewesen, die in der Folgezeit die Forderung aufgestellt hätten, in ihren politischen Rechten der alten landbesitzenden Aristokratie gleichgestellt zu werden. Die Einführung des Münzgeldes sei ein Zeichen für die Steigerung von Produktion und Handel. Diese Neuerung habe die Reichen begünstigt und die Schwierigkeiten der Kleinbauern erhöht, indem sie ihnen das Schuldenmachen erleichterte. Oft wurden die Tyrannen des 7. und 6. Jahrhunderts geschildert als die Vorkämpfer der neuen Gesellschaftsklassen, die mit ihrer Hilfe die politische Gleichstellung mit der alten Aristokratie erreicht hätten.

Diese Theorie hat viel Anerkennung gefunden, gelegentlich hat sie auch zu großen Übertreibungen geführt.[9] Heute wird sie zwar aufs Ganze gesehen nicht mehr so häufig vertreten, doch übt sie noch immer ihre Wirkung aus, und man kann Spuren dieser Ansicht noch allenthalben entdecken. Inwiefern kann sie aufrechterhalten werden?

Es kann kein Zweifel daran bestehen, daß die archaische Zeit einen beträchtlichen Aufschwung der handwerklichen Produktion und des Handels erlebt hat und daß die Kolonisation diesen Vorgang zumindest anregend beeinflußt hat. Dafür gibt es viele Anzeichen. In Boiotien um 700 kannte Hesiod noch lediglich den saisonbedingten Handel der Bauern, die sich bemühten, ihren Überschuß an landwirtschaftlichen Produkten abzusetzen (Werke und Tage 618–94). Doch schon im Laufe des 7. Jahrhunderts wurde der maritime Handel ein Geschäft für sich: Das Wort *emporos* erlangt die Bedeutung eines im Seehandel tätigen Mannes, während es bei Homer noch nicht in diesem Sinne vorkommt (s. oben).[10] Der Unterschied von Handelsschiff und Kriegsschiff beginnt sich auszuprägen. Weiter unten werden Beispiele genannt werden für griechische Ansiedlungen mit rein wirtschaftlicher Zielrichtung und für die Anknüpfung von Handelsbeziehungen mit nichtgriechischen Ländern und Völkern. Was den Aufschwung der handwerklichen Produktion angeht, so gibt es klare archäologische Belege für die intensive Arbeit keramischer Werkstätten im 7. und 6. Jahrhundert, insbesondere in Korinth, auf den Inseln der Ägäis, in Kleinasien und in Athen. Aber hier ist zu beachten, daß es sich dabei um die einzige Art handwerklicher Tätigkeit bei den Griechen handelt, von der wir genauere Vorstellungen besitzen, und daß es nicht angeht, allein auf der Basis der keramischen Produktion allgemeine Aussagen zu treffen und sie als einen verläßlichen Indikator für die wirtschaftliche Tätigkeit im ganzen anzusehen (obwohl man das immer wieder versucht hat). Dennoch herrscht kein Zweifel, daß in der archaischen Zeit ein städtischer *dēmos* entstand und wuchs, dessen Existenz sich auf das Handwerk gründete. Ganz allgemein findet man viele Anzeichen für wachsenden Wohlstand in der griechischen Welt. Die archäologischen Funde werden zahlreicher und vielfältiger als in der vorhergehenden Epoche. Die Architektur (öffentliche Gebäude, Tempel usw.) entwickelt sich, Weihgaben in den Heiligtümern belegen den neuen Wohlstand und den Handelsaustausch mit fremden Ländern (viele Gegenstände kommen aus dem Orient), und in den oberen Klassen findet man zunehmend Geschmack an Luxuswaren. Es ist anzunehmen, daß der Aufschwung des Handwerks und des Handels in irgendeiner Weise zu all dem beigetragen hat. Man kennt aus der archaischen Zeit einige Beispiele für erfolgreiche Kaufleute, die sich ein Vermögen erwarben; auch wenn das außerordentliche Fälle sind, so scheinen sie doch zu zeigen, daß es möglich wurde, mit etwas anderem seinen Lebensunterhalt zu verdienen als mit Landwirtschaft (s. Text 40). Darüber hinaus muß die Entwicklung des Handels indirekt zum Wohlstand der *polis* beigetragen haben, indem der Handel ihr Möglichkeiten bot, sich Einkünfte zu verschaffen, und zwar auf dem Wege der Besteuerung wirtschaftlicher Tätigkeit. Das war z. B. der Fall bei Korinth, das infolge seiner außerordentlich günstigen Lage den Handelsverkehr zu Lande von der Peloponnes nach Mittelgriechenland und zu Wasser zwischen dem Saronischen Golf und dem Golf von Korinth kontrollieren konnte (schon im 7. Jahrhundert wurde eine Trasse gebaut, auf dem die Schiffe über den Isthmos gezogen wurden, die *diolkos*). Unter der Oligarchenherrschaft der Bakchiaden, die der Tyrannis der Kypseliden voranging, wurde diese Position durchaus genutzt (s. Text 42 und 43). All das also scheint eindeutig gesichert, wesentlich weniger klar sind die angeblichen Folgen der Entwicklung im sozialen und politischen Bereich.

Zunächst ist festzustellen, daß Quellen in dieser Hinsicht entweder fehlen oder, sofern vorhanden, nur ungenau Auskunft geben: ob zeitgenössisch oder später, sie geben keinen Hinweis auf einen Aufstieg einer neuen sozialen Klasse, deren Existenz sich auf Handel und Handwerk gründete. Zwar beklagt sich Theognis, daß die ‚schlechten' Neureichen zu Macht gekommen sind und sich auf Kosten der ‚Guten' (der Aristokratie) an die Spitze des Staates gesetzt haben (s. Text 33), aber er sagt nichts genaueres über die wirtschaftliche Grundlage dieser Veränderung.[11] Die Adelsgeschlechter der archaischen Zeit, auch das der Bakchiaden, stützten sich, soweit wir wissen, auf Landbesitz. Bezeichnend ist in diesem Zusammenhang, daß Solon, als er in Athen im Jahre 594 Vermögensklassen zur Verteilung der politischen Rechte einführen wollte, den landwirtschaftlichen Ertrag allein und damit den Landbesitz als Kriterium der Einteilung anerkannte. Im allgemeinen sind die Quellen nicht sehr deutlich in bezug auf den sozioökonomischen Hintergrund der Auseinandersetzungen dieser Zeit. Es gab, um nur ein Beispiel zu nennen, politische Unruhen in Kleinasien (besonders in Ionien) im Laufe des 6. Jahrhunderts, die oft mit der Übernahme der Macht durch einen Tyrannen endeten. Hingen diese Unruhen mit der wirtschaftlichen Entwicklung Ioniens zusammen? Man hat das angenommen,[12] aber in Wirklichkeit geben die Quellen keine klare Auskunft, und es ist schwierig, den sozialen und ökonomischen Hintergrund der politischen Geschichte Ioniens im 6. Jahrhundert zu erahnen. Man muß sich vorsehen, nicht allzu viele Vermutungen anzustellen, wo präzise Angaben fehlen. Wann immer die Quellen etwas deutlicher werden, scheinen die Probleme, sobald ein Konflikt einen wirtschaftlichen Aspekt hat, in der einen oder anderen Weise an Landbesitz gebunden zu sein. Ein Beispiel wird weiter unten im Zusammenhang mit Athen gegeben werden.

Die Anfänge der Münzprägung

An dieser Stelle soll ein Exkurs zum Thema der Münzprägung eingeschoben werden. In Kenntnis und Interpretation ihrer Ursprünge sind in der letzten Zeit bedeutende Fortschritte gemacht worden. Zunächst sind sich viele Numismatiker darin einig, daß die frühesten Prägungen (in Kleinasien) bis in die zweite Hälfte des 7. Jahrhunderts vorzudatieren sind. Auf der Grundlage dieser Erkenntnis muß die Chronologie der übrigen Prägungen der archaischen Zeit ebenfalls nach vorne korrigiert werden.[13] Aber das ist nicht der wichtigste Punkt. Neuere Untersuchungen haben die Vorstellungen in Zweifel gezogen, die sich die Forschung von den Gründen für die Entstehung der Münzprägung und von ihrer Ausbreitung gemacht hat, und man hat die außerökonomischen Aspekte dieser Entwicklung stärker betont.[14] Gewöhnlich glaubte man, daß die Münze von Anfang an die wirtschaftliche Funktion einer Werteinheit gehabt habe, die den Warenaustausch erleichtern sollte. Es schien daher ganz selbstverständlich anzunehmen, eben dies sei auch das Ziel der Erfindung gewesen und man habe damit einen schlagenden Beweis in Händen für die Entwicklung des Warenaustausches in archaischer Zeit und den Beginn der Geldwirtschaft.

Doch ist das Problem sehr viel komplizierter, denn es scheint nicht so zu sein, daß die Münze von Anfang an und notwendigerweise dieselbe Bedeutung und Funktion hatte wie später. Zunächst einmal hat man darauf hingewiesen, daß Aristoteles, der mit der wirtschaftlichen Erklärung für die Einführung des Münzwesens sehr wohl vertraut war, offenbar doch außerdem noch wenigstens eine Ahnung in bezug auf eine ‚ethische' Erklärung bewahrt hatte, wenn auch kein festes Wissen mehr (s. Text 2, 44). Die Einführung und Ausbreitung des Münzwesens sollten im Rahmen der Entwicklung gesellschaftlicher Beziehungen und der Festigung von Wertvorstellungen gesehen werden, jenen grundlegenden Tendenzen der archaischen Zeit, in der Gesetze kodifiziert und allgemein zugänglich gemacht wurden, damit sie so der willkürlichen Interpretation entzogen wurden. Das Leben der Gemeinschaft war nicht vorstellbar ohne die Existenz und Anwendung von Normen, die allgemein bekannt waren, und in diesen Zusammenhang müßte die Einführung des Münzgeldes sich einfügen. In der Tat gibt es Anzeichen für eine solche ‚ethische' Funktion des Münzwesens noch in klassischer Zeit.

Im übrigen hat die Untersuchung griechischer Münzhorte des 6. und 5. Jahrhunderts zu bedeutenden Schlußfolgerungen geführt. Die Tatsache, daß sich unter den Emissionen vieler *poleis* keine Münzen von geringem Wert befinden, zeigt, daß die Einführung des Münzgeldes nicht ursprünglich die Erleichterung des lokalen Handels zum Ziel hatte. Andererseits ist es offenbar nicht so, daß die großen Nominale eine nennenswerte Verbreitung außerhalb ihres Ausgabebereichs gehabt hätten (man vergleiche z.B. die sizilischen Münzen); der Warenaustausch und die Verbreitung von Münzen sind in Wahrheit nicht grundsätzlich kongruent,[15] und der Fernhandel ist nicht notwendigerweise einer der Faktoren bei der Einführung des Münzwesens gewesen. Es gibt zwei Ausnahmen von dieser Regel: Athen und die *poleis* an der thrakischen und makedonischen Küste. Ihre Münzen sind in die Fremde exportiert und weit verbreitet gefunden worden, vor allem in der Levante und in Ägypten. Aber es ist klar, daß sie nur wegen ihres Metallwertes an Silber exportiert wurden und nicht als Zahlungsmittel im eigentlichen Sinne. Beide Regionen verfügten über Silberbergwerke und waren in der Lage, so viel an Silberwährung zu produzieren, daß sie in großem Umfang exportiert werden konnte. Auch ist sicher, daß diese Münzen ebenso von anderen Leuten und nicht allein von Athenern oder Griechen von der thrakischen Küste in Umlauf gebracht wurden; sie allein belegen daher noch nicht die Existenz einer direkten Handelsverbindung von ihrem Herkunftsort zum Fundplatz.[16]

Was bedeutet also nun die Einführung und Verbreitung des Münzgeldes? Verschiedenste Einzelheiten sind erwogen und neben dem allgemeinen Phänomen der Regelung sozialer Verhältnisse zur Erklärung herangezogen worden, so die Entwicklung der fiskalischen Funktion des Staates (Geldstrafen, Steuern) oder die Notwendigkeit der Finanzierung von Söldnerheeren (in der Folgezeit wird häufig ein Zusammenhang zwischen der Prägung neuer Münzen und der Bezahlung von Söldnern bestehen). Vor allem ist die Entwicklung eines staatlichen Bewußtseins hervorzuheben: In der Geschichte der griechischen *polis* war die Münze zuerst und vor allem staatliches Symbol. Münzen zu prägen, die das Wappen der Stadt trugen, bedeutete soviel wie die eigene politische Unabhängigkeit zu proklamieren.[17] Als Athen im 5. Jahrhundert (übrigens ohne vollen Erfolg) versuchte, die Prägung von Silbermünzen durch seine Bündnispartner zu unterbinden und ihnen die eigenen aufzuzwingen, hatte diese Maßnahme wahrscheinlich in erster Linie politische Bedeutung: dahinter stand die Absicht, auf diese Weise die athenische Macht zu demonstrieren (s. Text 101). Die rasche Ausbreitung des Münzwesens im Laufe des 6. Jahrhunderts, die eine von Grund auf griechische Erscheinung ist (auch wenn die allerersten Münzen aus Lydien stammen), muß daher im Zusammenhang gesehen werden mit dem Aufstieg der *polis* und dem Gemeinschaftsbewußtsein. Von neuem kann man hier feststellen, daß es nicht möglich ist, rein ‚wirtschaftliche' Faktoren isoliert zu betrachten.

Landwirtschaftliche Aspekte der Krise

Es scheint, daß die wirtschaftlichen Gründe für die Krise der archaischen Zeit, soweit man sie erahnen kann, mittelbar oder unmittelbar mit Grund und Boden zusammenhängen; Forderungen wirtschaftlicher Art, die sich Gehör verschaffen wollten, drehten sich damals wie später in der griechischen Geschichte um den Landbesitz.

Viele Gegenden der griechischen Welt scheinen vom 8. Jahrhundert an unter Übervölkerung gelitten zu haben, was indirekt bestätigt wird durch den archäologischen Befund, der einen steigenden Umfang und eine wachsende Zahl der Siedlungsplätze belegt. Die Übervölkerung war sicherlich eher eine relative als eine absolute und deutet als solche auf einen Rückgang der Sterblichkeitsrate. Die dadurch verursachten Schwierigkeiten wurden verschärft durch die nicht genügend intensive Nutzung des Bodens, durch die ungleiche Verteilung des Landbesitzes (wir wissen nicht, nach welchen Kriterien er ‚ursprünglich' verteilt worden war), sowie durch das Verfahren, das hinterlassene Vermögen unter die Erben aufzuteilen – ein Verfahren, das schon bei Homer und Hesiod belegt ist (die ‚Werke und Tage' haben eine Erbteilung zum Anlaß, die beim Tod des Vaters zwischen Hesiod und seinem Bruder Perses vorgenommen wurde). Diese Art der Aufteilung war für kleine Landbesitzer von Nachteil, denn sie konnten ihre Höfe nicht unaufhörlich aufteilen, ohne in Armut zu verfallen.[18] Dazu kam die Habgier der wohlhabenden und mächtigen Großgrundbesitzer, die überall die Macht in Händen hielten und nur allzusehr darauf aus waren, ihren Landbesitz auszudehnen und die Zahl der von ihnen abhängigen Arbeitskräfte zu erhöhen. Zwei zeitgenössische Quellen berichten über diese Spannungen zwischen großen und kleinen Landbesitzern, nämlich Hesiod für Boiotien in der Zeit um 700 und Solon für Athen zu Beginn des 6. Jahrhunderts. Aber man darf diese beiden Quellen nicht einfach gleichsetzen: sie beziehen sich auf zwei ganz verschiedene Orte, und ein Jahrhundert oder mehr trennt sie voneinander.

Hesiod beklagt sich über die Habgier der ‚Könige' (das heißt der Aristokratie) von Thespiai, die er die ‚geschenkefressenden' Könige nennt, die ‚schiefe Urteile' fällen und in ihrem Gewinnstreben das Recht verletzen (s. Text 32). Die Welt, die dieser bäuerliche Dichter beschreibt, der sich der homerischen Sprache bedient, der Regeln für die Landwirtschaft aufstellt und eine Genealogie der Götter festlegt, ist die Welt des ‚eisernen Geschlechts', das dazu verurteilt ist zu arbeiten – eine rauhe, komplizierte und widersprüchliche Welt, in der es schwierig ist auszumachen, was Beschreibung der Realität ist und was Normen, die im Interesse kleiner und mittlerer Grundbesitzer aufgestellt werden. Der Dichter wendet sich z. B. nicht an eine Zuhörerschaft von armen Leuten, wenn er folgendes sagt (‚Werke und Tage' 597–609):

„Deinen Knechten gebiete, das heilige Korn der Demeter auszudreschen, sobald die Kraft des Orion emporsteigt, auf durchwindetem Platz und wohlgerundeter Tenne. Schütte dann mit dem Maß das Korn in die Fässer, und wenn du alles beiseite geschafft und wohl im Hause geborgen, wähl' einen Knecht ohne Haus und eine Magd ohne Kinder, rate ich dir, eine stillende Magd ist mißliche Hilfe. Pfleg' einen bissigen Hund und gib ihm genügende Nahrung, daß dir dein Gut nicht raube der Mann, der lieber bei Tag schläft. Bring auch Futter und Streu herein, damit es dir diene für die Rinder und Maultiere das Jahr hindurch; dann aber laß auch deine Knechte die Glieder strecken und löse die Rinder."

Folgenden zweifachen und widersprüchlichen Rat kann Hesiod seinem Bruder erteilen (‚Werke und Tage' 376–80):

„Zeuge nur einen Sohn, der das väterliche Haus erhält, denn so vermehrt sich der Reichtum in den Häusern. Möge betagt er sterben und selbst einen Sohn hinterlassen. Leicht gibt Kronion auch mehreren unendlichen Segen; mehrere mehren die Sorge, doch ist auch größer der Zuwachs."

Der Profit existiert also, und aktives Handeln von seiten der Menschen ist möglich. Sicher ist Hesiod nicht der Prophet der sozialen Revolution, den manche aus ihm haben machen wollen wie auch (ebenso fälschlicherweise) aus seinem Zeitgenossen, dem Propheten Amos; aber gegen die ‚geschenkefressenden Könige' erhebt er die Forderung nach der Gerechtigkeit des Zeus, die man eine soziale nennen kann. Man kann ihn als Zeugen für den Aufstieg der Hopliten bezeichnen, ohne die die *poleis* ihren Feinden nicht entgegentreten können und die fast überall vom Anfang des 7. Jahrhunderts an in ihnen die entscheidende Rolle zu spielen beginnen.[19]

Das Zeugnis Solons, ein Jahrhundert später, ist ein völlig anderes (s. Text 36). Es ist allerdings keineswegs eindeutig, auch wenn es in seinen eigenen Versen überliefert ist – oder besser gesagt, in den Zitaten seiner Gedichte, die uns erhalten sind. Die Zeit Solons ist die eines beginnenden Bürgerkrieges, dessen Zeuge er geworden ist. Zeus und die übrigen Götter sind nach wie vor die höchste Instanz, die auch Hesiod angerufen hatte, aber in einer Weise, die im Laufe der Zeit eine dramatische Wendung nimmt, sind sie zu einem Teil der institutionalisierten *polis* geworden. Welche Frage steht im Mittelpunkt dieses Bürgerkrieges, von dem wir zwar den Höhepunkt, aber nicht die Anfänge kennen?[20] Im allgemeinen wird davon ausgegangen, daß das Schuldenproblem das zentrale gewesen sei: Die Masse der Athener habe sich auf die eine oder andere Weise bei den Wohlhabenden verschuldet und sei dann in den Status von *hektēmoroi* herabgesunken, die gezwungen waren, den sechsten Teil ihres Ernteertrages an ihre Gläubiger auszuzahlen (es handelte sich um Anleihen, die nicht in Form von Geld ausgezahlt wurden, wie jene, die schon Hesiod erwähnt). Im Falle, daß sie nicht in der Lage waren, zu zahlen, konnten die Schuldner in die Sklaverei verkauft werden, und das kam häufig vor: Bis in die Zeit Solons haftete man mit der Person für Schulden.

Doch war die Situation in Wirklichkeit wohl vielschichtiger. Es ist vermutlich nicht richtig, alle verschuldeten Athener mit den *hektēmoroi* gleichzusetzen. Letztere bildeten vielleicht eine Gruppe für sich, deren Ursprung sich in grauer Vorzeit verliert. Sie waren es, die im Falle der Zahlungsunfähigkeit als Sklaven verkauft werden konnten. Andererseits gab es dann eine große Zahl von Athenern, die in Schuldknechtschaft geraten waren, und der Grund für ihre Abhängigkeit könnten eher ihre Schulden als ihre Zahlungsunfähigkeit gewesen sein. Parallelen aus anderen Gesellschaften legen folgende Vermutungen nahe: die Kleinbauern begaben sich in die Abhängigkeit von Großgrundbesitzern, um ihre Existenz zu sichern, und letztere suchten auf diese Weise die Zahl der für sie tätigen Arbeitskräfte zu erhöhen. Auf seiten der einen wie der anderen Partei wären so die Schulden (die aufgenommene oder die gewährte Anleihe – je nachdem, von welcher Seite man es sehen will) nur ein Mittel zum Zweck gewesen.

Natürlich wird in den Gedichten Solons keine Erklärung dafür gegeben, warum Dinge, die man lange Zeit ertragen hatte, nun plötzlich nicht mehr erträglich waren, noch wird irgend etwas gesagt über die Formen, die der

Klassenkampf annahm. Auf die Reformen werden wir später ausführlicher zurückkommen: eine außerordentliche Welle gesetzgeberischer Maßnahmen, die alle Aspekte des Lebens in der Gemeinschaft von der Frage gemeinsamer Mauern bis zu den Maßen und Gewichten umfaßten und die – das ist eine Tatsache von größter gesellschaftlicher Bedeutung – schriftlich und vor der Öffentlichkeit erfolgten.

Der Fall Athen ist der einzige, über den überhaupt etwas bekannt ist für die archaische Zeit. Aber es ist sicher, daß es ähnliche Probleme auch sonst in der griechischen Welt gegeben haben muß. Indirekt gibt es dafür einige Anzeichen, besonders aus Ionien.

Die verschiedenen Wege aus der Krise: die Kolonisation

Eines der bezeichnendsten Merkmale der archaischen Zeit ist das, was man üblicherweise, wenn auch irrtümlich die ‚große griechische Kolonisation' nennt. Sie setzt um die Mitte des 8. Jahrhunderts ein und dauert bis gegen Ende des 6. Jahrhunderts an. In ihrem Verlauf verteilen sich griechische Städte in Sizilien, in Unteritalien, an der Südküste Frankreichs und der Ostküste Spaniens, in der Kyrenaika, entlang der thrakischen Küste und an den Ufern des Hellespont und des Schwarzen Meeres. Die Kolonisationsbewegung steht ohne Frage in Zusammenhang mit den Problemen, unter denen die griechische Welt zu jener Zeit zu leiden hatte.

Oft hat man die Diskussion über die Kolonisation auf eine einfache Alternative reduziert und gefragt, ob es sich um die Folge von Handelsinteressen oder um die Suche nach neuem Land handele. Die Frage ist aber so nicht richtig gestellt. Erstens muß man präzisieren, was mit ‚Handelsinteressen' gemeint ist, also ob man von der Suche nach Märkten (Export) oder der Beschaffung lebenswichtiger Güter (Import) spricht oder von Transithandel. Und außerdem schließt das eine das andere nicht aus. Um die gewaltige Siedlungsbewegung der Griechen rund um das Mittelmeer und im Schwarzmeergebiet zu erklären, muß man in der Tat mehrere unabhängige Faktoren heranziehen und von unterschiedlichen Siedlungstypen ausgehen.[21]

Zunächst ist grundsätzlich zu unterscheiden zwischen einer typischen ‚Kolonie', der *apoikia*, die von Anfang an mit dem Ziel gegründet wurde, eine unabhängige Stadt zu sein (auch wenn sie dann je nach Umständen und Zeit mehr oder minder enge Beziehungen zur Mutterstadt unterhielt),[22] und einer eigentlichen Handelsniederlassung, dem *emporion*, wofür einige Beispiele aus der archaischen Zeit bekannt sind.

Die *apoikiai*, deren Zahl bei weitem überwiegt, waren Siedlungen mit im wesentlichen agrarischen Charakter, wie heute allgemein anerkannt wird und eine ganze Reihe von Anzeichen vermuten lassen. Die Griechen der klassischen Zeit waren davon überzeugt, daß die Kolonisation als ein Si-

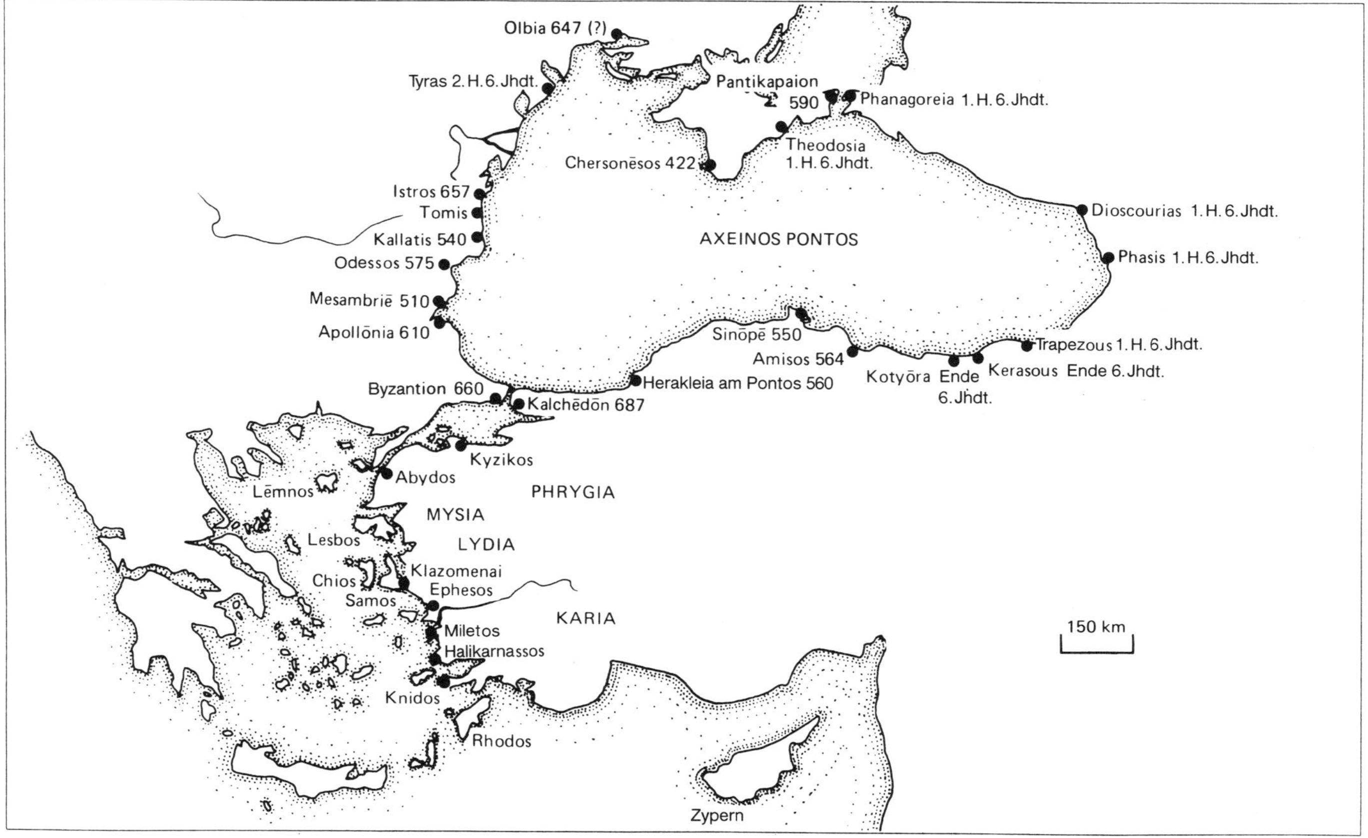

Karte 1: Die Ausbreitung der Griechen im Schwarzmeergebiet und in Kleinasien
Die für die Kolonien im Schwarzmeergebiet angegebenen Daten sind die ungefähren Daten ihrer Gründung; sie basieren entweder auf der literarischen Überlieferung (z. B. für Istros und Olbia auf der Chronik des Eusebios) oder auf archäologischen Quellen

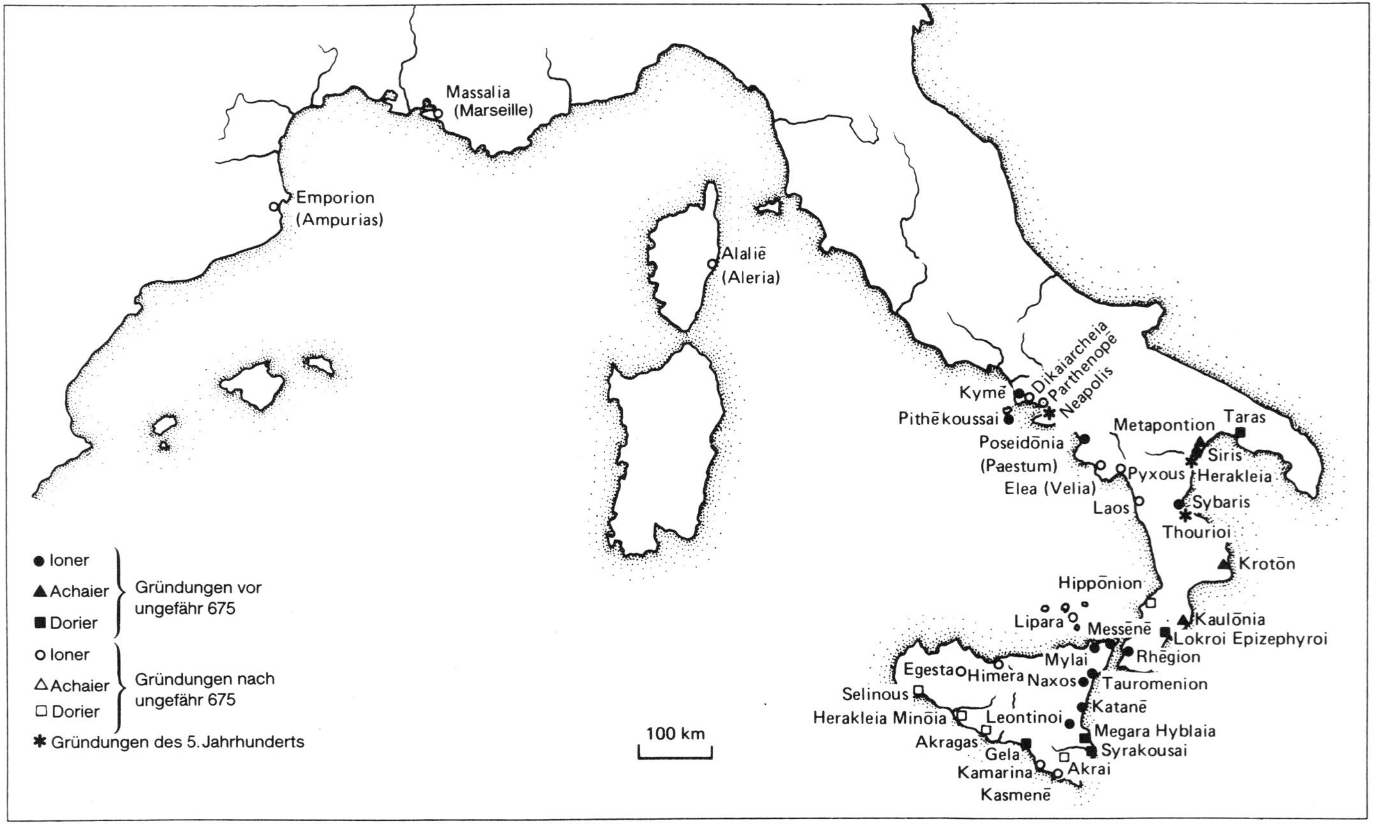

Karte 2: Die griechische Westkolonisation

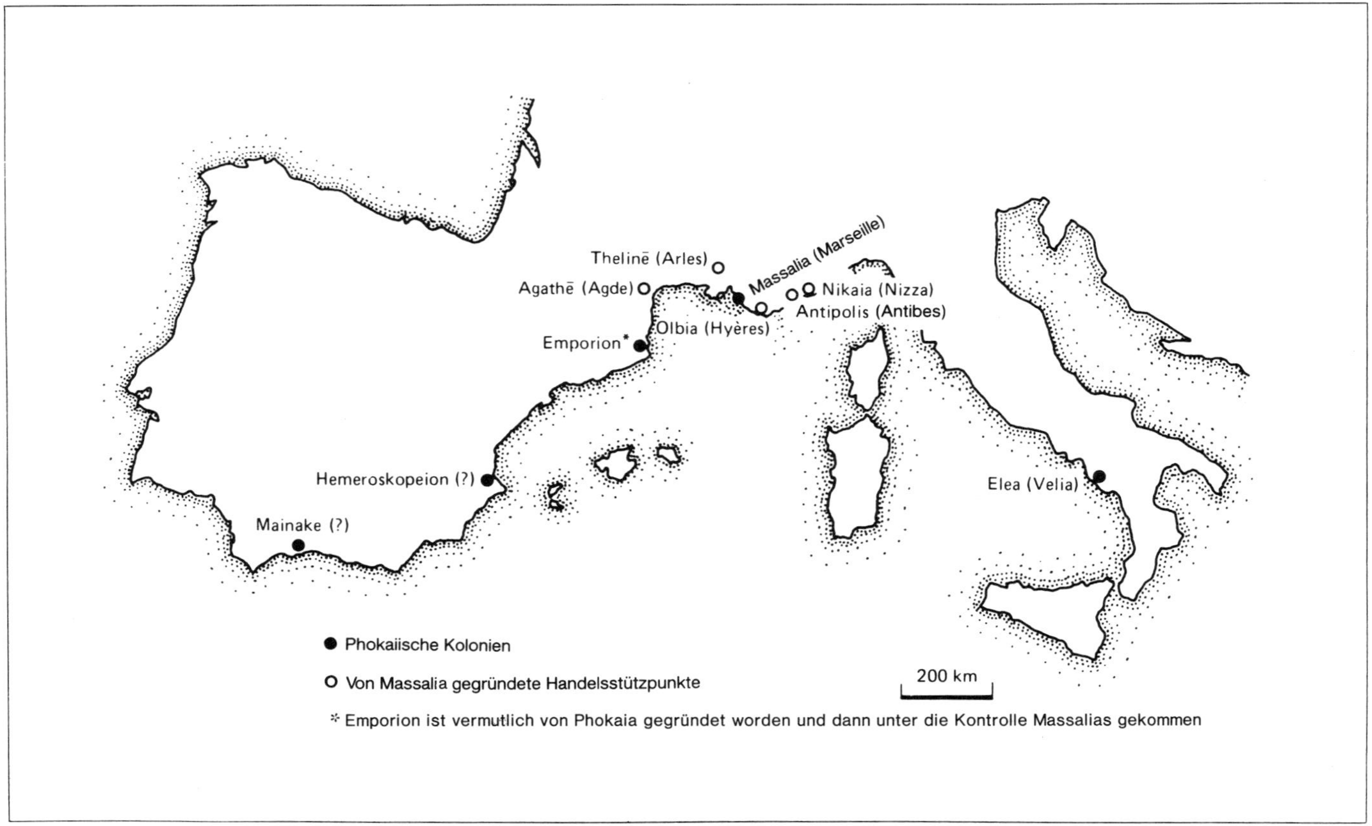

Karte 3: Die Gründungen Phokaias im Westen
Für eine kritische Studie der Kolonisation Phokaias s. J. P. Morel, BCH 99, 1975, 853–96

cherheitsventil für die Übervölkerung gewirkt hatte (man vergleiche zum Beispiel Platon, Gesetze 5,740b–e). Die Erzählungen von der Gründung einzelner Kolonien sind im allgemeinen zwar nicht sehr aufschlußreich, doch gelegentlich lassen sie als hauptsächlichen Antrieb für das Unternehmen die Suche nach neuem Land in der Fremde erkennen, und es zeigt sich auch, daß bei der Aussendung von Kolonisten durch die Mutterstadt ein gewisser Zwang ausgeübt werden konnte.[23] In einigen Kolonien hießen die ersten Siedler und ihre Nachkommen *gamoroi,* das heißt ‚die, die das Land unter sich geteilt haben' (z. B. in Syrakus). Der Standort vieler Kolonien war offensichtlich aufgrund der Fruchtbarkeit des umliegenden Landes gewählt worden. Das war z. B. bei den Kolonien in Sizilien und Unteritalien die Regel, wo Metapont als sein klar verständliches Symbol auf die Münzen eine Kornähre prägte. Die Suche nach neuem Land war also der Hauptgrund für die Kolonisationsbewegung der archaischen Zeit. Nur wenig weiß man darüber, wie der Landbesitz in den neuen Kolonien verteilt war, und es ist wahrscheinlich, daß die Bedingungen von einer Kolonie zur anderen unterschiedlich waren.[24] Gar nicht bekannt ist, in welchem Maße der Verteilung der Landlose Gleichheitsvorstellungen zugrundelagen, noch inwiefern die einmal verteilten Landlose für unveräußerlich galten. Was auch immer jedoch die ursprünglichen Umstände waren, in der Folgezeit entwickelte sich häufig ein Zustand der Ungleichheit. Zu einem Spannungsherd konnte sich die Ungleichheit zwischen den ersten Siedlern oder ihren Nachkommen und den später Gekommenen entwickeln (z. B. in Kyrene, s. Text 45). Aber es scheint, daß mitunter für die Ankunft weiterer Siedler vorgesorgt und für sie unbebautes Land reserviert wurde. Einige Kolonien schlugen tiefe Wurzeln und suchten ihr Territorium auf Kosten der ursprünglichen Bewohner auszudehnen (Syrakus, Gela), andere hingegen erreichten bald die Grenzen ihrer Ausdehnung (Tarent, Megara Hyblaia). In jedem Falle kontrollierten die Ackerkolonien ein sehr viel größeres Gebiet als die Handelsniederlassungen.

Die typischen Kolonien waren also unabhängige Ackergemeinden, gegründet unter der Ägide einer Mutterstadt, die ihnen den *oikistēs* (den Gründer) stellte und vermutlich auch Schiffe, Leute mit speziellen Kenntnissen und anderes, was zur Gründung der Kolonie gebraucht wurde. Die Kolonisation belegt das Ausmaß der Bevölkerungskrise, die in weiten Teilen der griechischen Welt herrschte. Viele Städte nahmen mehr oder minder aktiv direkt daran teil. Andere wiederum beschränkten sich auf eine indirekte Teilnahme, denn selbst wenn eine Koloniegründung unter der Führung einer bestimmten Stadt erfolgte, so geschah es doch, wie eindeutig belegt ist, daß Männer aus anderen Städten sich dem Unternehmen anschlossen. Nur so war es wohl möglich, daß einige Städte es auf eine beachtliche Zahl von Kolonien brachten, die sie aus eigener Kraft kaum hätten alle gründen können (so z. B. die zahlreichen milesischen Kolonien rund um das Schwarze Meer).

Unter diesen typischen Siedlungen ist noch eine weitere Unterscheidung zu treffen: es gab einerseits die Kolonien, die völlig autark waren und sich allein aus der Bewirtschaftung ihres Landes durch die Siedler selbst ernähren konnten, und andererseits diejenigen, die sich zum Teil oder gänzlich auf ‚Barbaren' als Arbeitskräfte stützten, also auf einheimische Bevölkerung, die von den Griechen bei ihrer Ankunft versklavt worden war und von ihnen gezwungen wurde, das Land zu bebauen.

Diese Art von Unterwerfung der einheimischen Bevölkerung ist als eine eher archaische Institution anzusehen, die etwas ganz anderes ist als die Sklaverei der klassischen Zeit und die es in gewissen Teilen der griechischen Welt schon vor Beginn der Kolonisation gegeben hatte.[25] In diese Kategorie gehören die Heloten in Sparta, die Klaroten *(klarōtai)* auf Kreta, die *woikiatai* der östlichen Lokris und die Penesten *(penestai)* Thessaliens; über sie wird im folgenden Kapitel zu sprechen sein. Ähnliche abhängige Bevölkerungsgruppen mag es auch anderswo gegeben haben. Eine große Lücke bedeutet unsere mangelnde Kenntnis der Verhältnisse in den griechischen Siedlungen Kleinasiens, deren Gründung bis in die ‚Dunklen Jahrhunderte' zurückreicht und nicht zu denselben Siedlungsbewegungen gehört wie die Kolonisation des 8. Jahrhunderts und der folgenden Zeit. Man hat vermutet, daß in einigen dieser Städte die Griechen die einheimische Bevölkerung in den Status der Abhängigkeit herabgedrückt hätten (wie z. B. im Fall Milets, wo die *gergithes* eben eine solche Bevölkerungsgruppe sein könnten). Aber es gibt kein sicheres Zeugnis für diese frühe Epoche und es scheint zweifelhaft, daß die Verhältnisse überall gleich waren: Die Bevölkerung von Chios jedenfalls wäre wohl kaum darauf verfallen, barbarische Sklaven in großer Zahl zu kaufen, die ihr Land bestellen sollten, wenn ihr eine Klasse abhängiger einheimischer Bevölkerung zur Verfügung gestanden hätte.

Die Überlieferung über diese Kolonien, die sich der Arbeitskraft der in Abhängigkeit gebrachten einheimischen Bevölkerung bedienten, ist unzureichend. Sichere oder fast sichere Beispiele bieten Syrakus (die *killyrioi*) und vermutlich auch andere Städte Siziliens und Unteritaliens; manchmal kann man gewisse archäologische Befunde in diesem Sinne interpretieren (z. B. das Verschwinden von einheimischen Nekropolen gleichzeitig mit der Ankunft der griechischen Siedler und der Versklavung der einheimischen Bevölkerung).[26] Weitere Beispiele findet man auch im Osten, in Byzantion (die Bithynier) und in Herakleia Pontika (die *mariandynoi*); es scheint sogar denkbar, daß die Unterwerfung der einheimischen Bevölkerung mehr oder weniger in allen Kolonien rund um das Schwarze Meer die Regel war.[27]

Dies also waren die typischen Ackerkolonien, die in archaischer Zeit gegründet wurden. Doch war, wie gesagt, die Suche nach neuem Land nicht das einzige Ziel maritimer Unternehmungen der Griechen in jener Zeit. Es steht außer Frage, daß die Suche nach bestimmten unerläßlichen Bedarfsgütern (vor allem nach Metallen) die Griechen dazu veranlaßte, sich in der Fremde niederzulassen, um mit den Barbaren Handel zu treiben; weiter oben ist gezeigt worden, daß die homerischen Helden es nicht für unter ihrer Würde hielten, selbst eine Reise zu unternehmen und bestimmte wichtige Tauschgeschäfte durchzuführen. Es ist auch wahrscheinlich, daß manche dieser Handelsstützpunkte vor den Anfang der Kolonisationsbewegung Mitte des 8. Jahrhunderts zurückreichen. Die Archäologie hat ein Beispiel an den Tag gefördert: es handelt sich um eine halb griechische und halb levantinische Siedlung an der Mündung des Orontes im nördlichen Syrien an einem Platz, der Al Mina genannt wird (der griechische Name ist nicht gesichert). Dort reicht die Anwesenheit von Griechen etwa bis ins Ende des 9. Jahrhunderts zurück. Mit einem hohen Grad an Wahrscheinlichkeit kann man die Präsenz der Griechen, die dort Handel trieben, aufgrund der Keramikfunde nachweisen. Dabei handelte es sich bis zum Ende des 8. Jahrhunderts in erster Linie um Leute aus Chalkis und Eretria auf Euboia, die vermutlich auf der Suche nach Metallen dorthin gekommen waren (Euboia war einigermaßen bekannt für Erzeugnisse des Metallhandwerks). Es waren auch Leute aus Euboia, die wenig später die ersten Kolonien im Westen gründeten, nämlich Ischia und Kyme. Möglicherweise war der Metallhandel mit den Etruskern eines der Ziele dieser Siedlungen, doch trugen sie nicht ausschließlichen Handelscharakter, denn sie lebten von dem Ertrag ihres eigenen Landes und bildeten autonome Gemeinden. Al Mina hingegen scheint keine wirkliche *polis* gewesen zu sein, sondern nur ein Treffpunkt für Griechen und Nichtgriechen im Interesse des Handels.

Der bekannteste Handelsstützpunkt der archaischen Zeit ist Naukratis in Ägypten, im Nildelta gelegen (s. Text 48). Diese Siedlung war alles andere als eine typische Kolonie.[28] Naukratis war nicht ‚gegründet' worden wie etwa Syrakus von Korinth. Es verdankte vielmehr seine Existenz der Privatinitiative einer Gruppe von Kaufleuten, die fast alle aus den Griechenstädten Kleinasiens und den vorgelagerten Inseln sowie auch aus Aigina stammten. Die Entstehung von Naukratis ist gegen Ende des 7. Jahrhunderts anzusetzen. Die Kaufleute erhielten vom Pharao die Erlaubnis, Heiligtümer für ihre Götter zu erbauen. Neben dieser Handelsniederlassung gab es noch eine griechische Siedlung offenbar nichtkommerziellen Charakters, doch ist nur sehr wenig darüber bekannt. War diese Siedlung vielleicht eine *polis*? Die Frage ist nicht geklärt. Aber auch wenn es dort von archaischer Zeit an eine *polis* gegeben haben mag, so ist doch das Entscheidende, daß sie zum einen erst nach der Ankunft der Kaufleute erblühte und diese es waren, die die Entstehung von Naukratis auslösten, und daß zum anderen eben diese Kaufleute ihr nicht angehörten. Mit anderen Worten, die Handelsniederlassung war keine Bürgergemeinde; dasselbe mag für Al Mina wie für andere Siedlungen dieser Art gelten.

Naukratis ist das bekannteste Beispiel dieser Epoche für das, was Polanyi einen Handelsplatz *(port of trade)* genannt hat, also für eine rein wirtschaftlich ausgerichtete Ansiedlung, über die der Austausch zwischen zwei Gesellschaften unterschiedlicher Wirtschaftsorganisation abgewickelt und kontrolliert werden konnte.[29] Was wir über Naukratis wissen, ist sehr aufschlußreich: die griechische Siedlung war vom Pharao abhängig, der sie streng überwachte. Der gesamte Handel zwischen Ägypten und der griechischen Welt wurde über diesen Hafen geleitet und auf diese Weise kontrolliert. In Naukratis war das griechische Viertel von dem der Ägypter klar getrennt, und Mischehen zwischen Griechen und Ägyptern waren ausdrücklich verboten (während die griechischen und karischen Söldner, die sich auf Dauer in Ägypten niedergelassen hatten, ägyptische Frauen heiraten durften).

Sollte man noch weiter gehen und annehmen, daß einige Städte nach dem Vorbild von Chalkis und Eretria Initiativen zu Handel und Schiffahrt entwickelten, bei denen Handelstätigkeit in großem Stile ebenso für eine Angelegenheit im Interesse der Gemeinschaft angesehen wurde wie etwa Kriegführung? In dieser Hinsicht klar und schlüssig ist das Zeugnis Herodots über die Phokaier, deren Kolonien – seien es die unmittelbaren phokaiischen Gründungen wie Massilia und Elea oder die mittelbaren wie Emporion in Katalonien, das von Massilia gegründet wurde (s. Text 47) – keine Anstrengungen machten, ein größeres Hinterland zu erobern. Der Historiker schreibt (Herodot 1,163), daß die Phokaier die ersten gewesen seien, die ausgedehnte Seefahrten unternahmen, und zwar nicht auf den runden typischen Handelsschiffen, sondern auf Kriegsschiffen mit 50 Ruderern (Pentekontaeteren). Ihre Freundschaft mit dem iberischen König von Tartessos (bei Cadiz) brachte ihnen soviel Silber ein, daß sie sich damit den Bau einer Befestigungsmauer um die ganze Stadt finanzieren konnten, die vielleicht die einzige dieser Art in Ionien gewesen sein mag. Allein die Phokaier unter den Griechen in Kleinasien beantworteten das persische Vordringen mit einer kollektiven Weigerung, dort zu bleiben (Herodot 1,164f.). Die Bewohner von Chios lehnten es ab, ihnen einige kleine Inseln zu überlassen in der Befürchtung, daß die Phokaier dort ein *emporion* einrichten würden, von dem sie, die Chioten, dann ausgeschlossen seien (Herodot 6,11). Während des Ionischen Aufstandes im Jahre 498 war es der phokaische Stratege Dionysios, der nachdrücklich versuchte, den Ioniern jene Grundregeln der Seekriegsführung beizubringen, die Athen später einmal anwenden sollte. Derselbe Dionysios, noch immer nicht bereit nachzugeben, widmete sich dann jener besonderen Form des Handels, die man Piraterie nennt, aber er hütete sich davor, ein griechisches Schiff anzugreifen (Herodot 6,17). Phokaia ist also ein bemerkenswerter Fall, in dem Handelsleute und Krieger derselben gemeinschaftlichen Vorgabe folgten, aber es ist ein Fall, den man nicht verallgemeinern sollte.[30]

Der Getreideimport

Eine wichtige wirtschaftliche Neuerung der archaischen Zeit war es, daß sich in den Städten der Ägäis ein Importhandel mit Getreide entwickelte. Diese Handelstätigkeit scheint gegen Ende des 7. Jahrhunderts eingesetzt zu haben. Zwar gibt es keinen positiven Beleg dafür, aber ein ziemlich sicheres Anzeichen ist die Gründung des Hafens Naukratis in Ägypten um diese Zeit. Ägypten sollte in der Folgezeit eine der wichtigsten Kornkammern der antiken Welt sein, und man darf daher annehmen, daß die Gründung von Naukratis von Anfang an zumindest unter anderem das Ziel gehabt hat, den Getreidehandel mit Ägypten zu fördern. Zur selben Zeit beginnt auch die griechische Kolonisation an der nördlichen Küste des Schwarzen Meeres, einer anderen Region, die in der klassischen Zeit Getreide an bestimmte Griechenstädte an der Ägäis lieferte und insbesondere an Athen; wahrscheinlich wurde schon in archaischer Zeit von dort Getreide importiert (s. Text 80 und 81). In beiden Fällen, in Ägypten wie im Schwarzmeergebiet, waren es die kleinasiatischen Griechen, die bei den anfänglichen Unternehmungen die führende Rolle spielten (man vergleiche in Text 48 die Liste der Städte, die am Handel von Naukratis teilhatten).

Das ist vielleicht kein Zufall: es könnte sein, daß dieser Aufbruch eine Antwort auf den äußeren Druck war, dem die kleinasiatischen Städte in jener Zeit vor allem von seiten des Lyderreichs ausgesetzt waren. Der Getreideimport wäre dann ursprünglich ein Mittel gewesen, diesem Druck standzuhalten und sich aus einer völligen Abhängigkeit vom eigenen Territorium zu befreien.[31] Aber sobald der Anfang einmal gemacht war, folgten andere dem Beispiel. Es ist möglich, daß die sizilischen Griechenstädte schon in archaischer Zeit Getreide nach Griechenland exportierten, aber es gibt keinen direkten Beleg dafür. Im Laufe des 6. Jahrhunderts begann Athen an der Frage des Imports von Nahrungsmitteln Interesse zu zeigen. Solon verbot den Export jeglicher athenischer Agrarprodukte aus Attika bis auf Olivenöl. Es gibt zwar keinerlei Beleg für athenische Aktivitäten in Ägypten zu jener Zeit, aber andererseits ist bekannt, daß sich die Athener vielleicht schon in der Zeit Solons, bestimmt aber unter dem Tyrannen Peisistratos die Kontrolle über den Zugang zum Schwarzen Meer zu sichern suchten (man denke an die athenischen Ansiedlungen von Sigeion und auf der thrakischen Chersones). All das ist noch weit entfernt von der großangelegten Politik der Nahrungsmittelimporte in klassischer Zeit, aber zumindest findet sie hier ihre Vorläufer.

Neuverteilung des Landes und Verbesserungen im Status der Bauern

Die Auswanderung und Gründung von Kolonien war eine der möglichen Lösungen für das Übervölkerungsproblem. Aber was geschah mit all denen, die in ihrer Heimat bleiben wollten oder nicht in der Lage waren auszuwandern?

Die Antwort fällt von Ort zu Ort unterschiedlich aus, oder zumindest für die Orte, von denen etwas überliefert ist. Die Grundtendenz jener Zeit ist aber klar: Mit dem Aufstieg der *polis* gewinnt das Bewußtsein der Gemeinschaft seine volle Bedeutung. Die Entwicklung einer Vorstellung vom Bürger hat das Entstehen neuer Ansprüche und Forderungen zur Folge. Vorher war die Rede von der Rolle, die Gesetzgeber gespielt haben, und von der Kodifikation des Rechts. Im Laufe des 7. Jahrhunderts tauchte auch die Figur des Tyrannen in der griechischen Geschichte auf. Die Gründe für die Errichtung einer Tyrannis variieren von Ort zu Ort, aber in den meisten Fällen war sie antiaristokratisch (s. Text 39). Ihre Funktion war es, den Auseinandersetzungen innerhalb der Aristokratie ein Ende zu machen, ihrer Habgier und Prunksucht Einhalt zu gebieten und den Aufstieg der unteren Schichten innerhalb der *polis* zu begünstigen, auf die der Tyrann sich stützte. Im Laufe des 7. Jahrhunderts war zum ersten Mal der Wahlspruch zu hören, der charakteristisch werden sollte für die griechische Geschichte: Neuverteilung des Bodens. Die Forderung ist belegt für Sparta zur Zeit des Tyrtaios, für Megara und für Athen zur Zeit Solons; es ist wahrscheinlich, daß man sie auch anderswo vernahm. Einige Tyrannen scheinen eine Neuverteilung des Bodens vorgenommen zu haben (so z. B. die Kypseliden in Korinth);[32] Solon bringt die Neuverteilung des Bodens in Verbindung mit tyrannischer Gewalt (s. Text 36). Darüber hinaus trugen die Tyrannen mit der Errichtung von Tempeln und öffentlichen Bauten, mit der Stiftung religiöser Feste und der Einführung volkstümlicher Kulte wie dem des Dionysos oder mit der Schaffung einer Währung zur Entwicklung eines gemeinschaftlichen Bewußtseins bei. Das war um so bemerkenswerter, als die Tyrannen immer mehr oder weniger eine Randerscheinung im Staat waren. Ihre Macht war faktisch begründet und konnte in den politischen Institutionen keinen angemessenen Ausdruck finden: Tyrannen standen in gewisser Weise neben der *polis*. Gleichzeitig hingen jedoch ihre Macht und ihr Erfolg von ihrer Fähigkeit ab, die Interessen der Gemeinschaft zu fördern.

Das einzige Beispiel für die landwirtschaftliche Krise der archaischen Zeit, das wir in manchen Einzelheiten kennen, ist Athen (s. Text 36). Die wichtigsten Elemente dieser Krise sind schon genannt worden, nämlich die Existenz einer Kategorie der *hektēmoroi*, die als Sklaven verkauft werden konnten, dann die Schuldknechtschaft, der viele Athener unterworfen waren, und schließlich die Maßlosigkeit der Aristokratie. Die von Solon gebotene Lösung spiegelt den Fortschritt im Gemeinschaftsbewußtsein wider. Tatsache ist, daß die Existenz der *hektēmoroi* und die Schuldknechtschaft für eine lange Zeit davor anscheinend annehmbar erschienen waren. Außerdem war Solon nicht gegen die Sklaverei als solche (s. Text 51 B), sondern allein gegen die Versklavung von Athenern, insbesondere in ihrer eigenen Stadt. Die Reformen Solons waren eine Angelegenheit der Athener unter sich und hatten mit den Fremden in Athen, ob Sklaven oder Freie, nichts zu tun. Seine Lösung war drastisch: er schaffte den Status eines *hektēmoros* ein und für allemal ab, brachte die Athener, die als Sklaven in die Fremde verkauft worden waren, soweit das möglich war, in die Heimat zurück, verordnete die Tilgung der Schulden und verbot für alle Zukunft die Schuldknechtschaft. Von nun an gab es in Athen keine Athener mehr, die der Herrschaft eines anderen unterworfen waren. Solon hütete sich dagegen wohl, das Land neu zu verteilen, wie es viele Athener aus den unteren Schichten von ihm verlangten: Für ihn war die Neuverteilung des Landes eine Maßnahme der Tyrannen. Dem Peisistratos hat man oft die Neuverteilung des Landes zugeschrieben, die durchzuführen Solon sich geweigert hatte. Aber diese Annahme ist nicht sehr wahrscheinlich: Das beharrliche Schweigen der Quellen zu diesem Punkt scheint sie zu widerlegen angesichts dessen, daß wir über eine ziemlich ausführliche Überlieferung zur Tyrannis in Athen verfügen. Es scheint zweifelhaft, daß eine Neuverteilung des Landes in großem Ausmaß, sofern sie stattgefunden hätte, keine Spuren in der Überlieferung hinterlassen haben soll. Wie soll man aber dann die überwiegende Bedeutung der Besitzungen kleiner und mittlerer Größe in der klassischen Zeit erklären? Um diese Frage zu beantworten, ist man auf Vermutungen angewiesen. Was geschehen sein mag, ist, daß die durch Solon erfolgte Befreiung der *hektēmoroi* und derer, die in Schuldknechtschaft geraten waren, es automatisch mit sich brachte, daß aus ihnen freie Kleinbauern wurden. Das war nicht wirklich die Neuverteilung des Landes, die viele gefordert hatten, doch es bedeutete einen beträchtlichen Schritt vorwärts. Was aber geschah mit den anderen Athenern, die sich in ihren Hoffnungen getäuscht sahen? Einige wandten sich sehr wahrscheinlich dem Handwerk zu (in der Tat nahm die attische Keramikproduktion einen beachtlichen Aufschwung unter der Tyrannis, doch sollte man auch hier aufgrund der Keramikfunde keine generalisierenden Feststellungen treffen und ebensowenig ohne ausdrückliche Quellenbelege annehmen, daß die Tyrannen diese Entwicklung gezielt gefördert hätten). Andere wiederum mögen im Rahmen der Bauvorhaben der Tyrannen Beschäftigung gefunden haben. Wieder andere gehörten zu denen, die sich in athenischen Ansiedlungen auf fremdem Gebiet niederließen, in Sigeion, auf der thrakischen Chersones oder in Chalkis, wohin die Athener im Jahre 506 4000 Siedler entsandten, die das Land in Besitz nahmen, das man nach einem Krieg mit dieser Stadt den *hippobotai*, dem ‚Reiteradel' von Chalkis, abgenommen hatte.

Man muß die Bedeutung der solonischen Reformen unterstreichen. Es wurde proklamiert, daß von nun an kein Athener je wieder Sklave in Athen sein sollte, daß es keine einheimischen Unterdrückten mehr geben würde. Athen wurde in der klassischen Zeit die Stadt, in der der Bürger seine Macht und seine Rechte mehr wachsen sah als irgendwo anders; aber es war auch die Stadt, in der Sklavenbesitz am meisten verbreitet war. Das ist kein reiner Zufall, sondern es handelt sich um den deutlichsten Beleg für die Möglichkeit, eine Verbindung zwischen den beiden Entwicklungen herzustellen. Auf der einen Seite stand die Entwicklung der Vorstellung vom Bürger und die Beseitigung der Möglichkeit, daß Einheimische unterdrückt wurden, auf der anderen Seite die Entwicklung einer neuen Form von Sklaverei, wo Sklaven als Ware und Besitz aus dem Ausland eingeführt wurden. Aber von der archaischen bis in die klassische Zeit bleibt ein gemeinsamer Nenner stehen – der Bedarf an Unterdrückten.

Viertes Kapitel

Die archaischen Staaten und Sparta

Typologie der griechischen Staaten

Bereits vorher war die Rede gewesen von den Unterschieden im Entwicklungsstand, die für die griechische Welt auch in der klassischen Zeit kennzeichnend waren. Es scheint nunmehr angebracht, kurz eine Typologie der griechischen Staaten zu entwerfen und sie nach dem von ihnen erreichten Grad der Entwicklung einzuordnen. Der fragliche ‚Entwicklungsstand' sollte nicht allein nach dem Niveau konstitutioneller Formentfaltung beurteilt werden (indem man fragt, wie sehr ein bestimmter Staat sich annäherte oder entfernt war von der Demokratie athenischer Prägung, die man mit gleichem Recht für die logische Konsequenz der innenpolitischen Entwicklung und für einen besonderen Ausnahmefall ansehen kann), sondern er sollte vielmehr an dem sozialen und wirtschaftlichen Leben in seiner Gesamtheit gemessen werden. Wenn später von griechischen Staaten die Rede sein wird, die mehr oder weniger ‚archaisch' oder ‚modern' waren, so werden diese Attribute dem Gesamturteil entsprechen, das viele Griechen der klassischen Zeit und insbesondere Thukydides über diese Staaten fällten. Im folgenden geht es natürlich um ‚Idealtypen', die nur als Bezugspunkte dienen und nichts anderes sein sollen als Hilfsmittel zur Klassifikation. Wie immer in den politischen Verhältnissen Griechenlands stößt man auf eine große Vielfalt, die von der Existenz intermediärer Typen zwischen den Hauptkategorien herrührt. Die erste Unterscheidung, die zu treffen ist, ist die zwischen *ethnos* (‚Volk', ‚Stamm') und *polis* (‚Stadt'), was man am besten wiedergibt mit ‚Staat ohne städtisches Zentrum' und ‚Staat mit einem städtischen Zentrum'.[1] Athen ist in dieser Hinsicht ein typischer *polis*-Staat: sein Territorium *(chōra)* umfaßte ganz Attika (nur einige wenige Grenzregionen wie Oropia gehörten zeitweise nicht zu seinem Staatsgebiet), aber die Stadt Athen *(asty)* war sein politisches Zentrum. In einem *ethnos*-Staat hingegen konnte sogar jegliches städtische Zentrum fehlen. Seine Bevölkerung lebte in Dörfern über eine mehr oder minder große Landfläche verstreut. Die politischen Bindungen, die diese Dörfer zusammenhielten, konnten sehr schwach sein; ein ‚Staat' existierte nur in einem sehr unklaren Sinne. Ein oft entscheidender Faktor für das Fehlen von Zentralisierungstendenzen lag in der geographischen Ausdehnung, die die Entwicklung zu einer wirklichen *polis* mit einem einzigen städtischen Zentrum schwermachte. Der *ethnos*-Staat repräsentiert ein viel weniger entwickeltes Stadium als die *polis*, und er geht ihr zeitlich voraus. In der Tat sind *ethnos*-Staaten gerade in den Regionen zu finden, in denen sich die *polis,* wenn überhaupt, nur wenig entwikkelte, d.h. im nordwestlichen Teil Griechenlands, der von der mykenischen Zivilisation nicht berührt worden war (s. Text 7,53 und 54). Die Einheit dieser ursprünglichen Stammesverbände konnte sich auf verschiedene Weise durch einen beachtlichen Zeitraum hindurch erhalten. Zu dieser Kategorie der *ethnos*-Staaten gehören die Makedonen, die Thessaler, die Phoker, die Bewohner der westlichen und der östlichen Lokris, die Aitoler, die Akarnanen, die Achaier und die Arkader. Man sollte sogleich anmerken, daß sich hier und dort eine Überwindung der ‚primitiven' Entwicklungsstufe zu zeigen begann: innerhalb desselben ‚ethnischen' Verbandes konnten *poleis* beginnen sich zu entwickeln, konnten mehr oder minder vom *ethnos* unabhängig werden und ein eigenes politisches Leben führen. Das war z.B. der Fall bei den Städten Tegea und Mantineia in Arkadien oder den kleinen Städten Chaleion und Oianthea in der westlichen Lokris. Es konnte auch Spannungen geben zwischen dem einheitlichen *ethnos* und den separatistischen *poleis,* wie es in klassischer Zeit in Thessalien geschah. Ein besonderer Fall, an dem man sehen kann, wie die Einheit des ursprünglichen *ethnos* nahezu zerstört wurde durch den Aufstieg von *poleis* in seinem Inneren, ist Boiotien: In klassischer Zeit waren die Boioter in mehrere autonome *poleis* gespalten. Natürlich gab es einen boiotischen Bundesstaat, aber wenn man ihn näher betrachtet, dann erkennt man, daß er in Wirklichkeit die meiste Zeit nichts anderes war als eine verdeckte thebanische Herrschaft. Die Einheit der Boioter war nur eine künstliche, von oben verordnet durch die mächtige Stadt. In diesem Fall war das *ethnos* den *poleis* gewichen, aber anderswo war die Entwicklung nicht so weit gegangen.

Wenn man sich eine Karte von Griechenland ansieht, so wird man feststellen, daß diese Stammesstaaten einen beträchtlichen Teil der griechischen Halbinsel ausmachten; dennoch waren sie in der griechischen Geschichte bis zum 4. Jahrhundert von untergeordneter Bedeutung. Mit Ausnahme der Bewohner der östlichen Lokris und der Achaier hatten sie an der großen Kolonisationsbewegung der archaischen Zeit keinen Anteil, und ihr Beitrag zur griechischen Geschichte und zur Kultur der klassischen Zeit war bescheiden. Den Griechen des 5. Jahrhunderts galten diese Teile der griechischen Welt als rückständig, dort hatten sich, wie sie meinten, archaische Lebensformen erhalten, und die soziale und wirtschaftliche Entwicklung war auf einer primitiven Stufe stehengeblieben. Die Staatstheoretiker des 4. Jahrhunderts nahmen bei ihrer Suche nach dem idealen Staat von ihnen fast keine Notiz: von vornherein konnte es nur um eine *polis* gehen. Doch gerade im Laufe des 4. Jahrhunderts begannen einige dieser Stammesstaaten, die bisher nur eine zweitrangige Rolle gespielt hatten, im politischen Bereich an die Stelle der wichtigsten *poleis* zu treten, deren Kraft sich zu dieser Zeit erschöpft hatte; im folgenden Jahrhundert spielten die Stammesstaaten geradezu eine führende Rolle. Das gilt in bemerkenswerter Weise für die Aitoler und

Achaier im 3. Jahrhundert, die am Ende Bundesstaaten aufbauten, und ganz besonders für Makedonien, das einen speziellen Fall darstellt, insofern dort eine erbliche Monarchie fortbestand, die bis in ferne Zeiten zurückreichte und dann im 4. Jahrhundert vor allem durch Philipp II. wiederaufgerichtet und ‚modernisiert' wurde. Angesichts der geringen Bedeutung der *ethnos*-Staaten in klassischer Zeit scheint es aber ungeachtet ihrer großen geographischen Ausdehnung nicht notwendig, mehr über sie zu sagen.[2]

Eine zweite Unterscheidung, die man treffen kann, ist die zwischen der klassischen *polis* (deren Prototyp natürlich Athen ist) und den Staaten, die keine ebenso fortgeschrittene Entwicklung auf bestimmten grundlegenden Gebieten kannten. Diese Unterscheidung deckt sich wohlgemerkt nur teilweise mit der vorangegangenen. Der ‚moderne' Staat ist grundsätzlich eine *polis,* während dagegen der ‚archaische' Staat entweder eine *polis* (wie im Falle der kretischen Städte) oder ein *ethnos* sein kann (wie im Falle der Thessaler oder der Bewohner der beiden Lokris; zum besonderen Fall Spartas, einer untypischen *polis,* s. unten). Das grundlegende Kriterium für die Scheidung ‚moderner' Staaten von eher ‚archaischen' ist, wie deutlich der Begriff des Bürgers und des freien Mannes im Gegensatz zum Sklaven definiert war. Es ist bereits gesagt worden, daß die Entwicklung dieser Vorstellungen in ihrem zunehmenden Gegensatz eine der wesentlichen Neuerungen der archaischen Zeit im politischen Bereich war. Diese Entwicklung fand ihre logische Vollendung im klassischen Athen, wo der Gegensatz zwischen Bürgern und Fremden, zwischen Freien und Sklaven ein totaler war: Die Begriffe waren klar und eindeutig definiert, und es war kein Raum mehr für Zwischenkategorien. Auf der einen Seite standen die Bürger, die, mit einigen seltenen Ausnahmen, ohne Unterschied alle den gleichen rechtlichen Status genossen, auf der anderen Seite die Fremden, unterteilt in Freie (Metoiken) und Sklaven. Die Fremden hatten auf keine Weise Anteil an den Entscheidungen innerhalb der politischen Gemeinschaft, selbst wenn die Metoiken in gewissem Ausmaß an der Erfüllung der militärischen Aufgaben der *polis* teilhatten.[3] Aber nicht alle griechischen *poleis* erreichten diese Stufe: In den ‚archaischen' Staaten waren die Vorstellungen vom Bürger und Freien weniger präzise, die sozialen Kategorien waren weniger eindeutig definiert und die Existenz von Stufen zwischen diesen Kategorien trug dazu bei, deren Konturen noch stärker zu verwischen. Ob es sich nun um *poleis* handelte (die kretischen Städte) oder um *ethnē* (die Lokris oder Thessalien), alle diese ‚archaischen' Staaten waren im wesentlichen ländliche Gemeinschaften, die mehr oder weniger isoliert von der Außenwelt und fern der großen Verbindungswege lebten oder geradezu fremdenfeindlich waren wie Sparta. Die Fremden, die von außen kamen, spielten dort nur eine geringe Rolle, während sie eines der charakteristischen Elemente eines Staates vom Typ Athens darstellen. Ihren Platz füllten interne Untergebene aus, über die eine Kriegeraristokratie herrschte, die sie auf die eine oder andere Weise in den Status der Abhängigkeit gedrängt hatte.

Sparta soll als Beispiel zur Illustration dieser archaischen Gesellschaften dienen, denn es stellt ja den bekanntesten Fall dar und den, über den bei weitem die meisten Informationen zur Verfügung stehen.[4] Aber so sehr Sparta auch, wie sich zeigen wird, in vieler Hinsicht den anderen ‚archaischen' Staaten gleicht, unterscheidet es sich doch in anderen Einzelheiten; wir dürfen es daher nicht für ein ganz typisches Beispiel ansehen. Die folgende Schilderung bezieht sich auf das Sparta des Zeitraums vom Ende des 6. Jahrhunderts durch das 5. Jahrhundert hindurch. Nichts wird, von einigen Anspielungen abgesehen, gesagt werden zu der mehr oder minder unlösbaren Frage nach dem Ursprung des klassischen Sparta – einem Problem, das zu den schwierigsten und umstrittensten der gesamten griechischen Geschichte gehört.[5] Und außer acht bleiben soll fürs erste auch das Sparta des 4. Jahrhunderts, denn nach dem Peloponnesischen Krieg und größtenteils aufgrund der sich daraus ergebenden Folgen erlebte Sparta tiefgreifende innere Veränderungen, die zu seinem Abstieg führen mußten.

Die Hauptkategorien der Bevölkerung in Sparta

Die Bevölkerung in Sparta (oder genauer gesagt die Bevölkerung, die in dem gesamten zu Sparta gehörigen oder von ihm abhängigen Gebiet lebte) war in drei Hauptkategorien eingeteilt: die Spartiaten als die vollberechtigten Bürger (die *homoioi,* also die ‚Gleichen'; jeder *homoios* galt theoretisch ebensoviel wie der andere); die Perioiken, die als Freie eigene Gemeinschaften bildeten, die jedoch von Sparta abhängig waren; und schließlich die Heloten, eine Bevölkerungsgruppe, die in historischer Zeit unterworfen worden und die spartanischer Staatsbesitz war. Diese drei Kategorien haben trotz einiger oberflächlicher Ähnlichkeiten nichts mit den drei rechtlich definierten Kategorien in Athen (Bürger, Metoiken, Sklaven) zu tun. Im Gegensatz zu den athenischen Verhältnissen gab es in Sparta eine ganze Reihe von Zwischenkategorien, die am Ende die Trennungslinien zwischen den Hauptkategorien undeutlich werden ließen. Die Unterschiede zwischen Sparta und einem Staat vom Typ Athens werden im folgenden noch hervortreten.

Die Spartiaten *(homoioi)*

An der Spitze der Hierarchie standen die eigentlichen Spartiaten, vollberechtigte ‚Bürger', die zu allen Zeiten eine kleine, privilegierte Minderheit inmitten der übrigen, zahlenmäßig weit überlegenen Bevölkerung waren. Es gibt nur wenige genauere Zahlenangaben für die spartanische Bevölkerung. Die höchste Zahl an Spartiaten, die bekannt ist, sind die 5000 in der Schlacht bei Plataiai im Jahre 479 (Herodot 9,28), aber in der Folgezeit ging diese Zahl ständig zurück. Ein Jahrhundert später, zur Zeit der Schlacht bei

Leuktra, gab es nur noch ungefähr 1 000 vollberechtigte Spartiaten (zu den Gründen für diese Entwicklung, die für Sparta tödlich endete, s. die kurzen Bemerkungen in Kapitel 7).[6]

Die Spartiaten sind in der griechischen Geschichte das extremste Beispiel für die völlige Ablehnung wirtschaftlicher Betätigung (s. Text 37, 56). Es war ihnen strengstens untersagt, eine wirtschaftliche Tätigkeit jeglicher Art aufzunehmen; zur Befriedigung ihrer wirtschaftlichen Bedürfnisse stützten sie sich auf die anderen Bevölkerungsgruppen, auf die Perioiken und insbesondere auf die Heloten. Die Spartiaten waren die Herren des Landes, und das beste Ackerland behielten sie für sich, zunächst in Lakonien und dann, nach der Unterwerfung der Messenier gegen Ende des 8. Jahrhunderts, auch in Messenien, aber sie bestellten es nicht selbst, vielmehr verließen sie sich auf die Arbeitskraft der Heloten, die an die Scholle gebunden und gezwungen waren, einen Teil des Ertrags an ihren Herrn abzuliefern. Ebenso lag die handwerkliche Tätigkeit in Händen der Heloten und vor allem, wie man vermuten muß, der Perioiken. Frei von jeder wirtschaftlichen Sorge widmeten sich die Spartiaten allein der militärischen Ausbildung: Sie waren ein Erbadel von Berufskriegern. Ihr ganzes Leben wurde vom Staat organisiert mit einem einzigen Ziel, nämlich aus ihnen Soldaten zu machen, die gewohnt waren, ihren Führern und den Älteren zu gehorchen, und die darauf gedrillt waren, im Verband zu kämpfen. Die Spartiaten waren die besten Spezialisten in der Hoplitentaktik. Alles andere wurde bereitwillig geopfert oder sogar unterdrückt für dieses eine Ziel. Das spartanische System bedeutet eigentlich eine Gegenposition zur Tradition des *oikos:* Alle familiären Bindungen und Werte wurden unterdrückt und verdrängt. Das Familienleben wurde bewußt auf ein Minimum reduziert. Im Alter von sieben Jahren wurde der junge Spartiate aus seiner Familie herausgenommen, und die Sorge für seine Erziehung (die *agogē*) übernahm der Staat. Von diesem Zeitpunkt an lebte und exerzierte er gemeinsam mit den anderen jungen Männern seines Alters, die in eine Reihe von Altersgruppen mit verschiedener Bezeichnung eingeteilt waren. Die dahinterstehende Absicht war, die Loyalität des Spartiaten in Richtung auf seine Kameraden zu lenken und ihm Gehorsam gegenüber den Älteren beizubringen. Im Alter von zwanzig Jahren, nachdem seine Erziehung abgeschlossen war, wurde der junge Spartiate Mitglied in der Gruppe der erwachsenen Männer.[7] Dann hatte er sich zu verheiraten, aber die Hochzeitszeremonie war eine freudlose und hastige Angelegenheit und bedeutete keineswegs, wie sonst in Griechenland, den Beginn eines Familienlebens. Bis zum vollendeten dreißigsten Lebensjahr lebte der Spartiate weiter mit seinen Kameraden und besuchte seine Frau nur selten. Auch nachdem er dreißig Jahre alt geworden war, nahm er die Mahlzeiten zusammen mit seinen Kameraden ein (diese gemeinsamen Mahlzeiten waren die *syssitia*); der Besitz der vollen Bürgerrechte war an den Beitrag zu den *syssitia* und an die regelmäßige Teilnahme gebunden (s. Text 57). Auf diese Weise wurde das Familienleben völlig bedeutungslos, und sein einziges Ziel war es, kräftige Bürger und tüchtige Soldaten zu produzieren. Um dieses besondere Ziel zu erreichen, setzten sich die Spartaner sogar manchmal über das Prinzip der Monogamie hinweg, das überall sonst in Griechenland gewahrt wurde: Es ist belegt (Xenophon, Staat der Lakedaimonier 1,3–9; Plutarch, Lykurg 14 f.), daß man unter gewissen Umständen die eigene Frau einem anderen ‚leihen' konnte (echte Bigamie allerdings war außerordentlich selten).

Das Ideal der Spartiaten war die Gleichheit, und das findet auch im Namen seinen Ausdruck, den sie sich selber gaben: die ‚Gleichen'. Sie exerzierten gemeinsam, sie führten das gleiche Leben, sie aßen zusammen und kämpften Seite an Seite. Tatsächlich bestand jedoch immer ein gewisser Widerspruch zwischen Ideal und Wirklichkeit. Dieser Widerspruch wurde ständig größer und war am Ende einer der Hauptgründe für den Niedergang Spartas.

Ein erstes Abweichen vom Gleichheitsideal war die Existenz zweier Könige, einer Institution unbekannten Ursprungs, die in der übrigen griechischen Welt keine Parallele findet. Es gibt eine gelegentliche Tendenz, die Bedeutung der spartanischen Könige zu unterschätzen, aber ein guter Teil der Geschichte Spartas kann um die Persönlichkeiten seiner Könige (oder zumindest eines von beiden) herum geschrieben werden. Es genügt, einen Blick auf die antiken Quellen zu werfen, um sich von dem Ansehen zu überzeugen, das das doppelte Königtum in Sparta genoß (man vergleiche z. B. Herodot 6,56–59). Es gab also unter den ‚Gleichen' zwei Personen, die von vornherein privilegiert waren und die ihre Privilegien allein ihrer Geburt und nicht ihrem Verdienst verdankten. Zweitens liegt auf der Hand, daß es innerhalb der Kategorien der ‚Gleichen' de facto eine Art Aristokratie gab, die die anderen, weniger mit Glücksgütern gesegneten ‚Gleichen' an Reichtum und Einfluß übertraf. Es ist möglich, daß es diese Aristokratie schon von Anfang an im klassischen Sparta gegeben hat. Außerdem verstärkte die allgemeine Entwicklung diese sozialen Unterschiede eher noch und begünstigte die Vermögenskonzentration (insbesondere des Landbesitzes) in den Händen einer immer kleiner werdenden Zahl von Personen. Wie schon gesagt wurde, hing die Zugehörigkeit zur Kategorie der ‚Gleichen' davon ab, daß man regelmäßig einen Beitrag zu den *syssitia* leistete. Konnte jemand dieser Verpflichtung nicht mehr nachkommen, so sank er offenbar in eine geringere Kategorie herab, nämlich die der *hypomeiones* oder ‚Geringeren', und das bedeutete den Verlust der vollen Rechte (s. Text 61 mit Anm. 3). Es wäre möglich, daß es auch andere, ‚nichtwirtschaftliche' Wege gab, ein ‚Geringerer' zu werden. Ganz allgemein förderte der Wetteifer, der die ‚Gleichen' antrieb und ihr ganzes Leben erfüllte, die Bildung von Eliten, was zugleich die Existenz einer weniger erfolgreichen Mehrheit voraussetzte.[8] Wie man weiß, hat es innerhalb der Kategorie der ‚Gleichen' privilegierte Gruppen gegeben wie die der 300 *kōroi* oder auch *hippeis* (die aber keine Berittenen waren), die unter den jüngsten Kriegern ausgewählt wurden und die

Ehrengarde der Könige bildeten (s. Text 61, Anm. 15). Eine andere solche Gruppe waren die *kryptoi*, ausgewählte junge Männer, die von den Ephoren (den Beamten) jeder für sich und, bis auf einen Dolch ohne Waffen, in das Land hinausgeschickt wurden, um Heloten zu töten.[9] Auf diese Weise bildeten sich Eliten unter den ‚Gleichen' heraus. Auf der anderen Seite waren da all jene, die in der einen oder anderen Weise ‚gescheitert' waren (s. Text 60). Außer den ‚Geringeren' gab es die *trēsantes*, das sind die, die im Krieg ‚Angst gehabt haben' und die daraufhin mit dem Verlust einiger ihrer bürgerlichen Rechte bestraft wurden. Die Gleichheit unter den Spartiaten war also nie etwas anderes als ein nicht zu realisierendes Ideal, und die Wirklichkeit entfernte sich immer mehr davon.

Die Perioiken

Über die Perioiken ist man vergleichsweise schlecht informiert. Sie bildeten kleine Gemeinschaften, vor allem in Lakonien, aber auch in Messenien, im ganzen ungefähr einhundert. Diese Gemeinschaften erfreuten sich einer gewissen lokal begrenzten Autonomie, waren aber, was den Krieg und den gesamten Bereich der Außenpolitik angeht, völlig von der spartanischen Regierung abhängig. In klassischer Zeit sprachen sie dorischen Dialekt, aber das sagt noch nichts über ihren Ursprung aus, der ein ungeklärtes Problem und Gegenstand reiner Vermutung bleibt.

Eine beachtenswerte Tatsache, die den Unterschied zwischen ‚archaischen' Staaten und ‚modernen' von der Art Athens erkennen läßt, ist, daß die Perioiken, obwohl sie an den Entscheidungen der spartanischen Führung keinen Anteil hatten, dennoch in gewisser Weise ein Teil dieses Staates waren. Sie waren mehr als einfach Verbündete oder Untertanen Spartas. Die offizielle Bezeichnung dessen, was wir den spartanischen Staat nennen, war nicht etwa ‚die Spartiaten', wie man es in Analogie zum athenischen Staat (‚die Athener') vermuten könnte, sondern sie lautete ‚die Lakedaimonier', was alle Perioiken ausdrücklich mit einschloß, die also gewissermaßen ‚Bürger zweiter Klasse' waren. Doch ebenso wie die Perioiken am spartanischen Staat teilhatten, so waren sie auch ‚Bürger' ihrer jeweiligen kleinen Gemeinschaft. Daraus ist zu ersehen, um wieviel verschwommener in Sparta die Vorstellung vom Bürger war als in Athen.

Des weiteren waren die kleinen Perioikengemeinden homogene Einheiten, und ihr Land gehörte ihnen. Auch darin unterschieden sie sich deutlich von den Metoiken in Athen, die von sehr unterschiedlicher Herkunft waren und ausgeschlossen waren vom Recht auf Landbesitz, das den Bürgern vorbehalten war (s. Kapitel 5). Die Perioiken zahlten keine regelmäßigen Abgaben an die Spartiaten (wie die Heloten), aber jeder der beiden spartanischen Könige hatte ein *temenos* (ein besonderes Landgut), das aus dem Landbesitz der Perioiken herausgelöst und von diesen bestellt wurde. Die

Perioiken wurden regelmäßig und in großer Zahl zum Dienst im spartanischen Heer eingezogen (über ihre militärische Ausbildung weiß man ebensowenig Genaueres wie über die derjenigen Heloten, die zum Militärdienst herangezogen wurden; zu letzteren s. unten). Bis zu den Perserkriegen leisteten sie ihren Dienst in separaten Einheiten; später während des Peloponnesischen Krieges findet man sie vermischt mit dem Kontingent der Spartiaten. Diese Umstellung mag nach dem verheerenden Erdbeben des Jahres 465 erfolgt sein, das Sparta gewaltige Bevölkerungsverluste brachte; die Absicht war vermutlich, die geringe Zahl der Spartiaten zu verschleiern. Aber wenn die Perioiken auch Dienst im Heere leisteten, so waren sie doch nicht den aristokratischen Werten der spartanischen Krieger verpflichtet. Sie konnten sich also all den wirtschaftlichen Tätigkeiten zuwenden, die die Spartiaten von sich wiesen. Sie bestellten ihr Land und widmeten sich dem Handwerk; sie waren es wahrscheinlich, die dem Staat Waffen lieferten. Und vermutlich sind sie es auch, denen man die Produktion der sogenannten ‚lakonischen' Keramik der archaischen Zeit zuschreiben muß.[10] Auch wenn sie ohne politische Macht waren, erfreuten sich die Perioiken doch einer geradezu beneidenswerten Position: Das spartanische System und die geographische Lage auf der Peloponnes garantierten ihnen eine Sicherheit, wie sie nur wenige griechische Staaten für so lange Zeit gekannt haben. Nur in Ausnahmefällen findet man daher bei ihnen Anzeichen der Unzufriedenheit gegenüber den Spartiaten (s. Text 61). Im allgemeinen stellen sie einen der grundlegenden Faktoren für die Stabilität in Sparta dar.

Die Heloten

Die Griechen der klassischen Zeit bezeichneten die Heloten oft als ‚Sklaven', sogar in öffentlichen Urkunden. So hieß es im Vertrag zwischen Sparta und Athen, der unmittelbar nach dem Nikiasfrieden von 421 geschlossen wurde, daß „wenn die Sklaven *(douleia)* einen Aufstand machen, die Athener den Lakedaimoniern mit aller Kraft den Möglichkeiten entsprechend zu Hilfe kommen sollten" (Thukydides 5,23,3). Doch sollte uns dieser Text nicht täuschen: Zwischen den Sklaven vom athenischen Typus, die aus der Fremde importiert und auf dem Markt gekauft wurden, und den Bevölkerungsgruppen von der Art der Heloten bestand ein fundamentaler Unterschied. Sie stellen zwei völlig verschiedene Typen der Abhängigkeit dar und unterscheiden sich in Geschichte und Ursprung: Die Sklaverei des athenischen Typus war eine moderne Einrichtung, während die Helotie eine eher archaische Erscheinung war, wobei erstere in der klassischen Zeit allmählich zum ‚Normaltypus' wurde. All dessen waren sich einige Griechen auch durchaus bewußt. Vom 4. Jahrhundert an begannen Historiker und Theoretiker die Sklaverei und ihre ‚Ursprünge' zu erörtern und suchten zwischen verschiedenen Kategorien von Sklaven zu unterscheiden. Ein hellenistischer

Autor, dessen Äußerungen bei dem Lexikographen Pollux wiedergegeben werden, definiert die Bevölkerungsgruppen vom Typus der Heloten als solche, die einen Status „zwischen Freien und Sklaven" hätten. Diese Definition mag zwar nicht sehr präzise sein, aber sie zeigt zumindest, wie unklar die Vorstellungen von Freiheit und Sklaverei in diesen archaischen Gesellschaften waren.[11]

Was die Bevölkerungsgruppen wie die Heloten vor allem von den Sklaven des athenischen Typus unterscheidet, ist ihre Homogenität. Sie waren ausnahmslos einheimische Bewohner (Griechen oder Nichtgriechen), die eine einheitliche Sprache sprachen und von denen man im allgemeinen glaubte, sie seien durch Eroberung in den Status der Abhängigkeit gelangt, nämlich bei der Einwanderung derer, die dann ihre Herren wurden und eine Kriegeraristokratie bildeten (s. Text 50, 58, 63). Für jede dieser Gruppen gab es einen kollektiven Namen, dessen Bedeutung nicht immer klar ist:[12] In Sparta hießen sie Heloten *(heilōtes),* was nach unterschiedlichen Interpretationen entweder soviel bedeutete wie ‚Gefangene' oder ‚Bewohner von Helos' (einer Stadt in Lakonien), in Thessalien waren es die *penestai,* dann die *klarōtai* auf Kreta (d.h. ‚die, die an das Landlos, den *klaros,* gebunden sind') und, ebenfalls auf Kreta, die *mnoitai* (die ‚Bezwungenen'?), die *gymnētai* in Argos (die ‚Nackten', d.h. die, die keine Waffen trugen), die *woikiatai* in Lokris (die zum *oikos* Gehörigen), die *killyrioi* in Syrakus und schließlich die *mariandynoi* in Herakleia am Pontos.

Die Sklaven vom athenischen Typus hingegen waren von ganz unterschiedlicher Herkunft, und man konnte für sie keinen zutreffenden kollektiven Namen finden: Sie hatten keine Identität, wie sie die Gruppen von der Art der Heloten bis zu einem gewissen Grade besaßen. Letztere waren homogene Einheiten und konnten sich als solche aus sich selbst reproduzieren: Heloten kaufte man nicht auf dem Sklavenmarkt, während die Sklaven in Athen zumeist importiert und gekauft waren wie jede andere Ware (‚zumeist', weil es auch Sklaven gab, die in Athen geboren und aufgezogen wurden). Diese Unterschiede zwischen den beiden Typen Abhängiger erklären auch ihr unterschiedliches Verhalten und ihre unterschiedliche Einstellung gegenüber dem Staat.

Selten kam es vor, daß in Athen die Sklaven zum Kriegsdienst herangezogen wurden. Nur wenige Fälle sind bekannt, und es handelte sich dabei immer um Ausnahmesituationen. Außerdem ließ man sie zunächst frei, wenn man wirklich auf Sklaven zur Kriegsführung zurückgreifen mußte. In Sparta hingegen war es normal (zumindest von der Zeit des Peloponnesischen Krieges an), die Heloten im Kriegsdienst zu verwenden; gelegentlich wurden sie in diesem Zusammenhang freigelassen, wenn sie an einem Feldzug teilgenommen hatten, aber auch dann nicht immer, und danach waren sie weiter zum Militärdienst verpflichtet (s. Text 59 und 60). Nichts ist übrigens im einzelnen bekannt über die Art und Weise, wie die Heloten für den Kriegsdienst ausgewählt wurden, noch über ihre Ausbildung; Beachtung verdient die Tatsache, daß die im Krieg als Soldaten verwendeten Heloten grundsätzlich loyal waren.[13] Theoretisch waren die Heloten am Staatswesen nicht beteiligt: Die Bezeichnung ‚die Lakedaimonier' schloß die Spartiaten und die Perioiken ein, nicht aber die Heloten. Dennoch konnten diese für sich den Anspruch erheben, einen Anteil am Staat der Lakedaimonier zu erlangen, während es völlig undenkbar war, daß Sklaven in Athen Bürgerrechte dort oder irgendwo sonst verlangen könnten. Durch ihre Homogenität als Gruppe war den Heloten die Möglichkeit gemeinsamen Handelns gegeben, die den Sklaven des athenischen Typus versagt war. Die Heloten, die durch den Staat freigelassen wurden (von Privatleuten konnten sie nicht freigelassen werden, ganz im Gegensatz zu den Sklaven in Athen, die fast immer Privatleuten gehörten), wurden zu *neodamōdeis,* d. h. ‚neue Angehörige des *damos*'; sie waren also in gewissem Sinne (wie, ist uns nicht bekannt) ‚Bürger' Spartas, wenn auch nicht auf einer Stufe mit den ‚Gleichen'.

Das wiederkehrende Muster der Helotenaufstände unterstreicht die Unterschiede zwischen den beiden Typen der Abhängigkeit noch. Trotz der großen Zahl von Sklaven in Athen gab es in klassischer Zeit dort keine wirklichen Aufstände (s. Kapitel 5). Es ist bemerkenswert, daß es im Bündnisvertrag zwischen Sparta und Athen vom Jahre 421 keine Bestimmung auf Gegenseitigkeit gab, die Sparta verpflichtet hätte, Athen im Falle eines Aufstandes der dortigen Sklaven zu Hilfe zu kommen – ein solches Vorkommnis wurde nicht für möglich gehalten. In Sparta war die Situation ganz anders, denn Helotenaufstände waren ein permanenter Faktor in seiner Geschichte (s. Text 50, 58, 59, 61). Eigentlich wäre es richtiger, von Aufständen der Heloten in Messenien zu sprechen statt von Helotenaufständen ganz allgemein, denn es ist in diesem Zusammenhang wichtig, zwischen zwei Gruppen, den Heloten in Lakonien und denen in Messenien, zu unterscheiden. Letztere waren relativ spät unterworfen worden (um die Mitte des 8. Jahrhunderts) und bewahrten sich immer eine klare Erinnerung an ihre ursprüngliche Eigenständigkeit, die die Heloten in Lakonien verloren zu haben schienen. Und vor allem in Messenien brachen die großen Helotenaufstände aus: Im 7. Jahrhundert zur Zeit des Tyrtaios, von 464 bis 460 nach dem großen Erdbeben, das die ganze Existenz Spartas gefährdete,[14] und schließlich im Jahre 370/69 nach der Niederlage bei Leuktra, als Messenien von Sparta abfiel und einen unabhängigen Staat errichtete, der als solcher von den übrigen Griechen anerkannt wurde, was schon früher geschehen war, als Messenier geflohen waren (z. B. im Falle der Messenier, die von Athen 459 in Naupaktos angesiedelt worden waren: s. Text 53). Die Forderung nach Unabhängigkeit und ‚Macht für Messenien' war demnach die andere Möglichkeit, die den Heloten neben dem Versuch, sich in den spartanischen Staat einzugliedern, offenstand. Es war hingegen völlig unmöglich, daß etwas ähnliches in Athen geschah. Die zahlreichen Sklaven, die in den letzten Jahren des Peloponnesischen Krieges aus Athen flohen (s. Text 76), hätten nie einen unabhängigen Staat errichten können (s. Kapitel 5).

Die Helotenaufstände in Sparta sind der am besten bekannte Fall, doch scheint es, daß solche Revolten typisch für diese Art von Bevölkerungsgruppen sind.[15] Jedesmal, so kann man sagen, wenn man eine Anzahl von ‚Sklaven' sich direkt an der politischen Auseinandersetzung beteiligen sieht, handelt es sich um eine Gruppe vom Typus der Heloten. So sieht man, daß die *killyrioi* in Syrakus sich mit dem *dēmos* gegen die Oligarchie der Geomoren erhoben (Herodot 7,155) oder die Penesten Thessaliens häufig gegen ihre Herren rebellierten (Xenophon, Hellenika 2,3,36; Aristoteles, Politik 2, 1269 a 36 f.). Die Klaroten auf Kreta hingegen rührten sich nicht. Das war für Aristoteles eine merkwürdige Tatsache, die der Erklärung bedurfte, und er erklärte sie folgendermaßen (Politik 2,1269 a 39–1269 b 3): Da es in allen kretischen Städten Heloten gab und sich diese Städte oft im Krieg miteinander befanden, vermieden sie es, die Klaroten ihrer Feinde in Aufruhr zu versetzen, denn sie hatten Angst, daß das auf sie selbst zurückschlagen könne. Mit anderen Worten, die Klaroten auf Kreta waren die Ausnahme, die die Regel bestätigt. Doch ist interessant, daß die einzige *doulopolis* (‚Sklavenstadt'), die in der griechischen Überlieferung genannt wird, sich gerade in Kreta befinden sollte: Nur in diesen archaischen Gesellschaften ist eine Sklavenstadt überhaupt vorstellbar. Eine andere Besonderheit der spartanischen Heloten findet sich auch in anderen Fällen wieder: Verwendung im Kriegsdienst ist auch für die Penesten in Thessalien und die *mariandynoi* in Herakleia am Pontos belegt.

Vom Heiraten in Sparta war vorher kurz die Rede. Es sollte noch ein wenig mehr über Verbindungen außerhalb des kleinen Kreises der Spartiaten gesagt werden, denn das kann die Unterschiede zwischen archaischen Gesellschaften und solchen des ‚modernen' Typus noch weiter illustrieren. In Athen waren nach der Gesetzgebung des Perikles vom Jahre 451/50 nur noch Ehen zwischen Athenern rechtlich anerkannt, und um athenischer Bürger zu sein, mußte man von Eltern abstammen, die beide athenische Bürger waren. Vorher hingegen hatte es genügt, wenn nur der Vater athenischer Bürger war. Verbindungen zwischen athenischen Bürgern und Sklaven waren rechtlich nicht anerkannt. In den archaischen Gesellschaften war die Lage anders. Die Möglichkeit einer Heirat von Personen, die verschiedenen sozialen Kategorien angehören, ist etwa im Recht von Gortyn durchaus vorgesehen (s. Text 62). In Sparta konnten aus Verbindungen zwischen Spartiaten und Heloten Kinder hervorgehen, die eine Art Bürgerrecht besaßen oder wenigstens fordern konnten. In Kapitel 1 ist von der Möglichkeit der ‚Frauenherrschaft' in Sparta und den archaischen Gesellschaften gesprochen worden, wenn nämlich Frauen aus der Gruppe der Spartiaten mit Heloten Verbindungen eingingen und die daraus hervorgegangenen Kinder (bestimmten Überlieferungen zufolge) die politische Macht forderten. Eine besondere Gruppe in Sparta war die der *mothakes.* Ihre genaue Zusammensetzung kennt man nicht, und die Quellen äußern sich über sie nicht sehr klar. Sie bestand entweder aus Sklaven, die im Hause geboren waren (als

Kinder eines Spartiaten und einer Helotin), oder aus Heloten, die gemeinsam mit den jungen Spartiaten erzogen und freigelassen wurden, ohne jedoch in der Gruppe der *homoioi* aufgenommen oder auch nur Teil der Lakedaimonier zu werden.[16]

Eine bekannte Episode aus der spartanischen Geschichte gibt einen guten zusammenfassenden Eindruck von dem Unterschied, der zwischen den beiden genannten Typen einer Gesellschaft besteht, nämlich die Verschwörung des Kinadon im Jahre 397 (s. Text 61). Bemerkenswert ist an dieser Episode die gemeinschaftliche Teilnahme aller unteren Kategorien der Bevölkerung an der Verschwörung gegen die *homoioi.* In Athen war ein solches Komplott, in dem sich die Metoiken und Sklaven gegen die Bürger zusammentaten, einfach undenkbar, unter anderem auch deswegen, weil die Sklaven völlig vom staatlichen Leben ausgeschlossen waren. In Sparta hingegen hatten alle, von den *homoioi* bis zu den Heloten durch alle Zwischenkategorien hindurch, mehr oder minder Anteil am Staat. Die ethnische Geschlossenheit der einzelnen Kategorien ermöglichte die Entwicklung eines Gemeinschaftsbewußtseins und eine Aktionseinheit, die in Athen unmöglich zu erreichen gewesen wären.

Die Besonderheit Spartas

Dies sind kurz zusammengefaßt die charakteristischen Züge der spartanischen Gesellschaft. Sparta diente hier als Beispiel für eine Gesellschaft des archaischen Typus, und die Gemeinsamkeiten mit anderen Gesellschaften des gleichen Typus wurden deshalb besonders betont. Andererseits gibt es aber auch eine Reihe von Besonderheiten Spartas, die aus diesem Staat eine einzigartige Erscheinung in der griechischen Welt machen. Einige dieser besonderen Merkmale sollen kurz genannt werden, wie z. B. die Tatsache, daß Sparta ein sehr viel ausgedehnteres Territorium besaß als die übrigen griechischen Staaten und dieses Land auch von besserer Qualität war als sonst. Das ermöglichte Sparta, das Ideal der Autarkie, außer in Kriegszeiten, fast vollständig zu erreichen und dadurch die Kontakte mit der Außenwelt auf ein Minimum zu reduzieren. In der Tat scheint der archäologische Befund zu zeigen, daß die Importe nach Sparta im Laufe des 6. Jahrhunderts völlig aufgehört haben. Man kann noch an eine Besonderheit im institutionellen Bereich erinnern, nämlich das Doppelkönigtum, das in der griechischen Welt keine Parallele findet. Und man kann schließlich erwähnen, daß Sparta, auch wenn es von den anderen griechischen Staaten als *polis* angesehen wurde, im Vergleich mit den anderen *poleis* doch untypisch war, weil es kein wirkliches städtisches Zentrum hatte: Nicht nur daß es keine Befestigungsanlagen gab (die Menschen allein sollten die Stadt verteidigen), sondern es gab auch keine befestigte *akropolis* wie sonst in vielen Zentren eines Staatsgebildes. Die Spartiaten lebten verstreut in fünf Dörfern (s. Text 55).

Im einzelnen und für sich genommen gibt es nur sehr wenige Elemente der spartanischen Gesellschaft, für die man keine Parallele in der übrigen griechischen Welt finden kann. Alles Rituelle und Archaische in Sparta – wie die Existenz von Altersklassen und das Fortbestehen (oder besser gesagt die Anpassung) vieler *Initiationsriten* wie der *krypteia* (s. oben S. 68) – kann man auch anderswo in der griechischen Welt (und nicht nur in archaischen Gesellschaften) wiederfinden, auch wenn diese Züge vielleicht in Sparta stärker ausgeprägt waren.

Die große Besonderheit Spartas und der Ausgangspunkt für das ‚spartanische Wunder' (ein Wunder, das eine lange Wirkungsgeschichte vom Altertum bis in unsere Zeit gehabt hat)[17] ist die Art und Weise, wie sich all die verschiedenen Elemente dieser Gesellschaft in Richtung auf ein gemeinsames Ziel vereinten und wie der Staat gezielt die Erziehung der *homoioi* organisierte, um ihnen sein Ideal von Tapferkeit im Kriege und von Gehorsam einzuschärfen. Sparta ist der einzige griechische Staat, der freiwillig die Rolle des Erziehers für die ihm Zugehörigen übernommen hat, weil man glaubte, daß sein Überleben vielleicht von ihrer Unterordnung unter ein gemeinsames Ziel abhing. Obwohl es ein Militärstaat, wenn auch kein militaristischer Staat war, sah Sparta doch sein eigentliches Ziel nicht im Sieg über Fremde und in gewaltsamer Eroberung. Diese Motive hatten einst die Geschichte Spartas bewegt. Doch nach dem 2. Messenischen Krieg, in der Zeit des Tyrtaios, setzte eine entscheidende Veränderung ein: Sparta zog sich auf sich selbst zurück und wurde zu einem Staat, dessen einziges Ziel seine eigene Bewahrung blieb.

Fünftes Kapitel

Das Athen der klassischen Zeit[1]

Charakteristische Merkmale eines Staates vom athenischen Typus

Die grundlegenden Merkmale eines Staates vom athenischen Typus wurden bereits als Kontrast zu den archaischen Staaten erwähnt, für die Sparta das am besten bekannte, aber ein atypisches Beispiel war. Wesentlich – um es noch einmal kurz zusammenzufassen – war zum einen die Tatsache, daß Einheimische nicht der Gewalt eines anderen unterworfen sein konnten (nach Solon gab es keine Sklaven athenischer Herkunft mehr in Athen), zum anderen die politische und rechtliche Gleichheit aller Bürger. Auch wenn bestimmte Ämter den Angehörigen der ersten Zensusklasse vorbehalten waren, so gab es doch keine Abstufungen in der Beteiligung am Staat wie in Sparta: In Athen war man entweder Bürger und hatte in gleicher Weise teil am Staat wie alle anderen Bürger, oder man war kein Bürger und blieb in bezug auf die politische Gemeinschaft ausgeschlossen, ob man nun ein freier Mann war (Fremder *xenos* oder Metoike) oder ein Sklave. Bestimmte Gruppen von Bürgern, die ihre Rechte verloren hatten, wie Ostrakisierte oder solche, über die *atimia* verhängt worden war,[2] können wir hier beiseite lassen. Das sind offensichtliche Sonderfälle, die die Gültigkeit der allgemeinen Regel nicht in Frage stellen, und sie können mit den *hypomeiones* und anderen derartigen Gruppen in Sparta nicht wirklich verglichen werden. In Athen gab es eine klare rechtliche Scheidung der verschiedenen Kategorien der Bevölkerung: Der Unterschied zwischen Freien und Sklaven war ebenso eindeutig wie der zwischen Bürger und Nichtbürger, und es gab keinerlei Zwischenkategorien. Gleichzeitig mit dem Abbau der Möglichkeit, über einheimische Personen Gewalt auszuüben, stieg die Bedeutung der Außenstehenden (sowohl der Freien wie der Sklaven): Diese beiden Entwicklungen hingen miteinander zusammen.

Überdies wurde in demselben Maße, in dem Ungleichheiten im Status der einzelnen Athener beseitigt wurden und man in Richtung auf die Vollendung der Demokratie fortschritt, die athenische Bürgerschaft als Gruppe immer exklusiver und für Fremde schwerer zugänglich. Bis zur Bürgerrechtsgesetzgebung des Perikles vom Jahre 451/50 genügte es, einen athenischen Vater zu haben, um Bürger zu sein: Es gibt eine Reihe bekannter Beispiele von Angehörigen der athenischen Aristokratie, deren Mutter keine Athenerin oder nicht einmal Griechin war (Kleisthenes, Themistokles, Kimon). Diese ‚internationalen' Verbindungen zwischen aristokratischen Familien sind kennzeichnend für die archaische Zeit (ein berühmtes Beispiel, das Herodot erwähnt,[3] ist jenes der ehelichen Verbindung der Agariste, der Tochter des Kleisthenes, des Tyrannen von Sikyon, mit dem Athener Megakles, aus der der Gesetzgeber Kleisthenes hervorging). Dann kam die Gesetzgebung des Perikles im Jahre 451/50, die mit der Vollendung der Demokratie zusammenfiel: Von nun an erhielten nur noch diejenigen das Bürgerrecht, deren beide Elternteile athenische Bürger waren.[4] Freilich wurde das Gesetz des Perikles nicht mit äußerster Strenge angewandt, denn die Bewohner Euboias z.B. erhielten vor 413 das Recht der *epigamia* (d.h. das Recht, eine legale eheliche Verbindung mit Athenern einzugehen), und im Verlauf des Peloponnesischen Krieges kam es allmählich ganz außer Gebrauch. Doch der Grundsatz, auf dem die Gesetzgebung des Perikles beruhte, behielt als solcher seine Gültigkeit; als im Jahre 403 die Demokratie wiederhergestellt wurde, war eine ihrer Maßnahmen die Erneuerung der Gesetzgebung des Perikles auf der alten Grundlage.

Die Gewährung des athenischen Bürgerrechts an Fremde blieb stets ein besonderes Privileg, das gelegentlich Einzelpersonen zugestanden wurde, seltener ganzen Gruppen (den Überlebenden der Belagerung von Plataiai im Jahre 427, wenn auch mit einigen Einschränkungen; den Metoiken, die in der Schlacht bei den Arginusen 406 mitgekämpft hatten; im Jahre 405 erhielten die Bewohner von Samos die *isopoliteia,* d.h. die politische Gleichberechtigung mit den Athenern). Das Verhalten der erneuerten Demokratie im Jahre 403 ist bezeichnend: Man hätte vielleicht erwartet zu sehen, wie Athen freigebig das Bürgerrecht verteilte, teils um die Metoiken zu belohnen, die an der Seite der Demokraten gekämpft hatten, teils um die Gruppe der Bürger innerhalb der Bevölkerung wieder zu stärken, die infolge des Peloponnesischen Krieges und des Bürgerkrieges von 404/03 wesentlich dezimiert worden war. Ein Antrag in dieser Richtung war von dem führenden Demokraten Thrasyboulos eingebracht worden, doch wurde er nicht angenommen, und es scheint, daß das Bürgerrecht nur einer begrenzten Zahl von Metoiken (wenig mehr als hundert?) und erst mit einer gewissen Verspätung im Jahre 401/400 zugestanden wurde. Die Gruppe der Bürger blieb also genauso exklusiv wie vorher (s. Text 70).[5]

Die Bevölkerung, die in Athen und Attika lebte, gliederte sich in drei rechtlich definierte Kategorien: Bürger, Metoiken und Sklaven.

Die Bürger

Der einzige, allerdings sehr wesentliche Unterschied rein wirtschaftlicher Art, der die Bürger von den Nichtbürgern (Freien oder Sklaven) trennte, betraf den Besitz von Grund und Boden. Das Recht, Land in Attika zu erwerben, zu besitzen und zu übertragen, war ausschließliches Privileg der Bürger. Diese Bindung des Bürgers an das bebaute Land wurde sehr stark betont, wie z.B. der Eid zeigt, den die athenischen Epheben schworen, wenn sie Hopliten wurden, ein archaischer und archaisierender Eid, der vor allem in einer Inschrift des 4. Jahrhunderts überliefert ist.[6] Nachdem sie die Götter der Vegetation als Zeugen angerufen hatten, leisteten die jungen Athener ihren Eid in Gedanken an „die Grenzen der Heimat, die Felder von Weizen und Gerste, die Weinberge, die Oliven und Feigen". Auch wenn gelegentlich einem Nichtbürger das Recht auf Grundbesitz *(enktēsis gēs kai oikias)* zugestanden werden mochte, so handelte es sich dabei doch stets um ein besonderes Privileg, um eine Ausnahme und nicht eine Regel (s. Text 72).[7] Niemand in Athen ist je so weit gegangen, eine völlige Beseitigung dieser Beschränkung des Rechts auf Landbesitz zu beantragen. Xenophon z.B. schlug in seiner Schrift ‚Über die Einkünfte' (entstanden ungefähr 350) vor, die finanzielle Situation des Staates dadurch zu verbessern, daß man eine möglichst große Zahl von Metoiken dazu ermutigte, nach Athen zu kommen und sich dort niederzulassen, um ihren Geschäften nachzugehen. Zu diesem Zweck regte er eine Reihe von Verbesserungen im rechtlichen Status der Metoiken an, darunter, ihnen das Recht auf Erwerb eines Hauses in der Stadt zuzugestehen; aber er hütete sich sehr wohl, etwa vorzuschlagen, daß man ihnen das Recht der *enktēsis* als Ganzes und ohne jede Einschränkung gewähren sollte (s. Text 122). Der Vorschlag Xenophons, so gewagt er auch war, trug jenem Gegensatz von Stadt und Land Rechnung, der sich im 4. Jahrhundert herausbildete (s. unten Kap. 7). Er scheute sich nicht, den Metoiken den Besitz eines Grundstückes in der Stadt zu gestatten, hätte aber nicht im Traum daran gedacht, ihnen zuzugestehen, daß sie landwirtschaftliche Nutzfläche in Attika erwarben. Der Fall Athen ist in dieser Hinsicht nichts Besonderes, sondern spiegelt eine in Griechenland weitverbreitete Auffassung wider, daß nämlich der Besitz an Grund und Boden ein Privileg der Bürger war. Jedes griechische Gemeinwesen der klassischen Zeit war in erster Linie eine Gemeinschaft von Grundbesitzern, obwohl mit der Zeit auch andere Formen des Vermögens neben dem Landbesitz aufkamen.

Diese Bindung zwischen Land und Bürgern hatte in der Praxis eine Reihe von Konsequenzen. Einerseits war es in vielen griechischen Staaten ein anerkannter Grundsatz, daß der Besitz des Bürgerrechts in irgendeiner Weise daran gebunden war, daß man Landbesitz hatte; es sind vorher Beispiele dafür genannt worden, daß das volle Bürgerrecht auf diejenigen beschränkt war, die Land besaßen (Theben, Kyrene). Athen unterschied sich insofern von vielen anderen griechischen Staaten, als daß es den Bürgern ohne Landbesitz schließlich den Zugang zu allen (oder doch fast allen) politischen Rechten eröffnete. Diese Entwicklung vollzog sich in mehreren Stufen. Das Archontenamt z.B. war bis in die Zeit Solons ein Vorrecht der Aristokratie. Das blieb praktisch auch in der Zeit nach Solon so, als das Archontat nur den Bürgern der ersten Vermögensklasse zugänglich war (oder vielleicht auch den Bürgern der ersten beiden Klassen). Die Bürger der dritten Klasse wurden kurz vor 457/56 zum Archontenamt zugelassen. Die vierte Gruppe der Bevölkerung, die Theten, erhielten theoretisch niemals Zugang zum Archontat, doch in der Praxis verlor auch dieses Gesetz seine Gültigkeit irgendwann.

Andererseits konnte die Bindung zwischen Bürger und Land auch in umgekehrter Richtung wirksam werden: Der Bürger wollte Landbesitzer sein, und sein Status als Bürger diente ihm als Ausgangsbasis dafür, Landbesitz für sich zu fordern. Da der Besitz an Grund und Boden der einzige Bereich war, in dem es einen echt wirtschaftlichen Unterschied zwischen Bürgern und Nichtbürgern gab, zielten die wirtschaftlichen Forderungen seitens der Bürger meist auf Landbesitz. Das ist bereits für die archaische Zeit gezeigt worden und wird auch in bezug auf das 4. Jahrhundert zu sehen sein. Auch da, wo man in diesem Bestreben nicht bis zum äußersten ging, d.h. bis zur Forderung nach einer völligen Neuverteilung des Bodens, veranlaßte es die Bürger doch dazu, angesichts des besonderen damit verbundenen sozialen Prestiges den Landbesitz anzustreben oder zu verteidigen. Man kann das in Athen beobachten: Nach der Wiederherstellung der Demokratie im Jahre 403 wurde von einem gewissen Phormisios der Antrag gestellt, das Bürgerrecht auf diejenigen zu beschränken, die Land besäßen. Der Antrag wurde abgelehnt. Aber es ist überliefert, daß im Falle einer Annahme ungefähr 5000 Athener ihr Bürgerrecht verloren hätten. Diese Zahl ist sehr umstritten. Aber wenn man sie akzeptiert, so bedeutet das, daß am Ende des 5. Jahrhunderts nach Berücksichtigung der Bevölkerungsverluste, die die Athener im Laufe des Peloponnesischen Krieges erlitten hatten, nur ein Viertel der Bürger überhaupt kein Land ihr eigen nannten (s. Text 66 und vgl. dazu Text 65 und 76). Dabei war Athen in jener Zeit diejenige Stadt in der griechischen Welt, in der handwerkliche Produktion und Handel ihren höchsten Entwicklungsstand erreicht hatten. Es ist daher wahrscheinlich, daß in anderen Städten der Anteil der Bürger, die Landbesitz hatten, noch höher war.

Die geistige und soziale Elite Athens bestand immer weitgehend aus Grundbesitzern. Das gilt zumindest für die Zeit bis zum Peloponnesischen Krieg, mit dem eine neue Entwicklung begann. Bis dahin setzte sich die regierende Aristokratie, ohne daß eine Ausnahme bekannt wäre, aus Besitzern größerer Landgüter in Attika zusammen. Ein klares Beispiel für diese Tatsache bieten die beiden großen politischen Rivalen Kimon und Perikles, die allerdings höchst unterschiedlichen Gebrauch von ihrem Besitz machten. Während Kimon auf seinen Gütern in Attika lebte und den Angehörigen seines *dēmos* die Möglichkeit bot, sich dort zu ergehen, lebte Perikles in der Stadt und vertraute die Führung seines Familienbesitzes einem Verwalter an, der ihm regelmäßige Einkünfte überwies, mit denen er seinen täglichen Lebensunterhalt bestritt (Plutarch, Kimon 10; Perikles 16). Erst zu Anfang des Peloponnesischen Krieges deutete sich eine Veränderung an, in deren Verlauf man sah, wie neureiche Bürger, deren Vermögen nicht auf

Landbesitz beruhte, den Anspruch erhoben, das Volk zu führen, wie es Perikles und seine Vorgänger getan hatten. Diese Veränderung rief verbreitet ein feindseliges Echo in der literarischen Überlieferung hervor, die den Ehrgeiz dieser vulgären ‚Demagogen' brandmarkte und eine allgemein antidemokratische Einstellung zeigt. Es ist jedoch unbedingt notwendig, die tiefere Bedeutung des Wechsels zu ergründen.[8] Die sogenannten ‚Demagogen' waren keine hergelaufenen Bettler; ihr Aufstieg zur Macht brachte keine radikale Änderung in der athenischen Politik mit sich, weder nach innen noch nach außen, und von ihrer Funktion her unterschieden sie sich nicht wesentlich von ihren aristokratischen Vorgängern. Die wahre Veränderung bestand in dem Aufkommen großer beweglicher Vermögen, und das war eine Entwicklung, die sich im 4. Jahrhundert fortsetzen sollte (s. Kap. 7).

An dieser Stelle sollen einige Worte zu einem Thema gesagt werden, das Gegenstand einer langen Kontroverse ist, nämlich zur Frage der Übertragbarkeit von Landbesitz.[9] Man hat behauptet, daß Grundbesitz in Attika bis zur Zeit des Peloponnesischen Krieges nicht übertragbar gewesen und daß dann diese Beschränkung wegen der durch den Krieg verursachten Umwälzungen entfallen sei (s. Text 65). So extrem formuliert ist diese Ansicht nicht vertretbar. Es ist einfach nicht glaubhaft, daß Land in Attika buchstäblich unveräußerlich gewesen sein soll, und das für Jahrhunderte oder gar von der Zeit der ersten griechischen Besiedlung Attikas an (bekanntlich rühmten sich die Athener, anders als die meisten Griechen autochthon zu sein). In der Tat sind eine Reihe von Fällen bekannt, in denen diese angebliche Regel offenbar nicht galt. Auch wäre es erstaunlich, wenn eine so grundlegende Veränderung, wie sie hier für die Zeit des Peloponnesischen Krieges angenommen wird, keine deutliche Spur in der Überlieferung hinterlassen hätte. Daß der Peloponnesische Krieg die Besitzverhältnisse in Attika verändert hat, steht außer Zweifel, ebenso wie die Tatsache, daß Landbesitz im 4. Jahrhundert ganz offensichtlich veräußert werden konnte; aber man muß auch in Rechnung stellen, daß die Quellen in bezug auf das 4. Jahrhundert wesentlich reicher fließen (das gilt besonders für die Redner). Im übrigen genügt es nicht, einfach festzustellen, daß Landbesitz nun veräußert werden konnte: Veräußerung von Landbesitz bedeutet nicht notwendigerweise Kommerzialisierung, und es wird gezeigt werden, daß Land im 4. Jahrhundert, auch wenn es in der Tat den Besitzer wechseln konnte, doch nicht zum gängigen Handelsobjekt wurde (s. Kap. 7). Man kann nicht ganz abstrakt von Veräußerung sprechen, sondern muß die verschiedenen Formen und unterschiedlichen Bedingungen definieren, unter denen eine Veräußerung stattfinden kann oder auch nicht, und dabei muß man den institutionellen, sozialen und wirtschaftlichen Rahmen der betreffenden Gesellschaft berücksichtigen.

Die Metoiken

Die Metoiken waren Freie, sowohl Griechen wie Nichtgriechen, die in Athen oder Attika wohnten, sei es, wie einige, mehr oder weniger auf Dauer oder, wie andere, nur vorübergehend.[10] Die meisten Informationen über ihren rechtlichen Status stammen aus dem 4. Jahrhundert oder aus noch späterer Zeit, und man kann nicht immer davon ausgehen, daß dieselben Grundsätze auch im 5. Jahrhundert galten. Es scheint, daß ein Fremder *(xenos)* sich nach einer bestimmten Zeit, während derer er sich in Athen aufgehalten hatte und deren genaue Länge nicht bekannt ist (es könnte ein Monat gewesen sein, s. Text 54), als Metoike eintragen lassen mußte, sonst konnte er in die Sklaverei verkauft werden. Mit anderen Worten, man wurde ganz von selbst Metoike (diese Ansicht ist allerdings bestritten worden). Die Metoiken unterlagen verschiedenen Verpflichtungen: Sie hatten das *metoikion* zu zahlen (die Metoikensteuer), das zwar nicht sehr hoch gewesen sein mag (12 Drachmen pro Jahr für einen erwachsenen Mann, 6 Drachmen für eine erwachsene Frau, wenn sie allein lebte), das aber ihren unterlegenen Status im Vergleich zu den Bürgern symbolisierte. Bürger zahlten in der Tat keine Kopfsteuer, sondern höchstens Abgaben auf ihr Vermögen, und auch das nicht regelmäßig (s. Kap. 6). Im Falle, daß jemand seiner Verpflichtung zur Zahlung des *metoikion* nicht nachkam, konnte er ebenfalls in die Sklaverei verkauft werden. Die Metoiken mußten möglicherweise außerdem noch bestimmte Steuern für Fremde bezahlen (die *xenika*) und des weiteren eine Gebühr für das Recht, auf der *agora* Handel zu treiben (s. Text 12). Doch konnte es auch geschehen, daß man einem Metoiken das Vorrecht der *isoteleia* gewährte (d. h. die ‚Gleichheit in bezug auf die Abgaben'), das ihn mit den Bürgern auf eine Stufe stellte, was die finanziellen Verpflichtungen allgemein anging, und im besonderen bedeutete, daß er das *metoikion* nicht zu zahlen hatte. Jeder Metoike mußte sich auch einen *prostatēs* (einen Patron) suchen, d. h. einen athenischen Bürger, der es übernahm, vor Gericht für ihn einzutreten (s. Text 64). Die genaue Rolle des *prostatēs* ist nicht hinreichend bekannt; sie mag im Laufe des 4. Jahrhunderts ihre Konturen verloren haben, und auch im 5. Jahrhundert war es Fremden in manchen Fällen schon möglich, ohne die Hilfe eines *prostatēs* vor Gericht zu gehen. Im allgemeinen aber wurde ein Metoike, der der Verpflichtung nicht nachkam, sich einen *prostatēs* zu suchen, ebenfalls zur Strafe in die Sklaverei verkauft. Des weiteren mußten sich die Metoiken in einem der *dēmoi* Attikas als dort wohnhaft eintragen lassen (die meisten von ihnen lebten in Athen und insbesondere im Piräus, dem wichtigsten Zentrum wirtschaftlicher Tätigkeit in Attika), aber sie waren nicht auf dieselbe Weise Glieder der *dēmoi*, wie es die Bürger waren. In Inschriften ist der Unterschied klar erkennbar: Den Namen von Bürgern wird das *demotikon* hintangestellt, d. h. der Name der ‚Gemeinde', in deren Bürgerlisten man eingetragen war, während auf den

Namen von Metoiken nur der Vermerk folgt ‚wohnhaft in dem und dem *dēmos*' (auf den Namen von Sklaven folgt gar nichts, es sei denn der Name ihres Herren; zu den verschiedenen Formen der Namensangabe s. Text 73). Schließlich waren die Metoiken je nach ihren Vermögensverhältnissen denselben finanziellen Verpflichtungen unterworfen wie die Bürger (Liturgien, Kriegsanleihen – s. Kap. 6). Sie dienten im Landheer in gesonderten Abteilungen, nahmen aber normalerweise an Kriegszügen fern von Attika nicht teil; sie konnten auch als Ruderer zum Dienst in der Flotte herangezogen werden (s. Text 68).

Auch zusammengenommen waren diese Verpflichtungen keine besonders schwere Last, indessen bedeutete der Status eines Metoiken, daß man im Vergleich zum Bürger einer Reihe von offensichtlichen Beschränkungen unterlag. Ein Metoike hatte keine politischen Rechte; er konnte weder an der Volksversammlung teilnehmen noch Mitglied des Rates sein oder irgendein Amt bekleiden (s. Text 64). Es gab für ihn keinen regulären Prozeß der Einbürgerung, kein Recht auf *epigamia* mit Bürgern und demzufolge auch keine Hoffnung (außer durch den Sonderfall einer Bürgerrechtsverleihung), den Status eines Bürgers zu erlangen. Obwohl die Person des Metoiken durch das Gesetz geschützt war, galt er rechtlich doch weniger als ein Bürger: Der Mord an einem Metoiken wurde mit unabsichtlichem Totschlag gleichgesetzt und als solcher geahndet. In wirtschaftlicher Hinsicht unterlag ein Metoike einer wesentlichen Einschränkung, indem er, außer aufgrund eines persönlichen Privilegs, keinen Grundbesitz und kein Haus in Attika kaufen konnte. Unter anderem war er daher nicht in der Lage, Grundbesitz als Sicherheit zu bieten oder zu verlangen, wenn er Geld aufnahm oder verlieh (s. Text 91 A). Man kann sich leicht vorstellen, welche Folgen diese Einschränkung in wirtschaftlicher Hinsicht hatte: Da sie vom Recht auf Landbesitz ausgeschlossen waren, wandten sich die Metoiken allen Formen wirtschaftlicher Betätigung zu, die nicht direkt mit Landwirtschaft zu tun hatten, wie handwerklicher Produktion, dem Handel, Bankgeschäften usw. Die Welt des Geldes entwickelte sich so neben dem Bereich des Landbesitzes, und diese beiden Welten bestanden nebeneinander auf zwei verschiedenen Ebenen, ohne je ineinander zu verschmelzen (s. unten Kap. 7).

Es wäre schwierig, eine wirkliche Geschichte der athenischen Metoiken vor dem Ende des 5. Jahrhunderts zu schreiben. Erst dann und eben insbesondere für das 4. Jahrhundert liegen ausreichende Quellen vor. Nur wenig ist über die Ursprünge des Metoikenstatus und die Herausbildung dieser Bevölkerungsgruppe bekannt. Ist man erst einmal in der zweiten Hälfte des 5. Jahrhunderts angelangt, ist das System schon voll entwickelt. Für diesen Zeitraum sind auch keine genauen Zahlen überliefert (die einzige Gesamtzahl, die man überhaupt kennt, stammt vom Ende des 4. Jahrhunderts: Nach dem Zensus des Demetrios von Phaleron soll es damals eine Zahl von insgesamt 21 000 Bürgern und 10 000 Metoiken gegeben haben, aber das war in einer Zeit, als die volle Blüte des Metoikensystems schon vorüber war). Man kann jedenfalls sicher sein, daß die Metoiken im 5. Jahrhundert eine recht große Gruppe waren, vermutlich zahlreicher als im 4. Jahrhundert.

Wie will man die Anwesenheit all dieser Fremden in Athen erklären? – und nicht nur dort, sollte man hinzufügen, sondern auch in vielen anderen griechischen Städten. Denn wenn das Metoikensystem auch in Athen seine größte Bedeutung erlangte, der einzigen Stadt, aus der es für die klassische Zeit relativ gut bekannt ist, so war es doch nicht auf Athen beschränkt, sondern ist auch für viele andere griechische Städte belegt. Die Antworten auf diese Frage, ob sie nun von einem Philosophen gegeben wurden, von einem Staatsmann oder einfach von einem ganz gewöhnlichen Bürger, sind immer dieselben: Die Stadt brauchte die Metoiken für all jene wirtschaftlichen Aufgaben, die sie erfüllten (Handwerk, Handel), brauchte sie der Einkünfte wegen, die sie dem Staat verschafften, ohne ihn etwas zu kosten, und schließlich wegen der Dienste, die sie in Heer und Flotte leisteten (s. Text 74, 122, 127, 128, 129). Dieser Standpunkt wurde die ganze klassische Zeit hindurch vertreten. Die Philosophen gestanden zu, daß die Anwesenheit der Fremden in der Stadt im Interesse ihrer wirtschaftlichen Bedürfnisse notwendig sei, auch wenn sie prinzipiell schädliche Einflüsse befürchteten, die sich aus den Kontakten mit der Außenwelt ergeben könnten. Als Xenophon gegen 355 Vorschläge machen wollte, wie die Einkünfte Athens aufgebessert werden könnten, regte er an, den Metoiken zusätzliche Vorrechte einzuräumen, denn allein dadurch, daß sie überhaupt nach Athen kämen, würde der Wohlstand der Stadt und des einzelnen schon steigen. Dieser Punkt verdient besondere Beachtung: Die Anwesenheit von Metoiken wurde von der Stadt nicht lediglich toleriert, sondern aktiv gefördert (und wie sich noch zeigen wird, betrachteten die Bürger die Metoiken nicht als Konkurrenten in ihrer wirtschaftlichen Tätigkeit). Die Metoiken waren für die wirtschaftliche Existenz der Stadt unentbehrlich, und dennoch waren sie nicht wirklich Teil der Stadt, weil sie von sämtlichen politischen Rechten ausgeschlossen waren. Theorie und Praxis berühren sich in diesem Punkt: Die *polis* der Bürger konnte nicht ohne die Anwesenheit Außenstehender existieren.[11]

Die Sklaven

Theoretisch besaßen Sklaven überhaupt keine Rechte: Sie waren Besitz ihres Herrn, der über sie frei verfügen konnte, wie es ihm gefiel. In der Praxis aber waren Sklaven in Athen in gewissem Ausmaß doch durch das Gesetz geschützt: Man konnte einen Sklaven nicht ungestraft mißhandeln oder töten (der Mord an einem Sklaven wurde wie der an einem Metoiken mit unbeabsichtigtem Totschlag gleichgesetzt). Der Sklave war jedoch keine juristische Person: Mit Ausnahme vielleicht einiger privilegierter Gruppen wie mancher Staatssklaven (der *dēmosioi*) und der *chōris oikountes*[12] (der Sklaven, die ‚getrennt wohnten‘ und ihrem Herrn eine Rente zahlten, sonst aber mehr oder weniger unabhängig waren) konnten Sklaven im allgemeinen nicht selbständig vor Gericht gehen, sondern waren dann völlig von ihrem Herrn abhängig (das änderte sich ein wenig im 4. Jahrhundert im Zusammenhang mit der Entwicklung des Handelsrechts: s. unten Kap. 7). Die Zeugenaussage eines Sklaven vor Gericht wurde im allgemeinen nur anerkannt, wenn sie unter Folter gemacht wurde.

Was die Aufgaben betrifft, die in Athen von Sklaven versehen wurden, so kann man ganz allgemein feststellen, daß es in der Regel keine eigentlichen Sklavenarbeiten gab, sondern daß die Sklaven in Athen mehr oder weniger dieselben Tätigkeiten ausübten wie Freie. Von einigen selbstverständlichen Ausnahmen muß man natürlich absehen: Sklaven hatten keine politischen Rechte, konnten sich also auch nicht politisch betätigen; obwohl sie gelegentlich zum Dienst in der Flotte herangezogen wurden, war das doch stets eine Notstandsmaßnahme; und athenische Sklaven nahmen normalerweise, anders als die Heloten in Sparta, nicht am Krieg teil. Mit diesen Ausnahmen fand man Sklaven in nahezu jedem Tätigkeitsbereich in Athen, und sie leisteten dieselbe Arbeit wie Freie: in der Landwirtschaft, dem Handel, der handwerklichen Produktion, im Hause usw. Es gab auch Staatssklaven, denen verschiedene öffentliche Aufgaben übertragen waren, z. B. Verwaltungsbeamte, Sekretäre, Gefängniswärter usw.; eine besondere Gruppe unter ihnen waren die dreihundert skythischen Bogenschützen, die als Polizei dienten. Nur die Arbeit in den Bergwerken wurde aufgrund der besonders harten Bedingungen eher als Arbeit für Sklaven angesehen, und obwohl es auch Freie gab, die dort arbeiteten, überwogen doch zweifelsohne die Sklaven als Arbeitskräfte (s. Text 76, 77, 96). Aber im allgemeinen gab es in der Praxis nur wenig Unterschied zwischen den verschiedenen Arten von Arbeitsleistung (zwischen Arbeit von Sklaven und der Arbeit Freier). Der wahre Unterschied lag in den Arbeitsbedingungen. Ein freier Mann arbeitete für sich selbst (oder wollte für sich selbst arbeiten), während der größte Teil der Sklaven für andere arbeitete (mit Ausnahme jener kleinen Zahl privilegierter Sklaven, die sich de facto einer gewissen Unabhängigkeit erfreuten). Die Organisation der Handwerksbetriebe entsprach dieser Denkweise: In der Regel beschäftigten alle größeren Werkstätten Sklaven als Arbeitskräfte und nicht Freie (die höchste Zahl, die überliefert ist, sind die rund 120 Sklaven, die im letzten Jahr des Peloponnesischen Krieges in der Waffenfabrik der Metoiken Lysias und Polemarchos im Piräus beschäftigt waren; s. Text 69). Der freie Handwerker wollte für sich selbst arbeiten, um seine Unabhängigkeit zu wahren. Werkstätten, die nur freie Arbeitskräfte beschäftigten, waren immer kleine Familienbetriebe. Dasselbe Muster kann bei Bergwerksunternehmen beobachtet werden: Freie Schürfer arbeiteten für sich, während es sich bei Gruppen von Männern, die für einen anderen arbeiteten, ausschließlich um Sklaven handelte.

Die rechtlichen Kategorien entsprechen nicht den sozialen Klassen

Das also waren die rechtlichen Kategorien, in die die in Athen und Attika lebende Bevölkerung eingeteilt wurde. Sie waren eindeutig definiert: Jede Bewegung, jeder Auf- oder Abstieg erfolgte unmittelbar von einer Kategorie zur anderen, ohne daß Zwischenkategorien durchlaufen wurden. Ein Athener, dessen Zugehörigkeit zur Bürgerschaft angezweifelt und ihm abgesprochen wurde, fiel dann unter die Kategorie der Metoiken. Ein Metoike, der seinen Verpflichtungen nicht nachkam, wurde in die Sklaverei verkauft. Umgekehrt bekam ein freigelassener Sklave einen Status, der dem eines Metoiken ähnlich war (er wurde nicht etwa Bürger, wie es in Rom der Fall war), und das größte Privileg, das ein Metoike erhoffen konnte, war die Verleihung des athenischen Bürgerrechts (was stets eine Ausnahme darstellte). Doch wie klar definiert diese Kategorien in rechtlicher Hinsicht auch sind, man darf dennoch aus vielen Gründen nicht einfach so tun, als seien sie drei klar zu unterscheidende soziale Klassen.[13]

Von den genannten drei rechtlichen Kategorien war die Gruppe der Bürger bei weitem die geschlossenste. Von ihrer ethnischen Zusammensetzung her bildeten sie mehr oder weniger eine Einheit: Der allergrößte Teil der Athener stammte aus Attika, es gab unter ihnen nur sehr wenige Fremde, denen das athenische Bürgerrecht verliehen worden war. Die Bürgerrechtsgesetze des Perikles können diese ethnische Homogenität nur noch verstärkt haben. Aber in sozialer Hinsicht bildeten die Athener nicht etwa eine einzige Klasse. Es gab innerhalb ihrer Gruppe beachtliche Vermögensunterschiede mit einer kleinen, außerordentlich wohlhabenden Minderheit am oberen Ende der Skala und den armen Theten am unteren Ende, die wenig oder gar kein Land besaßen. Aber es ist unmöglich, eine klare Trennungslinie zwischen Reich und Arm (im heutigen Sinne des Wortes) zu ziehen. Dieser Gegensatz war die meiste Zeit in Athen nur latent vorhanden und kam außer in den letzten Jahren des Peloponnesischen Krieges nicht offen zum Ausbruch. So konnte das Athen der klassischen Zeit ein Ausmaß an sozialem Frieden erleben, um das es viele griechische Städte beneidet haben mögen und das einer der wichtigsten Faktoren für seine außerordentliche Stabilität war. Die Demokratie stützte sich nicht nur auf die Ärmsten der Bürger, wie die Gegner der Demokratie immer wieder versicherten. Sie genoß auch ein hohes Maß an Unterstützung von seiten der Wohlhabenderen, und sie waren es eigentlich, die die Mehrheit der politischen Führer Athens im Verlauf seiner Geschichte stellten.

Es gab keine vergleichbare Geschlossenheit innerhalb der anderen beiden Kategorien der Bevölkerung. Die Metoiken waren sehr unterschiedlicher Herkunft. In dieser Hinsicht änderten sich die Verhältnisse vom 5. zum 4. Jahrhundert. Im 5. Jahrhundert waren die Metoiken in Athen in der Regel

Griechen, und sie neigten dazu, sich mehr oder weniger auf Dauer in Athen niederzulassen. In sozialer Hinsicht konnten diese Metoiken einen hohen Grad der Assimilation an die athenische Gemeinschaft erreichen (s. Text 67–69). Im 4. Jahrhundert hingegen bestand ein immer größerer Teil der Metoiken aus ‚Barbaren', die aus vielen verschiedenen Ländern kamen, z. B. aus Thrakien, Lydien, Karien, Phönizien, Ägypten usw.[14] Diese Metoiken waren immer weniger gewillt, sich in die athenische Gemeinschaft einzufügen. Auch dann, wenn sie sich in Athen tatsächlich niederließen, bewahrten sie sich ihre ursprüngliche Identität (sie brachten z. B. ihre eigenen Kulte mit); aber oft blieben diese Barbaren und Metoiken auch nicht für immer in Athen (s. Text 71, 72, 122). Die Kategorie der Metoiken war also am unterschiedlichsten in bezug auf ihre ethnische Zusammensetzung. Aber daneben gab es auch immer beachtliche Vermögensunterschiede unter den Metoiken. Einige von ihnen, wie die Brüder Lysias und Polemarchos mit ihrer Waffenfabrik, die bis zu 120 Sklaven beschäftigten, gehörten zu den reichsten Mitgliedern der athenischen Gesellschaft, andere waren ebenso arm wie der Ärmste der athenischen Bürger.

Was dachten die Bürger von den Metoiken? Natürlich findet man bei manchen antiken Autoren Spuren von Feindseligkeit ihnen gegenüber (s. Text 74); normalerweise kommen dafür Quellen mit antidemokratischer und fremdenfeindlicher Grundeinstellung in Frage, die sich über die Freiheit beklagen, die Fremden und Sklaven in Athen eingeräumt wurde (im Gegensatz zu Sparta z. B.). Im 4. Jahrhundert wurde bei Prozessen gegen Metoiken in den Gerichtsreden gelegentlich an die Fremdenfeindlichkeit der Geschworenen appelliert (s. Text 84).[15] Dennoch stellte niemand in Frage, daß die Metoiken gebraucht wurden; auch ein Autor wie Pseudo-Xenophon gibt das zu. Außerdem ist augenfällig, daß es an beiden Enden der Skala ein ziemlich hohes Maß an sozialer Angleichung geben konnte, zumindest im Falle von Metoiken griechischer Herkunft im 5. Jahrhundert. Der Metoike Kephalos und seine Söhne Lysias und Polemarchos gehörten zur sozialen und geistigen Elite Athens. Nach Pseudo-Xenophon konnte es auch eine gewisse Angleichung innerhalb der unteren Klassen geben: In Athen, so beklagt er sich, könne man einen armen Bürger nicht von einem Metoiken oder Sklaven unterscheiden. Die Spuren von Feindseligkeit gegenüber Metoiken, die man gelegentlich findet, haben also ihre Wurzel in einer grundsätzlich fremdenfeindlichen Einstellung oder in sozialen Vorurteilen. Was aber niemals eine Rolle spielt, ist irgendeine Art von Konkurrenz zwischen Bürgern und Metoiken in wirtschaftlicher Hinsicht. Die Athener hatten nicht im geringsten das Gefühl, daß die Metoiken ihnen in diesem Bereich Konkurrenz machen könnten. Xenophon scheint in seiner Schrift ‚Über die Einkünfte' eine solche Möglichkeit noch nicht einmal in Erwägung zu ziehen, wenn er die Ansicht vertritt, man müsse mehr Metoiken dazu überreden, nach Athen zu kommen, damit so die finanzielle Situation der Stadt verbessert würde (während er im Falle der Sklaven dieses Problem zumindest in Betracht zieht, vgl. unten). In ihrer Einstellung zur Demokratie ist nicht zu erkennen, daß die Metoiken eine eigenständige, geschweige denn eine gegnerische Gruppe gegenüber den Bürgern bildeten oder als solche ein eigenes Programm oder eigene Forderungen hatten. Obwohl einige Metoiken am Hermenfrevel des Jahres 415 beteiligt waren (s. Text 75), ist eindeutig klar, daß der größte Teil von ihnen die Demokratie keineswegs stürzen wollte. Im Bürgerkrieg von 404/03 kämpften viele von ihnen Seite an Seite mit den Demokraten des Piräus gegen die Dreißig Tyrannen (s. Text 70). Einige, die vollkommen in die athenische Gesellschaft eingegliedert waren, hofften sicherlich, das athenische Bürgerrecht zu bekommen, wie z.B. Lysias (s. Text 69). Aber es war ganz offenbar nicht so, daß die Metoiken als Gruppe je das Bürgerrecht forderten: Für diejenigen, die ihrer Abstammung nach Barbaren waren und nicht in die athenische Gesellschaft integriert waren, wäre das Bürgerrecht ohne Bedeutung gewesen. Der größere Teil der Metoiken akzeptierte die bestehenden Verhältnisse, die es ihnen ermöglichten, in Frieden reich zu werden und die Vorteile zu nützen, die Macht und Wohlstand Athens mit sich brachten.

Eine Reihe ähnlicher Bemerkungen kann in bezug auf die Sklaven in Athen gemacht werden. Der Herkunft nach waren sie eine uneinheitliche Gruppe: Obgleich Phryger (vor allem in den Bergwerken) und Thraker so zahlreich waren, daß Namen wie Manes (ein phrygischer Name) und Thratta (die ‚Thrakerin') in der Komödie ihre Träger sogleich als Sklaven kennzeichneten, [16] gab es doch kein Volk, das den Hauptanteil der Sklaven in Athen gestellt hätte (s. Text 75). Es konnte aufgrund der Wechselfälle des Krieges, durch Seeräuberei oder sonstwie jedem passieren, daß er in Sklaverei geriet. Manche Sklaven in Athen waren Griechen, aber die Mehrheit bestand aus Barbaren (s. Text 131). Wie bei den Metoiken gab es erhebliche Unterschiede im sozialen Status unter den Sklaven in Athen. Einige erfreuten sich einer fast privilegierten Stellung, wie die Staatssklaven oder die Sklaven, die ‚getrennt wohnten' und deren Lage nicht sehr anders war als die kleiner freier Handwerker. Die Haussklaven konnten hoffen, früher oder später freigelassen zu werden. Die Lage der Sklaven hingegen, die unter harten Bedingungen in den Bergwerken von Laureion arbeiteten, war bedauernswert, und für sie gab es keine Hoffnung auf Freilassung. Angesichts all dieser Unterschiede in Herkunft und Stellung der athenischen Sklaven wird verständlich, warum Athen trotz der hohen Zahl, die es dort gab,[17] niemals Aufstände (d.h. organisierte Aufstände) gekannt hat, ganz im Gegensatz zu Sparta und anderen archaischen Gesellschaften, wo Helotenaufstände oder Aufstände anderer Gruppen Abhängiger häufig vorkamen. Die Sklaven in Athen bildeten keine Einheit, sie hatten weder ein Klassenbewußtsein noch ein Programm zu gemeinsamem Handeln. Alles, was sie fordern konnten, war die Freiheit, und die nur jeder für sich selbst. Da der Zugang zu politischer Macht für sie ganz undenkbar war, blieb als einzige Handlungsmöglichkeit die Flucht, sobald sich eine günstige Gelegenheit ergab: Die Besetzung von Dekeleia in Attika durch die Spartaner und ihre Verbündeten z.B. führte ab 413 zur Flucht vieler Sklaven (s. Text 76).

Die Sklaven Athens stellten also keine soziale Klasse dar und wurden von den Bürgern ebensowenig als Rivalen auf dem Gebiet wirtschaftlicher Betätigung angesehen wie die Metoiken. Es ist des öfteren behauptet worden, daß die Konkurrenz der Sklaven als Arbeitskräfte die Lage der Ärmsten unter den Bürgern verschlechtert habe und Spannungen zwischen diesen Bürgern und den Sklaven habe entstehen lassen. Wenn das so gewesen wäre, hätte diese Rivalität sicher in den Quellen ihren Niederschlag gefunden, aber es ist nichts davon zu finden. Man könnte höchstens anführen, daß Xenophon in seiner Schrift ‚Über die Einkünfte' die Möglichkeit erwähnt, daß ein Wettbewerb entstehen könne zwischen Sklaven, die die Stadt nach seinem Programm in den Bergwerken einsetzen sollte, und privaten Bergleuten. Es handelt sich dabei jedoch um einen Sonderfall, und der Gegensatz, von dem er spricht, besteht eher zwischen der Stadt und einzelnen als zwischen Sklaven und freien Arbeitskräften. Von einer grundsätzlichen Konkurrenz zwischen Freien und Sklaven auf dem Arbeitsmarkt ist eindeutig nicht die Rede, und ohnehin verwirft Xenophon den Einwand, den er selber ins Spiel gebracht hatte (Über die Einkünfte 4,32 und 39). Es scheint also nicht so gewesen zu sein, daß arme Bürger in den Sklaven mögliche Rivalen sahen; im Gegenteil: Sie betrachteten sie als ‚Arbeitskollegen' (Xenophon, Memorabilien 2,3,3). Die Sklaven waren dazu da, die Arbeit Freier zu ergänzen und, wo möglich, zu ersetzen. Es konnte zwischen diesen beiden Gruppen gar keine wirkliche Konkurrenz auf wirtschaftlichem Gebiet geben. Tempelbauinschriften zeigen sehr deutlich, daß zwischen den verschiedenen rechtlich definierten Kategorien keine wirtschaftliche Konkurrenz bestand: Man kann da Bürger, Metoiken und Sklaven nebeneinander auf derselben Baustelle beschäftigt sehen, wo sie dieselbe Arbeit verrichten und denselben Lohn erhalten (s. Text 73).

Die wirtschaftliche Effektivität eines Staates vom athenischen Typus

Die sozialen Unterschiede zwischen den Staaten vom ‚modernen' und denen vom ‚archaischen' Typus sind natürlich beachtlich. Aber inwiefern versuchten die ‚modernen' Staaten einen höheren Grad an wirtschaftlicher Effektivität als ihre Gegenspieler zu erreichen, und inwieweit gelang das?

Es ist völlig klar, daß man in Athen eine andere Einstellung gegenüber allem hatte, was wirtschaftliche Tätigkeit betraf, als in Sparta. Eine Reihe aristokratischer Vorurteile gegen die Arbeit wurde bewußt bekämpft. Es gab in Athen ein Gesetz gegen Müßiggang, das Solon zugeschrieben wurde (ob zu Recht oder nicht, spielt hier keine Rolle, in der klassischen Zeit jedenfalls bestand es). Es schrieb den Bürgern vor, ihre Söhne ein Gewerbe lernen zu lassen (s. Text 37). Ein anderes Gesetz verbot jedermann, einem anderen seine Armut oder den von ihm ausgeübten Beruf vorzuhalten (s. Text 12). Ein handwerklicher oder kaufmännischer Beruf war für die Bürger kein Hindernis bei der Wahrnehmung ihrer vollen politischen Rechte. In der Volksversammlung konnte man viele Bürger finden, die Handwerker waren oder Kaufleute, die sich dem Fernhandel widmeten oder ein Ladengeschäft hatten (Xenophon, Memorabilien 3,7,6). In anderen Städten hingegen wie in Theben oder gar in Sparta wäre das unpassend erschienen. In Athen mußte ein Bürger nicht Landbesitzer sein, und das war ungeachtet dessen, daß ein großer Teil der Bürger de facto dennoch Land besaß, eine prinzipielle Neuerung. Man kann allgemein in der attischen Literatur des 5. Jahrhunderts eine Veränderung der Vorstellungswelt verfolgen: Traditionelle Werturteile über Reichtum und Armut und die moralischen Qualitäten, die damit angeblich zusammenhingen, wurden gelegentlich in Frage gestellt.[18] Im ‚Gefesselten Prometheus' des Aischylos ist keine Spur eines negativen Urteils über technisches Können zu finden. Darüber hinaus wurde im Athen des 5. Jahrhunderts technisches Können nicht nur einfach hingenommen, sondern fand auch einigermaßen ehrenvolle Anerkennung. Für die Athener wie für ihre Gegner und Feinde war Athen die Stadt der *technē* schlechthin. All diese neuen Ideen übten einigen Einfluß auf die wirtschaftliche Entwicklung der Stadt aus: Athen war im 5. Jahrhundert (und blieb im 4. Jahrhundert) die in wirtschaftlicher Hinsicht am höchsten entwickelte griechische Stadt und das eigentliche wirtschaftliche Zentrum des östlichen Mittelmeers. Um diese Expansion zu erklären, muß man ohne Frage andere Faktoren als nur die Entwicklung der Vorstellungswelt ins Spiel bringen (wichtig ist vor allem der überragende politische Einfluß des athenischen Reiches im 5. Jahrhundert), aber die freiere Atmosphäre Athens hat zweifelsohne doch auch dazu beigetragen.

Aber war das eine radikale Entwicklung? Es scheint nicht so, denn alles läßt darauf schließen, daß sie sich innerhalb fest umschriebener Grenzen bewegte.[19] Man kann zunächst darauf hinweisen, daß eine Gesetzgebung, die zu Arbeit und wirtschaftlicher Betätigung aufrief, gar nicht nötig gewesen wäre, wenn nicht ein entgegengesetztes Denken dagewesen wäre. In der Tat gibt es eine Reihe von Indizien, die glauben lassen, daß derartige Ansichten trotz der Gesetze weiterhin ohne Scheu geäußert wurden: Man erinnere sich nur an die sarkastischen Angriffe der Komödiendichter der zweiten Hälfte des 5. Jahrhunderts gegen die ‚Demagogen', die nach ihrer Aussage so unfeine Gewerbe ausübten wie das des Gerbers (Kleon), des Herstellers von Lampen (Hyperbolos) oder Lyren (Kleophon). Einige Gerichtsreden des 4. Jahrhunderts spiegeln dieselbe negative Einstellung wider, wenn der Redner nicht zögert, den Gegner vor Gericht öffentlich bloßzustellen, indem er ihm seine Armut oder den von ihm ausgeübten Beruf zum Vorwurf macht (s. Text 12, 113).

Was das Gesetz gegen Müßiggang betrifft, so richtete es sich nicht gegen den Müßiggang als solchen, sondern nur gegen die Untätigkeit der Armen, die nichts unternahmen, um sich ihren Lebensunterhalt zu verdienen, und ihn sich statt dessen erbettelten. Die Untätigkeit der Wohlhabenden, die es nicht nötig hatten, für ihren Lebensunterhalt zu arbeiten, blieb beneidenswert und respektabel. Was des weiteren die Wertschätzung der *technē* angeht, so war sie nicht für alle Aspekte technischen Könnens gleich groß: Die *technē*, die von Korinthern und Athenern bei Thukydides (1,70f. und 1,141–43) gerühmt wird, ist die Kriegskunst (oder genauer gesagt die der Seekriegsführung) und die Kunst der Politik (s. Text 79). Die großen Lehrmeister der *technē*, die Sophisten, beschränkten sich in ihrer Praxis auf bestimmte *technai*, in erster Linie Rhetorik und Politik. Was sie vor allem interessierte, war die Kunst, auf andere Menschen einzuwirken, und nicht die, den Gegenstand ihrer Betrachtung voranzubringen. *Technē* war für sie nur insofern von Bedeutung, als sie ein Mittel war, das Ziel der Autarkie zu erreichen (so Hippias von Elis, s. Platon, Hippias minor 368b–d). Die *technē* der Handwerker erreichte für die Sophisten nicht die Stufe wahren Wissens, und sie konnten sie daher vernachlässigen. In der klassischen Zeit kann man keine Spuren einer technischen Revolution entdecken, wie sie die Geburt neuer Vorstellungen hätte begleiten können. So paradox es auch erscheinen mag, die Handwerker haben offenbar im Vergleich zu archaischer Zeit sogar einiges von ihrem Ansehen eingebüßt: Handwerk hatte nichts Magisches mehr, aber es verlor dadurch auch an Wert und sank auf die Stufe reiner Routine herab. Gleichzeitig veränderten sich die Bedingungen, unter denen handwerkliche Tätigkeit geleistet wurde, zu ihrem Nachteil: Das Entstehen der Städte brachte ein gewisses Maß an Arbeitsteilung mit sich, aber vom sozialpsychologischen Standpunkt aus verstärkte diese Teilung der Aufgaben die Abhängigkeit des Arbeitenden von anderen; allein die Bauern konnten sich ihre persönliche Unabhängigkeit fast vollständig erhalten.

Der Beitrag Athens auf dem Gebiet wirtschaftlicher Betätigung hielt sich also in engeren Grenzen, als man hätte erwarten können, und im wesentlichen war es ein unfruchtbarer Beitrag. Er bestand hauptsächlich darin, daß man einige der negativen Vorurteile gegen wirtschaftliche Betätigung abzubauen suchte, und auch das war kein voller Erfolg. In Athen war die Tatsache, daß man einer handwerklichen Tätigkeit nachging, kein Hindernis für die Ausübung der vollen politischen Rechte, aber das war auch schon alles; man war athenischer Bürger, weil man von athenischen Eltern abstammte, aber nicht, wie nochmals betont werden soll, weil man Handwerker war. Es gab keine Zünfte, in denen alle zusammengeschlossen waren, die denselben Beruf ausübten, wie es später in den mittelalterlichen Städten der Fall sein sollte. Athen trachtete nicht danach, ein neues Wertesystem zu schaffen, in dem wirtschaftliche Betätigung einen Ehrenplatz hätte einnehmen sollen, und suchte nicht die aristokratischen Werte dadurch zu ersetzen. Die wahren Werte Athens hatten nichts mit technischem Können oder wirtschaftlicher Betätigung zu tun, sondern lagen in ganz anderen Bereichen. Das kann man in der Gefallenenrede des Perikles bei Thukydides (2,35–46) erkennen, die ein wahres Zeugnis der Werte ist, die für das demokratische Athen des 5. Jahrhunderts galten. Diese Werte waren politischer Art: Perikles spricht von Macht und Ruhm, und nicht von Profit oder Produktion. Hier findet man die alten aristokratischen Werte wieder, aber diesmal, im Zusammenhang der politischen Auseinandersetzung zwischen griechischen Staaten, erstrecken sie sich auf ein ganzes Volk.

Sechstes Kapitel

Die griechischen *poleis* und wirtschaftliche Probleme

Das wirtschaftliche Verhalten der griechischen Staaten

Inwieweit waren sich griechische Staaten wirtschaftlicher Probleme bewußt, und inwiefern beeinflußten wirtschaftliche Überlegungen ihr Verhalten? Die Antwort vieler Forscher auf diese Frage ist lange Zeit bestimmt worden – und gelegentlich ist das auch noch heute so – von der modernisierenden Vorstellung einer griechischen Wirtschaft des Altertums, wie sie einige deutsche Gelehrte des 19. Jahrhunderts entwickelt hatten, vor allem Eduard Meyer, Karl Julius Beloch und Georg Busolt (s. Kap. 1). Da sie keinen entscheidenden Unterschied zwischen der Wirtschaft des alten Griechenland und der Wirtschaft der Moderne sahen, waren sie natürlich auch geneigt anzunehmen, daß das wirtschaftliche Verhalten der griechischen *polis* von ebensolchen wirtschaftlichen Überlegungen beeinflußt, ja geradezu diktiert worden sein könnte, wie sie heute auf moderne Staaten ihren Einfluß ausüben. Daraufhin wurde in der griechischen Geschichte die Existenz von Faktoren entdeckt, von denen man bis dahin kaum etwas geahnt hatte und über die die Quellen keinerlei konkrete Auskunft gaben. Man glaubte z. B., daß die ‚Kolonisationsbewegung' der archaischen Zeit ausgelöst worden sei durch das Bestreben, neue Absatzmärkte für die ‚industrielle Produktion' der betreffenden Mutterstadt zu finden, da es einen Überschuß gegeben habe. Historiker sprachen ohne Bedenken von Aristokratien, die sich aus ‚Großreedern' oder aus ‚großen Unternehmern und Sklavenbesitzern' zusammensetzten und die Politik in vielen griechischen Staaten angeblich schon in archaischer Zeit bestimmten.[1] Viele Konflikte, auch solche in sehr früher Zeit, wurden für eine Folge von Rivalitäten im Handel erklärt, wie zum Beispiel der ‚Lelantische Krieg' auf Euboia, von dem man behauptete, er sei der Ausbruch des Gegensatzes zweier rivalisierender Bündnisse gewesen, die die wichtigsten ‚Handelsmächte' jener Zeit untereinander verbunden hätten. Entsprechend sei auch der tiefere Grund für den Peloponnesischen Krieg nicht etwa die politische Rivalität zwischen Athen und Sparta gewesen und die Furcht, die in Sparta durch das Anwachsen athenischer Macht hervorgerufen wurde, wie Thukydides einst geglaubt hatte. Die wahre Ursache sei zunächst die ‚Rivalität im Handel' zwischen Athen und Megara gewesen, zutage getreten im sogenannten ‚Megarischen Psephisma', von dem man fäschlicherweise meinte, es habe megarische Waren vom athenischen Markt und auch den Märkten des athenischen Reiches verbannt, während Thukydides die eigentliche Bedeutung angeblich nicht verstanden oder sogar verfälscht habe, und des weiteren die gleiche Rivalität zwischen Athen und Korinth (hervorgerufen durch das Eingreifen Athens in die ‚wirtschaftliche Interessensphäre' Korinths auf dem Wege über das Bündnis mit Kerkyra). Dieser Erklärung des Peloponnesischen Krieges in der einen oder anderen Form war lange großer Erfolg beschieden, und noch heute findet man Spuren dieser Ansicht.[2]

Doch es ist offenkundig: Ebenso wie eine modernisierende Vorstellung der griechischen Wirtschaft zu überwinden ist, muß man auch erkennen, daß man den griechischen Staaten nicht eine wirtschaftliche Mentalität unterstellen kann, die sie höchstwahrscheinlich nie besessen haben. Man muß von der zu Anfang erwähnten Tatsache ausgehen, daß die ‚Wirtschaft' für die Griechen nie eine eigene Kategorie war. Im Leben der griechischen Staaten in klassischer Zeit gehörte sie in den Bereich der Politik. Infolgedessen wurden wirtschaftliche Faktoren, sofern sie das Verhalten der Staaten beeinflußten, nicht als solche empfunden, sondern wurden politischen Überlegungen untergeordnet.

Politik im Interesse des Imports, nicht des Exports

Es ist Max Weber, dem man eine der grundlegenden allgemeinen Feststellungen über das wirtschaftliche Verhalten der griechischen Staaten verdankt; seine Ansichten wurden später im Detail von Johannes Hasebroek weiterentwickelt (s. Kap. 1). Es geht um folgendes: Wenn man sagt, die griechischen *poleis* hätten eine Wirtschaftspolitik betrieben, dann meint man eigentlich im allgemeinen damit eine Importpolitik, die darauf abzielte, die Bürger mit einer Reihe von lebensnotwendigen Gütern zu versorgen, und nicht eine Politik im Interesse des Exports mit dem Ziel, ‚nationale' Produkte auf fremden Märkten gegen die Konkurrenz anderer Städte zu günstigen Bedingungen abzusetzen oder sie gar aufzudrängen. Wenn eine griechische *polis* sich um die wirtschaftlichen Interessen ihrer Bewohner kümmerte, dann tat sie das nur in Hinblick auf ihre Eigenschaft als Verbraucher, nicht als Produzenten. Man kann daher nicht von einer ‚Handelspolitik' der griechischen *polis* sprechen, es sei denn, man wolle die Bedeutung des Wortes stark einschränken: Was sie betrieben, war lediglich Importpolitik und nicht Exportpolitik.

Es ist schlechthin nicht möglich, in bezug auf die griechische *polis* von Industrie und Handel als ‚nationalen' Angelegenheiten zu sprechen; am wenigsten geht das im Falle Athens, wo die wirtschaftliche Entwicklung doch einen ziemlich hohen Standard erreicht hatte (s. das vorangehende Kap. 5). Es konnte dort strenggenommen gar keine nationale Industrie und keinen nationalen Handel geben, denn Fremde (vor allem Metoiken) spielten im

Bereich wirtschaftlicher Betätigung eine wichtige Rolle, sei es in der handwerklichen Produktion oder im gesamten Handel mit nah und fern, im Import wie im Export. So etwas wie eine ‚athenische Industrie' und ‚athenischen Handel' gab es in Wahrheit nicht (Begriffe, die in der Tat nicht ins Griechische übersetzt werden können). Wie hätte also Athen etwas schützen oder stärken sollen, was eine ganz und gar abstrakte Vorstellung ist, und dazu eine abstrakte Vorstellung moderner Geschichtsforscher?[3]

Ein anderer Faktor, der die Entwicklung einer Wirtschaftspolitik modernen Stils in der griechischen *polis* verhinderte, war die Zersplitterung der wirtschaftlichen Tätigkeit. Sie verteilte sich nicht allein auf Bürger und Nichtbürger, sondern war in der Regel auch in kleinen Einheiten organisiert. Größere Unternehmen mit einer entsprechenden Reichweite gab es normalerweise nicht: Ein Großteil der Güter wurde lokal produziert und konsumiert. Selten nur findet man regelmäßige Beziehungen zwischen Produzenten und Exporteuren. Ganz allgemein stand die Unsicherheit des täglichen Lebens (Gefahren zu Lande und zu Wasser usw.) der Entwicklung einer fortgeschritteneren Organisation der wirtschaftlichen Verhältnisse im Wege.

Als Beispiel zur Illustration all dessen soll die Keramikproduktion in Athen dienen, über die doch einiges bekannt ist oder erschlossen werden kann. Zunächst handelt es sich strenggenommen nicht um eine nationale Industrie, denn unter den Töpfern und Malern befanden sich auch solche, die keine Athener waren. Des weiteren bewegte sich die Größe der Keramikwerkstätten in einem eher bescheidenen Rahmen; sie beschäftigten jeweils nur eine geringe Zahl von Arbeitern, auch wenn Athen in der klassischen Zeit den größten Teil der griechischen Welt und einige nichtgriechische Völker mit bemalter Keramik belieferte. Und außerdem kann man nur selten längerfristige Verbindungen einer einzelnen Keramikwerkstatt zu einem speziellen Markt feststellen. Einige Gefäßtypen scheinen für bestimmte ausländische Kunden produziert worden zu sein, aber meistens wurden die Vasen der Nachfrage und den Möglichkeiten entsprechend fast überallhin exportiert. Ein anderer bezeichnender Umstand ist, daß der Export von Vasen aus Athen offenbar zu keiner Zeit allein in Händen athenischer Händler lag. Viele attische Vasen aus der Zeit vom Ende des 6. und Anfang des 5. Jahrhunderts scheinen nach den Graffiti, die sie tragen, von Händlern aus Ionien in die Fremde exportiert worden zu sein. Mit anderen Worten: Die athenischen Keramikhersteller organisierten den Export ihrer eigenen Vasen nicht selbst.[4] Schließlich ist keiner der Namen von Töpfern und Malern aus Athen, die wir aus Vaseninschriften kennen, je in den literarischen Quellen genannt. Die Welt des Handwerks (in diesem Falle der Keramikherstellung) war eine andere Welt, die von der literarischen Überlieferung ignoriert wurde.

Der Importhandel

Unter den verschiedenen Zweigen des Importhandels nahm die Getreideeinfuhr eine Sonderstellung ein. Von den Anfängen des Getreideimports aus Ägypten, dem Schwarzmeergebiet und Sizilien in die Städte der Ägäis in der archaischen Zeit war bereits die Rede (Kap. 3). Dieser Handel entwickelte sich in klassischer Zeit in vielen griechischen Städten in beachtlichem Ausmaß, vor allem in Athen: Das große Anwachsen dieser Stadt im 5. Jahrhundert machte sie immer abhängiger von der Getreideeinfuhr von außen.[5]

Was das 5. Jahrhundert betrifft, so sind wir über das Funktionieren dieses Handels in Athen schlecht informiert. Man kann jedoch erahnen, wie wichtig die Lebensmittelversorgung als Faktor in der athenischen Außenpolitik war. Die Sorge um die direkte oder indirekte Kontrolle über die Quellen der Getreidelieferungen war ein häufig wiederkehrender Beweggrund in seiner Politik. Unmittelbar nach den Perserkriegen machte Athen einen neuen Versuch, die Kontrolle über die Zufahrtswege zum Schwarzen Meer zu erlangen. Bei verschiedenen Gelegenheiten versuchten die Athener auch, allerdings ohne Erfolg, Zypern aus der Vorherrschaft der Perser zu befreien; die Insel war, abgesehen von ihrer strategischen Position und ihren Bodenschätzen (vor allem Kupfer), reich an Getreide. Später, ungefähr um die Mitte des Jahrhunderts, kamen die Athener den Ägyptern zu Hilfe, die sich gegen die Perser auflehnten: Wäre Ägypten frei geworden und in ein Bündnis mit Athen getreten, so hätte das für die Getreideversorgung der Stadt große Bedeutung gehabt. Auch das Interesse, das Athen vielleicht ab Mitte des 5. Jahrhunderts an Sizilien zeigte, war wohl teilweise in der Hoffnung begründet, seine Hand auf diese Kornkammer legen zu können (s. Thukydides 3,86,4). Euboia, Lemnos, Imbros und Skyros standen mehr oder minder unter Kontrolle Athens, zum Teil direkt durch Ansiedlung athenischer Bürger. Auch diese Inseln waren, abgesehen davon, daß sie an dem Schiffahrtsweg zum Schwarzen Meer lagen, reich an Getreide. Im Verlauf des Peloponnesischen Krieges stellten die Athener sogar besondere Wachen am Hellespont auf, um die Getreideschiffe zu schützen, die vom Schwarzen Meer kamen.[6]

Aber erst für das 4. Jahrhundert besitzt man mehr ins einzelne gehende Überlieferungen über Mittel und Wege, wie die Athener ihre Versorgung zu sichern suchten, und über ihre Beziehungen zu bestimmten Staaten und Herrschern, die für den Getreidehandel wichtige Gebiete kontrollierten. In Athen gab es im 4. Jahrhundert eine ganze Reihe von Gesetzen, die den Getreidehandel betrafen; es ist nicht sicher, ob diese Gesetzgebung schon im 5. Jahrhundert existierte, doch ist denkbar, daß das nicht der Fall war: Im 5. Jahrhundert befand sich Athen auf dem Höhepunkt seiner Macht und war in der Lage, direkt einzugreifen, um seine Interessen zu sichern, während es im 4. Jahrhundert auf indirekte Mittel zurückgreifen mußte, wie eben gesetzgeberische Maßnahmen.

Ein Gesetz, das vermutlich aus der Mitte des 4. Jahrhunderts stammt, verbot jedwedem Bewohner Athens oder Attikas, Bürgern und Metoiken gleichermaßen, Kredit auf ein Getreideschiff zu geben, das seine Ladung an einen anderen Platz als Athen brachte (s. Text 82; zu dieser Art von Seedarlehen s. unten Kap. 7). Ein anderes Gesetz früheren Datums verbot ebenfalls jedem Bewohner Athens und Attikas, Getreide in einen anderen Hafen zu bringen als den von Piräus, und schrieb vor, daß man ein Drittel des im Piräus angelandeten Getreides an Ort und Stelle zu verkaufen hatte und zwei Drittel in Athen. Außerdem durften diejenigen, die das Getreide im Kleinhandel weiterverkauften (die *sitopōlai*, die Metoiken waren), von den Importeuren nicht mehr als 50 Scheffel auf einmal kaufen; diese Vorschrift sollte betrügerische Spekulation verhindern (s. Text 84). Unter den Beamten, denen die Aufsicht über die wirtschaftlichen Tätigkeiten oblag, hatten die *sitophylakes* die Aufgabe, den Handel mit Getreide zu überwachen, und die Aufseher über den Handelshafen (die *epimelētai emporiou)* mußten für die Einhaltung der gültigen Bestimmungen über den Verkauf importierten Getreides in Athen sorgen (s. Text 89). Es ist auch bekannt, daß die Volksversammlung in Athen regelmäßig die Frage der Getreideversorgung ebenso wie die Verteidigung des Staatsgebietes auf ihre Tagesordnung setzen mußte: Beide Fragen waren von der gleichen entscheidenden Bedeutung (Aristoteles, Staat der Athener 43,4).

Der Getreidehandel war der einzige Handelszweig, den die athenische Gesetzgebung in dieser Weise zu regeln suchte. Es ist offenkundig, daß es in diesem Falle die einzige Sorge des Staates war, regelmäßige Importe zu sichern und die Interessen seiner Bürger als Verbraucher zu schützen. Besonders auffallend und bemerkenswert ist es, daß sich der Staat offenbar niemals Sorgen machte über die negativen Auswirkungen, die die Getreideimporte von außerhalb in so großem Stile für die Bürger, die selbst Getreide produzierten, haben konnten.

Aber die Gesetzgebung innerhalb der Gemeinschaft reichte allein noch nicht aus. Im 4. Jahrhundert befand sich Athen nicht mehr in einer so günstigen Lage, seine politische Überlegenheit zur Geltung zu bringen, und mußte andere Wege finden, um die Bereitwilligkeit der Händler, die Getreide importierten, zu fördern (s. Kap. 7). Es mußte auch zu Mitteln der Diplomatie greifen, um sich fremde Staaten und Herrscher gewogen zu machen, die Kontrolle über die wichtigsten Bezugsquellen für Getreide ausübten. So ist z. B. anzunehmen, daß die Beziehungen Athens zu Euagoras von Zypern zu Beginn des 4. Jahrhunderts teilweise von wirtschaftlichen Überlegungen bestimmt waren; ein mit Athen befreundeter Herrscher, der die Kontrolle über die ganze Insel gehabt hätte, wäre in den schwierigen Jahren nach Ende des Peloponnesischen Krieges für die Versorgung der Stadt sehr nützlich gewesen. Aber die griechischen Herrscher am Bosporos und auf der Krim waren es, mit denen dann besonders enge und beständige Verbindungen bestanden (s. Text 80 und 81). Nach Aussage des Demosthenes wurden jährlich 800000 Medimnen Getreide nach Attika importiert, von denen die Hälfte aus dem Schwarzmeergebiet kam. Im Austausch gegen die verschiedensten Privilegien und Ehrungen, die aus den literarischen und epigraphischen Quellen belegt sind, boten die Herrscher am Bosporos den Athenern besonders günstige Bedingungen für den Export.

Eine andere Art von Produkten, deren Lieferanten Athen auf direkte oder indirekte Weise zu kontrollieren suchte, waren die, die man strategische Güter nennen könnte (s. Text 85). Mit dieser Bezeichnung ist all das gemeint, was für die Herstellung von Kriegsmaterial gebraucht wurde, insbesondere für den Bau der Kriegsflotte, die das Rückgrat athenischer Macht war. Eine der Widersinnigkeiten in der athenischen Geschichte ist es, daß diese Stadt, die vor allem eine Seemacht war, in Attika keine ausreichenden Materialreserven für den Flottenbau hatte. Dazu gehörte in erster Linie Bauholz, aber auch Leinen für die Segel, Pech sowie Mennige (Zinnober) für den Anstrich des Schiffsrumpfes (s. Text 86). Die Mittel, zu denen Athen griff, um sich diese Dinge zu beschaffen, variierten je nach Lage und Zeitpunkt. Zuweilen verließ es sich ganz einfach auf seine militärische und politische Überlegenheit, dann wieder mußte es zur Diplomatie Zuflucht nehmen. Schon zur Zeit des Peisistratos zeigten die Athener Interesse an der thrakischen Küste und an Makedonien, vermutlich wegen der dort vorhandenen wirtschaftlichen Ressourcen (Holz und Metalle). In der Folgezeit und bis zur Herrschaft Philipps von Makedonien suchten die Athener ständig Einfluß auf die Region zu gewinnen, sei es durch die Gründung von Kolonien unter athenischer Kontrolle (z.B. die Gründung von Amphipolis am Strymon im Jahre 437/36 nach verschiedenen erfolglosen Versuchen in den vorangegangenen Jahren: s. Text 99) oder durch militärisches Eingreifen oder schließlich auf dem Wege über Vereinbarungen mit dem makedonischen König, der das Monopol für den Export von Holz aus Makedonien besaß. Wie z.B. ein athenisches Ehrendekret für den makedonischen König Archelaos (Meiggs-Lewis nr. 91) oder der Bündnisvertrag zwischen einem anderen makedonischen König (Amyntas) und dem Chalkidischen Bund (Tod, GHI Bd 2, nr. 111) zeigen, gehörten wirtschaftliche Überlegungen oft und ausdrücklich zu diesem diplomatischen Verkehr.

Der besondere Charakter der wirtschaftlichen Maßnahmen griechischer *poleis* soll nochmals betont werden: Es handelte sich strenggenommen nicht um eigentlich wirtschaftliche Fragen als solche, sondern um politische Fragen. Für die athenische Volksversammlung war die Getreideversorgung ein politisches Problem von derselben Art wie die Sicherheit des Staatsgebietes. Wenn die Athener Ehrungen für Kaufleute beschlossen, die in Krisenzeiten Getreide importiert hatten, oder für fremde Herrscher, die den Export der Ressourcen ihres Landes zu für Athen günstigen Bedingungen ermöglicht hatten, so benutzten sie dabei dieselben Worte, die sie auch in bezug auf jeden anderen Dienst verwendet hätten, den man der Gemeinschaft der Bürger erweisen konnte. Es handelte sich in ihren Augen um Wohltäter des athenischen Volkes und nicht um Leute, die lediglich wirtschaftliche Leistungen erbracht hatten.

Die Finanzpolitik der griechischen Staaten

Die griechischen *poleis* betrieben also eine Handelspolitik nur, insofern sie Importe betraf, und zwar genauer gesagt, Importe jener Güter, die für die Stadt lebensnotwendig waren. Alles andere interessierte den Staat nicht unmittelbar. Das bedeutete, daß ein großer Teil der wirtschaftlichen Aktivität ohne jeden Eingriff von seiten des Staates vonstatten ging, oder zumindest ohne jeden Eingriff, der den wirtschaftlichen Ablauf in irgendeiner Weise anregen oder einschränken wollte.

Im übrigen war es die Hauptsorge des Staates, die eigenen Einkünfte sicherzustellen, und auch hier werden wieder Grenzen diesbezüglicher Politik deutlich. Die Finanzpolitik der griechischen *poleis* war im allgemeinen von äußerst rudimentärer Art, sowohl in ihren Zielen wie in ihren Methoden. Die *polis* kannte kein Budget, das eine regelrechte Bilanz von öffentlichen Einnahmen und Ausgaben aufmacht und eine längerfristige Voraussage wirtschaftlicher Daten zu machen versucht. Griechische *poleis* neigten dazu, von der Hand in den Mund zu leben. Der Fall Athens in den Jahren vor Ausbruch des Peloponnesischen Krieges ist ein besonderer: Neben der Ansammlung von Reserven in großem Stile (s. Text 87) schufen die Athener unter dem Druck des Perikles noch eine spezielle Geldreserve, die die Kosten einer größeren Auseinandersetzung mit Sparta und seinen Verbündeten decken sollte, wie man sie jahrelang voraussehen konnte. Sparta und seine Verbündeten hingegen, obwohl auch sie mit der Möglichkeit eines Konfliktes rechneten, hatten vor Ausbruch der Feindseligkeiten keine Geldreserve angelegt und waren nicht vorbereitet, als der Krieg begann. Sie mußten daher Beiträge bei ihren Verbündeten und Freunden, bei Staaten und Einzelpersonen zusammenbetteln (s. Text 88).

Erstaunlich an dem Finanzgebaren griechischer *poleis* ist, wie grob oft die Mittel waren, auf die man zurückgriff. Im Extremfall konnte es vorkommen, daß die *polis* sich das Recht nahm, in die Angelegenheiten ihrer Mitglieder einzugreifen mit dem einzigen Ziel, sich von ihnen auf freiwilliger Basis oder durch Zwang Einkünfte zu verschaffen. Das zweite Buch der ‚*Oikonomika*' des Pseudo-Aristoteles enthält eine Zusammenstellung solcher fiskalischer Strategeme, auf die die *polis* oder Herrscher (Griechen und Nichtgriechen) zurückgegriffen hatten (s. Text 91). Indes ist darauf hinzuweisen, daß der größte Teil der Beispiele, die der Autor dort gesammelt hat, aus dem 4. Jahrhundert stammen, das für die griechische Welt eine Krisenzeit bedeutete (s. unten Kap. 7), und daß die zeitlich früher liegenden Beispiele vor allem Tyrannen betreffen, deren wirtschaftliches Verhalten nicht wirklich mit dem von Republiken verglichen werden kann.

Die Art und Weise, wie eine griechische *polis* über einen Überschuß aus ihren Einkünften verfügte, ist charakteristisch für die dort herrschende wirtschaftliche Mentalität: Statt solche Überschüsse nach den Regeln des Profits zu investieren, neigten die *poleis* dazu, sie großzügig für nicht als wirtschaftlich zu bezeichnende Vorhaben auszugeben – für Prestigeprojekte wie z. B. religiöse und profane öffentliche Bauten, in denen Bürgerstolz, Patriotismus und die Verehrung der Stadtgötter ihren Ausdruck finden konnten. Dabei fallen einem sogleich die athenischen Bauwerke des 5. Jahrhunderts ein (s. Text 55 und 90); sie sind zwar das berühmteste, aber durchaus nicht das einzige Beispiel dieser Art in der griechischen Welt. Im 6. und 5. Jahrhundert investierten etwa die Griechenstädte Siziliens ihre Reichtümer in die Errichtung öffentlicher Bauten, die an Großartigkeit denen in Athen in nichts nachstanden (s. zu Agrigent Diodor 13,81–84).

Ein anderer Weg, wie die griechischen *poleis* sich der Überschüsse aus ihren Einkünften wieder entledigten, war die (mehr oder minder direkt vorgenommene) Verteilung des Staatsvermögens unter die Bürger (s. Text 20, 111, 115). Nach einer traditionellen Vorstellung, die unter den Griechen weitverbreitet war, gehörte das Staatsvermögen der Gesamtheit der Bürger (und nicht nur den Ärmsten);[7] ein Bürger konnte sogar erwarten, daß die *polis* seinen Unterhalt bestritt. Xenophon erklärt in seiner Schrift ‚Über die Einkünfte' (4,33) ganz offen, Ziel seines Wirtschaftsprogrammes sei es, daß den Bürgern ermöglicht werde, auf Kosten der *polis* zu leben. In der Praxis ist das nur selten verwirklicht worden, und in den meisten Fällen, sogar im demokratischen Athen, als es sich auf dem Höhepunkt seiner Macht befand, hatten die Bürger im großen und ganzen selbst für sich zu sorgen. Nichtsdestoweniger erwartete man Zuwendungen verschiedenster Art von seiten der *polis*, wie z. B. periodisch wiederkehrende Zuteilungen von Geld und Getreide,[8] die Verteilung des Fleisches der Opfertiere an den großen religiösen Festen, Entschädigungen für die Tätigkeit am Volksgericht oder für die Ausübung fast jeden Amtes im demokratischen Athen,[9] Tagegelder für die Teilnahme an der Volksversammlung im Athen des 4. Jahrhunderts und schließlich Zahlungen zur Unterstützung der weniger bemittelten Bürger, die es ihnen ermöglichen sollten, an den großen religiösen Festen teilzunehmen (s. Text 111, 115; diese letzteren Zahlungen spielten im 4. Jahrhundert zunehmend eine wichtige Rolle: s. unten Kap. 7).

Die Versuchung ist groß, all diese Verteilungen und Hilfen als Handlungen eines abstrakten ‚Staates' zu bezeichnen, aber man muß ihr unbedingt widerstehen. Den ‚Staat' als abstrakten Begriff gab es für griechische Bürger nicht.[10] Es war nicht der ‚Staat', der Geld an jene Athener verteilte, die während der Dionysien die Theateraufführungen sehen wollten, etwa in ähnlicher Weise, wie heute die Sozialversicherung Krankengeld zahlt; was dort geschah, war vielmehr, daß die Athener selbst einen Teil der gemeinschaftlichen Einkünfte unter sich verteilten. Prinzipiell bestand kein Unterschied zwischen der Entscheidung, das Geld zu verteilen oder Schiffe dafür zu bauen, auch wenn diese Entscheidungen im Einzelfall als gegensätzlich und als eine politische Alternative erscheinen konnten.

Die griechische *polis* und ihre Einkünfte: Bergwerke

Die griechischen *poleis*, die innerhalb ihres Gebietes oder ihres Einflußbereichs über Bergwerke verfügten (das war stets eine Ausnahme: Im allgemeinen befanden sich die wesentlichen Vorkommen sowohl an gewöhnlichen wie an Edelmetallen außerhalb der griechischen Welt)[11], besaßen damit eine Einkommensquelle, die keinesfalls in Privatbesitz verbleiben konnte. Die grundsätzliche Neigung der griechischen *poleis* ging deshalb dahin, ein Monopol über den Besitz dieser Bergwerke auszuüben und so die eigenen Einkünfte daraus zu sichern (s. Text 20, 94). Es gibt nur spärliche Informationen über die Art und Weise, wie die Minen ausgebeutet wurden, und das ist wohl auch je nach Ort und Zeit unterschiedlich gehandhabt worden. Der Fall, der am besten bekannt ist, sind die Bergwerke von Laureion in Attika, aus denen Athen einen großen Teil des Silbers zog, das es für seine umfangreiche Prägung von Silbermünzen in klassischer Zeit benötigte und das einen wesentlichen Faktor seines Wohlstandes bildete (s. Text 95 und 96). Für das 5. Jahrhundert weiß man nicht sehr viel über die Ausbeutung dieser Silberminen. Für das 4. Jahrhundert hingegen verfügen wir über eine mehr ins einzelne gehende, allerdings trotzdem fragmentarische Dokumentation: Einige Anspielungen bei den Rednern, die Schrift des Xenophon ‚Über die Einkünfte' und die Listen über die Verpachtung der Gruben von 367/66 bis 307/06 oder etwas darüber hinaus. Diese Silberminen standen im alleinigen Besitz der *polis,* die aber, statt sie selber auszubeuten, Privatleuten Konzessionen erteilte, deren Dauer und Preis je nach Art der auszubeutenden Mine variierten (oft sind die Einzelheiten nicht bekannt). Obwohl auch einige Pächter selbst in den ihnen überlassenen Gruben arbeiteten, griff man im allgemeinen auf die Arbeitskraft von Sklaven zurück. In den Zeiten intensivster Ausbeutung mögen es einige zehntausend Sklaven gewesen sein, die in Laureion arbeiteten, und viele von ihnen, die ihrer Herkunft nach Thraker oder Paphlagonier waren, kamen aus Bergbaugegenden. Nach den Inschriften zu urteilen waren die Pächter offenbar fast ausnahmslos athenische Bürger. Unter den bekannten Namen finden sich viele von Leuten, die im politischen und sozialen Leben Athens im 4. Jahrhundert eine wichtige Rolle gespielt haben. Ein Pächter konnte sehr reich werden, wenn er Glück hatte, aber in Unternehmungen dieser Art steckte immer auch ein gewisses Risiko, und die Intensität, mit der die Minen ausgebeutet wurden, änderte sich mit der wirtschaftlichen und politischen Situation.[12]

Das Steuersystem

Hauptsächliche Einkommensquelle für einen großen Teil der griechischen *poleis* waren die Abgaben. Die Art, wie sie erhoben wurden, zeigt nicht nur die wirtschaftliche Mentalität der griechischen *polis*, sondern auch das Wertesystem, auf dem sie beruhte.

Direkte und regelmäßige Steuern auf den Besitz der Bürger und vor allem auf ihre Person wurden grundsätzlich vermieden; letztere galten in der Tat für erniedrigend. Die Tyrannen griffen manchmal zu einer solchen Besteuerung, aber *poleis* mit einer Verfassung von der Art einer Republik schafften sie soweit als möglich ab. Nur eine außerordentliche Abgabe *(eisphora)* hielt man bei Bürgern für annehmbar, zögerte aber nicht im geringsten, Nichtbürger zu besteuern. So mußten die Metoiken in Athen eine besondere Steuer zahlen, das *metoikion*, das zwar von bescheidener Höhe war, aber ihren minderwertigen Status im Vergleich zu den Bürgern symbolisierte (s. Kap. 5).

Doch wenn regelmäßige Steuern auf ihre Person und auf ihren Besitz für Bürger als unzumutbar galten, so mußte sich die *polis* dennoch in irgendeiner Weise den Wohlstand ihrer Glieder zunutze machen. Dafür gab es einen passenden Ausweg, da nämlich in den griechischen *poleis* eine anerkannte Grundregel war, daß die reichen Bürger die moralische Verpflichtung hätten, ihren Reichtum für das öffentliche Wohl einzusetzen (s. Text 97). Auch wenn diese Verpflichtung nicht schriftlich niedergelegt war, so wurde sie doch als bindend empfunden, und es war demzufolge unmöglich, sich ihr ganz zu entziehen. Indem sie an den Bürgersinn und an die Einsatzbereitschaft für die Interessen der Gemeinschaft appellierte, konnte sich die *polis* zur Erreichung ihrer Ziele der Reichtümer ihrer vermögenden Mitglieder bedienen. In Athen hatten die reichen Bürger (und Metoiken) die Pflicht, sich den ‚Liturgien' (d.h. wörtlich ‚Dienste für die Gemeinschaft')[13] zu unterziehen, so z.B. der Trierarchie, bei der der Staat die Triere stellte, während der Trierarch für deren Unterhalt und das Kommando verantwortlich war, oder der Choregie, bei der ein Chorege aus Anlaß der großen dramatischen Wettbewerbe einen Chor zusammenstellen, einüben und bezahlen mußte.[14] Im 4. Jahrhundert gab es mehr als hundert regelmäßige Liturgien im Bereich der öffentlichen Aufgaben und des Kultes, abgesehen von den militärischen Liturgien, deren Zahl variierte.[15] Trotz der häufig gewaltigen Aufwendungen, die diese Liturgien erforderten, wurden sie nicht als eigentlich wirtschaftliche Leistung empfunden, sondern als ehrenvoller Dienst an der Allgemeinheit. So kam es häufig vor, daß ein reicher Bürger oder Metoike eine größere Zahl von Liturgien auf sich nahm als eigentlich nötig, und darauf hielt, sich seiner Aufgaben mit größtmöglicher Freigebigkeit zu entledigen, um seine Hingabe an die Gemeinschaft zu demonstrieren. Vor Gericht suchten die Angeklagten stets, das Urteil der Richter in ihrem Sinne zu beeinflussen, indem sie an die durch ihre Liturgien erbrachten Leistungen erinnerten.

Indirekte Steuern hingegen wurden von den griechischen *poleis* häufig erhoben und waren eine ihrer wichtigsten Einkommensquellen (s. Text 92). Die Erhebung dieser Abgaben war dadurch gekennzeichnet, daß fast kein Unterschied zwischen Bürgern und Nichtbürgern gemacht wurde (eine Ausnahme stellte die Gebühr dar, die von Fremden für die Erlaubnis bezahlt wurde, auf der *agora* in Athen Handel zu treiben; man weiß nicht, ob auch die Metoiken dieser Verpflichtung unterlagen oder nicht; s. Text 12). Die *polis* besteuerte die verschiedenen Formen wirtschaftlicher Tätigkeit auf unterschiedliche Weise, ohne sich dabei je zu fragen, ob sie damit den Interessen ihrer Bürger schadete oder nicht. Im Jahre 413, in einer Zeit der finanziellen Krise, die durch den Peloponnesischen Krieg verursacht war, wollten die Athener z. B. ihre Einkünfte verbessern, indem sie die jährlichen Tributzahlungen, die sie von den Mitgliedern des Attischen Seebundes eintrieben, abschafften und ersetzten durch eine fünfprozentige Abgabe auf den gesamten Umschlag an Handelsgütern in den Häfen des athenischen Reiches (Thukydides 7,28,4). Später, zwischen 390 und 387, wollten sie dieselbe Abgabe ihren früheren Verbündeten von neuem auferlegen. Diese Steuer traf ohne Unterschied die Athener, ihre Verbündeten und jeden, ob Grieche oder Nichtgrieche, der innerhalb des athenischen Einflußgebietes Handel trieb. Im großen und ganzen scheint es so zu sein, daß in vorhellenistischer Zeit die Abgaben auf wirtschaftliche Tätigkeit allein dem rein fiskalischen Zweck dienten, der *polis* ihre Einkünfte zu sichern. Der Gedanke, Zollschranken zu errichten, um eine ‚nationale' Industrie oder einen ‚nationalen' Handel zu schützen, scheint niemandem auch nur in den Sinn gekommen zu sein. Man kann demzufolge auch hier wieder feststellen, daß die wirtschaftlichen Interessen der Bürger vom Standpunkt der *polis* aus gesehen niemals die Interessen der Bürger als Produzenten waren, sondern einzig und allein die Interessen der Bürger als Konsumenten.

Die Nutzung wirtschaftlicher Tätigkeit zu fiskalischen Zwecken hatte, wie gezeigt wurde (Kap. 3), in archaischer Zeit begonnen. In klassischer Zeit fuhr Athen fort, sich dieser Methoden zu bedienen, und zwar mit wachsendem Erfolg angesichts der Tatsache, daß die Entwicklung athenischer Macht nach den Perserkriegen aus dem Piräus nicht mehr nur den wichtigsten Militärhafen des östlichen Mittelmeeres machte, sondern auch das bedeutendste wirtschaftliche Zentrum. Macht und Wohlstand Athens zogen Händler aus fast allen Himmelsrichtungen an, die nach einem Markt suchten, wo alles gekauft und verkauft wurde. Die athenischen Schriftsteller der klassischen Zeit versäumen keine Gelegenheit hervorzuheben, in welcher Vielfalt und welchem Überfluß man sämtliche fremdländischen Waren in Athen finden konnte (s. Text 83). Auch nach dem Zusammenbruch am Ende des Peloponnesischen Krieges verlor der Piräus seine Rolle als bedeutendes wirtschaftliches Zentrum nicht, und gerade das war es zum Teil, was

Athen über die schlimmsten Momente der Finanzkrise in der Nachkriegszeit hinweghalf. Die wichtigste Abgabe im Piräus war die Steuer von einem Fünfzigstel (2%), die auf alle Güter erhoben wurde, ob sie nun exportiert oder importiert wurden und woher sie auch kamen (s. Text 93). Andere Steuern wurden erhoben auf die Waren, die auf der *agora* in Athen verkauft wurden, von den Händlern, die dort Handel trieben, und schließlich auf Güter, die durch die *polis* selbst verkauft wurden, wie etwa konfiszierter Besitz (s. Text 75, 98).

Die Kontrolle wirtschaftlicher Tätigkeit

Die Eintreibung all dieser indirekten Steuern erfolgte in der Regel durch private Steuerpächter. Die Pacht einzelner Steuern wurde durch die *polis* versteigert (wie z.B. im Falle der Steuer von einem Fünfzigstel im Piräus, s. Text 93). Aber daneben gab es auch eine Reihe von Beamten, die ganz allgemein mit der wirtschaftlichen Tätigkeit zu tun hatten, wie z.B. im Athen des 4. Jahrhunderts die Marktaufseher *(agoranomoi)*, die Aufseher über Maße und Gewichte *(metronomoi)*, die Aufseher über den Getreidehandel *(sitophylakes)* und über den Handelshafen *(epimelētai emporiou)* (s. Text 89). Diese Beamten hatten die verschiedensten Funktionen. Einige achteten, wie gesagt, auf die Getreideversorgung, (die *sitophylakes* und die *epimelētai emporiou*), anderen oblag es, das Marktgeschehen ganz allgemein zu überwachen; ihre Funktion war nicht eigentlich eine wirtschaftliche, vielmehr sorgten sie nur für die Durchsetzung der Bestimmungen und die Aufrechterhaltung der Ordnung. Wahrscheinlich ist es auch diese Sorge um Einhaltung der Bestimmungen und geordneten Ablauf, die zu der seit Thukydides häufig belegten Praxis führte, daß man für begrenzte Zeit besondere Märkte außerhalb der Stadt einrichtete, wenn gerade ein fremdes Heer vorbeizog und darum bat, sich versorgen zu dürfen.[16] Bisweilen lag in manchen oligarchischen Staaten dem Wunsch nach Aufsicht über die wirtschaftliche Tätigkeit eine tiefere Absicht zugrunde, und es war die wirtschaftliche Tätigkeit als solche, die man unter Kontrolle bekommen wollte. In Thessalien z.B. waren die verschiedenen Funktionen der *agora* (die ursprüngliche politische Funktion als Versammlungsplatz und die spätere als Marktplatz) absichtlich voneinander getrennt: Es gab eine ‚freie' *agora*, die den politischen Zwecken der Gemeinschaft vorbehalten war und von der jede wirtschaftliche Tätigkeit mit Bedacht ferngehalten wurde (s. Text 129); alles Wirtschaftliche spielte sich auf einer besonderen *agora* ab, einem Handels- und Marktplatz. Diese grundsätzliche Trennung findet man bei den Philosophen wieder: Aristoteles nahm in seinen Entwürfen den Gedanken einer Trennung von ‚freier' *agora* und Marktplatz auf, und Platon legte in den ‚Gesetzen' nieder, man solle fremden Händlern nur außerhalb der Stadt Aufnahme gewähren und nur so wenig Beziehungen als möglich mit ihnen unterhalten (s. Text 127, 129). Einmal mehr stößt man hier auf alte Vorurteile, die sich teils gegen wirtschaftliche Betätigung als solche richten, teils gegen die Außenwelt und all die Gefahren schädlicher fremder Einflüsse.

Die griechischen *poleis* und das Geld

Es soll hier noch etwas über die Geldpolitik der griechischen *poleis* gesagt werden. Weiter oben war vom Beginn der Münzprägung und dem Ursprung des Geldes in archaischer Zeit die Rede: Welche ‚wirtschaftlichen' Motive auch immer dabei eine Rolle gespielt haben, es ist dennoch wahrscheinlich, daß es auch andere gab, die nicht wirtschaftlicher Art waren. In klassischer Zeit breitete sich die Verwendung von Münzgeld immer stärker aus, und im Athen des 4. Jahrhunderts wurden schließlich alle materiellen Werte in Geld ausgedrückt. Dennoch bewahrte sich das Münzgeld auch weiterhin noch eine Bedeutung, die man kaum als nur wirtschaftlich bezeichnen kann.[17] Eigene Münzen zu prägen galt als ein Symbol politischer Unabhängigkeit, und das Recht auf Münzprägung war ganz selbstverständlich ausschließliches Privileg der *polis.* Als Athen im 5. Jahrhundert versuchte, den Mitgliedern seines Reiches die Verwendung seiner Maße und Gewichte und seiner Silbermünzen aufzuzwingen, war das ein politischer Akt und nicht, wie verschiedentlich behauptet worden ist, ‚Wirtschaftsimperialismus' oder ‚Handelsimperialismus' (s. Text 101). Aber gewöhnlich unternahmen die griechischen *poleis* keine Versuche, anderen ihre Münzen aufzudrängen, und sie waren ohnehin nicht dazu in der Lage (selbst die athenischen Bemühungen hatten, wie es scheint, nur begrenzten Erfolg). Die Verbreitung und der Umlauf von Münzgeld einer bestimmten *polis* außerhalb des eigenen Bereiches waren also durch Faktoren bestimmt, die sich ihrer eigenen Kontrolle entzogen. Andererseits drängte man innerhalb des eigenen Gebietes natürlich auf die Verwendung der eigenen Münzen, obwohl die Benutzung fremden Münzgeldes nicht notwendigerweise ausgeschlossen war, und gelegentlich wurden auch direkte Maßnahmen zum Schutz der eigenen Währung ergriffen, wie unter anderem ein Münzgesetz aus Athen aus dem Jahre 375/74 belegt, das kürzlich entdeckt worden ist (s. Text 102). Ein anderes Beispiel ist ein Dekret aus Olbia vom 4. Jahrhundert, das neben anderen Bestimmungen auch festlegte, daß man sich bei allen Geschäften, die innerhalb des Gebietes der *polis* getätigt wurden, einzig der Münzen von Olbia bedienen dürfe; auch in diesem Falle war der Beweggrund wohl eher Bürgerstolz als irgendwelche rein wirtschaftlichen Überlegungen (s. Text 103). Des weiteren schrieb das Gesetz von Olbia allein für Statere von Kyzikos einen festen Wechselkurs gegen die eigenen Münzen vor. Alles andere, auch der Import oder Export jeder Art von Münzen, ob fremde oder eigene, und die Wechselkurse, blieb der Privatinitiative überlassen.

‚Imperialismus' und Tribute

Neben den verschiedenen fiskalischen Maßnahmen blieb den griechischen *poleis* noch eine weitere Möglichkeit, sich Einkommen zu verschaffen: Sie bestand ganz einfach darin, daß die Mächtigsten unter ihnen ihre politische und militärische Überlegenheit zu wirtschaftlichen Zwecken nutzten. In der griechischen Welt war das, was wir heute ‚Imperialismus' nennen, die natürliche Folge von Gegebenheiten, von denen vorher die Rede war: etwa der mangelnden Wertschätzung der Arbeit und der wirtschaftlichen Betätigung oder der auf die eine oder andere Weise bestehenden Anerkennung des Krieges als Erwerbszweig und schließlich der Vorstellung, daß die Bürger im Idealfall auf Kosten der *polis* leben sollten. All diese Elemente trugen dazu bei, daß man die Herrschaft über Fremde als ständige Erscheinung im Zusammenleben der griechischen *poleis* akzeptierte. Es gab nichts Selbstverständlicheres, als eine Last auf Fremde abwälzen zu wollen, die die Bürger nicht selbst tragen wollten.

Auf den ersten Blick scheint diese Art zu denken in Widerspruch zu stehen zu dem vielberufenen Ideal von Freiheit und Selbstbestimmung. Auf welche Weise, könnte man fragen, war es möglich, den Wunsch einer *polis* nach Freiheit mit der Herrschaft über eine andere *polis* in Einklang zu bringen? Aber für die Griechen bedeutete das nicht notwendigerweise einen Widerspruch. Auf die Frage, was die Griechen unter Freiheit einer *polis* eigentlich verstanden, findet man in der ganzen griechischen Überlieferung eine eindeutige Antwort: Die Freiheit einer *polis* besteht nicht allein darin, daß man in keiner Weise fremder Herrschaft unterworfen ist, sondern auch in dem Vermögen, anderen die eigene Herrschaft aufzuzwingen (s. Text 132 und auch Text 18). Wie schon bei dem Gegensatz von Freien und Sklaven wurden auch hier die beiden Extreme nicht als unvereinbar empfunden, sondern sie ergänzten sich und waren voneinander abhängig: Die volle Freiheit konnte ohne die Herrschaft über andere nicht gedacht werden.[18]

Folglich suchten die mächtigsten *poleis,* anderen ihre Herrschaft aufzuzwingen. Manchmal handelte es sich lediglich um eine politische und militärische Überlegenheit, aus der die überlegene *polis* nicht automatisch wirtschaftliche Vorteile zu ziehen versuchte. Ein solcher Fall war der sogenannte ‚Peloponnesische Bund', der sich in der zweiten Hälfte des 6. Jahrhunderts unter der Vorherrschaft Spartas bildete. Es handelte sich dabei praktisch um ein militärisches Bündnis auf Dauer, das darauf abzielte, das Gleichgewicht der Kräfte auf der Peloponnes zu bewahren und die Sicherheit Spartas zu garantieren, insbesondere in Hinblick auf die Heloten; die Staaten, die diesem Bündnis angehörten, zahlten keinerlei Tribut an Sparta und leisteten keinerlei Beiträge an die Bundeskasse. Eine besondere Form der Herrschaft war jene, die manche Mutterstädte über ihre Kolonien ausübten. Ein Beispiel dafür ist das ‚Kolonialreich', das die Tyrannen von

Korinth zu Beginn des 6. Jahrhunderts aufbauten. Die so entstandenen Bindungen zwischen Korinth und seinen Kolonien bestanden noch in klassischer Zeit. Ein ähnlicher Fall war auch die Herrschaft, die Sinope über seine Kolonien längs der Südküste des Schwarzen Meeres ausübte: Die Kolonien von Sinope mußten Tribut an ihre Mutterstadt zahlen (s. Text 100).

Der in der gesamten griechischen Geschichte wichtigste Fall einer Herrschaft *(archē)* war aber eindeutig die, die Athen ausübte. Der ‚Delisch-Attische Seebund', der im Jahre 478/77 gegründet worden war und viele *poleis* des Ägäisraumes umfaßte, wurde nach und nach zu einem athenischen Reich. Mit dem Friedensschluß auf dreißig Jahre (446/45), der die Teilung der griechischen Welt in zwei Blöcke besiegelte – einen unter der Vorherrschaft Spartas und einen anderen unter der Herrschaft Athens –, war dieser Vorgang abgeschlossen. Das Reich bestand bis zur Kapitulation Athens am Ende des Peloponnesischen Krieges im Jahre 404.[19]

Eine bestimmte Überlieferungstradition, die in das 4. Jahrhundert zurückreicht und bei Plutarch wiedergegeben wird, hält athenischen Staatsmännern aus der ersten Generation nach Gründung des Seebundes zugute, daß sie gegen den wachsenden athenischen ‚Imperialismus' auf Kosten der Bündnismitglieder gewesen seien. Kimon vor allem soll die Interessen der Bündnispartner zu verteidigen gesucht haben, und es wird behauptet, daß es erst die Staatsmänner der folgenden Generation und vor allem die sogenannten ‚Demagogen' nach Perikles gewesen seien, die sich so rücksichtslos gegenüber den Unterworfenen gezeigt hätten. Allem Anschein nach entspricht jedoch diese Sicht der Dinge nicht der Wahrheit. Es gibt in der Überlieferung sonst keinerlei Anzeichen für auseinandergehende Meinungen athenischer Politiker in bezug auf den Seebund (obwohl es doch an persönlichen Rivalitäten und Auseinandersetzungen über Angelegenheiten der inneren und äußeren Politik in jener Zeit wahrlich nicht gefehlt hat). Eben jener Kimon leitete eine Zeitlang die Operationen gegen Thasos, das sich in den Jahren 465–63 im Aufstand gegen Athen befand. Die Auseinandersetzung betraf rein athenische Interessen und hätte aus der Sicht des Seebundes kaum gerechtfertigt werden können.[20] Erst in den vierziger Jahren nach dem Tode Kimons und dem Ende der Feindseligkeiten zwischen Athen und dem Persischen Reich um 449 wurde das Problem der Tribute der Bündnismitglieder von Thukydides, dem Sohn des Melesias, in seinem Kampf gegen Perikles aufgebracht (s. Text 90). Man muß im übrigen klar definieren, wo die Grenzen seines Programmes lagen: Thukydides war nicht wirklich der Anwalt der Bündnismitglieder und ihrer Interessen, den man oft aus ihm hat machen wollen; er wandte sich lediglich mit aller Heftigkeit dagegen, daß Athen die Beiträge der Bündnismitglieder zur Finanzierung der öffentlichen Bauten in Athen verwendete, und auch nach Einstellung des Krieges gegen Persien trat er nicht etwa dafür ein, den Seebund aufzulösen. Die Mehrheit der Athener schloß sich jedenfalls der Meinung des Perikles an; Thukydides wurde im Jahre 443 ostrakisiert, und für viele Jahre gab es für Perikles keinen direkten Rivalen an der Spitze des attischen Staates. Es scheint tatsächlich so gewesen zu sein, daß für die längste Zeit der Dauer dieses Reiches die Mehrheit der Athener, ob arm oder reich, seine Existenz als völlig selbstverständlich ansah. Der tiefere Grund für dieses Verhalten mag natürlich ein psychologischer sein – der Wunsch, Macht auszuüben –, aber all die ‚wirtschaftlichen' Vorteile, die sie aus der Herrschaft zogen, wie die Tribute, die Ansiedlung in Kleruchien oder sonstwie (s. Text 99), die wirtschaftliche Ausbeutung der unterworfenen Staaten durch die *polis* oder durch einzelne,[21] die Kontrolle über Versorgungsquellen für Getreide, Metalle und andere Gebrauchsgüter (s. Text 85) usw. waren ihnen ebenfalls willkommen (s. Text 98). Selbst die Niederlage Athens im Peloponnesischen Krieg scheint nicht unmittelbar dazu geführt zu haben, daß man die Dinge anders sah. In den ersten Jahrzehnten des 4. Jahrhunderts versuchten die Athener, ihr Reich, wie es im vorangehenden Jahrhundert bestanden hatte, auf die eine oder andere Weise wiederaufzubauen, und ungeachtet des Ausgangs des Peloponnesischen Krieges taten sie anfänglich gar so, als hätte es nie zu bestehen aufgehört. Erst allmählich im Laufe des 4. Jahrhunderts kamen Zweifel am ‚Imperialismus' als solchem auf, oder zumindest an einem Imperialismus, der auf Kosten anderer Griechen ging. Das geschah aufgrund der tiefgreifenden Veränderungen, die in der Krise der griechischen Welt ihren Ursprung hatten.

Siebentes Kapitel

Die Zeit der Krisen

Der Peloponnesische Krieg und die griechische Geschichte

Der Peloponnesische Krieg bedeutet einen Wendepunkt in der griechischen Geschichte, sowohl in politischer wie in militärischer, in sozialer wie wirtschaftlicher Hinsicht. Er läutet den Niedergang der *polis* ein, wie sie im 5. Jahrhundert bestanden hatte. Viele der charakteristischen Züge des 4. Jahrhunderts zeigten sich erstmals im Verlauf des Peloponnesischen Krieges und wurden zum Teil durch ihn geprägt oder standen doch zumindest in zeitlichem Zusammenhang mit ihm: die Veränderungen in der militärischen Technik, die sozialen und politischen Auseinandersetzungen und ihre Folgen, die Neuerungen im wirtschaftlichen Leben Athens. Andere Züge wiederum sind schon vor dem Krieg zu erkennen.

Es muß jedoch von Anfang an klargestellt werden, daß man das 4. Jahrhundert nicht ganz allgemein für eine ‚Krisenzeit' der griechischen Welt ansehen darf. Schwerlich kann man in der Tat von einer allgemeinen Krise der griechischen Zivilisation sprechen, wenn man sich all die kulturellen Errungenschaften des 4. Jahrhunderts vor Augen führt, und ebensowenig von einer wirtschaftlichen Krise. Wenn man nicht nur die großen Zentren der griechischen Welt des 5. Jahrhunderts betrachtet, also vor allem Athen und Sparta, sondern darüber hinausgreift, dann wird klar, daß die griechische Welt insgesamt eine Periode des Wachstums durchlief, die im nachhinein betrachtet als ein Vorspiel der Ausbreitung im hellenistischen Zeitalter angesehen werden kann. Dieses Wachstum findet seinen Ausdruck in der vielfachen Zunahme der Grabfunde und archäologischen Belege in vielen Teilen der griechischen Welt (Magna Graecia, Thrakien, Schwarzmeergebiet). Die ‚Krise' war eine Krise der *polis* und ihrer Institutionen, wie sie bis dahin bestanden hatten.

Man könnte die Geschichte der griechischen *polis* als die Geschichte eines unerreichbaren Ideals bezeichnen, das fast niemals und dann nur für sehr kurze Zeit annähernd verwirklicht wurde. Ziel der *polis* war es, die Existenz ihrer Glieder zu sichern. Um dieses Ziel zu erreichen, setzte sie die Einigkeit unter den Bürgern voraus (und das Fehlen zu großer wirtschaftlicher Ungleichheit), dann Autarkie in wirtschaftlicher Hinsicht sowie politische und militärische Unabhängigkeit. Aber zwischen Ideal und Wirklichkeit bestand immer, auch in klassischer Zeit, ein gewisser Gegensatz. Das innere Gleichgewicht war häufig durch soziale und politische Konflikte gestört, die volle wirtschaftliche Autarkie war nur schwer zu erreichen, vor allem in den großen Städten und insbesondere bei Getreide und Metallen, und die politische Unabhängigkeit war nicht nur von außergriechischen Mächten (wie Persien und Makedonien) ständig bedroht, sondern auch von anderen griechischen Staaten, die wie Athen im 5. Jahrhundert nach Hegemonie strebten. Im 4. Jahrhundert entwickelten sich Ideal und Wirklichkeit immer weiter auseinander; die *polis* verlor nach und nach ihre politische Bedeutung und geriet in zunehmendem Maße unter den Einfluß von Monarchien. Diese Entwicklung, die im 4. Jahrhundert begann, sollte charakteristisch werden für die hellenistische Welt. Aber die *polis* als solche hörte nicht etwa auf zu existieren und die Schlacht von Chaironeia im Jahre 338 bedeutete nicht ihr ‚Ende'.

Der Krieg im 4. Jahrhundert

Wichtiges Merkmal des 4. Jahrhunderts ist die beherrschende Bedeutung des Krieges. Man befand sich mehr oder minder permanent im Kriegszustand: Von 431 bis 338, also für fast ein ganzes Jahrhundert, erlebte die griechische Welt fast ununterbrochen große kriegerische Auseinandersetzungen, von den lokal begrenzten Konflikten einmal ganz abgesehen. Dafür gab es viele Gründe. An erster Stelle steht das Scheitern der Versuche, imperiale Hegemonien zu errichten. Während dies im 5. Jahrhundert Athen gelungen war, handelte es sich im 4. Jahrhundert um eine Reihe mehr oder minder erfolgloser Anläufe, die die Kräfte der griechischen *poleis* erschöpften, ohne zu irgendeinem klaren Ergebnis zu führen.

Im Jahre 404 kapitulierte Athen vor Sparta und wurde gezwungen, sein Reich aufzulösen, aber vom Beginn des 4. Jahrhunderts an bemühte es sich, es von neuem aufzubauen. Durch den Königsfrieden (387/86) zunächst daran gehindert, nahm es bald seine Bemühungen wieder auf, und diese führten im Jahre 378 zur Gründung eines neuen Seebundes. Diesem Versuch war anfänglicher Erfolg beschieden, aber wenn der 2. Seebund auch erst im Jahre 338 definitiv wiederaufgelöst wurde, so erfuhr er doch einen schnellen Niedergang und erreichte niemals die Bedeutung des athenischen Reichs im 5. Jahrhundert.

Sparta, das Athen im Jahre 404 als Führungsmacht eines großen Teils der griechischen Welt des Ägäisraumes abgelöst hatte, erlebte einen viel schnelleren Abstieg. Die antiken Quellen lassen seinen Niedergang sogar in eben jenem Moment beginnen, in dem es ein Reich übernahm, das dann die Ursache dieses Niedergangs wurde (s. Text 104–106). Der spartanische Staat war ein zu starres und verschlossenes System, als daß er sich anpassen und ein Reich regieren konnte, das weit über die Grenzen der Peloponnes hinausging. Der Sieg von 404 war eine Herausforderung und Zerreißprobe des Systems als solchem. Der Reichtum, den eine Minderheit aus der Hegemo-

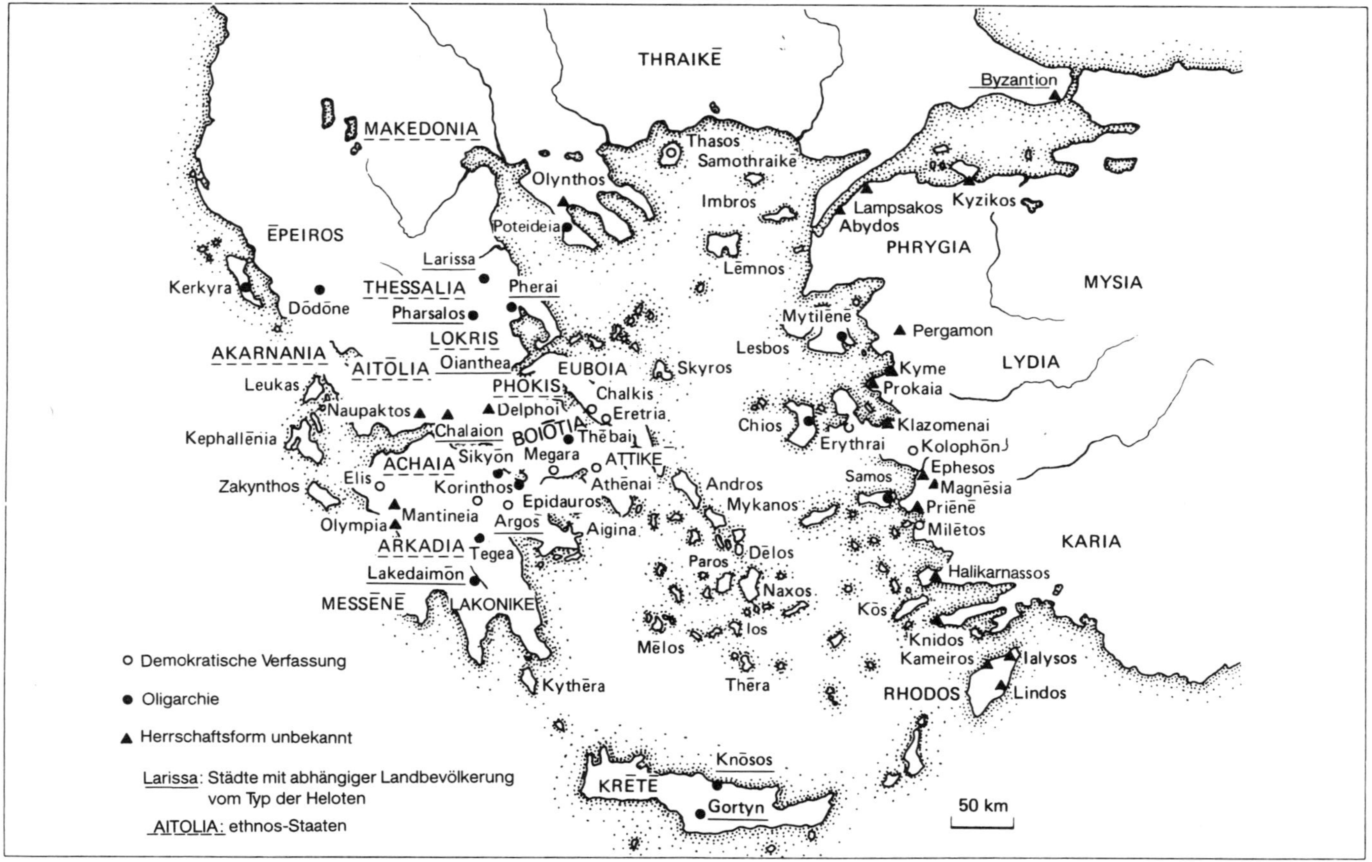

Karte 4: Griechenland im Jahre 431 Das Datum 431 bezieht sich nicht notwendigerweise auf die Unterstreichungen

nie zog, trug zu einer Verschärfung der bestehenden sozialen Gegensätze bei und begünstigte die Konzentration des Landbesitzes in Händen einer immer geringer werdenden Zahl von vollberechtigten Bürgern. Da die *homoioi* zugleich den Kern des spartanischen Heeres bildeten, verfiel auch die militärische Macht Spartas zusehends. Die zeitgenössischen Quellen sprechen außerdem von einem allgemeinen Niedergang spartanischer Traditionen, aber das mag eine etwas zu moralisierende Erklärung sein und eher Folge als Ursache. Bald nach ihrer Begründung begann die spartanische Hegemonie ins Wanken zu geraten; durch das Bündnis mit Persien (den Königsfrieden) konnte sie noch einmal gefestigt werden, aber bald schien sie wieder gefährdet und fand im Jahre 371 mit der Schlacht bei Leuktra ihr endgültiges Ende. Von nun an war Sparta nur noch eine zweitrangige *polis,* deren Einfluß nicht mehr über die Peloponnes hinausreichte, und auch hier konnte es seine einstige Herrschaft nicht ganz wiedererlangen.

Auf Sparta folgte sein Rivale Theben. Für ungefähr 10 Jahre bemühte sich Theben, die Rolle Spartas zu Lande zu spielen, und für eine kurze Zeit die Athens zu Wasser. Diesem neuen Versuch, eine Hegemonie zu errichten, war nicht mehr Glück beschieden als den vorangehenden: In der Schlacht von Mantineia vom Jahre 362 hinderte der Tod seines Feldherrn Epaminondas Theben daran, seinen Sieg auszukosten, und machte seinem Aufstieg ein Ende. Der Historiker Xenophon kommentiert die Schlacht mit folgenden ernüchternden Worten (Hellenika 7,5,26 f.): „Nach diesen Ereignissen geschah das Gegenteil dessen, was alle Menschen erwartet hatten. Denn da fast ganz Griechenland zusammengekommen und gegeneinander angetreten war, gab es niemanden, der nicht geglaubt hätte, wenn eine Schlacht stattfinde, würden danach die Sieger herrschen und die Besiegten ihnen untertan sein. Aber der Gott ließ es so geschehen, daß beide Parteien ein Siegeszeichen errichteten, als ob sie gesiegt hätten, und daß keiner von beiden den anderen an der Errichtung hinderte, daß beide Parteien die Toten wie Sieger unter dem Schutze der Konvention herausgaben, beide sie wie Besiegte unter dem Schutze der Konvention in Empfang nahmen, und indem beide behaupteten, sie hätten gesiegt, besaßen sie doch offenbar nicht das Geringste mehr an Land oder Städten oder Macht als vor dem Kampf; aber die Unsicherheit und Verwirrung in Griechenland wurden nach der Schlacht noch größer als vorher."

Bald danach sollte eine neue Macht, nämlich Makedonien, im Norden auftauchen: Der politische Horizont des 4. Jahrhunderts begann sich zu erweitern; die früheren Führungsmächte sahen sich immer stärker herausgefordert und in Frage gestellt; es begann ein Prozeß, der in die nachfolgende Epoche überleitete. Innerhalb von nur 20 Jahren sollte Philipp von Makedonien zur bestimmenden Kraft in der griechischen Welt werden und die Eroberung Asiens planen, die sein Sohn Alexander nach seinem Tode vollendete. Die Hegemonie einer einzelnen *polis* über einen mehr oder minder großen Teil der griechischen Welt schied als Möglichkeit aus und machte dem Einfluß der großen Monarchien Platz, die in hellenistischer Zeit herrschten.

Die Entwicklung der militärischen Technik

Ein anderer charakteristischer Zug des 4. Jahrhunderts, der zum Teil mit dem vorangehend Gesagten zusammenhängt, aber auch in anderen Faktoren begründet liegt, war die zunehmende Spezialisierung in der Kriegführung und die Entwicklung neuer militärischer Techniken (s. Text 107, 108 B). Bis zum Ende des 5. Jahrhunderts war der Krieg in der griechischen Welt im allgemeinen nicht die Aufgabe von Spezialisten. Soldat zu sein war einfach eine der Funktionen des Bürgers. Der Fall Spartas, wo die vollberechtigten Bürger eine militärisch spezialisierte Elite bildeten, war eine Ausnahme; zudem besaßen die Spartiaten kein absolutes Monopol der militärischen Funktion, denn auch die Perioiken und Heloten nahmen am Krieg teil. Die Kampfestechnik zu Lande war in ihren Grundlagen vom 7. Jahrhundert an festgelegt und blieb für lange Zeit mehr oder minder unverändert: Die beherrschende Formation war die der schweren Infanterie der Hopliten, die Reiterei und die Leichtbewaffneten spielten nur eine beschränkte Rolle, und eine wirkliche Belagerungstechnik gab es nicht. Die Hoplitentaktik war Ausdruck der wirtschaftlichen, sozialen und politischen Bedingungen innerhalb der griechischen *polis,* und auf ihrer Grundlage entwickelte sich ein Wertesystem, das seinerseits zur Erhaltung dieser Kampfesweise beitrug. Die Seekriegsführung hingegen entwickelte sich schneller dank des vorbildlichen Beispiels, das Athen im 5. Jahrhundert bot, als seine Seeleute bisher nie gekannte technische Fähigkeiten entwickelten (s. Text 79). Jedoch gelang es Athen im 4. Jahrhundert nicht, seine frühere Überlegenheit zur See voll wiederherzustellen; die meisten größeren Auseinandersetzungen des 4. Jahrhunderts wurden auch zu Lande entschieden, und eben in der Technik der Landkriegsführung zeigten sich auch bald die wichtigsten Neuerungen.[1]

Schon im Peloponnesischen Krieg wuchs offenbar die Bedeutung der leichtbewaffneten Infanterie, der man bis dahin wenig Beachtung geschenkt hatte. Im Laufe des 4. Jahrhunderts setzte sich diese Tendenz fort, und Formationen berufsmäßiger Peltasten (Soldaten, die mit einem kleinen Rundschild, der *peltē,* ausgerüstet waren) spielten in den Landschlachten eine entscheidende Rolle (man vergleiche die Niederlage, die im Jahre 390 bei Lechaion einer Abteilung lakedaimonischer Hopliten von den Peltasten des athenischen Generals Iphikrates beigefügt wurde und über die Xenophon, Hellenika 6,5,12–17 berichtet). Von Belagerungstechnik ist erstmals in Sizilien für die Zeit der Tyrannis des älteren Dionysios die Rede, z. B. bei der Eroberung von Motye (Diodor 14,47–53). Danach haben Philipp von Makedonien und vor allem Alexander die Technik in diesem Bereich perfektioniert. Eine ganze Literatur zur Technik der Kriegsführung entstand, wie z. B. Schriften von Xenophon und von Aeneas Tacticus (s. Text 110).

Die Geschichte des athenischen Strategenamtes ist bestens geeignet, diese Entwicklung zu größerer Spezialisierung im Kriegswesen zu illustrieren. Die längste Zeit im 5. Jahrhundert war ein *stratēgos* nicht notwendigerweise jemand, der den Krieg berufsmäßig betrieb, auch wenn seine wichtigste Funktion das Kommando über das athenische Heer und die Flotte waren. Das Amt des *stratēgos* war, zumindest bis zum Tod des Perikles, lediglich dasjenige, was all die zu übernehmen trachteten, die politisch eine wichtige Rolle im Staate spielen wollten: Selbst Perikles, der von 443 bis 429 Jahr für Jahr *stratēgos* war, war kaum ein nennenswerter Feldherr. In der Hoplitentaktik konnte man fast völlig ohne Kommandeure auskommen, die sich auf die Kriegskunst spezialisiert hatten (in der Seekriegsführung hingegen, die die Athener zur gleichen Zeit fortentwickelten, war technisches Können anerkanntermaßen ein entscheidender Faktor). Von der Zeit des Peloponnesischen Kriegs an findet man eine stärkere Spezialisierung der Funktionen: Die athenischen ‚Demagogen' formulierten die Politik des Staates, während ihre Durchführung anderen Leuten anvertraut wurde. Die *stratēgoi* waren nun häufiger berufsmäßige Krieger. Im Laufe des 4. Jahrhunderts vollendete sich diese Unterteilung: Die Redner (wie Demosthenes), die die Staatsgeschäfte führten, waren nicht mehr *stratēgoi,* und die *stratēgoi* (wie Iphikrates und andere) waren nur noch Berufsoffiziere.[2]

Besonders verhängnisvoll für die Geschichte der griechischen *polis* war der beachtliche Aufstieg des Söldnerwesens im 4. Jahrhundert (s. Text 108). Diese Erscheinung ist auf das Zusammenwirken mehrerer miteinander verflochtener Gründe zurückzuführen: zunächst die soziale Unruhe und die Verarmung der Massen, denen keine andere Möglichkeit blieb, sich ihren Lebensunterhalt zu verschaffen, als die, ihre physische Kraft dem Nächstbesten zu verkaufen, der sie beschäftigen wollte. Dies hing seinerseits auch mit dem andauernden Kriegszustand zusammen, der das Land verwüstete und die Kleinbauern besonders schwer traf. Ebenfalls von Bedeutung waren die politischen Störungen und inneren Umwälzungen, die viele Leute ins Exil trieben; dann das Fehlen der Kolonisation als Ausweg, der als Sicherheitsventil hätte dienen können wie in der archaischen Zeit, in der übrigens das Söldnerwesen, auch wenn es Söldner gegeben hat (s. Text 35), offenbar niemals denselben Umfang erreichte wie im 4. Jahrhundert. Dazu kam der Aufstieg von Militärmonarchien, der einen Bedarf an Berufssoldaten schuf; des weiteren die Nachfrage nach griechischen Soldaten und Offizieren, deren größere Befähigung offensichtlich war, auch im Vorderen Orient (von seiten des Persischen Reichs und Ägyptens, das gegen die Perser revoltiert hatte). Und schließlich sind die Spezialisierungstendenzen im Kriegswesen zu nennen, die den Aufstieg des Söldnerwesens förderten. Doch war das Söldnerwesen keine Erfindung des 4. Jahrhunderts.[3] Einige Völker, wie die Arkader, hatten sich schon lange und regelmäßig als Söldner verdingt. Indes schon gegen Ende des 5. Jahrhunderts nahm das Söldnerwesen besorgniserregend zu (man denke an die sogenannten ‚Zehntausend' im Dienste des persischen Prinzen Kyros in den Jahren 401–400). Die Zahl der griechischen Söldner belief sich von da an auf Zigtausende. Auf diesem Wege betraten viele Menschen, die vorher nur wenig von der Zivilisation der *polis* berührt worden waren, die Bühne der griechischen Geschichte. Die *polis* stellte weiterhin ein gültiges Modell dar, wie die Gründung von Messene und Megalopolis in den Jahren 369 und 368 zeigt – letzteres die Hauptstadt des arkadischen Bundesstaates. Aber für Tausende griechischer Männer, die aus den ärmeren Regionen Griechenlands stammten, war der Söldnerdienst die einzige Möglichkeit zu sozialem Aufstieg, ehe die Eroberungen Alexanders sie zu Bürgern der neuen Städte Asiens machten oder zu Kleruchen in Ägypten. Für Tausende von Menschen war auch das Heer selbst eine Art Polisgemeinschaft, und bisweilen die einzige, die sie kannten (s. Text 130).

Diese Söldner waren fast überall zu finden, in den griechischen *poleis,* in den Militärmonarchien Siziliens, bei den Karthagern und sowohl im Dienste des Großkönigs wie bei aufständischen Satrapen oder Provinzen (Kyros, Euagoras von Zypern, Ägypten). Natürlich verschwanden deswegen keineswegs die Bürgerheere plötzlich. Aeneas Tacticus z. B. setzt die Existenz von Bürgerheeren noch voraus (s. Text 110). Aber auf lange Sicht waren die Folgen für die griechischen *poleis* verheerend, denn sie verloren nach und nach die Kontrolle über das Kriegswesen. Die Söldner und ihre Anführer waren, was die *polis* betraf, Fremde: Sie schuldeten denen, die sie gerufen hatten, keine Loyalität, und sie anzuwerben kostete darüber hinaus viel Geld (s. Text 108 B). Sie waren ein Luxus, den sich die griechischen *poleis* nicht ohne weiteres regelmäßig und länger leisten konnten. Der Fall der Phokaier, die in den Jahren 356–346 ein Söldnerheer großen Umfanges anwarben, war ganz und gar ungewöhnlich: Sie hatten Hand an die Schätze des Heiligtums in Delphi gelegt. In der Regel verfügten nur die griechischen und nichtgriechischen Monarchien über die entsprechenden Mittel, die den erfolgreichen Einsatz großer Söldnerheere ermöglichten.

Angesichts dieser neuen Entwicklungen auf militärischem Gebiet reagierten die Zeitgenossen auf verschiedene Weise. Dem Isokrates stellte sich das Problem in erster Linie als ein soziales dar. Wenn man nur alle umherziehenden Söldner auf dem Land ansiedeln würde, das man vom Persischen Reich eroberte, so seien die Hauptschwierigkeiten in der griechischen Welt gelöst (s. Text 108). Bei Demosthenes trug die Tatsache der Veränderungen in der Kriegführung um so mehr dazu bei, daß er einer Vergangenheit nachtrauerte, von der er nicht glauben wollte, daß sie für immer dahin sei (s. Text 107). Nach der Schlacht bei Chaironeia (338) gab es in Athen eine archaisierende Reaktion: Der Militärdienst, den die jungen Athener (die Epheben) im Alter von 18 bis 20 Jahren leisteten und bei dem es sich um eine Einrichtung handelte, die vermutlich schon früher bestanden hatte und sehr alt sein mußte (ursprünglich handelte es sich um einen Initiationsritus, der den Übergang des Jünglings in die Welt der Erwachsenen markierte), die aber dann in klassischer Zeit der Einübung der Hoplitentaktik diente, wurde damals unter staatlicher Aufsicht reorganisiert.[4] Die Philosophen erkannten das Gewicht der Entwicklung auf militärischem Gebiet, aber sie zögerten, alle Folgerungen daraus zu ziehen. Aristoteles, auch nachdem er die Bedeutung einer gewissen Spezialisierung im Kriegswesen eingeräumt hatte, hielt dennoch an der Vorstellung des Bürgerheeres fest (Politik 7,1328b5–24; 1329a2–8). Platon trug in seinem ‚Staat' (2,374aff.) den neuen Aspekten des Kriegswesens im 4. Jahrhundert Rechnung und forderte für seine ideale Stadt ein für seine Aufgabe spezialisiertes Heer, aber in den ‚Gesetzen' (8,829i–835d) kehrte er zur Vorstellung des Bürgers und Soldaten zurück. Der Gang der griechischen Geschichte sollte bald das Scheitern dieser Vorstellung und damit das Scheitern der *polis* selbst auf militärischem Gebiet erweisen.

Soziale Auseinandersetzungen und die Verarmung der Massen

Zu den wichtigsten Kennzeichen des 4. Jahrhunderts und den Hauptursachen für die Probleme, denen sich die griechischen *poleis* gegenübersahen, gehörten die weitverbreiteten Auseinandersetzungen *(staseis)* zwischen Reichen und Armen. *Stasis* entstand von neuem mit äußerster Schärfe während des Peloponnesischen Kriegs und zu gleicher Zeit mit dem Söldnerwesen, für das sie ein wichtiger auslösender Faktor war. Der Gegensatz zwischen Athen und Sparta bestand zum Teil in dem Gegensatz von Demokratie und Oligarchie und den beiden sozialen Klassen, die diese Staatsformen jeweils trugen.[5] Im Laufe des 4. Jahrhunderts vergrößerte sich der Graben zwischen Reich und Arm zusehends. Egalitäre Ansprüche, die der Vorstellung vom Bürger innewohnten, verschärften die Spannungen und führten dazu, daß soziale Ungleichheit um so tiefer empfunden wurde. Darüber hinaus war der Gedanke der Gleichheit nicht eindeutig faßbar und unterschiedlichen Interpretationen unterworfen (s. Text 114). In vielen *poleis* gab es Umwälzungen, Verbannungen und Beschlagnahme von Gütern, und man gelangte nie zu einer klaren Lage. Oft war das Schlagwort von der Neuverteilung des Landes zu hören. Die Niederlage Spartas bei Leuktra im Jahre 371 löste viele demokratische Revolutionen auf der Peloponnes aus, die von Massakern und Verbannung der Reichen begleitet waren (s. Text 109). In Sizilien gelangte man erst mit der Tyrannis des älteren Dionysios an das Ende eines Zustands permanenter *stasis* (s. Text 117–118), aber sogleich nach dem Sturz des jüngeren Dionysios kamen die sozialen Konflikte wieder zum Ausbruch. In großen Teilen der griechischen Welt verschlimmerte sich die Lage ganz offensichtlich. Der Korinthische Bund, der sich 338 unter der Ägide Philipps von Makedonien gebildet hatte, zählte zu seinen erklärten Zielen das Bestreben, allen Arten der Subversion und der inneren Auseinandersetzung in den griechischen *poleis* ein Ende zu machen. Es war das erste Mal, daß ein Vertrag unter Griechen eine derartige Klausel enthielt. Die kleine Schrift des Aeneas Tacticus, die unter dem Titel ‚Poliorketik' bekannt ist, spiegelt in ähnlicher Weise die Furcht vor inneren Auseinandersetzungen wider (s. Text 110). Alle Philosophen und politischen Denker des 4. Jahrhunderts beschäftigen sich mit dem Problem der inneren Eintracht unter den Mitgliedern ein- und derselben *polis,* einer Eintracht, die sie als wesentlich für das Leben der Gemeinschaft ansahen. Aristoteles widmet diesem Thema ein ganzes Buch seiner ‚Politik', nämlich das fünfte (s. Text 114). Platon zeichnet im 8. und 9. Buch des ‚Staats' ein beeindruckendes Bild vom Niedergang eines Staates, das zum Teil abstrakt und theoretisch ist, andererseits aber auch vieles enthält, das in das Griechenland des 4. Jahrhunderts gehört. In diesem Bild Platons spielen wirtschaftliche Faktoren eine entscheidende Rolle, wenn auch eine völlig negative. Das Gold, das es in der idealen Stadt nicht gibt, dringt nach und nach in die *polis* ein und überwältigt sie, und die Gewinnsucht führt zur Zerstörung eines Staates von innen heraus, indem sie die Gemeinschaft in Gruppen von Reichen und Armen spaltet (s. Text 112).[6]

Natürlich war die Krisensituation nicht überall gleich ernst. Trotz seiner inneren Spannungen, seiner außenpolitischen Mißerfolge und des Verlustes von Messenien nach der Schlacht bei Leuktra erlebte Sparta bis zur hellenistischen Zeit keine soziale Revolution. Die Verschwörung des Kinadon im Jahre 397 erwies sich als ein Fehlschlag, und es gab in der folgenden Zeit keine weiteren derartigen Versuche (s. Text 61). Besonders auch Athen konnte den schlimmsten Übeln des Bürgerkriegs entgehen. Doch muß man hinzufügen, daß der Peloponnesische Krieg ernste Schäden verursachte: die schweren Bevölkerungsverluste und die Einbuße der verschiedenen Einkünfte aus seinem Reich (s. Text 76). Die Strategie des Perikles, der das Territorium Attikas dem Feind preisgab (s. Text 65) und die ländliche Bevölkerung in Zeiten der Invasion innerhalb der Langen Mauern zusammenzog, war, wie gezeigt wurde,[7] die logische Folge der von Themistokles betriebenen Politik, das Stadtgebiet zu befestigen; aber diese Strategie war auch die Folge des faktischen und wohl im Gegensatz zu den Grundsätzen stehenden Vorrangs der Stadt über das Land. Daraus ergaben sich sehr ernste soziale Konsequenzen.

Es gibt eine Vielzahl zeitgenössischer Quellen, die von der Verarmung der Athener berichten. Man kann Anzeichen für Spannungen zwischen Reichen und Armen erkennen – Spannungen, die noch durch den Umstand verstärkt wurden, daß diese beiden Gruppen gerade erst gegensätzliche Positionen in der innenpolitischen Auseinandersetzung eingenommen hatten: Viele Angehörige der reichen Oberklassen hatten zunächst für die ‚Dreißig' Partei ergriffen. Trotz der Amnestie von 403, die im allgemeinen respektiert wurde, waren die Spannungen nicht völlig ausgeräumt. Andererseits konnten die schlimmsten durch den Peloponnesischen Krieg erlittenen Verluste wohl ausgeglichen werden, aber es sollte Athen nie wieder ganz gelingen, seinen früheren Wohlstand zu erreichen. Auch wenn es keine sehr genauen Angaben in den Quellen dazu gibt, scheint es doch eine gewisse Wanderungsbewegung vom Lande in die Stadt gegeben zu haben, die die Folge einer Verarmung der Kleinbauern gewesen sein könnte, aber es mag zu weit gehen, wollte man von einer Konzentration des Grundbesitzes in den Händen weniger sprechen.[8] Es scheint auch ein Anwachsen der Zahl von Bürgern gegeben zu haben, die der untersten Vermögensklasse der Theten zuzurechnen waren und nur wenig oder gar keinen Landbesitz hatten. Schließlich waren offenbar im 4. Jahrhundert die Ärmsten der Bürger in höherem Maße von den verschiedenen Formen der Unterstützung durch den Staat (den *misthoi*) abhängig, insbesondere vom *theōrikon* (den Zahlungen für die Teilnahme an den dramatischen Festen), das praktisch zur Unterstützung der ärmsten Bürger eingeführt wurde (s. Text 111, 115).

Auch in dieser Hinsicht muß der Peloponnesische Krieg einen Wendepunkt bedeutet haben. Welche Möglichkeiten standen denn in der Tat ärmeren Bürgern offen, die ihren Landbesitz verloren hatten? Wer nicht einfach emigrierte, um sich als Söldner zu verdingen, der konnte sich auch oft nicht mit der Idee irgendeiner wirtschaftlichen Betätigung befreunden, denn die ‚anti-banausischen' Vorurteile lebten im 4. Jahrhundert hartnäckig fort.[9] Die Alternative war demzufolge, auf die großzügige Unterstützung durch die *polis* zurückzugreifen. Der Verarmung auf seiten der Bürger in den unteren Klassen stand der Reichtum einer Minderheit gegenüber, den diese in einer Weise verschwenderisch zur Schau stellte, die die Zeitgenossen in Erstaunen versetzte (s. Text 116).[10]

In diesem Zusammenhang soll eine moderne Theorie über die Verarmung der Massen im 4. Jahrhundert erwähnt werden. Nach Ansicht des russischen Althistorikers Michael Rostovtzeff sei einer der Hauptgründe für die Verarmung Griechenlands im 4. Jahrhundert der relative Niedergang der griechischen Industrie gewesen, der durch die wirtschaftliche Emanzipation vieler Regionen der nichtgriechischen Welt ausgelöst worden sei, die bis dahin die besten Kunden der griechischen *poleis* gewesen seien. Diese Emanzipation fände in einem Aufleben nationaler Gesinnung unter diesen Völkern ihre Entsprechung.[11] Diese Theorie, auch wenn sie von vielen übernommen wurde, hat einige Schwächen. Zunächst einmal sind die Belege dafür fast ausschließlich archäologisches Material und beschränken sich also auf dauerhafte Gegenstände, d. h. in erster Linie auf Keramik. Doch ist Keramik kein unfehlbarer Maßstab für das allgemeine Niveau wirtschaftlicher Tätigkeit an dem Ort ihrer Herstellung. Darüber hinaus betrifft ein großer Teil der Belege die ‚athenische' Industrie (insbesondere die Keramikproduktion), und es wäre um so gefährlicher, den Einzelfall Athen auf die gesamte griechische Welt zu projizieren, als gerade in Athen die soziale Krise weniger ernst gewesen zu sein scheint als anderswo. Es ist anzunehmen, daß es auch dort ein gewisses Maß an Verarmung der unteren Klassen gegeben hat, doch kannte Athen im 4. Jahrhundert keine sozialen Konflikte gleichen Ausmaßes wie die übrigen griechischen *poleis.* Es zeigt sich dort in jener Zeit keine Spur der Schlagworte von der Neuverteilung des Bodens und der Schuldentilgung, denen man an anderen Orten begegnet. Die Rückkehr zur Demokratie im Jahre 403 war nicht der Auftakt zum Sieg einer bestimmten Klasse der Bevölkerung, wie Aristoteles (Staat der Athener 40,3) überrascht und bewundernd vermerkt: „Aber sie (die Athener) scheinen sich in der anständigsten und politisch klügsten Art und Weise von allen sowohl privat wie auch öffentlich mit den vorangegangenen unglücklichen Ereignissen auseinandergesetzt zu haben. Denn sie ließen nicht nur alle die Vergangenheit betreffenden Anklagen fallen, sondern zahlten sogar gemeinschaftlich den Lakedaimoniern das Geld zurück, das die ‚Dreißig' für den Krieg aufgenommen hatten; das geschah, obgleich die Verträge vorsahen, daß jede der beiden Parteien, diejenigen aus der Stadt (Athen) und die aus dem Piräus, für sich getrennt Schulden zurückzahlen sollte, da man der Meinung war, dies solle der erste Schritt zur Eintracht sein. In den anderen *poleis* gäbe es so etwas nicht, daß die siegreichen Demokraten noch von ihrem eigenen Geld etwas dazugeben würden, sondern sie würden sogar eine Neuverteilung des Bodens vornehmen."

Die Verbreitung der Monarchie und des monarchischen Gedankens

Ein anderes Merkmal des 4. Jahrhunderts ist das Wiederaufkommen der Tyrannis in vielen griechischen *poleis,* nachdem sie im Laufe des 5. Jahrhunderts in der griechischen Geschichte praktisch nicht aufgetaucht war (mit Ausnahme von Sizilien, wo die Tyrannen bis ungefähr 460 an der Macht blieben). Die Wiedergeburt der Tyrannis hatte mehrere Gründe, die je nach Ort und Umständen unterschiedlich wirksam wurden. Einer der Hauptgründe war in der Regel der Gegensatz zwischen Reichen und Armen: Die Tyrannen gelangten an die Macht, indem sie sich eine Situation des sozialen und politischen Ungleichgewichts innerhalb des Staatsgefüges zunutze machten. Auch die Änderung der Kampfestechnik spielte eine wichtige Rolle. Tyrannen waren oft militärische Führer, und diese Tatsache gab der Tyrannis des 4. Jahrhunderts im Vergleich zu der archaischen Zeit einen stärker militärischen Anstrich (man denke etwa an Dionysios von Syrakus oder an Iason von Pherai). Gelegentlich kam äußere Bedrohung als ein weiterer Faktor hinzu: Die Tyrannen waren dann die militärischen Führer, die ihre *polis* gegen äußere Gefahr verteidigten (so führte z. B. Dionysios der Ältere Syrakus gegen die Karthager).

Die bekannteste Tyrannis des 4. Jahrhunderts oder sogar der griechischen Geschichte überhaupt war die schon erwähnte Herrschaft des älteren Dionysios in Sizilien. Dionysios kam im Jahre 406/05 in Syrakus an die Macht und behielt sie bis zu seinem Tod im Jahre 366; seine Herrschaft markierte in der Tat das Ende der griechischen *polis* in Sizilien. Er unterwarf den größten Teil der Insel (bis auf den westlichen Teil, der unter der Kontrolle der Karthager blieb) und dehnte seine Herrschaft auch auf einige Regionen Süditaliens aus. Er besaß ein Territorialreich, das in gewisser Weise die Entwicklung der hellenistischen Monarchie vorausnahm. Dionysios war nicht in gleicher Weise Tyrann von Syrakus, wie Peisistratos Tyrann von Athen war. Syrakus war für ihn eine Hauptstadt und Festung, von der aus er sein Reich regierte und in die er die Bevölkerung feindlicher Städte verpflanzte, wenn er sie zerstörte. Er trug den offiziellen Titel ‚Archon Siziliens' – ein neugeschaffener Titel, der seine territorialen Ansprüche deutlich machte. Nach seinem Tode wurde sein Sohn, der jüngere Dionysios, ohne Schwierigkeiten sein Nachfolger. Dann allerdings brach die Tyrannis infolge von Konflikten innerhalb des Tyrannenhauses zusammen. Doch trotz des Versuches, den der Korinther Timoleon von 344 bis zu seinem Tode ungefähr im Jahre 336 unternahm, Sizilien von den Tyrannen zu befreien und durch ein Kolonisationsprogramm die Unabhängigkeit der griechischen *poleis* und ihren Wohlstand wiederherzustellen, waren die Tage der *polis* in Sizilien seit langem vergangen (s. Text 119). Zwanzig Jahre danach kehrte mit Agathokles die Tyrannis nach Syrakus zurück. Er begann seinen Aufstieg als Tyrann und endete als hellenistischer König, der als solcher von den anderen Herrschern seiner Zeit anerkannt war.

In Sizilien war mit anderen Worten die *polis* früher gescheitert, sogar vor der Zeit des Peloponnesischen Krieges, und sie war deutlicher gescheitert als in der übrigen griechischen Welt. Syrakus erlebte nur ein kurzes ‚demokratisches Zwischenspiel' von etwa sechzig Jahren vom Ende der Tyrannis der Deinomeniden im Jahre 466 bis zum Beginn der Tyrannis des älteren Dionysios; dieses Zwischenspiel war oft recht bewegt und stand im Gegensatz zu der Stabilität in Athen, dem großen demokratischen Rivalen im Osten (s. Text 117–118). Warum dieser Unterschied? Die Gründe sind in der Tat alles andere als klar erkennbar. Gewöhnlich hat man die ‚karthagische Bedrohung' dafür verantwortlich gemacht: Die griechischen *poleis* Siziliens seien nicht in der Lage gewesen, den Karthagern aus eigener Kraft zu widerstehen und hätten einen starken Mann gebraucht, um ihre Verteidigung zu sichern. Das entspricht zwar der Realität, aber in Wahrheit ist das Problem vielschichtiger. Karthago war von sich aus kein grundsätzlich aggressiver Staat, und zwischen den verschiedenen Auseinandersetzungen mit den Griechen hat es lange Friedensperioden gegeben. Außerdem waren zumeist gerade die Griechen die Angreifer. Auch wenn die karthagische Bedrohung mit Sicherheit eine Rolle gespielt hat (so 406/05, als Dionysios die Macht übernahm), ist es doch notwendig, andere Faktoren anzuführen, wie insbesondere die mangelnde soziale Stabilität, die kennzeichnend für die gesamte Geschichte der Griechen in Sizilien ist. Von Anfang bis Ende stößt man auf das Problem sozialer Ungleichheit, das durch die typische Brutalität der sizilischen Tyrannen noch verschärft wurde, die schon im 5. Jahrhundert nicht gezögert hatten, griechische Städte zu zerstören und ihre Bevölkerung umzusiedeln, und die in einem Ausmaß von Söldnern Gebrauch machten, wie es im Westen nicht bekannt war, sowie sie mit Gewalt in die Bürgerschaft eingliederten. Die Stabilität einer *polis* setzte die Stabilität ihrer sozialen Gruppen voraus. Den Griechenstädten Siziliens fehlte soziale Stabilität in noch größerem Maße als den Städten des Ostens, und der Versuch einer Restauration durch Timoleon kam zu spät, um eine Umkehr zu erreichen. Eben jener Timoleon, der Feind der Tyrannen, glich ihnen doch auch in vieler Hinsicht, und zwar vor allem darin, daß er seine Macht auf die Kraft von Söldnerheeren stützen mußte.

Im Laufe des 4. Jahrhunderts fand die Monarchie nicht nur tatsächlich Verbreitung, und zwar in den griechischen *poleis* wie in den Randgebieten (vgl. die Herrscher über Salamis auf Zypern, den Bosporos auf der Krim [s. Text 81] oder die Könige von Makedonien), sondern es entstand auch eine Ideologie der Monarchie. Obwohl die politischen Denker und Philosophen des 4. Jahrhunderts die Überlegenheit der *polis* verteidigten oder einfach voraussetzten und sie für den einzig annehmbaren Rahmen eines zivilisierten Lebens hielten, trugen sie doch alle der realen Bedeutung der Monarchie Rechnung. Noch im Jahre 380 stellte Isokrates sich vor, daß man die griechische Welt unter Führung einer *polis,* Sparta oder Athen, einigen könnte. Aber in der Folgezeit tendierte er mehr und mehr zu den starken Männern seiner Zeit, am Ende zu Philipp von Makedonien (s. Text 108). In den Schriften sämtlicher politischen Denker des 4. Jahrhunderts kann man monarchistische Tendenzen feststellen, die die Zeitströmung widerspiegeln. Die reale Macht ging immer mehr von den alten *poleis* zu den Herrschern über, seien sie Griechen oder Nichtgriechen; sie verfügten über die notwendigen Mittel, um sich die militärische Macht zu verschaffen, die den *poleis* allmählich entglitt. Indem sie die Kontrolle auf militärischem Gebiet verloren, verloren die *poleis* auch die Initiative im politischen Bereich.

Innenpolitische Aspekte des Niedergangs der *polis* in Athen

Athen war, wie schon gesagt, der Krise in wesentlich geringerem Maße ausgesetzt als andere griechische *poleis.* Dennoch kann man auch in Athen viele Anzeichen der sich abspielenden Entwicklung erkennen. Im 5. Jahrhundert hatte die Politik alle übrigen Bereiche beherrscht, und das Leben der Bürger war weitgehend von der *polis* in Anspruch genommen worden. Im 4. Jahrhundert hingegen hörte die Politik allmählich auf, eine so beherrschende Rolle zu spielen; sie war nicht mehr von vornherein Angelegenheit aller. Wie der Krieg nach und nach eher Aufgabe von Spezialisten wurde, so wurde auch die Politik immer mehr Angelegenheit berufsmäßiger Redner wie Demosthenes.[12] Die gesellschaftliche und die politische Elite waren nicht mehr völlig ein und dasselbe. Die politischen Fragen und die Angelegenheiten des Staates traten nach und nach hinter den Privatangelegenheiten zurück. Die Veränderung des Klimas wird an der Entwicklung der Komödie deutlich: Die Politik war am Ende völlig daraus verbannt.

Die typischen Figuren der Komödie waren nun der Koch, der Soldat, die Kurtisane und der Parasit. Neben dem Bürger gab es jetzt den Privatmann. Die Werte des Familien- und Privatlebens, die im 5. Jahrhundert durch den Triumph der demokratischen *polis* verdeckt worden waren, wurden nun stärker sichtbar. Dieser Umstand wird in der bildenden Kunst deutlich, und zwar insbesondere in der Grabkunst, die ein unmittelbarerer Ausdruck täglichen Lebens war als die Monumentalkunst. Familiäre Gefühle finden dort lebhaften Ausdruck (was allerdings auch schon auf den weißgrundigen *lekythoi* im letzten Drittel des 5. Jahrhunderts der Fall gewesen war). Die Philosophen und Mediziner interessierten sich sehr viel mehr als vorher für die Ernährung und Erziehung der Kinder in ihren ersten Jahren. Den Rahmen des sozialen Lebens bildete nicht mehr allein die *polis*. Innerhalb der *polis* begannen sich private Vereine sozialen und religiösen Charakters zu bilden. Es ist jedoch interessant zu beobachten, daß diese Vereinigungen in ihren Organisationsformen auf die Institutionen der demokratischen *polis* zurückgriffen, obwohl ihre Entwicklung, die sich in hellenistischer Zeit in gewaltigem Ausmaß fortsetzte, doch andererseits ein Zeichen dafür war, daß die *polis* an Boden verlor.[13] Trotz ihres Niedergangs übte die *polis* weiter ihre Wirkung aus.

Die Reaktionen auf die Krise

Angesichts des augenfälligen Scheiterns der Versuche von seiten griechischer *poleis* (Sparta, Athen, Theben), auf traditionelle Weise eine Hegemonie zu errichten, und der fast ständigen, aber ergebnislosen Kriege bildete sich eine Bewegung für den Frieden. Noch im Jahre 380 suchte Isokrates in seinem ‚*Panegyrikos*' die Errichtung des athenischen Reichs im 5. Jahrhundert zu verteidigen. Aber in seiner Schrift ‚Über den Frieden', die aus dem Jahre 356 stammt, verurteilte er das Vorgehen in der Vergangenheit und wollte die Athener dazu überreden, ihre Überlegenheit auf friedlichen Mitteln aufzubauen. Xenophon läßt in seiner gleichzeitigen Schrift ‚Über die Einkünfte' diese Gedanken anklingen und versucht seine Leser davon zu überzeugen, daß der Frieden den Staaten dienlicher sei als der Krieg, was für einen Griechen ein ganz neuer Standpunkt war und keineswegs selbstverständlich. Platon verurteilte den Krieg von Griechen gegen Griechen und setzte ihn mit Bürgerkrieg gleich (s. Text 131). Und Aristoteles verurteilte die alten Formen hegemonialer Herrschaft, vor allem die Spartas nach dem Peloponnesischen Krieg.

Auch in der institutionellen Gestaltung kann man im 4. Jahrhundert eine neue Entwicklung beobachten. Der Gedanke eines gesamtgriechischen

Friedens kam auf, der allen griechischen Staaten im Mutterland und im Ägäisraum die Autonomie garantieren sollte, gleich ob sie in den Krieg verwickelt gewesen waren oder nicht, und das ohne zeitliche Begrenzung. In jeder genannten Hinsicht stellte das im Vergleich zur früheren diplomatischen Gepflogenheit einen bemerkenswerten Fortschritt dar.[14] Die Friedensverträge des 5. Jahrhunderts waren in der Tat immer zweiseitige Verträge gewesen, geschlossen zwischen zwei kriegführenden Staaten oder Bündnissen (man vergleiche z. B. die Verträge zwischen Sparta und Athen aus den Jahren 446/45 und 421). Darüber hinaus wurden die Verträge im 5. Jahrhundert in der Regel für eine begrenzte Zeit geschlossen (446/45 auf dreißig Jahre, 421 auf fünfzig Jahre). Und schließlich wurde in Verträgen vor dem 4. Jahrhundert nicht anerkannt, daß die Autonomie der Normalzustand für alle griechischen Staaten ohne Unterschied war.

Doch konnte die Entwicklung dieser Vorstellungen und entsprechender Institutionen den Lauf der Dinge nicht aufhalten. Der Krieg beherrschte die Szene, und das Streben, über andere Griechen zu herrschen, blieb weiterhin stark, obgleich es zu keinem dauerhaften Ergebnis führte. Der gemeingriechische Friede war theoretisch eine wünschenswerte Vorstellung, aber in der Praxis blieb er nichts weiter als ein Schlagwort. Der erste allgemeine Frieden war der Königsfrieden des Jahres 387/86, der die kleinasiatischen Griechen dem Großkönig preisgab, und die Bestimmung über die Autonomie der griechischen *poleis*, die man in den Vertrag aufnahm, diente nur Sparta zum Vorwand, alle rivalisierenden Bündnisse (das wiedererstehende athenische Reich, den von Theben beherrschten Boiotischen Bund, später den Chalkidischen Bund in Thrakien) zu sprengen, ohne daß jedoch der eigene Peloponnesische Bund aufgelöst wurde. Sparta als Garant des Königsfriedens kümmerte das Prinzip der Autonomie offenbar wenig.

In diesem Zeitalter entwickelte sich auch ein gewisses Bewußtsein im Hinblick auf die Bedeutung sozialer und wirtschaftlicher Probleme, und man kann dieses neue Interesse sowohl auf institutioneller wie auf gedanklicher Ebene beobachten. Im 4. Jahrhundert wurden viele griechische *poleis* von sozialer Unruhe und wirtschaftlichen Störungen befallen: Das 2. Buch der pseudo-aristotelischen ‚*Oikonomika*' illustriert in verschiedenen Beispielen, auf welche Mittel *poleis* und Herrscher zurückgreifen mußten, um diese Schwierigkeiten zu lösen (s. Text 91). In Athen erlangten die Ämter mit rein finanzverwalterischen Funktionen eine Bedeutung, die sie in der Zeit des Wohlstandes im 5. Jahrhundert nicht besessen hatten; die Staatsmänner waren oft Finanzexperten, wie z. B. Kallistratos von Aphidna in den 370er und 360er Jahren oder Euboulos in den 350ern und 340ern und Lykourgos in den 330ern und 320ern. Auch die Literatur der Zeit zeigt dieses neue Bewußtsein. Man kann das schon in den letzten Komödien des Aristophanes erkennen, wo an die Stelle der politischen Themen aus der Zeit des Peloponnesischen Krieges Probleme sozialer Art treten: Der ‚Ploutos' aus dem Jahre 388 beschäftigt sich mit dem Thema Reichtum und Armut. Die ersten

Schriften, die sich mehr oder minder direkt mit wirtschaftlichen Fragen auseinandersetzen, gehören dem 4. Jahrhundert an: Es sei an den ‚*Oikonomikos*' des Xenophon erinnert und vor allem an seine Schrift ‚Über die Einkünfte' sowie an die drei Bücher der ‚*Oikonomika*' des Pseudo-Aristoteles. Aber das waren nur erste schüchterne Ansätze eines unabhängigen wirtschaftlichen Denkens, und sie wurden in der darauffolgenden Zeit nicht weiterverfolgt.

Neuerungen im wirtschaftlichen Leben Athens

Das 4. Jahrhundert war nicht nur eine Zeit der Krisen und des Niedergangs der alten Institutionen, sondern es erlebte auch echte Neuerungen auf wirtschaftlichem Gebiet, zumindest was Athen betrifft. Allerdings ist Athen auch die einzige *polis*, für die wir über ausreichende Belege verfügen (vor allem die Reden aus Zivilprozessen, die unter dem Namen des Demosthenes gesammelt sind, stellen eine außerordentlich reiche Quelle zum wirtschaftlichen Leben Athens in dieser Zeit dar). Doch ist anzunehmen, daß die Neuerungen im wirtschaftlichen Leben des 4. Jahrhunderts auf Athen beschränkt waren, das in dieser Zeit trotz des Verlustes seiner politischen Vorherrschaft das wichtigste wirtschaftliche Zentrum des Ägäisraums blieb. In Athen kann man beobachten, daß sich in gewissem Ausmaß das entwickelte, was Aristoteles *chrematistikē* nennt und was er dem auf die wirklich notwendigen Dinge gerichteten und daher legitimen Erwerb gegenüberstellt; die *chrematistikē* ist nicht von der Natur bedingt, sie bedeutet das Streben nach unbegrenztem Reichtum, das Aristoteles für ein Merkmal seiner Zeit ansieht, ohne jedoch zu sagen, daß es sich dabei um etwas ganz Neues handelte (s. Text 2).

Vor allem ist ab Mitte des 4. Jahrhunderts das Entstehen eines Handelsrechts zu beobachten, das die alten *symbolai* (Rechtshilfeverträge) zum Teil ersetzte, die gewöhnlich bilateral zwischen zwei Staaten abgeschlossen wurden, um eine gerichtliche Lösung von Auseinandersetzungen zwischen Bürgern der beiden betreffenden Staaten zu ermöglichen. Das athenische Handelsrecht aus der zweiten Hälfte des 4. Jahrhunderts zeigt eine Reihe charakteristischer Neuheiten, die offenbar besonders auf diese Stadt zugeschnitten waren.[15] Zunächst erscheint da der Sklave als juristische Person, der im Recht bisher als solche noch nicht eindeutig definiert oder überhaupt vorhanden gewesen war. Sklaven, die im Handel tätig waren, konnten wie Freie als Zeugen vor Gericht aussagen (während bisher für sie die Aussage unter Folter die Regel gewesen war), sie konnten selbständig Verträge abschließen und selbst gerichtlich belangt werden. Eine entsprechende Entwicklung betraf die Nichtbürger: Fremde Kaufleute wurden mit den Bürgern auf eine Ebene gestellt, das Handelsrecht kümmerte sich nicht um ihre Staatsangehörigkeit, sie konnten als Gleichberechtigte mit den athenischen

Bürgern vor Gericht gehen, kamen vor dieselben Richter und benötigten keinen *prostatēs* (Schutzherrn), der für sie eintrat. Das Handelsrecht legte größeren Wert auf schriftliche Beweise, während vorher allein die mündlichen Zeugen eine Rolle gespielt hatten. Schließlich waren die Handelsprozesse ein schnelles Verfahren, denn sie mußten innerhalb eines Monats entschieden werden *(dikai emmēnoi)*. Das war als Vergünstigung für die Kaufleute gedacht, denn es erlaubte ihnen, bald wieder abzureisen, ohne Zeit zu verlieren.[16]

Die Seedarlehen, die es schon im 5. Jahrhundert gegeben hatte,[17] wurden im Athen des 4. Jahrhunderts sehr viel häufiger (s. Text 121).[18] Da ihnen bares Kapital fehlte, sahen sich Seekaufleute gezwungen, Geld für ihre Handelsfahrten zu leihen. Auf diese Weise entstand eine Art von Anleihe, die sich sehr deutlich von denen unterschied, die auf Grund und Boden aufgenommen wurden und von denen bald noch die Rede sein wird. Die ausgeliehenen Summen übertrafen selten den Betrag von 2000 Drachmen, die Darlehensverträge wurden nur für die Dauer einer einzigen Handelsfahrt (höchstens einige Monate) geschlossen und wurden schriftlich niedergelegt. Der Geldgeber hatte das Risiko der Handelsfahrt zu tragen, und der Schuldner bot entweder sein Schiff oder die Ladung oder beides als Sicherheit. Die Zinsen waren äußerst hoch, ihr Satz konnte aber auch sehr stark schwanken. Das Risiko war groß aufgrund der Gefährdungen der Schifffahrt durch Piraten, Krieg und Sturm, aber der Gewinn für den Geldgeber konnte dafür beträchtlich sein.

Im 4. Jahrhundert erfuhr auch das Bankwesen eine gewisse Entwicklung.[19] Einige athenische Bankiers der Zeit sind durch die Gerichtsreden bekannt (s. Text 120, 124). Der berühmteste, Pasion, der im Jahre 370 starb, war Sklave gewesen, hatte dann die Freiheit erlangt und war später auch athenischer Bürger geworden. Er war Besitzer einer Werkstatt, die Schilde fabrizierte, und ihm gehörte auch eine Bank; bei seinem Tode hinterließ er seinem Sohn Apollodoros Ländereien in drei Demen im Werte von 20 Talenten und seiner Frau ein Witwengeld von 2 Talenten sowie ein Haus im Werte von 200 Minen, Gold, Kleider und Juwelen.

Auch das Anwachsen beweglicher Vermögen war charakteristisch für das 4. Jahrhundert. Diese Entwicklung hatte zu Beginn des Peloponnesischen Krieges begonnen, zur gleichen Ziet, als die ‚Demagogen' wie Kleon, Hyperbolos und andere an die Macht gekommen waren. Ihr Reichtum bestand gewöhnlich aus Manufakturbetrieben, in denen Sklaven arbeiteten. Im Laufe des 4. Jahrhunderts nahm diese Tendenz zu, und es sind eine Anzahl von Fällen belegt, in denen das Vermögen reicher athenischer Bürger auf dem Besitz derartiger Werkstätten gründete und nicht auf Landbesitz (s. Text 120).

All diese Anzeichen der Erneuerung im wirtschaftlichen Leben muß man jedoch mit Vorsicht betrachten. Es ist gelegentlich behauptet worden, die griechische Wirtschaft des 4. Jahrhunderts habe sich auf dem Wege zu einer

‚modernen' Wirtschaft befunden.[20] Die alten Vorurteile gegen wirtschaftliche Betätigung seien allmählich verschwunden und neuen, rein wirtschaftlichen Werten gewichen. Ein neuer wirtschaftlicher Rationalismus habe Arbeitsteilung und Spezialisierung in der Produktion mit sich gebracht. An die Stelle des *homo politicus* des 5. Jahrhunderts sei der *homo oeconomicus* getreten.[21] So sagte man. Aber entspricht das der Wirklichkeit? Ohne die Neuheit mancher Aspekte des wirtschaftlichen Lebens in Athen im 4. Jahrhundert leugnen zu wollen, muß man doch die genauen Grenzen der Entwicklung aufzeigen.

Was das Handelsrecht betrifft, so hat man darauf hingewiesen, daß seine Entwicklung zusammenfiel mit dem Niedergang athenischer Macht, der die Lebensmittelversorgung Athens, insbesondere mit Getreide, erschwerte. Die Schaffung einer Gesetzgebung, die die Kaufleute begünstigte, zielte letztendlich wohl darauf ab, sie zu Getreidelieferungen an Athen zu ermutigen. Nachdem es nicht mehr wie vorher in der Lage war, seinen politischen Einfluß geltend zu machen, mußte Athen sich des Wohlwollens der fremden Kaufleute versichern, von denen seine Existenz abhing (s. Text 122). Der rechtliche Schutz, den der athenische Staat gewährte, erstreckte sich einzig und allein auf Handelsgeschäfte, deren Ausgangspunkt oder Ziel Athen war, und nicht auf die gesamte athenische Handelstätigkeit als solche.

Was die Banken angeht, so hatte auch hier die Entwicklung ihre Grenzen: Schon das Wort ‚Bank', das wir notwendigerweise benutzen, ist irreführend, denn zwischen einer modernen Bank und derartigen Einrichtungen in Athen bestehen große Unterschiede. Eine moderne Bank ist in erster Linie eine Kreditanstalt, die daran interessiert ist, wirtschaftliche Tätigkeit anzuregen. Die athenischen Banken hingegen arbeiteten auf viel niedrigerer Ebene: Sie waren vor allem Wechselstuben und Pfandleihanstalten. Ein großer Teil des vorhandenen Geldvermögens gelangte niemals in ihre Kassen, sondern blieb im Sparstrumpf. Die Geldbeträge, die man ihnen anvertraute, wurden nicht in wirtschaftliche Vorhaben investiert: Es kam nicht vor, daß Banken das Geld ihrer Kunden in Seedarlehen investierten. Diejenigen Bankiers, die Metoiken waren (und viele waren Metoiken), konnten sich Kredite nicht durch Haus- und Grundbesitz verbürgen lassen, weil Metoiken keinen Grundbesitz haben durften. Die athenischen Banken waren keine Kreditanstalten, die dazu da waren, Investitionen in die wirtschaftliche Produktion anzuregen. Mit anderen Worten, die wesentliche Eigenschaft moderner Banken fehlte denen im klassischen Griechenland.

Neben den Seehandelsdarlehen ist die Einrichtung der durch Grundbesitz verbürgten Darlehen zu nennen, die teilweise durch die Gerichtsreden des 4. Jahrhunderts, aber auch durch eine Reihe von Inschriften des 4. und 3. Jahrhunderts überliefert ist: Diese Inschriften waren einfache Stelen *(horoi)*, die sichtbar auf den verpfändeten Gütern, an den Häusern oder Werkstätten angebracht waren, um die Tatsache der Verpfändung öffentlich erkennbar zu machen (s. Text 123–124). (In diesem Zusammenhang ist es angebracht klarzustellen, daß diese Stelen nichts mit den *horoi* der Solonischen Zeit (s. Text 36) gemein haben und keine Belege für eine Krise sind, die die Kleinbauern betroffen hätte; die betreffenden Landgüter waren alle größer und gehörten Bürgern der reichen Oberklassen.) Diese Darlehen sind sehr verschieden von denen für den Seehandel.[22] Abgesehen von formalen Unterschieden (sie wurden oft aufgrund von mündlicher Absprache vor Zeugen gegeben und ohne jede schriftliche Vereinbarung – daher die Einrichtung der Inschriftensteine als einzigen Mittels, die Schuld öffentlich bekannt zu machen) waren diese Darlehen grundsätzlich von völlig anderer Art. Oft wurden sie zinsfrei gewährt oder der Zinssatz lag deutlich unter dem für Seedarlehen (ungefähr zwischen 10 und 18 Prozent); das Risiko war natürlich sehr viel geringer. Vor allem aber gab es einen ganz wesentlichen Unterschied: Es handelte sich um Anleihen für repräsentative Ausgaben. Diese Darlehen wurden aufgenommen, um dem Schuldner zu ermöglichen, politische Aufgaben, z. B. die Liturgien, zu erfüllen, oder sich sozialer Verpflichtungen zu entledigen (die Bereitstellung der Mitgift für die Töchter oder von Garantien für den Schwiegervater). Die Darlehen wurden also nicht etwa zur Vergrößerung des Landbesitzes oder für sonstige wirtschaftliche Vorhaben verwendet. Sie standen niemals im Zusammenhang mit produktiven Investitionen. Außerdem ist bemerkenswert, daß die ausgeliehenen Summen oft höher waren als die, die man in den Seehandel investierte, der die einzig bekannte Möglichkeit produktiver Investition darstellte. Diese beiden Darlehenstypen gehörten also getrennten Welten und zwei verschiedenen Wertbereichen an. Die Welt des Landbesitzes und die Welt des Geldes blieben voneinander getrennt. Auch wenn der Landbesitz im 4. Jahrhundert oft den Eigentümer wechselte, so wurde er doch nicht eine wirkliche Handelsware, deren wirtschaftliche Möglichkeiten man einfach ausnutzte. Ihm haftete weiterhin ein ganzes System archaischer Werte an, denen der Geist der aristotelischen *chrematistikē* fremd blieb.

Was bewegliche Vermögen angeht, so ist bemerkenswert, daß in Athen die ‚Neureichen' des 4. Jahrhunderts dazu neigten, die aristokratischen Werte der sozialen Elite zu übernehmen. Nachdem Pasion sein Glück gemacht hatte und Bürger geworden war, beeilte er sich, Landbesitz zu erwerben, der ihm die soziale Respektabilität eines Grundbesitzers verlieh. Seinen Sohn Apollodoros könnte man nach seinem Verhalten und den von ihm geäußerten Ansichten für einen Angehörigen der athenischen Aristokratie halten. Demosthenes, der von seinem Vater ein Vermögen an Grundbesitz geerbt hatte, war von seiner Denkweise her ein Mann des 5. Jahrhunderts. Mitten im 4. Jahrhundert blieben trotz der Veränderungen im wirtschaftlichen Leben die alten Werte sehr lebendig. Das negative Vorurteil gegen wirtschaftliche Betätigung zeigt sich oft (z. B. eben bei Demosthenes: s. Text 12, 113). Die armen Bürger zogen die von der *polis* ausgezahlten *misthoi* jeder wirtschaftlichen Betätigung vor; die Tatsache, daß sie ein Anrecht auf diese *misthoi* besaßen, war für sie Symbol ihres Status als Bürger. Im allgemeinen bewegten sich die Handelstätigkeit und die industriellen Unternehmungen der Zeit weiterhin auf einem relativ bescheidenen Niveau. Wenn ein einzelner mehrere Werkstätten besaß, so wurden diese getrennt geführt und nicht zu einem einzigen Großbetrieb zusammengefaßt.

Das Ende des Ideals vom Bürger und Bauern

Das wirklich Neue am 4. Jahrhundert besteht also nicht in einer revolutionären wirtschaftlichen Entwicklung, die sich auf eine tiefgreifende Veränderung von Vorstellungen und Werten gründete. Paradoxerweise besteht es vielmehr in einer Rückkehr zu archaischen Vorbildern, die in einer vorangehenden Epoche der griechischen Geschichte schon überwunden waren. Eine der größten Errungenschaften der klassischen Zeit war die Entwicklung des Ideals vom Bürger und Bauern gewesen. Im Gegensatz zu den Bauern in den Kulturen des Vorderen Orients und auch im Gegensatz zu den Gruppen vom Typus der Heloten in Sparta und anderswo in Griechenland und in den Kolonien konnten die Bauern der klassischen *polis* ihre wirtschaftliche und soziale Stellung stärken und vollberechtigte Bürger werden. Auf diese Weise wurde der Gegensatz zwischen Stadt und Land überwunden. Im 4. Jahrhundert stand dieses Ideal aufgrund der Schwächung des Bauernstandes in vielen Teilen der griechischen Welt immer weniger im Einklang mit der Realität. Darüber hinaus wurde es, obwohl weiterhin vertreten, zusehends einer stillschweigenden Kritik unterzogen. Sogar in Athen kam der Gegensatz zwischen Stadt und Land wieder auf. Schon in den ‚Wolken' des Aristophanes (423) tauchte in der Person des Strepsiades der Typus des Landbewohners *(agroikos)* im Gegensatz zum Städter *(asteios)* auf. Dieser Typus wurde dann in der Neuen Komödie wieder aufgegriffen (es gab viele Komödien mit dem Titel ‚*Agroikos*') und auch von Theophrast in seine ‚*Charakteres*' aufgenommen (s. Text 125). Platon versuchte in seinen ‚Gesetzen' den Gegensatz von Stadt und Land zu überwinden, indem er ihn einfach eliminierte: Die Bürger sollten sowohl im Zentrum wie auch in den Randgebieten Land besitzen (s. Text 126).

Um der sozialen Krise zu begegnen, die die griechische Welt erschütterte und sich insbesondere in der Entwicklung des Söldnerwesens zeigte, schlugen die politischen Denker eine Lösung vor, die später in die Tat umgesetzt wurde. Wenn im 4. Jahrhundert der ‚Imperialismus' zu immer schärferer Kritik Anlaß gab, so wandte sich diese nicht gegen den ‚Imperialismus' als solchen, sondern allein gegen den ‚Imperialismus' auf Kosten anderer Griechen. Die Herrschaft über Barbaren, insbesondere über das Perserreich und die Völker Asiens galt als völlig legitime Möglichkeit. Eine bequeme Lösung der sozialen Probleme Griechenlands lag nahe: Die Griechen mußten nur einen Teil Asiens erobern, sich dort niederlassen und die Arbeitskraft der unterworfenen Barbarenvölker ausbeuten. Auf diese Weise würden alle

Übel überwunden, die die griechische Welt befallen hatten. Schon Ende des 5. Jahrhunderts hatte Xenophon daran gedacht, daß man eine Söldnerkolonie an der südlichen Schwarzmeerküste gründen sollte (s. Text 130). Der Gedanke eines nationalen Krieges gegen Persien war ungefähr zu gleicher Zeit von Gorgias von Leontinoi vorgebracht worden. Isokrates verband beide Ideen miteinander, den Krieg gegen Persien und die Kolonisation der von den Griechen eroberten Gebiete, und dieses Programm beschäftigte ihn während eines großen Teils seiner Laufbahn als politischer Schriftsteller vom ‚*Panegyrikos*' (380) an bis zu seinem Tode im Jahre 338 (s. Text 108). Im 1. Buch seiner ‚Politik' sucht Aristoteles die Sklaverei theoretisch zu rechtfertigen: Die Griechen seien zum Befehlen geboren, die Völker Asiens zum Gehorchen; die Barbaren seien also von Natur aus Sklaven (s. Text 132). In seiner idealen *polis* sollte der Boden nicht von den Bürgern bearbeitet werden, denen er gehört, sondern möglichst von Sklaven unterschiedlicher Herkunft oder zumindest von einer mit Gewalt unterworfenen Barbarenbevölkerung (Politik 7,1330a25–34).

Eben das sollte Alexander in die Tat umsetzen. Er übernahm von seinem Vater Philipp den Plan, Asien zu erobern, der um 370 schon von Iason von Pherai erwogen worden war. In der von Alexander eroberten hellenistischen Welt sollten die in Asien gegründeten Griechenstädte oberflächliche Ähnlichkeit mit der klassischen *polis* haben, aber in Wirklichkeit waren sie doch oft weit davon entfernt, denn der größte Teil der Arbeit wurde häufig von den versklavten Völkern des Ostens geleistet.

Anmerkungen zur Darstellung

I. Grundvorstellungen und Hauptprobleme

1 Die folgenden Seiten geben nur eine ganz knappe Zusammenfassung der Auseinandersetzung; für eine ausführlichere Darstellung mit Bibliographie s. Ed. Will, Trois quarts de siècle de recherches sur l'économie grecque antique, Annales 9, 1954, 7–22; kürzer H. W. Pearson, The Secular Debate on Economic Primitivism, in: K. Polanyi – C. M. Arensberg – H. W. Pearson (Hrsg.), Trade and Market in the Early Empires, Glencoe 1957, 3–11. Des weiteren s. die Berichte von M. I. Finley und Ed. Will über die klassische bzw. archaische Zeit in: Second International Conference of Economic History, Aix-en-Provence 1962, Bd 1, Paris-Den Haag 1965, 11–35 und 41–96; P. Vidal-Naquet, Economie et société dans la Grèce ancienne: l'œuvre de Moses I. Finley, Archives européennes de Sociologie 6, 1965, 111–48. Ein Abschnitt über die griechische Wirtschafts- und Sozialgeschichte findet sich regelmäßig in den Forschungsberichten zur griechischen Geschichte von Edouard Will in der Revue Historique (1965, 1967, 1971, 1974, 1977 und 1980). Zu allen Aspekten der Grundprobleme vgl. M. I. Finley, Die Antike Wirtschaft, München[2] 1980 und dazu die Rezensionen von A. Momigliano, New York Review of Books 22, nr. 16, 1975, 36–38 und ders., Rivista Storica Italiana 87, 1975, 167–70. S. auch S. C. Humphreys, Economy and Society in Classical Athens, Annali della Scuola Normale Superiore di Pisa 39, 1970, 1–26, jetzt in: dies., Anthropology and the Greeks, London 1978, 136–58 sowie dies., The Work of Louis Gernet, History and Theory 10, 1971, 172–96, jetzt in: dies., Anthropology and the Greeks 76–106.

2 Das Problem stellte sich natürlich für die gesamte Antike, aber die eigentliche Diskussion beschränkte sich hauptsächlich auf die griechische Geschichte in vorhellenistischer Zeit.

3 Es ist anzumerken, daß die Auseinandersetzung lange Zeit ein deutsches Phänomen war und bis auf wenige Ausnahmen außerhalb des deutschsprachigen Raumes kaum ein Echo fand.

4 Ed. Meyer, Kleine Schriften Bd 1, Halle[2] 1924, 118f.

5 Der Beitrag, den Max Weber geleistet hat, wird von Edouard Will in dem genannten Forschungsüberblick (s. oben Anm. 1) nicht hervorgehoben; das ist um so erstaunlicher, als J. Hasebroek sich ausdrücklich auf Max Weber bezog. Die grundlegenden Werke, die hier zu nennen sind, sind Max Weber, Wirtschaft und Gesellschaft, Tübingen[5] 1972 (auf den Seiten 727–814: Typologie der Städte: die nicht legitime Herrschaft) sowie ders., Agrarverhältnisse im Altertum, in: ders., Gesammelte Aufsätze zur Sozial- und Wirtschaftsgeschichte, Tübingen 1924, 1–288. Webers Definition der antiken Stadt war nicht völlig neu; auffallende Übereinstimmungen zeigen sich z. B. bei Karl Marx, der sich in der Römischen Geschichte an B. G. Niebuhr hielt, aber das ist in den ‚Formen frühkapitalistischen Denkens', die erst 1939 veröffentlicht wurden; für einen Kommentar dazu s. A. Carandini, L'anatomia della scimmia, Turin 1980. Zu Marx und der griechischen Geschichte vgl. auch unten Anm. 31.

[6] Man vgl. z.B., wie F.Oertel die Auseinandersetzung in seinem Anhang zu R.v.Pöhlmann, Geschichte der Sozialen Frage und des Sozialismus in der alten Welt Bd 2, München[3] 1925, 516–18 zusammenfaßt.

[7] Tübingen 1928.

[8] Tübingen 1931.

[9] Hasebroeks Standpunkt war in Frankreich schon von L.Gernet, L'approvisionnement d'Athènes en blé au Ve et IVe siècles, in: G.Bloch (Hrsg.), Mélanges d'histoire ancienne, Paris 1909, 269–391 vorausgenommen worden. Gernet war übrigens der einzige Gelehrte in Frankreich, der eine positive Rezension des Buches von Hasebroek schrieb (Annales 5, 1933, 561–66).

[10] Ein Beispiel für ein Buch, das die ganze Diskussion zu übergehen scheint, ist A.French, The Growth of the Athenian Economy, London 1964; schon der Titel ist bezeichnend (s. dazu M.I.Finley, Economic Journal 75, 1964, 849–61).

[11] Vgl. besonders Primitive, Archaic and Modern Economics: Essays of Karl Polanyi, Garden City 1968 und die kritische Auseinandersetzung mit umfangreicher Bibliographie durch S.C.Humphreys, History, Economics and Anthropology: the Work of Karl Polanyi, History and Theory 8, 1964, 165–212, jetzt in: dies., Anthropology and the Greeks, London 1978, 165–212; s. auch Y.Garlan, L'œuvre de Polanyi: la place de l'économie dans les sociétés anciennes, La Pensée 1973, 118–27; L.Valensi, Anthropologie économique et histoire: l'œuvre de Karl Polanyi, Annales 29, 1974, 1311–19; derselbe Band 29 der Annales enthält ausführliche Diskussionen zum Begriff der Reziprozität. Für eine generelle Erörterung der Rolle der Marktwirtschaft in verschiedenen Gesellschaften, darunter auch im alten Vorderen Orient und der griechischen Welt, s. M.Rodinson, Vorwort zu: P.Chalmeta Gendron, El ‚senor de zoco' en Espana, Madrid 1973, XV–LXIX.

[12] Zur Bedeutung dieser Begriffe s. besonders S.C.Humphreys, History, Economics, and Anthropology: the Work of Karl Polanyi, wo versucht wird, sie in einer kurzen Skizze auf die Wirtschaftsgeschichte der griechischen Welt anzuwenden (207–12). Ein weiteres Muster, das wir Polanyi verdanken, ist der ‚Handelsplatz' *(port of trade)*, eine besondere wirtschaftliche Zone, über die der Warenaustausch zwischen zwei Gesellschaften von unterschiedlichem wirtschaftlichem Typus organisiert werden konnte; zu dieser Vorstellung s. unten Kap. 3.

[13] Dazu M.I.Finley, Aristoteles und die ökonomische Analyse, Jahrbuch für Wirtschaftsgeschichte 1971/II, 87–105.

[14] Vgl. P.Vidal-Naquet, Valeurs religieuses et mythiques de la terre et du sacrifice dans l'Odyssée, Annales 25, 1970, 1278–97, jetzt in: ders., Le chasseur noir. Formes de pensée et formes de société dans le monde grec, Paris 1981, 37–68. Derselbe Aufsatz ist auch abgedruckt in: M.I.Finley (Hrsg.), Problèmes de la terre en Grèce ancienne, Paris-Den Haag 1973, 269–92; dieser Band ist grundlegend für alles, was Grund und Boden in der griechischen Welt betrifft.

[15] L.Brisson, Le même et l'autre dans la structure ontologique du Timée de Platon, Paris 1974; s. auch P.De Fidio, Il Demiourgo e il ruolo delle ‚technai' in Platone, La Parola del Passato 26, 1971, 233–63.

[16] Dazu K.Murakawa, Demiourgos, Historia 6, 1957, 385–415; außerdem De Fidio, Il Demiourgo. Über die Stellung des Handwerkers in der Gesellschaft der Antike A.Burford, Craftsmen in Greek and Roman Society, London 1972; speziell zum griechischen Bereich s. die anregende Aufsatzsammlung von F.Coarelli (Hrsg.), Artisti e artigiani in Grecia. Guida storica e critica, Bari 1980; zum mythischen Aspekt

F. Frontisi-Ducroux, Dédale: mythologie de l'artisan en Grèce ancienne, Paris 1975; zur Ikonographie J. Ziomecki, Les représentations d'artisans sur le vases attiques, Breslau 1975.

[17] Zu Hephaistos s. M. Delcourt, Héphaistos ou la légende du magicien, Paris 1957; zu Hermes s. vorläufig L. Demoule-Lyotard, L'analyse formelle des textes antiques: une étude préliminaire, Annales 26, 1971, 705–22; zu Athena als Göttin der Technik M. Detienne, Le navire d'Athéna, Revue de l'Histoire des Religions 4, 1970, 133–77, jetzt in: J.-P. Vernant – M. Detienne, Les ruses de l'intelligence: la métis des grecs, Paris 1974, 201–41.

[18] Dazu A. Aymard, Le partage des profits de la guerre dans les traités d'alliance antiques, in: ders., Études d'histoire ancienne, Paris 1967, 499–512; J.-P. Vernant (Hrsg.), Problèmes de la guerre en Grèce ancienne, Paris-Den Haag 1968; das Vorwort von J.-P. Vernant, La guerre des cités jetzt in: ders., Mythe et société en Grèce ancienne, Paris 1974, 31–56. S. auch P. Ducrey, Le traitement des prisonniers de guerre dans la Grèce ancienne, Paris 1968; W. K. Pritchett, The Greek State at War, 2 Bde, Berkeley-Los Angeles 1971–74; Y. Garlan, La guerre dans l'antiquité, Paris 1972. Zu den Ursachen des Krieges in Griechenland s. G. E. M. de Ste Croix, The Origins of the Peloponnesian War, London 1972, 218–20.

[19] Es ist bezeichnend, daß das athenische ‚Reich' unter anderem auch in offiziellen Dokumenten, gelegentlich *hē hyperoria* genannt wurde, d. h. ‚das außerhalb der Grenzen liegende Gebiet'; vgl. z. B. Dittenberger, Sylloge³ 54; Ps.-Xenophon, Staat der Athener 1, 19; Xenophon, Symposion 4, 31 und Memorabilien 2, 8, 1.

[20] Grundlegende Arbeiten sind A. Aymard, L'idée de travail dans la Grèce archaique, Journal de Psychologie 41, 1948, 29–45; ders., Hiérarchie du travail et autarcie individuelle dans la Grèce archaique, in: ders., Études d'histoire ancienne 316–33; J.-P. Vernant, Mythe et pensée chez les Grecs, Paris³ 1969, 184–247.

[21] Man sollte in der Tat nicht den Stolz des Handwerkers auf seinen Beruf mit Arbeitsideologie verwechseln.

[22] In den ‚Memorabilien' des Xenophon (2, 8, 3 f.) antwortet Eutheros, als Sokrates ihm vorschlägt, Verwalter des Landgutes irgendeines reichen Mannes zu werden: „Nur ungern würde ich Sklavendienste übernehmen."

[23] Vgl. für die Moderne das klassische Werk von T. Veblen, Theorie der feinen Leute, München 1971.

[24] Dazu A. Kleingünther, Protos heuretes. Untersuchungen zur Geschichte einer Fragestellung, Philologus Suppl. 26, 1933.

[25] Zum folgenden vgl. J. Hemelrijk, Penia en Ploutos, Diss. Utrecht 1925 (auf holländisch mit deutscher Zusammenfassung).

[26] Auch wenn der Glanz des Goldes über den von Pindar gefeierten Herrschern leuchtet (s. Text 52), so verbindet die griechische Literatur doch nicht stets Glück und Reichtum miteinander, aber den Gerechten der Bibel, der leidet, kennt sie nicht. Zu dieser Frage vgl. G. E. M. de Ste Croix, Early Christian Attidudes to Property and Slavery, Studies in Church History 12, 1975, 1–38 und besonders 9–15 zum Gegensatz griechisch-römischer und biblischer Vorstellungen zu Reichtum und Armut.

[27] Supplementum Epigraphicum Graecum XI 1; zum Datum vgl. REG 85, 1972, XIII f.

[28] Zur Sklaverei s. die Aufsätze, die bei M. I. Finley (Hrsg.), Slavery and Classical Antiquity, Cambridge² 1968 gesammelt sind, dazu den bibliographischen Anhang und insbesondere M. I. Finley, Was Greek Civilization Based on Slave Labour?

(53–72). Des weiteren N. Brockmeyer, Bibliographie zur antiken Sklaverei, Bochum 1971 (mit einem Vorwort von Joseph Vogt); J. Vogt, Sklaverei und Humanität, Wiesbaden[2] 1972. Das ‚Centre de Recherches d'Histoire Ancienne' in Besançon organisiert seit 1970 jährliche Kolloquien über die Sklaverei in der Antike; bis jetzt sind die Akten der ersten drei Kolloquien publiziert worden (Paris 1972, 1973 und 1974). Jetzt s. vor allem auch M. I. Finley, Die Sklaverei der Antike. Geschichte und Probleme, München 1981.

29 Dazu M. I. Finley, Technical Innovation and Economic Progress in the Ancient World, Economic History Review 18, 1965, 29–45; H. W. Pleket, Technology and Society in the Graeco-Roman World, Acta Historiae Neerlandica 2, 1967, 1–25. Zum Fortschrittsgedanken in der Antike s. J. de Romilly, Thucydide et l'idée de progrès, Annali della Scuola Normale Superiore di Pisa 35, 1966, 143–91; L. Edelstein, The Idea of Progress in Classical Antiquity, Baltimore 1968 (ein wenig subjektiv); E. R. Dodds, The Ancient Concept of Progress and Other Essays in Greek Literature and Belief, Oxford 1972, 1–25.

30 Vgl. M. I. Finley, Metals in the Ancient World, Journal of the Royal Society of Arts 118, 1970, 597–607.

31 Dazu H. C. Baldry, The Unity of Mankind in Greek Thought, Cambridge 1965.

32 Zum folgenden s. J.-P. Vernant, Remarques sur la lutte de classes dans la Grèce ancienne, Eirene 4, 1965, 5–19, jetzt in: ders., Mythe et société en Grèce ancienne, Paris 1974, 11–29; P. Vidal-Naquet, Les esclaves grecs étaient-ils une classe? Raison présente 6, 1968, 103–12, jetzt in: ders., Le chasseur noir. Formes de pensée et formes de société dans le monde grec, Paris 1981, 211–21. Für einen anderen Standpunkt und eine Kritik der hier vertretenen Meinung s. G. E. M. de Ste Croix, Karl Marx in History of Classical Antiquity, Arethusa 8, 1975, 7–41, in einem Sonderheft zum Thema ‚Marxism and the Classics' und vor allem jetzt ders., The Class Struggle in the Ancient Greek World from the Archaic Age to the Arab Conquests, London 1981. In dem genannten Sonderheft findet sich auch eine Bibliographie zu Marxismus und Antike von R. A. Padgug, Arethusa 8, 1975, 199–225. Zu ergänzen wäre Analisi marxista e società antica, hrs. v. Istituto Gramsci, Rom 1978.

33 Vgl. das fundamentale Buch von S. Ossowski, Die Klassenstruktur im sozialen Bewußtsein, Neuwied-Berlin 1962.

34 Die erste Auflage eines monumentalen Werkes mit dem Titel Histoire de l'esclavage dans l'antiquité erschien im Jahre 1847, also ein Jahr bevor die Negersklaverei abgeschafft wurde; Verfasser war der Abolitionist Henri Wallon.

35 Zu diesen Problemen und insbesondere zu der Frage, ob der römische Standesbegriff der *ordines*, der später im Mittelalter und vom 16. bis 18. Jahrhundert fortlebt, in den griechischen Bereich übertragen werden kann, s. den Sammelband Recherches sur les structures sociales dans l'antiquité classique, Paris 1970; außerdem M. I. Finley, Die antike Wirtschaft, München[2] 1980, Kap. 3.

36 Vgl. die Quellensammlung bei G. Busolt, Griechische Staatskunde Bd 1 (HdA 4, 1, 1, 1), München[3] 1920, 210–19. S. auch G. E. M. de Ste Croix, The Character of the Athenian Empire, Historia 3, 1954–55, 21–30; R. A. Neil, The Knights of Aristophanes, London 1909, 202–09 (‚Politischer Gebrauch moralischer Termini').

37 Dazu P. Vidal-Naquet, Esclavage et gynécocratie dans la tradition, le mythe, l'utopie, in: Recherches sur les structures sociales 63–80, jetzt in: ders., Le chasseur noir 267–88; S. G. Pembroke, Woman in Charge: the Function of Alternatives in Early Greek Tradition and the Ancient Idea of the Matriarchy, Journal of the Warburg

and Courtauld Institutes 30, 1967, 1–35; zum Gegensatz von Mann und Frau in Religion und Ritus s. kurz L. Gernet – A. Boulanger, Le génie grec dans la religion, Paris² 1970, 51–53. Vgl. jetzt auch einen Sonderband zum Thema ,Women in Antiquity', Arethusa 6, 1973, mit einer Bibliographie von Sarah B. Pomeroy (125–57); s. auch dies., Goddesses, Whores, Wives and Slaves: Women in Classical Antiquity, London 1976.

[38] Dazu H. Jeanmaire, Couroi et courètes, Paris-Lille 1939 und insbesondere P. Roussel, Etude sur le principe d'ancieneté dans le monde hellénique, Memoires de l'Institut National de France, Académie des Inscriptions et Belles-Lettes 43, 1951, 123–227. Zu einigen besonderen Aspekten P. Vidal-Naquet, The Black Hunter and the Origins of the Athenian Ephebeia, Proceedings of the Cambridge Philological Society 194, 1968, 49–64, jetzt in: ders., Le chasseur noir 155–74 (auf französisch) und ders., Les jeunes: le cru, l'enfant grec et le cuit, in: J. Le Goff – P. Nora (Hrsg.), Faire de l'histoire Bd 3, Paris 1974, 137–68, jetzt in: ders., Le chasseur noir 177–297; N. Loraux, HBH et ANΔPEIA: deux versions de la mort du combattant athénien, Ancient Society 6, 1975, 1–31. Die neueste Untersuchung zur Frage insgesamt ist A. Brelich, Paides e parthenoi, Rom 1969.

[39] Vgl. die Sammlung von H. W. Pleket, Epigraphica 1: Texts on the Economic History of the Greek World, Leyden 1964. Wie man inschriftliche Zeugnisse verwerten kann, zeigt auf einem bestimmten Gebiet, nämlich dem der Bautätigkeit, A. Burford, The Greek Temple Builders at Epidaurus. A Social and Economic Study of Building in the Asklepieian Sanctuary during the Fourth and Early Third Centuries B. C., Liverpool 1969. Die gesamte Literatur zu den griechischen Inschriften wird seit 1938 von J. und L. Robert in ihrem jährlichen ,Bulletin épigraphique' in der Revue des Etudes Grecques registriert und rezensiert (jetzt im Separatdruck bis 1973 erhältlich); es gibt inzwischen auch umfassende Indices zum ,Bulletin'.

[40] So z. B. P. Courbin (Hrsg.), Etudes archéologiques, Paris 1963 und darin besonders die Beiträge von Ed. Will, G. Le Rider, G. Vallet und F. Villard; zu den Münzen s. C. M. Kraay – M. Hirmer, Greek Coins, London 1966 und außerdem C. M. Kraay, Greek Coins and History, London 1969 sowie C. M. Kraay, Archaic and Classical Greek Coins, London 1976; zum Problem der Auswertung der archäologischen Quellen für die Geschichte des griechischen Handels Ed. Will, La Grande Grèce, milieu d'échanges. Reflexions méthodologiques, in: Atti del XII convegno di studi sulla Magna Grecia, Neapel 1975, 21–67. Über neue Möglichkeiten für die Auswertung archäologischer Belege s. S. C. Humphreys, Archaeology and the Economic and Social History of Classical Greece, La Parola del Passato 114, 1967, 374–400, jetzt in: dies., Anthropology and the Greeks, London 1978, 109–29; A. M. Snodgrass, Archaeology and the Rise of the Greek State, Cambridge 1977.

[41] Dazu M. M. Austin, Greece and Egypt in the Archaic Age (Proceedings of the Cambridge Philological Society Suppl. 2), Cambridge 1970.

[42] M. Thompson – O. Mørkholm – C. M. Kraay, An Inventory of Greek Coin Hoards, New York 1973.

[43] Vgl. dazu R. M. Cook, Die Bedeutung der bemalten Keramik für den griechischen Handel, Jahrbuch des Deutschen Archäologischen Instituts 74, 1959, 114–23; kürzer auch ders., Greek Painted Pottery, London² 1972, 270–76; des weiteren die oben Anm. 40 zitierten Beiträge von G. Vallet und F. Villard sowie G. Vallet – F. Villard, Céramique et histoire grecque, Revue Historique 1961, 295–318; F. D. Harvey, Sostratos of Aegina, La Parola del Passato 168, 1976, 206–14.

II. Die homerische Welt

[1] Zwei neuere zusammenfassende Darstellungen sind M. I. Finley, Die frühe griechische Welt, München 1982; J. T. Hooker, Mycenaean Greece, London 1977.
[2] Dazu P. Vidal-Naquet, Homère et le monde mycénien: à propos d'un livre récent et d'une polémique ancienne, Annales 18, 1963, 703–19. S. auch unten Anm. 3 f.
[3] Zu einem besonderen Beispiel M. I. Finley, Homer and Mycenae: Property and Tenure, Historia 6, 1957, 153–69, jetzt in: G. S. Kirk (Hrsg.), The Language and Background of Homer, Cambridge 1964, 191–217. Zum gesamten Fragenkomplex M. I. Finley, Schliemanns Troja nach hundert Jahren, in: ders., Die Welt des Odysseus, München[3] 1979, 162–187.
[4] Das ist die Meinung, die Finley vertritt (Die Welt des Odysseus, s. oben Anm. 3). Vgl. auch den bibliographischen Anhang, den P. Vidal-Naquet der französischen Ausgabe von Finleys Buch hintenangestellt hat (M. I. Finley, Le monde d'Ulysse, Paris 1978, 223–239). Finley verteidigt seine Position später in dem Nachtrag Die Welt des Odysseus im Rückblick, in: ders., Die Welt des Odysseus, 149–168. Eine sehr skeptische Haltung zeigt A. M. Snodgrass, An Historical Homeric Society, JHS 94, 1974, 114–25.
[5] Zu den archäologischen Zeugnissen der dunklen Jahrhunderte V. A. Desborough, Greece in the Dark Ages, London 1972, der in Hinblick auf geschichtliche Einzelheiten wesentlich weniger Zweifel hegt als A. M. Snodgrass, The Dark Age of Greece. An Archaelogical Survey of the 11th to the 8th Centuries B. C., Edinburgh 1971. Letzteres bleibt grundlegend. Zu beiden Werken Annie Schnapp, Les siècles obscurs de la Grèce, Annales 29, 1974, 1465–75.
[6] Man beachte jedoch die einheitliche Gestaltung der mykenischen Keramik LH III A und B. Dazu z. B. P. Warren, The Aegean Civilizations, Oxford 1975, 126.
[7] Zu diesem Punkt und zu allem, was folgt, vgl. A. Mele, Società e lavoro nei poemi omerici, Neapel 1968.
[8] Vgl. z. B. W. Hoffmann, Die Polis bei Homer, in: Festschrift Bruno Snell, München 1956, 153–65, jetzt in: F. Gschnitzer (Hrsg.), Zur griechischen Staatskunde, Darmstadt 1969, 123–38; P. A. L. Greenhalgh, Patriotism in the Homeric World, Historia 21, 1972, 528–37, der allerdings an keiner Stelle auf Hoffmann Bezug nimmt.
[9] Wie z. B. häufig W. K. Lacey, The Family in Classical Greece, London 1968.
[10] Dazu P. Vidal-Naquet, Valeurs religieuses et mythiques de la terre et du sacrifice dans l'Odyssée, Annales 25, 1970, 1278–97, jetzt in: ders., Le chasseur noir. Formes de pensée et formes de société dans le monde grec, Paris 1981, 37–68.
[11] Die homerischen Daten zur Landwirtschaft sind gesammelt bei W. Richter, Die Landwirtschaft im homerischen Zeitalter (Archaelogia Homerica Bd II, Kap. H), Göttingen 1968. Diese Daten sind leider in einem Zuge mit dem mykenischen erfaßt.
[12] S. Ilias 1, 165–68; 365–68. B. Bravo, Sulân, Annali della Scuola Normale Superiore di Pisa, ser. 3, 10, 1980, 675–987.
[13] Die Bedeutung dieser Einrichtung in primitiven Gesellschaften wurde erstmals herausgestellt im Jahre 1924 von M. Mauss, Die Gabe. Über Formen und Funktionen in archaischen Gesellschaften, Frankfurt 1968. Über die Vorläufer der Gedanken bei Mauss s. M. Sahlius, Philosophie politique de l'Essai sur le don, L'Homme 8, 1968, 5–17. Zu Möglichkeiten der Anwendung dieser Vorstellungen auf Homer vgl. M. I. Finley, Die Welt des Odysseus.

[14] Odyssee 8,162. Für eine andere Interpretation dieser Stelle s. unten Kap. 3, Anm. 10.
[15] Odyssee 14,287; 309; 15,415–84. Über die Historizität der Phoiniker bei Homer s. J. D. Muhly, Homer and the Phoenicians, Berytus 19, 1970, 19–64.
[16] Odyssee 14,5–28; 61–67; 449–52. Allgemein dazu J. A. Lencman, Die Sklaverei im mykenischen und homerischen Griechenland, Wiesbaden 1966 (Übers. aus dem Russischen).
[17] Odyssee 17,322 f. Man vergleiche die Befürchtungen, die Hektor in bezug auf Andromache hegt (Ilias 6,450–63).
[18] Dazu A. W. H. Adkins, Merit and Responsibility, Oxford 1960, besonders Kap. 2 und 3.

III. Die archaische Zeit

[1] Vgl. V. Ehrenberg, Wann entstand die Polis?, in: F. Gschnitzer (Hrsg.), Zur griechischen Staatskunde, Darmstadt 1969, 3–25 (engl. 1937); ders., Eine frühe Quelle der Polisverfassung, a. O. 26–35 (engl. 1943).
[2] S. C. Bérard, Eretria III, Bern 1970; C. Rolley, Fouilles à Erétrie. Archéologie, histoire et religion, Revue Archéologique 41, 1947, 307–11; ders., Cahiers du Centre Jean Bérard 2, 1975.
[3] S. Meiggs-Lewis nr. 2.
[4] L. Gernet, Droit et prédroit en Grèce ancienne, Année Sociologique 1, 1951, 21–119, jetzt in: ders., Anthropologie de la Grèce antique, Paris 1968, 175–260.
[5] Zur ‚Hoplitenreform' s. A. M. Snodgrass, The Hoplite Reform and History, JHS 85, 1964, 110–22; M. Detienne, La phalange: problèmes et controverses, in: J.-P. Vernant (Hrsg.), Problèmes de la guerre en Grèce ancienne, Paris-Den Haag 1968, 119–42; P. A. L. Greenhalgh, Early Greek Warfare, Cambridge 1973; P. Cartledge, Hoplites and Heroes, JHS 97, 1977, 11–27; J. Salmon, Political Hoplites?, JHS 97, 1977, 84–101.
[6] S. M. I. Finley, Was Greek Civilisation based on Slave Labour?, Historia 8, 1959, 164.
[7] Dazu P. Vidal-Naquet, Réflexions sur l'historiographie grecque de l'esclavage, in: Actes du colloque 1971 sur l'esclavage, Paris 1973, 25–44, jetzt in: ders., Le chasseur noir. Formes de pensée et formes de société dans le monde grec, Paris 1981, 223–48.
[8] S. Meiggs-Lewis nr. 8. Es scheint allerdings nicht so, als habe sich diese Entwicklung in Richtung auf die Demokratie dann fortgesetzt.
[9] Das gilt z. B. für P. N. Ure, The Origin of Tyranny, Cambridge 1921.
[10] Das Problem des Personenkreises, der in der archaischen Zeit Handel trieb, bleibt im dunklen, denn es gibt kaum Quellen, auf die man sich stützen könnte. Eine neue Theorie ist vorgebracht worden von B. Bravo, Dialogues d'Histoire ancienne 1, 1974 126–32; 149–54; 163–69; 3, 1977, 1–59.
[11] Die Studie von S. I. Oost, The Megara of Theagenes and Theognis, Classical Philology 68, 1973, ist, wie andere, weitestgehend hypothetisch.
[12] Insbesondere von C. Roebuck, Ionian Trade and Colonization, New York 1959; ders., Tribal Organization in Ionia, Transactions and Proceedings of the American Philological Association 92, 1961, 506.
[13] Vgl. insbesondere E. S. G. Robinson, The Coins from the Ephesian Artemision Reconsidered, JHS 71, 1951, 156–67; ders., The Date of the Earliest Coins, Numis-

matic Chronicle 10, 1950, 1–8; W.L. Brown, Pheidon's Alleged Aeginetan Coinage, Numismatic Chronicle 10, 1950, 177–204. Die Notwendigkeit einer neuerlichen Untersuchung der chronologischen Frage betont M. Price – N. Waggoner, Archaic Greek Coinage, London 1976; C.M. Kraay, Archaic and Classical Greek Coins, London 1976; P. Grierson, The Origins of Money, London 1977.

[14] Dazu s. Ed. Will, De l'aspect èthique des origines grecques de la monnaie, Revue Historique 212, 1954, 209–231; ders., Réflexions et hypothèses sur les origines de la monnaie, Revue Numismatique 17, 1955, 5–23; ders., Functions de la monnaie dans le cités grecques de l'époque classique, in: J.M. Dentzer – Ph. Gauthier – T. Hackens (Hrsg.), Numismatique antique. Problèmes et méthodes, Nancy-Louvain 1975, 233–46; R.M. Cook, Speculations on the Origin of Coinage, Historia 7, 1958, 257–62; C.M. Kraay, Hoards, Small Change and the Origins of Coinage, JHS 84, 1964, 76–91; P. Vidal-Naquet, Fonction de la Monnaie dans la Grèce archaique, Annales 23, 1968, 206–08.

[15] Das zeigt für einen längeren Zeitraum E. Schönert-Geiss, Die Wirtschafts- und Handelsbeziehungen zwischen Griechenland und der nördlichen Schwarzmeerküste im Spiegel der Münzfunde (6.–1. Jh. v. u. Z.), Klio 53, 1971, 105–17.

[16] Vgl. M.M. Austin, Greece and Egypt in the Archaic Age (Proceedings of the Cambridge Philological Society, Suppl. 2), Cambridge 1970.

[17] Zu einem besonderen Beispiel aus der zweiten Hälfte des 6. Jahrhunderts (dem Entstehen einer boiotischen Münzprägung nach der Gründung des Boiotischen Bundes) s. J. Ducat, La Conféderation béotienne et l'expansion thébaine à l'époque archaique, BCH 97, 1973, 71 f.

[18] In diesem Zusammenhang soll eine moderne Theorie über den Landbesitz zu Beginn der archaischen Zeit erwähnt werden. Nach Auffassung einiger Forscher blieb das Land lange Zeit im gemeinschaftlichen Besitz der Großfamilie; andere meinen, es habe sogar eine Form des Kollektivbesitzes von seiten der Mitglieder desselben Dorfes oder Stammes gegeben (s. Text 49). Erst Schritt für Schritt und zum Teil im Konflikt mit diesen früheren Formen des Besitzes sei es dazu gekommen, daß das Besitzrecht allein auf seiten des Vorstands eines *oikos* lag. Aber die Quellen, auf die sich diese Theorien stützen, sind spärlich und unsicher. Schon bei Homer sind die Grundbesitzverhältnisse, soweit man sie erkennen kann, durch die Form des Individualbesitzes gekennzeichnet, und der Vorstand eines *oikos* verfügt nach Belieben über seinen Landbesitz. Dazu s. M.I. Finley, Homer and Mycenae: Property and Tenure, Historia 6, 1957, 153–69; jetzt in: G.S. Kirk (Hrsg.), The Language and Background of Homer, Cambridge 1964, 191–217. Zu der gesamten Auseinandersetzung s. die bibliographischen Angaben bei A.M. Babacos, Actes d'alienation en commun et autres phénomènes apparentés d'après le droit de la Thessalie antique, Thessaloniki 1966, 32–39, besonders 32 f.

[19] Zu Hesiod vgl. die unterschiedlichen Standpunkte bei Edouard Will, Aux origines du régime foncier grec: Homère, Hésiode, et l'arrière-plan mycénien, REA 59, 1957, 12–24 und Ernest Will, Hésiode: crise agraire? ou recul de l'aristocratie?, REG 78, 1965, 542–56.

[20] Zu dem, was folgt, vgl. M.I. Finley, Die Schuldknechtschaft, in: H.G. Kippenberg (Hrsg.), Seminar: Die Entstehung der antiken Klassengesellschaft, Frankfurt 1977, 173–204, insbesondere 181–184. Zu Solon s. die gute kritische Zusammenfassung von Ed. Will, Die ökonomische Entwicklung und die antike Polis, in: H.G. Kippenberg (Hrsg.), Seminar: Die Entstehung der antiken Klassengesellschaft 113–130 (die

Anmerkungen sind allerdings dort gegenüber der Originalfassung in: Second International Conference of Economic History Bd 1: Trade and Politics in the Ancient World, Paris-Den Haag 1965, 78 ff. gekürzt), sowie die bibliographischen Übersichten von Ed. Will in Revue Historique 1965, 1967, 1971, 1977, 1980 und außerdem V. Ehrenberg, From Solon to Socrates, London² 1973, Kap. 2. Zur Frage gesetzlicher Regelungen in bezug auf Schulden allgemein D. Asheri, Leggi greche sul problema dei debiti, Pisa 1969.

[21] Die moderne Literatur zur Frage der griechischen Kolonisation ist von beachtenswertem Umfang. Eine übersichtliche und klare Zusammenfassung findet man bei C. Mossé, La colonisation dans l'antiquité, Paris 1970, einen guten Überblick über das archäologische Material gibt J. Boardman, Kolonien und Handel der Griechen, München 1981. Zu den Kolonien im Westen s. E. Lepore, Osservazioni sul rapporto tra fatti economici e fatti de colonizzazione in Occidente, Dialoghi di Archeologia 1–2, 1969, 175–212, sowie die Akten der jährlichen Kongresse über Großgriechenland (Atti del convegno sulla Magna Grecia, Taranto) seit 1961, besonders Bd 1–3 und 7. Für neuere Literatur s. auch Ed. Will, Revue Historique 1967, 442–448 und Revue Historique 1974, 153–157. Zur Landfrage s. M. I. Finley, The Alienability of Land in Ancient Greece: a Point of View, Eirene 7, 1968, 25–32, jetzt in: ders., The Use and Abuse of History, London 1975, 153–60; die dazu geäußerte Kritik von D. Asheri, La Parola del Passato 157, 1974, 232–36 überzeugt nicht.

[22] Dazu A. J. Graham, Colony and Mother City in Ancient Greece, Manchester 1964.

[23] Vgl. z. B. Herodot 4,150–59 und Meiggs-Lewis nr. 5.

[24] Die archäologischen Belege über die Verteilung des Landbesitzes in den griechischen Kolonien sind noch spärlich, aber es wird ihnen jetzt größere Aufmerksamkeit geschenkt; der größte Teil des zur Verfügung stehenden Materials gehört jedoch der klassischen Zeit oder späteren Epochen an. So ist bekannt, daß auf der Krim der Boden in Landlose aufgeteilt war und daß sich auf jedem dieser Landlose ein Hof befand (im allgemeien sind solche isoliert stehenden Höfe selten in der griechischen Geschichte); diese Aufteilung datiert aber aus der klassischen oder noch späterer Zeit: Dazu J. Pečírka – M. Dufková, Excavations of Farms and Farmhouses in the Chora of Chersonesus in the Crimea, Eirene 8, 1970, 123–74; J. Pečírka, Country Estates of the Polis of Chersonesus in the Crimea, in: L. De di Rosa (Hrsg.), Studi in memoria di Corrado Barbagallo Bd 1, Neapel 1970, 451–77; ders., Homestead Farms in Classical and Hellenistic Hellas, in: M. I. Finley (Hrsg.), Problèmes de la terre en Grèce antique, Paris-Den Haag 1973, 113–47. Eine ähnliche Unterteilung hat man im Gebiet von Metapont in Süditalien festgestellt; ihr Charakter und ihre Ausdehnung, die Frage, ob man sie bis in archaische Zeit zurückführen kann, schließlich die Gründung der *polis*, das alles sind Einzelheiten, die noch kaum geklärt sind und Gegenstand der Diskussion bleiben; dazu A. Adamestanu, Le suddivisioni di terre nel Metapontino, in: M. I. Finley (Hrsg.), Problèmes de la terre 49–61, und die vorsichtigen Bemerkungen von E. Lepore und R. Martin a. O. 45–47 bzw. 100–07.

[25] Dazu D. Lotze, ΜΕΤΑΞΥ ΕΛΕΥΘΕΡΩΝ ΚΑΙ ΔΟΥΛΩΝ, Berlin 1959; M. I. Finley, The Servile Statuses of Ancient Greece, Revue Internationale des Droits de l'Antiquité, 3e série, 7, 1960, 165–89; ders., Between Slavery and Freedom, Comparative Studies in Society and History 6, 1954, 233–49.

[26] Es ist interessant, den Unterschied in bezug auf das Verhältnis zur einheimischen Bevölkerung zwischen den Kolonien von Chalkis in Sizilien und einigen der dori-

schen Kolonien (Syrakus, Gela) zu beobachten: Die einen vertrauen dabei auf den Frieden, die anderen auf Gewalt; dazu M.I. Finley, Das antike Sizilien, München [2]1982, 39–43; E. Sjöqvist, Sicily and the Greeks: Studies in the Interrelationship between the Indigenous Populations and the Greek Colonists, Ann Arbor 1973.

[27] Vgl. D.M. Pippidi, I greci nel basso Danubio, Mailand 1970, 185–87; ders., Le problème de la main d'œuvre dans le colonies grecques de la Mer Noire, in: M.I. Finley (Hrsg.), Problèmes de la terre 63–82. Diese Hypothese scheint allerdings nicht auf den Fall Olbia zuzutreffen, wo nach den Ergebnissen der archäologischen Forschung die einheimische skythische Bevölkerung reine Nomaden waren und nur zum Teil und in späterer Zeit unter dem Einfluß der Griechen seßhafte Bauern wurden; dazu A. Wasowicz, Olbia pontique et son territoire, Paris 1975, 29–39. Die Interpretation von Inscriptiones Olbiae nr. 34, die D.M. Pippidi (Problèmes de la terre 76, Anm. 3) vorschlägt, scheint zweifelhaft.

[28] Zum folgenden vgl. M. Austin, Greece and Egypt in the Archaic Age (Proceedings of the Cambridge Philological Society, Suppl. 2), Cambridge 1970, 22–23.

[29] Vgl. S.C. Humphreys, Anthropology and the Greeks, London 1978, 53–57; M. Rodinson in dem oben Kap. 1, Anm. 10 zitierten Vorwort.

[30] Dazu G. Vallet – F. Villard, Les phocéens et la fondation de Hyélè, La Parola del Passato 108–10, 1966, 166–90; E. Lepore, Strutture della colonizzazione focea in Occidente, La Parola del Passato 130–33; 1970, 19–54; vgl. zuletzt die wichtige Zusammenfassung von J.P. Morel, L'expansion phocéenne en Occident: dix années de recherches (1966–1975), BCH 99, 1975, 853–96.

[31] So C. Roebuck, Ionian Trade and Colonization, New York 1959.

[32] Vgl. Ed. Will, Korinthiaka, Paris 1955, 477–81.

IV. Die archaischen Staaten und Sparta

[1] So V. Ehrenberg, Der Staat der Griechen, Zürich-Stuttgart[2] 1965, 18.

[2] J.A.O. Larsen, Greek Federal States, Oxford 1967 ist eine gute Informationsquelle zum Thema der *ethnos*-Staaten, auch wenn sich das Buch nicht grundsätzlich damit beschäftigt.

[3] Dazu Ed. Will, Revue Historique 1974, 158, Anm. 2.

[4] Für eine wichtige Gesamtbetrachtung der spartanischen Gesellschaft s. besonders M.I. Finley, Sparta, in: J.-P. Vernant (Hrsg.), Problèmes de la guerre en Grèce ancienne, Paris-Den Haag 1968, 143–60, jetzt in: ders., The Use and Abuse of History, London 1975, 161–77; G.E.M. de Ste Croix, The Origins of the Peloponnesian War, London 1972, Kap. 4; P. Vidal-Naquet, Les jeunes: le cru, l'enfant grec et le cuit, in: J. Le Goff – P. Nora, Faire de l'histoire Bd 3, Paris 1974, 137–68, besonders 156–62, jetzt in: ders., Le chasseur noir. Formes de pensée et formes de société dans le monde grec, Paris 1981, 195 ff. Zum Vorhaben einer marxistischen Analyse Spartas s. P. Cartledge, Towards the Spartan Revolution, Arethusa 8, 1975, 59–84.

[5] Für eine übersichtliche Einführung in die Hauptprobleme mit Bibliographie s. C. Mossé, Sparte archaique, La Parola del Passato 148–149, 1973, 7–20 und außerdem V. Ehrenberg, From Solon to Socrates, London[2] 1973, Kap. 2.

[6] Zum Problem der *oligoanthropia* („Mangel an Menschen") in Sparta s. de Ste Croix, The Origins of the Peloponnesian War 331 f.

[7] Zu dem undeutlichen Übergang von Jugend zum Erwachsenenalter bei den Spartanern s. Vidal-Naquet, Les jeunes 158 f.

[8] Vgl. dazu besonders Plutarch, Agesilaos 5: „So scheint der lakonische Gesetzgeber als Ansporn für tapfere Leistungen seinem Staate Siegeswillen und Ehrgeiz eingeimpft zu haben mit der Absicht, daß immer ein Streit unter den Tüchtigen bestehen und ein Wettkampf miteinander stattfinden sollte; denn eine Gefälligkeit, die sich dem Ungeprüften willig füge und daher energielos und ohne Kampfgeist sei, werde zu Unrecht Eintracht genannt."

[9] Man hat die *krypteia* als einen sehr alten Initiationsritus identifizieren können, für den es überzeugende Parallelen in den primitiven Gesellschaften Afrikas gibt. Dieser Ritus wurde in Sparta dann mit einer Ordnungsfunktion verbunden. Vgl. H. Jeanmaire, La cryptie lacédémonienne, REG 26, 1913, 121–50; ders., Couroi et courètes, Paris-Lille 1939, 540–69; P. Vidal-Naquet, The Black Hunter and the Origin of the Athenian Ephebeia, Proceedings of the Cambridge Philological Society 194, 1968, 55 f., französisch jetzt in: ders., Le chasseur noir 161 f.; A. Brelich, Paides et parthenoi, Rom 1969, 155–157.

[10] Die Belege über die wirtschaftliche Tätigkeit der Perioiken sind jedoch äußerst spärlich: Vgl. R. T. Ridley, The Economic Activities of the Perioikoi, Mnemosyne 27, 1974, 281–92 (es handelt sich jedoch nicht um eine sehr gründliche Untersuchung).

[11] Vgl. die oben Kap. 3, Anm. 7 und 28 genannten Titel sowie Pollux 3,83; s. auch J. Ducat, Le mépris des Hilotes, Annales 29, 1974, 1451–64.

[12] Die in den griechischen Quellen gegebenen Etymologien sind wertlos.

[13] Dazu Y. Garlan, Les esclaves grecs en temps de guerre, in: Actes du colloque d'histoire sociale 1970, Paris 1972, 29–62; s. auch ders., Actes du colloque 1972 sur l'esclavage, Paris 1974, 15–28.

[14] Nach einer von Platon (Gesetze 3,629 d; 698 e) überlieferten Tradition hat es zur Zeit der Schlacht bei Marathon 490 einen weiteren Messenischen Aufstand gegeben.

[15] Dazu C. Mossé, Le rôle des esclaves dans les troubles politiques du monde grec à la fin de l'époque classique, Cahiers d'histoire 6, 1961, 353–60 und die in Anm. 13 zitierten Aufsätze von Garlan.

[16] Vielleicht gehörten auch beide genannten Gruppen dazu.

[17] Dazu F. Ollier, Le mirage spartiate, 2 Bde, Paris 1933–43; E. Rawson, The Spartan Tradition in European Thought, Oxford 1969; E. N. Tigerstedt, The Legend of Sparta in Classical Antiquity Bd 1, Stockholm 1965.

V. Das Athen der klassischen Zeit

[1] Dieses Kapitel behandelt vor allem das Athen des 5. Jahrhunderts, doch war es notwendig, sich dabei auch der Belege aus dem 4. Jahrhundert zu bedienen; selbstverständlich ist in jedem Falle, wo sich vom 5. zum 4. Jahrhundert eine klare Fortentwicklung zeigt, dafür gesorgt, daß dies deutlich wird. Einige charakteristische Merkmale des 4. Jahrhunderts werden im 7. Kapitel zur Sprache kommen.

[2] Die *atimia* war eine Sanktion, die den Bürger seiner politischen Rechte beraubte.

[3] 6,126–31; dazu L. Gernet, Mariages de tyrans, in: ders., Anthropologie de la Grèce antique, Paris 1968, 344–59; J.-P. Vernant, Le mariage, in: ders., Mythe et société en Grèce ancienne, Paris 1974, 57–81.

[4] Zur Gesetzgebung des Perikles und ihren Auswirkungen s. zuletzt. S. C. Humphreys, The Nothoi of Kynosarges, JHS 94, 1974, 88–95.

[5] Allgemein dazu Ph. Gauthier, ‚Générosité' romaine et ‚avarice' grecque: sur l'octroi du droit de cité, in: Mélanges d'histoire ancienne offerts à William Seston, Paris 1974, 207–15.

[6] Vgl. L. Robert, Etudes épigraphiques et philologiques, Paris 1938, 297–397 und dazu Bulletin Epigraphiques, REG 85, 1972, 149; P. Siewert, The ephebic oath in fifth-century Athens, JHS 97, 1977, 102–111.
[7] Dazu J. Pečírka, The Formula for the Grant of Enktesis in Attic Inscriptions, Prag 1966.
[8] M. I. Finley, Athenian Demagogues, Past and Present 21, 1962, 3–24, jetzt in: ders., Studies in Ancient Society, London 1974, 1–25; W. R. Connor, The Politicians of Fifth-Century Athens, Princeton 1973.
[9] M. I. Finley, The Alienability of Land in Ancient Greece: a Point of View, Eirene 7, 1968, 25–32; jetzt in: ders., The Use und Abuse of History, London 1975, 153–60. Die These, daß Landbesitz bis zum Peloponnesischen Krieg unveräußerlich gewesen sei, ist aufrechterhalten worden von J. V. A. Fine, Horoi: Studies in Mortgage, Real Security and Land Tenure in Ancient Athens, Hesperia Suppl. 9, 1951.
[10] Zu den Metoiken M. Clerc, Les métèques athéniens, Paris 1893, ein seines Alters wegen teilweise überholtes, aber noch immer nützliches Buch. Die beste neuere Untersuchung ist Ph. Gauthier, Symbola: les étrangers et la justice dans les cités grecques, Nancy 1972; außerdem D. Whitehead, The Ideology of the Athenian Metic, Cambridge 1977.
[11] Vgl. J. Pečírka, A Note on Aristotele's Conception of Citizenship and the Role of Foreigners in 4th Century Athens, Eirene 6, 1967, 23–26.
[12] Vgl. dagegen jedoch E. Perotti, in: Actes du colloque 1972 sur l'esclavage, Paris 1974, 47–56.
[13] Zum folgenden vgl. die oben Kap. 1, Anm. 31 zitierten Artikel von J.-P. Vernant und P. Vidal-Naquet; einen anderen Standpunkt (die Sklaven stellen eine Klasse dar) vertritt unter anderen G. E. M. de Ste Croix in dem dort genannten Aufsatz.
[14] Dagegen Whitehead, The Ideology of the Athenian Metic 109–11, der bezweifelt, daß die Zahl der ‚barbarischen' Metoiken zugenommen hat.
[15] Dazu R. Seager, Lysias against the Corndealers, Historia 15, 1966, 178–82.
[16] Allgemein dazu O. Masson, Les noms des esclaves dans la Grèce antique, in: Actes du colloque 1971 sur l'esclavage, Paris 1973, 9–23.
[17] Es sind keine sicheren Zahlen überliefert, denn ein Sklavenregister gab es nicht; die Zahlen in den antiken Quellen sind bisweilen völlig phantastisch, und die Bewertung durch die Forschung ist sehr unterschiedlich.
[18] Vgl. J. Hemelrijk, Penia en Ploutos, Diss. Utrecht 1925, 147f.
[19] Zum folgenden s. die grundlegenden Untersuchungen von A. Aymard, L'idée de travail dans la Grèce archaique, Journal de Psychologie 41, 1948, 29–45; ders., Hiérarchie du travail et autarcie individuelle dans la Grèce archaique, in: ders., Études d'histoire ancienne, Paris 1967, 316–33; des weiteren J.-P. Vernant, Mythe et pensée chez les Grecs, Paris[3] 1969, 184–247 und die Bemerkungen von P. Vidal-Naquet, Économie et société dans la Grèce ancienne: l'œuvre de Moses I. Finley, Archives européennes de sociologie 6, 1965, 144–48.

VI. Die griechischen *poleis* und wirtschaftliche Probleme

[1] Man vergleiche z. B. die irrige Anwendung marxistischer Kategorien durch G. Thomson, Studies in Ancient Greek Society Bd 2. The First Philosophers, London[2] 1961, insbesondere Kap. 9; selbst die Pythagoreer von Kroton werden da zu Repräsentanten einer „neuen Klasse reicher Industrieller und Händler" (252).

[2] Die These von den handelspolitischen Gründen für den Ausbruch des Peloponnesischen Krieges ist durch G. E. M. de Ste Croix, The Origins of the Peloponnesian War, London 1972 endgültig widerlegt. Diese Untersuchung stellt im übrigen einen wichtigen Beitrag zum Problem des Zusammenhangs von Handel und Politik in der griechischen Welt dar.

[3] Zum Fehlen von Handelsflotten in den griechischen *poleis* s. de Ste Croix, The Origins of the Peloponnesian War 393–96. Unbeachtet bleibt dort der Vorschlag Xenophons, Über die Einkünfte 3,14 (s. Text 122), daß Athen sich bemühen solle, eine Handelsflotte zu bauen, um die Schiffe dann an Kaufleute zu vermieten. Zu Importen und Exporten in Athen s. die Sammlung von Daten bei E. Erxleben, Das Verhältnis des Handels zum Produktionsaufkommen in Attica im 5. u. 4. Jahrhundert v. u. Z., Klio 57, 1975, 365–98.

[4] S. dazu die oben Kap. 1, Anm. 42 genannten Arbeiten von R. M. Cook; T. B. L. Webster, Potter and Patron in Classical Athens, London 1972 (spekulativ); A. W. Johnston, Trademarks on Greek Vases, Greece and Rome 21, 1974, 138–52.

[5] Vgl. L. Gernet, L'approvisionnement d'Athènes en blé aux Ve et IVe siècles, in: G. Bloch (Hrsg.), Mélanges d'histoire ancienne, Paris 1909, 296–391; F. M. Heichelheim, RE Suppl. 6, 1935, 833–44 s. v. Sitos; de Ste Croix, The Origins of the Peloponnesian War 46–49, 314.

[6] Meiggs-Lewis nr. 65, Zeile 34–41 mit dem dazugehörigen Kommentar.

[7] Dazu K. Latte, Kollektivbesitz und Staatsschatz in Griechenland, Nachrichten Akad. Wiss. Göttingen, Phil.-hist. Klasse 1946–47 (1948), 64–75, jetzt in: ders., Kleine Schriften, München 1968, 294–312.

[8] Es gibt ein Beispiel aus dem Jahre 445/44; vgl. Philochoros, FGrHist 328, F 119; Plutarch, Perikles 37,4.

[9] Zu den Bedeutungen des Wortes *misthos* s. Ed. Will, Notes sur μισθός, in: J. Bingen – G. Nachtergael (Hrsg.), Le Monde Grec. Hommages à Claire Préaux, Brüssel 1975, 426–38. Ein besonders instruktives Zeugnis über die Tatsache, daß die Athener die Zahlung des *misthos* von seiten der Stadt erwarten, und zwar auf Kosten der unterworfenen *poleis,* bietet Thukydides 6,24,3.

[10] Hingegen ist zu beobachten, daß der abstrakte Name der Stadt Athen als verehrungswürdig angesehen wurde, wie zum Beispiel die Grabreden der klassischen Zeit zeigen. Vgl. dazu N. Loraux, „Marathon“ ou l'histoire ideologique, REA 75, 1973, 13–42 und dies., Socrate contrepoison de l'oraison funèbre. Enjeu et signification du Ménéxène, Antiquité Classique 43, 1974, 172–211 und vor allem jetzt das Buch, dies., L'invention d'Athènes, Paris 1981.

[11] Zum Problem der Herkunft des Rohmetalls für die Münzprägung Ed. Will, Les sources des métaux monnayés dans le monde grec, in: J. M. Dentzer – Ph. Gauthier – T. Hackens (Hrsg.), Numismatique antique. Problèmes et méthodes, Nancy – Leuwen 1974, 97–192.

[12] Vgl. R. J. Hopper, The Attic Silver Mines in the Fourth Century B. C., Annals of the British School at Athens 48, 1953, 200–54; ders., The Laureion Mines: a Reconsideration, Annals of the British School at Athens 63, 1968, 293–326.

[13] Dazu N. Lewis, ‚Leitourgia' and Related Terms, Greek, Roman and Byzantine Studies 3, 1960; ders., Greek, Roman and Byzantine Studies 6, 1965, 227–30.

[14] Ein interessantes Beispiel bietet Lysias 21,1–10.

[15] Vgl. J. K. Davies, Demosthenes on Liturgies: a Note, JHS 87, 1967, 33–40.

[16] Vgl. z. B. Thukydides 6,44,2f.; Xenophon, Anabasis 5,5, 14f.; s. dazu auch

R. Martin, Recherches sur l'agora grecque, Paris 1951, 281–87; de Ste Croix, The Origins of the Peloponnesian War 339f. Zu diesen und anderen Methoden der Versorgung W.K. Pritchett, The Greek State at War Bd 1, Berkeley-Los Angeles 1971, Kap. 2, besonders 41–49.

[17] Dazu Ed. Will, Fonctions de la monnaie dans les cités grecques de l'époque classique, in: Numismatique antique. Problèmes et méthodes 233–46.

[18] J.A.O. Larsen, Freedom and Its Obstacles in Ancient Greece, Classical Philology 57, 1962, 230–34.

[19] Zu jedem Aspekt dieses Reiches s. grundsätzlich R. Meiggs, The Athenian Empire, Oxford 1972.

[20] Thukydides 1, 100,2. De Ste Croix, The Origins of the Peloponnesian War 42f. ist dazu anderer Ansicht.

[21] Zu einem besonderen Beispiel der Ausnutzung durch Privatleute s. Ph. Gauthier, A propos des clérouquies athéniennes du Ve siècle, in: M.I. Finley (Hrsg.), Problèmes de la terre en Grèce ancienne, Paris-Den Haag 1973, 163–78.

VII. Die Zeit der Krisen

[1] Dazu J.K. Anderson, Military Theory and Practice in the Age of Xenophon, Berkeley-Los Angeles 1970; J.G.P. Best, Thracian Peltasts and Their Influence on Greek Warfare, Groningen 1969; Y. Garlan, La guerre dans l'antiquité, Paris 1972; ders., Recherches de poliorcétique grecque, Paris 1974 und dazu die kritischen Bemerkungen von Ed. Will, La territoire, la ville et la poliorcétique grecque, Revue Historique 1975, 297–318; F.E. Winter, Greek Fortifications, Toronto 1969; W.K. Pritchett, The Greek State at War, 2 Bde, Berkeley-Los Angeles 1971–74.

[2] Vgl. W.K. Pritchett, The Greek State at War Bd 2, 59–132.

[3] Dazu H.W. Parke, Greek Mercenary Soldiers, Oxford 1933; A. Aymard, Mercenariat et histoire grecque, in: ders., Études d'histoire ancienne, Paris 1967, 487–98; J. Roy, The Mercennaries of Cyrus, Historia 16, 1967, 287–323; zum Einsatz griechischer Söldner im Persischen Reich s. auch R. Lane Fox, Alexander der Große, Düsseldorf 1974, 204–07.

[4] Dazu Pélékidis, Histoire de l'ephébie attique, Paris 1962; die oben Kap. 1, Anm. 38 zitierten Aufsätze von P. Vidal-Naquet; O.W. Reinmuth, The Ephebic Inscriptions of the Fourth Century, Leyden 1971.

[5] Vgl. dazu insbesondere G.E.M. de Ste Croix, The Origins of the Peloponnesian War, London 1972, 34–44 (mit Bibliographie).

[6] Eine Untersuchung sozialer Auseinandersetzungen im 4. Jahrhundert und im hellenistischen Griechenland hat A. Fuks, Patterns and Types of Social-Economic Revolution in Greece from the Fourth to the Second Century B.C., Ancient Society 5, 1974, 51–81 angekündigt.

[7] Durch Garlan, Recherches de poliorcétique grecque.

[8] Das ist eine der Thesen, die von C. Mossé, La fin de la démocratie athénienne, Paris 1962 vertreten werden; seitdem hat die Forscherin ihre Ansicht noch weiter präzisiert, s. dies., Le statut des paysans en Attique au IVe siècle, in: M.I. Finley (Hrsg.), Problèmes de la terre en Grèce ancienne, Paris-Den Haag 1973, 179–86; dies., La vie économique d'Athènes au IVe siècle: crise et renouveau?, in: Praelectiones Patavinae, Rom 1974, 135–44 sowie die letzte Klärung ihrer Position in: Ed. Will –

C. Mossé – P. Goukowsky (Hrsg.), Le monde grec et l'Orient Bd 2, Paris 1975, 103–32. Vgl. auch G. Audring, Grenzen der Konzentration von Grundeigentum in Attika während des 4. Jh. v. u. Z., Klio 56, 1974, 445–56; V. N. Andreyev, Some Aspects of Agrarian Conditions in Attica in The Fifth to Third Centuries B. C., Eirene 12, 1974, 5–46.

9 In diesem Zusammenhang kann man Xenophon, Memorabilien 2,7 zitieren, obgleich es da um die Situation im Bürgerkrieg 403/02 geht.

10 Über Wirtschaft und Gesellschaft Athens in dieser Zeit s. die bibliographischen Angaben oben Anm. 8 sowie S. C. Humphreys, Economy and Society in Classical Athens, Annali della Scuola Normale Superiore di Pisa 39, 1970, 1–26, jetzt in: dies., Anthropology and the Greeks, London 1978, 136–58; J. Pečírka, The Crisis of the Athenian Polis in the Fourth Century B. C., Eirene 14, 1976, 5–29. Zum Problem der Importe und Exporte in Athen s. die Sammlung von Belegen bei E. Erxleben, Das Verhältnis des Handels zum Produktionsaufkommen in Attica im 5. und 4. Jahrhundert v. u. Z., Klio 57, 1975, 365–98.

11 Vgl. M. Rostovtzeff, Gesellschafts- und Wirtschaftsgeschichte der hellenistischen Welt Bd 1, Darmstadt 1956, 80–97; Mossé, La fin de la démocratie athénienne, 125–31; vgl. dagegen S. C. Humphreys, Archaeology and the Economic and Social History of Classical Greece, La Parola del Passato 114, 1967, 388 f., jetzt in: dies., Anthropology and the Greeks, London 1978, 109 ff.

12 Dazu S. Perlmann, The Politicians in the Athenian Democracy of the Fourth Century B. C., Athenaeum 41, 1963, 327–55.

13 Dazu F. Poland, Das griechische Vereinswesen, Leipzig 1909; W. S. Ferguson, The Attic Orgeones, Harvard Theological Review 37, 1944, 61–140.

14 Vgl. T. T. B. Ryder, Koine Eirene, Oxford 1965 sowie die Rezension dazu von P. Vidal-Naquet, REG 80, 1967, 713 f.

15 Dazu L. Gernet, Sur les actions commerciales en droit athénien, in: ders., Droit et société dans la Grèce ancienne, Paris[2] 1964, 173–200, sowie zu den Sklaven a. O. 155–64. S. auch E. E. Cohen, Ancient Athenian Maritime Courts, Princeton 1973, der die traditionelle Interpretation der *dikai emmēnoi* als ‚Prozesse, die innerhalb eines Monats entschieden werden müssen', in Zweifel zieht (9–59; vgl. unten Anm. 16 und s. Anm. 13), aber s. dagegen die Rezension von Ph. Gauthier, REG 87, 1974, 424 f.; über den rechtlichen Status der Sklaven s. im allgemeinen A. R. W. Harrison, The Law of Athens Bd 1, Oxford 1968, 163–80.

16 In Thasos ist gegen Ende des 4. Jahrhunderts eine Kategorie von Prozessen belegt, die innerhalb eines Monats entschieden sein müssen; s. F. Salviat, Une nouvelle loi thasienne: institutions judiciaires et fêtes religieuses à la fin du IVe siècle av. J.-C., BCH 72, 1958, 209–12. Zur Vorbereitung des schriftlich fixierten Vertrages Claire Préaux, De la Grèce classique à l'Egypte hellénistique: note sur les contrats à clause exécutoire, Chronique d'Egypte 65, 1958, 102–12.

17 Vgl. F. D. Harvey, The Maritime Loan in Eupolis ‚Mankas' (P. Oxy. 2741), ZPE 23, 1976, 231–33.

18 Dazu G. E. M. de Ste Croix, Ancient Greek and Roman Maritime Loans, in: H. Edey – B. S. Yamey (Hrsg.), Debits, Credits, Finance and Profits. Essays in Honour of W. T. Baxter, London 1974, 41–59. Einige auf Bleitafeln erhaltene Inschriften aus Korkyra, auf denen der Kreditverkehr zwischen Privatleuten verzeichnet ist und die auf die Zeit um 500 datiert werden können, hat man für die älstesten Beispiele von Seedarlehen angesehen (s. P. Calligas, An Inscribed Lead Plaque from Korkyra, An-

nals of the British School at Athens 66, 1971, 85 f.); doch enthalten die Inschriften nichts, was diese Vermutung bestätigen könnte.

[19] Vgl. R. Bogaert, Banques et banquiers dans les cités grecques, Leyden 1968, mit den Bemerkungen dazu von S. C. Humphreys, JHS 90, 1970, 452–54. Des weiteren R. Bogaert, Epigraphica III: Texts on Bankers, Banking and Credit in the Greek World, Leyden 1976.

[20] Vgl. M. Rostovtzeff, Gesellschafts- und Wirtschaftsgeschichte der hellenistischen Welt Bd 1, Darmstadt 1956, 79 f.; doch betonte Rostovtzeff deutlich das Überleben des *homo politicus* in der alten griechischen Welt der hellenistischen Zeit (Bd 2, 892–94) und bis zu einem gewissen Grade sogar in den neuen Monarchien Asiens, obgleich dort der *homo oeconomicus* und *technicus* deutlicher in Erscheinung trat (Bd 2, 853 f.; vgl. auch Bd 1, 321 f.).

[21] So formuliert z. B. L. Edelstein, The Idea of Progress in Classical Antiquity, Baltimore 1967, 81–83.

[22] Vgl. M. I. Finley, Studies in Land and Credit in Ancient Athens, New Brunswick 1952, 27 und passim; ders., Land, Debt, and the Man of Property in Classical Athens, Political Science Quarterly 68, 1953, 249–68.

II. TEXTE UND DOKUMENTE

Erstes Kapitel

Grundvorstellungen und Hauptprobleme

1. Stücke aus einem Traktat über die ‚Ökonomie'

Wir hätten gezögert, diese Sammlung von Quellentexten mit zwei Passagen aus der Schrift ‚*Oikonomika*' zu beginnen, die uns unter den Werken des Aristoteles überliefert ist – in Wahrheit ist sie sicher nach dem Tode Alexanders entstanden und liegt außerhalb der zeitlichen Grenze, die wir für dieses Buch festgelegt haben –, wenn ihr Titel nicht bis heute gewisse Assoziationen hervorrufen würde. Im Zusammenhang mit dem zweiten Buch des Werkes zögert Michael Rostovtzeff nicht zu sagen, daß wir damit „eines der interessantesten Produkte griechischen spekulativen Denkens, mit praktischem Scharfsinn gepaart," vor uns hätten,[1] und daß darin das getreue Abbild einer Welt vermittelt werde, in der die zwei Hauptformen wirtschaftlicher Organisation, die der *polis* und des Privatmannes einerseits und die des Perserreichs unter der Herrschaft des Großkönigs und den Satrapen andererseits, allmählich ineinander verschmolzen und die hellenistische Welt hervorbrachten. Das Werk ist in Wirklichkeit von viel bescheidenerer Bedeutung, und es handelt nicht von Wirtschaft, sondern von Verwaltung. Wie verhält sich die ‚Ökonomie'[2] – d.h. die Vorratskammer der Hausfrau – zur Politik? Das ist die Frage, die sich der Schüler des Aristoteles im ersten Buch des Werkes stellt. Was die Einleitung zum zweiten Buch angeht, so wird dort nicht zwischen mehreren Wirtschaftsräumen unterschieden, sondern zwischen mehreren Ebenen finanztechnischer Entscheidungsmöglichkeiten in einem Reich wie dem des Großkönigs oder seines Nachfolgers, Alexanders des Großen.

A. Ökonomie und Politik unterscheiden sich nicht nur ebenso wie Haus und Stadt (diese nämlich liegen ihnen als Objekt zugrunde), sondern auch deswegen, weil die Politik unter dem Einfluß vieler Herrschender steht, während die Ökonomie die Herrschaft eines Einzelnen ist. Einige Fertigkeiten *(technai)* nun sind unterschiedlicher Art, insofern es nämlich nicht dasselbe ist, ob man etwas herstellt oder das hergestellte Produkt benutzt, wie das Beispiel der Lyra und der Flöte zeigt; Aufgabe der Politik aber ist es, sowohl die Stadt von Grund auf zu errichten, wie auch sie wohl zu ordnen, wenn sie einmal da ist. Daher ist klar, daß es auch die Aufgabe der Ökonomie ist, einen Haushalt *(oikos)*[3] sowohl zu gründen wie zu ordnen.

Eine Stadt ist eine Menge von Häusern, Ländereien und Gütern, die ausreicht, das gute Leben zu ermöglichen. Das ist offensichtlich, denn wenn sie nicht ausreichten, um das zu erlangen, würde sich auch die Gemeinschaft auflösen. Ja mehr noch, deswegen (des guten Lebens wegen) schließen sich die Menschen zusammen. Es trifft sich aber, daß das, um dessentwillen etwas existiert und entstanden ist, auch sein Wesen ist. Es ist daher offenbar, daß die Ökonomie in ihrem Ursprung früher ist als die Politik. Und auch ihr Objekt: Ein Haus ist nämlich ein Teil der Stadt.

Pseudo-Aristoteles, Oikonomika 1,1–2

B. Wer auf gebührende Weise wirtschaften[4] *(oikonomein)* will, muß die Orte kennen, wo er tätig wird, muß von Natur aus begabt sein sowie aus eigenem Antrieb keine Mühen scheuen und gerecht sein. Wenn ihm von diesen Eigenschaften etwas fehlt, wird er in den Vorhaben, die er in die Hand nimmt, viele Fehler machen.

Es gibt vier Arten von ‚Wirtschaft' *(oikonomia)*[5], die im großen und ganzen folgendermaßen unterteilt werden (denn wir werden finden, daß die anderen in diese Arten mit hineinfallen): die des Großkönigs, die der Satrapen, die der Stadt und die des Privatmannes. Von diesen Arten ist die umfangreichste und die einfachste die des Großkönigs, ⟨die umfangreichste und schwierigste die des Satrapen⟩,[6] die vielseitigste und leichteste die der Stadt, die kleinste und vielseitigste die des Privatmannes. Notwendigerweise haben sie vieles miteinander gemein. Was aber eine jede von ihnen am meisten auszeichnet, das müssen wir untersuchen.

Zuerst nun wollen wir die königliche Wirtschaft untersuchen. Sie meint zwar das Ganze, doch hat sie vier Aspekte: den, bei dem es um das Münzgeld geht, den der Ausfuhr, den der Einfuhr und den der Ausgaben. Zu jedem dieser Aspekte will ich folgendes sagen: Beim Münzgeld besteht die Frage, wieviel und wann es geprägt werden soll, ob von hohem oder niedrigem Wert; bei Ausfuhr und Einfuhr, wann man etwas, das man von den Satrapen im Rahmen der Beiträge bekommen hat, mit Gewinn losschlägt, und was davon; bei den Ausgaben, welche man zurückstellen soll und wann, und ob man Münzgeld für die Aufwendungen geben soll oder statt Münzgeld Waren.

Zweitens die Wirtschaft des Satrapen: Sie hat sechs Arten der Einkünfte (aus Landwirtschaft, aus den besonderen Produkten im Lande, aus dem Handel, den Zöllen, aus Viehhaltung und aus übrigen Quellen). Von diesen sind die erste und wichtigste Art die Einkünfte aus Grund und Boden; das sind die, die einige die Naturalabgaben nennen, andere den Zehnten. An zweiter Stelle kommen die Einkünfte aus den besonderen Produkten, hier Gold, dort Silber und Kupfer, oder was sonst noch gewonnen werden kann. Drittens die Einkünfte aus den Handelshäfen. Viertens die Einkünfte aus den Wegezöllen und Marktgebühren. Fünftens die Einkünfte aus der Viehhaltung, die *epikarpia* oder Zehnter genannt werden. Sechstens die Einkünfte aus Steuern auf die Person, die Kopfsteuer oder Handwerkersteuer genannt werden.

Die dritte Form der Wirtschaft ist die der Stadt. Deren wichtigste Einkünfte sind die aus den besonderen Produkten im Lande. Dann kommen die aus den Hafengebühren und Transitzöllen. Schließlich die aus den übrigen Abgaben.

Die vierte und letzte Form der Wirtschaft ist die des Privatmannes. Sie ist uneinheitlich, weil sie nicht auf ein einziges Ziel hin wirtschaften muß, und sie ist die geringste, weil Einkünfte und Ausgaben unbedeutend sind. Ihre wichtigsten Einkünfte sind die aus der Landwirtschaft. Als zweites kommen die Einkünfte aus dem anderen, dem beweglichen Besitz,[7] drittens die Einkünfte aus Geldvermögen. Im übrigen gilt für diese am meisten, was allen Arten von ,Wirtschaft' gemein ist (und nicht als nebensächlich angesehen werden darf), daß nämlich die Ausgaben die Einkünfte nicht übersteigen dürfen.

Pseudo-Aristoteles, Oikonomika 2, 1–6

[1] M. Rostovtzeff, Gesellschafts- und Wirtschaftsgeschichte der hellenistischen Welt Bd 1, Darmstadt 1955, 57f.
[2] Hier und im ersten folgenden Text wurde das Wort ,Ökonomie' beibehalten, damit klar wird, wie die erwähnten Assoziationen zustande gekommen sind.
[3] Dieses meint zugleich die Familie, das Haus und den Besitz.
[4] Das Verbum ,wirtschaften' ist in seinem Gebrauch weniger von theoretischem Inhalt besetzt als das entsprechende Substantiv und kann hier im Sinne von ,verwalten' beibehalten werden. Dies bietet einen Hinweis, wie ,Wirtschaft' (in Anführungszeichen gesetzt) in diesem Text zu verstehen ist (Anm. d. Übers.).
[5] Zur Bedeutung von ,*oikonomia*' s. oben S. 8f.
[6] Die Worte innerhalb der spitzen Klammern fehlen in der handschriftlichen Überlieferung und sind ergänzt.
[7] Der griechische Text ist an dieser Stelle verderbt; der Übersetzung liegt eine der möglichen Wiederherstellungen zugrunde.

2. Aristoteles: Die Hauswirtschaft *(oikonomia)* und die Erwerbskunst *(chrematistikē)*

Das griechische Denken, das so viele Wissenschaften hervorgebracht hat, hat die Wirtschaftswissenschaft im Sinne einer politischen, einer Nationalökonomie nicht erfunden,[1] d. h., die Wissenschaft, die die Menschen in ihrer Eigenschaft als Produzenten und Konsumenten von Reichtümern betrachtet. Nichts ist geeigneter, die Bedeutung der epistemologischen Hindernisse zu erklären, denen sich die Griechen gegenübersahen,[2] als gerade der folgende Text des Aristoteles, der dem am nächsten kommt, was wir ökonomische Analyse nennen.[3] Das Problem lag nicht auf der Ebene der Feststellung von Fakten: Das Athen des 4. Jahrhunderts bot daran mehr als genug, und Aristoteles hat sie sehr wohl gesammelt. Es gab, so könnte man sagen, ein klar erkennbares Hindernis und eines, das mehr im Verborgenen lag. Griechische Wissenschaft beschäftigt sich grundsätzlich mit Dingen, die eine Grenze haben; Unbegrenztes kann gerade nicht Gegenstand der Wissenschaft sein. Die Erwerbskunst *(chrematistikē)*[4] aber, d. h. die Kunst, Reichtümer aufzuhäufen, hat in der zweiten Bedeutung, die Aristoteles diesem Begriff zuspricht, keine Grenze und gehört also nicht in den Bereich der Wissenschaft. Aber Grenze und Ziel in der Wissenschaft sind ihrerseits verbunden mit entsprechenden sozialen und technischen Vorstellungen (wobei hier die Frage der Priorität nicht aufgeworfen werden soll). Der häusliche Bereich, der der eigentliche Gegenstand der ,Ökonomie' ist, ist ein begrenzter Raum, auf den Herd als Mittelpunkt konzentriert; begrenzt ist der Raum der *polis* mit ihrer beschränkten Zahl von Bürgern, ihrem in sich geschlossenen Territorium (die entlegenen Grenzregionen liegen nach dem Verständnis der Griechen am Rande der Wildnis); begrenzt ist schließlich die Arbeit des Handwerkers, der nicht in Serie produziert, nicht Dinge, sondern ein Ding: eine Vase, eine Statue, eine Säule. Es gibt die Kaufleute, die von außen kommen, doch wenn die Stadt die Auswirkung der Neuerungen spürt, die ihr Handeln mit sich bringt, so versucht das politische Denken die Bresche auszufüllen, die Chrematistik in die *polis* zu integrieren.

Nach diesem allen ist denn nun die eine Art von Erwerbskunst naturgemäß ein Teil der Hausverwaltungskunst *(oikonomia)*,[5] diejenige nämlich, deren Aufgabe es ist, einen Vorrat zu sammeln von Gegenständen, die notwendig zum Leben und nützlich für die staatliche und häusliche Gemeinschaft *(koinōnia)*[6] sind und die daher auch entweder schon vorhanden sein oder durch die Hausverwaltungskunst herbeigeschafft werden müssen. In diesen Dingen scheint auch der wahre Reichtum zu bestehen. Denn das zu einem zweckentsprechenden Leben genügende Maß eines solchen Besitzes geht nicht ins Unendliche, und von ihm gilt nicht, was Solon dichtete: „Reichtum hat keine Grenze, die greifbar den Menschen gesetzt ist"[7], vielmehr ist hier wohl eine gesetzt, gerade wie bei den Mitteln aller anderen Künste *(technē)*[8]. Denn in keiner einzigen Kunst gibt es Werkzeuge, denen die Unendlichkeit zukäme weder an Menge noch an Größe, der Reichtum aber ist eben nichts anderes als die Menge von Mitteln und Werkzeugen für die Haus- und Staatsverwaltung. Daß es also eine naturgemäße Erwerbskunst für die Hausverwalter *(oikonomos)* und die Staatsmänner *(politikos)* gibt und weshalb, ist hiernach klar.

Es gibt aber noch eine Art von Erwerbskunst *(ktētikē)*, die man vorzugsweise und mit Recht die Kunst des Gelderwerbs *(chrematistikē)* nennt, und sie ist es, welche die Schuld daran trägt, daß es für Reichtum *(ploutos)* und Besitz *(ktēsis)* keinerlei Grenze zu geben scheint, und viele halten sie für eine und dieselbe mit jener ersteren wegen der nahen Verwandtschaft mit ihr.[9] In Wahrheit aber ist sie doch, obwohl sie ihr nicht fernsteht, keineswegs einerlei mit ihr.[10] Denn jene ist eine naturgemäße Erwerbsweise, diese dagegen ist keine naturgemäße, sondern sie kommt vielmehr zustande durch Erfahrung *(empeiria)* und Kunst *(technē)*.[11]

Nehmen wir nun für ihre Betrachtung folgenden Ausgangspunkt.

Die Benutzung eines jeden Besitztums ist eine doppelte, und beide Male wird das Besitztum als solches,[12] aber nicht als solches in der gleichen Weise benutzt, sondern die eine Art von Benutzung ist die dem Gegenstand eigentümliche, die andere nicht, z. B. den Schuh kann man benutzen zum Anziehen, aber auch als Tauschmittel. Denn beides sind wirklich Benutzungsweisen des Schuhs, insofern auch der, welcher einem anderen, der eines Schuhs bedarf, einen solchen für Geld oder Lebensmittel zum Tausch gibt, damit den Schuh als Schuh benutzt,[13] aber nicht in der demselben eigentümlichen Benutzungsweise, denn nicht zu dem Zweck ist der Schuh gemacht, als

Tauschmittel zu dienen. Und ebenso verhält es sich mit allen anderen Besitzstücken: Sie alle können als Tauschmittel verwandt werden. Der anfängliche Tauschhandel hatte einen durchaus natürlichen Ursprung, indem die Menschen von einem Gegenstand mehr und von einem anderen weniger haben, als sie bedürfen. Andererseits aber ist gerade hieraus auch ersichtlich, daß das Handelsgeschäft *(kapelikē)* nicht von Natur zur Erwerbskunst *(chrēmatistikē)*[14] gehört. Nur so weit nämlich, als es für den Lebensunterhalt ausreichend war, mußte sich notwendig der Tausch erstrecken. In der ursprünglichsten Gemeinschaft[15] daher, das ist im Hause, fand derselbe offenbar noch gar keinen Platz, sondern erst in der bereits erweiterten Gemeinschaft. Denn bei der ersteren war alles, was ihr zur Verfügung stand, gemeinschaftlich, die letztere hatte einiges für sich gesondert, was sie, je nach den Bedürfnissen, tauschte, wie es noch jetzt viele der Barbaren machen. Die Barbaren nämlich tauschen die nutzbaren Gegenstände selbst gegeneinander, sie geben und nehmen Wein für Getreide, und ebenso mit allen anderen derartigen Artikeln, weiter aber gehen sie im Handel nicht. Ein solcher Tauschhandel nun ist weder wider die Natur noch bildet er bereits eine Klasse der Kunst des Gelderwerbs, denn er entstand nur, um die Mängel auszufüllen, die der natürlichen Selbstgenügsamkeit *(autarkeia)* des Lebens im Wege stehen; aber aus diesem entsprang jene Kunst in sehr begreiflicher Weise.[16] Denn da die gegenseitige Unterstützung durch Einfuhr des Mangelnden und Ausfuhr des Überflüssigen sich immer weiter örtlich ausdehnte, verfiel man notwendigerweise auf die Einführung des Geldgebrauchs.[17] Nicht jedes der von Natur notwendigen Bedürfnisse war ein leichtbewegliches Gut, und so kam man dahin überein,[18] zur Vermittlung des gegenseitigen Umtausches einen Gegenstand zu geben und zu nehmen, welcher, selbst zu den nutzbaren Dingen gehörig,[19] zugleich noch den Vorteil eines handlichen Gebrauchs für den Transport hatte, wie Eisen, Silber und was weiter dahin gehört, und zwar so, daß man anfänglich seinen Wert einfach nach Größe und Gewicht bestimmte, schließlich aber es auch mit einem Prägezeichen versah, um sich die Mühe des Abwägens zu ersparen, indem nämlich jetzt dieser Stempel als Zeichen des Wertes aufgeprägt wurde.[20]

Und als nun so aus dem unentbehrlichen Bedürfnis des Tausches einmal das Geld hervorgegangen war, da bildete sich eine andere Art der Erwerbskunst, das Handelsgeschäft *(kapelikē)*,[21] anfänglich wahrscheinlich in sehr einfacher Art, bereits bald aber durch die Erfahrung in künstlicherer Weise *(technikōteron)* darauf gerichtet, wie und mit welchen Mitteln man beim Umsatz möglichst viel Gewinn machen könne. Daraus entsteht der Schein, als wäre die Erwerbskunst vorzugsweise auf das Geld gerichtet und die Aufgabe derselben, daß sie zu erkennen vermöge, woraus sich möglichst viel Geld ziehen lasse, sofern sie es ja in der Tat mit der Herbeischaffung von Reichtum und Vermögen zu tun habe. Denn auch den Reichtum hält man insgemein für die Masse von möglichst viel Geld, und so entsteht denn der Glaube, daß die Erwerbskunst es hiermit zu tun habe und im Handelsgeschäft *(kapelikē)* bestehe. Dann indessen hört man auch wieder, mit dem Gelde sei es nichts als leeres Gerede und es sei schlechterdings nur eine Satzung *(nomos)* und von Natur gar nichts, weil, sobald eine Münzveränderung vorgenommen ist, es nichts mehr wert und zu keinem der notwendigen Lebensbedürfnisse nütze sei,[22] und weil es einem, der Geld im Überfluß habe, doch an den notwendigen Lebensmitteln fehlen könne und es denn doch widersinnig sei, daß das Reichtum sein sollte, in dessen Vollbesitz einer Hungers sterben könne, wie von jenem Midas die Sage geht, indem ihm in Erfüllung seiner unersättlichen Wünsche alles ihm Vorgesetzte zu Gold wurde.

Und so suchen denn die Vertreter dieser Ansicht in etwas anderem das wahre Wesen des Reichtums und der Erwerbskunde, und sie tun recht daran. Denn in etwas anderem besteht der natürliche Reichtum und die naturgemäße Erwerbskunde, und nur diese letztere ist die zur Hausverwaltungskunde *(oikonomikē)* gehörige, während die künstliche im Handelsgeschäft *(kapelikē)* besteht, indem sie nicht auf den Vermögenserwerb überhaupt gerichtet ist, sondern auf Erwerb durch Vermögensumsatz.[23] Und diese hat es augenscheinlich mit dem Geld zu tun, denn das Geld ist beim Handel das Element und die Grenze.[24] Auch unbegrenzt aber ist der Reichtum, der durch diese Art von Erwerbskunst erzeugt wird. [...]

Die Art von Erwerbskunst dagegen, welche zur Hausverwaltungskunde gehört, hat eine Grenze, denn ein Reichtum jener Art[25] ist ja nicht ihre Aufgabe. Und so ist es denn offenbar, daß in gewisser Weise aller Reichtum seine notwendige Grenze hat, in der Wirklichkeit aber sehen wir das Gegenteil eintreten, denn alle, die auf den Erwerb bedacht sind, suchen ihr Geld bis ins Grenzenlose zu vermehren. Der Grund davon nun ist eben die nahe Berührung beider Arten von Erwerbskunst. Denn die Anwendung der einen spielt in die der anderen hinüber, weil beides Anwendungen derselben Sache sind. Es sind nämlich Anwendungen einer und derselben Gattung von Besitz, aber seitens der einen Erwerbskunst zu einem anderen Zweck und seitens der anderen bloß zu seiner Vermehrung.

Aristoteles, Politik 1256b26 – 1257b39

[1] Folgendes verdient seiner Paradoxie wegen Beachtung: Der Begriff ‚Nationalökonomie' oder, wie es in anderen europäischen Sprachen heißt, ‚Politische Ökonomie', der seiner etymologischen Herkunft nach und, wie gezeigt wurde, im Sprachgebrauch der aristotelischen Schule soviel bedeutet wie ‚häusliche Verwaltung auf der Ebene und im Interesse der *polis*', paßt wesentlich besser zum wirtschaftlichen Denken der Griechen als zu unseren modernen Wirtschaftswissenschaften.

[2] S. M. I. Finley, Aristoteles und die ökonomische Analyse, Jahrbuch für Wirtschaftsgeschichte 1971/2, 87–105 (englisch zuletzt in M. I. Finley (Hrsg.), Studies in Ancient Society, London 1974, 26–52).

[3] Außer acht bleiben soll hier das Problem sozialer Hindernisse, d. h. vor allem das der Spaltung der Gesellschaft der klassischen Zeit in Herren und Sklaven; vgl. oben S. 17–18.

[4] Das Wort ist abgeleitet von *chrēma*, was soviel bedeutet wie ‚etwas, dessen man bedarf' und im Plural ‚die Güter, der Besitz, der Reichtum, das Geld'. Die Chrematistik ist die Erwerbskunst im allgemeinen und im besonderen die Kunst, Geld zu machen.

[5] Aristoteles hat im Vorangehenden gerade gezeigt, daß es in jeder Kunst, auch der Jagd und dem Krieg, von vornherein einen Erwerbszweig gibt.
[6] *Koinōnia* ist ein Schlüsselwort im politischen Denken der Griechen. Das Wirtschaften ist nicht denkbar losgelöst von einer ‚Gemeinschaft', die mehr ist als nur die Summe ihrer ‚Bewohner' (s. Text 64).
[7] Solon fr. 1,71 Diehl (= fr. 13,71 West); in Wahrheit erklärt Solon hier, daß dem Gewinn die Strafe des Zeus folgt.
[8] Im Griechischen bedeutet das Wort *technē* einerseits soviel wie die Kunst, z. B. Reichtümer zu erwerben, zu jagen oder Geld zu verdienen, andererseits soviel wie der Beruf, z. B. eines Bäckers, eines Bildhauers oder eines Schmieds. Man kann es daher nicht ohne weiteres mit einem Wort übersetzen. Man muß verstehen, daß alles das, was man mit Hilfe eines Instruments verrichtet (einschließlich des lebenden Instruments, d. h. des Sklaven), in den Bereich von *technē* gehört.
[9] D. h. jener, die in den Bedürfnissen der Familie und der Stadt ihre Grenze hat.
[10] Es sind Beobachtungen dieser Art, die die Größe des Aristoteles ausmachen: Die logische und ethische Trennung von Erscheinungen steht in seinen Augen gewissen Formen der Affinität nicht im Wege, die sich in der täglichen Erfahrung zeigen.
[11] Ein weiteres Beispiel für die Vieldeutigkeit des Wortes *technē*, das Aristoteles hier nicht in Verbindung mit dem Ziel verwendet, auf das eine Kunst oder ein Beruf sich richten, sondern im Sinne der Form der Tätigkeit als solcher.
[12] Die Benutzung und der Tausch (wenn auch nicht jeglicher Tausch) sind der Natur der hergestellten Dinge gemäß.
[13] Man bleibt hier im Rahmen der ‚Hauswirtschaft'.
[14] Im zweiten Sinne dieses Begriffs, d. h. im Sinne des unbegrenzten Erwerbs. Aristoteles wird weiter unten im Text zeigen, daß der Kleinhandel *(kapelikē)*, indem er mit dem Gedanken an Gewinn verbunden ist, am Anfang der Chrematistik steht.
[15] Der ‚ersten' Gemeinschaft im logischen Sinne des Wortes ebenso und mehr noch als im chronologischen (vgl. Platon, Staat 2,369 d), und doch ist man versucht zu meinen, daß alle modernen Theorien vom ‚Urkommunismus' von diesem Text ausgehen.
[16] Dies ist ein Angelpunkt des Textes, denn nunmehr wird Aristoteles dazu übergehen zu zeigen, daß der theoretischen Überlegung nach, wenn auch nicht der Natur nach, die Chrematistik über das Zwischenglied des Geldes auf den Tausch zurückzuführen ist. Das ist der Text, aufgrund dessen Marx gemeint hat, Aristoteles habe sich an der Schwelle zur Entdeckung des Tauschwerts befunden, wenn auch nur an der Schwelle.
[17] Diesem ganzen Abschnitt über das Geld muß man die Passage aus der ‚Nikomachischen Ethik' gegenüberstellen, deren Übersetzung weiter unten zu finden ist (Text 44), und den dazugehörigen Kommentar bei Ed. Will, De l'aspect éthique des origines grecques de la monnaie, Revue Historique 212, 1954, 209–231.
[18] Das ist die zentrale Aussage dieser Überlegungen: das Geld ist nicht Teil der natürlichen Ordnung, sondern gehört dem Bereich sozialen Übereinkommens und mithin der *polis* an.
[19] Aristoteles definiert also das Münzgeld zugleich als Zeichen und als Ware, eine Definition, die weder auf das Muschelgeld noch auf die antiken Bronzemünzen gepaßt hätte.
[20] Die antiken Münzen tragen nur sehr selten eine Wertangabe, aber das aufgeprägte Symbol der *polis* garantierte den Metallwert einer bestimmten Münze.
[21] Hier handelt es sich um den Kleinhandel, der auf Gewinn und nicht auf Tausch aus ist – auf einen schnellen Gewinn, der nicht Risiken unterliegt wie der Seehandel.
[22] Diese Bemerkung des Aristoteles kann nur ganz verstanden werden, wenn man sie in Zusammenhang bringt mit dem, was in Text 44 über das Geld gesagt wird, dessen Wert allein auf Übereinkunft beruht. Solches Geld ist natürlich nicht Ware, wie es im vorangehenden Abschnitt definiert worden war.
[23] Der Händler, der am Nachmittag um zwei Drachmen verkauft, was er am Morgen um eine Drachme gekauft hat, hat nichts erschaffen, aber er schafft auf dem Wege des Tausches Geld. Diese Einsicht stellt eine Art Skandal dar.

[24] Das Geld ist das, was man austauscht und um dessentwillen man austauscht. Was also eigentlich das Unbegrenzte ist an der Chrematistik, ist zugleich eben das, was ihr Grenzen setzen sollte, nämlich das Geld als Mittel und Zweck.
[25] D. h. das unbegrenzte Anhäufen von Geld.

3. Hohes Ansehen des Krieges und Verachtung des Handwerks bei Barbaren und Griechen

Dieses Zeugnis Herodots geht, wie viele seiner Überlegungen, von einem Vergleich mit der Welt der Barbaren aus. In seinen Augen stellt Ägypten zugleich die Umkehrung und den Ursprung der griechischen Zivilisation dar (vgl. z. B. Herodot 2,35 und 43), aber was die Verachtung des Handwerks angeht, so zeigt sich darin kein Unterschied zwischen Griechen und Ägyptern, Griechen und Barbaren. Dieses Zeugnis ist um so erstaunlicher, als Herodot weit davon entfernt ist, ein Oligarch zu sein, sondern sich in die intellektuelle Strömung der Verteidiger der Demokratie in Athen einreiht. Interessant ist auch die Skala, die er aufstellt: Die spartanischen Krieger verachten die Handwerker am meisten, am wenigsten tun es die Kaufleute von Korinth. Doch beides bewegt sich innerhalb desselben Gesamtrahmens.

Auch sie (die ägyptischen Soldaten) dürfen kein Handwerk treiben, sondern sind ausschließlich Krieger; der Sohn erlernt diesen Beruf jeweils vom Vater. Ob die Griechen auch dies von den Ägyptern übernommen haben, kann ich nicht genau entscheiden. Ich sehe, daß auch bei den Thrakern, den Skythen, den Persern, den Lydern und fast allen Nichtgriechen die Handwerker und ihre Nachkommen geringer geachtet werden als die übrigen Bürger. Wer von körperlicher Arbeit frei ist, gilt für edel, besonders wer sich der Kriegskunst widmet. Das haben sämtliche Griechenstämme übernommen, besonders die Spartaner. Am wenigsten verachten die Korinther die Handwerker.

Herodot 2, 166,2–167,2

4. Sokrates bei Xenophon über Handwerker, Bauern und Krieger

Im Vergleich zum vorangehenden Text bieten die folgenden Auszüge aus dem ‚*Oikonomikos*', einem sokratischen Dialog, den Xenophon im ersten Viertel des 4. Jahrhunderts veröffentlicht hat, zwei Varianten. Soldat, der er war, sieht Xenophon im Krieg einen Beruf, wozu dieser im 4. Jahrhundert auch tatsächlich geworden war; auf ganz traditionelle Weise will er Krieg und Ausübung der Landwirtschaft miteinander verbinden. Die Landwirtschaft, die im traditionellen Denken nicht als Beruf galt, wird so Bestandteil eben dieser Kategorie, und in der Tat enthält der ‚*Oikonomikos*' einige zurückhaltende Vorschläge zur Verbesserung landwirtschaftlicher Methoden bei den Griechen. Der Bürger bei Xenophon wäre also ein Sachverständiger für Krieg und Landwirtschaft, zwei ‚Berufe', von denen man meint, sie ließen ihm ausreichend freie Zeit.

A. „Aber warum mußt du mir denn, Sokrates, alle Berufe *(technai)* vorführen?“ fragte Kritoboulos.[1] „Weder ist es leicht, sich in allen Berufen fähige Arbeiter zu beschaffen, noch ist es leicht, in allen selber bewandert zu sein. Aber die Berufe, die am schönsten sind und mit denen zu beschäftigen mir am meisten ansteht, die zeige mir als solche und außerdem, wer sie ausübt, und hilf mir, so gut du kannst, sie kennenzulernen.“

„Gut gesprochen, Kritoboulos“, antwortete er. „Denn die Berufe, die man als einfaches Handwerk *(banausikai)* bezeichnet, sind verschrieen und werden freilich zu Recht in den Städten verachtet. Denn sie schwächen diejenigen, die arbeiten und sich darum kümmern, körperlich, indem sie sie zwingen zu sitzen und sich drinnen im Schatten aufzuhalten, einige sogar, sich tagsüber am Feuer aufzuhalten. Wenn aber die Körper entkräftet sind, werden auch die Seelen viel schwächer. Diese handwerklichen Berufe lassen aber auch überhaupt keine Muße, sich um Freunde und die Stadt zu kümmern. Daher scheinen auch die, die sie ausüben, schlecht geeignet für freundschaftlichen Verkehr und dazu, Verteidiger ihrer Heimat zu sein. Und in einigen Städten, namentlich in denen, die für gute Kriegführung bekannt sind, ist es den Bürgern gar nicht erlaubt, ein sogenanntes einfaches Handwerk auszuüben.“

„Welches rätst du uns nun zu betreiben, Sokrates?“

„Wir brauchen uns wohl nicht zu schämen,“ sprach Sokrates, „den persischen Großkönig nachzuahmen? Jener, so sagt man, habe gemeint, daß zu den schönsten und notwendigsten Beschäftigungen der Beruf der Landwirtschaft und der des Krieges gehöre, und er habe sich diesen beiden mit Eifer gewidmet.“ *Xenophon, Oikonomikos 4,1–4.*

B. „Nun war uns also“ sprach Sokrates, „erschienen, daß *‚oikonomia‘* der Name einer Wissenschaft sei, und zwar der Wissenschaft, mit deren Hilfe die Menschen ihren Hausstand *(oikos)* mehren können; als Hausstand erschien uns das gesamte Vermögen; Vermögen, hatten wir gesagt, sei das, was einem jeden für sein Leben nützlich sei, und nützlich schließlich fanden wir alles, was jemand zu nutzen versteht. Nun schien es uns nicht möglich zu sein, alle Wissenschaften zu lernen, und wir hatten mit den Städten gemeinsam das sogenannte einfache Handwerk mißbilligt, weil es sowohl den Körper schwächt wie die Seele zerbricht. Der sicherste Beweis dafür war, hatten wir gesagt, wenn Feinde in das Land kämen, daß man Bauern und Handwerker voneinander trenne und dann beide frage, ob sie dem Lande zu Hilfe kommen oder das Land aufgeben und auf den Mauern Wache stehen wollten.[2] Wir waren nämlich folgender Meinung: Diejenigen, die rundherum Land hatten, würden beschließen es zu verteidigen, die Handwerker aber, nicht zu kämpfen, sondern wie sie erzogen waren, dazusitzen und Mühen und Gefahren zu scheuen. Wir sind also zu dem Urteil gekommen, daß die höchste Tätigkeit und Wissenschaft für einen guten und ehrenhaften Mann *(kalos kagathos)* die Landwirtschaft sei, aus der die Menschen die Mittel zu ihrer Existenz ziehen. *Xenophon, Oikonomikos 6,4–8*

[1] Der Gesprächspartner des Sokrates, Kritoboulos, ist ein reicher athenischer Bürger.
[2] Von diesen Strategien war die erstere die traditionelle, die andere die, die Perikles im Jahre 431 einschlug und die einen Bruch zwischen Stadt und Land voraussetzte. Zu beiden Y. Garlan, Recherches de poliorcétique grecque, Paris 1974.

5. Aristoteles über Berufe

Andere Variationen zum Thema finden sich in den zwei im folgenden übersetzten Auszügen der ‚Politik' des Aristoteles. Berufliche Tätigkeit ist es, die den Sklaven vom freien Mann trennt (s. auch Text 14); auch die Ausübung der Landwirtschaft gehört nicht zu den Tätigkeiten, die einem Bürger anstehen.

A. Deshalb waren in manchen Staaten vor alters die Gewerbetreibenden *(demiourgoi)* auch von der Teilnahme an den Staatsämtern *(archē)* ausgeschlossen und blieben es, bis die äußerste Demokratie eintrat. Die Verrichtungen von Leuten nun, welche Regierte in diesem Sinne sind, braucht weder der gute Staatsmann noch der gute Bürger ausüben zu lernen, es sei denn einmal aus Not zum eigenen Gebrauch; denn dann ist es nicht mehr so, daß der eine Herr, der andere Sklave ist. *Aristoteles, Politik 3,1277b1–7*

B. Hieraus ergibt sich denn, daß in dem aufs schönste verwalteten Staat, dessen Bürger gerechte Männer schlechthin und nicht bloß bedingungsweise sind, dieselben weder das Leben eines Handwerkers *(banausos)* noch das eines Kaufmanns führen dürfen, denn ein solches ist unedel und der Tugend *(aretē)* zuwider, und daß auch Ackerbauern diejenigen nicht sein dürfen, welche hier Staatsbürger sein wollen, denn es bedarf voller Muße *(scholē)* zur Ausbildung der Tugend und zur Besorgung der Staatsgeschäfte.
Aristoteles, Politik 7,1328b37–1329a2

6. Arbeitsteilung oder Vielfalt der Berufe

Man hat oft geschrieben, daß die Philosophen der Antike das Prinzip der Arbeitsteilung in der Gesellschaft vorausgeahnt hätten, wie es Adam Smith in den berühmten Passagen seines Buches ‚Über den Wohlstand der Nationen' entwickelt hat. In Wirklichkeit liegt aber der Akzent, wie die folgenden, fast gleichzeitig (um 375) verfaßten Texte Platons und Xenophons zeigen, nicht auf der Arbeit, sondern auf den Berufen, nicht auf der Möglichkeit, die Produktion zu erhöhen, sondern darauf, die Qualität zu verbessern.[1]

A. Platon spricht davon, wie man von einem ‚primitiven', wenn auch gesunden Staat zu einem modernen übergeht, das heißt zu einem mit dem Athen seiner Zeit vergleichbaren.

Sokrates: Die echte, gleichsam die gesunde Stadt scheint mir freilich die zu sein, die wir beschrieben haben; ist es hingegen euer Wunsch, dann sehen wir uns auch eine üppig aufgeblasene Stadt an; da hindert uns nichts daran. Denn ich glaube freilich, daß das und auch diese Lebensweise einigen nicht genügen wird, sondern da müssen Polster dazukommen und Tische und sonstiger Hausrat, dann auch Zuspeisen, Salben und Räucherwerk, Freudenmädchen und Leckereien, und alles das in mannigfacher Art. Und nicht nur das Lebensnotwendige, was wir vorhin erwähnt haben – Häuser, Kleider, Schuhe –, ist zu fordern, sondern man muß überdies die Malerei und die bunte Stickerei herbemühen und sich Gold und Elfenbein und all diese Dinge verschaffen, nicht wahr?

„Ja", sagte er.[2]

So müssen wir also wiederum die Stadt vergrößern. Denn jene, die gesunde, genügt nicht mehr, sondern sie muß jetzt durch eine Menge Menschen aufgefüllt werden, die nun nicht mehr um des Notwendigen willen in den Städten wohnen, wie zum Beispiel die Jäger aller Art und die nachahmenden Künstler, die vielen nämlich, die zeichnen oder malen, und auch die vielen, die sich mit der Musenkunst abgeben, wie Dichter und ihre Gehilfen, Rhapsoden, Schauspieler, Tänzer, Theaterunternehmer, und dann auch die Hersteller von allerhand Gegenständen, insbesondere von weiblichem Schmuck. Auch noch mehr Bediente werden wir nötig haben. Oder glaubst du nicht, daß man Erzieher brauchen wird und Ammen und Pflegerinnen und Zofen und Barbiere, ferner Bäcker und Köche? Auch Schweinehirten müssen wir jetzt haben; denn das gab es in unserer ursprünglichen Stadt nicht, weil es nicht nötig war. Jetzt aber, in dieser Stadt, haben wir auch das nötig. Und auch viel anderes Vieh jeder Art werden wir brauchen, das zum Essen dient, nicht wahr?

„Ohne Zweifel."

Und bei dieser Lebensweise werden wir auch viel mehr Ärzte brauchen als vorher.

„Allerdings." *Platon, Staat 2,, 372 e–373 d*

B. Xenophon seinerseits beschreibt die Vielfalt der Berufe in dem – fiktiven – Palast seines Helden Kyros.

Denn ebenso wie die verschiedenen Handwerkskünste *(technai)* in den großen Städten[3] am höchsten entwickelt sind, sind auf dieselbe Weise auch beim König die Speisen besonders gut zubereitet. In den kleinen Städten nämlich fertigen dieselben Leute ein Bett, eine Tür, einen Pflug, einen Tisch, und oft baut auch ebenderselbe Mann Häuser und ist zufrieden, wenn er so nur genügend Arbeit findet, um sich zu ernähren. Nun ist es aber unmöglich, daß ein Mensch, der vieles macht, alles gut macht. In den großen Städten aber genügt jedem auch ein Handwerk, um sich zu ernähren, da viele einer jeden Sache bedürfen. Oft genügt auch weniger als ein ganzes Handwerk: Z.B. fertigt der eine Schuhe für Männer, der andere für Frauen. Es gibt auch Orte, wo einer allein davon lebt, Schuhe zu reparieren, ein anderer nur davon, sie zuzuschneiden, wieder ein anderer nur davon, daß er die Oberleder zusammennäht, und schließlich einer, der nichts von all dem tut, sondern diese Teile zusammenfügt. Es ist nun aber zwingend, daß der, der auf einem kleinen Gebiet arbeitet, seine Arbeit am besten kann.[4]

Genau dasselbe gilt auch für die Art zu speisen. Wem nämlich derselbe Mann die Laken auf den Liegen zurechtmacht, den Tisch deckt, Brot knetet, mal diese und mal jene Speisen zubereitet, der muß notwendigerweise, meine ich, mit dem vorliebnehmen, was ein jeder kann. Wo aber genügend Arbeit da ist, daß einer Fleisch kocht, ein anderer es brät, einer Fisch kocht, ein anderer ihn brät, wieder ein anderer Brot bäckt, und nicht einmal davon alle Sorten, sondern es genügt, wenn er eine hochgeschätzte Sorte liefert, so glaube ich, daß so zubereitete Dinge alle ganz hervorragend gemacht sind.

Xenophon, Kyropaidia 8,2,6–7

[1] Dazu M.I.Finley, Aristoteles und die ökonomische Analyse, Jahrbuch für Wirtschaftsgeschichte 1971/II, 87–105.
[2] Adeimantos, der Bruder Platons, der sich mit Sokrates unterhält.
[3] Im Gegensatz zu den kleinen Städten.
[4] Das Ziel ist also, die Produktion zu verbessern, und nicht, sie zu steigern, wie in der Stecknadelfabrik bei Adam Smith.

7. Krieg in früheren Zeiten

Wenn Thukydides zurückblickt und Betrachtungen über die Vergangenheit Griechenlands anstellt, die der Gegenwart bei den Barbaren und sogar bei den Völkern Nordwestgriechenlands gleicht (s. Text 53), so gilt ihm der Krieg als die vornehmliche Art des Erwerbs. Es handelt sich hier aber noch nicht um jede beliebige Art des Krieges, sondern um Piraterie.

Die alten Griechen nämlich und die Barbaren auf den Inseln und in den Küstenländern verlegten sich, nachdem sie auch über See in lebhafteren Verkehr miteinander getreten waren, alsbald auf den Seeraub, wobei die Mächtigsten, teils um eigenen Gewinnes willen, teils um auch den Ärmeren Unterhalt zu verschaffen, die Führung übernahmen. Sie überfielen die unbefestigten, noch aus einzelnen Ortschaften bestehenden Städte[1] und plünderten sie, ja, das bildete gradezu ihren Haupterwerbszweig. Auch galten solche Raubzüge nicht etwa für schimpflich, sondern eher für Heldentaten. Gibt es doch auf dem Festlande auch jetzt noch Gegenden, wo man sich darauf etwas zugute tut, wie denn auch bei den alten Dichtern an Seefahrer bei ihrer Ankunft regelmäßig die Frage gerichtet wird, ob sie Räuber seien,[2] ohne daß sie selbst daran Anstoß nehmen oder die Fragenden ihnen damit einen Vorwurf machen wollen. Übrigens war das Räuberwesen auf dem festen Lande nicht minder im Schwange. Bis auf den heutigen Tag herrscht ja in Griechenland vielfach noch die alte Wohnweise, so bei den ozolischen Lokrern, den Aitoliern, den Akarnaniern und in den ihnen benachbarten Landesteilen, und das bei der dortigen Bevölkerung immer noch übliche Waffentragen ist ein Rest des alten Räuberwesens. Damals, als die Wohnsitze unbefestigt und die Straßen unsicher waren, war es in Griechenland ganz allgemein üblich, Waffen zu tragen; auch im gewöhnlichen Leben ging man, wie die Barbaren, immer bewaffnet. Und eben daraus, daß das in solchen Gegenden Griechenlands, wo sich die alte Wohnweise erhalten hat, auch jetzt noch Sitte ist, können wir schließen, daß sie früher allgemein gewesen sein wird.

Thukydides 1,5,1–6,2

[1] Vgl. Text 53 und 55.
[2] Eine Anspielung auf die Erzählungen von Telemach in Pylos (Odyssee 3,71–74) und von Odysseus bei den Kyklopen (Odyssee 9,252–55).

8. Übereinkunft über die Aufteilung der Beute und über den Handel in einem Vertrag zwischen den kretischen Städten Knossos und Tylissos unter Beteiligung von Argos (um 450)

In dem vorangehenden Text ist von Kriegsführung ohne jede Konvention die Rede; das war sozusagen ein Krieg, der noch in den Zustand der Wildheit hineinreichte. Der folgende Text einer Inschrift hingegen gibt ein Beispiel für eine Übereinkunft über die Aufteilung von Kriegsbeute zwischen zwei kretischen Städten, die unter dem Patronat von Argos handeln. Der Vertrag unterscheidet klar und deutlich zwischen dem, was zu Lande, und dem, was zu Wasser erbeutet wird; darüber hinaus wird unterschieden zwischen dem Beutegut, das verwendbar ist oder verkauft werden kann und von dem ein Zehntel einbehalten werden muß, um es einer Gottheit zu weihen, sowie andererseits kostbaren Dingen, die man getöteten Feinden abgenommen hat und die den Göttern grundsätzlich als Weihegabe zustehen.[2] Die beiden Städte treffen des weiteren eine Vereinbarung über freien Handelsverkehr.

Und was auch immer wir zusammen von den Feinden erbeuten, durch Teilung sollen sie (d. s. die Tylissier) den 3. Teil aller Beute zu Lande behalten, von aller Beute zur See die Hälfte. Die Knossier aber sollen den 10. Teil der gemeinsamen Beute erhalten.[3] Von der Beute aber sollen beide gemeinsam das Schönste nach Delphi schicken,[4] das andere aber sollen beide dem Ares in Knossos weihen.

Ausfuhr soll gestattet sein von Knossos nach Tylissos und von Tylissos nach Knossos. Führt aber jemand (d. h. ein Tylissier) nach dem Auslande aus,[5] dann soll er genau soviel entrichten wie die Knossier. Güter aus Tylissos aber können ausgeführt werden, wohin auch immer er es wünscht.

H. Bengtson, Die Staatsverträge des Altertums Bd 2, München[2] 1975, nr. 148 a 4–14 = Meiggs-Lewis nr. 42 B 4–14

[1] Es gibt in bezug auf die Position von Tylissos zwei unterschiedliche Interpretationen dieser Inschrift: Nach Meinung einiger ist der Text ein Vertrag zwischen Argos und Knossos, und Tylissos kommt nur als von Argos abhängige Stadt vor; nach Meinung anderer hingegen sind Knossos, Tylissos und Argos Mitglieder eines Bundes und schließen einen Vertrag als gleichrangige Partner und souveräne Staaten. Vgl. dazu den Kommentar bei Meiggs-Lewis.
[2] Dieses ist die Interpretation bei B. Bravo, Sulân, Annali della Scuola Normale Superiore di Pisa 10, 1980, 822. Eine andere Interpretation gibt A. Aymard, Le partage des profits de la guerre dans les traités d'alliance antique, in: ders., Études d'histoire ancienne, Paris 1967, 499–512.
[3] Dies ist ein Anzeichen für die Überlegenheit von Knossos über Tylissos; doch soll, zumindest nach der Interpretation durch B. Bravo, dieses Zehntel dazu bestimmt sein, einer Gottheit geweiht zu werden.
[4] Es handelt sich hier vermutlich um die prächtigsten Waffen.
[5] D. h. über Knossos hinaus.

9. Erträge aus Kriegführung: Die Athener und die Eroberung von Hykkara (Sommer 415)

Dieser kurze Bericht des Thukydides ist aus zwei Gründen interessant: Allein aus finanziellen Erwägungen plündern die Athener eine sikanische Stadt und verkaufen ihre Bevölkerung in die Sklaverei.[1] Doch liegt dieser Unternehmung eine Vereinbarung über die Aufteilung der Beute zugrunde, denn das Territorium der eroberten Stadt wird den Segestanern übergeben.[2]

Sie fuhren, das Land zur Linken, der sizilischen Küste entlang, auf der Seite gegen den Tyrrhenischen Golf, hielten auf Himera zu, die einzige hellenische Stadt in diesem Teil Siziliens, und da sie keine Aufnahme fanden, fuhren sie weiter. Unterwegs nahmen sie Hykkara, eine sikanische, mit Egesta[3] verfeindete Stadt unten an der Küste. Die Menschen machten sie zu Sklaven, die Stadt aber übergaben sie den Egestern (von denen Reiterei mitgeholfen hatte); sie selbst zogen mit dem Fußvolk zwischen den Sikelern durch nach Katane, während die Schiffe mit den Sklaven außen herumfuhren. Nikias lief gleich von Hykkara aus Egesta an, wo er 30 Talente in Empfang nahm[4] und alles übrige erledigte, dann war er wieder beim Heer. Sie verkauften die Sklaven und erlösten daraus 120 Talente.

Thukydides 6,62,2–4

[1] Dieses Verhalten war nach den Normen und Gewohnheiten des Krieges durchaus zulässig, selbst wenn die eroberte Stadt griechisch war.
[2] Es gibt zwei Interpretationen dieses Vorgangs: Nach E. Bikermann, Remarques sur le droit des gens dans la Grèce classique, in: Mélanges F. de Visscher Bd 3, Bruxelles 1950 (= RIDA 4, 1950), 119, Anm. 79 übte Segesta als sizilische Stadt an Ort und Stelle eine Art juristisch begründete Oberhoheit aus; A. Aymard, Le partage des profits a. O. (s. Text 8, Anm. 2) 502 hingegen glaubt, daß es sich nur um eine formlose Übereinkunft de facto handelte ohne eine vorangehende Vereinbarung.
[3] Segesta (oder Egesta) war eine Stadt der Elymer, war aber weitgehend hellenisiert.
[4] Der Betrag, den Segesta den Athenern als Preis für ihr Eingreifen gab.

10. Hesiod und die Notwendigkeit der Arbeit

Die Arbeit, oder besser gesagt die landwirtschaftliche Arbeit,[1] ist für Hesiod das traurige Schicksal der Sterblichen im eisernen Zeitalter – unserem Zeitalter, das sich so sehr von der goldenen Zeit unterscheidet, in der die „nahrunggebende Erde" noch von selbst eine reiche und vielfältige Ernte spendete (Werke und Tage 117f.). Die Arbeit ist nicht kreativ, noch weniger hat sie Entwicklung zum Ziel, sondern allein die Beschaffung der Nahrung.

Aber du erinnere dich immer an mein Gebot und arbeite, Perses,[2] von göttlicher Abstammung, damit dich der Hunger voll Haß meidet, damit die schönbekränzte, erhabene Demeter dich liebt und deine Scheuer mit Nahrung füllt. Denn der Hunger ist ja immer der Begleiter eines Mannes, der nicht arbeitet. Götter und Menschen zürnen dem, der ohne zu arbeiten lebt, in seiner Art wie die stachellosen Drohnen, die das mühevolle Werk der Bienen vergeuden und sich ohne Arbeit ernähren. Du aber sollst deine Arbeit gern tun und angemessen einteilen, damit die Scheuern mit Früchten des Jahres gefüllt sind. Durch Arbeit sind die Menschen reich an Herden und wohlhabend, und wenn du arbeitest, bist du den Unsterblichen viel lieber und werter.[3] Die Arbeit ist keine Schande, aber nicht zu arbeiten ist eine Schande. Wenn du arbeitest, wird der, der nicht arbeitet, dich bald wegen deines Wohlstands beneiden. Dem Wohlstand aber folgt Ehre und Ansehen.[4] So wie du durch göttliche Bestimmung bist, ist es das beste zu arbeiten,[5] wenn du deinen törichten Sinn von fremdem Besitz auf die Arbeit lenkst und für deinen Lebensunterhalt sorgst, wie ich dir entschieden rate.

Hesiod, Werke und Tage 298–316

[1] Die Arbeit des Handwerkers wird für etwas völlig anderes angesehen als landwirtschaftliche Betätigung. Hesiod sagt seinem Bruder: „Geh schnell an der Schmiede vorbei und an der sonnigen Versammlungshalle in der Winterszeit, wenn der Frost den Mann an der Arbeit hindert; ein tatkräftiger Mann mehrt auch dann den Nutzen des Hauses gewaltig." (Werke und Tage 493–495).
[2] Der Bruder des Hesiod.
[3] Zum religiösen Aspekt der Arbeit bei Hesiod M. Detienne, Crise agraire et attitude religieuse chez Hésiode, Bruxelles 1963.
[4] Im Griechischen heißt es hier *aretē* und *kydos;* das sind zwei Worte aus der heroischen Sprache und sie bedeuten zusammengenommen so viel wie ‚herausragende Fähigkeit' und ‚Erfolg' und ‚Prestige', die sich daraus ergeben.
[5] Eine Maxime, mit der sich Hesiod an diejenigen wendet, die nicht das Glück haben, Aristokraten zu sein.

11. Zwischen Künstler und Werk ist zu unterscheiden

Wenn Plutarch im 2. Jahrhundert n. Chr. versichert, man könne den Zeus des Phidias bewundern ohne Bewunderung für Phidias zu empfinden, meint er nicht dasselbe wie jener moderne Kritiker, der eines Tages erklärte, die großen Werke müßten anonym sein, damit man unterscheiden könne zwischen Herrn X, dem Verfasser des „Seidenen Schuh", und Herrn Paul Claudel, dem Botschafter Frankreichs. In Wahrheit steht Plutarch damit in einer uralten Tradition (s. z. B. Text 113). Thukydides spricht von der Goldelfenbeinstatue der Athena (Text 87), ohne ein Wort über den zu verlieren, der sie geschaffen hat. Ein Bildhauer ist ein Handwerker, der zwar für das Werkstück und nicht als Tagelöhner bezahlt wird (Text 73), aber dennoch ist er nur ein Handwerker. Die Überlieferung zur Kunstgeschichte, die im 4. Jahrhundert beginnt, ist offenbar weitgehend unabhängig von der im eigentlichen Sinne historischen Überlieferung, in deren Mittelpunkt die *polis* steht.

So schätzen wir wohlriechende Salben und Purpurkleider, die Färber aber und die Salbenköche bleiben für uns gemeine und niedrige Handwerker. Antisthenes[1] gab darum die rechte Antwort, als man ihm Ismenias[2] als trefflichen Flötenspieler pries: „Dann ist er gewiß ein schlechter Mensch, wie wäre er sonst ein so trefflicher Flötenspieler?" Und als einst Alexander bei einem Gastmahl mit vollendeter Meisterschaft und Anmut die Zither schlug, sagte sein Vater Philipp zu ihm: „Schämst du dich nicht, so schön zu spielen? Es ist schon genug, wenn sich ein König die Zeit nimmt, Zitherspielen zuzuhören, und er erweist den Musen viel Ehre, wenn er sich zum Wettstreit solcher Künstler als Zuschauer einfindet."

[..] Noch nie ist in einem edlen, wohlbegabten Jüngling angesichts des olympischen Zeus[3] oder der Hera von Argos das Verlangen wach geworden, nun ebenfalls ein Pheidias oder Polyklet zu werden, und ebensowenig ein Anakreon oder Philemon oder Archilochos, wenn er sich an ihren Dichtungen ergötzte. Ein Werk mag uns durch seine Schönheit erfreuen. Das heißt aber nicht, daß sein Schöpfer notwendig unsere Achtung verdiene.

Plutarch, Perikles 1,4–2,1

[1] Philosoph und Schüler des Sokrates.
[2] Ein thebanischer Staatsmann.
[3] Die Kultstatue des Zeus in Olympia (das auf dem Territorium eines alten Staatsgebildes mit Namen Pisa lag), eines der Hauptwerke des Phidias.

12. Ist es möglich, als athenische Bürgerin mit Bändern zu handeln und doch respektabel zu sein?

Der Athener Euxitheos ist in Gefahr aufgrund eines Prozesses, den ein gewisser Eubulides gegen ihn angestrengt hat (um 346), sein Bürgerrecht zu verlieren, weil er angeblich von fremden Eltern abstamme. Ein wenig verlegen verteidigt er den Beruf seiner Mutter als respektabel.[1]

Ich komme nun auf meine Mutter zu sprechen, die gleichfalls von ihnen verunglimpft worden ist, und werde, was ich von ihr zu sagen habe, nicht minder mit Zeugnissen belegen. Der Vorwurf nämlich, welchen Euboulides sich gegen uns erlaubt hat, Männer von Athen, steht nicht allein mit den den Marktverkehr betreffenden Verordnungen, sondern auch mit den Gesetzen in Widerspruch, die denjenigen als Verleumder betrachtet wissen wollen, der einem Bürger oder einer Bürgerin das auf dem Markte betriebene Gewerbe zum Vorwurf macht. Wir geben es zu, daß wir mit Bändern handeln und daß wir nicht nach unserem Behagen leben. Gilt dir dies aber als ein Beweis, Euboulides, daß wir nicht Bürger sind, so will ich zeigen, daß ganz im Gegenteil gerade ein Fremder nicht auf dem Markte ein Geschäft betreiben darf.[2] [...] An euch ist es also, den Gesetzen Geltung zu verschaffen und nicht die Gewerbtreibenden für Fremde, sondern die böswilligen Ankläger für Schurken anzusehen. Denn wirfst du uns unser Gewerbe vor, Euboulides, so vergehst du dich selbst doch gegen ein anderes Gesetz, das gegen Müßiggang bestehende.[3] Ich freilich befinde mich jetzt in der schlimmen Lage, daß, während es ihm erlaubt ist, mir alles Schlechte nachzusagen, auch wenn es nicht zur Sache gehört, und alle Mittel zu meinem Nachteil aufzubieten, ich meinerseits euren Ordnungsruf erwarten muß, wenn ich erwähne, in welchem Berufe er sich umhertreibt in der Stadt. Und das nicht ohne Grund: denn wozu von Dingen reden, die euch bekannt sind? Erwägt also! Nach meiner Meinung nämlich ist eben unser Gewerbe der deutlichste Beweis, daß seine Beschuldigung unbegründet ist. Denn wenn er sagt, daß meine Mutter mit Bändern handle, sei aller Welt bekannt, so wäre es doch angebracht gewesen, daß eine Anzahl Leute, die sie persönlich kannten, dies bezeugten, und zwar nicht bloß vom Hörensagen, sondern so, daß, wenn sie hier fremd war, man aus den Marktbüchern ermittelte, ob sie Standgeld zahle, und nachwies, wo sie her sei; galt sie jedoch als Sklavin, daß vor allen derjenige, der sie gekauft, und wo nicht dieser, doch der, der sie verkauft, in Ermangelung beider aber irgendwer sonst als Zeuge dafür auftrat, daß sie entweder diente oder freigelassen war. So aber hat er, scheint es mir, anstatt das irgend zu beweisen, nur so ins Blaue hinein geschimpft. [...] Dann hat er auch meiner Mutter vorgeworfen, daß sie als Amme Dienste nahm. Wir leugnen auch nicht, daß dies der Fall gewesen ist, zu jener Zeit, als sich der Staat im Unglück und jedermann in Not befand.[4] Doch wie es kam, daß sie als Amme diente, das will ich euch auseinandersetzen. Und denkt dabei nichts Arges, Männer von Athen: auch jetzt gibt es ja genug Bürgerfrauen, die Ammendienste tun und die ich euch auf Verlangen mit Namen nennen will. Fürwahr, wenn wir nur reiche Leute wären, wir würden weder mit Bändern handeln, noch kümmerlich unser Leben fristen. Allein was hat das mit unserer Herkunft zu tun? Nichts, meiner Meinung nach.

Demosthenes, Gegen Euboulides 30–36

[1] Der Umstand, daß es sich um eine Frau handelt, die da arbeitet, kommt offenbar noch verschärfend hinzu.
[2] In Wahrheit mußten die Fremden nur eine besondere Abgabe zahlen, wie später aus dieser Rede hervorgeht.
[3] Ein Gesetz, über das man nicht sehr viel weiß (vgl. Lysias fr. 11; Herodot 2,177; Plutarch, Solon 17) und das vielleicht diejenigen zur Rechenschaft zog, die ihr Vermögen vergeudeten.
[4] Am Ende des Peloponnesischen Krieges.

13. Arbeit und Sklaverei

Die Utopie des Aristophanes zeigt Probleme auf. In der ‚Weibervolksversammlung' setzen die athenischen Frauen, die die Macht im Staate übernommen haben, als selbstverständlich voraus, daß die kommunistische Herrschaft, die sie errichten wollen, durch Sklavenarbeit als ausschließlicher Form der Arbeit ermöglicht wird (651–53). In der folgenden Szene aus der Komödie ‚Ploutos' (das ist das griechische Wort für Reichtum und der Name des entsprechenden Gottes), in der sich Penia (‚Armut') und Chremylos gegenüberstehen, werden die Dinge schon differenzierter gesehen. Um Sklaven kaufen zu können, muß man auch arbeiten. Die athenischen Verhältnisse setzen sowohl Arbeit wie Sklaverei voraus.

Was würde geschehen, wenn jedem Reichtum gegeben wäre? Ein Dialog zwischen Armut und einem alten Athener (388).

Penia:
Wenn Ploutos fortan, von der Blindheit kuriert, gleichmäßig die Güter verteilte,
Da würde von Stund' an kein Mensch sich der Kunst noch nützlichen Wissens befleißen:
Sie würden beseitigt, die beiden, alsdann, und es würde sich jeder bedanken,
Zu hämmern, zu schmieden, zu zimmern, zu baun Galeeren und Wagen und Räder,
Zu schneidern, zu schustern und Ziegel aus Lehm zu bereiten, zu walken und gerben!
Wer pflügte den Acker, wer hackte den Grund, wer streute die Saat der Demeter,
Wer rührte die Hand, wenn behaglich er könnt' und in müßiger Ruhe genießen?

Chremylos:
Ah, papperlapapp! Die Geschäfte zumal, die du aufzählst, machen die Sklaven,
Die Bedienten für uns!

Penia:
Die Bedienten? Woher bekommst du dann aber die Sklaven?

Chremylos:
Die Sklaven? – Natürlich: die kauft man für Geld!

Penia:
Doch vor allem – wo werden Verkäufer sich finden, wenn keinem an Geld es gebricht?

Chremylos:
Oh, ein Händler, ein spekulativer, kommt immer hierher aus Thessalien noch, wo die Seelenverkäufer zu Haus sind.

Penia:
Wenn es kommt, wie du eben es ausgemalt, da verschwinden die Seelenverkäufer,
Und diese gerade von allen zuerst; denn ein Reicher – wird der sich entschließen,
Ein Gewerbe wie das zu betreiben, bei dem er sein eigenes Leben aufs Spiel setzt?
Du selber alsdann mußt pflügen und sä'n, mußt hacken und schaffen und schwitzen.
Mühseliger dann ist dein Leben als jetzt.

Aristophanes, Ploutos 510–26

14. Frauen, Kinder, Handwerker, Sklaven: Die verschiedenen Arten sozialer Autorität

Aristoteles hatte die geniale Begabung, das tägliche Leben seiner Zeit in der Theorie zu erfassen. Auch wenn der Philosoph, wie in der folgenden Passage der ‚Politik', von abstrakten Theorien ausgeht (in diesem Falle die von Platon herrührende Auffassung von der Teilung der Seele in ein Regierendes und etwas, das regiert wird), so findet er am Ende seiner Überlegungen zur konkreten Realität zurück – in diesem Falle den sozialen Gruppen, die die griechische Gesellschaft ausschloß oder an den Rand drängte: Frauen, Kinder, Sklaven und – in gewissen Grenzen, die der Philosoph genau zu bestimmen sucht – Handwerker.

Innerhalb der Seele ist ein von Natur zum Regieren und ein von Natur zum Regiertwerden bestimmter Teil, jener der vernünftige *(logon echon),* dieser der vernunftlose *(alogon);* und eine verschiedene Art von Tugend ist es, die wir dem einen und die wir dem anderen zuschreiben. Und daraus ist denn klar, daß die Sache sich auch in allen anderen Fällen ebenso verhält. Also gibt es von Natur mehrere Arten von Regierenden und Regierten, denn auf andere Weise herrscht der Freie über den Sklaven und der Mann über das Weib und der Vater über das Kind; und ihnen allen wohnen freilich die nämlichen Teile der Seele inne, aber auf verschiedene Weise. Denn dem Sklaven fehlt überhaupt die Kraft zur Überlegung *(bouleutikon),* das Weib besitzt sie, aber ohne Entschiedenheit,[1] das Kind gleichfalls, aber noch nicht zur Vollendung entwickelt.[2]

Ebenso muß es sich auch mit den sittlichen Tugenden *(ethikē aretē)* verhalten: Teilhaben müssen zwar an ihnen alle, aber nicht auf die gleiche Weise, sondern jeder nur so weit, wie es für seine Aufgabe erforderlich ist. Der Regierende muß also die sittliche Tugend in ihrer Vollendung besitzen – denn jedes Werk hängt in allen seinen Teilen von dem Werkmeister ab, die Vernunft *(logos)* aber ist oberster Meister *(architektōn)* –, die anderen hingegen brauchen jeder nur so viel Tugend, wie von der Gesamtleistung auf sein Teil fällt. [...] Man täuscht sich, wenn man so ganz im allgemeinen sagt, Tugend sei die richtige Verfassung der Seele, oder das Rechttun und was dergleichen mehr ist, und viel besser verfahren die, welche die Tugenden jeder einzelnen Klasse aufzählen, wie Gorgias, als die, welche eine solche allgemeine Bestimmung geben. Denn sonst muß man z. B. annehmen, was der Dichter über die Frau sagt, „des Weibes Schmuck ist Schweigen",[3] sei für alle Menschen gültig, jedoch gilt diese Aussage für einen Mann nicht. Und da das Kind eben noch nicht zur Vollendung gereift ist, so gehört seine Tugend auch noch nicht ihm selber im Verhältnis zu sich selber an, sondern sie ist nur im Verhältnis zu der von ihm zu erreichenden Vollendung *(telos)* und zu seinem Erzieher vorhanden,[4] und ähnlich die des Sklaven nur im Verhältnis zu seinem Herrn *(despotēs)*.

Nun haben wir aber die Bestimmung getroffen,[5] daß der Sklave zu den unentbehrlichen Diensten brauchbar sein müsse, und daraus erhellt denn, daß er auch nur wenig Tugend braucht, nämlich nur so viel, daß er nicht aus Liederlichkeit und Feigheit seine Arbeit vernachlässigt. Freilich könnte man fragen, wenn diese eben aufgestellte Behauptung wahr ist, ob da etwa auch die Handwerker *(technitēs)* einer besonderen Tugend bedürfen, da ja auch sie oft aus Liederlichkeit ihre Arbeit vernachlässigen. Indessen ist hier ein großer Unterschied. Der Sklave lebt mit seinem Herrn zusammen, der Handwerker steht ihm ferner und hat nur so viel Anteil an der dem Sklaven eigentümlichen Tugend, wie er Anteil an der Sklavenarbeit hat.[6] Die Stellung nämlich des Handwerks ist die einer begrenzten Sklaverei *(douleia)*, aber Sklave ist einer von Natur, Schuster oder irgendein sonstiger Handwerker aber nicht.[7]

Und hieraus leuchtet denn nun ein, daß es Aufgabe des Herrn ist, seinem Sklaven die einem solchen eigentümliche Tugend beizubringen, und nicht Aufgabe dessen, der denselben bloß in seinen Dienstverrichtungen zu unterweisen versteht,[8] und folglich haben die unrecht, welche den Sklaven die Vernunft absprechen und behaupten, man müsse nur den Befehl gegen ihn anwenden.[9] Im Gegenteil, der Sklave bedarf dessen, daß man ihm zu Gemüte redet, noch mehr als die Kinder.

Doch genug hiervon! Über Mann und Frau aber und über Kinder und Vater und über die jedem dieser Teile eigentümliche Tugend sowie darüber, was in ihrem gegenseitigen Verkehr das Geziemende und Nichtgeziemende und auf welche Weise das erstere zu erreichen und das letztere zu vermeiden ist, wird erst in den Untersuchungen ‚Über die Staatsverfassungen' zu handeln sein;[10] denn da die gesamte Familie Teil des Staates *(polis)* und jene alle wieder Teile der Familie sind und die Tüchtigkeit des Teils nach der des Ganzen sich richten muß, so ist es notwendig, daß mit Rücksicht auf die Verfassung des Staates *(politeia)* die Erziehung auch der Frauen und Kinder betrieben wird, wenn anders es für die Tüchtigkeit des Staates darauf ankommt, daß tüchtig die Kinder und tüchtig die Weiber sind. Es muß aber wohl etwas darauf ankommen, da die Weiber die Hälfte der freien Leute im Staat bilden und aus den Kindern dereinst Teilnehmer des Staates werden sollen.[11] *Aristoteles, Politik 1,1260a4–1260b20*

[1] Genauer meint der griechische Text, daß die Frau zwar in der Lage sei, Überlegungen anzustellen, nicht aber, diesen eigenen Überlegungen die Kraft eines Gesetzes zu verleihen.

[2] Die Rede ist von dem wirklichen Kind, aber es ist klar, daß sich in der griechischen Gesellschaft die Hauptprobleme erst in der Zeit des Übergangs von Kindheit zum Erwachsensein stellen.

[3] Sophokles, Aias 293.

[4] Der Erwachsene ist die ‚Vollendung' des Kindes so wie der Herr die ‚Vollendung' des Sklaven ist.

[5] Im vorangehenden Abschnitt der ‚Politik'.

[6] Aristoteles erwähnt den Handwerker hier nur insofern, als er infolge der Abhängigkeit von dem, der ihm einen Auftrag erteilt, ein teilweiser Sklave ist.

[7] Man kann von Natur aus Sklave sein, aber man kann nicht von Natur aus Schuster oder Schneider sein.

[8] Was den Herrn auszeichnet ist seine Eigenschaft als freier Mann und nicht seine praktische Fertigkeit.

[9] Eine Anspielung auf Platon, Gesetze 6,777e. Der Sklave besitzt Vernunft, aber nur insofern, als er in der Lage ist, die vernünftigen Argumente des Herrn aufzunehmen.

[10] In den erhaltenen Werken des Aristoteles findet sich nirgendwo eine Erörterung dieser Fragen, wohl aber Ansätze in der Abhandlung mit dem Titel ‚*Oikonomika*', die uns unter seinem Namen überliefert ist.

[11] Die Unterscheidungen zwischen Mann und Frau oder Erwachsenem und Kind sind für den Verfasser der ‚Politik' nur von Bedeutung innerhalb der Gruppe der freien vollberechtigten Bürger. In einer anderen Passage führt Aristoteles das weiter aus: „Auch die Frau nämlich ist vom Charakter her gut und der Sklave, obwohl doch von ihnen die eine weniger wert ist und der andere ganz und gar schlecht" (Poetik 1454a20). Wenn in der Welt der Barbaren, der Welt derer, die „von Natur aus" Sklaven sind, „Frau und Sklave dieselbe Stellung haben, so liegt der Grund hiervon darin, daß ihnen überhaupt dasjenige fehlt, was von Natur zum Regieren bestimmt ist, vielmehr die Gemeinschaft hier nur die Verbindung einer Sklavin mit einem Sklaven ist" (Politik 1, 1252b5–7).

15. Die Frauen als Vorgänger der Sklaven

Im Bewußtsein der Athener war fest verankert, daß Frauen und Sklaven, auch wenn sie nicht auf der gleichen Stufe standen, zwei geringere Kategorien der Bevölkerung waren. In den mythischen Erzählungen über den Ursprung der Sklaverei ist es nicht die Arbeit des Mannes, die der Sklavenarbeit vorangeht, sondern die der Frau.[1] Es folgen zwei Beispiele solcher Erzählungen: ein Auszug aus Herodot und ein Fragment eines Komödienschriftstellers und Zeitgenossen des Aristophanes.

A. Die athenischen Frauen und die Pelasger[2]

Als die Pelasger von den Athenern aus Attika vertrieben waren – sei es zu recht oder unrecht; ich weiß es nicht und kann nur erzählen, was man darüber berichtet. Hekataios, der Sohn des Hegesandros,[3] spricht in seinem Geschichtswerk von Unrecht –, und als die Athener später das Land wiedersahen, das am Fuße des Hymettos lag und das sie ihnen zum Bewohnen gegeben hatten als Lohn für die Mauer, die diese einst um die Akropolis gezogen hatten,[4] als die Athener also das früher schlechte und wertlose Land jetzt wohlbestellt vorfanden, da packte sie Neid und Verlangen nach dem Gebiet. Und so vertrieben die Athener sie, ohne irgendeinen anderen Vorwand vorzubringen. Die Athener selbst dagegen behaupteten, die Vertreibung sei rechtmäßig gewesen; denn die am Fuße des Hymettos wohnenden Pelasger hätten, von diesem Stützpunkt ausgehend, sie beleidigt. Die Töchter der Athener und ihre Kinder[5] gingen immer nach Wasser zu der Quelle Enneakrounos.[6] Damals hatten ja die Athener und die anderen Griechen noch kein Dienstpersonal *(oiketai).* Immer aber, wenn sie an die Quelle kamen, taten ihnen die Pelasger aus Übermut und Geringschätzung Gewalt an. Und das war ihnen noch nicht genug. Schließlich faßten sie sogar den Plan, Athen anzugreifen. Dabei seien sie auf frischer Tat ertappt worden. Da zeigten sich die Athener doch viel edelmütiger als die Pelasger, indem sie diese auf Hinterlist ertappten Leute nicht töten wollten, was sie recht gut hätten tun können, sondern nur öffentlich des Landes verwiesen. Die vertriebenen Pelasger siedelten sich unter anderem auch auf Lemnos an. Jenes ist die Darstellung des Hekataios, dies der Bericht der Athener.

Herodot 6,137

B. Damals

Damals hatte niemand einen Manes oder Sekis[7] oder überhaupt einen Sklaven, sondern die Frauen selbst mußten alle schwere Arbeit im Hause tun. Auch sie sind es, die von früher Stunde an das Getreide mahlen, so daß das Dorf[8] davon widerhallt, wie sie ihre Mühlen drehen.

Pherekrates, Die Wilden, zitiert bei Athenaios, Deipnosophistai 6,263 b (= Koch, Comicorum Atticorum Fragmenta I p. 147, F 10)

[1] Beispiele dafür, daß die Arbeit in der frühen Zeit primitiver Verhältnisse von den Jungen geleistet wurde, sind der Text 50 C und die hier zitierte Passage aus Herodot. Zum Ganzen P. Vidal-Naquet, Réflexions sur l'historiographie grecque de l'esclavage, in: Actes du Colloque 1971 sur l'esclavage, Paris 1973, 25–44 (= ders., Le chasseur noir, Paris 1981, 223–48).

[2] Die Pelasger sind die mehr oder minder mythische Bevölkerung, die Griechenland vor den Griechen bewohnten. Die Athener werden von Herodot einerseits als hellenisierte Pelasger, andererseits als Gegner der Pelasger dargestellt.

[3] Hekataios von Milet, der erste griechische Historiker (6. Jahrhundert).
[4] Die älteste Befestigungsmauer der Akropolis war unter dem Namen ,*pelargikon*' oder ,*pelasgikon*' bekannt.
[5] Mit einer einzigen Ausnahme steht in allen Handschriften „ihre Töchter und ihre Kinder", und die modernen Herausgeber haben häufig sicher zu Unrecht „und ihre Kinder" unterdrückt.
[6] Diesen Namen trägt die Quelle, nachdem sie unter den Peisistratiden ausgebaut worden war (Thukydides 2,15). Vorher nannte man sie die ,Schönfließende' (Kallirhoē). Im Griechenland der klassischen Zeit, darauf sei hingewiesen, wurden die Besorgungen und Einkäufe von den Männern erledigt.
[7] Manes ist ein typisch phrygischer Name, Sekis ein griechischer Sklavenname. Dazu O. Masson, Les noms des esclaves dans la Grèce antique, in: Actes du Colloque 1971 sur l'esclavage, Paris 1973, 9–23.
[8] Das Dorf: vor der Entstehung der Stadt und der *polis*.

16. Mythische Erzählung über die Entstehung der Männerdemokratie in Athen

Ein Text von Varro, dem römischen Gelehrten und Zeitgenossen Ciceros, zitiert und kommentiert von Augustinus, erklärt, wie in grauer Vorzeit die Männer den Frauen das Stimmrecht genommen hätten. Der Mythos bringt die Unordnung primitiver Verhältnisse und das Stimmrecht für Frauen miteinander in Zusammenhang und andererseits Ordnung und männliche Vorherrschaft.[1] Diese Erzählung wird wohl nicht vor der Bürgerrechtsgesetzgebung des Perikles von 451/50 entstanden sein.

Denn dafür, daß man die Stadt Athen nannte, ein Name, der sicher von Minerva, auf griechisch Athene, herzuleiten ist, gibt Varro folgenden Grund an. Als daselbst plötzlich ein Olivenbaum zum Vorschein kam und an anderer Stelle Wasser hervorbrach, ward der König durch diese Wunderzeichen beunruhigt und ließ beim Delphischen Apollo nachfragen, wie das zu deuten und was dabei zu tun sei. Der gab zur Antwort, der Ölbaum weise auf Minerva hin, das Wasser auf Neptun,[2] und es sei nun den Bürgern anheimgestellt, nach welcher der beiden Gottheiten, deren Wahrzeichen jene Erscheinungen seien, sie die Stadt benennen wollten. Nach Empfang dieses Orakelspruches rief Kekrops[3] alle Bürger beiderlei Geschlechts zusammen – es war nämlich damals und dortzulande üblich, daß auch die Frauen an öffentlichen Beratungen teilnahmen –, um abzustimmen. Bei Befragung der Menge gaben sodann die Männer ihre Stimmen für Neptun, die Frauen für Minerva ab, und da sich herausstellte, daß eine Frauenstimme mehr war, siegte Minerva. Darüber erzürnt, verwüstete Neptun mit wilden Meeresfluten das Land der Athener, machte es doch den Dämonen wenig Mühe, beliebig viel Wasser weithin auszuschütten. Seinen Groll zu besänftigen, so erzählt derselbe Gewährsmann weiter, hätten die Athener den Frauen eine dreifache Strafe auferlegt. Keine von ihnen durfte hinfort mehr mitstimmen, kein Kind den mütterlichen Namen tragen[4] und niemand sie fernerhin Athenerinnen heißen.[5] *Varro bei Augustinus, Der Staat Gottes 18,9*

[1] Für einen detaillierteren Kommentar s. die oben S. 131, Anm. 37 zitierten Artikel von S. G. Pembroke und P. Vidal-Naquet.
[2] Athena und Poseidon.
[3] Der erste mythische König Athens, ein Kulturheros, dem die Erfindung der Landwirtschaft und der Ehe zugesprochen wird.
[4] Die Familienzugehörigkeit ist bei den Griechen grundsätzlich patrilinear. Die Erzählung bei Varro muß im Zusammenhang gesehen werden mit jener Überlieferung, die Kekrops zum Erfinder der Ehe macht. Unter ‚natürlichen' Verhältnissen können Kinder nur durch den Namen ihrer Mutter bezeichnet werden, denn sie haben viele ‚Väter'. Mit der ‚Erfindung' der Ehe wird die patrilineare Ableitung der Familienzugehörigkeit zur Norm.
[5] Sie sind nicht Bürger, sondern nur Töchter von Bürgern.

17. Nikias gegen Alkibiades: Die Alten gegen die Jungen? Die Debatte über die Sizilische Expedition (415)

Der Gegensatz zwischen Jungen und Erwachsenen in einer griechischen Gesellschaft konnte auf vielen verschiedenen Ebenen Ausdruck finden. Das hat hier jetzt nichts zu tun mit den *‚rites de passage'*, die den Eintritt des jungen Mannes in die Welt der Erwachsenen besonders herausstellten,[1] und auch nichts mit den Begräbnisriten, wie sie die Ausgrabungen in Eretria gezeigt haben, daß nämlich die gestorbenen Kinder bis in das Alter des Heranwachsens begraben wurden (was der Natur eher entspricht), während die Erwachsenen verbrannt wurden.[2] Es geht vielmehr um Dinge wie die Tatsache, daß selbst in politischen Versammlungen das Wort zunächst den ältesten Bürgern erteilt wurde.[3] Der Gegensatz zwischen Nikias und Alkibiades ist daher in zweifacher Hinsicht bezeichnend. Alkibiades schreibt der Jugend das Verdienst an dem Geist der Erneuerung zu, der für Athen charakteristisch ist, aber er wagt sich doch nicht so weit hervor, etwas anderes vorzuschlagen als ein gemeinsames Vorgehen von jung und alt (er muß in der Tat ja die athenische Volksversammlung überzeugen und nicht eine Zuhörerschaft von jungen Leuten). Was Thukydides betrifft, so kennt er den Ausgang der Geschichte, d. h. die Sizilische Katastrophe und den Verrat des Alkibiades, und er legt den Akzent auf die Gefahr, die von der Jugend droht.

Nikias: „Mit Besorgnis sehe ich grade sie als seine Anhänger hier sitzen, und ich richte deshalb an die Älteren die dringende Bitte, sich nicht von einem, der neben ihnen sitzt, einschüchtern und durch den Vorwurf der Feigheit abhalten zu lassen, gegen den Krieg zu stimmen, und nicht etwa gar selbst mit blinder Leidenschaft nach neuen Erwerbungen zu verlangen. Bekanntlich kommt man mit Leidenschaft selten zum Zweck, weit eher dagegen mit Besonnenheit. Also, um des Vaterlandes willen, das sich jetzt in der Tat in eine Gefahr wie nie zuvor stürzen will, stimmt dagegen. [. . .]"

Alkibiades entgegnet, nachdem er unter anderem auf die kürzlichen Erfolge seiner Politik auf der Peloponnes hingewiesen hat, folgendes:

„Und das hat der junge Mann mit der maßlosen Unbesonnenheit, für den man mich hält, euch durch geschickte Verhandlung mit den peloponnesischen Mächten fertiggebracht und sich dabei durch sein persönliches Auftreten ihr Vertrauen erworben. Fürchtet also auch jetzt meine Jugend und meine Unbesonnenheit nicht, sondern macht euch, solange ich noch bei voller Kraft bin und ihr auf Nikias Glück schwört, die Vorteile zunutze, die ihr von uns beiden haben könnt. [...]. Laßt euch auch durch Nikias nicht irremachen, wenn er euch zum Schlaraffenleben verführen und zwischen Alten und Jungen Zwietracht säen will, sondern so wie unsere Väter in einträchtigem Zusammenwirken von jung und alt die Stadt groß gemacht haben, so sucht auch ihr jetzt ihre Macht zu mehren, und glaubt nur, daß Jugend und Alter ohne einander nichts können, die richtige Mischung von etwas Leichtsinn, Manneskraft und bedächtiger Überlegung aber das Höchste vermag. Und wie es jedem geht, so zehrt auch eine Stadt, wenn sie sich völlig zugibt, letztlich an ihrem eigenen Fette, und ihre Kräfte verkümmern, während sie im Kampfe beständig dazulernt und sich daran gewöhnt, mit dem Degen statt mit Worten zu fechten." *Thukydides 6,13,1; 17,1; 18,6*

[1] S. oben S. 25 f. und, für bibliographische Hinweise, S. 132, Anm. 38.

[2] Dazu C. Bérard, Eretria III: l'Héroon à la porte de l'Ouest, Bern 1970; P. Vidal-Naquet, Les jeunes: le cru, l'enfant grec et le cuit, in: J. Le Goff – P. Nora, Faire de l'histoire, Bd 3, Paris 1974, 147 f. (= ders., Le chasseur noir, Paris 1981, 189 f.).

[3] Dazu P. Roussel, Étude sur le principe d'ancienneté dans le monde hellénique, Mémoires de l'Institut National de France, Académie des Inscriptions et Belles Lettres 43, 1951, 123–227.

18. Das niedere Volk aus der Sicht eines Oligarchen

Der Verfasser der Schrift vom ‚Staat der Athener' (weitere Auszüge aus dieser Schrift s. Text 74 und 85), der häufig als der ‚Alte Oligarch' bezeichnet wird, war einer der ersten, die den Gegensatz zwischen Arm und Reich in der attischen Demokratie bezeugen, dessen Logik er bestens verstand. Die folgende Textpassage ist auch ein gutes Beispiel für die Anwendung einer breiten Terminologie zur Bezeichnung gegensätzlicher sozialer Gruppen.

Es gilt aber auch wirklich für jedes Land, daß das bessere Element *(to beltiston)* Gegner der Demokratie ist; denn bei den Besseren ist Zuchtlosigkeit und Ungerechtigkeit am geringsten, gewissenhafter Eifer für das Gute und Edle *(ta chrēsta)* am größten, beim Volke *(dēmos)* aber Mangel an Bildung und Selbstzucht am größten und Gemeinheit *(ponēria)*; denn sowohl die Armut verleitet sie viel eher zur Schlechtigkeit als auch der Mangel an Erziehung und Bildung – seinerseits bedingt dadurch, daß es einigen der Leutchen an Mitteln gebricht.

Daraus aber könnte einer folgern, daß es geboten wäre, sie nicht alle ohne Unterschied reden und am Rate teilnehmen zu lassen,[1] sondern nur die Rechten *(dexiōtatoi)* und überhaupt ausgezeichnete *(aristoi)* Männer. Sie aber sind auch in diesem Punkte ausgezeichnet beraten, indem sie auch den gemeinen Mann *(ponēroi)* reden lassen; denn wenn nur die Edlen *(chrēstoi)* redeten und sich berieten, so wäre es ganz unleugbar für ihresgleichen selbst vorteilhaft, für die Volkspartei jedoch nicht gerade vorteilhaft; so aber, da jeder, wer da will, zu Worte kommt, wenn er sich nur erhebt, macht irgendein gemeiner Mensch ausfindig, was für ihn sowohl wie für seinesgleichen vorteilhaft ist.

Da könnte einer einwenden: Was kann denn ein solcher Mensch für sich und das Volk Vorteilhaftes ersinnen? Sie aber verstehen sehr wohl, daß der Mangel an Bildung und die Gemeinheit dieses Mannes gepaart mit Zuneigung eher lohnt als die Gediegenheit und Einsicht des Edlen gepaart mit Abneigung.

Mag nun ein Staatswesen zwar nicht infolge solcher Einrichtungen des öffentlichen Lebens den Anspruch erheben können, das politische Ideal zu sein, so mag doch die Demokratie am ehesten auf diese Weise erhalten werden. Das Volk hat es ja darauf abgesehen, nicht etwa in einem wohlgeordneten Staatswesen selbst geknechtet zu sein, sondern frei zu sein und zu herrschen, die Mißordnung aber kümmert es wenig; denn was du als das gerade Gegenteil eines wohlgeordneten Zustandes ansiehst, das Volk schöpft daraus seine Kraft und seine Freiheit.

Wenn du aber nach gesetzlicher Wohlordnung *(eunomia)* ausschaust, so wirst du fürs erste zu sehen bekommen, daß die rechten Männer ihnen die Gesetze geben, die Gewalt ferner werden die Edlen *(chrēstoi)* über die Gemeinen *(ponēroi)* haben und beraten werden die Edlen über die politischen Fragen und werden sinnlose Leute *(mainomenoi)* nicht zum Rate, zum Worte oder auch nur zu einer Versammlung zulassen; und die Folgewirkung dieser Vorteile wäre, daß das Volk binnen kurzem in einen Zustand der Knechtschaft verfiele.[2] *Pseudo-Xenophon, Der Staat der Athener 1,5–9*

[1] In der Volksversammlung.
[2] Der folgende Text, der sich mit den Sklaven beschäftigt, unten S. 248–249 (Text 74).

19. Soziale Organe, soziale Funktionen und soziale Klassen: Die Terminologie des Aristoteles

Aristoteles, der bedeutendste politische Theoretiker des Altertums, bediente sich bei seiner Beschreibung der verschiedenen griechischen Staaten seiner Zeit einer dreifachen Terminologie. Die erste ist ausdrücklich von der Biologie entlehnt, einer Wissenschaft, zu deren Begründern Aristoteles zählt: Gesellschaften haben Organe, ohne die sie nicht lebensfähig sind, wie zum Beispiel Bauern und Handwerker. Die zweite Terminologie hat die bei der Untersuchung der Seele verwendete zum Vorbild und betrifft das Funktionale: Eine *polis* kann nicht existieren, wenn die Erfüllung der beratenden, rechtlichen und militärischen Funktionen nicht gesichert ist. Diese beiden ersten Terminologien überschneiden sich ständig, so wie sich ja auch die Bereiche Körper und Seele, Materie und Gestalt überschneiden. Aber es kommt eine dritte Terminologie hinzu, die sehr viel mehr dem entspricht, was wir eine Analyse von Klassen nennen würden. Der permanente Gegensatz von Arm und Reich kann weder in organischen noch in funktionalen Termini erklärt werden, indes ist es dieser Gegensatz, der es erlaubt, politische Ordnungen zu klassifizieren. Doch nachdem Aristoteles diese grundlegende Feststellung getroffen hat, bemüht er sich dennoch, innerhalb dieser beiden Gruppen die für notwendig erachtete organische Klassifikation vorzunehmen.

Auch die Staaten bestehen nicht aus einem, sondern aus mehreren Teilen, wie wiederholt gesagt wurde. Einer derselben nun ist die Masse *(plēthos)*[1] derer, die Nahrungsmittel produzieren, der sogenannte Bauernstand *(geōrgoi)*, ein zweiter der sogenannte Handwerkerstand *(banausoi)*, der sich mit denjenigen Künsten *(technē)* beschäftigt, ohne welche der Staat nicht bestehen kann, indem die einen für das schlechthin Unentbehrliche vorhanden sein müssen und die anderen für den Luxus und die Verschönerung des Lebens, ein dritter sodann der Handelsstand *(agoraioi)*, d.h. alles, was sich mit Verkauf und Einkauf und mit Groß- wie mit Kleinhandel beschäftigt,[2] ein vierter der Tagelöhnerstand *(thetikon)*,[3] ein fünfter der Wehrstand *(propolemēson)*, der um nichts minder notwendig als alle jene Teile ist,[4] wenn anders der Staat nicht in die Knechtschaft eines jeden fallen soll, der ihn angreift; und in Wahrheit, es würde ein Ding der Unmöglichkeit sein, daß ein Staat seinen Namen verdiente, wenn er so von Natur dazu geeignet wäre, sich knechten zu lassen, denn der Staat ist etwas Selbständiges *(autarkes)*, nichts Knechtisches aber ist selbständig.[5] [...] Ob aber diese Tätigkeiten[6] als gesonderte Stände auftreten oder von demselben Stand ausgeübt werden, macht für das Argument keinen Unterschied, denn ebenso sind ja auch in vielen Staaten die Bauern zugleich die Krieger. Wenn nun diese Stände so gut wie jene als Teile des Staates zu setzen sind, so ist klar, daß auch der Kriegerstand einen notwendigen Teil des Staates darstellt.

Den siebenten Teil[7] machen sodann diejenigen aus, welche mit ihrem Vermögen die Staatslasten tragen, also die sogenannten Wohlhabenden, den achten die Verwalter der öffentlichen Angelegenheiten[8] und diejenigen, welche die Lasten der Regierungsämter *(archē)* tragen, sofern ja ohne Staatsbeamte kein Staat bestehen kann, daher es denn notwendig Leute im Staat geben muß, welche denselben zu regieren befähigt sind und diese Dienste für den Staat entweder ununterbrochen oder miteinander abwechselnd leisten. Und dann bleiben endlich noch die beiden eben bereits bestimmten Stände, nämlich der beratende und der, welcher die Rechtsstreitigkeiten entscheidet. Wenn also diese Geschäfte in den Staaten besorgt und gut und gerecht besorgt werden müssen, so bedarf es notwendig auch solcher Leute, welche die Tüchtigkeit echter Staatsmänner besitzen.[9] Alle diese Fähigkeiten *(dynamis)* nun lassen nach der Meinung vieler sich in denselben

Personen vereinigen, so daß also dieselben Leute zugleich Krieger, Bauern und Gewerbetreibende sind und dazu auch Ratsherren und Richter,[10] und selbst auf die Tugend *(aretē)* erheben alle Anspruch, und die meisten glauben, Regierungsämter verwalten zu können.[11] Daß dagegen dieselben Leute auch zugleich reich und arm seien, ist unmöglich. Und daher eben scheinen dies die wesentlichsten Teile des Staates zu sein, nämlich die Armen und die Reichen, und da überdies noch gewöhnlich die Reichen die Minder- und die Armen die Mehrzahl bilden, scheinen nur diese beiden Teile des Staates wirklich entgegengesetzte Teile desselben zu sein, so daß sie denn auch die Verfassungen nur, je nachdem einer dieser beiden Teile das Übergewicht hat, unterscheiden und zwei Verfassungen zu bestehen scheinen, Demokratie und Oligarchie.

Daß es nun mehrere Verfassungen gibt und aus welchen Ursachen, ist schon früher dargelegt worden,[12] daß es aber auch mehrere Arten von Demokratie und Oligarchie gibt, haben wir jetzt zu entwickeln. Indessen erhellt auch dies aus dem schon Dargelegten. Denn es gibt mehrere Arten sowohl des Volkes *(dēmos)* als der sogenannten Vornehmen *(gnōrimoi).* Eine Art des Volkes nämlich sind die Bauern,[13] eine andere die Gewerbetreibenden, eine dritte das Handelsvolk, d.h. alles, was mit Kauf und Verkauf zu tun hat, eine vierte die Seeleute, und diese selbst zerfallen wieder in Krieger, in Leute, die Erwerb *(chrēmatistikon)* suchen, in Fährleute und Fischer, und jede dieser Arten hat gewisse Orte, an denen sie zahlreich ist, so die Fischer in Tarent und Byzanz, die Kriegsmatrosen in Athen, die Kauffahrer in Aigina und Chios, die Fährleute in Tenedos, und zu allen diesen Leuten kommen dann ferner noch die Tagelöhner, die wegen ihrer dürftigen Lage sich keine Muße gönnen dürfen, ferner diejenigen, welche zwar frei sind, aber nicht beiderseits von Staatsbürgern abstammen,[14] und was es etwa sonst noch für ähnliche Arten von Leuten gibt. Die Unterschiede zwischen den vornehmen Leuten aber bestehen in Reichtum, Adel, Tugend *(aretē),* Bildung *(paideia),* und was weiter für Unterschiede von gleicher Art wie diese geltend gemacht werden. *Aristoteles, Politik 1290b39–1291b30*

[1] Das üblicherweise zur Bezeichnung der unteren Klassen verwendete Wort.

[2] Es war üblich, zwischen *emporoi* und *kapeloi* zu unterscheiden oder sie gar als Gegensatz aufzufassen (vgl. z.B. Text 84). Allgemein dazu M.I. Finkelstein, Emporos, Naukleros and Kapelos: A Prolegomena to the Study of Athenian Trade, Classical Philology 30, 1935, 320–67.

[3] Freie Männer, die jedoch von ihren Arbeitgebern abhängig waren.

[4] Dieses Kriterium des Notwendigen ist es, das Aristoteles hier die zu treffenden Unterscheidungen ermöglicht.

[5] Der folgende Abschnitt, der gegen Platons ‚Staat' polemisiert, wurde ausgelassen.

[6] Die Tätigkeiten in Hinblick auf die Befriedigung der wirtschaftlichen Bedürfnisse und auf den Krieg, im Interesse der Rechtssprechung und der politischen Beratung. Die ersten beiden wurden mit dem Körper auf eine Stufe gestellt, die letzten beiden mit der Seele.

[7] Den sechsten Teil hat Aristoteles nicht genannt.

[8] *Dēmiourgikon,* vgl. unten Text 28 und Kap. 1, S. 11f.

[9] Damit leitet Aristoteles fast unmerklich über zu einer Vorstellung vom sozusagen berufsmäßigen Staatsmann und Politiker, die im 4. Jahrhundert auftaucht, aber umstritten bleibt, wie der anschließende Text zeigt.
[10] Eigentlich vertritt Aristoteles hier nur die Meinung der Demokratie, daß zum Beispiel ein Athener gleichzeitig Mitglied des Rats *(boulē)* und des Geschworenengerichts *(heliaia)* sein kann.
[11] Das ist der eigentliche Grundgedanke der demokratischen Idee, wie sie meisterhaft dargestellt wird im Mythos, den Protagoras in dem platonischen Dialog erzählt, der seinen Namen trägt (Platon, Protagoras 320c–323a).
[12] Aristoteles, Politik 3,1278b5 ff.
[13] Aristoteles nimmt hier die Unterscheidungen, die er für die Stadt als Ganzes getroffen hat, wieder auf und entwickelt sie weiter. Im Hintergrund steht die Gleichsetzung von Tätigkeit der unteren Schichten mit dem, was den Staat als Körper aufrechterhält, und andererseits von beratenden und rechtlichen Funktionen mit dem Seelenleben.
[14] Sie waren seit der Bürgerrechtsgesetzgebung vom Jahre 451/50 von der Bürgerschaft ausgeschlossen; man konnte allerdings das Bürgerrecht unter gewissen Umständen anderswo erwerben (s. Text 91 A).

20. Verteilung von Staatsvermögen an die Bürger

Siphnos verwendete seine Einkünfte aus den Bergwerken zum Teil dazu, seinen eigenen Ruhm und den der Götter gemeinschaftlich zu feiern, ein anderer Teil wurde an die Bürger ausgezahlt (aber der Staat ist ja nichts anderes als die Gesamtheit seiner Bürger). In Athen hingegen wurde die Aufteilung des Geldes zwischen dem Staat und seinen Bürgern eine Frage des Entweder–Oder: entweder die 10 Drachmen oder die Trieren. Darin besteht das Neue an dem athenischen Beispiel; aber wenn die Lösung des Problems dabei auch variiert wurde, so sind die Rahmenbedingungen doch dieselben geblieben.

A. Die Gold- und Silberbergwerke von Siphnos[1]

Die Macht der Siphnier aber blühte zu jener Zeit,[2] und sie waren die reichsten unter den Inselbewohnern, da ihnen auf der Insel Gold- und Silberbergwerke gehörten. Sie waren so reich, daß sie von dem Zehnten, der von dort einging, ein so kostbares Schatzhaus in Delphi errichteten, wie es sich nur sehr reiche Leute leisten können. Sie selbst verteilten das in jedem Jahre anfallende Geld unter sich. *Herodot 3,57,2*

B. Der Antrag des Themistokles

Die Athener hatten viel Geld im Staatsschatz, daß ihnen aus den Bergwerken von Laureion einging. Dieses Geld sollte unter die Bürger verteilt werden, zehn Drachmen auf den Mann. Damals überredete Themistokles die Athener, mit dieser Verteilung aufzuhören und von dem Geld 200 Schiffe für den Krieg zu bauen, und zwar, wie er sagte, gegen Aigina.[3] Dieser Krieg, der damals ausbrach,[4] rettete ganz Griechenland; denn er zwang die Athener, ein Seevolk zu werden. Die Schiffe wurden für den damaligen Zweck gebaut, aber nicht mehr gebraucht. Nun kamen sie in der Not ganz

Griechenland zustatten; die Schiffe, die die Athener früher gebaut hatten, waren also bereits vorhanden, und man brauchte nur noch andere dazuzubauen. Als sie sich nach dem ergangenen Götterspruch berieten, beschlossen sie, dem Gotte gehorsam, dem Angriff des Feindes auf Griechenland mit aller Macht zur See zu begegnen, zusammen mit allen Griechen, die dazu bereit seien. *Herodot 7,144*

[1] Siphnos, eine Insel der Kykladen, ist vor allem berühmt geworden wegen des ‚Schatzhauses', das seine Bürger in Delphi haben errichten lassen.

[2] Im letzten Drittel des 6. Jahrhunderts.

[3] Das Flottenprogramm des Themistokles wurde im Jahre 483/82 beschlossen. Dazu J. Labarbe, La loi navale de Thémistocle, Paris 1957.

[4] Im Jahre 480, kurz vor der Schlacht bei Salamis.

Zweites Kapitel

Die homerische Welt

21. Die Ehren der Könige

Für den untadeligen König, wie ihn Homer beschreibt, „trägt die schwarze Erde Weizen und Gerste, beladen sind die Bäume mit Frucht, und es gebären beständig die Schafe, und das Meer gibt Fische dar, wegen der guten Herrschaft, und es gedeihen unter ihm die Männer des Volkes" (Odyssee 19,111–14). Dieses Bild, das die Fruchtbarkeit der Natur und des Menschen mit der untadeligen Herrschaft des Königs verbindet, ist außergewöhnlich bei Homer und man hat gesagt, es trage die Züge der archaischen Zeit.[1] Die herausgehobene Leistung des Königs war die kriegerische Leistung, und seine ‚wirtschaftlichen' Privilegien gründen sich auf seine Kampfkraft.

Sarpedon, der König der Lykier, wendet sich an seinen Gefährten Glaukos, um ihn im Kampf zu ermutigen.

> „Glaukos! warum sind wir beide wohl geehrt am meisten
> Mit Ehrensitz und Fleischstücken und vollen Bechern
> In Lykien, und alle blicken auf uns wie Götter?
> Und ein Landgut,[2] ein großes, bebauen wir an des Xanthos Ufern,
> Ein schönes, mit Baumgarten und Saatfeld, weizentragendem.
> Darum müssen wir bei den Lykiern jetzt unter den Ersten
> Stehen oder uns der brennenden Schlacht entgegenwerfen.
> Daß manch einer so spricht von den dicht gepanzerten Lykiern:
> ‚Wahrhaftig! nicht ruhmlos herrschen in Lykien
> Unsere Könige und speisen fette Schafe
> Und Wein, auserlesenen, honigsüßen; nein, auch die Kraft,
> Ist tüchtig, da sie bei den Lykiern unter den Ersten kämpfen!'"
>
> *Ilias 12,310–21*

[1] M.I. Finley, Die Welt des Odysseus, München[2] 1979, 100f.
[2] Auf griechisch heißt es hier *temenos.*

22. Homerische Werte

Nichts ist schwieriger in der homerischen Welt, als zu trennen – wenn man denn einen Unterschied machen will – zwischen Dingen, die vor Entstehen der Geldwirtschaft als Wertmaßstab für den Austausch dienten, solchen, die für die Schatzkammer und zur Repräsentation bestimmt waren,[1] beweglichen Gegenständen, die im täglichen Leben des Kriegers unerläßlich waren (wie Metall in Barren und in verarbeiteter Form) und schließlich einfachem Landbesitz. Symbole in der Zeit vor Entstehen der Geldwirtschaft? Der Ochse war der Wertmaßstab: Laërtes kaufte Eurykleia für den Preis von 20 Ochsen (Odyssee 1,430–31), aber das bedeutet nicht, daß der Ochse ein Tauschmittel war. Die Liste der Geschenke, die Agamemnon sich vornimmt Achilleus zu überreichen, um ihre Freundschaft wiederherzustellen, enthält Dinge, die noch lange Zeit als ‚prämonetäre' Werteinheiten dienen sollten[2] und noch im 4. Jahrhundert in den Tempelschätzen zugleich symbolischen Reichtum und Geld bedeuteten;[3] seine Liste nennt aber auch gefangene Frauen und ganze Städte.

Vor euch allen will ich die ringsberühmten Gaben nennen.
Sieben noch nicht vom Feuer berührte Dreifüße und zehn Pfunde
  Goldes,
Blinkende Kessel zwanzig und zwölf Pferde,
Stattliche, preistragende, die mit den Füßen Preise gewannen. [...]
Und sieben Frauen will ich geben, die untadlige Werke wissen, [...]
Die gebe ich ihm, und darunter wird die sein, die ich damals fortnahm,
Die Tochter des Brises; und will dazu den großen Eid schwören,
Daß ich nie ihr Lager bestiegen und mich mit ihr vereinigt,
Wie das unter Menschen der Brauch ist, Männern wie Frauen.
Dies soll ihm alles sofort bereit sein. Wenn aber hinwieder
Die Götter geben, daß wir die große Stadt des Priamos zerstören,
So soll er ein Schiff genug mit Gold und Erz beladen,
Wenn er kommt und die Achaier die Beute verteilen.[4]
Und troische Frauen zwanzig soll er sich selbst auswählen,
Die nach der argeischen Helena die schönsten sind.
Doch wenn wir zum achaischen Argos kommen, dem Euter des
  Landes,
Mag er mein Schwiegersohn sein, [...]
Und drei Töchter sind mir in der gutgezimmerten Halle:
Chrysothemis und Laodike und Iphianassa;
Von denen mag er, welche er will, als die Seine davonführen,
  ohne Brautkauf[5]
zum Haus des Peleus. Ich aber will noch Erfreuliches mitgeben,
Sehr vieles, soviel noch niemals einer mitgab seiner Tochter.
Und sieben gutbewohnte Städte will ich ihm geben. [...]
Und Männer wohnen darin, reich an Herden, reich an Rindern,
Die mit Beschenkungen wie einen Gott ihn ehren werden
Und unter seinem Herrscherstab ihm fette Satzungen erfüllen.

Ilias 9,121–56

[1] Dazu die großartige Untersuchung von L. Gernet, La notion mythique de la valeur en Grèce, Journal de Psychologie 41, 1948, 415–62 (= ders., Anthropologie de la Grèce ancienne, Paris 1972, 93–137) und M. I. Finley, Die Welt des Odysseus, München[2] 1979, 67 f.

[2] So ist es zum Beispiel in Kreta, wo noch in einer Inschrift von Knossos aus dem 4. oder

3. Jahrhundert eine Zahlung „in Metallkesseln" vereinbart ist und wo die Inschriften in Gortyn bis zum Ende des 6. Jahrhunderts normalerweise die Bezahlung in Dreifüßen und Metallkesseln vorsehen; s. dazu G. Le Rider, Monnaies crétoises, Paris 1966, 167.

[3] S. z. B. das Inventar eines Tempels in Thespiai (Anfang des 4. Jahrhunderts), von neuem publiziert bei P. Roesch – J. Taillardat, L'inventaire sacré de Thespies, l'alphabet attique en Béotie, Revue de Philologie 40, 1966, 70–87; man findet da nebeneinander Kessel, ‚Drachmenspieße' ähnlich dem spartanischen Eisengeld (s. unten Text 54), Dreifüße, Haushaltsgeräte, Waffen usw.

[4] Die Aufteilung der Kriegsbeute erfolgt nach festen Regeln (dazu M. Detienne, Les maitres de vérité dans la Grèce archaique, Paris 1967, 81–105), deren Mißachtung den Zorn des Achilleus herausgefordert hatte. Agamemnon will nun diese Regeln in anderer Richtung, d. h. zugunsten des Achilleus überschreiten.

[5] Geschenk und Gegengeschenk waren auch für die Hochzeit in der homerischen Welt üblich; dazu M. I. Finley, Marriage, Sale and Gift in the Homeric World, Revue internationale des droits de l'Antiquité, 3e série, 2, 1955, 167–94.

23. Der Lagerraum des *oikos*

Der Lagerraum *(thalamos)*, in dem zentralen Haus des *oikos* gelegen, ist das geheime Zimmer, ist zugleich Vorratskammer und Schatzkammer. Telemachos steigt dort hinunter, ehe er sich aufmacht, Odysseus zu suchen.

So sprachen sie. Er aber stieg hinab in die hochgebaute Kammer seines Vaters, die weite, wo aufgehäuft das Gold und Erz lag und Gewandung in Truhen und genug wohlriechenden Öles. Und drinnen standen Fässer von altem Weine, süß zu trinken, die im Innern den ungemischten göttlichen Trank enthielten, in Reihen an die Wand gefügt: falls einst Odysseus nach Hause kehrte, nachdem er viele Schmerzen ausgestanden. Und davor waren verschließbare Türen, festgefügte, mit zwei Flügeln, und es schaltete drinnen die Nächte wie auch des Tages die Frau und Beschließerin, die alles bewahrte mit der vielfältigen Klugheit ihres Sinnes: Eurykleia, die Tochter des Ops, des Peisenor-Sohnes. *Odyssee 2,337–47*

24. Eumaios beschreibt die Herden des Odysseus

Diese Aufzählung des eher bescheidenen Besitzes, den der Herr eines *oikos* sein eigen nennt, ist eine Kleinigkeit im Vergleich zu den riesigen Viehbeständen, die in den mykenischen Palästen gezählt werden.[1]

Und Odysseus hatte doch Lebensgut, unendliches! Keiner hatte so viel von den Heroenmännern, nicht auf dem schwarzen Festland, noch hier auf Ithaka! Auch zwanzig Männer miteinander haben nicht soviel Reichtum! Ich will es dir herzählen: zwölf Herden Großvieh auf dem Festland, ebensoviele Haufen Schafe, ebensoviele Schweineherden, ebensoviele zerstreute Ziegenherden – die weiden fremde wie auch eigene Hirtenmänner![2] Hier aber weiden zerstreute Ziegenherden, elf insgesamt, im fernsten Teil[3] der Insel, und tüchtige Männer wachen darüber. *Odyssee 14,96–104*

[1] Man vergleiche zum Beispiel die Zahlen bei J. T. Killen, Some Adjuncts to the Sheep Ideogram on Knossos-Tablets, Eranos 61, 1964, 69–93; ders., The Wool Industry of Crete in the Late Bronze Age, Annals of the British School at Athens 59, 1964, 1–15.
[2] Bei letzteren handelt es sich wohl um Diener, die unmittelbar zum Haus des Odysseus gehören (Sklaven), bei den zuerst Genannten um Fremde (im griechischen Text heißt es *xeinoi:* ‚Fremde', ‚Gäste').
[3] Wörtlich heißt es ‚im äußersten Teil' *(eschatia),* also an der Grenze des Besitzes.

25. Viehraub

Der Raub von Vieh gehört nicht zur normalen Beschäftigung eines erwachsenen Kämpfers, wie ihn Homer beschreibt, sondern ist vielmehr typisch für den jungen Krieger, der noch nicht anderen in der Schlacht gegenübersteht.[1] Das zeigt sich im folgenden Text, in dem der greise Nestor sich an seine Jugend erinnert: Seine Gegner sind Bauern und nicht Krieger.

Die gewohnte Praxis des Viehraubs steht aber auch erkennbar hinter den häufig bei Homer vorkommenden Gleichnissen, in denen die Krieger mit einem Löwen gleichgesetzt werden. Der Löwe wird normalerweise geschildert, wie er Herden angreift und gegen Bauern und Hunde kämpft (vgl. z. B. Ilias 17,62 ff.).[2]

Wäre ich doch so jung, und mir wäre die Kraft beständig,
Wie damals, als den Eleiern[3] und uns war Streit entstanden
Um einen Rinderraub, als ich den Itymoneus erschlug,
Den tüchtigen Sohn des Hypeirochos, der in Elis wohnte,
Als ich mir Entschädigung holte. Doch der, sich wehrend um seine Rinder,
Wurde unter den ersten getroffen von dem Speer aus meiner Hand,
Und er fiel nieder, und um ihn flohen die Männer, die Landbewohner.[4]
Und Beute trieben wir zusammen vom Feld, reichliche, viele:
Fünfzig Herden von Rindern ebenso viele Haufen von Schafen,
Ebenso viele Schweineherden,[5] ebenso viele Herden verstreuter Ziegen,
Und falbe Pferde hundert und fünfzig,
Alles weibliche, und unter vielen standen Fohlen.
Die trieben wir alle hinein in das Neleïsche Pylos
Während der Nacht zur Burg. Da freute sich im Sinne Neleus,[6]
Weil mir vieles zugefallen, der ich als Neuling in den Krieg ging.
Ilias 11,670–84

[1] Dazu B. Bravo, Sulân, Annali della Scuola Normale Superiore di Pisa, ser. 3, 10, 1980, 954–58.
[2] Vgl. P. Vidal–Naquet im Vorwort zu Homère, Iliade übs. v. P. Mazon, Paris 1975, 25 ff.

[3] Östlich von Pylos (Epano Englianos), dem Palast Nestors.
[4] Homer setzt hier im Gegensatz zu dem Wort für ‚Schar von Kriegern' *(laoi)* das Wort für ‚Landbewohner' *(agroiotai).*
[5] Man vergleiche diese Aufzählung mit derjenigen in Text 24.
[6] Der Vater Nestors.

26. Die Gastfreundschaft: Geschenk und Gegengeschenk

Die Gastfreundschaft folgt festen Regeln, und von jedem in der homerischen Welt wird erwartet, daß er sie kennt (s. oben S. 35 f.). Geschenk und Gegengeschenk sind dabei vielleicht gar nicht so sehr eine ‚primitive Form des Austauschs', als vielmehr ein Zeichen der Anerkennung von Gleichwertigkeit in der aristokratischen Welt, wie man aus dem folgenden Dialog der Athena, in Gestalt des Mentes, mit Telemachos erkennen kann.

Athena:
„So will ich dir denn dies ganz unverdreht berichten! Mentes, der Sohn des kluggesonnenen Anchialos, rühme ich mich zu sein, und herrsche über die ruderliebenden Taphier[1]. Jetzt aber bin ich mit dem Schiff und den Gefährten hier angelaufen, denn ich fahre über das weinrote Meer zu Menschen anderer Zunge: nach Temesa[2], nach Erz, und führe schimmerndes Eisen. Das Schiff liegt mir hier am Lande draußen, abseits von der Stadt, in der Rheithron-Bucht, am Fuß des bewaldeten Neïon-Berges. Gastfreunde rühmen wir uns einander von den Vätern her zu sein, von alters – falls du zu dem greisen Laertes[3], dem Heros, gehen und ihn fragen wolltest, [...]"

Telemachos:
„Fremder! wahrhaftig! dieses redest du freundlich gesonnen, wie ein Vater zu seinem Sohne, und niemals will ich es vergessen. Doch auf! bleibe jetzt noch ein wenig, so eilig du es hast mit deinem Wege, daß du, wenn du gebadet und dein Herz erfreut hast, mit einem Geschenk zu Schiffe gehst, dich freuend in dem Herzen: einem wertvollen, gar schönen, das dir von mir ein Kleinod sein soll, wie solches liebe Gastfreunde Gastfreunden geben."

Athena:
„Halte mich jetzt nicht mehr zurück, da es mich drängt mit meinem Wege! Das Geschenk, das dich dein Herz heißt mir zu geben, magst du mir geben, wenn ich wiederkomme, daß ich es mit mir nach Hause nehme, und wähle nur ein gar schönes aus! Dir aber soll werden, was des Tausches wert ist!"

Odyssee 1,180–89; 306–18

[1] Ein mythisches Volk wie die Phaiaken, das sich wie diese der Seefahrt widmete, jedoch Handel zuließ.
[2] In der Antike wurde viel diskutiert, welche Stadt hier gemeint ist; die Frage ist nicht zu lösen.
[3] Der Vater des Odysseus und Großvater des Telemachos.

27. Teilung der Aufgaben und Spezialisierung auf Seefahrt bei den Phaiaken

Das mythische Volk der Phaiaken ist kein Volk von Händlern und auch nicht von Steuerleuten, denn ihre Schiffe können ohne diese auskommen (Odyssee 8, 555–69). Doch im Gegensatz zu den ‚realen' Völkern, die in der ‚Odyssee' beschrieben werden, vereinen sich bei ihnen die praktischen Fähigkeiten der Frauen mit der Überlegenheit der Männer in der Navigation.

Und es sind dem Alkinoos fünfzig dienende Frauen in dem Hause: die einen mahlen auf der Mühle apfelfarbenes Korn, die anderen weben Gewänder und drehen Wolle auf der Spindel, sitzend, wie die Blätter der schlanken Pappel,[1] und von dem gutgeketteten Linnen träuft feuchtes Öl. So weit die Phaiaken geschickt sind vor allen Männern, ein schnelles Schiff auf dem Meer zu führen, so ihre Frauen kunstreich in Geweben, denn über die Maßen hat ihnen Athena[2] gegeben, daß sie sich auf gar schöne Werke verstehen wie auch auf treffliche Gedanken. *Odyssee 7,103–11*

[1] Das Bild bezieht sich auf die Bewegung der Hände, wenn sie spinnen.
[2] Es ist nicht klar, ob sich die Gunst und der Schutz Athenas auf die Seefahrer wie auf die Frauen bezieht oder nur auf die letzteren; vgl. dazu M. Detienne, Le navire d'Athéna, Revue de l'Historie des Religions 4, 1970, 165, der der zweiten Antwort (nur auf die Frauen) zuneigt.

28. *Dēmiourgoi* bei Homer

Die in der ‚Odyssee' *dēmioergoi* genannt werden, d. h. ‚die, die für die Gemeinschaft, für den *dēmos* arbeiten', bilden – wenn überhaupt – eine Kategorie, die in ihrer Zusammensetzung ebenso widersprüchlich ist wie die Bedeutungen dieses Worts. Das Wort *dēmiourgos* konnte, wie gesagt (oben S. 11), einerseits in gewissen Teilen der Peloponnes und Nordwestgriechenlands hohe Beamte bezeichnen, andererseits die wirklichen Handwerker. Im Palast des Nestor, des Königs von Pylos, gibt es mehrere spezialisierte Berufe: Ein Schmied vergoldet im Auftrage des Königs die Hörner eines Opfertieres (Odyssee 3,425–53), aber in bezug auf ihn fällt das Wort *dēmiourgos* nicht. Andererseits werden die Herolde *(kērykes),* die zum unmittelbaren Gefolge der Großen gehören, als *dēmiourgoi* bezeichnet (Odyssee 19,135). Die wenigen Worte, die Eumaios über die *dēmiourgoi* sagt, lassen sie in der Welt des Odysseus als Leute erscheinen, die einerseits unentbehrlich sind und andererseits Fremde im *oikos.*

Denn wer geht wohl selber hin und ruft einen Fremden von anderswoher herbei, außer solche, die für das Volk tätig sind *(dēmioergoi),* einen Seher oder einen Arzt, der Übel heilt, oder einen Zimmermann, der Balken behaut, oder auch einen göttlichen Sänger, der ergötzt mit Singen? Diese beruft man unter den Sterblichen auf der grenzenlosen Erde.

Odyssee 17,382–86

29. Die Theten

Es ist nicht leicht zu entscheiden, ob es in der homerischen Welt wirklich eine Kategorie der Bevölkerung gegeben hat, die man als Theten bezeichnen kann. Poseidon und Apollon waren ‚Theten' des Laomedon, Königs von Troja, als sie die Mauern der Stadt erbauten, und diese Stellung brachte es mit sich, daß sie einen ‚Lohn' *(misthos)* erhielten (Ilias 21,444–57). Achilleus, statt König im Reiche der Toten zu sein, täte lieber Dienst als *thēs* bei einem armen Mann; wichtig in diesem Zusammenhang ist vielleicht, was über die Verhältnisse und Stellung des möglichen Herrn gesagt wird. Eurymachos schlägt dem als Bettler verkleideten Odysseus vor, als *thēs* in der *eschatia* (dem entlegensten Bereich) seines Besitzes zu dienen.[1]

A. Der Wunsch des Achilleus[2]

„Suche mich nicht über den Tod zu trösten, strahlender Odysseus! wollte ich doch lieber als Ackerknecht[3] Lohndienste bei einem anderen, einem Manne ohne Landlos leisten *(thēteuemen)*, der nicht viel Lebensgut besitzt, als über alle dahingeschwundenen Toten Herr sein!" *Odyssee 11,487–91*

B. Das Angebot des Freiers Eurymachos

„Fremder! wolltest du dich wohl verdingen *(thēteuemen)*, wenn ich dich annähme, daß du im äußersten Gebiet des Feldes – Lohn sollte dir hinreichend werden – Steine aufsammeln[4] und große Bäume pflanzen wolltest? Da würde ich dir Brot aufs Jahr hinaus gewähren, dir Kleider antun und Sohlen für die Füße geben. Doch weil du nur üble Werke kennst, wirst du nicht an die Arbeit gehen wollen, sondern hockst lieber in dem Volk herum, damit du hast, um deinen nimmersatten Bauch zu weiden!"[5] *Odyssee 18,357–64*

[1] Zur Stellung des *thēs* s. A. Mele, Società e lavoro nei poemi omerici, Neapel 1968, der die traditionelle Ansicht (s. oben S. 36f.) in Frage stellt, die man schon bei Grote findet.

[2] Odysseus hat gerade seiner Bewunderung für Achilleus Ausdruck gegeben, der auch unter den Toten noch Herrscher ist.

[3] Das Adjektiv *eparouros* ist hier doppeldeutig und könnte sowohl meinen ‚der auf dem Lande lebt' (als Bauer) wie ‚der auf der Erde lebt' (und nicht in der Unterwelt).

[4] Die Feldsteine auf die in der mediterranen Landwirtschaft üblichen Weise beiseite schaffen.

[5] Odysseus wird durch seine Antwort zeigen, daß er Erfahrung in der Feldarbeit besitzt.

30. Barbaren des goldenen Zeitalters: die Kyklopen

Die Beschreibung der ‚Barbaren', in diesem Falle der Hirten, die nichts anderes kennen als eben die Früchte des Feldes, die die Natur ihnen im Überfluß des goldenen Zeitalters von sich aus gewährt, erlaubt durch den Kontrast ein besseres Verständnis dafür, wie sehr in der Welt Homers und Hesiods die Existenz des Menschen an den Ackerbau gebunden ist. Aber in die Erzählung des Odysseus, der von seiner Fahrt in das Land der Kyklopen berichtet, fließt noch ein anderes Thema mit ein, nämlich das der Kolonisation.

Von dort fuhren wir weiter, betrübten Herzens, und kamen zum Lande der Kyklopen, der übergewaltigen, gesetzlosen, die, sich auf die Götter verlassend, die unsterblichen, weder Gewächse pflanzen mit den Händen, noch pflügen, sondern das wächst alles ungesät und ungepflügt: Weizen und Gerste und Reben, die einen Wein von großen Trauben tragen, und der Regen des Zeus mehrt es ihnen. Und sie haben weder ratspflegende Versammlungen noch auch Gesetze[1], sondern bewohnen die Häupter der hohen Berge in gewölbten Höhlen, und ein jeder setzt die Satzungen fest für seine Kinder und seine Weiber,[2] und sie kümmern sich nicht umeinander.

Alsdann erstreckt sich da querab vom Hafen eine flache Insel, weder nah am Land der Kyklopen noch weit ab, eine bewaldete, und darauf leben unendliche wilde Ziegen. Denn kein Pfad der Menschen vertreibt sie, noch betreten die Insel Jäger, die im Walde Schmerzen leiden, wenn sie die Häupter der Berge durchstreifen. Weder von Herden ist sie eingenommen noch von Ackerbau, sondern unbesät und unbepflügt alle Tage ist sie von Menschen leer und nährt nur meckernde Ziegen. Denn den Kyklopen sind keine Schiffe zu Gebote mit mennigfarbenen Wangen, und auch keine Zimmermänner von Schiffen sind unter ihnen, die wohlverdeckte Schiffe bauen könnten, die da jegliches ausrichten, zu den Städten der Menschen fahrend, so wie vielfach die Männer auf Schiffen zueinander das Meer durchqueren. Diese hätten ihnen wohl auch die Insel zu einer gutbebauten machen können; denn sie ist gar nicht schlecht, und sie würde alles tragen nach der Jahreszeit. Denn auf ihr sind Wiesen an den Gestaden der grauen Salzflut, feuchte, weiche: da könnten recht wohl unvergängliche Reben sein. Und ebenes Ackerland ist darauf: dort könnte man recht wohl eine tiefe Saat jeweils zu den Zeiten der Ernte schneiden, denn sehr fett ist der Boden darunter. Und auf ihr ist ein Hafen, gut anzulaufen, wo kein Haltetau nötig ist und auch nicht nötig, Ankersteine auszuwerfen noch Hecktaue anzubinden, sondern man braucht nur aufzulaufen und eine Zeit zu warten, bis der Mut der Schiffer sie treibt und die Winde heranwehen. Doch am Kopf des Hafens fließt helles Wasser, eine Quelle, hervor aus einer Grotte, und Pappeln wachsen darum.

Odyssee 9,105–41

[1] Im Griechischen steht hier das Wort *themistes*, dessen genaue Bedeutung schwer zu bestimmen ist.
[2] In dieser Stelle könnte man einen ersten Ansatz für ‚patriarchalische' Vorstellungen sehen.

31. Gute Nachbarschaft und Autarkie

Gibt es in der homerischen Welt einzelne Züge, die an den Zusammenhalt einer Dorfgemeinschaft erinnern? Wenn Alkinoos, der König der Phaiaken, den anderen Königen sagt, sie könnten sich ja für die Geschenke, die sie Odysseus gemacht hätten, Ersatz schaffen, indem sie Beiträge „vom Volk" eintrieben (Odyssee 13,14), so könnte man sich fragen, ob das Dorf hier nicht eine Mittlerrolle gespielt hat. Aber im allgemeinen zeigt die ‚Odyssee' nur, wie die Arbeit der Bauern im Rahmen des *oikos* geleistet wird, was natürlich nicht bedeutet, daß es in homerischer Zeit keine Dörfer gegeben hat. In den ‚Werken und Tagen' des Hesiod, die vermutlich nur kurze Zeit nach der ‚Odyssee' entstanden sind, scheint der Dichter zu schwanken zwischen dem Ideal guter Nachbarschaft, das sogar noch höher gestellt wird als der Familienzusammenhalt, und der Aufforderung zur Autarkie.

Wer dein Freund ist, den lade zum Mahle,[1] doch unterlaß es beim Feind. Doch am ehesten lade den ein, der gleich neben dir wohnt. Denn auch wenn dir etwas Unerwartetes im Hause geschieht, so kommen die Nachbarn im Hemd,[2] aber die Verwandten[3] ziehen sich erst an. Ein schlechter Nachbar ist ein Fluch, so wie ein guter ein großer Segen ist. Ehre wird dem zuteil, dem ein redlicher Nachbar zuteil wird. Und kein Rind geht verloren, wenn der Nachbar kein übler Mann ist. Laß das Maß reichlich füllen vom Nachbarn und gib reichlich zurück, nämlich beim Zugemessenen selbst, und gib mehr zurück, wenn du kannst, damit du später einmal etwas findest, auf das du zurückgreifen kannst, wenn du es brauchst. Suche keinen schlechten Gewinn; schlechter Gewinn bedeutet Unheil. Dem Freund sei ein Freund und verkehre als Freund mit dem, der dir entgegenkommt. Gib dem, der gibt, und gib nicht dem, der nicht gibt: einem Spender gibt ein anderer, einem, der nicht spendet, gibt niemand.[4] Geben ist gut, rauben ist schlecht, bringt Tod. Denn wer auch Großes gern gibt, der ist froh über das Geschenk und freut sich in seinem Herzen. Wer sich aber selbst nimmt in unverschämtem Vertrauen, auch wenn es etwas Kleines ist, erregt damit doch inneren Unmut. Denn wenn du Kleines und Kleines aufeinanderlegst, und das ein auf das andere Mal tust, dann wird es bald auch zu Großem. Wer das Vorhandene mehrt, der wird den brennenden Hunger von sich abwehren. Das, was im Hause gelagert ist, bereitet dem Manne keinen Kummer. Es ist besser im Hause, weil das, was draußen vor der Tür bleibt, gefährdet ist. Es ist gut, von dem zu nehmen, was da ist, aber es bereitet Jammer im Herzen, etwas zu brauchen, was fehlt. Das empfehle ich dir zu bedenken.

Hesiod, Werke und Tage 342–67

[1] Hesiod wendet sich an seinen Bruder Perses.
[2] Wörtlich ‚ungegürtet', d. h. sie kommen sofort, ohne sich zum Ausgehen fertig zu machen.
[3] Angeheiratete, hier wohl allgemein entferntere Verwandtschaft *(pēoi).*
[4] Die Regeln von Geschenk und Gegengeschenk gelten auch für die bäuerliche Welt.

Drittes Kapitel

Die archaische Epoche

32. Die Rechtsprechung der Könige: Die Bauern und die Stadt

Auf dem Schild, das Hephaistos für Achilleus schmiedet, ist ein Thema dargestellt, das man mindestens bis zu den Sumerern zurückverfolgen kann, nämlich das Thema von Krieg und Frieden (Ilias 18,490–540). Die Stadt im Frieden ist auch die Stadt, in der auf der *agora* Recht gesprochen wird, und zwei Talente Goldes liegen da für den, der „das Recht am geradesten spräche". Für den Bauern Hesiod stellt sich die Rechtsprechung dar als die Tätigkeit der „geschenkefressenden Könige". Die Stadt bedeutet einen Luxus, der nicht für den Bauern geschaffen ist, aber sie kann auch, und das ist der ganze Sinn des hesiodeischen Gedichts, einen Aufruf zu neuer Gerechtigkeit bedeuten.

A. Fern der Stadt

Wenig Zeit für Streitereien und die Geschäfte der *agora* hat der, dem nicht im Hause zum Leben ein reichlicher Vorrat lagert, eine rechtzeitig eingebrachte Ernte, welche die Erde trägt, an Korn der Demeter. Wenn du davon im Überfluß hast, magst du zu Streit und Zank um die Güter anderer beitragen. Du aber sollst nicht zum zweiten Mal Gelegenheit haben, das zu tun,[1] sondern wir wollen den Streit auf der Stelle durch gerechte Sprüche entscheiden, wie Zeus sie am besten gibt. Denn unseren Landbesitz haben wir schon aufgeteilt,[2] und du hast vieles darüber hinaus an dich gerafft und fortgetragen und den geschenkefressenden Königen Großes verehrt,[3] die diesen Spruch fällen wollen. *Hesiod, Werke und Tage 30–39*

B. Klein und Groß[4]

Nun will ich den einsichtigen Königen ein Gleichnis erzählen. Folgendes sprach ein Falke zur buntgefiederten Nachtigall, die er hoch in den Wolken in den Krallen hielt – sie klagte jämmerlich, durchbohrt von krummen Krallen, da sagte er herrisch zu ihr: „Törichte, was schreist du denn so. Es hat dich jetzt ein viel Stärkerer in seiner Gewalt. Dahin wirst du gehen, wohin ich dich führe, magst du auch eine Sängerin sein. Fressen werde ich dich, wenn es mir paßt, oder auch loslassen. Sinnlos, wer gegen Stärkere streiten will. Den Sieg verliert er und hat noch Schaden zur Schande." So sprach der schnelle Habicht, der flügelspreizende Vogel.

Du, Perses, höre auf das Recht und übe nicht noch mehr maßlosen Frevel. Denn der Frevel ist schlecht für einen gewöhnlichen Sterblichen, und auch ein vornehmer Mann kann ihn nicht leicht auf sich nehmen und wird von seiner Last niedergedrückt, wenn ihn sein Schicksal ereilt. Es ist besser, auf den anderen Weg auszuweichen, der zu Gerechtem führt. Das Recht, am Ende des Weges angekommen, triumphiert über den Frevel. Durch Leiden lernt es auch der Tor. *Hesiod, Werke und Tage 202–18*

[1] Perses, der Bruder Hesiods, hatte den Dichter in einer Erbschaftsangelegenheit vor Gericht gezogen.

[2] Die Art der Aufteilung eines Erbes hat vielleicht eine wichtige Rolle in der Krise gespielt, die dann die Kolonisation auslöste. Dazu Ernest Will, Hesiode: crise agraire? ou recul de l'aristocratie?, REG 78, 1965, 542–56.

[3] Die Richter und vermutlich die Oberbeamten der allmählich entstehenden *poleis.*

[4] Im ersten Teil folgt der Text der Übersetzung zum Teil W. Aly, Volksmärchen, Sage und Novelle bei Herodot und seinen Zeitgenossen, Göttingen 1921, 26 (Anm. d. Übers.).

33. Bauern in der Stadt

Über ein Jahrhundert nach Hesiod beklagt sich der Dichter Theognis von Megara,[1] der gegen Mitte des 6. Jahrhunderts schreibt, in den Mahngedichten an seinen jungen Geliebten Kyrnos darüber, daß er mitansehen muß, wie früher unbedeutende und am Rande stehende Bauern zur Aristokratie seiner Tage werden.

Kyrnos, unsere Stadt geht schwanger. Ich fürchte, daß sie den Rächer für unsere schlimme Maßlosigkeit gebiert.[2] Noch sind die Bürger zwar selber vernünftig, aber die Führer drängt es, in großes Unheil zu geraten. Keine Stadt, Kyrnos, haben gute Männer je zugrunde gerichtet, aber es geschieht, wenn es den Schlechten gefällt, sich maßlos aufzuführen, und sie das Volk verderben und denen, die im Unrecht sind, recht geben um des eigenen Gewinns und der Macht willen. Rechne darauf, daß jene Stadt nicht lange ruhig bleibt, auch wenn sie jetzt noch in großer Ruhe daliegt, sofern er den schlechten Männern erst einmal ans Herz wächst, der Gewinn, der einhergeht mit dem, was für die Gemeinde schlecht ist.[3] Denn daraus entsteht Aufruhr und Tod der Männer im Bürgerkrieg und die Alleinherrschaft.[4] Das möge unserer niemals gefallen! Unsere Stadt, Kyrnos, ist noch eine Stadt, aber die Bewohner sind andere.[5] Die einst weder Recht noch Gesetz kannten, sondern mit verschlissenen Ziegenfellen ihre Blößen bedeckten und außerhalb der Stadt wie Rotwild hausten, sie sind jetzt die großen Leute, die Guten; die ehemals Guten sind jetzt gewöhnliches Volk. Wer könnte ertragen, das zu sehen? *Theognis 39–58*

[1] Man weiß sehr wenig über ihn, obwohl (oder weil) seine moralisierenden Verse im Laufe des 5. Jahrhunderts vielfach nachgeahmt wurden (diese Nachahmungen sind zusammen mit seinen eigenen Versen überliefert). Was er sagt, ist oft so allgemein gehalten, daß moderne Beurteiler, wenn sie sagen sollen, in welcher Stadt er gelebt hat, zwischen Megara in Griechenland und Megara in Sizilien (Megara Hyblaia) schwanken.

[2] D.h. einen Tyrann.
[3] Die Worte des Theognis sind hier von sehr allgemeiner Bedeutung; es besteht keine Notwendigkeit, diese negative Äußerung über den Gewinn als einen Angriff auf den Handel zu werten.
[4] In Megara (in Griechenland) hatte es schon um 630 einen Tyrannen (Theagenes) gegeben, also lange vor der Zeit, zu der Theognis lebte.
[5] Die Nichtbürger sind zu Bürgern geworden. S. dazu allgemein A. Dovatur, Theognis von Megara und sein soziales Ideal, Klio 54, 1972, 77–89, der davon absieht, Vermutungen über den sozialen und wirtschaftlichen Hintergrund im Megara des Theognis anzustellen.

34. Der Hoplitenstaat

Die modernen Debatten um die Bedeutung der ‚Hoplitenreform' für die Einrichtung der griechischen *polis*[1] gehen aus von einem berühmten Text des Aristoteles. Der Philosoph hat gerade über den Wert bestimmter griechischer Verfassungen diskutiert, die ihre Bürgerschaft nur aus denjenigen bestehen lassen, die aufgrund ihres Vermögens in der Lage sind, als Hopliten zu dienen.

Übrigens bildete sich der erste Staat[2] bei den Hellenen nach Aufhebung der Königtümer aus den wehrhaften Männern, und zwar der allererste aus den Reitern, denn der Krieg hatte damals noch seine Stärke und die Gewalt der Entscheidung in der Reiterei, weil ohne Taktik das schwere Fußvolk unnütz ist, die Erfahrung darin und die militärische Aufstellung aber zu jenen alten Zeiten noch nicht vorhanden waren,[3] so daß also in der Reiterei die Stärke lag; als dann aber die Staaten (*poleis*)[4] wuchsen und die Schwerbewaffneten sich mehr geltend machten, da ward der Anteil an der Staatsverwaltung einer größeren Zahl von Leuten eröffnet. Und so nannten denn die Früheren das, was wir jetzt Politien[5] nennen, Demokratien.[6] Die alten Politien allerdings hatten begreiflicherweise einen oligarchischen und königlichen Charakter, denn bei ihrer geringen Bevölkerung hatten die Staaten noch keinen zahlreichen Mittelstand[7], so daß das Volk, an Zahl gering und schlecht organisiert wie es war, sich die Herrschaft eher gefallen ließ.

Aristoteles, Politik 4,1279b15–28

[1] S. oben S. 134, Anm. 5. Der ausführlichste Kommentar zu dieser Stelle ist das Buch von Henri Jeanmaire, Couroi et Courètes, Lille-Paris 1939.
[2] Hier stellt sich eine schwierige Frage: Benutzt Aristoteles das Wort *politeia* (‚Staat', ‚Verfassung') hier in seiner allgemeineren Bedeutung, wie wir meinen, oder in der speziellen Bedeutung, die er diesem Wort oft gibt, nämlich der einer gemäßigten, man könnte sagen ‚konstitutionellen' Demokratie? Wenn erstere Annahme richtig ist (allgemeine Bedeutung), so wäre die Rangfolge, die Aristoteles impliziert, die folgende: Reiterstaat, Hoplitenstaat, Matrosenstaat.
[3] D.h. solange die ‚homerische Kampfesweise' üblich war, die übrigens kein Kampf mit Pferden war, auch wenn die Kämpfenden sich im Kampfwagen auf das Schlachtfeld bringen ließen. Zum Problem der Verwendung von Pferden P. Vanderwaeren, Un faux témoignage d'Aristote, Historia 22, 1973, 177–90; P. A. L. Greenhalgh, Early Greek Warfare: Horsemen and Charriots in the Homeric and Archaic Ages, Cambridge 1973.

[4] Der ‚homerische' Staat ist für Aristoteles eine *polis* wie die Staaten der nachfolgenden Zeit; die ‚Hoplitenreform' steht für ihn am Anfang der Demokratie, nicht der *polis*.

[5] Hier benutzt Aristoteles das Wort *politeia* im besonderen Sinne seiner eigenen Terminologie.

[6] Insofern als der *dēmos* der Hopliten wie in Sparta an den politischen Institutionen teilhatte, können diese archaischen Staaten tatsächlich für die ersten Demokratien angesehen werden.

[7] Wörtlich ‚das, was in der Mitte liegt' *(meson)*, was für Aristoteles den Kern dessen bildet, was er *politeia* nennt.

35. Griechenland exportiert seine Hopliten: Söldner in Ägypten (591)

In sehr früher Zeit schon zeigt sich, daß die Griechen offenbar die besten Soldaten im Mittelmeerraum sind. Die ständigen Schwierigkeiten der archaischen Zeit machen es verständlich, daß viele Hopliten sich aufmachten, ihr Glück in der Fremde zu suchen. Die folgende Inschrift ist eines von 32 Graffiti, eingeritzt von Soldaten, die als Besatzung in Abu Simbel nördlich des zweiten Kataraktes an der Grenze zum Sudan dienten. Von diesen Inschriften stammen acht aus archaischer Zeit und datieren von dem Feldzug Psammetichs II. nach Nubien (591). Die längste davon, die hier übersetzt ist, ist in dorischem Dialekt geschrieben und auf das linke Bein einer Kolossalstatue im Tempel Ramses II. eingeritzt. Die Söldner, deren Namen erhalten sind, waren vermutlich Dorer aus Rhodos.

Als König Psammatichos[1] nach Elephantina gekommen war, schreiben dies die, die zusammen mit Psammatichos[2], dem Sohn des Theokles auf Schiffen fuhren und bis oberhalb von Kerkis[3] kamen, soweit es der Fluß zuließ. Diejenigen, welche fremder Zunge waren, hatte Potasimto[4] unter seiner Führung, die Ägypter Amasis[5]. Archon, der Sohn des Amoibichos, und Pelekos[6], der Sohn des Eudamos, schrieb uns auf.[7] *Meiggs-Lewis nr. 7A*

[1] Der König Psammetich II. (595–589), der von Herodot (2,161) Psammi genannt wird und von dessen Zug nach ‚Äthiopien' (Sudan) dort berichtet wird, ist auch aus ägyptischen Quellen bekannt.

[2] Dieser griechische Offizier hat einen ägyptischen Namen bekommen, den sein Vater Theokles wahrscheinlich zu Ehren des Pharao Psammetich I. (664–610) gewählt hat.

[3] Vielleicht Gebel Koulkei in der Nähe des vierten Katarakts. Die Inschrift unterscheidet deutlich zwischen denen, die wie der König nicht über Elephantine (erster Katarakt) hinausgekommen sind, und denen, die sehr viel weiter vorgedrungen sind.

[4] Ein Ägypter.

[5] Es ist nicht anzunehmen, daß dies derselbe Amasis war, der später Pharao wurde (568–526).

[6] D.h. der ‚Mann mit der Axt'.

[7] Zu den griechischen und nichtgriechischen Söldnern in Ägypten in archaischer Zeit s. M. M. Austin, Greece and Egypt in the Archaic Age (Proceedings of the Cambridge Philological Society, Suppl. 2), Cambridge 1970, 15–22.

36. Solon: Grund und Boden und Menschen werden von Lasten befreit (594)

Im Athen der solonischen Zeit spitzten sich zwei Probleme in dramatischer Weise zu: das des Landbesitzes, der in den Händen weniger konzentriert war, und das der Menschen, von denen die einen, die *hektēmoroi,* sich grundsätzlich in einer Position der Abhängigkeit befanden, während die anderen – ohne Zweifel waren das zum Teil dieselben Leute – durch die Schulden, die sie nicht zurückzahlen konnten, in völlige Abhängigkeit gerieten und mit Frauen und Kindern der Sklaverei anheimfielen, sei es in der Heimat oder in der Fremde. Dieser Konflikt dauerte lange Zeit, berichtet Aristoteles (Staat der Athener 2,2). Das Archontat Solons hat die Probleme offensichtlich nicht vollständig beseitigt. Die griechische Überlieferung versichert nämlich übereinstimmend, daß Solon zwar die Frage der Menschen gelöst habe, das Landproblem jedoch nur symbolisch oder teilweise, indem er die Steine entfernen ließ, auf denen die Schulden der Leute verzeichnet waren.[1] Diese Leute, deren Situation durch die Schuldentilgung schon erleichtert war, wurden auch durch die zwei Maßnahmen befreit, die das Kernstück der sozialen Reformen Solons waren: die Abschaffung der sozialen und rechtlichen Stellung eines *hektēmoros,* und das Verbot des ‚Wegführens' *(agein)* von Menschen,[2] oder genauer gesagt von Athenern.[3]

Die Überlieferung beginnt in diesem besonderen Fall mit Solon selbst, wenn auch nur durch Zitate seiner Gedichte, allerdings recht ausführliche, bei Aristoteles und Plutarch. Die Verse Solons geben weder Antwort auf die Frage, wie die Bauern Attikas so plötzlich ausreichende Kräfte gefunden haben, um die aristokratische *polis* mit dem Untergang zu bedrohen, noch darauf, wie es dem Adligen Solon gelungen ist, genügend Adlige zu überzeugen und seinen Vermittlungsvorschlag so durchzusetzen. Aber zumindest sind seine Gedichte eine äußerst aufschlußreiche Quelle in bezug auf die Ideologie der *polis,* die in ihrer Rolle als oberster Schiedsrichter im Falle des Konflikts zwischen ihren Bürgern zum Ausdruck kommt – eine Ideologie, die noch bis in die heutige Zeit wirkt. Zwei Texte sollen hier abgedruckt werden: der erste zeigt die Weigerung Solons, die radikale Forderung der Bauern nach Neuverteilung des Bodens zu erfüllen; im zweiten geht es um die Abschaffung der ‚Sklaverei' der Bauern in Athen.

A. Die Ablehnung einer Neuverteilung des Bodens[4]

Manche kamen um zu rauben, hegten maßlose Hoffnung, denn jeder von ihnen glaubte, großer Reichtum würde ihm zugeteilt, und ich würde, jetzt noch schmeichelnd, herrischen Sinn offenbaren. Töricht war, was sie sich damals dachten, und jetzt sehen sie mich voller Zorn alle mit schiefem Blick wie einen Feind an. Ohne Grund, denn dank den Göttern führte ich aus, was ich versprach, und es wäre falsch gewesen, mehr zu tun. Es paßt mir nicht, mit Tyrannenzwang zu handeln,[5] oder daß Schlechte und Gute gleichen Anteil haben[6] an der fetten Erde der Heimat.

Solon, fr. 23 Diehl = fr. 29 B Gentili-Prato, zitiert bei Aristoteles, Staat der Athener 12,3 und teilweise bei Plutarch, Solon 15,1 und bei Aelius Aristides 28,138 ff.

B. Die Schuldentilgung und Abschaffung der Abhängigkeit der Bauern[7]

Und habe ich nicht alles, wofür ich das Volk zusammenschloß[8], erreicht und bis zum Ziel geführt? Das möge mir vor dem Richterstuhl der Zeit die große Mutter aller Götter im Olymp[9] bezeugen, die schwarze Erde, der ich einst Schuldsteine ausriß, hundertfältig eingepflockt, die vorher eine Sklavin war, jetzt aber frei. Und viele habe ich nach Athen in die gottgewollte Heimat zurückgeführt, die verkauft worden waren, der eine zu Recht, der andere ohne Recht, oder geflohen waren vor der Schuldenlast, deren Zunge schon unattisch ging, denn vielfach irrten sie umher. Die anderen, die Schmach und Knechtschaft hier erlitten und die Launen der Herren fürchteten, habe ich zu Freien gemacht. Das habe ich mit der Macht des Gesetzes getan, habe Gewalt und Recht vereint, und es wie versprochen zu Ende gebracht. Gesetze schrieb ich in gleicher Weise für den Geringen und den Vornehmen und fügte für jeden gerades Recht. Hätte statt meiner sonstwer diesen Lenkerstab ergriffen, schlechten Willens und auf Geld bedacht, er hätte nicht das Volk gebändigt. Denn hätte ich gewollt, worum sich meine Gegner einst bemüht hatten, darauf das, was denen andere ersannen, dann wäre diese Stadt vieler Männer beraubt worden. Deshalb habe ich nach allen Seiten hin gekämpft,[10] wie ein von Hunden eingekreister Wolf sich dreht.

Solon, fr. 34 Diehl = fr. 29B Gentili-Prato, zitiert bei Aristoteles, Staat der Athener 12,4 und teilweise bei Plutarch, Solon 15,1 und bei Aelius Aristides 28,133ff.

[1] Das wenigstens ist die am weitesten verbreitete – aber nicht bewiesene – Meinung von der Funktion dieser Steine. Die normale Folge dieser Befreiung war, daß dem Schuldner der Besitz an Grundstücken erhalten und gesichert wurde, die durch Pfändung und Vollstreckung bedroht waren; dieselbe Folge der Sicherung des Grundbesitzes ergab sich auch aus der Abschaffung jeder Abhängigkeit von Menschen. Eine neuere Zusammenfassung der Diskussionen um diesen Text bietet D. Asheri, Leggi greche sul problema dei debiti, Pisa 1969, 9–14.

[2] Nach Plutarch, Solon 23,2 blieb jedoch das Recht des Mannes erhalten, seine Schwestern und heiratsfähigen Töchter zu verkaufen, wenn sie sich mit einem Mann eingelassen hatten.

[3] Oder, um noch genauer zu sein, von denen, die man seitdem und nach der Entwicklung, die sich in der Zeit von Solon bis Kleisthenes vollzieht, ‚die Athener' nennen kann.

[4] Die Übersetzung folgt teilweise der von H. Fränkel, Dichtung und Philosophie des frühen Griechentums, München[3] 1969, 258 (Anm. d. Übers.).

[5] Die Neuverteilung des Bodens ist eine der Waffen aus dem Arsenal der Tyrannen, aber es war gerade die Weigerung, das zu tun, die am Ende dazu beitrug, daß Peisistratos an die Macht kam.

[6] Solon verfaßt Gesetze, die gleichermaßen für „den Geringen und den Vornehmen" galten (s. der folgende Text 36 B), aber die *isomoiria* weist er von sich, die gleichmäßige Verteilung des Bodens, die die Kampfparole der Bauern war.

[7] Die Übersetzung folgt teilweise der von H. Fränkel, a. O. 260 und deren überarbeiteter Fassung bei W. Marg (Hrsg.), Griechische Lyrik, Stuttgart 1964, 38f. (Anm. d. Übers.).

[8] Das Vorgehen Solons bedeutet für Athen den Anfang der Formierung des *dēmos* als einer vornehmlich politischen Kraft.

[9] Die Erde, Gaia, ist die Vorfahrin der olympischen Götter, Großmutter des Zeus und seiner Brüder.

[10] Nach dem Text bei Aelius Aristides heißt es hier: „Deshalb habe ich mit aller Macht gekämpft, . . .“

37. Solon und die Handwerker

Die Einstellung Solons zum Problem des Grundbesitzes ist immerhin durch eigene Äußerungen unmittelbar belegt, auch wenn diese nicht so ausführlich sind, wie man es sich wünschen würde. Anders ist das bei der Gesetzgebung, oder besser gesagt den Initiativen, die ihm zugeschrieben werden und die darauf abzielten, die Athener neben der bisher ausschließlich betriebenen landwirtschaftlichen Tätigkeit hinzuführen zu Handwerk und Handel;[1] davon steht nichts in Solons Gedichten und auch nicht in der Darstellung des Aristoteles. Letzterer trifft zwar die Feststellung, daß einige Jahre nach Solon eine Aufteilung der Macht unter fünf Archonten aus den Adligen *(eupatrides)*, sowie drei aus den Landbewohnern *(agroikoi)* und zwei aus den Handwerkern *(dēmiourgoi)* stattgefunden habe, aber diese Aussage ist mit Recht angezweifelt worden.[2] Kaum Zweifel kann jedoch daran bestehen, daß in der Praxis gerade die Reformen Solons den Bauern den Weg zum Handwerk eröffnet haben, als sie zwar von ihren Lasten befreit waren, aber angesichts der geringen Größe und schlechten Qualität ihres Landbesitzes doch ständig weiter bedroht, denselben Schwierigkeiten von neuem anheimzufallen. Stärkerem Zweifel unterliegt, und das soll noch einmal betont werden, inwiefern man von einer politischen Absicht Solons sprechen kann, wie sie ihm Plutarch, aber nur er, im folgenden unterstellt.

Da er sah, wie die Stadt sich mit Menschen füllte, die stets von allen Seiten in Attika zusammenströmten, weil man da nichts zu fürchten hatte, daß aber das Land größtenteils karg und unfruchtbar war und daß die Seefahrer solchen, die nichts dagegen anzubieten haben, keine Waren zuführen, so hielt er die Bürger zu handwerklicher Tätigkeit an und gab ein Gesetz, wonach ein Sohn, den sein Vater kein Handwerk hatte lernen lassen, nicht verpflichtet war, ihn zu unterhalten. Denn für Lykurg, der eine Stadt bewohnte, die frei war von fremdem Zuzug und über ein Land verfügte „für viele reichend, übergroß für doppelt viele“ (so Euripides),[3] und wo um Lakedaimon eine Masse von Heloten herumsaß,[4] die es besser war nicht müßig gehen zu lassen, sondern durch ständige Arbeit zu schinden und niederzuhalten –: für Lykurg also war es das Richtige, seine Mitbürger von mühseligen, niederen Arbeiten zu befreien und nur immer bei den Waffen zu halten, so daß sie nur dieses Handwerk erlernten und übten. Solon hingegen hatte vielmehr die Gesetze den Umständen als die Umstände den Gesetzen anzupassen, und da er sah, daß der karge Boden mit Not denen, die ihn bebauten, Unterhalt bot, aber nicht imstande war, eine müßige, arbeitslose Menge zu ernähren, so gab er dem Handwerk Ehre und ordnete an, daß der Rat auf dem Areopag die Aufsicht darüber zu führen hatte, woher jeder seinen Unterhalt beziehe, und die Müßiggänger bestrafte.[5] *Plutarch, Solon 22*

[1] Bei Plutarch ist Solon selbst ein Kaufmann (Solon 2), und er sagt, man habe auch indirekt aus dem wenig feinen Ton seiner Gedichte darauf zurückgeschlossen (Solon 3,1). Er habe dann bewußt den Export von Öl und daher den Olivenanbau gefördert (Solon 24,1).

[2] Dazu L. Gernet, Les dix archontes de 581, Revue Philologique 12, 1938, 216–27; Ed. Will, Revue historique 238, 1967, 395. Eine andere Meinung vertritt V. Ehrenberg, From Solon to Socrates, London[2] 1973, 77f. und 407, Anm. 4.
[3] Aus einer unbekannt gebliebenen Tragödie.
[4] Hierin liegt der offensichtliche und entscheidende Unterschied zwischen einer *polis*, die über Abhängige auf dem Lande verfügte, und einer, wo die Bauern gerade die volle Freiheit erlangt hatten. Aber der Gedanke kann natürlich nicht bis in die Zeit Solons zurückverfolgt werden.
[5] Plutarch kommt später noch einmal auf dieses Thema zurück (Solon 24,4) und führt dazu noch aus, daß Solon den auf Lebenszeit Verbannten das Bürgerrecht gewährte, wenn sie sich mit ihrer Familie in Athen niederließen und dort ein Gewerbe ausüben wollten.

38. Die (angeblich solonische) Maß-, Münz- und Gewichtsreform

Die griechische Überlieferung, d.h. die Überlieferung des 4. Jahrhunderts, schrieb Solon neben seiner großen Reform des rechtlichen Status für Person und Grundbesitz eine Maß-, Münz- und Gewichtsreform zu. Aristoteles und Androtion geben eine jeweils völlig verschiedene Interpretation dieser Reform: Während Aristoteles sie als eine rein technische Maßnahme hinstellt, für die er keine soziale und wirtschaftliche Erklärung bereithält, identifiziert Androtion, ein ‚gemäßigter' Mann, wenn nicht gar Oligarch,[1] sie mit der *seisachtheia*, der Lastenabschüttelung. Wenige Texte sind so viel diskutiert worden, wie der folgende Abschnitt aus Aristoteles. Es sollen nur einige neuere Interpretationen genannt werden: Nach Auffassung von K. Kraft[2] basiert die Darstellung des Aristoteles auf frühen Quellen und man könne annehmen, daß Solon seine Wahl getroffen habe zwischen dem alten System, das in den chalkidischen Kolonien im Westen und also auch in Euboia verbreitet war, und einem anderen System, welches dem verbunden war, das man in den achaiischen Kolonien des Westens verwendete. Was die ersten athenischen Münzen betreffe, deren Münzfuß sich nach dieser Interpretation vom Gewichtsstandard unterschied, so seien sie einfach dem korinthischen System gefolgt. In Wahrheit liegt das Problem komplizierter, und das um so mehr, als es heute höchst unsicher erscheint, ob es zur Zeit Solons schon athenische Münzen gegeben hat,[3] und man sich auch schwer vorstellen kann, wie Aristoteles an technische Informationen aus so früher Zeit gekommen sein soll. Überzeugender erscheint die Interpretation von C. M. Kraay,[4] der die Anachronismen bei Aristoteles herausarbeitet und erklärt. Eine gänzlich skeptische Position vertritt M. H. Crawford,[5] der (vermutlich zu Recht) das ganze Kapitel bei Aristoteles als eine willkürliche Konstruktion der Geschichtsschreibung des 4. Jahrhunderts verwirft und als Zeugnis für die Zeit Solons für wertlos hält. Was Androtion angeht, so kann man seine Darstellung ohne weiteres als Abwehr gegen jedwede Andeutung einer radikalen Reform erklären. Er ist weniger an der Veränderung im monetären Bereich interessiert, die Solon da zugeschrieben wird, als an der Feststellung, daß Solon keine Schuldentilgung vorgenommen habe.

A. Aristoteles

In diesen Gesetzen nun scheint er demokratische Elemente niedergelegt zu haben,[6] nachdem er vor der Gesetzgebung die Schuldentilgung erlassen hatte und nachher die Aufwertung der Maße, Gewichte und des Geldes.[7] Unter ihm wurden nämlich die Maße größer als die pheidonischen,[8] und die Mine, vorher siebzig Drachmen von Gewicht, wurde auf hundert aufgefüllt.[9] Die alte Prägung war die Doppeldrachme.[10] Er setzte auch Gewichte für das Geld fest: Dreiundsechzig Minen ergaben ein Talent, und die drei (überzähligen) Minen wurden auf den Stater und die anderen Gewichte aufgeteilt.[11]

Aristoteles, Staat der Athener 10

B. Androtion

Einige freilich – unter ihnen Androtion – haben geschrieben, nicht durch Aufhebung der Schulden, sondern nur durch Ermäßigung der Zinsen habe er den Armen Erleichterung geschaffen, und diese seien damit zufrieden gewesen und hätten diese humane Maßnahme und die gleichzeitig erfolgte Heraufsetzung der Maße und des Geldwertes als Lastenabschüttelung bezeichnet.[12] Denn er setzte die Mine, die bis dahin dreiundsechzig[13] Drachmen gegolten hatte, auf hundert Drachmen, so daß zahlenmäßig bei gleicher, wertmäßig geringerer Rückzahlung die Zahlenden einen erheblichen Vorteil hatten, ohne daß die Empfangenden einen Schaden litten.[14]

Androtion, FGrHist (Jacoby), nr. 324 F34, zitiert bei Plutarch, Solon 15,3ff.

[1] F. Jacoby, Atthis. The Local Chronicles of Ancient Athens, Oxford 1949, 75 ff.

[2] K. Kraft, Zur Übersetzung und Interpretation von Ar., A.P. X (Solonische Münzreform), Jahrbuch f. Numismatik und Geldgeschichte 10, 1959/60, 21–46, jetzt in: ders., Gesammelte Aufsätze zur antiken Geldgeschichte und Numismatik I, Darmstadt 1978, 145–170.

[3] S. oben S. 45 f.

[4] C. M. Kraay, An Interpretation of Ath. Pol. Chap. 10, in: C. M. Kraay – G. K. Jenkins (Hrsg.), Studies presented to S. Robinson, Oxford 1968, 1–10; s. auch M. Chambers, Aristoteles on Solon's Reform of Coinage and Weights, California Studies in Classical Antiquity 6, 1974, 1–6.

[5] M. H. Crawford, Solon's alleged Reform of Weights and Measures, Eirene 10, 1972, 5–8. Zu der Auseinandersetzung vgl. auch Ed. Will, Revue Historique 499, 1971, 109 f.; 509, 1974, 162 f., Anm. 5.

[6] Aristoteles hat gerade einen Überblick über die rechtlichen und politischen Reformen Solons gegeben.

[7] Der Verfasser unterscheidet also drei Phasen: a) die Schuldentilgung, b) die Gesetzgebung, c) die Gewichts- und Maßreform, auf die die Münzreform folgt.

[8] Größer im materiellen Sinne: Die Hohlmaße faßten mehr. Über Pheidon, den Tyrannen von Argos (Ende des 7. Jahrhunderts) ist nur wenig bekannt, aber der Gewichtsstandard, der mit seinem Namen in Verbindung gebracht wurde, fand noch im 4. Jahrhundert Anwendung, wie eine Inschrift aus Delphi belegt (Tod, GHI Bd 2, nr. 140), und war Aristoteles daher wohl vertraut.

[9] Das bezieht sich auf die Mine als Gewichtseinheit, und nicht auf die Währungseinheit. Der Text des Aristoteles könnte meinen, daß die neue Mine hundert Drachmen hatte statt siebzig, und daß die Drachme konstant blieb. Androtion andererseits versichert (s. den folgenden Text), daß die Mine (als Währungseinheit) konstant blieb, während die Drachme im Gewicht reduziert wurde. Dazu Crawford a. O. 7 f.

[10] Die „alte Prägung" sind für Aristoteles die vorsolonischen Münzen. Aristoteles weiß natürlich so gut wie jeder andere, daß Athen Tetradrachmen prägte und nicht Didrach-

men, und er spricht also indirekt Solon das Verdienst zu, die gängige athenische Münze geschaffen zu haben. In Wahrheit tauchen die ersten attischen Tetradrachmen, die ‚Eulen', die die archaischen Didrachmen ablösen, nicht vor dem letzten Viertel des 6. Jahrhunderts auf. Dazu zuletzt E. J. P. Raven, Problems of the Earlier Owls of Athens, in: Studies presented to S. Robinson (vgl. oben Anm. 4), 40–58.

11 Dieser rätselhafte Satz hat eine ganz einfache Bedeutung: damit eine *polis* die Prägekosten decken kann, ist es notwendig, daß ein Talent gemünzten Silbers etwas weniger wiegt als ein Talent ungemünzten Silbers. Der Unterschied beträgt hier 5%. Sechzig Minen (die das Gewicht von einem Talent haben) sind dreiundsechzig Minen wert. Diese drei zusätzlichen Minen verteilen sich entsprechend auf alle Untereinheiten.

12 Androtion bringt die Dinge zusammen, die Aristoteles voneinander trennt.

13 Die Handschriften überliefern die Zahl von dreiundsiebzig Drachmen. Wie auch F. Jacoby halten wir eine Korrektur des Textes für richtig, die schon Th. Reinach vorgeschlagen hat. Die Überlieferung, der Androtion folgt, ist dann dieselbe, die auch Aristoteles vorliegt, aber als Unterschied bleibt, daß Androtion von Münzen spricht und Aristoteles von Gewichtseinheiten.

14 Der Schuldner, der hundert ‚schwere' Drachmen schuldet, zahlt hundert ‚leichte' Drachmen, und der Gläubiger ist zufrieden, denn er bekommt hundert Drachmen zurück für die hundert, die er ausgeliehen hat. Das alles ist völlig absurd, besonders die Aussage über die Gläubiger. Es ist nicht so, daß die griechische Welt niemals Währungsmanipulationen gekannt hat, die dazu bestimmt waren, die Schuldenlast zu erleichtern (zum Schaden der Gläubiger); aber selbst wenn man annähme – was unwahrscheinlich ist –, daß es zur Zeit Solons schon Münzgeld gegeben habe, so waren doch die Schulden der Bauern sicher nicht in Geldwährung ausgedrückt.

39. Tyrannis, Aristokratie und die unteren Schichten

Die ältere Tyrannis der archaischen Zeit – also die des 7. und 6. Jahrhunderts, über die etwas zu erkennen um so schwieriger ist, als ‚Quellen' und Interpretation nie, wie man sagen könnte, zusammenstimmen, sondern immer ältere und jüngere Tyrannis miteinander vermischen (besonders im Falle des Dionysios von Syrakus) – nimmt ihren Anfang inmitten gewalttätiger Auseinandersetzungen, in denen sich Arm und Reich gegenüberstehen. Zumeist durch den *dēmos* an die Macht gebracht stellt sich der Tyrann der politischen Gewalt der Aristokraten und der Reichen entgegen und findet teilweise Lösungen für jene wirtschaftlichen und sozialen Probleme, die zu seinem Aufstieg geführt hatten. Aber die politischen Probleme bleiben bestehen, denn der *dēmos* wird zwar seiner physischen Kraft wegen in den Machtkampf einbezogen, dann aber von jedweder eigentlich politischen Betätigung ferngehalten. Diese zwei Seiten der Tyrannis finden ihren Niederschlag in den Legenden, die sich um manche Tyrannen bildeten, und kommen zum Ausdruck einerseits in der ‚Parabel von den Ähren auf dem Felde',[1] einem Gleichnis über den ständigen Kampf der Tyrannen (in diesem Falle Periandros von Korinth[2]), gegen diejenigen, die ihnen zu einem gegebenen Zeitpunkt die Macht streitig machen könnten, andererseits in der Darstellung, die Aristoteles von den Beziehungen zwischen Peisistratos[3] und den Bauern in Attika gibt.

A. Die Parabel von den Ähren auf dem Felde

Periandros schickte einen Boten zu Thrasyboulos[4] und ließ ihn fragen, wie er seine Sache am sichersten einrichten und dabei die Stadt am besten verwalten könne. Thrasyboulos führte den Boten des Periandros aus der Stadt, betrat ein Saatfeld und durchschritt es, während er den Boten wiederholt nach dem Zweck seines Kommens aus Korinth befragte. Dabei riß er immer wieder eine Ähre ab, die er über die anderen herausragen sah, und warf sie dann fort, bis er schließlich den schönsten und dichtesten Teil des Feldes mit diesem Tun entstellt hatte. Nachdem er das Feld durchschritten, entließ er den Boten, ohne ihm weiter eine Antwort zu geben. Als dieser nach Korinth zurückkehrte, wollte Periandros begierig den Rat des Thrasyboulos erfahren. Der Bote aber erwiderte, er habe keinen Rat erhalten, wundere sich aber, was das für ein Mann sei, zu dem ihn Periandros geschickt habe; der sei ja verrückt und schädige sein eigenes Land. Dabei erzählte er, was er bei Thrasyboulos erlebt hatte. Periandros aber verstand sein Tun und erriet, daß Thrasyboulos ihm nahelege, die hervorragenden Bürger zu ermorden. So zeigte er offen all sein Wüten gegen seine Mitbürger. Was Kypselos[5] noch versäumt hatte bei Hinrichtung und Verbannung, holte er nach.

Herodot 5,92

B. Peisistratos und die Bauern

Peisistratos führte die Regierungsgeschäfte, wie gesagt, in maßvoller Weise und eher mit bürgerlichem Verantwortungsbewußtsein als tyrannisch. Denn im übrigen war er menschenfreundlich, milde und gegenüber Übeltätern zur Vergebung bereit, ebenso gab er an Bedürftige Darlehen für Unternehmungen,[6] damit sie sich als Bauern ihren Unterhalt verdienen könnten. Das tat er aus zwei Gründen: damit sie sich nicht in der Stadt aufhielten, sondern über das Land verstreuten, und damit sie, in mäßigem Wohlstand und mit ihren eigenen Angelegenheiten beschäftigt, weder den Wunsch verspürten noch Zeit hätten, sich um das Gemeinwesen zu kümmern. Zugleich gelang es ihm dadurch auch, die Einnahmen zu steigern, da das Land bebaut wurde. Er trieb nämlich von den Ernteerträgen den Zehnten ein.[7] So setzte er die Richter in den Gemeinden ein,[8] bereiste auch selbst oft das Land, führte Aufsicht und bewegte Streitende zum Vergleich, damit sie nicht in die Stadt kämen und ihre Arbeit vernachlässigten. [...] Auch sonst hatte das Volk unter seiner Regierung nicht zu leiden, sondern er tat alles für den Frieden und sorgte für Ruhe. Deshalb ging oft die Rede um, die Tyrannis des Peisistratos sei wie das Goldene Zeitalter unter Kronos.

Aristoteles, Staat der Athener 16,2–5 und 7

1 Die Bezeichnung stammt von Ed. Will, Korinthiaka, Paris 1955, 505.

2 Seine Herrschaft fällt mehr oder minder in die ganze erste Hälfte des 6. Jahrhunderts, aber die genaue Chronologie ist äußerst umstritten. Dazu J. Servais, Hérodote et la chronologie de Cypsélides, Antiquité Classique 38, 1969, 28–81; R. Drews, The First Tyrants in Greece, Historia 21, 1972, 129–44; S. Oost, Cypselus the Bacchiad, Classical Philology 67, 1972, 10–30.

3 Er war in drei Anläufen Tyrann von Athen zwischen 561 und 528.

4 Thrasyboulos war Tyrann von Milet. Die Anekdote wird in späterer Zeit nach Herodot einmal in diesem und einmal in jenem Sinne erzählt. In Rom wird sie auf Tarquinius Superbus übertragen (Dionys von Halikarnass, Römische Altertümer 4,56,3).

[5] Der Vater Perianders.
[6] Man weiß nicht, welcher Art diese Darlehen waren, die sicher die Verschuldung der Bauern gegenüber den Aristokraten eindämmen und dem Tyrannen Anhänger verschaffen sollten. Auf diese Weise wurde eine Wiederholung der Krise wie in der solonischen Zeit verhindert.
[7] Ein Zwanzigstel nach Thukydides 6,54,5.
[8] D.h. den Dörfern Attikas. Die Zahl dieser Demenrichter, die zunächst von Ort zu Ort gingen und später an einem Ort residierten, betrug im 4. Jahrhundert vierzig. Sie wurden ausgelost und waren ihrer Funktion nach Friedensrichter (Aristoteles, Staat der Athener 53,1 f.).

40. Ein Handelsabenteuer (um 638)

Herodot hat gerade erzählt, daß die Bürger von Thera (Santorin), als sie eine Kolonie an der libyschen Küste gründen wollten (das Vorhaben wird einige Jahre später, in der zweiten Hälfte des 7. Jahrhunderts, mit der Gründung von Kyrene realisiert werden, s. Text 45), sich der guten Kenntnis bedienten, die ein gewisser Korobios, ein Bürger von Itanos auf Kreta, von der afrikanischen Küste besaß. Die darauf folgende Erzählung über die Entdeckung von Tartessos im Süden Spaniens, eines Ortes, der für seine Silberminen berühmt war (es ist viel darüber gestritten worden, ob man diesen Ort mit dem Tarsis der Bibel gleichsetzen soll oder nicht),[1] berichtet vom Abenteuer eines einzelnen, aus dem man gelegentlich im Handumdrehen eine systematische Erkundungsfahrt des westlichen Mittelmeerraumes auf den Spuren der Phoiniker gemacht hat. Die Samier unter Kolaios waren die Helden der Geschichte bei Herodot, aber nach der weiteren griechischen Überlieferung waren es später die Phokaier, die regelmäßigen Gewinn davontrugen.[2]

Von Thera segelten Kundschafter, anfangs nicht viele, aus. Als Korobios sie nach eben dieser Insel Platea geführt hatte,[3] ließen sie ihn mit Lebensmitteln für entsprechend viele Monate zurück und segelten eiligst heim nach Thera, um ihren Landsleuten über die Insel Bericht zu erstatten. Als sie aber länger als vereinbart ausblieben, fehlte es dem Korobios an allem. Da wurde ein Schiff aus Samos, dessen Eigentümer Kolaios hieß, auf seiner Fahrt nach Ägypten zu dieser Insel Platea verschlagen. Als die Samier von Korobios die ganze Geschichte erfuhren, ließen sie ihm Lebensmittel für ein Jahr zurück. Sie selbst stachen von der Insel aus wieder in See und nahmen Kurs auf Ägypten, wurden aber vom Ostwind abgetrieben. Schließlich, als der Sturm nicht nachließ, fuhren sie durch die Säulen des Herakles unter göttlichem Geleit nach Tartessos. Dieser Handelsplatz war damals noch unberührt; als daher das Schiff wieder nach Samos heimkehrte, brachte es einen reichen Erlös seiner Waren mit nach Hause wie nie ein griechisches Schiff, von dem wir genaue Nachricht haben. [. . .] Die Samier nahmen den Zehnten von ihrem Gewinn, sechs Talente, und schufen ein ehernes Gefäß nach der Art eines argolischen Mischkruges; ringsherum springen Greifenköpfe an ihm hervor.[4] Sie weihten dieses Gefäß ins Heraion. Darunter stellten sie drei eherne Kolosse von sieben Ellen in kniender Stellung.

Herodot 4,151,3–152,5

[1] Vgl. z. B. S. Moscati, Die Phöniker, Zürich 1966, 434 ff.; J. P. Morel, Nuovi Studi su Velia, La Parola del Passato 130–33, 1970, 285–89; K. Galling, Der Weg der Phöniker nach Tarsis in literarischer und archäologischer Sicht, Zeitschrift des deutschen Palästina-Vereins 88, 1972, 1–18 und 140–81. Der genaue Ort, wo sich Tartessos befunden hat, ist nicht gefunden worden, s. C. R. Whittaker, The Western Phoenicians: Colonisation und Assimilation, Proceedings of the Cambridge Philological Society 200, 1974, 62; J. P. Morel, L'expansion phocéenne en Occident: dix années de recherches (1966–1975), BCH 99, 1975, 889–92.
[2] S. oben S. 57 f. und Karte 3. Über die Phokaier in Spanien jedoch J. P. Morel, L'expansion phocéenne (s. vorige Anm.).
[3] Das heutige Bomba westlich von Tobruk.
[4] Eine große Zahl derartiger Bronzen, die durch die Kunst von Urartu beeinflußt sein könnten, sind in Samos gefunden worden; vgl. E. Akurgal, Die Kunst Anatoliens, Berlin 1961, 67 ff. Seitdem sind noch weitere Funde gemacht worden.

41. Brief eines Geschäftsmannes vom Schwarzen Meer (um 500)

Trotz all der quälenden Fragen, die es aufwirft, verdient dieses bemerkenswerte Dokument es doch, als der früheste erhaltene Geschäftsbrief der griechischen Geschichte in diese Sammlung aufgenommen zu werden. Die Inschrift, die auf einer Bleitafel aufgezeichnet und gut erhalten ist, wurde im Jahre 1970 auf der Insel Berezan (wo in der zweiten Hälfte des 7. Jahrhunderts eine ionische Siedlung errichtet worden war) gefunden, etwa 40 Kilometer entfernt von der milesischen Kolonie Olbia an der Mündung von Bug und Dnjepr; sie ist in ionischem Dialekt geschrieben. Aufgrund der Buchstabenformen, denn andere genauere Kriterien fehlen, muß dieser Brief auf die Zeit um 500 datiert werden.[1] Der Brief deutet vieles natürlich nur an und jede Interpretation bleibt auf Vermutungen angewiesen. Die folgende Rekonstruktion der Sachverhalte, die sich auf die Studien von Benedetto Bravo stützt (s. unten Anm. 1), ist nur eine von vielen Möglichkeiten. Achillodoros (vielleicht ein Bürger von Olbia) hatte eine Geschäftsreise im Auftrag des Anaxagores (auch dieser vielleicht ein Bürger von Olbia) unternommen, als ein Dritter, ein gewisser Matasys, ihn zu seinem Sklaven erklärte und ihm die Waren wegnahm, die er bei sich hatte. Dieser Matasys, der zwar zu jenem Zeitpunkt nicht zu den Bewohnern der Stadt des Achillodoros und Anaxagores gehörte, aber früher einmal dazugehört hatte (vermutlich als Bürger) und dort bewegliches und unbewegliches Vermögen besessen hatte, handelte in Übereinstimmung mit dem Recht auf persönlichen Zugriff oder erhob zumindest diesen Anspruch: Da, wie er versicherte, Anaxagores ihn unrechtmäßigerweise seines Eigentums beraubt habe, verschaffe er sich selbst sein Recht nach der üblichen Praxis, die das griechische Gewohnheitsrecht bei Auseinandersetzungen zwischen Bürgern zweier verschiedener Städte zuließe. Da er glaubte oder vorgab zu glauben, daß Achillodoros ein Sklave des Anaxagores sei, beanspruchte Matasys die Person des Achillodoros und die von ihm mitgeführten Waren als seinen Besitz und Entschädigung. Achillodoros protestiert nun und sagt, er sei nicht irgend jemandes Sklave, und selbst wenn Matasys tatsächlich berechtigt sein sollte, seine Hand auf die Waren des Anaxagores zu legen, so habe er doch keinesfalls das Recht zum Zugriff auf seine, des Achillodoros, Person. Achillodoros schreibt allerdings, daß Matasys „dabei ist, ihn zum Sklaven zu machen", und nicht, daß er ihn schon zum Sklaven gemacht habe; aber wenn er sich so ausdrückt, dann heißt das nur, daß er, was ihm geschehen ist, für Unrecht hält und also für einen Vorgang, der rückgängig gemacht werden kann, nicht definitiv ist. Der Brief ist in erster Linie an den Sohn des Achillodoros, an Protagoras gerichtet. Er soll nach Lektüre des Briefes zu Anaxagores gehen und ihm und seiner Frau mitteilen, was ihm der Vater geschrieben habe. Wenn sich Protagoras aber zum Zeitpunkt, an dem er den Brief erhalte, mit seiner Mutter und seinen Brüdern „unter den Arbinaten" oder „in Arbinatai" befinde, solle er nicht zu Anaxagores gehen, sondern die Familie „in die Stadt" bringen (vielleicht in die Stadt auf der kleinen Insel Berezan, die zu jener Zeit mit Sicherheit Teil der *polis* Olbia war); dann werde der „Schiffswächter" mit dem Brief zu Anaxagores gehen. Dieser „Schiffswächter" ist offenbar derjenige, dem Achillodoros den Brief anvertraut hat, und vermutlich ist er der Wächter des Schiffes, auf dem Achillodoros vor dem Zugriff durch Matasys gereist ist. Aus dem Schluß des Briefes geht klar hervor, daß Anaxagores nicht im städtischen Zentrum wohnt, wo die Familie des Achillodoros normalerweise ihren Wohnsitz hat.

Außenseite

Diese Bleitafel ist von Achillodoros und ist bestimmt für seinen Sohn und Anaxagores.

Innenseite

Protagoras, Dein Vater, sendet Dir diese Nachricht: Ihm wird Unrecht getan von Matasys,[2] er (Matasys) ist dabei, ihn zum Sklaven zu machen und hat ihn der Waren, die er bei sich hatte, beraubt. Geh zu Anaxagores und erzähle ihm: Er (Matasys) behauptet, daß er (Dein Vater) Sklave des Anaxagores sei, und sagt: „Mein Eigentum ist in Händen des Anaxagores, Sklaven und Sklavinnen und Häuser." Er (Dein Vater) aber erhebt Geschrei und sagt, daß er und Matasys nichts miteinander zu tun hätten und daß er ein freier Mann sei und daß er und Matasys nichts miteinander zu tun hätten. Wenn Matasys und Anaxagores etwas miteinander zu tun hätten, so wüßten sie das selbst untereinander: Sage das Anaxagores und seiner Frau. Etwas anderes trägt er (Dein Vater) Dir auf: wenn Du Dich unter den Arbinaten (oder: in Arbinatai)[3] befindest, bringe Deine Mutter und Deine Brüder in die Stadt,[4] und (in diesem Falle) wird der Schiffswächter[5] selbst zu ihm (Anaxagores) gehen und dann sofort heruntergehen.

Brief auf einer Bleitafel, Erstpublikation bei J. G. Vinogradov, A Greek Letter from Berezon, Vestnik Drevnei Istorii 118, 1971, 74–100. Die hier gegebene Übersetzung folgt der Lesung und Interpretation von B. Bravo, Sulân, Annali della Scuola Normale Superiore di Pisa, ser. 3, 10, 1980, 879–85.

[1] Die Erstpublikation des Briefes ist die am Ende der Übersetzung genannte durch J.G. Vinogradov. Der hier gegebene Text folgt jedoch den Lesungen und der Interpretation durch B. Bravo, Dialogues d'Histoire Ancienne 1, 1974, 111–87; 3, 1974, 51–53, Anm. 2 und 6, sowie in der bereits zitierten Veröffentlichung. Andere Lesungen und Interpretationen bei J. Chadwick, The Berezan Lead Letter, Proceedings of the Cambridge Philological Society 199, 1973, 35–37; A. P. Miller, Notes on the Berezan Lead Letter,

ZPE 17, 1975, 157–60; R. Merkelbach, Nochmals die Bleitafel von Berezan, ZPE 17, 1975, 161 f.

[2] Der Name ist nicht griechisch, aber dennoch hätte Matasys Bürger in der Stadt des Anaxagores sein müssen, wenn er tatsächlich dort Grundbesitz gehabt hätte, wie er behauptet. Eine mögliche Lösung wäre, daß Matasys ein hellenisierter Barbar war, der einen doppelten Status innehatte, etwa so wie Skyles, von dem Herodot (4,78) erzählt, daß er innerhalb der *polis* gewisse Rechte genossen habe, aber eine unabhängige Stellung außerhalb gehabt habe.

[3] Es handelt sich entweder um einen nichtgriechischen Volksstamm oder ein Dorf, das seinen Namen von einer nichtgriechischen Gemeinschaft bekommen hat.

[4] Bravo nimmt an, daß hier die Stadt auf der Insel Berezan gemeint ist; aber natürlich kann man das nicht beweisen.

[5] So die Lesung bei Bravo, der meint, daß der ‚Schiffswächter' ein Mitglied der Mannschaft war, dessen Aufgabe die Aufrechterhaltung der Ordnung an Bord war und der eine Liste der Waren der einzelnen Kaufleute führte, die sich auf dem Schiff befanden.

42. Der Reichtum Korinths

‚Reich' ist das Adjektiv, das Homer benutzt (Ilias 2,570), um Korinth zu beschreiben und auch viele andere Städte und Völker, die weniger augenfällig zum Handel berufen waren. Es war ein ‚reicher' Hafen, den der Geograph Strabon zur Zeit des Augustus besuchte, und er mag versucht gewesen sein, das Bild dieses Reichtums in die Zeit zurückzuprojizieren, als die Stadt von der Oligarchie der Bakkchiaden beherrscht wurde (Ende des 8. bis Anfang des 7. Jahrhunderts).[1]

Korinth wird ‚das reiche' genannt wegen seines Handelshafens. Es liegt auf dem Isthmos und kontrolliert zwei Hafenplätze, von denen der eine Asien, der andere Italien zugekehrt ist. Und so erleichtert es für die so weit voneinander entfernt liegenden Regionen den beidseitigen Austausch. Wie einst die Meerenge bei Sizilien, so war auch das offene Meer schwer zu befahren, insbesondere der widrigen Winde wegen vor dem Kap Malea.[2] Daher sagt das Sprichwort: „Umschiffst du Malea, so vergiß dein Zuhause." Es war also für beide, für die Kaufleute aus Italien und die aus Asien, angenehm, die Fahrt bis Kap Malea zu vermeiden und ihre Waren dort abzuladen. Aber auch von den zu Lande von der Peloponnes exportierten und importierten Waren fielen die Abgaben denen zu, die die Schlüsselposition innehatten. Auch später blieb das für alle Zeiten so, aber für die dann lebenden Korinther kamen sogar noch Vorteile dazu. Denn auch die Isthmischen Spiele, die dort abgehalten wurden, führten eine Menge Menschen heran. Und die Bakkchiaden, ein reiches, viele Mitglieder umfassendes und strahlendes Geschlecht, errang die Tyrannis,[3] behielt die Herrschaft fast zweihundert Jahre[4] und genoß ungestört die Früchte des Handels.[5] *Strabon 8,6,20 (378)*

[1] Für eine kritische Untersuchung dieses Abschnitts und des folgenden Textes von Thukydides (Text 43) s. Ed. Will, Korinthiaka, Paris 1955, 306–19.

[2] Im äußersten Süden der Peloponnes; dort beginnen auch die Irrfahrten des Odysseus.

[3] Strabon verwendet diesen Begriff fälschlicherweise für die Oligarchie der Bakkchiaden.

[4] Diese Information ist mit an Sicherheit grenzender Wahrscheinlichkeit falsch; s. Will, Korinthiaka 279.
[5] Mit anderen Worten, ohne selbst Kaufleute zu sein, erhoben sie Zölle auf Handelswaren.

43. Die Seemacht Korinth und ihre Einkünfte

Als Thukydides den Abschnitt im 1. Buch seines Werkes schrieb, den man als die ‚Archäologie' bezeichnet, lag seine Absicht darin, ältere Beispiele für die auffallendste Erscheinung seiner eigenen Zeit zu finden, nämlich für die Seeherrschaft Athens. Das augenfälligste Beispiel war das von Korinth, dessen Lage auf dem Isthmos den Gedanken nahebrachte, daß es wohl schon immer ein bedeutendes Handelszentrum gewesen sei. Für Thukydides beruhte die beherrschende Position Korinths auf seiner militärischen Überlegenheit. Er meinte, es seien die Korinther gewesen, die im 8. Jahrhundert die Triere erfunden hätten. Einige moderne Forscher glauben ihm das, andere wenden hingegen mit gutem Grund ein, daß Neuerungen auf militärischem Gebiet sich schneller zu verbreiten pflegen als andere. Nun weiß man aber erst für das Jahr 525, daß die Flotte des Tyrannen Polykrates von Samos zu diesem Zeitpunkt aus Trieren bestand und nicht mehr, wie vorher, aus Pentekonteren. Bei der Seeschlacht von Lade im Jahre 494 bestanden alle griechischen Flottenverbände nur noch aus Trieren.[1]

Zuerst sollen die Korinther die Schiffahrt schon annähernd in jetziger Weise betrieben haben, in Korinth auch die ersten Trieren in Griechenland gebaut sein. Angeblich hat auch ein Schiffsbauer aus Korinth, Ameinokles, den Samiern vier Schiffe gebaut. Seit Ameinokles' Ankunft auf Samos bis zum Ende dieses Krieges sind ungefähr dreihundert Jahre.[2] Die älteste Seeschlacht, von der wir wissen, hat zwischen Korinthern und Kerkyräern stattgefunden, und von da bis zu demselben Zeitpunkt sind ungefähr zweihundertsechzig Jahre. Bei seiner Lage auf dem Isthmos war Korinth von jeher ein Handelsplatz. Da die Griechen in alter Zeit mehr zu Lande als zur See verkehrten und der ganze Verkehr von und nach der Peloponnes über Korinth ging, so wurde dies eine reiche Stadt, wie es ja auch schon bei den alten Dichtern das reiche Korinth heißt. Als dann der Verkehr zur See bei den Griechen zunahm, legten die Korinther mit ihren Schiffen den Seeräubern das Handwerk, und so wurde ihre für den Land- und Seehandel gleich günstig gelegene Stadt noch reicher und mächtiger. *Thukydides 1,13,2–5*

[1] Vgl. Herodot 3,39 und 44 und dazu die Zusammenfassung bei J. Taillardat, La trière athénienne et la guerre sur mer aux Ve et IVe siècles, in: J. P. Vernant (Hrsg.), Problèmes de la guerre en Grèce ancienne, Paris-Den Haag 1968, 183 f. Das Wort Trieme ist das erste Mal im 6. Jahrhundert belegt (Hipponax fr. 45 Diehl = 28 Masson); s. auch J. S. Morrison – R. T. Williams, Greek Oared Ships. 900–322 B. C., Cambridge 1968. Letztere ‚lösen' das chronologische Problem dadurch, daß sie sagen, Thukydides nenne Ameinokles nicht als Konstruktenr von Trieren, sondern bezeichne ihn einfach als Schiffsbauer (157–59). L. Casson, Ships and Seamanship in the Ancient World, Princeton[3] 1973, 81 ist seinerseits

geneigt, das 7. Jahrhundert als den Zeitraum anzunehmen, in dem die Triere erfunden wurde. Für eine weitere Aufrechterhaltung der Frühdatierung s. A. B. Lloyd, Triremes and the Saïte Navy, Journal of Egyptian Archaeology 58, 1972, 276–79; ders., Were Necho's Triremes Phoenician?, JHS 95, 1975, 52–54; dagegen kehrt L. Basch, Trières grecques, phéniciennes et égyptiennes, JHS 97, 1977, 6–8 zu einer Spätdatierung zurück.

[2] Entweder 421 oder 404, je nachdem, ob Thukydides kurz nach Ende des Archidamischen Krieges oder nach der endgültigen Niederlage Athens schrieb (beziehungsweise den Text überarbeitete).

44. Aristoteles und der ‚Ursprung' des Münzgeldes

Das Münzgeld kommt gegen Ende des 7. Jahrhunderts in Kleinasien auf, wie die Ausgrabungen des Artemisions von Ephesos bestätigt haben (s. oben S. 45 f.). Die literarische Überlieferung zu dieser Entwicklung besteht praktisch nur aus einer kurzen Notiz bei Herodot (1,94). Nachdem er festgestellt hat, daß die Lyder in ihren Gewohnheiten den Griechen ähnlich seien, außer daß sie ihre eigenen Töchter als Dirnen gehen ließen, fügt er hinzu: „Sie sind die ersten Menschen, von denen wir wissen, daß sie Münzen aus Gold und Silber geprägt und verwendet haben; sie waren auch die ersten, die Kleinhandel betrieben."[1] Dann fährt er fort zu erzählen, daß die Lyder behaupteten, während einer Hungersnot auch das Würfel-, das Knöchel- und das Ballspiel erfunden zu haben. Drei Jahrhunderte nach der ‚Erfindung' des Geldes war Aristoteles kaum in der Lage, genauere Informationen zu bekommen, und ohnehin interessierte ihn das eigentliche historische Problem nicht im mindesten. Sein Beitrag in einem Kapitel der ‚Nikomachischen Ethik', wo er darüber diskutiert, wie man gegenseitige Beziehungen innerhalb menschlicher Gemeinschaften und vor allem in der *polis* aufbauen solle, ist ein tiefgreifendes Nachdenken über das Geld nicht als Instrument des Gewinns, sondern als Maßstab und Instrument der Gerechtigkeit.[2]

Aber in den geschäftlichen Beziehungen der Menschen im Rahmen der Gemeinschaft,[3] da zeigt diese Form des Rechts eine zusammenhaltende Kraft – die Wiedervergeltung nämlich –, diese aber im Sinne der Proportion verstanden, nicht in dem der mechanischen Gleichheit.[4] Denn proportionale Vergeltung ist es, die Zusammenhalt des Gemeinwesens gewährleistet. Die Bürger suchen nämlich Böses mit Bösem zu vergelten und wenn sie es nicht können, so erscheint ihnen ihr Gemeinwesen als Sklavengemeinschaft,[5] oder sie suchen Gutes mit Gutem zu vergelten und wenn sie es nicht können, so kommt keine Gegenseitigkeit zustande.[6] Auf Gegenseitigkeit aber beruht ihr Zusammenhalt.

Aus diesem Grund errichten sie denn auch ein Heiligtum der Chariten (der „Gabenspenderinnen"), recht in die Augen fallend, daß man an Gegengabe denke; denn das ist Dankbarkeit: dem der uns gefällig war, einen Gegendienst leisten und ihm das nächstemal mit einer Gefälligkeit zuvorkommen.[7]

Die Gegengabe im Sinn der proportionalen Gleichwertigkeit wird durch die diagonale Verbindung bewirkt. Nehmen wir einen Baumeister A, einen Schuhmacher B, ein Haus C und Schuhzeug D: so muß der Baumeister vom

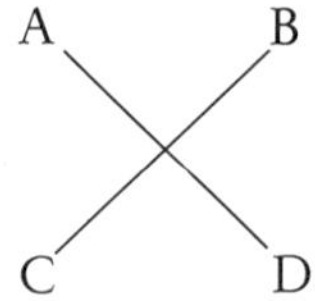

Schuhmacher dessen Erzeugnis bekommen und er dem Schuhmacher zum Ausgleich das seinige geben.[8] Wenn nun als erstes proportionale Gleichheit (der Erzeugnisse) gegeben ist und dann der Ausgleich stattfindet, so kommt das genannte Ergebnis heraus. Ist dies nicht der Fall, so ist der Handel nicht gleich und hat keinen Bestand, denn es steht nichts im Wege, daß das Erzeugnis des einen hochwertiger ist als das des anderen. Die Erzeugnisse sind also auszugleichen.[9]

Dies ist auch bei den praktischen Künsten und Handwerken der Fall: es wäre mit ihnen zu Ende, wenn nicht die Wirkung, die das produktive Element jeweils in bestimmtem Ausmaß und in bestimmter Weise ausübt, vom rezeptiven Element in entsprechendem Ausmaß und entsprechender Weise aufgenommen würde. Denn es können nicht etwa zwei Ärzte eine Austausch-Gemeinschaft bilden, wohl aber ein Arzt und ein Bauer, oder allgemein ausgedrückt: Partner, die verschiedenartig, nicht gleich sind. Zwischen den Partnern muß dann jedoch ein Ausgleich geschaffen werden.

Deshalb muß alles, was ausgetauscht wird, irgendwie vergleichbar sein. Dafür nun ist das Geld auf den Plan getreten: es wird in gewissem Sinn zu einer Mittelinstanz *(meson),* denn alles läßt sich an ihm messen, auch das Zuviel also und das Zuwenig, wie viel Schuhe denn etwa einem Haus oder Nahrungsmitteln gleichwertig sind. Dem Unterschied von Baumeister und Schuhmacher muß also der Unterschied zwischen einer bestimmten Anzahl von Schuhen und einem Haus entsprechen – auch an das Beispiel von den Nahrungsmitteln mag man denken. Denn wenn dies nicht so ist, kann es weder Austausch noch Gemeinschaft geben. Und diese proportionale Gleichwertigkeit kann es nicht geben, wenn die fraglichen Dinge nicht in irgendeiner Beziehung gleich sind. Es müssen sich also alle Dinge durch eine bestimmte Einheit messen lassen, wie wir vorhin sagten. Nun, diese Einheit ist in Wahrheit der Bedarf;[10] er hält alles zusammen – hätten die Bürger überhaupt keinen Bedarf oder nicht in gleicher Weise, so könnte es einen Austausch überhaupt nicht geben oder er liefe nicht auf Gleichheit hinaus – als eine Art austauschbarer Stellvertreter des Bedarfs[11] aber ist das Geld geschaffen worden, auf Grund gegenseitiger Übereinkunft. Und es trägt den Namen „Geld" *(nomisma),* weil es sein Dasein nicht der Natur verdankt, sondern weil man es als „geltend" gesetzt *(nomos)* hat und es bei uns steht, ob wir es ändern oder außer Kurs setzen wollen.[12] Es kann also zu „Wiedervergeltung" kommen, wenn Gleichheit hergestellt ist, so daß gilt: wie Bauer zu Schuhmacher, so Produkt des Schuhmachers zu Produkt des Bauern. [In das Schema der Proportion aber darf man sie nicht erst dann bringen, wenn der Austausch bereits stattgefunden hat – sonst erhält das eine Außenglied den Überschuß in beiden Richtungen –, sondern solange sie noch im Besitz ihrer Erzeugnisse sind. Auf diese Weise sind sie gleich und stehen in einer Gemeinschaft, weil sich diese Gleichheit in ihrem Fall verwirklichen läßt. Nehmen wir einen Bauer A, Nahrungsmittel C, einen Schuster B und sein Produkt D, das (mit C) ausgeglichen worden ist: wäre es nicht möglich gewesen, die gegenseitige „Vergeltung" durch diesen Wertausgleich zu verwirklichen, so wäre keine Gemeinschaft unter ihnen möglich geworden.] Daß aber der Bedarf es ist, welcher als tatsächliche Einheit die Gemeinschaft gewährleistet, sieht man daran, daß die Partner, wenn sie keinen gegenseitigen Bedarf haben, das heißt, wenn beide Partner einander nicht brauchen oder einer von beiden den anderen nicht braucht, nicht in Austauschverbindung treten – was aber schon geschieht, wenn ein Partner etwas braucht, in dessen Besitz man selber ist; wenn Partner zum Beispiel die Ausfuhr von Getreide gestatten im Austausch gegen Wein.[13] Hier muß also ein Ausgleich zustande kommen. Was aber künftigen Austausch betrifft, so ist uns das Geld gleichsam ein Garant, daß der Austausch im Bedarfsfall immer stattfinden wird, auch wenn im Augenblick nichts vonnöten ist.[14] Denn wenn man Geld gibt, so muß es möglich sein, etwas dafür zu bekommen. Freilich geht es dem Geld genau so (wie anderen Gütern), denn sein Kurswert ist nicht immer derselbe.[15] Doch ist die Tendenz zur Wertbeständigkeit bei ihm größer als anderswo. Daher muß für alle Tauschgüter ein bestimmter Preis festgesetzt sein. Denn so wird es immer Austausch geben und durch ihn Gemeinschaft. Geld also ist jenes Ding, das als Wertmesser Meßbarkeit durch ein gemeinsames Maß und somit Gleichheit schafft. Denn ohne Austausch gäbe es keine Gemeinschaft, ohne Gleichheit keinen Austausch und ohne Meßbarkeit keine Gleichheit. Daß so sehr verschiedene Dinge in Wahrheit durch ein gleiches Maß meßbar werden, ist allerdings unmöglich, doch im Hinblick auf die Bedarfsfrage läßt es sich ausreichend verwirklichen. Es muß also eine bestimmte Meß-Einheit geben, und zwar muß sie auf gültiger Übereinkunft beruhen. Daher der Name „Geld" (*nomisma* – „was nach Übereinkunft gilt"), denn es macht alle Dinge durch gleiches Maß meßbar, da alle Dinge durch das Geld gemessen werden. Nehmen wir folgendes an: A ist ein Haus, B zehn Minen, C ein Bett; dann ist A die Hälfte von B, wenn das Haus fünf Minen wert, d.h. „= 5 Minen" ist. Das Bett, also C, ist ein Zehntel von B.[16] Somit ist klar, wie viele Betten dem Haus gleich sind, nämlich 5. Daß der Austausch auf diese Weise vor sich ging, bevor es das Geld gab, ist klar, denn es ist kein Unterschied, ob 5 Betten für das Haus gegeben werden oder der Geldwert von 5 Betten.

Aristoteles, Nikomachische Ethik 5, 8, 1132b31–1133b28

Das folgende Schema ist von Ed. Will, De l'aspect éthique des origines grecques de la monnaie, Revue Historique 1954, 220 übernommen. Es gibt Aristoteles Auffassung von der Erscheinung des Geldes in übersichtlicher Form wieder, wobei Text 2 selbstverständlich berücksichtigt wurde.

	Gesellschaft	
Allgemeiner Aspekt: soziale Ethik	Allgemeine Stufen der Überlegung	Besonderer Aspekt: Wirtschaft
	I	
Notwendigkeit sozialer Kommunikation	Faktor der Zusammengehörigkeit	Bedarf
	II	
Austausch von Dienstleistungen	Reziprozität	Handelsgeschäfte
	III	
Bewertung der Dienstleistungen	Proportionale Entsprechung	Bewertung der Güter
	IV	
	Einheit aufgrund von Übereinkommen: Geld	

[1] Die beiden Umstände sind notwendigerweise miteinander verbunden, s. oben S. 45 ff.
[2] Diesem Textabschnitt muß Text 2 gegenübergestellt werden, wo Aristoteles vom Geld als einem Instrument des unbegrenzten Erwerbs spricht; vgl. dazu vor allem die oben Kap. 3, Anm. 14 zitierten Aufsätze von Ed. Will und jetzt O. Picard, Aristote et la monnaie, Ktema 5, 1980, 267–76.
[3] Dieses ist das entscheidende Wort, wie Ed. Will, De l'aspect éthique des origines grecques de la monnaie a. O. richtig gesehen hat, und der ganze Satz wurde entsprechend dieser Interpretation übersetzt.
[4] Zur Vorstellung von der proportionalen Gleichheit s. Text 114.
[5] Der Sklave ist jemand, der, wenn er geschlagen wird, nicht zurückschlagen kann.
[6] Auf griechisch *metadosis*, d.h. Kommunikation durch das Geben.
[7] Zu diesen Werten, die tief im griechischen Denken verwurzelt sind, vgl. Text 26, 31.
[8] Nicht seine Arbeit als abstrakte Kategorie im marxistischen Sinne, sondern seine Arbeit als faßbarer Gegenstand. Ein Haus ist die Arbeit des Architekten.
[9] Es geht hier nicht darum, Unterschiede in der Bezahlung zu rechtfertigen, die ohnehin, wie gezeigt werden wird, in Athen relativ gering waren, z.B. zwischen einem Architekten und einem Arbeiter, der eine Säule zu kannelieren hatte (Text 73); es geht vielmehr lediglich darum zu vermeiden, daß ein Haus mit einem Paar Schuhen verglichen wird.
[10] Diese Analyse des Bedarfs als der elementaren Grundlage der Gemeinschaft muß vor dem Hintergrund der platonischen Betrachtung der ‚frühesten' *polis* gesehen werden (Staat 2,369c): „So zieht man denn also den einen zu diesem, den anderen zu jenem Bedarf heran, und da man ja viele Dinge benötigt, versammelt man an einem Ort viele Leute, die sich dazugesellen und helfen; diese Wohngemeinschaft nennen wir *polis.*"
[11] Des Bedarfs, und nicht des Wunsches, der sich auf das Grenzenlose richtet (vgl. Text 2).
[12] Im ersten Falle ist eine Änderung des Geldwertes gemeint: man kommt überein, daß eine Münze, die zehn Drachmen wert ist, nur noch vier Drachmen oder eine einzige wert sein soll. Im zweiten Fall geht es um die Abschaffung des Geldes, und die Worte ‚außer Kurs setzen' bekommen dabei erst ihre richtige Bedeutung, wenn es sich um Münzen aus einem Metall handelt, das keinen hohen Wert an sich besitzt, also z.B. um Kupfermünzen.

[13] Text und Übersetzung sind an dieser Stelle nicht sicher.
[14] Eine Geldreserve anlegen bedeutet keine Thesaurierung, sondern nur eine Rücklage für erwartete künftige Ausgaben.
[15] Die Eroberungen Alexanders hatten einen enormen Zustrom von Münzgeld zur Folge und damit eine erhebliche Preissteigerung; aber es scheint, daß die ‚Nikomachische Ethik' kurze Zeit vor diesen Ereignissen geschrieben ist.
[16] Aristoteles spricht hier natürlich nicht von dem Entstehen des Marktpreises.

45. Kyrene, die Kolonie Theras, wächst (um 570)

Das Schlagwort von der Neuverteilung des Bodens bedeutete im griechischen Mutterland Revolution, aber in den Kolonien konnte es natürlich einen ganz anderen Klang annehmen: Die ‚Opfer' der Neuverteilung waren nicht (oder besser gesagt nicht immer) die wohlhabenden Griechen, sondern einheimische Fremde. Im Falle von Kyrene scheint es dem folgenden Abschnitt bei Herodot zufolge in der Tat so zu sein, daß nicht eine neue Aufteilung des Bodens innerhalb der Grenzen der Kolonie vorgenommen wurde, um Platz für Neuangekommene zu schaffen, sondern daß das Gebiet der Kolonie vergrößert wurde. Die Frage des bürgerrechtlichen Status dieser Neuankömmlinge sollte noch Schwierigkeiten bereiten.[1]

Der Reichtum Kyrenes gründete sich auf den Verkauf der Ernte an *silphion,* einer Pflanze, die man nicht mit Sicherheit identifiziert hat (Assa foetida?),[2] die aber sowohl im medizinischen Bereich wie als Futtermittel gut zu verwenden war. Eine berühmte ‚lakonische'[3] Schale, die sich in der Bibliothèque Nationale in Paris befindet, zeigt den König Arkesilaos, wie er das Abwiegen von Säcken überwacht, die *silphion* enthalten könnten (nach Ansicht einiger Gelehrter enthalten sie allerdings wohl eher Wolle).

Zu Lebzeiten des Gründers Battos, der gegen vierzig Jahre herrschte, und auch noch zur Zeit seines Sohnes Arkesilaos, der sechzehn Jahre regierte, blieben die Kyrenaier nur in derselben Zahl, wie sie anfangs in die Kolonie abgesandt worden waren. Aber zur Zeit des dritten Königs, der „Battos, der Glückliche" hieß,[4] veranlaßte die Pythia alle Griechenstädte durch einen Orakelspruch, Mitsiedler der Kyrenaier nach Libyen zu schicken; denn diese hatten zur Aufteilung des Landes aufgerufen. Der Orakelspruch lautete:

„Wer zu spät nach dem vielgepriesenen Libyen hinkommt,
Wenn die Felder verteilt sind, der wird es bitter bereuen."

Nun sammelte sich eine große Menschenmenge in Kyrene, und man nahm den benachbarten libyschen Stämmen und ihrem König Adikran einen großen Teil des Landes weg. Da schickten die von den Kyrenaiern beraubten und vergewaltigten Libyer nach Ägypten und stellten sich unter den Schutz des Königs Apries.[5] Dieser stellte ein starkes Heer in Ägypten auf und entsandte es nach Kyrene. Die Kyrenaier zogen aus nach der Landschaft Irasa und zur Quelle Theste; dort kam es zum Kampf zwischen ihnen und den Ägyptern. Die Kyrenaier siegten. Da sich die Ägypter vorher nie mit den Griechen im Kampf gemessen hatten und sie falsch einschätzten, wurden sie so vernichtend geschlagen, daß nur ganz wenige Leute nach Ägypten zurückkehrten. *Herodot, 4,159*

[1] Dazu D. Asheri, Distribuzione di terra nell' antica Grecia, Turin 1966, 28f.; ungefähr dreißig Jahre nach diesen Ereignissen ist für Kyrene die Existenz von *perioikoi* überliefert (Herodot 4,161). Nach Ansicht einiger Forscher sind das Einheimische gewesen, andere glauben, es habe sich um Leute gehandelt, die aus Perioikengebieten Theras gekommen seien: s. P. Léveque-P. Vidal-Naquet, Clisthène l'Athenien, Paris[2] 1973, 67. Man könnte sich auch fragen, ob diese *perioikoi* nicht einfach die Nachkommen der Kolonisten waren, die von Battos auf libyschem Gebiet angesiedelt worden waren (s. Asheri, Distribuzione 28).

[2] Vgl. die Erörterung bei F. Chamoux, Cyrène sous la monarchie des Battiades, Paris 1953,246ff.; Archaeological Reports for 1971–72, 32.

[3] Vgl. J. Boardman, Kolonien und Handel der Griechen, München 1981, 178, Abb. 185.

[4] Zur Chronologie dieser Ereignisse und der Identifizierung der Plätze s. Chamoux, Cyrène 120ff.

[5] Pharao der Saïtenzeit (589–579).

46. Ein lokrisches Ackergesetz (Ende des 6. Jahrhunderts?)

Das folgende archaische Gesetz, das auf beiden Seiten einer Bronzetafel aufgezeichnet ist, die in der westlichen Lokris gefunden wurde (der genaue Fundort ist nicht bekannt), ist seit seiner Erstpublikation im Jahre 1924 Gegenstand einer umfangreichen wissenschaftlichen Diskussion,[1] doch bleibt vieles daran weiterhin unklar und umstritten. Die Situation, die diesem Gesetz zugrundeliegt, scheint die zu sein, daß ein neu erworbenes Gebiet durch ein schon bestehendes lokrisches Gemeinwesen aufgeteilt wird. Das Gesetz enthält Leitlinien zur Definition, dem Schutz und der zukünftigen Sicherung der Rechte neuer Kolonisten einschließlich des Rechts auf Vererbung der Landlose; insbesonders sind strenge Vorkehrungen gegen jedwede zukünftige Neuverteilung des Bodens getroffen, wie man sie aus anderen archaischen Gesetzen auch kennt,[2] es sei denn, man habe im Angesicht kriegerischer Bedrohung Bedarf an Menschen: dann konnten neue Siedler angeworben werden, die sich das Land mit den ursprünglichen Kolonisten teilten.

Vorderseite

Dieses Gesetz über das Land soll gültig sein in Übereinstimmung mit der Aufteilung der Ebene von Hylia und Liskara, sowohl in getrennte (?) wie in öffentliche Landlose. Eltern und Sohn sollen das Recht auf Erbfolge haben; wenn kein Sohn da ist, soll es die Tochter haben, wenn keine Tochter da ist, der Bruder; wenn kein Bruder da ist, soll der nächste Verwandte rechtmäßig die Erbfolge antreten; wenn ... nicht ...(?), soll er das Recht haben, es zu vererben, wem er will.[3] (Das Land), das jemand bepflanzt hat, soll jedem Zugriff entzogen sein, wenn nicht die hundertein Männer von den Besten, durch Krieg gezwungen, mit Mehrheit entscheiden, mindestens zweihundert kampffähige Männer als zusätzliche Siedler heranzuführen. Wer immer eine Verteilung des Landes beantragt oder zur Abstimmung stellt im Ältestenrat oder der Bürgerschaft oder im Rat der ausgewählten Männer oder Aufruhr veranstaltet wegen der Verteilung des Landes, der soll selbst verdammt sein und seine gesamte Nachkommenschaft auf ewig, sein Besitz soll beschlagnahmt werden und sein Haus zerstört werden entsprechend dem Gesetz gegen Mord. Dieses Gesetz soll dem pythischen Apollon und den mit ihm im Heiligtum verehrten Göttern geheiligt sein. Dem, der es überschreitet, soll Verderben zuteil werden, ihm und seinen Nachkommen und all seiner Habe, dem, der es respektiert, soll (der Gott) freundlich gesonnen sein. Das Land soll zur Hälfte

Rückseite
den früheren Siedlern gehören, zur Hälfte den zusätzlichen Siedlern.[4] Die Landlose im Tal sollen aufgeteilt werden. Tausch soll gültig sein, aber es soll vor den Beamten getauscht werden ...[5]

IG IX 1²,3,609; vgl. auch Meiggs-Lewis nr. 13.

[1] Für eine Bibliographie s. E. Lepore, Problemi dell'organizzazione della *chora* coloniale, in: M. I. Finley (Hrsg.), Problèmes de la terre en Grèce ancienne, Paris-Den Haag 1973, 28, Anm. 1; vgl. jetzt auch B. Bravo, Sulân, Annali della Scuola Normale Superiore di Pisa, ser. 3, 10, 1980, 675–987.
[2] Vgl. z. B. das Gesetz von Issa in Dittenberger, Sylloge³ nr. 141.
[3] Der Schreiber hat offenbar an dieser Stelle einen Satz unvollendet gelassen und ihn dann zu Beginn der Rückseite vervollständigt. Nichtsdestoweniger bleibt der Satz insgesamt unverständlich.
[4] Das bezieht sich vermutlich auf die eventuellen neuen Siedler, die nach den Bestimmungen des Gesetzes im Kriegsfalle herangeholt werden können.
[5] Die Rückseite der Bronzetafel enthält dann den Text eines weiteren Gesetzes, das sich mit illegaler Bereicherung der Beamten beschäftigt; dieses zweite Gesetz hat nichts mit dem wichtigeren ersten Text zu tun und stammt von einer anderen Hand.

47. Emporion, phokaiische Kolonie in Katalonien, gesehen mit den Augen eines Geographen in der Zeit des Augustus

Der hier übersetzte Abschnitt aus Strabon gibt nur ein unvollständiges Bild der griechischen Siedlung von Emporion. Nach einer Parallelstelle bei Livius scheint Emporion zu gleicher Zeit wie Massilia (gegen 600) oder wenig später von den Phokaiern gegründet worden zu sein und dann in der zweiten Hälfte des 6. Jahrhunderts unter die Kontrolle der Massilioten gelangt zu sein.[1] Doch bleibt die Geschichte der griechischen Ansiedlungen in Spanien insgesamt weitgehend im dunkeln, und es ist wahrscheinlich, daß häufig phoinikische Siedlungen den griechischen vorangegangen sind. Die Ausgrabungen an dem ältesten Siedlungsplatz, dem Palaiopolis des Strabon (San Martino d'Ampurias), haben ziemlich wenige Erkenntnisse gebracht und bestätigen in keiner Weise eine rhodische Ansiedlung vor der Kolonisation durch Phokaia. Der Name Emporion und die Tatsache, daß es eine Siedlung zugleich der Griechen und der einheimischen Bevölkerung ist, ohne daß anfänglich eine Vermischung dieser beiden Elemente stattfindet, lassen jedoch vermuten, daß es sich ursprünglich um einen *port of trade* (vgl. S. 56 f.) für den Austausch mit einer anderen Kultur gehandelt habe. Im 6. Jahrhundert besaßen die Bewohner von Emporion auch keine eigene Münzprägung, sondern verwendeten die Münzen von Massilia. Doch ist dann nicht ohne weiteres klar, wozu die Befestigungsmauern dienen sollten: zum Schutz beider Gemeinschaften, sowohl der Griechen wie der Einheimischen, vor der Bedrohung durch andere Barbaren? zur Trennung der Griechen von der einheimischen Bevölkerung auf deren Wunsch und Veranlassung (was der typischen Situation eines *emporion* wie z. B. Naukratis entsprechen würde)? oder ganz im Gegenteil, um die Identität der griechischen Siedlung auf Wunsch der Griechen zu bewahren? Es ist sehr wahrscheinlich, daß sich die Situation mit der Zeit geändert hat: dem ursprünglichen *emporion* folgte die von Strabon beschriebene Doppelsiedlung, dann eine Stadt mit gemischter Bevölkerung, und dieser wurde schließlich in der Zeit Caesars noch eine römische Kolonie angegliedert.

Emporion[2] ist eine Gründung der Massalioten, die vierzig Stadien[3] von den Pyrenäen entfernt liegt und von der Grenze zwischen Iberien und Gallien. Auch eben dieses Gebiet ist im ganzen fruchtbar und es ist ein guter Hafen. Dort liegt auch die kleine Stadt Rhodos[4] der Emporiten, von der aber einige behaupten, sie sei eine Gründung der Rhodier. Sowohl dort wie auch in Emporion verehrt man die Artemis Ephesia (...). Die Emporiten lebten vorher auf einer vorgelagerten kleinen Insel, die jetzt Palaiapolis (Alte Stadt) genannt wird,[5] aber jetzt wohnen sie auf dem Festland.[6] Es ist eine Doppelstadt, denn sie ist durch eine Mauer unterteilt,[7] weil sie früher einige der Indiketen zu Nachbarn hatte,[8] die, obwohl sie eine eigene unabhängige Gemeinde bildeten, doch um der Sicherheit willen eine gemeinsame Ringmauer mit den Griechen haben wollten; sie umfaßt beide und ist in der Mitte durch eine Mauer unterteilt. Aber mit der Zeit wuchsen sie zu ein- und demselben Staatswesen zusammen, das irgendwie eine Mischung aus barbarischen und griechischen Gesetzen war, wie es auch bei vielen anderen geschehen ist. In der Nähe fließt auch ein Fluß,[9] der seine Quelle in den Pyrenäen hat und dessen Mündung den Emporiten als Hafen dient. Die Emporiten sind ziemlich tüchtige Leinweber. Als Gebiet haben sie eine Ebene im Landesinneren, die teils fruchtbar ist, teils Sträucher der am wenigsten brauchbaren und im Sumpf wachsenden Binsenart trägt und Junkarische (*junceum* = der Binsenstrauch) Ebene genannt wird. Einige bewohnen auch die Höhen der Pyrenäen bis zum Siegesdenkmal des Pompeius,[10] wo man vorbeikommt auf dem Weg von Italien in das sogenannte äußere Iberien, oder, wie zumeist genannt, die Baetica. *Strabon, 3,4, 8–9 (159–60)*

[1] Für eine Bibliographie und eine Zusammenfassung der neueren Forschung s. F. Villard, La Céramique grecque de Marseille, Paris 1960, 114–18; F. Benoit, Recherches sur l'héllenisation du Midi de la Gaule, Gap 1965, 30; J. P. Morel, Les Phocéens en Occident: certitudes et hypothèses, La Parola del Passato 108–10, 1966, 392 und ders., Les Phocéens dans l'extreme Occident vus dépuis Tartessos, La Parola del Passato 130–33, 1970, 286; E. Lepore, Strutture della colonizzazione focea in Occidente, La Parola del Passato 130–33, 1970, 35 f.; J. P. Morel, L'expansion Phocéenne en Occident: dix années de recherches

(1966–1975), BCH 99, 1975, 866f., 876f. Zu den Phoinikern s. die Untersuchung von C. R. Whittaker, The Western Phoenicians: colonisation and assimilation, Proceedings of the Cambridge Philological Society 200, 1974, 85.

[2] Ampurias in der Nähe von La Escala am Golf von Rosas in der Provinz Gerona; man vergleiche die Karte von J. Hind, Rivista Storica dell' Antichità 2, 1972, 49.

[3] Das entspricht nach Annahme der modernen Forschung einer Länge von 7,4 km. Die handschriftliche Überlieferung Strabons gibt die selbstverständlich unsinnige Zahl von 4000 Stadien.

[4] Rosas.

[5] Die Insel ist aufgrund von Anschwemmung zu einer Halbinsel geworden. Heute befindet sich dort San Martin de Ampurias.

[6] Die Verlegung scheint bereits im 5. Jahrhundert stattgefunden zu haben. Andere Verlegungen dieser Art von einer Insel auf das Festland: von Plataia nach Kyrene; von Pythekoussai nach Kyme.

[7] Was Livius (34,9) berichtet, stimmt nicht ganz genau mit Strabon überein. Livius versichert nämlich, die griechische Stadt sei, anders als die einheimische Siedlung, dem Meere zugewandt und ringsum von einer Mauer von wenig mehr als 400 Schritt (592 m) umgeben. Er spricht auch von einer Mauer, die die griechische Siedlung von der iberischen abgegrenzt habe. Möglicherweise hat Livius hier Gegebenheiten aus verschiedenen Epochen in einen Topf geworfen.

[8] Bestellten die Einheimischen das Land für die Griechen wie die *mariandynoi* in Herakleia am Pontos? Die Einzelheiten des Befundes in Emporion lassen eher an Beziehungen denken, die weniger durch Unterordnung gekennzeichnet sind.

[9] Der Fluvia.

[10] Im Jahre 72 am Paß von Perthus errichtet.

48. Naukratis

Von dem Sonderfall Naukratis ist schon ausgiebig die Rede gewesen (s. oben S. 56), und er muß also nicht noch einmal ausführlich beschrieben werden. Die von Herodot dem Amasis zugeschriebenen Regelungen zur Kontrolle des griechischen Handels, der unter der Herrschaft der Saïtendynastie auf Naukratis beschränkt wurde, sind ein besonderes Kennzeichen dessen, was Polanyi ‚*port of trade*' genannt hat, und erinnern ein wenig an die Stellung der Europäer in Canton vor der Öffnung Chinas. Die Siedlung bestand aus zwei Bereichen; der eigentlichen Stadt einerseits und dem Heiligtum sowie dem *emporion* andererseits, die von zehn kleinasiatischen Städten verwaltet wurden, während die anderen Städte ihre eigenen Bereiche hatten. Von dem ägyptischen Teil der Siedlung, den die Ausgrabungen zu Tage gebracht haben, spricht Herodot nicht.

Amasis[1] war ein Freund der Griechen. Manchem von ihnen erwies er Gutes; den griechischen Einwanderern überließ er die Stadt Naukratis zur Besiedlung. Er gab denen, die nicht dauernd in Ägypten wohnten, sondern nur Handel treiben wollten, Plätze, wo sie Altäre und Kultstätten errichten konnten. Ihr größter heiliger Bezirk, zugleich der berühmteste und am häufigsten besuchte, ist das sogenannte Hellenion; es ist von diesen Städten gemeinsam gegründet worden: von den ionischen Orten Chios, Teos, Phokaia und Klazomenai, von den dorischen Rhodos,[2] Knidos, Halikarnaß und

Phaselis, von dem aiolischen Mytilene allein. Ihnen gehört dieser Bezirk gemeinsam, und diese Städte stellen auch die Hafenaufseher. Alle anderen Städte erhoben ihre Ansprüche auf Beteiligung zu Unrecht. Getrennt von ihnen haben die Bewohner von Aigina ein eigenes Heiligtum für Zeus, die Samier eins für Hera, die Milesier eins für Apollon errichtet. Ursprünglich war Naukratis der einzige Handelsplatz; sonst gab es keinen in Ägypten. Wenn ein Schiff in eine andere Nilmündung einlief, mußte man schwören, nicht mit Absicht dorthin gefahren zu sein. Dann mußte das Schiff wenden und sich in die kanobische Mündung begeben. Konnte es wirklich nicht gegen den Wind ankommen, mußte man alle Fracht in Kähne verladen und um das Delta herum bis Naukratis befördern. In solcher Achtung stand Naukratis. *Herodot 2,178–79*

[1] Pharao von 570 bis 526.
[2] D.h. die rhodischen Städte Ialysos, Kamyros und Lindos.

49. Ein kommunistisches Wagnis und Abenteuer auf den Liparischen Inseln (um 580)

Die folgende Stelle aus Diodor (dessen Quelle vermutlich Timaios ist), ist schon an und für sich interessant: Die Kolonisation bietet ein Feld für soziale Experimente, und das Wagnis, das einige Griechen – Dorer aus Knidos und Rhodos – unternehmen, indem sie angesichts der Bedrohung durch die etruskische Piraterie aus militärischen Gründen ein System des uneingeschränkten Kommunismus einführen, auf das dann eine gemäßigtere Form des Kollektivismus und schließlich eine zeitlich begrenzte Aufteilung des Bodens folgen, ist recht aufschlußreich, vorausgesetzt man geht davon aus, daß es sich nicht um eine reine Erfindung durch einen der vielen Verteidiger derartiger Tendenzen aus hellenistischer Zeit handelt. Aber die Hauptbedeutung dieses Textes liegt in der Rolle, die er in der modernen Forschung gespielt hat: Sowohl die Verteidiger als auch die Gegner der glücklosen Theorie vom primitiven Kommunismus haben sich sicher zu Unrecht dieses Textes bedient und ihn auf ihre Fahne geschrieben.[1] Die einen wollten damit beweisen, daß die Griechen noch zu Beginn des 6. Jahrhunderts diesen ‚Kommunismus' betrieben, die anderen die ewige Gültigkeit des geheiligten Privatbesitzes belegen. Aber wie man sehen wird, ist die wahre Bedeutung des Textes viel bescheidener.

Nach einer langen Reihe von Jahren[2] geschah es, als die Inseln[3] sich wieder immer mehr entvölkerten, daß einige Bewohner von Knidos und Rhodos, mißvergnügt über den Druck der asiatischen Könige, sich zur Auswanderung entschlossen. Sie wählten sich den Pentathlos[4] von Knidos zum Anführer, der auf Hippotes, einen Nachkömmling des Herakles, sein Geschlecht zurückführte. Es war um die fünfzigste Olympiade,[5] in welcher der Spartaner Epitelidas Sieger auf der Rennbahn war. Pentathlos landete mit seinen Begleitern auf Sizilien in der Gegend von Lilybaion. Sie fanden die Einwohner von Egesta und Selinus im Krieg miteinander begriffen.[6] Den Selinuntiern leisteten sie auf deren Wunsch Beistand, verloren aber viele der Ihrigen in der Schlacht, darunter den Pentathlos selbst. Die Übriggebliebenen entschlossen sich, weil die Selinuntier besiegt waren, nach Hause zurückzukehren. Sie wählten den Gorgos, Thestor und Epithersides, die Freunde des Pentathlos, zu ihren Anführern und fuhren weg duch das Tyrrhenische Meer. Als sie aber auf Lipara, wo sie landeten, eine freundliche Aufnahme fanden,[7] ließen sie sich von den Einwohnern (es waren von Aiolos her noch etwa fünfhundert übrig) bereden, sich bei ihnen in Lipara niederzulassen. Später erbauten sie eine Flotte gegen die Angriffe der Tyrrhenischen Seeräuber.[8] Sie teilten sich in zwei Gruppen, wobei einige die Felder auf den Inseln als gemeinschaftliches Eigentum bebauten,[9] die andern aber den Seeräubern Widerstand leisteten. Ihr ganzes Vermögen war Gemeingut, und sie aßen gemeinschaftlich *(syssitia)*. Dieses Zusammenleben währte einige Zeit. Dann teilten sie aber die Insel Lipara, wo die Stadt ist, unter sich auf, während sie auf den übrigen Inseln die Felder noch gemeinschaftlich bebauten.[10] Endlich wurden alle Inseln auf zwanzig Jahre verteilt, und so oft dieser Zeitraum abgelaufen ist, wurden sie aufs neue verlost.[11] In der Folgezeit erfochten sie manchen Sieg zur See über die Tyrrhener, und als Zehnten von der Beute schickten sie oft ansehnliche Weihgeschenke nach Delphi.

Diodor 5,9

[1] Für eine Zusammenfassung der Auseinandersetzung vom Ende des 19. Jahrhunderts s. Th. Reinach, Le collectivisme des Grecs de Lipari, REG 4, 1890, 86–96 und für die neuere Zeit R. J. Buck, Communism in the Lipari Islands, Classical Philology 54, 1959, 34–39.

[2] Diodor hat gerade vorher von der sagenhaften Besiedlung der Liparischen Inseln durch Aiolos und seine Nachkommen gesprochen.

[3] Die Liparischen Inseln nordöstlich von Messina.

[4] Sein Name ist vom *pentathlon* abgeleitet, dem Fünfkampf, den die Athleten bestehen mußten.

[5] 580–576.

[6] Zwei Städte im westlichen Teil Siziliens, die eine von den Elymern bewohnt (s. Text 9), die andere griechisch. Sie waren sich traditionell feindlich gesinnt.

[7] Die Anwesenheit einheimischer Bevölkerungselemente in Lipari in der Zeit um 580 ist sehr zweifelhaft, denn die Archäologen haben erwiesen, daß bei der wichtigsten Nekropole der Insel zwischen den letzten ‚ausonischen' Gräben und den ersten griechischen eine Lücke von mehr als zweihundert Jahren klafft. Das griechische Material aus dem 6. Jahrhundert ist zudem sehr spärlich: Dazu L. Bernabò Brea – M. Cavalier, Meligunis-Lipara Bd 1, Palermo 1960, XXVII.

[8] Die etruskische Piraterie ist tatsächlich in der Mitte des 6. Jahrhunderts von Bedeutung. Die Bewohner der Liparischen Inseln sollten sich ihrerseits im 4. Jahrhundert einen Ruf als Piraten erwerben (s. Livius 5,28); das veranlaßte Reinach, Le collectivisme 96 zu folgender Äußerung: „Nicht als Reisende oder als Nomaden praktizierten die Knider auf den Liparischen Inseln zunächst den Kommunismus und dann den Kollektivismus, sondern als Seeräuber. Ihr Sozialismus war ein Sozialismus der Wegelagerer und er verschwand ganz von selbst, kaum daß sich die Helmspitze des römischen Gendarmen am Horizont zeigte".

[9] Das erste Stadium, das des uneingeschränkten Kommunismus. Als Verteidiger einer Theorie vom ‚primitiven Kommunismus' übersetzt G. Thomson, The Prehistoric Aegean, London 1954, 320–22 diese Stelle: „Einige von ihnen setzten die kollektive Bebauung des Landes fort". Diese Übersetzung kann nicht richtig sein.

[10] Das zweite Stadium, wo der Kommunismus auf die kleineren Nachbarinseln beschränkt ist.

[11] Das dritte Stadium, das der zeitlich begrenzten Aufteilung des Bodens; diese Praxis ist für viele Kulturen belegt. Die Entwicklung mag durch den Verfall der Seeherrschaft der Etrusker begünstigt worden sein. Nachdem diese im Jahre 535 die Phokaier bei Alalia besiegt hatten, wurden sie ihrerseits 474 in der Seeschlacht bei Kyme geschlagen. Als hartnäckiger Verteidiger des Privatbesitzes als Prinzip konnte Fustel de Coulanges selbst die Vorstellung einer zeitlich begrenzten Aufteilung des Bodens nicht akzeptieren; so meinte er aufgrund seiner offensichtlich falschen Interpretation, daß die Bewohner von Lipari nach zwanzig Jahren ihres Versuchs müde wurden und beschlossen, den Boden ein- und für allemal aufzuteilen (zitiert bei Reinach, Le collectivisme).

50. Die zwei Arten der Sklaverei, in der Sicht eines Philosophen und zweier Historiker

Die Entstehung der Art von Sklaverei, in der die Sklaven beweglicher Besitz, d.h. Handelsware waren, war keineswegs ein punktuelles Ereignis, sondern ein Prozeß, der eine Reihe von Veränderungen im Detail erforderte, die zum großen Teil im dunkeln bleiben. Sie entwickelte sich parallel mit der Vorstellung vom Bürger und im Zusammenhang mit einer Vereinfachung der sozialen Hierarchie. Auch nach den Reformen Solons lebten in Athen archaische Kriterien zur Unterscheidung zwischen freiem Mann und Sklaven fort (s. Text 51). Das bedeutet, daß das hier untersuchte Phänomen keine Spur in der zeitgenössischen literarischen Überlieferung hinterlassen hat. Erst als die alte Art der Sklaverei, jene spartanische, kretische und thessalische, von der Krise des 4. Jahrhunderts erschüttert wurde, und vor allem als sich der außerordentliche Fall einer Wiedergeburt Messeniens und der Gründung einer *polis* Messene ereignete, begannen die Griechen über dieses Phänomen nachzudenken, das plötzlich in einem anderen Licht erschien: Ein Sklave, den man kauft und der üblicherweise ein Barbar ist, ist nicht dasselbe wie ein ‚Sklave', der in der Lage ist, seine politische Freiheit zu fordern, und der mit seinen Gefährten und Landsleuten eine Gruppe bildet. In der Tat unterscheidet die griechische Geschichtsschreibung zwischen diesen beiden Arten von Sklaverei.[1] Das belegt ein Abschnitt aus Platon, wo er empfiehlt, die Sklaven in sozialer Hinsicht zu neutralisieren, dann eine Stelle aus Theopomp, in der dieser seiner Heimat Chios die ‚Erfindung' der Kaufsklaverei zuschreibt, und schließlich eine Äußerung des Timaios, derzufolge die Arbeit im Hause vor dem Vorhandensein von Sklaven von einer anderen Gruppe am Rande der Gesellschaft, nämlich den Jungen, besorgt wurde.

A. Platon (um 350)

Athener[2]*:* Und das hat auch seinen guten Grund, mein Megillos. Denn es gibt wohl, wenn man ganz Griechenland überschaut, kaum eine Frage, die so viel Zweifel und Streit verursacht wie die über das Helotentum bei den Spartanern, das den einen als eine vortreffliche, den anderen als eine verwerfliche Einrichtung erscheint. Geringeren Streit dürfte die Leibeigenschaft der in die Knechtschaft der Herakleoten geratenen Mariandyner[3] und die der Penesten unter der Herrschaft der Thessalier verursachen. Wenn wir darauf sowie auf alles Ähnliche unseren Blick richten, wie müssen wir uns dann zu der Frage des Sklavenbesitzes stellen? [...]

Der Mensch, dies überhaupt so schwer zu behandelnde Wesen, will sich auch durchaus nicht dazu hergeben und dazu bringen lassen, die an sich so notwendige Unterscheidung zwischen Sklaven, Freien und Herren tatsächlich anzuerkennen [. . .] Also ein schwieriger Besitz, diese Sklaven! Hat es sich doch tatsächlich oft genug gezeigt an den sich häufig wiederholenden Aufständen der Messenier[4] und an den Vorgängen in Staaten, die zahlreiche gleichsprachige Sklaven haben, wie großes Unheil dadurch gestiftet wird [. . .] Wer auf alles dies achtet, der dürfte sich wohl zweifelnd fragen, wie man es mit all dem zu halten hat. Es bleiben dann nur zwei Auswege übrig: Erstens, man darf die Sklavenschar, wenn sie sich zu größerer Fügsamkeit verstehen soll, nicht aus Landsleuten bestehen lassen, vielmehr aus möglichst verschiedensprachigen Leuten, und zweitens, man muß ihnen die rechte Behandlung angedeihen lassen, nicht bloß um ihretwillen, sondern mehr noch aus Fürsorge für uns selbst. *Platon, Gesetze 6,776 c–777 d*

B. Theopomp (um 330)

Die Bewohner von Chios waren mit den Thessalern und den Lakedaimoniern die ersten, die Sklaven hatten, doch erwarben sie diese nicht auf dieselbe Weise wie jene. Denn die Lakedaimonier und die Thessaler verschafften sich, wie zu sehen sein wird, ihre Sklavenbevölkerung *(douleia)* aus den Reihen der Griechen, die vorher das Land bewohnten, das nun sie haben, die Lakedaimonier das der Achaier, die Thessaler das der Perrhaiboi und Magnetoi. Die Lakedaimonier nennen die versklavte Bevölkerung Heloten, die Thessaler Penesten. Die Bewohner von Chios hingegen besitzen Barbaren als Sklaven und zahlen für sie einen Kaufpreis.

Theopomp, Philippika 17 bei Athenaios, Deipnosophistai 6,265 b–c (=FGrHist 115,F122)

C. Timaios (um 300)

Es war in alter Zeit nicht üblich bei den Griechen, sich von mit Geld gekauften Sklaven bedienen zu lassen. Man hat Aristoteles beschuldigt, sich in bezug auf die lokrischen Bräuche ganz und gar geirrt zu haben. Denn es war bis vor kurzem weder bei den Lokrern noch bei den Phokern die Regel, Sklavinnen oder Sklaven zu besitzen. Als erste haben vielmehr die Frau des Philomelos, der Delphi erobert hat,[5] zwei Sklavinnen bedient. Desgleichen hat sich Mnason, der Freund des Aristoteles, durch den Erwerb von tausend Sklaven bei den Phokern unbeliebt gemacht, weil er so den Bürgern den notwendigen Lebensunterhalt entzogen hat.[6] Im häuslichen Bereich nämlich bedienten gewöhnlich die Jüngeren die Älteren.[7]

Timaios, Historiai 9 bei Athenaios, Deipnosophistai 6,264 c–d (=FGrHist 566,F11)

[1] Dazu P. Vidal-Naquet, Réflexions sur l'historiographie grecque de l'esclavage, Actes du Colloque 1971 sur l'esclavage, Paris 1973, 25–44, jetzt in: ders., Le chasseur noir, Paris 1981, 223–48.

[2] Das Sprachrohr Platons in den ‚Gesetzen'; seine Gesprächspartner sind der Spartaner Megillos und der Kreter Kleinias.
[3] Herakleia am Pontos (Eregli), eine Stadt an der Südküste des Schwarzen Meeres. Die *mariandynoi* waren eine einheimische Bevölkerungsgruppe, die von den griechischen Kolonisten in Abhängigkeit gebracht worden war.
[4] Eine Anspielung auf den Aufstand des 7. Jahrhunderts, den von 490 (?) und den von 464 (s. oben S. 71). Die Messenier hatten sich im Jahre 369 kurz vor der Abfassung der ‚Gesetze' ihre Freiheit wiedererobert.
[5] Im Jahre 356 während des ‚3. Heiligen Kriegs'.
[6] Phokis ist eine arme Landschaft und die Ernährung von 1000 Sklaven, sofern diese Zahl glaubhaft ist, bedeutete eine gewaltige Last angesichts der beschränkt vorhandenen Mittel.
[7] Nach anderer Überlieferung (so z. B. Text 15) war es die Arbeit der Frauen, an deren Stelle die Sklavenarbeit trat.

51. Kriterien zur Unterscheidung von Freien und Sklaven in archaischer Zeit

Wo der Gegensatz vom Freien zum Sklaven nicht so klar definiert ist, wie es später im Athen der klassischen Zeit der Fall ist, da ist es die aufgezwungene oder untersagte Art der Lebensführung, die erlaubt, diese Unterscheidung zu treffen. Für Aristoteles ist es allein die militärische Ausrichtung der Lebensführung, die in Kreta den freien Mann vom ‚Sklaven' unterscheidet (vgl. auch Text 63). Daß Sklaven aufgrund eines Gesetzes, das Solon zugeschrieben wird, in Athen ähnlichen Beschränkungen unterworfen gewesen sein sollen, wie es sie in Kreta gab, ist eine auffällige Übereinstimmung.[1]

A. Kreta

Gesetzt nun, auch bei ihnen wäre dies alles in derselben Weise[2] allen gemein, wo bliebe da der Unterschied der Bauern von den Wächtern, und was würden da diese vor jenen, die ihre Herrschaft dulden, voraushaben? Und wie läßt es sich denken, daß jene dann sich noch die Herrschaft ruhig gefallen lassen würden? Es müßte denn ein ähnlicher Kunstgriff angewandt werden wie von den Kretern. Diese nämlich gestatten im übrigen ihren Sklaven das nämliche wie sich selber[3] und haben ihnen nur die Teilnahme an den körperlichen Übungen und den Besitz von Waffen entzogen.

Aristoteles, Politik 2,1264 a 17–22

B. Ein Gesetz des Solon[4]

Als unsere Vorfahren[5] über die Lebensgewohnheiten und über die von Natur her gegebenen Tätigkeiten Gesetze erließen, da verboten sie den Sklaven, das zu tun, was ihrer Auffassung nach den Freien zu tun vorbehalten war. ‚Ein Sklave', so sagt das Gesetz, ‚soll nicht im Gymnasion üben oder sich in den Palaistren einölen'. (...) Derselbe Gesetzgeber sagt des weiteren: ‚Ein Sklave soll nicht der Liebhaber eines freien jungen Mannes sein noch ihm nachstellen, oder er soll von Amts wegen fünfzig Stockschläge erhalten'.

Aischines, Gegen Timarchos 138–39 (= E. Ruschenbusch, Solons Nomoi (Historia Einzelschr. 9), Wiesbaden 1966, fr. 74 e)

Solon legte in seinen Gesetzen auch fest, auf wieviel Fuß Distanz der Liebhaber dem Geliebten folgen dürfe, und verlieh dieser Regel für Freie Gültigkeit; Sklaven verbot er gleichzeitig, die Rolle des Liebhabers zu spielen und sich einzuölen, und ebenso denen, die sich dem Militärdienst entzogen, den Deserteuren, denen, die nicht für den Lebensunterhalt ihrer Eltern sorgten oder für deren Bestattung, sowie denen, die einen befestigten Außenposten dem Feind ausgeliefert haben.[6]

Hermias von Alexandria, Zum Phaidros des Platon 231 c (= Ruschenbusch a. O., fr. 74 a)

[1] In klassischer Zeit hingegen beklagt sich ein Oligarch darüber, daß nach außen hin nichts Freie und Sklaven voneinander unterscheide (s. Text 74): Ein Kriterium wie die Art der Kleidung war überholt.
[2] Aristoteles kritisiert hier Platons ‚Staat' und stellt die Frage nach den Grenzen des gemeinschaftlichen Anteils von Frauen und Kindern.
[3] Natürlich ist diese Feststellung nicht wörtlich zu nehmen.
[4] Dieses Gesetz wird im ganzen fünfmal an verschiedener Stelle erwähnt. Hier sind nur zwei dieser Textstellen übersetzt, die anderen sind: Plutarch, Solon 1,6; ders., Gastmahl der Sieben Weisen 152 d; ders., Über die Liebe 751 b.
[5] Bei dem Autor handelt es sich um einen Redner des 4. Jahrhunderts, der in dieser Rede Anklage gegen einen Verschwender und Wüstling erhebt und dabei mit Freuden auf eigentlich überholte archaische Gesetze zurückgreift.
[6] Man beachte, daß die Sklaven hier gemeinsam genannt werden mit Freien, die in einen minderen Status zurückgefallen sind, wie die spartanischen Bürger, die im Kriege ‚Angst gehabt haben' *(trēsantes)*.

52. Der Ruhm eines Adligen im Leben und nach dem Tode

Als Anhänger aristokratischer Gesinnung, aus der heraus er auch die neuen Aristokraten, d. h. die Tyrannen rühmt (für die man immer göttliche Abstammung konstruieren konnte), widmet Pindar im Jahre 476 seine ‚Zweite Olympische Ode' dem Theron von Akragas, der angeblich ein Nachkomme des Ödipus war. Nach dem hier erzählten Mythos erfreuen sich die Seelen der Weisen, die zugleich die Reichen und Mächtigen sind, eines Ruhmes, dessen Symbol das Gold ist, womit auf das Goldene Zeitalter vorausgedeutet wird, das einige wenige von ihnen an der Seite des Kronos auf ewig im Jenseits erleben werden.[1] Ein wenig über die eigentliche archaische Zeit hinausgreifend zeigt dieser Text des Pindar das Fortleben aristokratischer Werte.

Ist Reichtum mit vortrefflichen Eigenschaften *(aretai)* geschmückt, bringt er Gelegenheit, dieses und jenes zu tun, indem er tiefe, wildere Sorge weckt; er ist ein helleuchtender Stern, das wahrste Licht dem Manne; wenn jemand ihn besitzt, so kennt er die Zukunft, weiß, daß frevelhafte Seelen diesseits

Gestorbener sogleich büßen müssen und daß in diesem Reich des Zeus[2] begangene böse Taten in der Unterwelt jemand aburteilt, der mit feindlicher Gewalt sein Urteil fällt. Die Guten jedoch haben gleichermaßen stets in den Nächten wie in den Tagen Sonnenlicht, und ihnen fällt ein müheloseres Leben zu, da sie nicht die Erde umpflügen in vollster Kraft ihres Armes noch das Wasser der Meere für ein nichtiges Leben;[3] vielmehr verbringen sie, die den bei den Göttern geschworenen Eiden bereitwillig treu bleiben, ihr Leben ohne Tränen, die anderen aber erleiden nicht anzusehende Qual. Doch die, die es vollbrachten, bei dreimaligem Dasein auf beiden Seiten die Seele von jedem Unrecht fernzuhalten, vollenden den Weg des Zeus bis zum Turm des Kronos,[4] wo die Töchter des Okeanos die Insel der Glückseligen mit frischen Winden umwehen. Blüten von Gold glänzen dort hervor, die einen zu Lande von den prächtigen Bäumen herab, andere nährt das Wasser. Aus ihnen flechten sie Ketten und Kränze nach dem gerechten Ratschluß des Rhadamanthes,[5] den sein mächtiger Vater[6] als bereitwilligen Helfer neben sich hat, der Gatte der Rhea, die den allerhöchsten Thron innehat. Peleus und Kadmos[7] gehören zu diesen hinzu; den Achilleus brachte, als sie das Herz des Zeus durch Bitten gewonnen hatte, seine Mutter.

Pindar, Zweite Olympische Ode 53–80

[1] Dazu J. Bollack, L'or des rois: le mythe de la deuxième Olympique, Revue de Philologie 37, 1963, 234–54; eine eher harsche Kritik dieser Auffassung bei J. Defradas, Sur l'interpretation de la deuxième Olympique de Pindare, REG 84, 1971, 131–43.

[2] In dieser Welt im Gegensatz zur Welt des Kronos.

[3] Auch diese paradiesische Vorstellung betrifft noch unsere Welt. Man beachte die beiden Arten von Arbeit, von denen es heißt, daß es sie nicht gäbe: die Landwirtschaft und den Überseehandel.

[4] An dieser Stelle beginnt die Schilderung des Goldenen Zeitalters; doch ist anzumerken, daß der „weit sichtbare Hügel des Kronos" (Erste Olympische Ode 113 f.) mit dem Hügel identisch ist, an dessen Fuße der heilige Bezirk Olympias liegt.

[5] Der Bruder des Minos und einer der drei Totenrichter der Unterwelt.

[6] Kronos.

[7] Ersterer der Vater des Achilleus, der zweite der sagenhafte Gründer Thebens.

Viertes Kapitel

Die archaischen Staaten und Sparta

53. *Ethnos* und *polis.* Die barbarischen Aitoler (426)

Mit seiner Beschreibung der Aitoler weist Thukydides auf die ferne Vergangenheit zurück, die er in der ‚Archäologie' abgehandelt hatte (s. Text 7). Man beachte die charakteristischen Einzelheiten: das Fehlen von Befestigungsanlagen, die unverständliche Sprache (in Wahrheit handelt es sich um einen nordwestgriechischen Dialekt) und natürlich die Homophagie als ein Brauch, der immer wieder bei der Beschreibung unzivilisierter Wildheit auftaucht. Allerdings wird man sich fragen dürfen, ob die politische Organisation der Aitoler tatsächlich so wenig festgefügt war, wie Thukydides hier behauptet, oder, besser gesagt, die Messenier von Naupaktos bei Thukydides behaupten im Zusammenhang mit ihrem übrigens erfolgreichen Versuch, den athenischen Strategen Demosthenes zum Krieg gegen die Aitoler zu bewegen. Um so mehr sind Zweifel berechtigt angesichts der Tatsache, daß die Aitoler in der Auseinandersetzung mit einem der besten griechischen Hoplitenheere Schlagkraft und Standvermögen gezeigt haben, was ein Mindestmaß an gemeinschaftlicher Organisation voraussetzt, die sehr bald zur Herausbildung eines Bundes führen sollte.[1]

Demosthenes[2] jedoch ging zu jener Zeit auf einen Plan der Messenier[3] ein, die es ihm als günstig darstellten, jetzt, wo ein starkes Heer beisammen sei, die Aitoler anzugreifen, die Feinde von Naupaktos. Seien diese besiegt, so könne er leicht die übrigen Teile des dortigen Festlands für Athen gewinnen. Denn das aitolische Volk sei zwar groß und streitbar, aber in offenen Dörfern wohnhaft, dazu weit verstreut[4] und mit seiner leichten Bewaffnung, so behaupteten sie, nicht schwer zu unterwerfen, ehe sich ihr Heer versammelt. Sie rieten, erst die Apodoten zu überfallen, dann die Ophionen, nach diesen die Eurytanen, die den größten Haufen der Aitoler ausmachen, eine kaum verständliche Sprache reden und angeblich das Fleisch roh verzehren; seien die erobert, so würden sich auch die andern bald fügen.[5]

Thukydides 3,94,3–5

[1] Dazu J.A.O. Larsen, Greek Federal States, Oxford 1968, 78–80.
[2] Athenischer Stratege.
[3] D.h. von den Bürgern von Naupaktos.
[4] Vgl. Text 7 und 55.
[5] In Wahrheit hat Demosthenes eine gewaltige Niederlage erlitten.

54. Vertrag zwischen Oianthea und Chaleion

Obwohl Thukydides die westlichen, ozolischen Lokrer für Barbaren hält (s. Text 7) und nicht für Griechen, schließen doch zwei kleine Städte der westlichen Lokris um die Mitte des 5. Jahrhunderts oder etwas später einen Vertrag miteinander,[1] der den Bürgern beider Staaten gegenseitige Garantien bot, wenn sie sich auf dem Gebiet des anderen Vertragspartners befanden.[2] Der Text ist auf einer Bronzetafel erhalten, die in Galaxidi (Chaleion) gefunden wurde.

Den Fremden soll man nicht fortführen, nicht aus dem Gebiet von Chaleion den Oiantheier noch den Chaleier aus dem Gebiet von Oianthea, und auch nicht seine Habe. Wenn jemand pfändet, so darf man den, der pfändet, seinerseits ungestraft pfänden. Fremdes Gut zu Wasser fortzuführen unterliegt nicht dieser Gegenmaßnahme, es sei denn es geschieht im Hafen bei der (Partner)stadt. Wenn jemand zu Unrecht pfändet, (beträgt die Strafe) vier Drachmen; wenn er das gepfändete Gut mehr als zehn Tage behält, soll er das Anderthalbfache dessen zahlen, was er gepfändet hat. Wenn sich entweder ein Chaleier in Oianthea oder ein Oiantheier in Chaleion länger als einen Monat als Metoike aufhält, soll er die örtliche Rechtsprechung in Anspruch nehmen. Wenn der *proxenos* seine Funktion betrügerisch ausübt, soll er (d. h. ein Chaleier in Oianthea oder ein Oiantheier in Chaleion) ihm das Doppelte (als Strafe) auferlegen. Wenn die Fremdenrichter *(xenodikai)* die Entscheidung durch ein Gerichtsverfahren zulassen, soll der Fremde, der Klage führt, sich Geschworene wählen aus dem Kreise der Vornehmen, unter Ausschluß eines *proxenos* und seines eigenen Gastfreundes, und zwar bei (einem Streitwert von) einer Mine und mehr fünfzehn Männer, bei weniger neun Männer. Wenn ein Bürger gegen einen Bürger Klage führt gemäß diesem Vertrag, sollen die *damiourgoi* die Geschworenen auswählen unter den Vornehmen, die den Eid bei den fünf Gottheiten geschworen haben. Die Geschworenen sollen denselben Eid schwören. Die Mehrheit soll den Sieg davontragen.

IG IX 1^2, 3,717 mit den Verbesserungen von B. Bravo, Sulân, Annali della Scuola Normale Superiore di Pisa, ser. 3, 10, 1980, 890–911

1 Die hier gegebene Übersetzung folgt der bei B. Bravo, Sûlan, Annali della Scuola Normale Superiore di Pisa, ser. 3, 10, 1980, 890–911, und auf den dortigen Kommentar zu diesem schwierigen Text soll auch verwiesen werden. Eine unterschiedliche Interpretation gibt Ph. Gauthier, Symbola. Les étrangers et la justice dans les cités grecques, Nancy 1972, 222–24, 242–44. Ein etwas anderer Gesichtspunkt wird noch vertreten werden bei B. Bravo, Recherches sur le droit de répresailles en Grèce ancienne (im Druck).

2 Diese Garantien entsprechen ungefähr denen bei der Gewährung individueller *asylia:* das Recht auf ungehinderten Zugang und ungehindertes Verlassen des Territoriums einer fremden Stadt, vor allem ohne dem Zugriff aufgrund des Rechts auf Selbsthilfe unterworfen zu sein.

55. Der Unterschied zwischen den Städten Athen und Sparta

Worin sah ein Grieche des 5. Jahrhunderts ‚Modernität'? Vor allem wohl darin, daß es Bauten von größtmöglichem Luxus gab. Das Fehlen derartiger Bauten in Sparta (die Schätze, die die englischen Archäologen im Heiligtum der Artemis Orthia entdeckt haben, waren vermutlich schon damals verschüttet) ist für Thukydides ein Beleg für seinen archaischen Charakter.

Wenn jetzt die Hauptstadt der Lakedaimonier zerstört würde und nichts von ihr übrigbliebe als die Tempel und die Fundamente der Bauten, so würde man in späterer Zeit kaum glauben, daß die Macht der Lakedaimonier deren Ruf entsprochen habe. Gegenwärtig sind sie die Herren von zwei Fünfteln der Peloponnes und Vormacht nicht nur der ganzen Halbinsel, sondern auch zahlreicher auswärtiger Bundesgenossen. Trotzdem könnte es scheinen, daß ihre Macht nicht so groß gewesen sei, weil die Stadt keine stolzen Tempel und Prachtbauten hatte und nicht zusammenhängend gebaut war, sondern nach altgriechischer Weise aus einzelnen Ortschaften bestand (s. Text 7 und 53). Umgekehrt, wenn es Athen so ginge, würde man angesichts der erhaltenen Reste der Stadt glauben, die Macht der Athener sei noch einmal so groß gewesen, wie sie wirklich ist. *Thukydides 1,10, 2*

56. Ablehnung wirtschaftlicher Betätigung in Sparta

Als Xenophon gegen 378 seine ‚Verfassung der Lakedaimonier' schrieb, war die Ablehnung wirtschaftlicher Betätigung in Sparta, oder besser gesagt, die Existenz der Gruppe der ‚Gleichen' als einer der Wirtschaft entfremdeten Gesellschaftsschicht ganz offenbar ein anachronistischer Sonderfall in Griechenland (s. Text 37). Tatsächlich war es auch in Sparta selbst schon zum Anachronismus geworden (s. Text 104 und 106), aber dennoch konnte dieser Umstand noch einen tiefen Eindruck auf Xenophon machen, den Söldner, Abenteurer und gemäßigt konservativen Athener, der seinerseits nach anderen Wegen suchte, in seiner Vaterstadt eine strenge Trennung von Wirtschaft und Politik zu erreichen (s. Text 122).

Ganz anders als bei den übrigen Griechen hat Lykurg in Sparta auch folgende Gesetze aufgestellt. In den anderen Staaten nämlich verdienen, sollte man meinen, alle soviel Geld, wie sie gerade können. Denn der eine ist Bauer, der andere Schiffseigner, der nächste Händler, und andere leben vom Handwerk. In Sparta aber verbot Lykurg den freien Männern, sich mit irgendetwas, das mit Gelderwerb zu tun habe, zu beschäftigen; was aber den Staaten Freiheit garantiere, das allein gebot er ihnen als ihre Aufgabe zu betrachten. Und wozu sollte auch Reichtum dort erstrebenswert sein, wo Lykurg durch die Anordnung gleicher Beiträge zur Versorgung und gleicher Lebensweise bewirkte, daß man nicht des Wohllebens wegen nach Reichtümern strebte? Aber nicht einmal der Kleider wegen brauchte man Geld, denn ihr Schmuck besteht nicht in der Pracht der Kleidung, sondern in der guten Körperverfassung. Und ebensowenig müssen sie Geld ansammeln, um es für den Unterhalt von Freunden und Genossen auszugeben, denn Lykurg hat es für rühmlicher erklärt, den Gefährten durch körperlichen Einsatz zu helfen als Geld für sie aufzuwenden, indem er aufzeigte, daß das eine Sache des Herzens, das andere aber des Reichtums sei.

Die Bereicherung aufgrund ungerechter Handlungen verhinderte er mit folgenden Maßnahmen: Zuerst einmal führte er derartiges Münzgeld ein, das, wenn es auch nur im Betrage von zehn Minen ins Haus kommt, weder Herren noch Sklaven entgehen kann,[1] denn man bräuchte dafür einen großen Raum und einen Wagen zum Transport. Nach Gold und Silber wird geforscht, und wenn irgendwo etwas zu Vorschein kommt, wird der, der welches hat, bestraft. Wozu sollte man sich also dort um Gelderwerb bemühen, wo der Besitz mehr Ärger bereitet als sein Gebrauch Glück?

Xenophon, Verfassung der Lakedaimonier 7

[1] Es handelt sich um das berühmte Eisengeld der Spartaner und der Griechen in archaischer Zeit. Zur Form dieser Eisenspieße s. P. Courbin, Dans la Grèce archaique. Valeur comparée du fer et de l'argent lors de l'introduction du monnayage, Annales 14, 1959, 209–33; vgl. auch Text 22.

57. Die gemeinsam eingenommenen Mahlzeiten in Sparta

Die gemeinsam eingenommenen Mahlzeiten (die *syssitia* oder *phiditia*) sind eines jener archaisierenden Elemente in den gesellschaftlich-politischen Strukturen Spartas, die die Intellektuellen der anderen *poleis* am meisten fasziniert haben. Platon nimmt sie sich von Anfang an in den ‚Gesetzen' zum Vorbild und Aristoteles greift diese Einrichtung für sein Ideal der Politie im 7. Buch der ‚Politik' auf. Es handelt sich um eine uralte Einrichtung, doch vor allem in Athen hatte sie eine mehr symbolische politische Bedeutung gewonnen: Im Prytaneion am Staatsherd der *polis* speisen die in besonderer Weise geehrten Athener (wie z. B. die Nachkommen von Harmodios und Aristogeiton) und die Ehrengäste der *polis.*[1] In Sparta und auf Kreta handelt es sich um eine Institution, die kennzeichnend ist für das Leben der Männer und Krieger als gemeinschaftlicher Gruppe.

Die gemeinschaftlich eingenommenen Mahlzeiten *(syssitia)* nennen die Kreter *andreia*[2], die Lakedaimonier *phiditia*[3]. [...] Sie kamen zu fünfzehn – oder auch einige mehr oder weniger – zusammen. Jeder Tischgenosse lieferte monatlich einen Scheffel Gerstenmehl, acht Maß Wein, fünf Minen Käse, zweieinhalb Minen Feigen[4] und dazu für die Zukost eine geringe Summe Geldes. Ferner schickte, wer geopfert oder etwas gejagt hatte, der Tischgenossenschaft einen Anteil.[5] Denn es war erlaubt, zu Hause zu essen, wenn jemand opferte oder spät von der Jagd heimkam, die anderen aber mußten zur Stelle sein. Lange Zeit hielt man die Gemeinschaftsmahlzeiten streng inne. So, als König Aigis[6], aus dem Feld heimgekehrt nach dem Siege über die Athener, bei seiner Frau speisen wollte und um Zusendung seiner Portionen ersuchte,[7] sandten die Polemarchen[8] sie ihm nicht, und als er am nächsten Tage in seinem Zorn das Opfer nicht brachte, das er zu bringen hatte, legten sie ihm noch eine Strafe auf.

Zu den gemeinschaftlichen Mahlzeiten pflegten auch die Knaben zu kommen. Wie in eine Schule der Weisheit wurden sie hingeführt, hörten ernsthafte Gespräche, wurden Zeugen freimütiger Scherze und selbst daran gewöhnt, zu scherzen und ohne Grobheit zu spotten und Spott nicht übelzunehmen.[9] Denn dies galt für echt lakonisch, Spott zu ertragen. Wem es aber zuviel wurde, der durfte es sich verbitten, und der Spötter verstummte. Jedem Eintretenden zeigte der Älteste die Tür und sagte: „Durch diese geht kein Wort hinaus." Über denjenigen, der in eine Tischgesellschaft eintreten wollte, wurde, wie es heißt, auf folgende Weise abgestimmt. Jeder Tischgenosse nahm eine Brotkrume in die Hand und warf sie wie einen Stimmstein schweigend über den Kopf in ein Gefäß, das ein Diener herumtrug; der Zustimmende so, wie sie war, der Ablehnende, nachdem er sie kräftig zusammengedrückt hatte. Die zusammengedrückte Krume gilt wie ein durchbohrter Stimmstein, und wenn sich auch nur eine solche findet,[10] nehmen sie den Kandidaten nicht auf, weil sie wollen, daß die ganze Gesellschaft in Freundschaft beisammen ist. *Plutarch, Lykurg 12, 1–10*

[1] Dazu L. Gernet, Sur le symbolisme politique: le Foyer commun, Cahiers Internationaux de Sociologie 1952, 22–43, jetzt in: ders., Anthropologie de la Grèce ancienne, Paris 1968, 382–402.

[2] D.h. ‚für die Männer'.

[3] Die Etymologie ist nicht gesichert: Diejenige, die Plutarch in einem hier ausgelassenen Abschnitt des Textes gibt, ist völlig aus der Luft gegriffen.

[4] Ein spartanischer Medimnos (Scheffel) ist gleich 74 l, ein Flüssigkeitsmaß gleich 4,621, eine Mine gleich 618 g.

[5] Die Jagd ist bei den Spartanern nach dem Vorbild des Krieges gestaltet. Wie Xenophon (Verfassung der Lakedaimonier 6,3 f.) feststellt, sind die Hunde gemeinschaftlicher Besitz und die Jagenden lassen für ihre Kameraden den Rest ihrer Vorräte auf dem Wege zurück.

[6] Sohn des Archidamos, König von 427 bis 400.

[7] Die Könige erhielten eine doppelte Portion; vgl. Xenophon, Verfassung der Lakedaimonier 15,4.

[8] Sie standen jeweils an der Spitze einer Abteilung von 400 Mann.

[9] Der gesamte Abschnitt ist völlig theoretisch und vermutlich kommt Xenophon der Realität näher, wenn er erzählt, daß die Kinder schweigend an den gemeinschaftlichen Mahlzeiten teilnahmen (Verfassung der Lakedaimonier 3,5).

[10] Der durchlöcherte Stimmstein bedeutete in den athenischen Gerichten den Schuldspruch.

58. Die Heloten in Messenien

Tyrtaios, der spartanische (?) Dichter des 7. Jahrhunderts, von dem einige Fragmente entweder auf Papyri oder durch Zitate bei sehr viel späteren Autoren (Pausanias, Strabon, die Scholiasten Platons) überliefert sind, bietet praktisch das einzige literarische Zeugnis über die Unterwerfung der Messenier in den Status von Heloten. Der erste und zweite ‚Messenische Krieg' im letzten Drittel des 8. Jahrhunderts bzw. um die Mitte des 7. Jahrhunderts liegen um so mehr im dunkeln, als nach dem Wiederaufstieg Messeniens in der Form der *polis* Messene im Jahre 369 messenische Dichter für ihre Mitbürger eine umfangreiche Legende erfanden, die später Pausanias im 5. Buch seiner ‚Beschreibung Griechenlands' wieder aufgreifen sollte. Doch spielt wenigstens Tyrtaios, der erste Dichter und Mahner für die Hopliten, in einigen wenigen Versen auf die wirtschaftlichen Bedingungen an, denen die Heloten unterworfen waren.

A. Der Messenische Krieg

Unserem König, der den Göttern lieb ist, dem Theopomp,[1] durch den wir das weitläufige Messenien erobert haben (...) Messenien das gut zu pflügen und gut zu bebauen ist (...) Um jenes haben neunzehn Jahre lang unaufhörlich mit ausdauerndem Mut die speerbewaffneten Väter unserer Väter gekämpft.[2] Im zwanzigsten Jahre[3] gaben die Feinde ihr fruchtbares Ackerland auf und flohen von den hohen Bergen des Ithome.[4]

Tyrtaios fr. 4 Diehl = fr. 2–4 Gentili-Prato

B. Die Heloten

Wie Esel, die durch schwere Lasten bedrückt sind, bringen sie ihren Herren[5] unter verderblichem Zwang die Hälfte all der Früchte, die das Land erbringt[6] (...) Ihre Herren beweinen zugleich ihre Frauen und sie selbst, immer wenn das traurige Schicksal des Todes einen betrifft.[7]

Tyrtaios fr. 5 Diehl = fr. 5 Gentili-Prato

[1] König aus der Dynastie der Eurypontiden (8. Jahrhundert?), dem die Überlieferung verschiedene verfassungsmäßige Neuerungen zuschrieb.

[2] Das darf man wohl kaum als sicheren Beleg dafür nehmen, daß der 1. Messenische Krieg genau zwei Generationen vor dem 2. Messenischen Krieg, den Tyrtaios miterlebte, stattgefunden habe.

[3] Eine sehr zweifelhafte Angabe: Der 1. Messenische Krieg hätte dann genau die doppelte Zeit des Trojanischen Kriegs gedauert.

[4] Ein Berg mitten in Messenien, auf den sich 464 die aufständischen Messenier zurückgezogen haben und an dessen Fuß im Jahre 369 die Stadt Messene entstand.

[5] Vermutlich nicht den einzelnen Spartiaten, sondern der Stadt, von der sie als ‚Staatssklaven' abhingen (Strabon 8,365).

[6] Ihre Lage ist noch härter als die der athenischen *hektēmoroi*, die in der Zeit vor Solon nur ein Sechstel ihrer Ernteerträge abliefern mußten; s. dazu oben S. 49f. Daß es sich um Messenier handelt, geht aus Pausanias 4, 14, 4f. hervor.

[7] Das bezieht sich vermutlich auf die Leichenbegängnisse der Könige, die nach Herodot (6, 58) besonders feierlich gestaltet wurden und an denen Perioiken und Heloten teilzu-

nehmen hatten. Es mag sein, daß dieses Gebot zur Teilnahme den Heloten ursprünglich als ein Zeichen des Gehorsams und der Erniedrigung auferlegt wurde.

59. Die Unterdrückung der Heloten in Sparta (424)

Die Beziehungen der Spartiaten zu den Heloten waren durch einen unauflöslichen Gegensatz gekennzeichnet, und die Situation war dadurch eine völlig andere als in Athen. Einerseits konnte Sparta ohne Zuhilfenahme der Heloten nicht Krieg führen (zumindest nicht mehr seit dem Archidamischen Krieg); andererseits stellten bewaffnete Heloten, auch wenn sie nur leicht bewaffnet waren, eine ständige Bedrohung dar. Aber Sparta fand eine Lösung: die Tötung all der Heloten, die sich als die Mutigsten ausgezeichnet hatten, derjenigen also, die die Freiheit am meisten verdient hätten.[1] Die mysteriösen Umstände, mit denen man ihren Tod umgab, paßten natürlich zu diesem Vorgehen und gehörten dazu.

Denn die Lakedaimonier hofften, sich der Athener, die die Peloponnes und besonders ihr eigenes Land so schwer bedrohten, am ehesten dann zu entledigen, wenn sie ihnen selbst zu Leibe rückten und ein Heer ins Land ihrer Bundesgenossen schickten, zumal diese sich erboten, dessen Verpflegung zu übernehmen, und sie zu Hilfe riefen, um die Herrschaft der Athener abzuschütteln.[2] Zugleich bot sich ihnen damit ein erwünschter Vorwand, eine Anzahl Heloten außer Landes zu schicken, damit diese nicht etwa den Augenblick, wo Pylos in Feindeshand war, benutzten, um einen Aufstand anzuzetteln. Auch hatten sie aus Furcht vor ihrem zahlreichen jungen Nachwuchs bereits zu einer anderen Maßregel gegen sie gegriffen, wie denn bei ihnen von jeher im Grunde alles darauf hinauslief, die Heloten im Zaume zu halten. Sie machten bekannt, aber nur um sie auf die Probe zu stellen, wer unter ihnen sich besonders tüchtig zum Kriegsdienst fühle, solle sich melden und dann eingestellt und freigelassen werden; denn vermutlich würden gerade die, welche am meisten nach Freiheit verlangten, auch zuerst bei der Hand sein, ihnen den Hals abzuschneiden. Es wurden denn auch ungefähr zweitausend ausgehoben, die darauf als nunmehr freie Leute bekränzt durch die Tempel zogen. Nach kurzer Zeit aber ließen die Lakedaimonier sie sämtlich verschwinden, und niemand erfuhr, wo und wie sie ums Leben gekommen waren. *Thukydides 4, 80, 1–4*

[1] G. Devereux, Psychanalyse et histoire: une application à l'histoire de Sparte, Annales 20, 1965, 18–44 gibt eine wenig überzeugende Freudsche Erklärung dieses Textes.

[2] Unter den Verbündeten Athens waren es die Städte der Chalkidike, die sich in diesem Sinne an Sparta gewandt hatten in der Hoffnung, unter dem Schutz eines Expeditionskorps von Athen abfallen zu können.

60. Aufstieg und Abstieg in Sparta (421)

Im folgenden zeigt sich, was dem Schicksal der Heloten am entgegengesetzten Ende der Skala gegenübersteht. Ein Spartiate bleibt nur ein ‚Gleicher', sofern er den Lebensregeln treu bleibt, die man ihn in seiner Kindheit gelehrt hat. Einst hatte man die Mutigsten unter den Heloten getötet; hier sieht man, wie Heloten, die mit Brasidas gekämpft hatten, einen Aufstieg erleben und in eine besonders gefährdete Randzone entsandt werden, aber die Spartiaten, die es gewagt hatten, sich den Truppen Kleons auf Sphakteria zu ergeben, degradiert, freilich nicht getötet werden. In gewisser Hinsicht zumindest ist nichts falscher als der berühmte, von Plutarch zitierte Grundsatz (Plutarch, Lykurg 28, 5), „in Sparta sei der Freie im vollsten Sinne frei und der Sklave im vollsten Sinne Sklave gewesen."

In demselben Sommer, als die mit Brasidas ausgezogenen, [...] aus Thrakien zurückgeführten Mannschaften wieder angelangt waren, beschlossen die Lakedaimonier, die Heloten, welche unter Brasidas gedient hatten, freizulassen und ihnen zu gestatten, sich ihren Wohnsitz nach Belieben zu wählen. Bald nachher aber, als sie mit den Eleern bereits zerfallen waren, wiesen sie ihnen mit den schon früher freigelassenen Heloten, den sogenannten *neodamodeis,*[1] Lepreon an der Grenze von Elis und Lakonien als Wohnsitz zu. Aus Furcht, die auf der Insel in Gefangenschaft geratenen Spartiaten, welche die Waffen gestreckt hatten,[2] könnten sich in der Meinung, ihres Mißgeschicks wegen zurückgesetzt zu werden, zu staatsgefährdenden Unternehmungen verleiten lassen, wenn man ihnen die Ehrenrechte ließe, erklärten sie diese, obwohl sie zum Teil schon in Amt und Würden waren, für ehrlos, was die Unfähigkeit zu öffentlichen Ämtern und den Verlust des Rechts, zu kaufen und zu verkaufen, zur Folge hatte.[3] Indessen wurden ihnen einige Zeit nachher die Ehrenrechte wieder zurückgegeben.

Thukydides 5,34

[1] Das ist die normalerweise verwendete Bezeichnung für freigelassene Heloten.
[2] 292 Spartaner waren im Jahre 425 auf der Sphakteria in Gefangenschaft geraten, darunter 120 Spartiaten *(homoioi).*
[3] *Das ist sicherlich der Status der trēsantes.*

61. Eine Revolte in Sparta: Die Verschwörung des Kinadon (um 397)

Der Bericht des Xenophon über die Verschwörung des Kinadon stellt eines der beachtlichsten Dokumente zur Sozialgeschichte dar, das die griechische Literatur überliefert hat. Zwar legt das Datum dieser Ereignisse es nahe, den Text unter die Überschrift ‚Krise und Niedergang Spartas' zu stellen, und der Niedergang hatte in der Tat im Augenblick des Sieges von 404 bereits begonnen. Doch der Bericht Xenophons ist eines der ganz wenigen Zeugnisse, die es erlauben, die verschiedenen Kategorien der spartanischen Gesellschaft in ihrer Funktion zu beobachten.

Noch kein volles Jahr war Agesilaos König, als ihm bei einem der offiziellen Opfer, die er im Namen der Stadt darzubringen hatte, der Seher sagte, die Götter enthüllten ihm eine Verschwörung der furchtbarsten Art. Nach einem neuen Opfer sagte er, die Opferzeichen erschienen noch schlimmer. Beim dritten Opfer aber sprach er: „Agesilaos, als wären wir inmitten der Feinde selbst,[1] so deuten sich mir die Zeichen." Daraufhin opferten sie den Gottheiten der Abwehr von Unheil und den Gottheiten der Errettung aus Gefahr[2] und hörten erst auf, nachdem sie mit Mühe günstige Opferzeichen erlangt hatten.

Innerhalb von fünf Tagen nach Beendigung des Opfers zeigte jemand bei den Ephoren eine Verschwörung an und nannte auch den Namen des Urhebers der ganzen Sache: Kinadon. Dies war ein junger Mann von stattlichem Körperbau und kraftvollem Geiste, aber er gehörte nicht zu der Gruppe der ‚Gleichen' (*homoioi*).[3] Als nun die Ephoren den Denunzianten nach dem mutmaßlichen Verlauf der geplanten Verschwörung fragten, berichtete der, Kinadon habe ihn einmal an den Rand des Marktplatzes geführt und aufgefordert, zu zählen, wieviele Spartiaten dort versammelt seien. „Und ich", sagte er, „fragte ihn, als ich den König, die Ephoren, die Geronten und die übrigen gezählt hatte und auf etwa vierzig[4] gekommen war: „Warum hießest Du mich gerade diese zählen, Kinadon?" Da antwortete der: „Diese betrachte als deine Feinde, alle übrigen jedoch, die du auf dem Markt siehst, als deine Verbündeten,[5] und das sind mehr als viertausend." Er habe ihm dann noch, erzählte er, auf den Straßen hie und da mal einen, mal zwei, denen sie begegneten, als Feinde bezeichnet, die übrigen alle als Verbündete, und habe hinzugefügt, unter den Spartiaten, die sich auf den Landgütern befänden, gebe es jeweils einen Feind, nämlich den Gutsherrn,[6] Verbündete dagegen in großer Zahl.

Als ihn die Ephoren noch befragten, wie groß er die Zahl der Mitwisser dieses Plans angebe, antwortete er, nach der Auskunft des Kinadon auch hierüber hätten sie, die Anführer der Verschwörung, nur ganz wenige, aber vertrauenswürdige Leute in ihren Plan eingeweiht; diese Gruppe behaupte aber, daß sie selbst sich mit sämtlichen Heloten, Neodamoden, Minderberechtigten und Perioiken[7] im Einverständnis wüßten. Wo nämlich unter diesen die Rede gerade auf die Spartiaten komme, da könne keiner verbergen, daß er sie wohl am liebsten roh auffräße![8] Die Ephoren fragten nun wiederum: „Was haben sie aber gesagt, wo sie Waffen hernehmen wollen?" „Für diejenigen unter uns", habe Kinadon gesagt, „die ohnehin zum Heeresdienst eingeteilt sind,[9] gilt: wir besitzen ja bereits Waffen soviel wir brauchen", und was die große Masse angehe, so habe Kinadon ihn, wie er erzählte, zum Eisenwarenmarkt geführt und ihm da viele Dolche, viele Schwerter, viele Spieße, viele Beile und Äxte, viele Sicheln gezeigt. Dabei habe er gesagt, auch all dieses seien Waffen, nämlich für alle diejenigen, die Erde, Holz und Steine bearbeiteten, und auch die meisten der übrigen Handwerker hätten Werkzeuge, welche gut als Waffen dienen könnten, besonders um damit gegen Unbewaffnete zu kämpfen. Schließlich noch über den möglichen Zeitpunkt befragt, zu dem der Anschlag ausgeführt werden solle, gab er zur Auskunft, er habe die Anweisung, in der Stadt in Bereitschaft zu bleiben.

Als die Ephoren das hörten, kamen sie zu der Meinung, der Verräter habe sie von einem gut überlegten Plane unterrichtet, und waren dementsprechend tief bestürzt, so daß sie nicht einmal die sogenannte Kleine Volksversammlung einberiefen,[10] sondern Mitglieder des Ältestenrates einzeln an verschiedenen Orten zusammenkamen und den Beschluß faßten, Kinadon in Begleitung anderer junger Leute[11] nach Aulon[12] zu senden mit dem Auftrag, einige der Bewohner von Aulon herzubringen[13] sowie diejenigen Heloten, deren Namen in der Skytale verzeichnet waren.[14] Außerdem solle er diejenige Frau abführen, die am Orte für die Schönste galt, aber in dem Rufe stand, alle Männer zu verführen, die aus Lakedaimon dorthin kamen, alte so gut wie junge. Ähnliche Dienste hatte Kinadon den Ephoren schon früher geleistet. Auch diesmal also händigten sie ihm die Skytale aus, in der die Namen derer verzeichnet waren, die festgenommen werden sollten. Auf seine Frage, welche von den Jüngeren er mit sich nehmen solle, bekam er zur Antwort: „Geh zu dem Ältesten der Hippagreten[15], und sage ihm, er möchte dir sechs oder sieben Leute, die gerade anwesend sind, zur Begleitung mitgeben". Sie hatten aber vorgesorgt, daß der Hippagretes wußte, welche Leute er zu schicken hatte, und daß die von ihm Geschickten Bescheid wußten, daß sie Kinadon festzunehmen hatten. Außerdem verständigten sie den Kinadon auch noch darüber, daß sie ihm drei Wagen senden würden, damit seine Mannschaft die Gefangenen nicht zu Fuß abführen müsse, und das alles, um ihm, wie nur irgend möglich, zu verschleiern, daß die ganze Mission nur auf ihn abgesehen sei. Innerhalb der Stadt wollten sie ihn aus dem Grunde nicht ergreifen, weil sie das Ausmaß der Verschwörung nicht kannten, und deshalb beabsichtigten, erst von Kinadon zu erfahren, welche Leute alle mit ihm unter einer Decke steckten, bevor diese ihrerseits merkten, daß sie angezeigt seien, damit sie auf diese Weise an der rechtzeitigen Flucht verhindert werden könnten. Die mit seiner Festnahme Beauftragten sollten ihn in Gewahrsam halten, in einem Verhör seine Mitwisser feststellen und eine Liste ihrer Namen auf schnellstem Wege den Ephoren übersenden. So ernst nahmen die Ephoren die Angelegenheit, daß sie den nach Aulon Abgesandten sogar noch eine Abteilung Reiter[16] zur Unterstützung schickten. Als nach der Ergreifung des Mannes ein Reiter eintraf mit der Liste der Namen, die Kinadon zu Protokoll gegeben hatte, ließen die Ephoren auf der Stelle sowohl den Seher Teisamenos wie auch die einflußreichsten übrigen Mitverschworenen festsetzen.

Als dann Kinadon hergebracht und seines Vergehens überführt wurde, darauf auch alles eingestand und seine Mitwisser nannte, stellten sie ihm zuletzt die Frage, was er denn im Sinne gehabt habe mit dieser seiner Handlungsweise. Da gab er zur Antwort, er habe hinter niemandem zurückstehen wollen in Lakedaimon. Darauf wurden ihm sofort Handschellen und ein Halseisen angelegt, und dann trieb man ihn und seine Genossen unter Peitschenhieben und Stichen durch die ganze Stadt. Und so empfingen diese die ihnen gebührende Strafe.[17] *Xenophon, Hellenika 3,3,4–11*

[1] Eine sehr zutreffende Kennzeichnung der Position der Spartiaten.
[2] Die Götter des Heils sind es, die das Übel fernhalten (*apotropaioi*); die Gottheiten der Errettung sind die Dioskuren.
[3] Seine genaue soziale Stellung definiert Xenophon nicht; vielleicht war er einer der ,Geringeren' *(hypomeiones),* d. h. jener Kategorie von Spartiaten, die kein Landlos *(klaros)* geerbt hatten, kein Bürgerland besaßen. Die folgende Textpassage zeigt, daß er Aufgaben der Geheimpolizei versah.
[4] Wenn man die zwei Könige und die 28 Mitglieder der *gerousia* sowie die fünf Ephoren abrechnet, so bleibt nur eine geringe Zahl von eigentlichen Spartiaten übrig.
[5] Ein ausgezeichnetes Beispiel revolutionärer Taktik, die darauf abzielt, die Zahl der Gegner weitestgehend zu reduzieren.
[6] Jeder Besitzer eines Landloses.
[7] Mit anderen Worten fast alle, die nicht der Gruppe der ,Gleichen' angehörten. Es wird kein Unterschied gemacht zwischen den Heloten Messeniens, deren Anliegen eine nationale Komponente aufwies, und den Heloten Lakoniens. Es ist wahrscheinlich, daß die Verschwörung hauptsächlich in Lakonien ihren Rückhalt fand und auf die Errichtung einer Demokratie in Sparta abzielte; s. unten Anm. 12. Wenn es, wie zu vermuten ist, in Sparta bereits Kaufsklaverei gab (s. dazu Platon, Alkibiades 122 d ff.), so waren diese Sklaven nicht in die Verschwörung verwickelt.
[8] Das ist wörtlich zu nehmen: „roh auffräße". Xenophon ist das geläufig. Gegen Ende des Zugs der Zehntausend während der letzten Schlacht vor Erreichen des Meeres fordert er seine Männer auf, die Feinde „wenn es irgend geht, auch ungekocht zu verschlingen" (Anabasis 4,8,14).
[9] Ein großer Teil der spartanischen Bevölkerung, oft sogar einschließlich der Heloten, konnte im spartanischen Heer mitkämpfen.
[10] Eine Einrichtung, deren Existenz nur an dieser Stelle überliefert ist. Vermutlich handelte es sich um eine Versammlung mit einer eingeschränkten Zahl von Teilnehmern.
[11] Aulon ist ein Ort in Messenien. Die Tatsache, daß Kinadon dorthin entsandt wird, um Heloten festzunehmen, scheint die Auffassung zu stützen, daß die Messenier nicht in die Verschwörung eingeweiht waren. Doch könnte man sich auch vorstellen, daß die Ephoren darum bemüht waren, die Kräfte ihrer Gegner zu spalten.
[12] Es ist nicht klar, was das für junge Männer gewesen sein mögen; vielleicht waren sie Ritter, wie der weitere Text nahelegt.
[13] Xenophon macht keine genaueren Angaben über ihren Status.
[14] Die *skytalē* ist ein Stock, um den ein Papyrusstreifen gewunden wird. Die Buchstaben, die auf diesen Streifen geschrieben sind, ergeben erst dann einen Sinn, wenn er um einen anderen Stock, der im Besitze des Empfängers der Nachricht ist, gewunden wird (Plutarch, Lysander 19).
[15] Die *hippagretai* waren drei junge Männer, die eine Truppe von 300 ,Rittern' zusammenstellten und befehligten. Ungeachtet der Bezeichnung, die auf aristokratische Herkunft deutet, war das eine Elitetruppe zu Fuß; sie versahen auch die Aufgaben einer Polizei (Xenophon, Verfassung der Lakedaimonier 4,3).
[16] Handelt es sich hier nun wirklich um Berittene? Das ist durchaus nicht sicher: Denkbar wäre auch, daß es junge Leute waren, die zu derselben Truppe wie die Gefährten des Kinadon gehörten. Doch spricht die Entfernung, die sie zurücklegen mußten, eher für die erste Vermutung.
[17] Xenophon spricht nicht davon, daß Kinadon und seine Anhänger hingerichtet wurden, aber es ist sehr wahrscheinlich, daß das geschehen ist.

62. Bestimmungen aus dem ‚Recht von Gortyn' (gegen 450)

Die große Inschrift von Gortyn, die in 12 Kolumnen auf die Innenseite einer kreisförmigen Mauer eingemeißelt ist, stellt nicht so sehr eine ‚Rechtskodifikation' im modernen Sinne dar als vielmehr eine mehr oder weniger systematische Revision althergebrachter, für eine aristokratische Gesellschaft kennzeichnender Rechtsregeln. Zwei Abschnitte sollen hier vorgelegt werden: Der erste zeigt im Zusammenhang mit den Summen an Entschädigung, die im Falle von Vergewaltigung oder Unzucht zu zahlen sind, die unterschiedliche rechtliche Stellung der verschiedenen Bewohner von Gortyn (es handelt sich hier um eine ebenso uneinheitliche und von Gegensätzen bestimmte Gesellschaft wie in Sparta); der zweite Text zeigt die Eigenartigkeit in der Stellung der Sklaven.[1]

A. Vergewaltigung und Unzucht

Wenn jemand einen Freien oder eine Freie vergewaltigt, soll er hundert Statere zahlen;[2] wenn er einen *apetairos*[3] vergewaltigt, zehn Statere; wenn aber ein Sklave *(dōlos)*[4] den Freien oder die Freie vergewaltigt, soll er das Doppelte zahlen;[5] und wenn ein Freier einen Sklaven *(woikeus)* oder eine Sklavin *(woikea)*, fünf Drachmen; wenn ein Sklave *(woikeus)* einen Sklaven *(woikeus)* oder eine Sklavin *(woikea)*, fünf Statere.[6] Wenn jemand eine zum Haus gehörige Sklavin *(dōla)* gewaltsam verführt, soll er zwei Statere zahlen;[7] wenn sie aber schon verführt worden ist, einen Obolos, wenn es bei Tag geschieht, zwei Obolen, wenn bei Nacht; und in ihrer Aussage unter Eid soll die Sklavin Vorrang haben.[8] Wenn jemand sexuelle Beziehungen aufzunehmen versucht mit einer Freien, die der Vormundschaft eines männlichen Verwandten untersteht, soll er zehn Statere zahlen, wenn ein Zeuge es bestätigt.[9]

Wenn jemand ertappt wird, wie er mit einer Freien im Hause des Vaters, des Bruders oder des Ehemannes Unzucht treibt,[10] soll er hundert Statere zahlen; wenn es in einem anderen Hause geschieht, fünfzig Statere; wenn er es mit der Angehörigen eines *apetairos* tut, zehn Statere; wenn es aber ein Sklave *(dōlos)* mit einer Freien tut, soll er das Doppelte zahlen;[11] und wenn es ein Sklave *(dōlos)* mit einer Sklavin *(dōla)* tut, soll er fünf Statere zahlen.[12]

Col. II, 2–28

B. Stellung der Kinder, wenn sie aus der Heirat zweier Angehöriger unterschiedlicher Statusgruppen hervorgehen

Wenn ein Sklave zu einer Freien geht und sie heiratet,[13] sollen ihre Kinder Freie sein;[14] wenn aber die Freie zum Sklaven *(dōlos)* geht, sollen ihre Kinder Sklaven sein. Und wenn Freie und Sklaven als Kinder von derselben Mutter geboren werden, sollen im Falle, daß die Mutter stirbt, wenn Besitz vorhanden ist, die freien Kinder ihn bekommen; aber wenn sie keine freien Kinder geboren hat, sollen die Erben[15] den Besitz übernehmen.[16]

Col. VI 56 – Col. VII 9

[1] Die hier zugrundegelegte Übersetzung ist die der Ausgabe von R. F. Willetts, The Law Code of Gortyn, Kadmos Suppl. 1, 1967. Für jede weitergehende Frage sei auf diese Ausgabe verwiesen.

[2] Es handelt sich nicht um eine von den Gerichten der *polis* verhängte Strafe, die an diese zu zahlen ist, sondern um eine Entschädigung. Zehn Statere sind ungefähr 1 100 g Silber.

[3] Ein *apetairos* ist, wie es scheint, ein ‚freier' Mann, aber er ist nicht Glied einer Hetairie, einer Gruppe von Gefährten *(hetairoi)*, der die erwachsenen, vollberechtigten Bürger angehörten.

[4] Im Recht von Gortyn werden die Worte *woikeus* und *dōlos* ohne Unterschied nebeneinander zur Bezeichnung der Sklaven gebraucht (deren Stellung ähnlich ist wie die der Heloten in Sparta); es gibt eine umfangreiche Diskussion darüber, ob zwischen den beiden Bezeichnungen doch irgendein Unterschied besteht. Dazu s. P. Vidal-Naquet, Esclavage et gynécocratie dans la tradition, le mythe, l'utopie, in: Recherches sur les structures sociales dans l'antiquité classique, Paris 1970, 75, Anm. 2, jetzt in: ders., Le chasseur noir, Paris 1981, 282, Anm. 68.

[5] D. h. 200 Statere. Man beachte, daß die Möglichkeit immerhin nicht ausgeschlossen wird, auch wenn die Entschädigungssumme äußerst hoch ist. Der ‚Sklave' steht in eigener Verantwortlichkeit; von der Verantwortung seines Herrn für ihn ist zumindest an dieser Stelle nicht die Rede.

[6] In diesen beiden letzteren Fällen hängt die Höhe der Entschädigung nicht vom rechtlichen Status des Schuldigen ab, sondern von dem des Opfers.

[7] Es ist nicht leicht, den Unterschied zwischen Vergewaltigung und Verführung unter Zuhilfenahme von Gewalt festzustellen, um so mehr als diese Terminologie auf Gortyn beschränkt bleibt. Die Vergewaltigung richtet sich sowohl gegen Männer wie Frauen, während Verführung auf Frauen beschränkt ist und auch fortdauernde Beziehungen voraussetzt. Eine ähnliche Unterscheidung findet sich auch in den Gesetzen Solons (Plutarch, Solon 23).

[8] Mit anderen Worten besitzt im Falle widersprüchlicher Aussagen der Eid der Sklavin Beweiskraft: Eine beachtenswerte Klausel, die undenkbar wäre an einem Ort, wo es nur Kaufsklaverei gibt.

[9] Das bezieht sich auf den Fall von versuchter Vergewaltigung oder Verführung. Jede unverheiratete Frau oder Witwe steht in der Regel unter der Vormundschaft ihres Vaters oder eines männlichen Verwandten.

[10] Unzucht im Bereich der familiären Behausung ist ein verschärftes Delikt.

[11] 200 Statere.

[12] Die Entschädigung wird in diesen letzteren Fällen vermutlich an denjenigen gezahlt, der die Vormundschaft über die Frau ausübt, die sich der Unzucht mitschuldig gemacht hat. Man beachte, daß keinerlei Entschädigung für den Fall vorgesehen ist, daß ein freier Mann mit der Frau eines Sklaven Unzucht begeht.

[13] Dabei handelt es sich also offenbar um einen völlig legalen Vorgang.

[14] Der Status der Kinder richtet sich somit danach, wo die freie Mutter ihre Wohnung nimmt.

[15] D. h. die Familienangehörigen der freien Mutter unter Ausschluß ihrer Kinder.

[16] Man beachte, daß die Möglichkeit einer Heirat zwischen einem freien Mann und einer ‚Sklavin' nicht erwähnt wird. Man könnte annehmen, daß diese Art einer legalen Verbindung nicht vorstellbar war (was allerdings wenig wahrscheinlich ist), oder daß der Status der Kinder in diesem Falle völlig klar war, daß sie nämlich selbstverständlich frei waren. Der ‚Kodex Hammurabi' dagegen sorgt für alle denkbaren Fälle einer Verbindung von ‚Freien' und ‚Sklaven' vor. Dort sind die Kinder immer ‚Freie', es sei denn, der ‚freie' Vater verweigert ihre Anerkennung.

63. Ein kretischer Aristokrat

Nach Auffassung des Aristoteles sind die Verhältnisse in Kreta dadurch gekennzeichnet, daß wie in Ägypten die Bauern und die Krieger zwei völlig voneinander getrennte soziale Gruppen bilden (Politik 7, 1329b2). Genau das ist der ideologische Standpunkt eines kurzen Gedichts, das in einer Sammlung von Trinkliedern bei Athenaios überliefert ist: das *skolion* (Trinklied) des Hybreas. Man kann dieses Gedicht nicht mit Sicherheit datieren, aber es kann jedenfalls nicht vor dem 5. Jahrhundert entstanden sein, da es die Kenntnis des persischen Großkönigs voraussetzt.[1]

Großen Reichtum besitze ich: einen Speer und ein Schwert und den schönen Schild, den Schutz des Körpers. Denn dadurch pflüge ich, dadurch mähe ich, dadurch keltere ich den süßen Wein aus der Traube,[2] dadurch nenne ich mich Herr der Geknechteten.[3] Sie aber, die es nicht wagen, einen Speer und ein Schwert und den schönen Schild, den Schutz des Körpers, zu haben, kauern alle nieder und beugen vor mir das Knie, nennen mich Herren und großen König.

Athenaios, Deipnosophistai 15, 695f–696a (= Poetae Melici Graeci ed. D. L. Page, nr. 909)

[1] Für einen Kommentar s. R. F. Willetts, Cretan Cults and Festivals, London 1962, 223–37; H. von Effenterre, Y a-t-il une ‚noblesse' crétoise?, in: Recherches sur les structures sociales dans l'antiquité classique, Paris 1970, 19–28, insbesondere 19–23; für einen divergierenden Standpunkt s. D. L. Page, The Song of Hybrias the Cretan, Preceedings of the Cambridge Philological Society 191, 1965, 62–65.

[2] Zwar werden die Waffen des Kriegers mit den Geräten eines Bauern verglichen, aber das ist kein konsequenter Vergleich, denn der Krieger hat es nicht nötig, den Acker zu bestellen, und ist in Wahrheit der Herr der Bauern.

[3] Damit ist hier das griechische Wort *mnoia* übersetzt, das eine der Bezeichnungen für die abhängige Landbevölkerung in Kreta gewesen zu sein scheint.

Fünftes Kapitel

Das Athen der klassischen Zeit

64. Was ein Bürger nicht ist

Indem Aristoteles es sich zur Aufgabe macht, den Bürger „im strengen Sinne" zu definieren, und damit meint er denjenigen, der am gerichtlichen und politischen Handeln teilhat, beginnt er mit einer Aufzählung einer Reihe von – man könnte sagen – negativen Kriterien im Hinblick auf die Funktionen eines Bürgers. Ein großer Teil dieser negativen Kriterien bezieht sich auf die Verhältnisse in Athen,[1] aber es wird sich zeigen, daß Aristoteles zugleich eine neue Welt vorausahnt.

Da nun aber der Staat *(polis)* zu den zusammengesetzten Dingen gehört, geradesogut wie jedes andere, das zwar ein Ganzes bildet, aber doch viele Teile in sich schließt, so ist klar, daß man erst nach dem Staatsbürger fragen muß, denn der Staat ist eben eine Vielheit von Staatsbürgern. Also das ist zunächst die Frage, wen man Staatsbürger zu nennen hat und was ein Staatsbürger ist. Denn auch darüber ist man keineswegs einig, und keineswegs wird überall einer und derselbe als Staatsbürger anerkannt, vielmehr wer es in einer Demokratie ist, ist es damit noch vielfach nicht auch in einer Oligarchie. Diejenigen nun, welche auf irgendeine außerordentliche Weise zu dieser Bezeichnung gelangen, wie z. B. die mit dem Bürgerrecht Beschenkten, haben wir hierbei ganz aus dem Spiel zu lassen. Aber auch durch das Wohnen an einem Ort wird man noch nicht zum Bürger daselbst, denn auch Metoiken und Sklaven haben mit den Bürgern den Wohnort gemeinschaftlich, und auch noch nicht dadurch, daß man an der Gerichtsbarkeit eines Staates in der Weise Teil hat, daß man vor Gericht gezogen werden oder sich Recht verschaffen kann, denn das kommt auch denjenigen zu, die kraft besonderer Verträge *(symbola)*[2] an einem Staat teilnehmen, sofern in solchen Verträgen auch dies mit eingeschlossen ist, – an vielen Orten ist freilich selbst den Metoiken vollständig nicht einmal dieses Recht eingeräumt, sondern sie müssen sich einen Vertreter *(prostatēs)* bestellen, so daß sie also an dieser Art von Gemeinschaft *(koinōnia)*[3] nur unvollständig Anteil haben. Vielmehr steht es hiermit ähnlich, wie man auch schon die Bürgersöhne, die wegen ihres Alters noch nicht in die Bürgerliste[4] eingetragen, und die Greise, die bereits von der Ausübung ihrer bürgerlichen Pflichten entbunden sind,[5] auch noch in gewisser Weise Bürger nennen muß wie jene,[6] aber nicht mehr schlechthin, sondern mit dem Zusatz bei den einen ‚unvollständige' und bei den anderen ‚ausgediente' Bürger oder sonst einem anderen ähnlichen, denn auf den Namen kommt es hierbei nicht an, da es wohl klar ist, was ich damit sagen will. Nun aber suchen wir ja hier den Bürger im unbedingten Sinne ohne jeden der Berichtigung durch einen solchen Zusatz bedürftigen Mangel, denn sonst ließen sich auch hinsichtlich derer, die ihre bürgerlichen Ehrenrechte verloren haben[7] oder in der Verbannung leben, dieselben Probleme stellen und lösen. Der Staatsbürger schlechthin läßt sich nun durch nichts anderes bestimmen, als dadurch, daß er am Richten *(krisis)* und an der Regierung *(archē)* teilnimmt.

Aristoteles, Politik 3,1274b39–1275a22

[1] Dazu Claude Mossé, La conception du citoyen dans la ‚Politique' d'Aristote, Eirene 6, 1967, 17–21, mit den zusätzlichen Bemerkungen von J. Pečírka, ibid. 23–26.
[2] Im 4. Jahrhundert gab es diese Übereinkünfte in Form von Verträgen, durch die der rechtliche Schutz des Fremden gesichert sowie seine unmittelbare Teilnahme am Rechtsverfahren als Beklagter oder Kläger ermöglicht wurde.
[3] Die Tatsache, daß eine Reihe von Leuten, deren Status sonst ganz unterschiedlich ist, vor Gericht die gleichen Rechte besitzen, schafft unter ihnen Gemeinsamkeit und eine Art von Gemeinschaft *(koinōnia)*. In diese Gemeinschaft konnten im Falle der ‚Handelsprozesse' auch Sklaven miteingeschlossen sein: Dazu L. Gernet, Sur les actions commerciales en droit athénien, REG 51, 1938, 1–44, jetzt in: ders., Droit et société dans la Grèce ancienne, Paris 1955, 173–200. Man beachte, daß Aristoteles einerseits die in Athen verwendeten klassischen Kriterien für das Bürgerrecht wiedergibt, andererseits aber auch zeigt, daß diese durch die Entwicklung der Beziehungen zwischen Bürgern verschiedener Staaten, die das 4. Jahrhundert kennzeichnet, ausgehöhlt werden.
[4] In die Listen der Phratrien und Demen. Es ist eine sehr gewagte Feststellung des Aristoteles, daß er hier nicht vollberechtigte Bürger und Fremde, die unter dem Schutz von *symbola* stehen, auf eine Stufe stellt. Man bewegt sich auf Verhältnisse zu, in denen die *isopoliteia* (die gegenseitige Gewährung des Bürgerrechts aufgrund eines Vertrags zwischen zwei Staaten) es erlauben wird, die Schranken gegenseitiger Exklusivität in gewissem Ausmaß zu überwinden. Dazu W. Gawantka, Isopolitie, München 1975.
[5] Diejenigen, die keinen Kriegsdienst mehr leisten müssen, aber vielleicht denkt Aristoteles hier auch an die *poleis*, die den Alten nach Erreichen einer bestimmten Altersgrenze die politischen Rechte entzogen, die sie nicht mehr mit der Waffe in der Hand verteidigen konnten. Dazu P. Roussel, Étude sur le principe d'ancienneté dans le monde hellénique, Mémoires de l'Institut National de France, Académie des Inscriptions et Belles Lettres 43, 1951, 123–227.
[6] Die durch Rechtshilfeverträge Begünstigten.
[7] Personen, die der *atimia* anheimgefallen waren, einer Strafe, die in dem Verlust der politischen Rechte bestand.

65. Wie sehr die Athener an das Landleben gewöhnt sind: Verhalten bei der Evakuierung Attikas durch Perikles

Es ist durchaus nicht sicher, daß Attika in verschiedene *poleis* aufgespalten war, deren Zusammenschluß *(synoikismos)* zum Entstehen der *polis* Athen geführt hätte, wie es die attische Überlieferung will. Doch ist ein starker Lokalpatriotismus, der einen Bewohner von Thorikos oder Marathon so empfinden ließ, als ob er seine Stadt verließe, wenn er nur seinen Demos verließ, ein allseits belegtes Faktum, das z. B. durch zahlreiche Inschriften in den ländlichen Demen illustriert wird, die wichtige Kultplätze und ihre schriftlich niedergelegte Ordnung zum Gegenstand haben – etwas, worüber die erhaltenen literarischen Quellen kein Wort berichten. Die althergebrachte Art der Kriegführung sah die Verteidigung dieses Territoriums vor. Die Strategie des Themistokles und dann des Perikles bedeutet in dieser Hinsicht einen Bruch. Im Jahre 431 wurde Attika nicht verteidigt und das Ungleichgewicht, der Gegensatz von Stadt und Land trat trotz aller Bemühungen von theoretischer Seite unwiderruflich zutage.[1]

Die Athener aber befolgten seinen Rat und schafften Weiber und Kinder, sowie alles, was sie an Hausgerät draußen hatten, ja selbst das Holzwerk der Häuser,[2] die sie abbrachen, vom Lande in die Stadt. Schafe und Zugtiere brachten sie nach Euboia und den benachbarten Inseln hinüber. Es kam sie freilich hart an, so mit Sack und Pack abzuziehen, da sie meist gewohnt waren, immer auf dem Lande zu leben.

Das war nämlich bei ihnen mehr als anderswo schon seit ältester Zeit Sitte gewesen. Unter Kekrops und den ersten Königen bis auf Theseus lebte man in Attika in einzelnen Ortschaften, die ihre eigenen Prytanen[3] und Archonten hatten. [. . .]

Da die Athener so lange als ihre eigenen Herren auf dem Lande gelebt und auch nach ihrer Vereinigung sowohl in älterer Zeit als auch später noch bis zu diesem Kriege dort vielfach nach alter Gewohnheit nicht nur ihre eingerichteten Wohnungen gehabt, sondern auch wirklich gewohnt hatten, wurde ihnen dieser Aufbruch schwer genug, zumal sie sich dort nach dem Perserkriege eben erst wieder häuslich eingerichtet hatten. Es wollte ihnen nicht in den Sinn und war ihnen schmerzlich, sich von ihren Häusern und den ihnen aus der Zeit der älteren Verfassung immer ehrwürdig und teuer gebliebenen Heiligtümern zu trennen und sich völlig umleben zu müssen; ja es kam ihnen allen gradezu wie ein Abschied von der Heimat vor. Bei ihrer Ankunft in der Stadt fanden die wenigsten dort Wohnungen oder ein Unterkommen bei Freunden und Verwandten. *Thukydides 2,14–15,1; 16–17,1*

[1] Vgl. Text 125 und 126 sowie S. C. Humphreys, Town and Country in Ancient Greece, in: P. J. Ucko-R. Tringham-G. W. Dimbleby (Hrsg.), Man, Settlement and Urbanism, London 1972, 763–68.
[2] D. h. insbesondere die Fenster und Türen.
[3] Der ‚Staatsherd' der *polis;* s. oben Text 57, Anm. 1.

66. Ein Staat der Bauern?

Die starke Bindung der Bürger an das Land, von der im vorangehenden Text die Rede war, ist nicht allein für Athen kennzeichnend, sondern für die griechische *polis* insgesamt.[1] Während und am Ende des Peloponnesischen Kriegs gab es eine Bewegung, der auch Euripides angehörte und die den Kleinbauern als das Rückgrat der der *polis* in den Himmel hob.[2] Diese Propaganda nahm im Jahre 403/02 konkrete

Formen an, als in den Wirren jener Zeit der Rückkehr zur Demokratie ein gewisser Phormisios einen Antrag einbrachte, von dem ein Historiker der augusteischen Zeit berichtet. Aus diesem Antrag kann man ableiten, daß zu jener Zeit ungefähr 20–25% der Athener ohne jeden Landbesitz waren.[3]

Nachdem das Volk *(dēmos)* aus dem Piräus zurückgekehrt war und den Beschluß gefaßt hatte, man solle sich mit denen in der Stadt aussöhnen und nichts von dem, was geschehen war, ahnden, gab es dennoch Befürchtungen, daß das gemeine Volk *(plēthos)*, wieder mit seiner alten Macht ausgestattet, die Wohlhabenden mißhandeln würde. Nach vielen Wortmeldungen zu diesem Thema brachte Phormisios, einer von denen, die mit dem Volk *(dēmos)* zurückgekehrt waren, den Vorschlag ein, daß einerseits die Verbannten zurückkehren sollten, man andererseits das Bürgerrecht nicht allen, sondern nur denen, die Land besaßen, gewähren sollte, was auch dem Willen der Spartaner entsprach. Im Falle, daß dieses Gesetz durchgekommen wäre, sollten fast fünftausend Athener aus dem Gemeinwesen ausgeschlossen werden.[4] *Dionys von Halikarnaß, Lysias 32*

[1] Dazu J. Pečírka, Land Tenure and the Development of the Athenian Polis, in: L. Varcl–R. F. Willetts (Hrsg.), Studies G. Thomson, Prag 1963, 183–201.
[2] Dazu R. Goossens, Republique des paysans, in: Mélanges F. de Visscher Bd. 3, Brüssel 1950, 551 ff.; ders., Euripides et Athènes, Brüssel 1962, 556–58 und 645–46; Claude Mossé, La Fin de la démocratie athénienne, Paris 1962, 251–53.
[3] Vgl. M. I. Finley, Studies in Land and Credit in Ancient Athens, New Brunswick 1952 (Neudr. New York 1973), 56–58.
[4] Ein unbekannter Anhänger der Demokratie, für den Lysias die Rede ‚Gegen die Auflösung der *patrios politeia* in Athen' schrieb, brachte den Antrag zu Fall.

67. Mythische Aspekte zum Status der Metoiken in Athen

Die tragischen Dichter des 5. Jahrhunderts stellten in ihren Dramen sehr gerne dar, wie Fremde in Athen Aufnahme fanden. In den um 460 entstandenen ‚Schutzflehenden' spricht Aischylos von einem Beschluß der Volksversammlung in Argos, den Töchtern des Danaos den Metoikenstatus zu gewähren, als sie vor ihren Vettern und Verlobten, den Söhnen des Aigyptios, auf der Flucht sind. Ähnlich erhält bei Euripides in der Tragödie, die denselben Titel trägt (entstanden 422), einer der Sieben gegen Theben, nämlich Parthenopaios, der Sohn der Atalante, den Status eines argivischen Metoiken.[1] Texte wie diese scheinen die Theorie von Wilamowitz zu bestätigen, daß die Metoiken des 5. Jahrhunderts fast schon Bürger gewesen seien.

A. Der Beschluß zugunsten des Danaos und der Danaiden

Danaos:
Getrost, ihr Kinder; gut steht alles in der Stadt.
Des Volks Beschlüsse sind vollwirksam nun gefaßt.[2]

Chorführerin:[3]
Willkommen, Vater; liebste Botschaft bringst du mir. Doch sage uns:
worin denn gipfelte der Schluß?
Wofür hob sich der Hände größre Zahl im Volk?

Danaos:
Es stimmten die Argeier[4] ohne Schwanken so,
Daß wieder jung vor Freude ward mein greises Herz.
Von ganzen Volks gehobnen rechten Händen[5] ja
Starrte die Luft, dies zu erheben zum Beschluß:
Mitwohner sollen wir des Lands hier sein und frei,
Geschützt vor Zugriff, vor dem Raub durch irgendwen;
Und keiner der Bewohner soll, kein Fremder uns
Wegführen;[6] sollt es sein, daß man Gewalt gebraucht,
Soll, wer nicht eilt zu Hilfe von den Bürgern hier,
Ehrlos sein, Flüchtling, durch des Volks Beschluß verbannt.
Aischylos, Die Schutzflehenden 600–14

B. Parthenopaios, Metoike in Argos
Ein anderer, der Sohn der Atalante, der Jägerin, der junge Parthenopaios, der schönste an Gestalt, war Arkader, doch kam er zum Strom des Inachos[7] und wurde in Argos erzogen. Dort aufgezogen zunächst, wie es den Fremden gebührt, die Metoiken sind, war er der Stadt nicht lästig und war nicht schlechtgelitten und war nicht streitsüchtig in Worten, worin sowohl der Bürger wie der Fremde am schwersten erträglich sind. Doch in der Linie stehend wie einer, der als Argiver geboren war, verteidigte er das Land, und wenn es der Stadt wohl erging, freute er sich, trauerte aber, wenn ihr ein Unglück zustieß. *Euripides, Die Schutzflehenden 888–98*

[1] Auf diesen zweiten Text sind wir durch Ph. Gauthier, Symbola. Les étrangers et la justice dans les cités grecques, Nancy 1972, 113 aufmerksam geworden.
[2] Die Wortwahl des Aischylos ist gezielt rechtlich und politisch ausgerichtet.
[3] Die Wortführerin der Danaiden.
[4] Aischylos benutzt hier das Formular der Volksbeschlüsse.
[5] In der Volksversammlung stimmte man durch Heben der rechten Hand ab.
[6] D.h. niemand soll das Recht haben, sich ihrer Person oder ihres Besitzes zu bemächtigen; niemand, weder Bürger noch Fremder, soll das Recht auf Selbsthilfe ihnen gegenüber vollstrecken dürfen. Für eine Interpretation dieser Stelle s. B. Bravo, Sulân, Annali della Scuola Normale Superiore di Pisa, ser. 3, 10, 1980.
[7] Ein Fluß, der durch Argos fließt.

68. Ein Appell an die Metoiken

In einem berühmten Vergleich bezeichnet Aristophanes die Bürger als das Mehl aus athenischem Korn, während die Fremden die leicht auszusondernde Spreu sind und die Metoiken die Kleie, „die man von dem ungemahlenen Korn nicht trennen kann und bis zum Mahlen ein Teil des Ganzen bleibt“[1]. Indem er sich in einer dramatischen

Situation am Vorabend der sizilischen Expedition an die Metoiken wendet, die im athenischen Heer mitkämpfen, bedient sich der athenische Stratege Nikias natürlich einer weniger drastischen Ausdrucksweise.

Ihr galtet bisher, auch wenn ihr es nicht wart, für Athener. Weil euch unsere Sprache geläufig war und ihr unsere Sitten angenommen hattet, wart ihr in Griechenland überall hoch angesehen, habt auch die Vorteile unserer Herrschaft, den Respekt bei unseren Untertanen und die Sicherheit vor Beleidigungen mit uns in vollem Maße genossen; bedenkt also, daß es wohl der Mühe wert ist, euch solche Vorzüge zu erhalten. Es wäre deshalb sehr unrecht, wolltet ihr, die einzigen freiwilligen Gefährten unserer Herrschaft, uns jetzt im Kampf um diese im Stich lassen. *Thukydides 7, 63, 3–4*

[1] J. Taillardat, Les images d'Aristophane, Paris[2] 1965, 393.

69. Die Biographie eines reichen Metoiken

Die Biographie des Lysias, von einem anonymen Autor der späten Kaiserzeit verfaßt, kann nicht als repräsentativ für alle Metoiken gelten; sie macht uns aber den Prozeß der Anpassung begreiflich, durch den jemand, der aus Syrakus stammte, zum ‚attischsten' aller Redner werden konnte und durch den der Sohn des Großkaufmanns Kephalos zum Freund und Verbündeten der Demokraten wurde.

Lysias war der Sohn des Kephalos,[1] der Enkel des Lysanios und Urenkel des Kephalos, der Syrakusaner von Geburt war und nach Athen übersiedelt war aus Liebe zu dieser Stadt und, weil ihn Perikles, der Sohn des Xanthippos, überredet hatte, mit dem er freundschaftlich und durch die Bande der Gastfreundschaft verbunden war; wie andere hingegen sagen, weil er sich durch Reichtum auszeichnete und aus Syrakus vertrieben wurde zu der Zeit, als es von dem Tyrannen Gelon beherrscht wurde.[2] Lysias wurde in Athen unter dem Archontat des Philokles, dem Nachfolger des Phrasikles,[3] im zweiten Jahr der achtzigsten Olympiade geboren und wurde zunächst gemeinsam mit den angesehensten Athenern erzogen. Als aber die Stadt in Sybaris eine Kolonie gründete, die später in Thourioi umbenannt wurde, ging er, nachdem sein Vater bereits tot war, mit seinem ältesten Bruder Polemarchos (er hatte noch zwei weitere Brüder, Euthydemos und Brachyllos) fort, um bei der Verteilung des Landes einen Anteil zu bekommen.[4] Das geschah, als er fünfzehn Jahre alt war, unter dem Archontat des Praxiteles. Er blieb dort, wurde von den Syrakusanern Teisias und Nikias[5] erzogen, kaufte sich ein Haus und bekam ein Landlos zugesprochen, und er war dreiunddreißig Jahre lang Bürger bis zum Archontat des Kleokritos in Athen.[6] Im Jahr darauf in der zweiundneunzigsten Olympiade, als sich auf seiten der Athener die Sizilische Katastrophe ereignete und sowohl bei den anderen Bundesgenossen als auch besonders unter denen in Italien Unruhe entstand, wurde er beschuldigt, auf der Seite der Athener zu stehen, und wurde mit dreihundert anderen verbannt. Unter dem Archontat des Kallias, des Nachfolgers des Kleokritos, als die Vierhundert schon die Stadt beherrschten,[7] kam er nach Athen und blieb dort. Aber nach der Seeschlacht bei Aigospotamoi, als die Dreißig die Herrschaft über die Stadt übernommen hatten,[8] wurde er nach sieben Jahren Aufenthalts verbannt und verlor seinen Besitz und seinen Bruder Polemarchos.[9] Er selbst konnte aus dem Haus, wo er gefangengehalten wurde, um hingerichtet zu werden, entfliehen, da es zwei Türen hatte, und er lebte dann in Megara. Als die Leute von Phyle[10] sich auf die Rückkehr vorbereiteten, zeigte er sich am nützlichsten von allen, indem er an Geld zweitausend Drachmen zur Verfügung stellte sowie zweihundert Schilder;[11] als er mit Hermon[12] ausgeschickt wurde, warb er dreihundert Söldner an, und er überredete den Thrasydaios aus Elea[13], der sein Gastfreund geworden war, zwei Talente zu geben. Als aufgrund dieser Leistungen Thrasyboulos nach der Rückkehr in der Zeit der Anarchie vor Eukleides[14] für ihn das Bürgerrecht beantragte, beschloß das Volk dessen Gewährung; doch dann strengte Archinos eine Nichtigkeitsklage an, weil der Antrag ohne vorherige Behandlung im Rat eingebracht worden sei,[15] und der Beschluß wurde aufgehoben. Und so lebte Lysias, vom Bürgerrecht ausgeschlossen, für den Rest seines Lebens als Metoike, der steuerlich den Bürgern gleichgestellt war *(isotelēs)*, und starb dort in Athen mit dreiundachtzig Jahren, oder, wie einige behaupten, mit sechsundsiebzig Jahren, oder wieder andere sagen, mit über achtzig Jahren, da er Demosthenes noch als Jüngling gesehen habe.

Pseudo-Plutarch, Das Leben der zehn Redner: Lysias 1–43 (=Moralia 835C–836A)

[1] Das Haus des Kephalos im Piräus ist es, wo Platons Dialog über den Staat geführt wird, und sich aus den Tiefen der Höhle *(Peiraieus)* bis zur Idee des Guten erhebt.

[2] Da Gelon im Jahre 478 gestorben ist, steht diese Behauptung nicht im Einklang mit der vorangehenden Feststellung.

[3] Im Jahre 459: Dieses Datum scheint zu früh angesetzt und die moderne Forschung nennt als Geburtsdatum des Lysias etwa 440. Dazu K. J. Dover, Lysias and the Corpus Lysiacum, Berkeley-Los Angeles 1968, Kap. 3.

[4] Das ist ein offensichtlicher Irrtum des Verfassers, der darauf basiert, daß er die Reise des Lysias nach Thourioi mit dem Gründungsjahr dieser Stadt, also dem Jahr 444/43 (Archontat des Praxiteles) gleichsetzt. Der Autor ist aber in sich koherent, indem er das Geburtsjahr des Lysias dann mit dem Jahr 459 ansetzt.

[5] Teisias war ein berühmter Redner, Schüler des Korax. Nikias hingegen ist sonst nicht hervorgetreten.

[6] Im Jahre 413.

[7] In der Zeit des ersten oligarchischen Umsturzes.

[8] Im Jahre 404.

[9] Die Episode wird im Detail in der Rede ‚Gegen Eratosthenes' berichtet.

[10] Thrasyboulos und die Anhänger der Demokratie, die diesen befestigten Ort mit ihm erobert hatten.

[11] Lysias besaß eine Waffenfabrik.

[12] Ein Athener, der insbesondere die Garnison in Pylos während des Peloponnesischen Krieges befehligt hatte.

[13] In Italien.
[14] Die Wiederherstellung der athenischen Institutionen erfolgte unter dem Archontat des Eukleides (403/02). Unter ‚Anarchie' wird verstanden, daß es keinen *archōn eponymos* gab.
[15] S. Text 70.

70. Metoiken als Befreier (401/400)

Nachdem er die ‚Dreißig' 403 besiegt hatte, schlug Thrasyboulos vor, all denjenigen, die den Demokraten bei ihrem Kampf in Phyle und Munichia und am Ende in Athen geholfen hatten, das Bürgerrecht zu verleihen. Der ‚gemäßigte' Demokrat Archinos ließ weniger großzügige Belohnungen beschließen.[1] Leider ist die folgende Inschrift, die den Antrag des Archinos im Wortlaut enthält, sehr fragmentarisch erhalten, und man kann noch nicht einmal mit absoluter Sicherheit sagen, ob es sich bei den Empfängern des Bürgerrechts ausschließlich um Metoiken handelt. Der Beruf dieser Leute wird angegeben, meist ein bescheidener Beruf; bei den Bauern handelt es sich mit Sicherheit um Pächter, denn Metoiken konnten keinen Immobilienbesitz halten.

Vorderseite

[Lysiades war] Schreiber, [Xenainetos] war Archon; [der Rat und das Volk haben beschlossen; die Phyle Hippothontis hatte die Prytanie], Lysiades war Schreiber, Demophilos war *epistatēs*,[2] [Archinos stellte den Antrag: damit die Metoiken, die mit aus Phyle[3] zurückgekehrt sind, oder den in den Piräus Zurückkehrenden bei ihrer Rückkehr geholfen haben, den gebührenden Dank davontragen], möge von den Athenern [in bezug auf diese] beschlossen werden, daß sie und ihre Nachkommen [das Bürgerrecht haben und daß sie auf der Stelle auf die zehn Phylen verteilt werden sollen], daß die Beamten auf sie die gleichen Gesetze anwenden sollen, [wie auch auf die anderen Athener. Diejenigen, die nicht bei der Rückkehr dabeiwaren], aber in der Schlacht auf der Munichia mitgekämpft haben, den [Piräus den Athenern miterhalten haben und in der Stadt mit dabei waren],[4] als die Vereinbarungen getroffen wurden,[5] und das taten, was ihnen aufgetragen war, [die sollten *isoteleia*[6] haben, wenn sie in Athen wohnten, und das Recht darauf, eine legale] Ehe einzugehen wie die Athener.[7] Was aber die betrifft . . .

Verso[8]

Chairedemos, Bauer; Leptines, Koch; Demetrios, Zimmermann; Euphorion, Maultiertreiber; Kephisodoros, Baumeister; Hegesias, Gärtner; Epameinon, Eselstreiber; [. . .] opos, Ölhändler; Glaukias (?), Bauer; [. . .] on, Händler mit Nüssen; Dionysios (?) Bauer; Bendiphanes,[9] Hersteller von Gefäßen (?); Emporion, Bauer; Paidikos, Brotverkäufer; Sosias, Tuchwalker; Psamenis,[10] Bauer; Egersos (Beruf nicht angegeben); [. . .]: Eukolion, Lohnarbeiter; Kallias, Bildhauer. Aus der Phyle Aigeis: Athenogiton, [. . .] Phrynichos [. . .] Zoilos [. . .] Timaios . . . *Tod, GHI Bd 2, nr. 100*

[1] Vgl. Aristoteles, Staat der Athener 40,2; Aischines, Gegen Ktesiphon 187; s. auch Text 69.
[2] Vorsitzender aus der Phyle, die die Prytanie führte.
[3] Ein befestigter Platz im Nordwesten von Athen, von dem die Rückeroberung des Piräus und dann der Stadt durch die Demokraten ausging.
[4] Mit den Demokraten.
[5] Eine Vereinbarung zwischen den Demokraten und der vorläufigen Regierung, die in Athen das Regiment der ‚Dreißig' ersetzt hatte; vgl. Aristoteles, Staat der Athener 39.
[6] Ein Metoike, der *isotelēs* war, stand vom steuerlichen Gesichtspunkt her mit einem athenischen Bürger auf einer Stufe.
[7] Sie hatten das Recht, eine athenische Frau unter Vollzug der *engyēsis* zu heiraten; das bedeutete aber nicht, daß ihre Kinder athenische Bürger waren.
[8] Die Namen der Begünstigten waren phylenweise aufgezeichnet; nur die am vollständigsten erhaltenen sind aufgeführt.
[9] Name, der auf einen Anhänger des Kults der thrakischen Göttin Bendis weist; dieser Kult war in der Zeit des Peloponnesischen Krieges in Athen eingeführt worden.
[10] Ein ägyptischer Name.

71. Athen ehrt Straton, den König von Sidon (gegen 367?)

Die Stele mit der Ehreninschrift für Straton, den König von Sidon[1] gliedert sich in zwei Teile. Der erste ist ein Beschluß auf Antrag des Kephisodotos, durch den dem König[2] die persönliche Würde der Proxenie zuteil wird; dadurch werden Straton und seine Nachkommen zu Gastfreunden der Athener in Sidon, und wenn sie nach Athen kommen, garantiert ihnen das besondere Ehren, wie man auch daran sehen kann, daß sein Abgesandter in Athen zum Mahl im Prytaneion geladen wird. Straton und Athen kommen überein, *symbola* miteinander auszutauschen, d. h. vereinbarte Kennmarken, die demjenigen, der sie in Händen hält (seien es Privatleute oder offizielle Gesandte), ermöglichen sich auszuweisen. Der zweite Teil der Stele enthält einen zusätzlichen Antrag, der die Kaufleute aus Sidon betrifft, sofern sie sich in Athen aufhalten. Statt wie Einzelpersonen behandelt zu werden, was das übliche Vorgehen in bezug auf die Metoiken war, die in keiner Weise als Repräsentanten ihres Heimatorts angesehen wurden, standen die Leute aus Sidon ausdrücklich unter dem Schutz ihres Königs. Er, der Wohltäter *(euergetēs)* Athens, bot seinen Untertanen also auch eine Sicherheit bei der Wahrnehmung ihrer Handelsinteressen. Darüber hinaus waren die Kaufleute aus Sidon befreit von allen Verpflichtungen, die zum Status eines Metoiken gehörten und denen jeder Fremde unterworfen war, sobald er sich eine gewisse Zeit in Athen aufgehalten hatte. Die Kaufleute von Sidon blieben also sidonische Bürger in Athen und wurden nicht Athener zweiter Klasse.

[...] der Athener und dafür gesorgt habe, daß die Gesandten an den Großkönig, die das Volk geschickt hatte, so angenehm wie möglich reisen sollten; und man solle dem, der vom König der Sidonier komme, zur Antwort geben, daß auch in Zukunft, da er ein um das Volk der Athener wohlverdienter Mann sei, es nichts geben werde, was er von den Athenern nicht erlangen würde, wenn er Bedarf daran habe; und Straton, der König von Sidon soll *proxenos* des athenischen Volkes sein, sowohl er wie seine Nachkommen. Diesen Volksbeschluß soll der Schreiber des Rats innerhalb von zehn Tagen auf eine steinerne Stele aufschreiben und sie auf der Akropolis aufstellen; für die Aufzeichnung auf der Stele aber sollen die Schatzmeister dem Schreiber des Rats 30 Drachmen von den zehn Talenten[3] geben. Und der Rat soll auch mit dem König der Sidonier *symbola* vereinbaren, damit das Volk der Athener erkennen könne, wenn der König der Sidonier um etwas schicke und es von der Stadt brauche, und ebenso der König der Sidonier erkennen könne, wenn das Volk von Athen jemanden zu ihm sende. Man solle auch den, der vom König der Sidonier komme, zum Gastmahl in das Prytaneion laden für den morgigen Tag.

Menexenos stellte den Antrag: das Übrige solle bleiben wie nach dem Antrag des Kephisodotos;[4] von den Sidoniern, die in Sidon wohnten und das Bürgerrecht besäßen und sich zu Handelszwecken in Athen aufhielten, solle es nicht erlaubt sein, die Metoikensteuer einzufordern, noch jemanden von ihnen mit der Ausrüstung eines Chores zu betrauen oder für eine außerordentliche Abgabe *(eisphora)* in die Listen einzutragen. *Tod, GHI Bd 2, nr. 139*

[1] Es handelt sich bei ihm um einen hellenisierten Phoiniker und Vasallen des Großkönigs; er hatte einer athenischen Gesandtschaft einen Dienst erwiesen; der Zeitpunkt ist nicht mit Sicherheit festzusetzen, da der obere Teil der Stele verloren ist (es gibt dazu verschiedene Vorschläge im Bereich der Jahre von 378 bis 360).

[2] Das eine Mal wird er König von Sidon genannt, das andere Mal König der Sidonier. Der Wechsel zeigt die Unsicherheit der Griechen bei der Bezeichnung der politischen Einrichtungen eines fremden Staates; vgl. auch Text 72.

[3] Eine spezielle Kasse, die man auch aus anderen Inschriften kennt, s. Tod, GHI Bd 2, 65; 118.

[4] Die Formel zur Einleitung von Zusatzanträgen in athenischen Volksbeschlüssen.

72. Kaufleuten aus Kition (Zypern) wird erlaubt, ein Heiligtum der Aphrodite zu errichten (333)

Die folgende Inschrift auf einer im Piräus gefundenen Stele enthält zunächst einen Beschluß des Rates, demzufolge er es ohne eine vorherige Stellungnahme seinerseits der Volksversammlung überläßt zu beschließen, welche Antwort den Kaufleuten von Kition[1] auf ihr Ersuchen zu erteilen sei, ein Heiligtum der Aphrodite, der großen Göttin Zyperns, in Athen errichten zu dürfen. Des weiteren enthält der Text der Inschrift den Beschluß der Volksversammlung, mit dem die Erlaubnis gegeben wurde. Der Antragsteller dieses zweiten Beschlusses ist der berühmte Redner Lykourgos.

Die Götter. Unter dem Archontat des Nikokrates, in der ersten Prytanie der Phyle Aigeis; von den Vorsitzenden hat Theophilos aus dem Demos Phegous zur Abstimmung vorgelegt; der Rat hat beschlossen; Antidotos, Sohn des Apollodoros, aus dem Demos Sypalettos hat den Antrag gestellt: Betreffend das, was die Bewohner von Kition[2] über die Errichtung des Heiligtums der Aphrodite vortragen, möge vom Rat beschlossen werden, daß die Vorsitzenden, die man durch Los zum Vorsitz in der ersten Volksversammlung bestimme, sie vor die Volksversammlung führen und ihnen Gehör verschaffen sowie die Meinung des Rates in die Volksversammlung einbringen sollten; und zwar habe der Rat beschlossen: nachdem das Volk die Bewohner von Kition über die Errichtung des Heiligtums gehört hat und andererseits von den Athenern, wer (sich äußern) will, möge es beschließen, was ihm das Beste zu sein scheine. Unter dem Archontat des Nikokrates, in der zweiten Prytanie der Phyle Pandionis; von den Vorsitzenden hat Phynostratos aus dem Demos Philaidai zur Abstimmung vorgelegt; das Volk hat beschlossen; Lykourgos, Sohn des Lykophron, aus dem Demos Boutades hat den Antrag gestellt: Betreffend das, was die Kaufleute aus Kition, offenbar in Übereinstimmung mit den Gesetzen, erbitten, indem sie nämlich vom Volke das Recht auf Erwerb eines Grundstücks fordern, auf dem sie ein Heiligtum der Aphrodite errichten wollen, hat das Volk beschlossen, den Kaufleuten von Kition das Recht auf Erwerb eines Grundstücks zu gewähren, auf dem sie das Heiligtum der Aphrodite errichten wollen, wie auch die Ägypter das Heiligtum der Isis errichtet haben. *Tod, GHI Bd 2, nr. 189*

[1] Kition ist eine der wichtigsten phoinikischen Städte auf Zypern. Daß unter den Fremden, die in Athen wohnten, viele Nichtgriechen waren, ist ein charakteristisches Faktum gerade des 4. Jahrhunderts, obwohl es auch schon im vorangehenden Jahrhundert gelegentlich festzustellen ist; s. oben Text 70, Anm. 10.
[2] Das Ersuchen stellen Kaufleute *(emporoi)* aus Kition, jedoch nicht, wie es scheint, in ihrer Eigenschaft als Metoiken, sondern im Namen des *dēmos* von Kition, das sich so wie eine griechische *polis* präsentiert.

73. Fries und Säulen des Erechtheion: Bürger, Sklaven und Metoiken bei der Arbeit (408/07)

Die Inschriften, die man auf der Akropolis in Athen gefunden hat und die sich auf den Bau oder, besser gesagt, die Fertigstellung des Tempels der Athena und des Poseidon beziehen, sind eine unschätzbare Informationsquelle.[1] Der Bau von Tempeln war nicht nur ein wichtiger Posten bei den Ausgaben einer *polis*, sondern in bestimmten Jahren sogar der Hauptposten[2] – man bedenke nur, was die Errichtung von zehn Tempeln allein im 5. Jahrhundert für Agrigent bedeutet haben muß.[3] Aber die Bauabrechnungen des Erechtheion erlauben uns noch weitere Einblicke. Zugegebenermaßen handelt es sich um die Endphase der Arbeiten und die genannten Arbeiter sind meist hochspezialisierte Handwerker; darüber hinaus waren die Jahre 409–07 eine Zeit tiefster Krise im militärischen und politischen Bereich und es ist wahrscheinlich, daß sich das auf die Zusammensetzung der arbeitenden Bevölkerung ausgewirkt hat. Dennoch bietet sich eine einzigartige Möglichkeit zu sehen, auf welche Weise die drei Kategorien der athenischen Bevölkerung – Bürger, Metoiken und Sklaven – miteinander auf einer Baustelle arbeiten (s. unten S. 245, Tabelle 1).[4]

Im folgenden ist ein Teil der Abrechnungen des Jahres 408/07 angeführt; sie beziehen sich auf die Bezahlung von Arbeiten am Skulpturenschmuck des Frieses und auf die Kannelierung der Säulen in der Osthalle des Tempels. In diesen Fällen wurden die Arbeiten pro Werkstück abgerechnet. Die übrigen Inschriften zeigen, daß wenigstens ein Teil der Arbeitskräfte einen festen Tageslohn erhielt, nämlich eine Drachme pro Tag, und daß dieser Tagessatz sowohl für den Architekten wie für die Arbeiter der gleiche war.[5] Andere wiederum wurden im Akkord nach der Zahl der bearbeiteten Werkstücke bezahlt (s. unten S. 246, Tabelle 2). Zwischen der Bezahlung eines Sklaven und der seines Herrn gab es in der Höhe nicht den geringsten Unterschied, wenn sie gemeinsam auf der Baustelle arbeiteten, doch ist wahrscheinlich (wenn auch nicht sicher), daß der Lohn des Sklaven von seinem Herrn einbehalten wurde. Die Sklaven, deren Namen überliefert ist, waren ausnahmslos qualifizierte Handwerker, doch werden in den Inschriften auch andere Mitarbeiter erwähnt wie z. B. Leute, die Sägearbeiten verrichteten, und von ihnen ist anzunehmen, daß sie ebenfalls Sklaven waren.[6]

A. Die Bildhauerarbeiten

.. den Mann, der die Lanze trägt, 60 Drachmen.[7] Phyromachos aus dem Demos Kephisia,[8] den Jüngling neben dem Brustpanzer, 60 Drachmen. Praxias, der im Demos Melite wohnt, das Pferd und den dahinter zu sehenden Mann, der es mit der Peitsche antreibt, 120 Drachmen. Antiphanes aus dem Demos Kerameis, den Wagen und den Jüngling und die zwei Pferde, die angespannt werden, 240 Drachmen. Phyromachos aus dem Demos Kephisia, den Mann, der das Pferd führt, 60 Drachmen.

Mynnion, der im Demos Agryle wohnt, das Pferd und den Mann, der es schlägt, und später hat er die Stele hinzugefügt,[9] 127 Drachmen. Soklos, der im Demos Alopeke wohnt, den Mann der den Zaum hält, 60 Drachmen. Phyromachos aus dem Demos Kephisia, den auf einen Stock gestützten Mann, der neben dem Altar steht, 60 Drachmen. Iasos aus dem Demos Kollytos, die Frau, an die das Kind sich anklammert, 80 Drachmen. Gesamtsumme der Bildhauerarbeiten[10] 3 315 Drachmen. Summe der Einnahmen 4 302 Drachmen 1 Obolos.[11] Ausgaben derselbe Betrag.

B. Die Kannelierung der Säulen

In der achten Prytanie, die die Phyle Pandionis führte. Summe der Einnahmen von seiten der Schatzmeister der Göttin, des Aresaichmos aus dem Demos Agryle und derer, die mit ihm dieses Amt versehen,[12] 1 239 Drachmen 1 Obolos.

Ausgaben:

a) Materialkäufe: zwei Holztafeln, auf die wir die Abrechnung aufschreiben,[13] um eine Drachme jede, 2 Drachmen. Summe der Käufe 2 Drachmen

b) Steinarbeiten: für die Kannelierung der Säulen auf der Ostseite gegenüber dem Altar. Die dritte vom Altar der Dione aus gesehen: Ameiniades, der im Demos Koile wohnt, 18 Drachmen; Aischines,[14] 18 Drachmen; Lysanias, 18 Drachmen; Somenes, Sklave des Ameiniades, 18 Drachmen; Timokrates,[15] 18 Drachmen. Timokrates,[15] 18 Drachmen. Die nächste Säule: Simias, der in Alopeke wohnt, 13 Drachmen; Kerdon,[16] 12 Drachmen 5 Obolen; Sindron,[17] Sklave des Simias, 12 Drachmen 5 Obolen; Sokles, Sklave des Axiopeithes,[18] 12 Drachmen 5 Obolen; Sannion, Sklave des Simias, 12 Drachmen 5 Obolen; Epieikes, Sklave des Simias, 12 Drachmen 5 Obolen; Sosandros, Sklave des Simias,[19] 12 Drachmen 5 Obolen. Die nächste Säule: Onesimos, Sklave des Nikostratos,[20] 16 Drachmen 4 Obolen; Eudoxos, der im Demos Alopeke wohnt, 16 Drachmen 4 Obolen; Kleon,[21] 16 Drachmen 4 Obolen; Simon, der im Demos Agryle wohnt, 16 Drachmen 4 Obolen; Antidotos, Sklave des Glaukos, 16 Drachmen 4 Obolen; Eudikos (?),[21] 16 Drachmen 4 Obolen. Die nächste Säule: Theugenes aus dem Demos Piräus, 15 Drachmen; Kephisogenes aus dem Demos Piräus, 15 Drachmen; Teukros, der im Demos Kydathenaion wohnt, 15 Drachmen; Kephisodoros, der im Demos Skambonidai wohnt, 15 Drachmen; Nikostratos, 15 Drachmen; Theugeiton aus dem Demos Piräus, 15 Drachmen. Für das Glätten der Orthostate beim Altar des *thyēchoos*:[22] Polykles aus dem Demos Lakiadai, 35 Drachmen. Für die Kannelierung der Säulen auf der Ostseite gegenüber dem Altar. Die Säule neben dem Altar: Laossos aus dem Demos Alopeke, 20 Drachmen; Philon aus dem Demos Erchia, 20 Drach-

Tabelle 1: Aufteilung der Berufe nach rechtlichem Status*

	Bürger	Metoiken	Sklaven	Status unbekannt	Gesamtzahl
Architekten	2	–	–	–	2
2. Schreiber	1	–	–	–	1
Wächter	–	–	–	1	1
Steinmetze	9	12	16	7	44
Bildhauer	3	5	–	1	9
Wachsmodellierer	–	(2)	–	–	(2)
Holzschnitzer	1	5	–	1	7
Zimmerleute	5	7	4	3	19
Sägearbeiter	–	1	–	1	2
Tischler	–	1	–	–	1
Drechsler	–	–	–	1	1
Maler	–	2	–	1	3
Vergolder	–	1	–	–	1
Hilfsarbeiter	1	5	–	3	9
Beruf unbekannt	2	3	–	2	7
Gesamtzahl	24	42	20	21	107

* Die Tabelle zeigt die verhältnismäßig weitgehende Aufteilung der Arbeit unter verschiedene Berufssparten und die Tatsache, daß in den weniger spezialisierten Tätigkeiten verhältnismäßig viele Sklaven zu finden sind. Die Bürger und Metoiken sind in den wichtigeren Berufssparten zu finden. Die Zahl der Metoiken, die Wachsmodellierer sind, ist nicht gesichert.

Quelle: R. H. Randall jr., The Erechtheum Workmen, AJA 57, 1953, 201, Tab. 1

men; Parmenon, Sklave des Laossos, 20 Drachmen; Karion,[23] Sklave des Laossos, 20 Drachmen; Ikaros,[21] 20 Drachmen. Die nächste Säule: Phalakros aus dem Demos Paiania, 20 Drachmen; Philostratos aus dem Demos Paiania, 20 Drachmen; Thargelios, Sklave des Phalakros, 20 Drachmen; Philourgos, Sklave des Phalakros, 20 Drachmen; Gerys,[24] Sklave des Phalakros, 20 Drachmen. Die nächste Säule: Ameiniades, der im Demos Koile wohnt, 20 Drachmen; Aischines, 20 Drachmen; Lysanias, 20 Drachmen; Somenes, Sklave des Ameiniades, 20 Drachmen; Timokrates, 20 Drachmen.[25] Die nächste Säule: Simias, der im Demos Alopeke wohnt, 14 Drachmen 2 Obolen; Kerdon, 14 Drachmen 2 Obolen; Sindron, Sklave des Simias, 14 Drachmen 2 Obolen; Sokles, Sklave des Axiopeithes, 14 Drachmen 2 Obolen; Sannion, Sklave des Simias, 14 Drachmen 2 Obolen; Epieikes, Sklave des Simias, 14 Drachmen 1 Obolos; Sosandros,[26] 14 Drachmen 1 Obolos. Die nächste Säule: Onesimos, Sklave des Nikostratos, 18 Drachmen 3½ Obolen; Eudoxos, der im Demos Alopeke wohnt, 18 Drachmen 2 Obolen (?) ...

IG I^3 476 = L. D. Caskey in:
J. M. Paton-G. P. Stevens (Hrsg.), The Erechtheum, Cambridge/Mass. 1927, XVII 1 (p. 388–93)

Tabelle 2: Art der Bezahlung*

Tageslohn	Akkordlohn	Stücklohn	Gehalt pro Prytanie
Zimmerleute Tischler Hilfsarbeiter	Zimmerleute Tischler		Architekten
	Wachsmodellierer		
	Steinmetze (Polieren der Steinoberfläche)	Steinmetze (Setzen der Steine)	
		Steinmetze (Kannelierung der Säulen)	
	Maler (Enkaustmalerei)	Maler (auf Holz)	
		Holzschnitzer	
		Bildhauer	
Sägearbeiter		Sägearbeiter	
			2. Schreiber

* Nur diejenigen Personen, die unmittelbar von der Stadt angestellt werden, bekommen

ein Gehalt pro Prytanie, also der Architekt und der 2. Schreiber. Die weniger spezialisierten Tätigkeiten werden pro Tag bezahlt, die qualifizierteren Arbeiter pro Stück. Dann gibt es einige Tätigkeiten, die aus nicht überlieferten Gründen im Akkord für festgesetzte Materialeinheiten bezahlt werden.
Quelle: Randall a. O. 208, Tab. 6

[1] Die Inschriften unterteilen sich in vier Gruppen: 1. der Bericht der Kommission, die mit der Bestandsaufnahme der bisher geleisteten Arbeiten beauftragt ist (409/08); 2. die Abrechnungen des Jahres 409/8; 3. die Abrechnungen des Jahres 408/07; 4. Bruchstücke der Abrechnungen der folgenden Jahre. Vollständig publiziert sind diese Inschriften von L. D. Caskey in: J. M. Paton-G. P. Stevens (Hrsg.), The Erechtheum, Cambridge/Mass. 1927, 277–422.
[2] Dazu allgemein A. Burford, The Economics of Greek Temple Building, Proceedings of the Cambridge Philological Society 191, 1965, 21–34.
[3] Dazu M. I. Finley, Daedalus 1971, 186, jetzt in: ders., The Use and Abuse of History, London 1975, 101.
[4] Unter diesem Aspekt ausführlich untersucht hat die Inschriften R. H. Randall jr., The Erechtheum Workmen, AJA 57, 1953, 199–210. Dem Namen eines Bürgers folgte in der Regel der Zusatz des Demos, aus dem er stammte, dem Namen eines Metoiken der Name des Demos, in dem er wohnte, wobei dieser als Wohnort gekennzeichnet war, und dem Namen eines Sklaven wurde der Name seines Herrn hinzugefügt, der in der Regel ebenfalls auf der Baustelle arbeitete.
[5] Der entscheidende Unterschied war, daß dem Architekten sein Gehalt für das ganze Jahr garantiert wurde und ebenfalls seinem Sekretär, der 5 Obolen pro Tag erhielt (1 Drachme entsprach 6 Obolen).
[6] Da alle Ergänzungen der Inschrift praktisch sicher sind, erübrigt es sich, sie in der Übersetzung typographisch zu kennzeichnen.
[7] In unterschiedlicher Reihenfolge gibt die Inschrift den Namen des Bildhauers, eine zusammenfassende Beschreibung des Werkstücks und den gezahlten Preis an; 60 Drachmen könnten 60 Arbeitstagen entsprechen. Die Skulpturen des Frieses waren nicht in sonst üblicher Weise gefertigt; sie bestanden aus Stücken weißen Marmors, die eingefügt und mit Hilfe von Eisendübeln sowie Blöcken aus dem dunklen eleusinischen Kalkstein an ihrem Platz gehalten wurden. Die erhaltenen Bruchstücke sind äußerst fragmentarisch.
[8] Alle genannten Demen, sei es als Herkunftsort der Bürger oder Wohnort der Metoiken, lagen innerhalb des Stadtbezirks oder in unmittelbarer Nähe.
[9] Ein Block aus eleusinischem Kalkstein, der hinter dem Reliefschmuck angebracht wurde? Man kann hier erkennen, wie bei der Anbringung der Dekoration improvisiert wurde.
[10] Man beachte, daß die Bildhauer alle entweder Bürger oder Metoiken waren; das gilt für alle Teile der Inschriften; s. oben S. 245, Tabelle 1.
[11] Von den Schatzmeistern der Göttin. In dieser Summe ist auch das Geld für andere Arbeiten außer denen am Skulpturenschmuck enthalten.
[12] Im ganzen sind es zehn, die ursprünglich aus dem Kreis der wohlhabendsten Athener erlost wurden (vgl. Aristoteles, Staat der Athener 47). Es handelt sich bei ihnen um die wichtigsten Finanzbeamten der Stadt.
[13] Dabei handelt es sich um Holztafeln *(sanides)* und nicht um steinerne Stelen oder Platten, deren Preis sehr viel höher gelegen hätte. Die vorliegenden Abrechnungen sind also von diesen Holztafeln abgeschrieben.
[14] Sein Status ist nicht bekannt. Er und der Nächstgenannte werden im Zusammenhang mit Ameiniades nochmals erwähnt.
[15] Auf den Namen des Sklaven Somenes folgt der seines Herrn im Genitiv, was die amerikanischen Herausgeber der Inschrift (s. oben Anm. 1) zu der Annahme veranlaßt hat, es handele sich um den Vatersnamen; diese Annahme ist sicher falsch, s. Randall a. O. 199 f. Der Status des nächstgenannten Timokrates ist unbekannt.

[16] Normalerweise ein Sklavenname, der soviel bedeutet wie ‚der, der Gewinn macht'; es handelt sich hier höchstwahrscheinlich um einen Sklaven des Axiopeithes. Vgl. die Inschrift L. D. Caskey, Erechtheum XIII 1–18, wo er als solcher wieder auftaucht; anderenfalls könnte es sich auch um einen Fall von Namensgleichheit handeln.
[17] Ein Name, der soviel bedeutet wie ‚Sklave und Sohn eines Sklaven'; vgl. Seleukos bei Athenaios 6,267c.
[18] Dieser Metoike, der im Demos Melite wohnt, kommt nicht als Mitarbeiter in diesem Bauabschnitt vor, aber in einer anderen Inschrift (L. D. Caskey, Erechtheum X2,16) wird er als Maurer genannt.
[19] Wenn es sich hier um die Angabe des Vatersnamens handeln würde, dann hätte Simias vier Söhne gehabt, die auf demselben Bau mit ihm arbeiteten, und zwei von ihnen trügen Sklavennamen!
[20] Obwohl er auch im folgenden nochmals vorkommt, wird nicht klar, ob es sich um einen Bürger oder Metoiken handelt.
[21] Status unbekannt.
[22] Die Abrechnung der Arbeit an den Säulen wird hier plötzlich unterbrochen dann aber sogleich fortgesetzt. Das Wort *thyēchoos* bedeutet ‚der, der das Opfer ausgießt'. Nach G. W. Elderkin, Hesperia 10, 1941, 114f. handelt es sich um den Priester, *boutēs,* der am Fest der Bouphonien den Opferdienst versah.
[23] Ein typischer Sklavenname: der ‚Karer'.
[24] Ein persischer Name.
[25] Diese Arbeitskolonne war schon vorher einmal vorgekommen (s. oben Anm. 14). Handelt es sich um einen Herrn und seinen Sklaven sowie freie Arbeitskollegen? oder um einen Herrn mit mehreren Sklaven? Auch sonst kehren bestimmte Arbeitskolonnen in den Inschriften wieder (s. unten).
[26] An dieser Stelle kann man sicher sein (s. oben Anm. 19), daß Sosandros ein Sklave des Simias ist; es ist daher nicht unwahrscheinlich, daß auch in den anderen Arbeitskolonnen Sklaven arbeiten, die nicht ausdrücklich als solche bezeichnet werden.

74. Metoiken und Sklaven in Athen

Der ‚Staat der Athener' (nicht zu verwechseln mit der aristotelischen Schrift gleichen Namens) ist eine scharfsinnige Flugschrift, die unter dem Namen des Xenophon überliefert ist. Es gibt heute niemanden mehr, der die Schrift diesem Historiker zuschreibt, und man nennt ihren Verfasser im allgemeinen den ‚Alten Oligarchen'. In der Tat ist es sehr wahrscheinlich, daß es sich hier um einen Gegner der Demokratie handelt, der um 430 schrieb. Sein hauptsächliches Anliegen ist zu zeigen, daß die athenische Regierungsform in sich logisch und geschlossen ist, und schließlich auch, daß die Eingliederung des *dēmos* und seine Teilhabe an der Macht in gewisser Weise die Integration der Metoiken und sogar der Sklaven in das System mit sich bringt. Man sollte ihn nicht zu wörtlich nehmen: der ‚Liberalismus', den er beschreibt, ist ein Wohlstandsliberalismus und er änderte nichts daran, daß man die Unterschiede im rechtlichen Status sehr wohl verstand und empfand.

Bei den Sklaven hingegen und den Metoiken herrscht in Athen größte Zuchtlosigkeit, und man darf dort den Sklaven weder schlagen,[1] noch wird er dir bescheiden ausweichen. Weswegen das aber landesüblich ist, will ich sofort erklären. Wenn es Brauch wäre, daß der Sklave von jedem beliebigen freien Mann geschlagen würde oder gar der Metoike und der Freigelassene, so hätte er schon oft auf den ersten Eindruck hin, der Athener vor ihm sei ein Sklave, dreingehauen; denn wie an Kleidung das Volk daselbst nichts Besseres ist als die Sklaven und die Metoiken, so sind sie auch in ihrer ganzen Erscheinung um nichts besser. Wenn aber einen auch das wundert, daß sie dort die Sklaven üppig werden, ja einige sogar auf großem Fuß leben lassen,[2] auch das tun sie, wie ich vielleicht zeigen kann, mit Absicht. Denn wo es eine Seemacht gibt, ist es eine Naturnotwendigkeit für die Sklaven,[3] für Geld Sklavendienste zu leisten, damit ich als Herr von ihrer Tätigkeit wenigstens die Abgaben bekomme,[4] und sie freizugeben. Wo es aber einmal reiche Sklaven gibt, da lohnt es nicht mehr, daß mein Sklave sich vor dir fürchte wie in Lakedaimon, wo mein Sklave tatsächlich sich vor dir fürchtete;[5] denn wenn sich einmal dein Sklave vor mir fürchtet, wird er immer Gefahr laufen, sogar sein Geld herzugeben, um dann nicht mehr an Leib und Leben Gefahr zu laufen. Deshalb also haben wir sogar für die Sklaven freie Meinungsäußerung eingeführt in demselben Maße wie für die Freien; und auch für die Metoiken in demselben wie für die Staatsbürger, weil der Staat Metoiken braucht, sowohl um der Menge der Gewerbe als auch um des Seewesens willen; deshalb also haben wir naturgemäß auch für die Metoiken dasselbe Recht der freien Meinungsäußerung eingeführt.

Pseudo-Xenophon, Staat der Athener 1,10–12

[1] D.h. ein freier Mann konnte nicht beliebig einen Sklaven schlagen, der ihm nicht gehörte.
[2] Es handelt sich um Sklaven, die ‚für sich wohnen' und ein Handwerk ausüben oder Fernhandel treiben.
[3] *Andrapoda*, ein Ausdruck, der dem Wort *tetrapoda* (Vierfüßler) nachgebildet ist.
[4] Der Text ist hier nicht gesichert.
[5] In Athen ist ein Sklave persönlicher Besitz eines einzelnen, ein Helote in Sparta hingegen ist von der Gemeinschaft der Spartiaten abhängig.

75. Die Sklaven des Metoiken Kephisodoros

Im Jahre 414 wurde der bewegliche und unbewegliche Besitz der Männer, die der Verstümmelung der Hermenstandbilder angeklagt waren (die ‚Hermokopiden'), konfisziert und versteigert. Man hat in Athen Fragmente der Inschriftenstelen gefunden, auf denen diese Verkäufe verzeichnet waren. Unter dem verkauften Besitz sind auch 45 Sklaven aufgeführt: Die größte Gruppe unter ihnen bildet die (unvollständig überlieferte) Zahl von 16 Sklaven des Metoiken Kephisodoros[1]. Die erste Kolumne ganz links gibt die Kaufsteuer an (ungefähr 1%), die der Käufer abgeführt hat. Die zweite Kolumne nennt den Verkaufspreis, die dritte das Geschlecht und die Herkunft des verkauften Sklaven. Mit Ausnahme des Sonderfalls eines karischen Kindes fehlt uns jede Möglichkeit, die Preisunterschiede zu erklären. Die thrakischen Frauen sind vermutlich jung.

Besitz des Kephisodoros, eines Metoiken im Piräus

2 Drachmen	165 Drachmen	Thrakerin
1 Drachme 3 Obolen	135 Drachmen	Thrakerin
2 Drachmen	170 Drachmen	Thraker
2 Drachmen 3 Obolen	240 Drachmen	Syrer
1 Drachme 3 Obolen	105 Drachmen	Karer
2 Drachmen	161 Drachmen	Illyrer
2 Drachmen 3 Obolen	220 Drachmen	Thrakerin
1 Drachme 3 Obolen	115 Drachmen	Thraker
1 Drachme 3 Obolen	144 Drachmen	Skythe
1 Drachme 3 Obolen	121 Drachmen	Illyrer
2 Drachmen	153 Drachmen	Mann aus Kolchos
2 Drachmen	174 Drachmen	Karischer Junge[2]
1 Drachme	72 Drachmen	Karisches Kind[2]
3 Drachmen 1 Obolos	301 Drachmen	Syrer
2 Drachmen	151 Drachmen	(Mann oder Frau) aus Melittene[3]
1 Drachme	85–89 Drachmen (Zahl unvollständig erhalten)	Lyderin

Meiggs-Lewis nr. 79 A, Zeile 33–49

[1] Dieser Mann, der als einer der Denunzianten in dieser Affäre auftrat, ist auch aus Andokides, Über die Mysterien 15 bekannt. Natürlich darf man ihn nicht mit dem gleichnamigen Metoiken in Text 73 verwechseln, der in einem anderen Demos wohnt, oder mit seinem anderen Namensvetter in Text 70.

[2] Andere sind der Meinung, daß die Bezeichnungen *pais* (Junge) und *paidion* (Kind) hier einfach nur ihre gewöhnliche Bedeutung von ‚Sklave' haben, doch ist diese Annahme unwahrscheinlich, wenn man bedenkt, daß so vielen anderen Namen das Wort *pais* nicht hinzugefügt ist.

[3] Ein Landstrich in Kappadokien; man hat auch an Malta oder an die Insel Melite vor der illyrischen Küste gedacht.

76. Materielle Verluste und Sklavenflucht nach der Besetzung von Dekeleia (Sommer 413)

Alkibiades hatte den Spartanern geraten, Dekeleia zu besetzen, eine Festung im Parnes-Gebirge im westlichen Attika, und er hatte als eine Folge unter anderen den Rückgang der athenischen Einnahmen aus Laureion vorausgesehen (Thukydides 6,91,7). Zwar liegt Laureion ziemlich weit von Dekeleia entfernt, doch infolge der Unsicherheit, die die Besatzung in Dekeleia im attischen Territorium hervorrief, flohen mehr als 20000 Sklaven, bei denen es sich nach Thukydides hauptsächlich um Handwerker handelte (die Zahl ist natürlich nur eine ungenaue Angabe). Ihre Absicht war nicht etwa, einen Aufstand zu organisieren. Sie fielen den Soldaten der Besatzung von Dekeleia in die Hände, die sie um einen geringen Preis an die Thebaner weitergab.[1] Viele dieser ‚Handwerker' müssen ohne Frage Arbeiter aus den Bergwerken gewesen sein,[2] doch kann man aus der Zahlenangabe von 20000 keine Rückschlüsse auf die Zahl der Bergwerkssklaven insgesamt ziehen. Im übrigen scheint die Silberproduktion keinen unmittelbaren Rückgang erfahren zu haben.[3]

Dekeleia war nämlich im Laufe des Sommers zuerst vom ganzen Heere befestigt und von den einander von Zeit zu Zeit ablösenden Truppen aus den Städten besetzt geblieben und tat, seitdem es dem Feinde als Trutzburg im Lande diente, den Athenern vielen Schaden, wobei sie namentlich die Verwüstung ihrer Besitzungen und den Verlust an Leuten schmerzlich empfanden. Denn früher bei den vorübergehenden kurzen Einfällen hatten sie in der Zwischenzeit ihre Ländereien immer nutzen können. Jetzt aber, wo sich die Feinde dort dauernd festgesetzt hatten, bald neue größere Zuzüge kamen, bald die ständige Besatzung notgedrungen im Lande streifte und es ausplünderte, auch der persönlich anwesende lakedaimonische König Agis den Krieg mit großem Nachdruck betrieb, war es für die Athener ein Pfahl im Fleische. Denn das ganze Land war in Feindes Hand, mehr als zwanzigtausend Sklaven, zumeist Handwerker, waren ihnen entlaufen, Vieh und Zugtiere zugrunde gegangen und die Pferde [. . .] durch Überanstrengung auf dem steinigen Boden lahm oder zuschanden geworden.

Thukydides 7,27,3–5

[1] Hellenika Oxyrrhynchia 17(12),4 Bartoletti.
[2] Diese Tatsache ist belegt durch Xenophon, Über die Einkünfte 4,25.
[3] Vgl. S. Lauffer, Die Bergwerkssklaven von Laureion, Wiesbaden[2] 1979, 140ff.

77. Die Rendite eines Sklaven (415)

Das folgende ist ein gutes Beispiel für einen knappen und scheinbar leicht verständlichen Text, der bei genauerer Betrachtung Schwierigkeiten bietet. Diokleides besitzt einen Sklaven, der im Laureion arbeitet, und er steht eines Morgens früh auf, um zu gehen und sich das Geld zu holen, das jener ihm abliefern muß *(apophora)*. Aber wer ist dieser Sklave? Es kann sich um einen einfachen Bergarbeiter handeln,[1] aber man hat auch vermutet, daß er vielleicht ein Sklave war, der die Arbeit der anderen Sklaven beaufsichtigte.[2]

Er[3] sagte nämlich, er habe einen Sklaven im Laureion und er müsse den (ihm zustehenden) Gewinn abholen. Er war früh aufgestanden, hatte sich in der Stunde geirrt und brach auf. Es war Vollmond.

Andokides, Über die Mysterien 38

[1] So Claude Mossé, La Fin de la démocratie athénienne, Paris 1962, 91, Anm. 2; P. Vidal-Naquet, Economie et société en Grèce ancienne: l'oeuvre de Moses I. Finley, Archives européennes de sociologie 6, 1965, 134.

[2] So Lauffer a. O. 107 f.
[3] Ein gewisser Diokleides, der zu denen gehörte, die den Hermenfrevel des Jahres 415 angezeigt hatten; s. Text 75.

78. Schäfer im fernen Grenzgebiet

In der griechischen Welt der klassischen und hellenistischen Zeit werden Schäfer nur selten erwähnt, es sei denn es handelte sich darum, ihre Herden vom bestellten Land fernzuhalten, sei es heiliges oder profanes, oder sie wurden bei Grenzstreitigkeiten als Zeugen ins Feld geführt. Es ist äußerst ungewöhnlich, wenn ein Athener, der zu Beginn des 4. Jahrhunderts starb und aus dem „göttlichen Lemnos" stammte, d. h. ein früherer Kleruche, als Freund der Herden bezeichnet wird.[1] „Diese Leute leben weit entfernt von der Stadt auf dem Weidegrund, dem Ödland und in den Wäldern, die an der äußersten Grenze des Territoriums einer *polis* liegen, isoliert und ruhig" (Louis Robert). Das sind die Verhältnisse, wie sie die idyllische Bukolik eines Theokrit schildert. Sie stehen in krassem Gegensatz zur ‚homerischen' Welt, so sehr hat der Bürger und Bauer den Hirten überflügelt. In einer berühmten Stelle aus dem ‚König Ödipus' des Sophokles (um 420) ruft Ödipus zwei Hirten zu Zeugen an, einen aus Korinth, der sich für Lohn verdingt hatte, und einen Sklaven des Königs von Theben, die beide ihre Herden im Sommer auf dem Kithairon weideten.[2]

Ödipus (zum Hirten): Du da, Alter, sieh jetzt her und sage mir, was ich dich frage! Du gehörtest einst dem Laios?
Hirte: Ja, aber nicht als gekaufter Sklave, sondern im Hause aufgezogen.
Ödipus: Und welche Arbeit verrichtetest du, welches Leben lebtest du?
Hirte: Den größten Teil meines Lebens folgte ich den Herden.
Ödipus: Und in welchen Gegenden warst du meist mit den Herden?
Hirte: Mal war es der Kithairon, mal eine in seiner Nähe liegende Gegend.
Ödipus: Und diesen Mann nun – entsinnst du dich, ihn hier irgendwo gesehen zu haben?
Hirte: Bei welcher Beschäftigung? Und von welchem Mann sprichst du?
Ödipus (ungeduldig): Den da, der hier steht! Hast du irgendwann etwas mit ihm zu tun gehabt?
Hirte: Nicht, daß ich es gleich aus dem Gedächtnis sagen kann.
Bote aus Korinth: Das ist auch gar kein Wunder, Herr. Aber gewiß werde ich den Ahnungslosen dazu bringen sich zu erinnern. Denn ich weiß genau, daß er wohl weiß, wie er in der Gegend des Kithairon zwei Herden hütete, ich aber eine und ich in der Nähe dieses Mannes dreimal einen ganzen Zeitraum von sechs Monaten verbrachte vom Frühling bis zum Aufstieg des Arktouros;[3] im Winter[4] trieb ich das Vieh alsbald in die Quartiere und er es in die Ställe des Laios. (Zum Hirten) Erzähle ich etwas, was so geschehen ist, oder nicht?
Hirte: Du sprichst die Wahrheit, obgleich es lange her ist . . .

Sophokles, König Ödipus 1121–41

[1] IG II[2] 7180; vgl. L. Robert, Bergers grecques, in: ders., Hellenica Bd 7, Paris 1949, 152–60 sowie ergänzend ders., Hellenica Bd 10, Paris 1955, 28–33 und ders., Antiquité Classique 35, 1966, 383 f. Zu einigen archaischen Kleinbronzen, die Hirten darstellen, s. Madeleine Jost, Statuettes de bronze archaiques provenant de Lykosoura, BCH 99, 1975, 339–45.
[2] Vgl. dazu die hervorragende Untersuchung von Stella Georgoudi, Problèmes de transhumance dans la Grèce ancienne, REG 87, 1974, 155–85 (167–69 zu dem Text des Sophokles).
[3] Das Aufsteigen des Arktouros am Sternenhimmel (Mitte September) markierte für die Griechen den Beginn des Herbstes.
[4] Die schlechte Jahreszeit, Herbst und Winter.

79. Seefahrt ist ein Beruf

In der Rede, die er Perikles im Jahre 431 halten läßt und die darauf gerichtet ist, die Athener zur Kriegführung zu ermuntern, unterstreicht Thukydides den noch öfter in der griechischen Literatur auftauchenden Gedanken, daß die Seekriegsführung, anders als die militärische Macht zu Lande, eine besondere Ausbildung verlangt, die mit dem Leben in der Stadt in Zusammenhang steht.[1]

Wir haben im Seekriege mehr für den Landkrieg gelernt als sie[2] in ihren Festlandskriegen für den Krieg zur See. Und so leicht werden sie es nicht dahinbringen, auch tüchtige Seeleute zu werden. Sind wir doch selbst hier in Athen, wo man sich schon seit den Perserkriegen auf die See geworfen hat, in dieser Beziehung immer noch in den Lehrjahren. Wie sollten denn diese Bauern, diese Landratten, gleich brauchbare Seeleute werden, zumal wenn wir mit unseren vielen Schiffen sie in ihre Häfen einsperren und es ihnen dadurch unmöglich machen, sich im Seedienst zu üben. [...] Das Seemannshandwerk ist eine Kunst *(technē)* wie nur eine, die man nicht nur so gelegentlich nebenher treiben kann, sondern auf die man sich mit ganzer Kraft verlegen muß.

Thukydides 1,142,5–9

[1] Zu anderen Aspekten des griechischen Denkens in bezug auf die Seeherrschaft s. A. Momigliano, Sea Power in Greek Thought, Classical Review 58, 1944, 1–7, jetzt in: ders., Secondo contributo alla storia degli studi classici, Rom 1960, 57–68.
[2] Die Peloponnesier, insbesondere die Spartaner.

Sechstes Kapitel

Die griechischen *poleis* und wirtschaftliche Probleme

80. Das Getreide vom Schwarzen Meer

Die Zeugnisse über den Getreidehandel mit dem Schwarzmeergebiet sind großenteils athenischen Ursprungs und gehören fast alle in das 4. Jahrhundert; doch ganz beiläufig erfährt man aus einer Anekdote bei Herodot, daß dieser Handel in sehr viel frühere Zeit zurückreicht und im Interesse vieler anderer griechischer Staaten außer Athen stand.[1]

Als er sich in Abydos[2] aufhielt, sah Xerxes Getreideschiffe vom Pontos her den Hellespont durchsegeln, die nach Aigina und der Peloponnes fuhren. Als seine Begleiter merkten, daß es feindliche Fahrzeuge seien, waren sie daran, sie zu kapern, und blickten auf den König, wann er den Befehl dazu gebe. Xerxes aber fragte sie, wohin denn jene Schiffe führen. Da sagte man ihm: „Zu deinen Feinden, Herr, und sie bringen ihnen Getreide." Er aber unterbrach sie und sagte: „Fahren nicht auch wir nach demselben Land wie sie, ausgerüstet unter anderem auch mit Getreide? Was schadet es denn, wenn sie Lebensmittel für uns heranschaffen?" *Herodot 7,147,2–3*

[1] Vgl. dagegen T. S. Noonan, The Grain Trade of the Northern Black Sea in Antiquity, American Journal of Philology 94, 1973, 231–42, der Zweifel daran äußert, daß es vor dem Ende des 6. Jahrhunderts einen regelmäßigen Getreidehandel zwischen dem Schwarzmeergebiet und der griechischen Welt gegeben habe.
[2] Auf der asiatischen Seite an den Dardanellen (Hellespont). Xerxes befindet sich auf dem Wege zum zweiten Kriegszug der Perser gegen Griechenland (480).

81. Leukon, König des Bosporanischen Reichs und Getreidelieferant Athens

Ein gewisser Leptines hatte im Jahre 356 für die Verabschiedung eines Gesetzes gesorgt, mit dem die Privilegien der Steuerbefreiung und der Befreiung von Liturgieleistungen abgeschafft wurden, die Athen einigen seiner Bürger gewährt hatte und ebenso auch einigen hochstehenden Persönlichkeiten, die nicht Athener waren und als *proxenoi* und Wohltäter *(euergetai)* des athenischen Volks geehrt worden waren[1] (nur für die Nachkommen von Harmodios und Aristogeiton machte das Gesetz eine Ausnahme). Die Ziele dieser Einschränkung von Privilegien waren allein innen- und finanzpolitische; aber Demosthenes machte darauf aufmerksam, als er 355/54 gegen dieses Gesetz sprach, daß auch Leukon, der König des Bosporanischen Reichs[2] (Krim) und wichtigster Getreidelieferant Athens, davon betroffen werden könne. Das Argument war gut gewählt, denn derartige bedeutende Persönlichkeiten standen über den alltäglichen Auseinandersetzungen politischer Rivalen in Athen. Zehn Jahre nach dem Gesetz des Leptines werden die Söhne des Leukon in einer prachtvollen, im Piräus gefundenen Inschrift geehrt, „weil sie sich dem athenischen Volk gegenüber verpflichten, für die Lieferung von Getreide zu sorgen, wie ihr Vater dafür gesorgt hat" (M. N. Tod, A Selection of Greek Historical Inscriptions Bd. 2, Oxford 1948, nr. 167). Die Antragsteller dieses Ehrenbeschlusses waren zwei persönliche Feinde des Demosthenes.[3]

Denn es ist euch ja bekannt, daß kein Volk so viel eingeführtes Getreide verbraucht als gerade wir. Die Getreideeinfuhr aus dem Pontos nun kommt allein schon der gesamten Einfuhr aus den übrigen Handelsplätzen gleich. Und das ist nicht zu verwundern; denn nicht nur weil jene Gegend das meiste Getreide hervorbringt, sondern vornehmlich deshalb ist dies der Fall, weil Leukon, der dort herrscht, den Leuten, die nach Athen laden, Zollfreiheit gewährt und ein für allemal zu der Fahrt hierher das Vorgangsrecht bewilligt hat. Denn dieselbe Freiheit, die er für sich und seine Kinder hier besitzt, hat er auch seinerseits euch insgesamt gewährt. Bedenkt einmal, was das zu bedeuten hat. Von allen, die bei ihm Getreide laden, nimmt er den Dreißigsten. Nun werden jährlich von dorther gegen viermalhunderttausend Scheffel[4] bei uns eingeführt, wie man dies aus den Eingangslisten (bei den *sitophylakes*[5]) ersehen kann. Folglich gibt er uns auf die dreimalhunderttausend Scheffel zehntausend zu und auf die hunderttausend ungefähr dreitausend. Weit entfernt nun, dem Staate diese Wohltat zu entziehen, hat er noch überdies in Theudosia[6] einen Hafen einrichten lassen, der nach der Aussage der Schiffer dem zu Bosporos nichts nachgibt, und uns auch da Zollfreiheit gewährt. Um vieler anderer Verdienste, die er sowohl als seine Vorfahren sich um uns erworben, hier nicht weiter zu gedenken, so schickte er zur Zeit des allgemeinen Notstandes vor zwei Jahren Getreide nicht nur zur Deckung eures eigenen Bedarfs, sondern in solchen Massen, daß ihr noch fünfzehn Talente, die Kallisthenes[7] verwaltete, beim Verkauf herausschlugt. *Demosthenes, Gegen Leptines 31–33*

[1] Zur wechselnden Bedeutung der Wohltäter *(euergetai)* von der klassischen Zeit über die hellenistische bis in die römische Zeit s. P. Veyne, Le pain et le cirque, Paris 1977. Diese Entwicklung kann folgendermaßen zusammengefaßt werden: In den Inschriften des 5. Jahrhunderts und einem großen Teil derer des 4. Jahrhunderts ist der Wohltäter *(euergetēs)* ein Fremder, dem im allgemeinen auch der Titel eines *proxenos* verliehen wird; man kann ihn für einen Repräsentanten der Stadt ansehen, und er ist stolz, ihr zu dienen, selbst wenn er ein nichtgriechischer Herrscher ist. In der hellenistischen Zeit ist der *euergetēs proxenos* ein Mann geworden, von dem die Stadt abhängig ist. Gleichzeitig mit dieser Entwicklung im Bereich nach außen gibt es eine Entwicklung im inneren Bereich der Stadt, derzufolge ein reicher Bürger, der Liturgien (s. oben S. 100) übernimmt, ebenfalls ein *euergetēs* wird. Die Untersuchung Veynes betont diesen zweiten Aspekt zu sehr auf Kosten des ersten.

[2] Das Bosporanische Reich hat eine griechische Hauptstadt (Pantikapaion, heute Kertsch) und ein barbarisches Hinterland; es ist ein gutes Beispiel eines vorhellenistischen politischen Gebildes.

[3] S. dazu außerdem noch J. B. Brashinsky, Epigraphical Evidence on Athens' Relations with North Pontic Greek States, in: Acta of the Fifth International Congress of Greek and Latin Epigraphy, Cambridge 1967, Cambridge 1971, 119–23.

[4] Ein *medimnos* entspricht 51,84 l. Diese Zahlenangaben sind vermutlich übertrieben: S. L. Gernet, L'approvisionnement d'Athènes en blé, Melanges d'histoire ancienne de la Faculté des Lettres de Paris 25, 1909, 301 f.

[5] Diese Beamten wurden erlost, fünf für Athen und fünf für den Piräus, und hatten zu kontrollieren, ob das Getreide zum richtigen Preis verkauft und genau abgewogen wurde (s. unten Text 89 und 102).

[6] Vgl. die Karte S. 51.

[7] Ein Redner und Politiker dieser Zeit.

82. Ein Gesetz, das verbietet, Schiffsdarlehen zu geben, wenn die Getreideladung einen anderen Bestimmungshafen als Athen hat (um 350)

Schiffsdarlehen aufgrund eines schriftlichen Vertrages sind, wie gezeigt werden wird (s. Text 121), eine der Neuerungen im Athen des 4. Jahrhunderts; sie dürfen jedoch nur dem Ziel dienen, das die Stadt dem Handel gesetzt hat, nämlich der Sicherung der Getreideversorgung für die Bevölkerung. Daher dieses Gesetz, das Schiffsdarlehen untersagt, wenn der Bestimmungshafen nicht Athen ist. Die Tatsache, daß man ein solches Gesetz brauchte, läßt vermuten, daß diese Bedingung nicht immer eingehalten wurde.

Es soll keinem Athener und keinem der in Athen ansässigen Metoiken noch jemandem, über den sie Gewalt ausüben,[1] erlaubt sein, Geld auszuleihen auf ein Schiff, das Getreide nicht nach Athen bringen soll oder die anderen im einzelnen aufgelisteten Waren.[2] Und wenn jemand Geld entgegen dieser Bestimmung ausleiht, soll die Anzeige und die Registrierung der Geldsumme bei den Aufsehern über den Handelshafen *(epimelētai emporiou)*[3] erfolgen gemäß denselben Bestimmungen, wie sie für das Schiff und das Getreide gelten.[4] Und es soll dem, der für eine Fahrt an einen anderen Bestimmungsort als Athen Geld ausgeliehen hat, nicht möglich sein, einen Prozeß wegen dieses Geldes anzustrengen. Und kein Beamter soll eine solche Angelegenheit vor Gericht bringen.

Pseudo-Demosthenes, Gegen Lakritos 51

[1] Frauen, Minderjährige und Sklaven.

[2] Dieser Teil des Gesetzes ist nicht überliefert. Die hier gegebene ist eine von mehreren möglichen Interpretationen dieser schwierigen Textstelle.

[3] Vgl. Text 89 Ende und 102.

[4] D. h. gemäß der Bestimmungen des Gesetzes, das den Transport von Getreide an andere Bestimmungsorte als Athen verbietet.

83. Der Piräus, eine Erfindung Athens

Für Isokrates, der in seinem ‚Panegyrikos' (380) in bezug auf Athen das alte Thema des ‚ersten Erfinders' wiederaufnimmt, stellt der Markt im Piräus als solcher eine bewußte ‚Erfindung' der *polis* zum Nutzen der Menschheit dar.

Da aber ferner alle Länder besitzen, welche an und für sich nicht zureichend sind, sondern sie bald an dem einen Mangel haben, bald von dem andern mehr als hinlänglich ist hervorbringen, und daraus eine große Verlegenheit entsteht, wo man das eine auf den Markt bringen, und woher man das andre einführen soll, so half Athen auch diesen Mißständen ab. Denn es richtete mitten in Hellas als Markt den Piräus ein, der so viel Außerordentliches hat, daß von ihm das alles zusammen leicht herbeizuschaffen ist, was bei den Übrigen schwer einzeln von Jedem zu bekommen ist.[1]

Isokrates, Panegyrikos 42

[1] S. auch Pseudo-Xenophon, Staat der Athener 2, 7; Thukydides 2, 38, 2: Hermippos fr. 43 Koch.

84. Für die Getreideimporteure, gegen die Kleinhändler

Athen hing bei der Versorgung seiner im Vergleich zu den übrigen griechischen Städten enorm zahlreichen Bevölkerung von der Einfuhr fremden Getreides ab. Das Getreide wurde von Großkaufleuten *(emporoi)* per Schiff importiert und von Kleinhändlern *(sitopōlai)* weiterverkauft; in beiden Fällen handelte es sich bei diesen Leuten meist um Metoiken, aber ihre Beziehungen zur *polis* gestalteten sich auf unterschiedlicher Grundlage. Die Kleinhändler unterstanden strengster Aufsicht, und vor allem war es ihnen gesetzlich verboten, mehr als eine bestimmte Menge Getreides auf einmal zu kaufen. Die Beaufsichtigung ihrer Tätigkeit war relativ leicht zu bewerkstelligen. Wesentlich weniger einfach war die Kontrolle über die Importeure, die ihrerseits von Importquellen abhängig waren, die zu der Zeit, als Lysias die Rede ‚Gegen die Getreidehändler' verfaßte (386),[1] zum geringsten Teil unter dem Einfluß Athens standen. So lag es weitgehend außerhalb der Kontrolle Athens, wieviel Getreide importiert wurde und zu welchem Preis es en gros verkauft wurde. Unter den beiden Gruppen von Händlern schlägt sich der Redner verständlicherweise, wenn auch nicht ohne Zynismus, auf die Seite der Importeure.[2]

Ihr müßt ferner bedenken, daß es für euch geradezu unmöglich ist, sie freizusprechen.[3] Denn wenn ihr sie freisprecht, während sie doch selbst gestehen, daß sie gegen die Großhändler zusammengestanden sind, so wird man von euch glauben, daß ihr gegen die Kaufleute seid, die unsern Hafen besuchen. Würden sie sich in anderer Weise verteidigen, so könnte man den freisprechenden Richtern nichts vorwerfen, denn es steht bei euch, der einen oder der andern Partei Glauben zu schenken.[4] So aber würdet ihr notwendig den Vorwurf der Ungerechtigkeit auf euch laden, wenn ihr sie, die sich selbst als Gesetzesübertreter bekennen, ohne Strafe davonkommen ließet. Auch müßt ihr euch erinnern, ihr Herren Geschworene, daß ihr schon Viele, die in solchen Fällen beschuldigt wurden, obwohl sie Zeugen für sich hatten, dennoch zum Tode verurteilt habt, weil ihr die Angaben der Kläger für glaubwürdiger hieltet. Wäre es nun aber nicht eigenartig, wenn ihr als Richter über dasselbe Vergehen lieber die, welche ihre Schuld in Abrede stellen, zur Strafe ziehen wolltet? Das ferner, ihr Herren Geschworene, werdet ihr alle einsehen, daß dergleichen Prozesse am meisten das gemeinsame Interesse aller Bewohner der Stadt berühren; daher werden alle danach fragen, wie ihr darüber entscheidet, weil sie der Ansicht sind, daß, wenn ihr die Todesstrafe über sie verhängt, die übrigen sich besser der Ordnung fügen werden; wenn ihr sie aber frei davonkommen laßt, so würdet ihr eben damit ihnen für ihr künftiges Verhalten volle Straflosigkeit zugesichert haben. Ihr müßt sie also, ihr Herren Geschworene, nicht bloß wegen des Vergangenen bestrafen, sondern auch des Beispiels wegen, im Hinblick auf die Zukunft. Denn so wird es mit ihnen doch zur Not auszuhalten sein. Bedenket endlich, daß von diesem Gewerbe schon sehr viele um Leib und Leben vor Gericht haben kämpfen müssen; und so groß ist der Gewinn, den sie daraus ziehen, daß sie lieber jeden Tag ihr Leben aufs Spiel setzen wollen als aufhören, von euch diesen unrechtmäßigen Gewinn zu ernten. Auch wenn sie euch anflehen und mit Bitten beschwören, dürft ihr kein Mitleid mit ihnen haben, sondern vielmehr nur mit denen eurer Mitbürger, die durch die Schlechtigkeit dieser umgekommen sind, und mit den Großhändlern, gegen die sich diese verschworen haben.[5] Letzteren müßt ihr euch geneigt zeigen, und ihnen wieder besseren Mut machen, dadurch daß ihr diese bestraft; wenn nicht, wie werden sie über euch denken, wenn sie erfahren, daß ihr die Kleinhändler, die selbst bekannten, daß sie gegen die Großhändler, die unseren Hafen anlaufen, ein Komplott angezettelt haben, freigesprochen habt?

Mehr glaube ich nicht sagen zu müssen. Bei andern Übeltätern muß man erst von den Klägern während des Prozesses das Nötige erfahren; die Schlechtigkeit dieser dagegen kennt ihr alle vollkommen. Wenn ihr nun diese verurteilt, so werdet ihr nicht bloß dem Rechte Genüge tun, sondern auch euer Getreide billiger kaufen; im andern Falle teurer.[6]

Lysias, Gegen die Getreidehändler 17–22

[1] Die von Lysias verfaßte Rede wurde von einem Angehörigen des Rates vorgetragen, der in dem Prozeß die Anklage erhob.

[2] Für eine detaillierte Erörterung s. R. Seager, Lysias against the Corn-Dealers, Historia 15, 1966, 172–84.

[3] Gemeint sind die Kleinhändler, die man angeklagt hatte, sie hätten versucht, die Preise hochzutreiben, indem sie mehr Getreide als die erlaubten fünfzig ‚Maße' auf einmal gekauft hätten (welcher Menge diese ‚Maße' entsprechen, weiß man nicht). Die Kleinhändler brachten zu ihrer Verteidigung vor, sie seien von Anytos, einem Aufseher über den Getreidehandel (*sitophylax*, s. Text 81, 89, 102) aufgefordert worden, eine Absprache

untereinander zu treffen und so zu verhindern, daß als Folge gegenseitiger Konkurrenz die Preise anstiegen. Die gesamte Rede dreht sich um die Doppeldeutigkeit eines griechischen Verbums, das gleichzeitig ‚gemeinsam kaufen', ‚en gros einkaufen' und ‚kaufen, um zu horten' heißen kann.

[4] Die Taktik des Redners ist es, die Verurteilung für die Richter als geradezu verpflichtend hinzustellen: Es geht für euch nicht darum, zwischen zwei verschiedenen Darstellungen des Sachverhalts zu entscheiden, sondern ihr müßt einem Gesetz Geltung verschaffen, das ganz offensichtlich übertreten wurde.

[5] Die Richter sind athenische Bürger. Es ist also notwendig, sie glauben zu machen, daß die Interessen der Stadt auf dem Spiel stehen; die aber ist von den Importeuren abhängig. Daher versucht der Redner, diese beiden Punkte miteinander zu verbinden.

[6] Die Rede endet hier. Ein ähnlicher Appell an das egoistische Interesse der Bürger findet sich bei Aristophanes, Ritter 1358–63.

85. Athen und strategisch notwendige Güter

Die Flugschrift des ‚Alten Oligarchen' (s. oben Text 75) faßt sehr zutreffend zusammen, welche Vorteile Athen aus seiner Seeherrschaft zog (s. auch Text 83). Bei den Schiffen, von denen hier die Rede ist, handelt es sich wohlgemerkt um Kriegsschiffe.

Den Reichtum sind aber die Athener allein in der Lage an sich zu ziehen. Denn wenn irgendeine Stadt Überfluß hat an Schiffbauholz, wo wird sie es absetzen, wenn sie nicht die Herren des Meeres dafür gewinnt? Ja noch mehr: wenn eine Stadt an Eisen oder Kupfer oder Flachs Überfluß hat, wo wird sie das absetzen, wenn sie nicht den Herrn des Meeres dafür gewinnt? Gerade aus diesen Stoffen jedoch bekomme ich auch schon meine Schiffe, von dem einen das Holz, von dem andern das Eisen, von dem Kupfer, von dem Flachs, von dem Wachs. Überdies werden sie gar nicht erlauben, es anderswohin zu verfrachten, oder die, die unsere Widersacher sind, werden die Benützung des Seewegs verlieren. Und so bekomme ich, ohne einen Finger zu rühren, alles das vom Lande vermittels des Meeres, keine andere Stadt aber hat auch nur zweierlei davon; und es erzeugt auch keine zugleich Holz und Flachs, sondern wo Flachs sehr reichlich ist, da ist das Gebiet flach und holzarm; und ebensowenig stammt Kupfer und Eisen aus derselben Stadt, und auch die anderen Grundstoffe gehören nicht zu zweien oder dreien einer einzigen Stadt an, sondern der eine der, der andere der.

Pseudo-Xenophon, Der Staat der Athener, 2, 11–12

86. Athen gewinnt sein Monopol über Mennige aus Keos zurück (vor 350)

Keos, eine kleinere Insel der Kykladen, war unter vier *poleis* aufgeteilt: Ioulis, Karthaia, Koresos und Poiessa. Keos war in der griechischen Welt bekannt für die besondere Qualität seiner Mennige *(miltos)*, ein Produkt, das insbesondere zum Unterwasseranstrich der Trieren diente, aber auch in der Pharmazie Verwendung fand. Zu einem bestimmten, nicht näher bekannten Zeitpunkt hatte Athen sich das Monopol über Mennige aus Keos gesichert. Da überliefert ist, daß die *poleis* der Insel im Jahre 362 wieder Mitglieder des 2. Attischen Seebundes wurden,[1] liegt es nahe, die Rückgewinnung des athenischen Monopols für einen Zeitpunkt bald danach anzusetzen. Die Inschriftenstele, von der der folgende Text stammt, wurde auf der Akropolis gefunden; sie enthielt einen athenischen Volksbeschluß (der nicht erhalten ist), drei entsprechende Beschlüsse von Karthaia, Koresos und Ioulis, sowie eine Liste der athenischen Gesandten. Nur die zuletzt genannten Texte sind teilweise und in sehr unterschiedlicher Qualität erhalten; im folgenden wird die Übersetzung des am besten erhaltenen Beschlusses von Koresos gegeben. Dieser Volksbeschluß einer unabhängigen *polis* hält sich getreulich an das Formular athenischer Volksbeschlüsse.

Theogenes hat den Antrag gestellt; der Rat und das Volk der Koresier hat beschlossen: Was das betreffe, was die Gesandten der Athener vortragen, so solle die Ausfuhr von Mennige nach Athen stattfinden, wie sie früher stattgefunden hat. Damit die Beschlüsse Gültigkeit hätten, die vorher gefaßt worden sind von den Athenern und den Koresiern in bezug auf die Mennige, solle man sie auf einem Schiff ausführen, das die Athener bestimmen, auf einem anderen Schiff aber nicht, und die Produzenten sollen den Schiffseigentümern eine Frachtrate von einem Obolos pro Talent[2] zahlen. Wenn jemand auf einem anderen Schiff ausführt, soll er einer Strafe unterliegen.... Diesen Beschluß soll man auf einer steinernen Stele aufzeichnen und im Heiligtum des Apollon[3] aufstellen, und das Gesetz soll, wie es das vorher war, gültig sein. Die Anzeige soll bei den *astynomoi* erfolgen,[4] die *astynomoi* sollen darüber innerhalb von dreißig Tagen vor Gericht abstimmen lassen;[5] derjenige, der den Verstoß aufdeckt oder anzeigt, soll die Hälfte(?) bekommen; wenn derjenige, der die Anzeige macht, ein Sklave ist, so soll er, wenn er zum Besitz der Exporteure gehört, frei sein, und ihm sollen zwei Drittel[6] gehören, wenn er zum Besitz irgendjemandes anderen gehört, soll er frei sein und... erhalten. Derjenige, der einen Verstoß aufdeckt oder anzeigt, soll aber auch die Möglichkeit haben, in Athen vor Gericht zu gehen.[7] Wenn die Athener etwas anderes in bezug auf die Überwachung der Mennige beschließen, soll das gültig sein, sobald das, was beschlossen wurde, übermittelt worden ist. Die Produzenten sollen die Steuer von einem Fünfzigstel denen zahlen, die diese Steuer von einem Fünfzigstel einziehen.[8] Die Athener[9] sollen auch zu einem Gastmahl in das Prytaneion geladen werden für den morgigen Tag.

Tod, GHI Bd 2, nr. 162, Zeile 9–24

[1] Vgl. die Inschrift M. N. Tod, GHI Bd 2, nr. 142 (= H. Bengtson, Die Staatsverträge des Altertums Bd 2, München[2] 1975, nr. 289).

[2] Es bleibt unklar, ob es sich um ein Talent als Gewicht oder als Geldeinheit handelt; darüberhinaus ist das Wort ergänzt.

[3] Die Inschrift mit dem Beschluß von Ioulis soll „im Hafen" aufgestellt werden; das kann man damit erklären, daß Ioulis das einzige ‚städtische' Zentrum von Keos war, das nicht an der Küste lag. In diesem Falle sollte also der Beschluß in unmittelbarer Nähe des Verschiffungsplatzes aufgestellt werden.

[4] Ohne Frage die *astynomoi* von Koresos; erst in zweiter Linie konnte der Prozeß in Athen geführt werden. In dem fragmentarisch erhaltenen Beschluß von Ioulis ist ein Verfahren vorgesehen, nach dem die Anzeige in Athen zu erfolgen hatte.
[5] Ein besonderes Eilverfahren ähnlich dem, das in Athen für Handelsprozesse vorgesehen war.
[6] Zwei Drittel des Wertes der illegal exportierten Ladung.
[7] Die Transferierung vor ein anderes Gericht (was nicht wirklich das ist, was heute Berufung und zweite Instanz genannt wird) ist theoretisch allein der Initiative des Klägers überlassen; s. dazu U. E. Paoli, La ἔφεσις εἰς τὸ δικαστήριον en droit attique, in: Mélanges F. de Visscher Bd 4, Brüssel 1950, 325–37. Athen verteidigt die Interessen der Kläger, indem es festlegen läßt, daß ein Urteil des Gerichtes in Koresos in zweiter Instanz durch ein athenisches Gericht überprüft werden kann.
[8] Vermutlich handelt es sich nicht um eine lokale Abgabe, sondern um eine Abgabe, die im Piräus zu zahlen war (s. Text 93).
[9] Die Gesandten, die die Anweisungen Athens nach Keos übermittelt haben.

87. Die finanziellen Reserven Athens im Jahre 431

Der Schatz Athens, den man erst seit kurzem zentral auf der Akropolis lagerte, ist praktischer Ausdruck seiner Macht. Es ist interessant, die im jetzt folgenden Text genannten Zahlen[1] zu vergleichen mit der für die spartanische Kriegführung charakteristischen Art und Weise, sich die Mittel ‚zusammenzustottern', was der nächstfolgende Text 88 zeigt. Der Reichtum Athens beruhte nicht allein auf den Beiträgen der Bündnismitglieder, sondern er bestand auch in dem Gold der Statuen und anderer Weihgeschenke, das man als Reserve heranziehen konnte. In dieser Zeit griff Athen zur Finanzierung seiner Kriegszüge und der öffentlichen Bautätigkeit nicht auf die direkte Besteuerung durch die *eisphora* zurück. Zwar kannte man das Verfahren der *eisphora* bereits und es scheint im Kalliasdekret des Jahres 433 (Meiggs-Lewis, nr. 58) und vielleicht sogar früher schon belegt zu sein, ohne daß man etwas über die Höhe der aufgebrachten Summen weiß; doch erst im Jahre 428 wurde eine *eisphora* zur Finanzierung des Peloponnesischen Kriegs notwendig (s. Thukydides 3, 19, 1). Es sei noch daran erinnert, daß 1 Talent dem Lohn für ungefähr 6000 Arbeitstage entspricht.

Übrigens brauchten sie sich keine Sorgen zu machen;[2] denn abgesehen von sonstigen Einkünften nähme die Stadt allein aus Steuern der Bundesgenossen alle Jahre durchschnittlich sechshundert Talente ein, und außerdem befänden sich im Schatze auf der Burg sechstausend Talente geprägtes Silber. Der höchste Betrag war neuntausendsiebenhundert Talente gewesen, davon aber waren Auslagen für die Propyläen und andere Bauten bestritten worden und für Poteideia.[3] Dazu kämen an ungeprägtem Gold und Silber, an öffentlichen und privaten Weihgeschenken und an dem, was an heiligen Geräten für festliche Aufzüge und Spiele, an Perserbeute und dergleichen vorhanden sei, mindestens fünfhundert Talente.[4] Nötigenfalls könne man auch noch auf recht ansehnliche Schätze in den übrigen Tempeln und, wenn alle Stricke reißen sollten, auf das goldene Gewand der Göttin zurückgreifen, an deren Standbilde,[5] wie er ihnen nachwies, sich vierzig Talente reines

Gold befänden,[6] das alles abgenommen werden könne, später freilich, wenn man sich dessen in der Not bediene, voll ersetzt werden müsse.

Thukydides 2, 13, 3–5

[1] Über diese Zahlen gibt es eine umfangreiche Diskussion; s. A. W. Gomme, A Historical Commentary on Thukydides Bd 2, Oxford 1956, 26–33; H. T. Wade-Gery–B. D. Meritt, Athenian Resources in 449 and 431, Hesperia 26, 1957, 163–97.

[2] Perikles spricht zu den Athenern.

[3] Die Belagerung von Poteideia im Jahre 432; sie zählte zu den Ereignissen, die das Vorspiel zum Peloponnesischen Krieg bildeten.

[4] Wie zu sehen ist, beliefen sich diese außerordentlichen Reserven auf einen sehr viel geringeren Betrag als der eigentliche Schatz. Auch das ist eine für Athen charakteristische Besonderheit.

[5] Die Goldelfenbeinstatue des Pheidias.

[6] Um den Geldwert dieses Gewichts in attischer Silberwährung zu errechnen, muß man die 40 Talente ungefähr mit dreizehn multiplizieren.

88. Beiträge von Einzelnen und von Gruppen für die spartanische Kriegsführung (426 oder 396/95)[1]

Dieser Inschriftenstein, den man in der Nähe Spartas gefunden hat, ist stark beschädigt. Sowohl Lesungen wie Ergänzungen und demzufolge auch die Übersetzung bleiben häufig nur Vermutungen, doch was sogleich augenfällig aus dem Text hervorgeht ist, wie beschränkt die finanziellen Mittel Spartas gewesen sein müssen, und auf welche Finanzierungsquellen es zurückgreifen mußte. Es soll noch hinzugefügt werden, daß in Sparta nur wenige Texte inschriftlich aufgezeichnet wurden;[2] der Ausnahmecharakter dieses Dokuments macht es noch bezeichnender.

Vorderseite

[Ein einzelner oder die Bürger von ... haben] den Lakedaimoniern [die Summe von ...] Dareiken [gegeben. Ein Einzelner oder die Bürger von ... haben den] Lakedaimoniern für den Krieg neun Minen und zehn Statere gegeben.[3] Gegeben hat den Lakedaimoniern der Sohn des Lykeidas [...]. [...] os aus Olenos (?)[4] hat [den Lakedaimoniern] für den Krieg [für die Bezahlung von Rudermannschaften der] Trieren zweiunddreißig Minen Silber gegeben. Gegeben haben ... die Freunde der [Lakedaimonier] unter den Chiern [...] aiginetische Statere. [Gegeben haben die ...] den Lakedaimoniern für den Krieg viertausend [Medimnen][5] und weitere viertausend [Medimnen] sowie an Rosinen [...] Talente.[6] [Ein Gewisser], Sohn des [...] hat [den Lakedaimoniern] viel [...] und achthundert Dareiken und drei Talente Silber gegeben.[7] [Gewisse Leute] haben für den Krieg ein Talent und dreißig Minen [Silber] gegeben und [...] dreitausend Medimnen und [weitere...]zig Medimnen sowie sechzig [Minen] Silber. [Gegeben haben] die Ephesier den Lakedaimoniern [für den] Krieg tausend Dareiken.

Seite

Gegeben haben die Melier[8] den Lakedaimoniern an Silber zwanzig Minen. Gegeben hat Molon (?) aus Lokris den Lakedaimoniern 1 Talent (oder mehrere Talente?) Silber. Gegeben haben die Melier den Lakedaimoniern...

Meiggs-Lewis nr. 67

[1] R. Meiggs neigt der früheren Datierung zu, D. M. Lewis der späteren; s. dazu die von beiden Seiten vorgebrachte Rechtfertigung des jeweiligen Standpunkts in ihrem gemeinsamen Buch A Selection of Greek Historical Inscriptions, Oxford 1969, 184.

[2] Dazu P. A. Cartledge, Literacy in the Spartan Oligarchy, JHS 98, 1978, 25–38, vor allem 31–33.

[3] Es ist nicht angegeben, um Münzen welcher Herkunft es sich handelt; in jedem Falle geht es um eine bescheidene Summe.

[4] In Achaia.

[5] Ein Medimnos in Sparta entsprach 74 l.

[6] Hohlmaß und Gewichtseinheit wechseln sich hier ab.

[7] Ein sehr beachtlicher Einzelbeitrag, der nur von einem sehr reichen Bewohner einer kleinasiatischen Griechenstadt stammen kann oder von einem Beamten oder Dynasten im persischen Reich.

[8] Die Bewohner von Melos, der Insel der Kykladen, die Athen 416 gewaltsam erobert hatte.

89. Athenische Beamte, denen die Aufsicht über die Wirtschaftstätigkeit obliegt

Zwischen einem Abschnitt, in dem die Beamten aufgezählt werden, die sich um die Reinhaltung der Stadt kümmerten (unter anderem diejenigen, die dafür sorgten, daß die Leichen von auf der Straße Gestorbenen abtransportiert wurden), und einem weiteren, in dem Aristoteles von den Beamten spricht, denen polizeiliche Aufgaben und der Vollzug von Hinrichtungen übertragen wurden, steht im ‚Staat der Athener' eine Aufzählung der Beamten, denen es obliegt, das reibungslose Funktionieren des Handels zu überwachen, und zwar wohlgemerkt nicht im Interesse der Händler, sondern im Interesse der Verbraucher. Man beachte, daß einige dieser Beamten nicht für Athen, sondern für den Piräus zuständig sein sollen.[1]

Es werden auch Marktaufseher *(agoranomoi)* ausgelost, fünf für die Stadt, fünf für den Piräus. Diese haben den Gesetzesauftrag, über alle Waren zu wachen, daß sie rein und unverfälscht verkauft werden. Auch zehn Eichbeamte *(metronomoi)* werden ausgelost, fünf für die Stadt und fünf für den Piräus; diese wachen über alle Maße und Gewichte, damit die Verkäufer sie richtig anwenden. Früher gab es zehn ausgeloste Getreideaufseher *(sitophylakes)*[2], fünf für den Piräus, fünf für die Stadt, heute sind es 20 für die Stadt und 15 für den Piräus. Diese haben darüber zu wachen, erstens, daß das weiße Getreide auf dem Markt zu einem gerechten Preis käuflich ist, zweitens, daß die Müller das Mehl in entsprechendem Verhältnis zum Kaufpreis des Getreides verkaufen und die Brotbäcker das Brot zum Kaufpreis des

Mehls und nach dem Gewicht, das die Getreideaufseher festsetzen; nach dem Gesetz schreiben diese es vor. Man lost auch zehn Aufseher über den Handelsplatz *(emporiou epimelētai)* aus. Diese haben die Aufgabe, über die Handelsplätze *(emporion)* zu wachen und zu veranlassen, daß die Händler von dem in den Getreidehafen importierten Getreide zwei Drittel in die Stadt liefern.[3]

Aristoteles, Staat der Athener 51

[1] Für andere Beispiele von Beamten, die für eine Tätigkeit im Piräus bestimmt sind, s. Aristoteles, Staat der Athener 50,2; 54,8; 61,1 sowie außerdem (unter der Herrschaft der ‚Dreißig') 35,1 mit 39,6.

[2] Zu diesen und den weiter unten im Text erwähnten *emporiou epimelētai* s. auch Text 81, 82, 84 und 102.

[3] Zutreffend kommentiert wird diese Angabe von Th. Gauthier, De Lysias à Aristote (Ath. pol. LI4): le commerce du grain à Athènes et les functions des sitophylaques, Revue historique du Droit français et étranger 59, 1981, 5–28.

90. Großangelegte athenische Baupolitik?

Die Gefallenenrede, die Thukydides den Perikles halten läßt (2,35–43), enthält bemerkenswert wenige Äußerungen zu Fragen, die wir ‚sozial und wirtschaftlich' nennen würden. Der Redner beschränkt sich auf den Hinweis, daß Armut politischer Betätigung nicht im Wege stehe, daß in Athen „die Erzeugnisse aller Länder zu Markte kämen" (aber von Kaufleuten ist mit keinem Wort die Rede), und – eine noch bezeichnendere Äußerung – daß in Athen der Reichtum nicht zur Schau gestellt würde, sondern zum Handeln verpflichte. Diese eher bescheidenen Grundsätze sind von einigen modernen Forschern (vor allem Gustave Glotz) zu einer Art ‚staatlich gelenktem Sozialismus' hochstilisiert worden. Doch schon im 2. Jahrhundert n. Chr. rückte Plutarch die Errichtung der großen öffentlichen Bauten, mit denen Athen im 5. Jahrhundert seinen ewigen Ruhm begründet hatte, in die Nähe der Stiftungen, mit denen die Wohltäter *(euergetai)* der Städte in der hellenistisch-römischen Welt einschließlich der Kaiser ihre kleinen oder großen Heimatorte überschütteten *(panem et circenses)*.[1]

Was aber Athen am meisten zum Schmuck und zur Zierde gereichte, was den andern Völkern die größte Bewunderung abnötigte und heute allein noch dafür Zeugnis ablegt, daß Griechenlands einstiges Glück, daß der Ruhm seiner früheren Größe nicht leeres Gerede sei, das waren seine prachtvollen Tempel und öffentlichen Bauten. Und doch stieß keine von Perikles' Staatshandlungen auf so viel Kritik wie seine Bautätigkeit, ihretwegen mußte er in der Volksversammlung die schärfsten Vorwürfe seiner Gegner über sich ergehen lassen. „Schimpf und Schande", schrien sie, „ist über das Volk gekommen, da es die Bundesgelder, das Gemeingut aller Griechen, aus Delos nach Athen geholt hat.[2] Und die schicklichste Entschuldigung gegenüber den Vorwürfen der Bundesgenossen, daß es nämlich den Schatz aus Angst vor den Barbaren dort weggeholt und in sicheren Gewahrsam gebracht habe, gerade diese hat ihm Perikles jetzt genommen. Griechenland steht unter dem Eindruck, es werde in frevler Weise beschimpft und offen tyrannisiert, da es sehen muß, wie wir mit den Geldern, die es notgedrungen für den Krieg zusammengesteuert hat, unsere Stadt vergolden und herausputzen und sie mit kostbaren Steinen, mit Bildern und Tempeln von tausend Talenten[3] behängen wie ein eitles Weib."

Perikles machte demgegenüber dem Volke klar, daß Athen den Bundesgenossen für seine Gelder keine Rechenschaft schuldig sei, da es den Krieg für sie führe und sie vor den Persern beschütze. „Die Bundesgenossen stellen uns kein einziges Pferd, kein Schiff, keinen Soldaten zur Verfügung, sie geben uns nichts als ihr Geld. Das Geld aber gehört nicht denen, die es zahlen, sondern denen, die es bekommen, sofern sie für den erhaltenen Betrag die vereinbarte Gegenleistung erstatten. Da nun unsere Stadt mit Kriegsbedarf hinreichend versehen ist, müssen wir den Überfluß auf Werke lenken, die uns nach ihrer Vollendung ewigen Ruhm, während ihres Entstehens allgemeinen Wohlstand versprechen. So wird es Arbeit in Fülle geben, die mannigfachen Bedürfnisse werden jedes Handwerk beleben, jeder Hand Beschäftigung bringen, fast die ganze Stadt wird ihren Verdienst finden, indem sie sich durch eigene Leistung schmückt und zugleich ernährt." Der Heeresdienst verschaffte nämlich den jungen kriegstauglichen Männern reiche Einkünfte aus dem Bundesschatz,[4] allein Perikles wünschte, daß auch die vielen Bürger, die nicht im Heer dienten[5] und sich mit ihrer Hände Arbeit durchbringen mußten, von diesem Verdienst nicht ausgeschlossen seien. Da er ihnen aber auch nicht unverdient und ohne Arbeit in den Schoß fallen sollte, legte er dem Volk großartige Pläne für Unternehmungen und Bauten vor, welche viele Handwerker für lange Zeit beschäftigen konnten. Auf diese Weise wollte er den Bürgern, die zu Hause blieben, genau so wie den Schiffsmannschaften, den Besatzungen und den Truppen im Felde die Möglichkeit bieten, aus dem Bundesschatz Nutzen und Vorteil zu ziehen.

Vielerlei Materialien wurden benötigt, Steine, Erz, Elfenbein, Gold, Eben- und Zypressenholz, und zu ihrer Bearbeitung brauchte es mancherlei Handwerker, so Zimmerleute, Bildhauer, Kupferschmiede, Steinmetzen, Färber, Goldarbeiter, Elfenbeinschnitzer, Maler, Sticker, Graveure. Die Transporte zur See brachten den Reedern, den Matrosen und Steuerleuten Beschäftigung, diejenigen zu Lande den Wagenbauern, Pferdehaltern und Fuhrleuten, den Seilern,[6] Leinewebern, Sattlern, Straßenbauern und Bergknappen. Jedes Handwerk verfügte, wie der Feldherr über sein Heer, über eine Masse von ungelernten Hilfsarbeitern,[7] welche als Handlanger dienten, kurz, die Vielfalt der Arbeiten machte es möglich, daß sozusagen jedem Alter und jedem Stand reicher Gewinn zuströmte. *Plutarch, Perikles 12*

[1] S. Text 81, Anm. 1.
[2] Vermutlich im Jahre 454.
[3] Eine realistische Preisvorstellung, wie R. S. Stanier, The Cost of the Parthenon, JHS 73,

1953, 68–76, gezeigt hat. Vgl. Meiggs-Lewis, nr. 59 (Bauabrechnungen des Parthenon) und A. Burford, The Builders of the Parthenon, in: Parthenos and Parthenon, Greece and Rome Suppl. 10, 1963, 23–35.

4 Eine sehr zweifelhafte Bemerkung; der bei weitem höchste Sold, der überliefert ist, wurde den Athenern gezahlt, die in den Jahren 432–28 Poteideia belagerten, und der betrug zwei Drachmen am Tag; er sollte dem Unterhalt eines Hopliten und seines Burschen dienen (Thukydides 3,17). Dabei handelte es sich mit Sicherheit um einen Sonderfall; weitere überlieferte Zahlen schwanken zwischen einem Viertel und der Hälfte dieser zwei Drachmen. Dazu allgemein W. K. Pritchett, The Greek State at War Bd. 1, Berkeley–Los Angeles 1971, 3–24.

5 Ein offensichtlicher Irrtum: Das gemeine Volk tat Dienst in der Flotte.

6 Hier geht es schon nicht mehr um Transport, und die begeisterte Aufzählung nimmt lyrische Formen an.

7 Wörtlich heißt es „von gemeinen Soldaten".

91. Fiskalische und monetäre Strategeme

Der zweite Teil des 2. Buches der pseudo-aristotelischen ‚*Oikonomika*' ist eine Sammlung fiskalischer und monetärer Strategeme.[1] Einige dieser Strategeme betreffen *poleis* (hier Byzanz), die sich grundsätzlich fast immer in finanziellen Schwierigkeiten befanden (der Fall Athen, wie er in Text 87 beschrieben ist, war eine völlige Ausnahme), andere wiederum betreffen Männer, denen ein Kommando übertragen ist, wie in dem zweiten Text dem athenischen Strategen Timotheos (zu ihm s. auch Text 124). Die Strategeme der Byzantier können nicht datiert werden.

A. Byzanz

Als die Bewohner von Byzanz Geld brauchten, verkauften sie die in öffentlichem Besitz stehenden heiligen Ländereien,[2] und zwar die, die Früchte trugen, für eine bestimmte Zeit, die unfruchtbaren auf ewig. Ebenso verfuhren sie mit dem Land der *thiasoi*[3] und der Phratrien und auch dem, was sich auf Privatgrund befand, denn das kauften diejenigen, denen der restliche Besitz gehörte, zu einem hohen Preis. Den Angehörigen der *thiasoi* verkauften sie anderes Land, und zwar beim *gymnasion* oder der *agora* oder dem Hafen, soviel in öffentlichem Besitz stand. Ebenso verfuhren sie in bezug auf die Plätze auf der *agora*, an denen jemand etwas verkaufen konnte, und sie verpachteten das Recht, das Meer zu befischen, sowie das Recht, mit Salz zu handeln. Von denen, die sich als Zauberkünstler und Seher und Verkäufer von Medizin betätigten oder als etwas anderes dieser Art, ordneten sie an, daß der dritte Teil der Einkünfte als Steuer abzuführen sei. Den Umtausch von Münzen verpachteten sie an eine einzige Bank, und niemand durfte sie jemand anderem verkaufen oder von jemand anderem kaufen. Bei Zuwiderhandlung drohte Beschlagnahme.[4]

Es gab bei ihnen ein Gesetz, daß nicht Bürger sei, wer nicht beiderseits von Bürgern abstamme.[5] Als sie Geld brauchten, beschlossen sie, daß der, der nur von einem Elternteil her von einem Bürger abstamme, gegen die Zahlung von dreißig Minen Bürger sein solle.[6]

Als sie einmal Not an Getreide litten und es ihnen an Geldmitteln gebrach, ließen sie die Schiffe, die vom Schwarzen Meer kamen,[7] bei sich einlaufen. Nach einer gewissen Zeit, als die Kaufleute unwillig wurden, zahlten sie ihnen einen Aufschlag von zehn Prozent, machten dann aber denen, die etwas kauften, zur Auflage, diese zehn Prozent über den Preis hinaus zu zahlen.[8]

Als einige Metoiken Geld gegen Grundbesitz als Sicherheit ausgeliehen hatten, aber kein Recht auf Grundbesitz hatten, beschlossen sie, daß der, der bereit war, ein Drittel der Schuld als Abgabe einzuzahlen, den Grundbesitz vollberechtigt halten dürfe.[9] *Pseudo-Aristoteles, Oikonomika 2,2,3*

B. Der athenische Stratege Timotheos

Als der Athener Timotheos gegen die Olynthier Krieg führte[10] und es ihm an Geld fehlte, prägte er Kupfermünzen[11]und gab sie an die Soldaten aus. Als die Soldaten unzufrieden waren, sagte er ihnen, daß die Kaufleute und Händler ihnen genauso alles verkaufen würden. Den Kaufleuten teilte er zugleich mit, daß man mit dem, was man an Kupfermünzen eingenommen hätte, wiederum die Produkte des Landes kaufen könne und alles, was von der Beute herangebracht werde. Was ihnen aber an Kupfermünzen übrig geblieben sei, sollten sie zu ihm bringen und sie würden dafür Silber erhalten.[12]

Als er um Korkyra Krieg führte[13], ohne Mittel war und die Soldaten ihren Sold forderten,[14] ihm nicht gehorchten und damit drohten, daß sie zum Gegner überlaufen würden, hielt er eine Versammlung ab und sagte, daß das Geld des Winters wegen nicht in seine Hände gelangen könne, doch stehe ihm ein solcher Überfluß an Mitteln zu Gebote, daß er ihnen die im Voraus gegebene Getreidezuteilung für drei Monate[15] als Prämie geben könne. Diese nahmen nun an, daß Timotheos ihnen niemals eine solche Summe hätte zukommen lassen, wenn er nicht tatsächlich das Geld erwartet hätte, und sie verhielten sich ruhig in Bezug auf die Frage des Soldes, bis jener ausgeführt hatte, was er wollte.

Als er Samos belagerte,[16] verkaufte er die Früchte und das, was auf den Feldern wuchs, den Samiern selbst um über Geld für die Soldzahlungen an die Soldaten zu verfügen. Als nun im Lager Mangel an Lebensmitteln herrschte[17] der Dazukommenden[18] wegen, verbot er, gemahlenes Getreide in der Menge von weniger als einem Medimnos zu verkaufen, Flüssigkeiten in der Menge von weniger als einem Metretes.[19] Die Taxiarchen (Führer der Abteilung) und Lochagen (Zugführer) kauften nun die Lebensmittel en bloc und verteilten sie an die Soldaten, während die Dazukommenden sie mit sich brachten; wenn sie das Lager wieder verließen und ihnen etwas übrigblieb, verkauften sie es, sodaß die Soldaten auf diese Weise reichlich Lebensmittel hatten.[20] *Pseudo Aristoteles, Oikonomikos 2,2,23*

[1] Das Wort Strategem ist hier in seiner umfassendsten Bedeutung gebraucht und soll allgemein ein Verhalten bezeichnen, das sich Kriegslisten zum Vorbild nimmt.
[2] D. h. Land, das zum Heiligtum eines Staatskultes gehörte.
[3] Die *thiasoi* waren religiöse Gemeinschaften, die ihren Unterhalt aus Landbesitz bezogen. Phratrien vereinten Bürger im Kult eines ‚gemeinsamen Ahnherren'.
[4] S. unten Text 103 (Münzgesetz von Olbia).
[5] Ein Gesetz, das genau der berühmten Gesetzgebung des Perikles in Athen von 451/50 entspricht.
[6] Der Kauf des Bürgerrechts sollte eine der charakteristischen Erscheinungen der hellenistischen Zeit werden; s. dazu L. Robert, Hellenica 1, Paris 1940, 37–42.
[7] Die Schiffe, die Getreide vor allem von der Krim und von der ukrainischen Küste geladen hatten.
[8] Diese Stelle ist schwierig zu interpretieren; das hier zugrundegelegte Verständnis ist folgendes: Um zu erreichen, daß die Kaufleute, die ein ganz anderes Ziel als Byzanz hatten, ihr Getreide dennoch an dessen Bewohner verkauften, gestand die Stadt ihnen einen zusätzlichen Gewinn von 10% zu (eigentlich eine Art Zins), berechnet auf den normalen Verkaufspreis; da die Stadt aber kein Geld hatte, verschaffte sie sich den Betrag dieser zusätzlichen Zahlung über eine Steuer auf Getreideeinkäufe. S. dazu auch G. E. M. de Ste Croix, The Origins of the Peloponnesian War, London 1972, 47 und 314.
[9] Um diesen schwierigen Abschnitt zu verstehen, muß man sich daran erinnern, daß im alten Griechenland im Falle, daß ein Schuldner einen durch Sicherheiten verbürgten Kredit nicht zurückzahlt, diese Sicherheiten in den Besitz des Gläubigers übergehen, ohne daß ein Kaufakt vollzogen wird. Wenn jedoch ein von einem Metoiken gewährter Kredit durch Immobilienbesitz als Sicherheit verbürgt wird, ist dieses Prinzip nicht anwendbar, weil (von wenigen Ausnahmen abgesehen, in denen *enktēsis* gewährt wird) ein Metoike kein Land besitzen darf. Die Byzantier bieten daher den Metoiken, die sich in einer solchen Situation befinden, das Recht auf *enktēsis* und verlangen dafür eine Abgabe in Höhe von einem Drittel des gegebenen Kredits.
[10] Im Jahre 364. Eine ähnliche Anekdote wird bei Polyaen, Strategemata 10,1 erzählt.
[11] In der Tat sind kleine ‚Eulen' aus Bronze in der Nähe Olynths gefunden worden. Da diese Serie in Athen nicht repräsentiert ist, hat man sie mit einem hohen Grad an Wahrscheinlichkeit dem Timotheos zugeschrieben; s. dazu E. S. G. Robinson–M. J. Price, An Emergency Coinage of Timotheos, Numismatic Chronicle 1967, 1–6.
[12] Mit anderen Worten, Timotheos verordnet die Verwendung seines Notgeldes und gibt eine Umtauschgarantie.
[13] Im Jahre 375.
[14] Es handelt sich vermutlich um Söldner.
[15] Die Bezahlung eines Soldaten bestand theoretisch einerseits aus dem eigentlichen Sold und andererseits aus einem Verpflegungsgeld; diese Beträge wurden häufig en bloc ausgezahlt.
[16] Im Jahre 366/65.
[17] Das ist nicht erstaunlich nach den Maßnahmen, von denen im vorangegangenen Textabschnitt die Rede war.
[18] Z. B. Prostituierte, Händler aller Art, möglicherweise Familienangehörige der Söldner.
[19] Ein *metrētēs* entspricht etwas weniger als 39 l, ein *medimnos* etwas weniger als 52 l.
[20] Dieselbe Episode findet sich bei Polyaen, Strategemata 3,10,10.

92. Indirekte Steuern in Kyzikos (6. Jahrhundert)

Eines der ältesten erhaltenen Dokumente über die Erhebung indirekter Steuern ist eine Inschrift aus Kyzikos, einer großen Stadt an der Südküste der Propontis (Marmara-Meer), die berühmt ist für den Thunfischfang und für ihre Elektronmünzen (s. Text 103). Es handelt sich um ein Dekret, durch das den Söhnen zweier Bürger, die wahrscheinlich für ihre Heimat gefallen sind, die Befreiung *(ateleia)* von bestimmten indirekten Steuern gewährt wird.[1] Leider gibt der Text nur eine Liste der Steuern, von denen die Begünstigten nicht befreit sind.

Seite B[2]
Unter (der Prytanie[3] des) Maiandros.
Die Stadt hat dem Sohn des Medikes und den Söhnen des Aisepos sowie ihren Nachkommen Steuerfreiheit und (Speisung im) Prytaneion[4] gewährt, (ersteres) mit Ausnahme des *naussos*[5] und der Steuer für die Benutzung des offiziellen Normalgewichts und der Steuer auf Pferdekauf und der Steuer von einem Viertel[6] und der Steuer auf den Kauf von Sklaven; von allen anderen Steuern sollen sie befreit sein. Und darauf hat das Volk beim Schlachten der Opfertiere einen Eid geschworen.[7] Diese Stele hat die Stadt dem Manes gegeben, dem Sohn des Medikes. *Dittenberger, Sylloge[3] nr. 4*

[1] Der Text wurde ein erstes Mal im 6. Jahrhundert auf dem Stein festgehalten und dann nochmals im 1. Jahrhundert. Letzteres geschah entweder aus rein antiquarischem Interesse oder, was wahrscheinlicher ist, weil es noch Nachkommen der ursprünglich Begünstigten gab, denen daran lag, daß ihr Privileg nicht in Vergessenheit geriet.
[2] Auf Seite A der Inschrift ist von dem Dokument des 6. Jahrhunderts allein die letzte Zeile des Textes wie auf Seite B erhalten geblieben.
[3] Eponymes Amt von Kyzikos.
[4] Die höchste Ehrung, die eine *polis* zu vergeben hat. Das ist das Privileg, das Sokrates nach der Verurteilung von seinen Richtern forderte.
[5] Eine auch aus Kos belegte Steuer, über die aber nichts Näheres bekannt ist.
[6] Vielleicht eine Abgabe auf die Produktion oder, was wahrscheinlicher ist, eine Steuer auf bestimmte Gebrauchsgüter.
[7] Ein typischer Opferritus, der einen Schwur bekräftigt.

93. Manipulationen bei der Steuer von einem Fünfzigstel im Piräus (399)

Gibt es eine Möglichkeit, den Warenumschlag im Piräus, sei es Import oder Export, für den Beginn des 4. Jahrhunderts zu berechnen? Auf den ersten Blick scheint das ganz einfach: Der Hafenzoll für eingehende und ausgehende Güter betrug 2% des Warenwerts; nun überliefert Andokides den Preis, den die Pächter für die Übernahme dieser Steuer gezahlt haben, nämlich 30 und später 36 Talente, und er überliefert auch die Höhe ihres Gewinns, nämlich 6 Talente zuzüglich eines weiteren nicht näher bestimmten Betrages, der aber nicht unbeträchtlich war. All das zusammengenommen und multipliziert ergibt einen Wert der umgeschlagenen Waren von ungefähr 2000 Talenten, die etwa dem Lohn für 1200000 Arbeitstage entsprechen. Das ist eine relativ große Zahl, aber sie kann sich natürlich nicht mit dem Warenverkehr irgendeines modernen Hafens messen. Gegen eine derartige Berechnung ließe sich sagen, daß man nur wenig über das Verfahren der Steuerpacht im einzelnen weiß.[1] Doch scheint das in bezug auf die Abgabe im Piräus relativ problemlos zu sein. Jedenfalls lassen sich die Einnahmen, die der Stadt Athen und ihren Bewohnern aus dem Warenverkehr im Hafen Piräus erwuchsen, keinesfalls mit den Einkünften aus der Herrschaft über das Reich vergleichen, als es noch existierte. Natürlich kann ein Hafenzoll, der auf eingehende und ausgehende Waren erhoben wird, jeder Art von Handelsimperialismus nicht förderlich sein.

Denn Agyrrhios,[2] dieser treffliche Mann hier, war vor zwei Jahren der Pächter der Steuer von einem Fünfzigstel. Er hatte sie für den Preis von dreißig Talenten gepachtet, und mit ihm beteiligten sich all jene, die sich unter der Pappel[3] versammelten und von denen ihr wißt, was für Leute das sind. Mir wenigstens scheint, daß sie sich dort zur Erreichung von zwei Zielen versammelt haben: Geld einzustreichen für ihren Verzicht auf ein höheres Gebot und sich an einer Pacht zu beteiligen, die billig erworben worden war. Als sie sechs Talente[4] Gewinn erzielten und erkannten, was das für ein Geschäft war, wieviel es wert war, da taten sie sich alle zusammen, und indem sie den anderen Bietern Anteile abgaben, ersteigerten sie die Pacht wieder um dreißig Talente. Da niemand dagegen bot, trat ich vor den Rat und überbot sie solange, bis ich die Pacht um sechsunddreißig Talente erwarb. Nachdem ich sie aus dem Feld geschlagen hatte und euch dann Bürgen gestellt hatte, trieb ich das Geld ein und zahlte an die Stadt. Und ich erlitt dabei selbst keinen Verlust, sondern wir, die beteiligt waren, trugen sogar einen geringen Gewinn davon. So habe ich verhindert, daß die Leute sechs Talente von eurem Geld unter sich aufteilen konnten.

Andokides, Über die Mysterien 133–34

[1] So J. Hasebroek, Staat und Handel im alten Griechenland, Tübingen 1928, 83, Anm. 141.

[2] Ein athenischer Anhänger der Demokratie, der vor allem dafür bekannt ist, daß er zu Beginn des 4. Jahrhunderts die Diäten für die Teilnahme an der Volksversammlung eingeführt und dann erhöht hat, und des weiteren dafür, daß er 395/94 das Theorikon (s. Text 111 und 115) wieder eingeführt hat.

[3] Eine sonst nicht überlieferte Ortsangabe (?).

[4] Die Handschriften geben „drei Talente". „Sechs" ist eine hypothetische Annahme.

94. Die Bergwerke von Thasos im 5. Jahrhundert

Was Herodot über die finanziellen Mittel berichtet, über die Thasos verfügt, erinnert an Athen: die Einkünfte aus den Bergwerken erlauben es Thasos noch vor den Perserkriegen, Kriegsschiffe und Befestigungsanlagen zu bauen. Sie erlauben es Thasos auch, Münzen zu prägen, und diese Münzen waren gegen Ende des 6. und am Beginn des 5. Jahrhunderts eine besonders bedeutende Währung. Die von Herodot genannten Zahlen umfassen sowohl die Einkünfte aus den Bergwerken wie auch diejenigen aus der *peraia*, d.h. dem Gebiet auf dem thrakischen Festland, das die Thasier beherrschten. Diese Einnahme von insgesamt 200 Talenten kann man der Summe gegenüberstellen, die die Thasier nach Angabe Herodots (7,118) zum Unterhalt des Xerxes und seines Heeres aufbringen mußten und die 400 Talente betrug.

Die Thasier nämlich hatten (...) ihre reichen Einkünfte benutzt, um Kriegsschiffe zu bauen und eine stärkere Mauer um die Stadt zu errichten. Ihre Einkünfte stammten vom Festland und von den Bergwerken. Aus den Goldgruben von Skapte Hyle[1] kamen ihnen insgesamt etwa 80 Talente ein. Aus den Werken in Thasos selbst erhielten sie etwas weniger, jedoch soviel, daß die Thasier nicht nur frei von Abgaben an Feldfrüchten waren, sondern alles in allem eine jährliche Einnahme von 200 Talenten vom Festland und den Bergwerken hatten, in guten Jahren sogar 300.

Ich habe diese Bergwerke selbst gesehen. Das weitaus außergewöhnlichste davon war das durch die Phoiniker entdeckte, die zusammen mit dem Phoiniker Thasos diese Insel besiedelt haben, (...). Die phoinikischen Bergwerke auf Thasos liegen zwischen dem sogenannten Ainyra und Koinyra gegenüber Samothrake.[2] Dort haben die Goldsucher einen hohen Berg durchwühlt. So ist das also. *Herodot 6,46,2–47,2*

[1] Das heißt soviel wie ‚der ausgegrabene Wald' und liegt an der thrakischen Küste.
[2] Zu diesen Bergwerken, die man wiederentdeckt hat, s. den Guide de Thasos, Paris 1968, 3 (herausgegeben von der École Française d'Athènes).

95. Die Silberbergwerke von Laureion: Die Pachtverträge des Jahres 367/66

Die Vorkommen silberhaltigen Bleis in Laureion an der Südspitze Attikas sind seit der Bronzezeit ausgebeutet worden.[1] Sie scheinen eine entscheidende Rolle bei der Expansion athenischer Macht im 5. Jahrhundert gespielt zu haben. Doch wenn einerseits die archäologische Forschung[2] immer bessere Einblicke in die materielle Organisation der Produktion und die Arbeitsbedingungen der Bergwerkssklaven eröffnet, so geben andererseits die literarischen Quellen des 5. Jahrhunderts mit ihren wenigen Anspielungen keinerlei Auskunft darüber, auf welche Weise die Gruben verpachtet wurden, welche Rolle die Stadt spielte, welche Bedeutung die Verpachtung der Bergwerke allgemein betrachtet besaß[3] und wie sich eine Produktion entwickeln konnte, die es Athen erlaubte, seine berühmten ‚Eulen' zu prägen. Vor allem für das 4. Jahrhundert verfügt man über eine etwas detailliertere Überlieferung. Aristoteles berichtet im ‚Staat der Athener' (47,2), daß die zehn Verkäufer *(polētai)* der Stadt, die die öffentlichen Versteigerungen organisierten, die Ausbeutung der Gruben zum Verkauf stellten und die vom Rat gewährten Konzessionen ratifizierten, von denen es zwei Typen gab: auf drei Jahre für Gruben, die man schon dabei war auszubeuten, auf sieben (?) Jahre für solche, die zum ersten Mal verpachtet wurden.[4]

Auf der *agora* in Athen hat man eine große Zahl von Inschriften gefunden, die die Aufzeichnungen der *polētai* enthalten.[5] Diese Dokumente erlauben es, sich ein Bild von einer Produktion zu machen, die niemals in der Weise eines modernen Großbetriebs vereinheitlicht und zusammengefaßt wurde und bei der es nebeneinander Pächter gab, die in kleinem Rahmen arbeiteten, und solche, die die Ausbeutung in großem Maßstab betrieben. In der Tat wurde der Bergbau „manchmal in großem Stile und äußerst gewinnträchtig betrieben, manchmal auf geringem Niveau und risikoreich, jedoch in jedem Falle amateurhaft; einmal wurde er aktiv verfolgt, dann wieder vernachlässigt".[6]

Der folgende Text gibt von der einzigen vollständig erhaltenen Inschrift, nämlich der Liste des Jahres 367/66, den Teil wieder, der die Bergwerke betrifft. Dieses ist nicht das erste Verzeichnis, das man angelegt hat, denn der Text spricht von einer vorangehenden Stele, aber es handelt sich um die älteste erhaltene Liste. Die Einrichtung als solche kann noch nicht sehr alt gewesen sein, denn in den späteren Dokumenten entwickelt sich ein verwaltungssprachliches Formelinventar, das in diesem Dokument noch nicht da ist.

Grubenkonzessionen werden in jeder Prytanie erteilt (die sechste, achte und zehnte Prytanie sind in dem vorliegenden Dokument nicht vertreten). Die Verpachtungen werden folgendermaßen verzeichnet: Der Name der Grube und ihre Lage, die durch Nennung der angrenzenden Ländereien und den Namen des jeweiligen Besitzers bestimmt wird, dann der Name des Grubenpächters und schließlich der Preis der Konzession. Dieselben Preise wiederholen sich zu häufig, als daß man von einem richtigen Bietermarkt sprechen könnte, zumal die Gruben doch von sehr unterschiedlicher Qualität gewesen sein müssen. Interessant ist, daß eine beachtliche Zahl neuer Konzessionen zum festen Preis von 20 Drachmen vergeben wurde; zu Ende des Jahrhunderts sollte dieser Preis auf 150 Drachmen ansteigen. Alle Pächter und in diesem Dokument und auch alle Besitzer angrenzender Ländereien sind athenische Bürger. Bei den Pächtern scheint es nach allem, was aus den bisher publizierten Urkunden hervorgeht, keine Ausnahme von dieser Regel zu geben. Doch scheinen andere Pachtlisten zu zeigen, daß einige von der Bergwerksinsel Siphnos (s. Text 20 A) stammende Metoiken das Recht der *enktēsis gēs* erhalten hatten und im Bergbaugebiet Land besaßen.[7] Das einzige Dokument, in dem ein Bewohner von Siphnos als Pächter vorkommt,[8] ist zu schlecht erhalten, als daß man daraus irgendwelche Schlüsse ziehen könnte.

Die in Klammern gesetzten Worte ergeben sich aus dem Textzusammenhang, auch wenn sie nicht auf dem Stein stehen.

Polētai unter dem Archontat des Polyxelos.
Polyeuktros aus dem Demos Lamptrai, Deinias aus dem Demos Erchia, Theaios aus dem Demos Paiania, Theotimos aus dem Demos Phrearrhoi, Aristogenes aus dem Demos Iphistiadai, Glaukon aus dem Demos Lakiadai, Kephisokles aus dem Demos Piräus, Nikokles aus dem Demos Anaphlystos,[9] für die Exekestos aus dem Demos Kothokidai Schreiber war, haben folgenden Besitz verkauft, den sie von den Elf[10] übernommen haben, von Phaiax aus dem Demos Aphidnai und denen, die mit ihm dieses Amt verwaltet haben. [...].

Folgende Bergwerke wurden verpachtet in der ersten Prytanie der Phyle

Hippothontis: Dexiakon[11] in Napē beim Beobachtungsposten,[12] an das auf allen Seiten (der Besitz des) Nikias aus dem Demos Kydantidai[13] angrenzt, Pächter Kallias aus dem Demos Sphettos, 20 Drachmen; Diakon im Laureion,[14] an das angrenzt: im Osten das Land des Exopios, im Westen das Gebirge, Pächter Epiteles aus dem Demos Kerameikos, 20 Drachmen; in Sounion auf den (Feldern) der Söhne des Charmylos,[15] an das angrenzt: im Norden (der Besitz des) Kleokritos aus dem Demos Aigilia, im Süden (der Besitz des) Leukios aus dem Demos Sounion, Pächter Pheidippos aus dem Demos Pithos, 20 Drachmen; Poseidoniakon in Napē, (eines) von denen auf der Stele (verzeichneten),[16] auf den (Feldern) des Alypetos, an das angrenzt (der Besitz des) Kallias aus dem Demos Sphettos und (der Besitz des) Diokles aus dem Demos Pithos, Pächter Trasylochos aus dem Demos Anagyrous, 1 550 Drachmen;[17] Hagnosiakon, (eines) von denen auf der Stele (verzeichneten), Pächter Telesarchos aus dem Demos Aixone, 1 550 Drachmen; Artemisiakon, (eines) von denen auf der Stele (verzeichneten), Pächter Thrasylochos aus dem Demos Anagyrous, 150 Drachmen. In der zweiten Prytanie der Phyle Antiochis: im Laureion dasselbe (Artemisiakon) und die Stollen,[18] an das angrenzt: im Norden (der Besitz des) Diopeithes aus dem Demos Euonymon und der Ofen[19] des Demostratos aus dem Demos Kytheros, im Süden die Werkstatt des Diopeithos und die Wagenstraße und die Schlucht der von Thorikos, Pächter Kephisodotos aus dem Demos Aithalidai, 20 Drachmen; Demetriakon auf den (Feldern) des Timesios in Napē, an das angrenzt (der Besitz des) Nikias aus dem Demos Kydantidai, im Süden (der Besitz des) Diokles aus dem Demos Pithos, Pächter Demon aus dem Demos Agryle, 20 Drachmen; in Maroneia Hermiakon, an das angrenzt (der Besitz des) Diophanes aus dem Demos Sounion, Pächter Philinos aus Sounion, 20 Drachmen.

In der dritten Prytanie der Phyle Oineis: im Laureion Theognideion von der Stele, an das angrenzt das Feld des Exopios, Pächter Kallias aus dem Demos Lamptrai, 50 Drachmen.

In der vierten Prytanie der Phyle Kekropis: in Sounion in Napē[20], Pyrrhieion, an das angrenzt im Osten (der Besitz des) Kallias aus dem Demos Alopeke, im Westen (der Besitz des) Kallias aus dem Demos Kydantidai, Pächter Kallias aus dem Demos Sphettos, 20 Drachmen; in Thorikos Archegeteion auf den (Feldern) des Demophilos, an das angrenzt im Norden und Süden (der Besitz des) Demophilos, Pächter Kephisophon aus dem Demos Sybridai, 20 Drachmen; in Napē auf den Feldern der Frau des Charmylos,[21] an das angrenzt das Feld der Frau des Alypetos, im Norden (der Besitz des) Teleson aus dem Demos Sounion, im Osten das Feld des Teleson aus Sounion, im Westen (der Besitz des) Epikrates aus dem Demos Pallene,[22] Pächter Epikles aus dem Demos Sphettos, 20 Drachmen. In der fünften Prytanie der Phyle Aigeis: Archegeteion und die Stollen, das ohne Stele ist,[23] in Besa auf den (Feldern) des Kephesidotos und Kallias, an das angrenzt im Osten (der Besitz des) Kallias aus dem Demos Lamptrai, ein

Turm[24] und ein Haus, im Norden die Werkstatt des Kephisodotos, im Süden das Archegeteion,[25] Pächter Kephisodotos aus dem Demos Aithalidai,[26] 20 Drachmen. In der siebten Prytanie der Phyle Leontis: in Sounion in Thrasymos Kerameikon, an das angrenzt (der Besitz des) Diopeithes aus dem Demos Euonymon, Pächter Aleximachos aus dem Demos Pelekes, 20 Drachmen; in Sounion in Napē auf den (Feldern) der Söhne des Charmylos, an das angrenzt im Norden (der Besitz des) Pyrrhakos aus dem Demos Aigilia, im Süden (der Besitz des) Leukios aus dem Demos Sounion, Pächter Pheidippos aus dem Demos Pithos, 20 Drachmen. In der neunten Prytanie der Phyle Erechtheis: in Sounion (eines) von den auf der Stele (verzeichneten), Leukippeion in Besa, Pächter Chairedemos aus dem Demos Hagnous, 150 Drachmen.

Stele aus pentelischem Marmor, gefunden auf der agora in Athen und publiziert von Margaret Crosby, Greek Inscriptions, Hesperia 10, 1941, 14–27.

[1] Dazu der Bericht in BCH 91, 1967, 628; vgl. auch die Berichte der belgischen Ausgrabungen, die diese Tatsache bestätigt haben, in: Thorikos 1964, Brüssel 1967.

[2] Die belgischen Ausgrabungen haben z. B. eine Anlage zur Erzwäsche mit einer Werkstatt und den Behausungen für die Sklaven zutage gefördert. Zu den Sklaven s. das etwas idyllisch geratene Buch von S. Lauffer, Die Bergwerkssklaven von Laureion, Wiesbaden[2] 1975. Eine umfassende Bibliographie zu Laureion findet sich bei R. J. Hopper, The Laurion Mines: a Reconsideration, Annals of the British School at Athens 63, 1968, 293–326; vgl. auch ders., The Attic Silver Mines in the Fourth century B. C., Annals of the British School at Athens 48, 1963, 200–54.

[3] Neben dem Text von Herodot (s. oben Text 20) gibt es eine Anspielung bei Aischylos auf die „Silberquelle", einen Schatz, den „die Erde für sie birgt" und der das Glück der Athener ausmacht (Perser 238); des weiteren vgl. Thukydides 6,91,7, wo deutlich wird, welches Interesse die Peloponnesier daran hatten, die Athener von ihren Bergwerken abzuschneiden, und die scherzhaften Bemerkungen bei Aristophanes (Ritter 362; Vögel 593 und 1106), die belegen, daß die Bergwerke eine Quelle des Reichtums sowohl für einzelne Bürger wie für den Staat waren.

[4] Der Papyrustext ist an dieser Stelle nicht lesbar und die erkennbaren Spuren sind Gegenstand einer aufgeregten Diskussion gewesen; s. M. Chambers, Notes on the Text of the Ath.Pol., Transactions and Proceedings of the American Philological Association 96, 1965, 31 ff. Die Zahl sieben stammt aus der inschriftlichen Überlieferung.

[5] Von diesen Dokumenten sind 38 rekonstruiert und kommentiert worden von Margaret Crosby, The Leases of the Laureion Mines, Hesperia 19, 1950, 189–312. Es handelt sich um Urkunden aus der Zeit von 367 bis in die letzten Jahre des 4. oder die ersten des 3. Jahrhunderts.

[6] Hopper, The Laurion Mines 301.

[7] Vgl. Crosby, The Leases 205–65, nr. 5.

[8] ibid. 212.

[9] Die *polētai* sind hier nur acht an der Zahl und repräsentieren acht der zehn Phylen.

[10] Die ‚Elf' sind die Vollstrecker der gerichtlichen Entscheidungen und übergeben den *polētai* den von der Stadt beschlagnahmten Besitz; s. dazu Aristoteles, Staat der Athener 52–53.

[11] Die Gruben erhalten ihre Namen nach einer Gottheit oder einem Heroen, in diesem Falle Dexios.

[12] *Napē*, ‚das bewaldete Tal'; *Skopia*, ‚der Beobachtungsposten'; diese Orte konnten nicht lokalisiert werden.

[13] Ein Enkel des athenischen Strategen Nikias, dessen Reichtum weitgehend aus Sklaven bestand, die er zur Arbeit in den Bergwerken vermietete: s. Xenophon, Über die Einkünfte 4 (s. unten Text 96). Sowohl die Landbesitzer wie die Pächter waren Angehörige reicher Familien, und zwar Bürgerfamilien, deren Mitglieder mindestens ein Trierarchie übernahmen. Vgl. Margaret Crosby, Greek Inscriptions, Hesperia 10, 1941, 26 f. und für eine vollständige Prosopographie Hopper, The Attic Silver Mines 242–45.

[14] Dieses Dorf war zur Zeit der Reform des Kleisthenes nicht zu einem Demos geworden wie etwa Sounion.

[15] Diese Stelle der Inschrift erlaubt die Feststellung, daß es einen Unterschied gab zwischen Landbesitz, der privat war, und Besitz an Bodenschätzen, der der *polis* zustand; doch ist nicht bekannt, wie man in bezug auf die oberirdischen Einrichtungen bei Vergabe der Pachten verfuhr.

[16] Eine Grube, die ohne Frage schon ausgebeutet wurde und sicher auf der Stele des vorangegangenen Jahres schon verzeichnet war.

[17] Diese und die nächstgenannte Grube erzielten den bei weitem höchsten Preis in diesem Dokument. Demosthenes (Gegen Pantainetos 22) spricht einmal von einer Grube, die für 9000 Drachmen ‚gekauft' wurde. Die Inschriften machen keine Angaben darüber, ob die Zahlungen jeweils für drei Jahre, ein Jahr oder eine Prytanie (wie Hopper, The Attic Silver Mines 239 annimmt) gelten. Die Zahlungen in Höhe von 20 Drachmen beziehen sich mit Sicherheit auf neu zu eröffnende Gruben. Thrasylochos aus dem Demos Anagyrous gehört zu einer sehr reichen Familie und ist der Bruder des Chidias, der von Demosthenes als einer der reichsten Männer seiner Zeit angegriffen wurde. Thrasylochos ist hier Pächter zweier Gruben.

[18] Man weiß nicht genau, was das hier gebrauchte Wort *katatomē* wirklich heißt; vielleicht geht es um zusätzliche Stollen, die, wie präzisiert wird, zur betreffenden Grube dazugehören; s. Crosby, The Leases 199.

[19] Sicher ein Schmelzofen.

[20] Diese Angabe reicht nicht aus für eine Entscheidung, ob das Tal *(Napē)* im Demos Sounion liegt. Wie bei der zuallerletzt genannten Grube zu sehen ist, liegt diese, von der gesagt wird, sie sei „in Sounion", in Wirklichkeit im Demos Besa. Sounion war in diesem Falle vielleicht der Ort, wo die Gruben registriert waren.

[21] Ein ansonsten unbekannter Mann, dessen Söhne aber Land in der Gegend besaßen. S. auch weiter unten.

[22] Ein Mann gleichen Namens wurde um das Jahr 330 angeklagt, den Bereich seiner Konzession illegal erweitert zu haben; s. Hypereides, Gegen Euxenippos 35. Es handelt sich dabei entweder um den hier Genannten oder um seinen Enkel.

[23] Crosby übersetzt „die keinen Grenzstein haben", aber es ist wahrscheinlicher, daß derjenige, der die Inschrift aufgesetzt hat, lediglich anmerken wollte, daß diese Konzession auf der Stele des vorangegangenen Jahres nicht verzeichnet war, was auch durch den Preis von 20 Drachmen gestützt wird.

[24] Vermutlich der Turm eines Landgutes. Einen solchen Turm hat man in Thorikos gefunden: s. den Bericht in BCH 91, 1967, 628.

[25] Das Heiligtum eines heroischen Gründers *(archēgetēs)*, dem die Grube ihren Namen verdankte und der vielleicht der Beschützer des betreffenden Demos war.

[26] Kephisodotos ist also zugleich Besitzer und Pächter. Er ist nicht das einzige derartige Beispiel: S. Hopper, The Attic Silver Mines 243–45. Auch Diopeithes besitzt gleichzeitig Land und eine Werkstatt.

96. Programm für eine unbegrenzte Ausweitung des Silberbergbaus

Es scheint angebracht, auf ein Dokument praktischen Inhalts, wie es der vorangehende Text war, das im wesentlichen ideologisch orientierte Programm folgen zu lassen, das Xenophon in seiner Schrift ‚Über die Einkünfte' (um 355) entwickelt.[1] Diese kleine Schrift zeigt wie die ‚Poliorketik' seines Zeitgenossen Aeneas Tacticus das Bestreben eines ‚einfallsreichen Mannes', der die ‚klugen' Lehren der Sophisten in den praktischen Bereich übertragen will. Auf den ersten Blick scheint es sich um etwas ganz Außerordentliches zu handeln; in der Tat ist dies eine der wenigen Schriften, die den Eindruck entstehen lassen, daß die Idee des wirtschaftlichen Fortschritts dem Denken der Antike doch nicht ganz fremd gewesen wäre. Aber man muß auf der Hut sein: Unmittelbar nach dem Scheitern des zweiten athenischen Abenteuers beim Streben nach Hegemonie schlägt Xenophon seinen Mitbürgern vor, die Unternehmungslust und den Wagemut, der ihre politischen Abenteuer gekennzeichnet hatte, in ‚wirtschaftliche' Richtung zu lenken. Alkibiades hatte im Jahre 415 zu den Athenern gesagt: „Wir können uns nicht wie ein Kassenverwalter einteilen, wie weit wir unsere Herrschaft ausdehnen wollen' (Thukydides 6,18,3). Indem er sich bei Bedarf völlig paradoxer wirtschaftlicher Aussagen bedient, um zu zeigen, daß Silberbergwerke auf ewig Gewinn abwerfen könnten, macht sich Xenophon diese Ansicht einfach zu eigen, aber er überträgt sie dann auf eine andere Ebene.

Wenn man in bezug auf die Silberbergwerke in gebührender Weise Vorkehrungen zu ihrer Ausbeutung treffen würde, so glaube ich, daß aus ihnen sehr große Geldsummen neben den übrigen Einkünften hereinkommen könnten. Ich will auch denen, die es nicht wissen, die Möglichkeiten dieser Bergwerke klarmachen. Denn wenn ihr ihre Möglichkeiten kennt, könnt ihr auch besser darüber beraten, wie sie auszubeuten sind.

Nun wissen alle, daß die Bergwerke seit sehr alter Zeit ausgebeutet werden;[2] niemand freilich wagt auch nur zu sagen, von welcher Zeit an man sie bearbeitet hat. Obwohl das silberhaltige Erz schon so lange abgebaut und gefördert wird, seht euch an, welchen (kleinen) Teil der natürlich gewachsenen und silberhaltigen Hügel die Schlackenhalden ausmachen. Auch hat sich das Gebiet, in dem Silber vorkommt, nicht irgendwie eingeengt, sondern es zeigt sich immer wieder als weiter ausgedehnt. Auch zu der Zeit, als die größte Zahl von Menschen in den Bergwerken arbeitete, fehlte es nie jemandem an Arbeit, sondern es gab immer mehr Arbeit als Arbeiter. Auch jetzt verringert keiner von denen, die Sklaven in den Bergwerken besitzen, ihre Zahl, sondern er kauft dazu, soviel er kann. Denn wenn wenige schürfen und suchen, so meine ich, wird auch eine geringe Menge gefunden; wenn aber viele suchen, wird ein Vielfaches an Silbererz zutage gefördert. So entsteht von allen Erwerbszweigen, die ich kenne, allein in diesem von keiner Seite Mißgunst gegen die, die sich zusätzlich einrichten.

Im übrigen wären wohl alle, die Ackerland besitzen, imstande zu sagen, wie viele Joch Ochsen für das Land ausreichten und wie viele Arbeiter; wenn jemand mehr als genügend dorthin schickte, würden sie es für einen Verlust halten; bei Unternehmungen zum Abbau von Silber hingegen sagen alle, daß ihnen Arbeiter fehlten. Und in der Tat geht es dabei nicht so wie bei den Kupferschmieden: wenn ihre Zahl zunimmt, werden die Kupferarbeiten billiger und die Kupferschmiede gehen dadurch zugrunde; ebenso geht es bei den Schmieden, die Eisen verarbeiten. Und wenn reichlich Getreide und Wein wächst, sind die Feldfrüchte billig und die Landwirtschaft lohnt sich deswegen nicht mehr, so daß es viele aufgeben, das Land zu bebauen, und sich dem Groß- und Kleinhandel und dem Geldverleih zuwenden. Je mehr Silbererz aber zum Vorschein kommt und je mehr Silber gewonnen wird, desto mehr Menschen machen sich an diese Arbeit. Es ist nämlich so: wenn jemand genügend Hausgerät gekauft hat, kauft er sicher nicht noch mehr dazu; aber Silber hat noch niemand je so viel besessen, als daß er nicht noch mehr davon bräuchte. Wenn einige sehr viel davon haben, vergraben sie das Überzählige vielmehr und freuen sich darüber nicht weniger, als wenn sie es einer Verwendung zuführen würden.[3] Und besonders wenn es den Städten wohl ergeht, brauchen die Menschen viel Silber. Denn die Männer wollen für schöne Waffen und gute Pferde und für Häuser und prächtige Geräte Geld ausgeben, die Frauen richten ihr Verlangen auf aufwendige Kleidung und Goldschmuck. Geht es den Städten hingegen schlecht aufgrund von Mißernten oder Krieg, dann braucht man, weil das Land brachliegt, sogar noch mehr Geld für die Beschaffung von Lebensmitteln und die Bezahlung von Söldnern.[4] Wenn jemand nun meinen sollte, auch Gold sei um nichts weniger nützlich als Silber, so widerspreche ich dem nicht; doch weiß ich folgendes: wenn viel Gold vorhanden ist, wird es auch selbst weniger wert, das Silber aber wird mehr wert.[5]

Diese Sachverhalte habe ich deswegen dargelegt, damit wir uns aufraffen und so viele Menschen als möglich in die Silberbergwerke bringen, und damit wir dort entschlossen Vorkehrungen zu ihrer Ausbeutung treffen in der Zuversicht, daß weder je das silberhaltige Erz ausgehen noch je Silber wertlos sein wird. Es scheint mir aber, daß auch die *polis* das noch vor mir erkannt hat; zumindest erlaubt sie unter Auferlegung gleicher Abgaben *(isoteleia)* auch jedem Fremden, sich im Bergbau zu betätigen.[6]

Um mich aber in bezug auf den Unterhalt noch deutlicher zu äußern, will ich jetzt darlegen, durch welche Maßnahmen zur Ausbeutung die Silberbergwerke der Stadt am meisten Nutzen bringen könnten. Aufgrund dessen, was ich jetzt sagen will, erwarte ich nicht etwa irgendwelche Bewunderung, als ob ich etwas gänzlich Neues herausgefunden hätte. Denn manches von dem, wovon ich sprechen will, können wir alle auch jetzt noch sehen, die Verhältnisse der Vergangenheit waren, so hören wir von unseren Vätern, ähnlich. Von seiten der Stadt nun ist es sehr verwunderlich, daß sie, obwohl sie sieht, wie viele Privatleute aus ihr Reichtum gewinnen, doch diese nicht nachahmt.[7] Denn wir, denen die Sache am Herzen liegt, haben doch wohl längst gehört, daß Nikias, der Sohn des Nikeratos, einst in den Silberbergwerken tausend Menschen besaß, die er dem Thraker Sosias vermietete unter der Voraussetzung, daß dieser ihm einen abgabenfreien Obolos pro Tag für einen jeden zahle und die Zahl immer auf dem gleichen Stand halte.[8] (...) Aber was soll man von den alten Dingen reden? Auch jetzt nämlich gibt es in den Silberbergwerken viele Menschen, die auf diese Weise vermietet sind. Da das, was ich vorschlage, tatsächlich durchgeführt wird, wäre allein neu, wenn ebenso wie die Privatleute, die sich durch den Kauf von Sklaven ein stetiges Einkommen verschafft haben, auch die Stadt im öffentlichen Eigentum stehende Sklaven kaufen würde, bis auf jeden Athener drei kämen.[9] *Xenophon, Über die Einkünfte 4,1–17*

1 Der allgemein verbreitete Titel dieses Werkes *(Peri prosodōn)* soll hier beibehalten werden; doch der eigentliche Titel scheint ‚*Poroi*' gewesen zu sein, d.h. ‚Mittel und Wege'. S. dazu den ausgezeichneten Kommentar von Ph. Gauthier, Un commentaire historique des *Poroi* de Xénophon, Paris–Genf 1976, in dem einige der hier vertretenen Auffassungen unter verschiedenen Aspekten betrachtet, zurechtgerückt und weiterentwickelt werden.

2 Das entspricht der Wahrheit: s. oben die Einleitung zu Text 95.

3 Xenophon kennt sehr wohl, was wir das Gesetz von Angebot und Nachfrage nennen, und er weiß auch (s. den folgenden Text), daß dieses Gesetz bei Edelmetallen Anwendung finden kann, beachtet aber ebenso einen grundlegenden ‚extraökonomischen' Faktor, nämlich das Bestreben der Menschen zu horten. Dabei ist es eigenartig, daß er die Argumentation, die hinter seinen Überlegungen steht, nicht ausführlich erläutert; sie müßte etwa folgendermaßen lauten: Das Silber wird zu Münzen der Stadt Athen geprägt, dieses athenische Münzgeld erfreut sich seiner guten Silberqualität wegen größter Beliebtheit und eben deswegen ist das Silber von Laureion nicht ein Produkt wie jedes andere.

4 Die Widersinnigkeit dieser Aussage ist offenkundig. Xenophon kann sich das erlauben, indem er einfach von der privaten Sphäre (die Menschen brauchen Geld, wenn es der Stadt gut geht) auf den öffentlichen Bereich (die Stadt braucht Geld, wenn die Lage kritisch wird) umschaltet. Diese Unterteilung in privaten und öffentlichen Bereich ist typisch für das 4. Jahrhundert.

5 Es soll auch in diesem Zusammenhang nochmals daran erinnert werden, daß Athen vor allem Silbermünzen prägte und nur ganz selten Goldmünzen. Doch hätte der Erfolg der Goldmünzen, die Philipp von Makedonien prägen ließ, Xenophon bald eines Besseren belehrt.

6 Es ist schwierig zu entscheiden, was Xenophon hier mit ‚arbeiten' *(ergazesthai)* meint. Lauffer a.O. 209 stützt sich darauf, daß dieses Wort in der inschriftlichen Überlieferung die Unternehmertätigkeit bezeichnen kann (dazu a.O. 14f.) und meint, daß Athen den Metoiken, die eine Grube pachteten, die *isoteleia* einräumte; das ist aber nicht sehr wahrscheinlich, denn die Fremden, die keinen Zugang zu Landbesitz hatten, hatten ihn wohl auch nicht zur Grubenpacht. Es ist daher vorzuziehen, ein non liquet einzugestehen.

7 Der ‚Modernismus' Xenophons (s. besonders Text 122) wirkt sich immer zugunsten der Stadt aus und nicht zugunsten einzelner, auch wenn wie hier die private Unternehmertätigkeit als Modell dient.

8 Zu den Bergbauunternehmungen des Strategen Nikias vgl. auch Plutarch, Nikias 4. Verträge über die Verpachtung lebenden Besitzes, in denen sich der Pächter von Vieh oder Menschen (z.B. Prostituierten) verpflichtete, jedes gestorbene oder verlorengegangene Stück Vieh oder menschliche Wesen zu ersetzen, so daß der Bestand für ‚unsterblich' angesehen wurde, sind aus hellenistischer Zeit häufiger überliefert; dazu Claire Préaux, Les troupeaux immortels et les esclaves de Nicias, Chronique d'Égypte 41, 1966, 161–64. Die

Rolle des Sosias in den Bergwerken ist nicht ohne weiteres genau zu bestimmen. Vielleicht war er selber ein Sklave, der als Vorarbeiter eingesetzt war (so Lauffer a. O. 11) oder auch ein Metoike.

[9] Xenophon rät hier Athen nicht etwa, seine Bergwerke in eigener Regie auszubeuten, sondern einige zehntausend Sklaven anzuschaffen und an die Pächter zu vermieten. Später schlägt er jedoch noch vor, daß die Stadt jeder der zehn Phylen Sklaven zur Verfügung stellen könne, und daß dann der Gewinn aus neuerschlossenen Gruben unter die ganze Stadt verteilt würde.

97. Liturgien: die Verpflichtungen eines reichen Atheners

Sokrates erinnert in Xenophons ‚*Oikonomikos*‘ (um 361) den Kritoboulos an seine Verpflichtungen gegenüber den Göttern der Stadt und gegen seine Freunde.

Zunächst sehe ich, daß du oft und großartig opfern mußt, oder du wirst, wie ich glaube, weder bei Göttern noch bei Menschen wohlgelitten sein; dann mußt du viele Fremde aufnehmen,[1] und zwar in großartiger Weise; ferner mußt du deine Mitbürger bewirten und Gutes tun, oder du bist ohne Mitstreiter.[2] Auch bin ich dessen gewahr, wie die Stadt dir schon große Pflichten auferlegt: die Haltung eines Pferdes[3] und die Choregie[4] und die Gymnasiarchie[5] und die Ämter[6]; wenn aber ein Krieg ausbricht, weiß ich, daß man dir die Soldzahlungen der Trierarchie[7] und außerordentliche Abgaben[8] in solcher Höhe auferlegen wird, wie du sie nicht leicht auf dich nehmen wirst. Wofern du aber eine dieser Verpflichtungen mangelhaft erfüllen solltest, werden dich die Athener, wie ich weiß, nicht weniger zu strafen suchen, als wenn du ihnen als Dieb ihre Habe genommen hättest.[9]

Zudem sehe ich, daß du dir einbildest, reich zu sein, und daß du sorglos bist in Hinblick auf den Erwerb von Vermögen, dich vielmehr mit kindischen Dingen beschäftigst, als ob du dir das erlauben könntest. Deswegen habe ich Mitleid mit dir und befürchte, daß du heilloses Unglück erleidest und in große Not gerätst. Was mich nun betrifft, wenn es mir an etwas mangelte, so weiß ich, und auch du weißt es, daß es Leute gibt, die helfen würden und so, indem sie ganz wenig beisteuern, mein Leben im Überfluß überschwemmen würden. Deine Freunde aber, die ein viel besseres Auskommen haben bei ihrer Ausstattung als du bei deiner, achten dennoch darauf, daß sie aus dir Nutzen ziehen können.[10] *Xenophon, Oikonomikos 2,5–8*

[1] Vermutlich als *proxenos* der jeweiligen Heimatstadt dieser Leute.

[2] Z. B. bei der Bewerbung um ein Wahlamt oder bei gerichtlichen Auseinandersetzungen.

[3] Hier geht es nicht um private Haltung von Pferden, sondern um die Liturgie, der Athener unterworfen waren, deren Vermögen zum Dienst in der Reiterei ausreichte.

[4] Der *chorēgos* war derjenige, der die Aufführung der Tragödien und Komödien und dabei vor allem die Einstudierung des Chores finanzierte.

[5] Die Gymnasiarchen übernahmen für ihre Phyle die Kosten für die Einrichtung des Gymnasiums und bezahlten den Unterhalt der dort trainierenden Athleten.

[6] Das griechische Wort *prostateia* hat hier vermutlich eine sehr allgemeine Bedeutung.

[7] Eine der bekanntesten Liturgien: der Trierarch unterhielt eine Triere, befehligte sie und bezahlte in manchen Fällen die Mannschaft.
[8] l Die *eisphora,* eine außerordentliche direkte Vermögensabgabe.
[9] Das ist die eigentliche Grundlage des Liturgiesystems: Persönlichen Reichtum besitzt man nur vermittels der Stadt.
[10] Eine Seite des Klientelwesens, wie es sich in hellenistischer und römischer Zeit entwikkeln sollte.

98. Die athenische Herrschaft, die Bundeskasse und die Armen: eine polemische Äußerung

Die Herrschaft, die Athen über die Städte seines Reichs ausübte, wurde in den Augen der athenischen Demokraten dadurch gerechtfertigt, daß nur diese Art der Herrschaft und die daraus resultierenden direkten und indirekten Einkünfte die Existenz des ‚Volkssouveräns' sichern konnten. Diese sehr verbreitete Überzeugung ist es, die Aristophanes in einem Dialog zwischen dem Richter Philokleon (dem ‚Freund des Kleon') und seinem Sohn Bdelykleon (dem ‚Kleon-Hasser') aufs Korn nimmt.

Bdelykleon (versöhnlich): Aber Väterchen! Schenk einen Augenblick mir Gehör und entrunzle die Stirne! Sieh, rechne nur einmal so obenhin, an den Fingern nur – ohne die Steine: Wieviel an Tribut von den Städten im Jahr wohl summa summarum uns eingeht. Dann ferner die Zölle und die vielen Prozentabgaben,[1] die hinterlegten Prozeßgelder,[2] die Bergwerke,[3] Markt- und Hafengebühren, Pachtzinsen und die beschlagnahmten Vermögen[4]: Das alles zusammengerechnet trägt uns zirka zweitausend Talente. Nun nimm von der Summe den Jahresbedarf zur Besoldung der Richter: sechstausend sind ihrer – sechstausend, wahrhaftig nicht mehr sind eurer, nicht einer darüber –: Das macht, soviel ich verstehe, für euch an die hundert und fünfzig Talente.[5]

Philokleon: Da bekämen wir ja nicht den zehnten Teil von den Staatseinkünften als Taglohn?

Bdelykleon: Bei Zeus, nicht mehr!

Philokleon: Und das übrige Geld – so sage mir nur, wo es hinkommt?

Bdelykleon: Zu den Herren – du kennst sie: ‚Nie üb' ich Verrat an dem süßen athenischen Pöbel, und ich kämpf' allzeit für die Freiheit des Volks?'[6] – Du selber, mein Vater, du setzt sie zu Herrn über dich, du wählst sie dazu, durch solcherlei Floskeln geködert! Die wissen gar wohl als Geschenke für sich von den Verbündeten fünfzig Talente zu erpressen, sie drohen, und sie schüchtern sie ein und sprechen: ‚Ihr gebt mir das Sümmchen, ohne Widerspruch, oder ich schmettre die Stadt euch mit Donner und Blitzen zusammen!' Dir aber genügt's, an den Brosamen nur deiner eigenen Herrschaft zu knuspern. Die Verbündeten – nun, seitdem sie gemerkt, daß die übrige Bürgerkanaille aus dem Stimmtopf frißt, Fehltorten verzehrt und Mangelpasteten[7]: die halten auf dich so viel wie auf des Konnos Stimme[8]; doch jenen

Halunken verehren sie tonnenweis Fisch, Wein, Honig und Käs, Fußteppiche, Polster und Backwerk, Pokale, Gewänder und Schalen und Kränze und Spangen, und: ‚Herz, was begehrst du?' Dir, der sie beherrscht, weil zu Wasser und Land du dich wacker gerührt und gerackert,[9] dir schenkt aus den Städten kein Mensch auch nur ein Büschelchen Knoblauch zum Backfisch!

Philokleon: Gott weiß es, drei Knöllchen ließ ich mir selbst bei Eucharides[10] gestern erst holen! Doch, ich sei ja ein Sklave, das beweis mir einmal, mach ein Ende der Marter des Wartens!

Bdelykleon: Und es wäre nicht schändliche Sklaverei, daß all die Beamten, sie selber und ihr ganzer Schweif, das kriechende Pack, ihre fixe Besoldung beziehen, Du aber, du nimmst die drei Obolen hin und begnügst dich? – Und doch, wer erkämpfte dies alles in mühsamem Dienste zu Schiff und im Feld, bei Belagerung der Städte? Und über das alles, wie drückend ist das: auf Befehl nur gehst du zur Sitzung, wenn ein Bürschchen geschniegelt ins Haus dir kommt, des Chaireas lockerer Bube, mit dem Hintern galant sich schaukelt und wiegt, mit gespreizten Beinen sich hinstellt und lispelt: ‚Du sollst zum Gerichte dich früh einstellen: denn wer von euch Richtern nach dem Zeichen erst zur Verhandlung kommt – der drei Obolen geht er verlustig!' Er aber bezieht, und wenn noch so spät er erscheint, sechs Obolen richtig. Nun teilt er mit einem Kollegen, der auch wie er zum Plädieren bestellt ist, die Summe, die ihm ein Beklagter gesteckt, und die beiden arbeiten einander nun brav in die Hand, wie beim Sägen, es zieht hin einer, her ziehet der andre! Du aber, du gaffst zum Kassier nur hin, nichts merkst du von all den Praktiken!

Philokleon: Was sagst du mir? Ha, so machen sie's mir? Aus dem Grunde wühlst du mein Herz auf, und du ziehst mich heran, und ich hör und ich staune, und ich weiß nicht, was du mir antust!

Bdelykleon: Überzeuge dich selber, du Armer, der leicht sich bereichern könnte wie all die Herrn, die das Volk stets führen im Mund, der Henker weiß, wie dich umstricken: Du, dem eine Unzahl Städte gehorcht, vom Pontos bis nach Sardinien, nichts hast du davon, als den Bettel, den Lohn, den messen sie tropfenweis erst noch wie Öl, auf die Wolle gegossen, dir zu, kaum genug, um nicht Hungers zu sterben![11] Denn arm sein sollst du und bleiben, das ist ihr Wille: Warum? Das vernimm jetzt! An ihn, der dich dressiert und füttert, sollst du dich gewöhnen, damit du, sobald auf den Feind er dich hetzt: ‚Faß! Faß!' wie ein Bullenbeißer ihn anpackst! Ja, wollten dem Volke sein tägliches Brot sie verschaffen, nichts leichter als dieses! Sind der Städte doch jetzt an die tausend fast, die jährlich Tribut uns entrichten; und verfügte man nun, daß zwanzig Mann zu verköstigen jede verpflichtet, da lebten ja zwanzigtausend allhier von lauter gebratenen Hasen, festtäglich bekränzt, und wir schwämmen in Milch und Honig und Butter und Schmierkäs – ein Leben, wie es die Bürger der Stadt doch verdienen, die Marathonkämpfer! Jetzt lauft ihr mit jedem, der Lohn euch bezahlt, wie Olivenleser im Herbste.[12] *Aristophanes, Wespen 655–712*

1 Eine Abgabe, die in erster Linie bei Einfuhr und Ausfuhr im Hafen gezahlt wurde.
2 Die Summe, die vor dem Beginn eines Prozesses erlegt wurde.
3 S. Text 95.
4 Die gesamten Einnahmen, die sich aus dem beschlagnahmten und von den *polētai* versteigerten Besitz ergaben; vgl. Text 75 und 95.
5 Diese Berechnung würde stimmen, wenn man davon ausginge, daß die Geschworenenrichter der Heliaia an jedem Tag des Jahres drei Obolen erhielten. Es ist überflüssig hinzuzufügen, daß die Stadt Athen noch andere Ausgaben hat als nur die für die Geschworenenrichter!
6 Parodie auf eine übliche Schwurformel, die hier den ‚Demagogen' in den Mund gelegt wird, also den Führern der Anhänger der Demokratie.
7 Zu diesem Bild s. J. Taillardat, Les images d'Aristophane, Paris^2 1965, 38 f.
8 Ein Musiklehrer, dessen Stimme bei der Wahl wohl kein sehr großes Gewicht gehabt haben muß.
9 Eine Parodie oder ein Zitat von Tragödienversen.
10 Ein Gemüsehändler.
11 Ein wichtiges Zugeständnis: Dieses Wenige schon genügt zum Leben.
12 D. h. die darauf warten, von dem Landbesitzer, der sie beschäftigt hat, bezahlt zu werden.

99. Eine athenische Siedlung in Brea in Thrakien (gegen 445?)

Die Herrschaft Athens über sein ‚Reich' findet im 5. Jahrhundert unter anderem darin ihren Ausdruck, daß über einen längeren Zeitraum zahlreiche Siedlungen gegründet wurden, die zum Teil oder ganz von athenischen Bürgern bewohnt wurden und sich ihrer beachtlichen Unterschieden in Größe, Art und Funktion wegen nicht ohne weiteres klassifizieren lassen; in der Tat sind Art und rechtlicher Status dieser verschiedenen Ansiedlungen ein umstrittenes Problem.[1] Neben den Siedlungen, die sich außerhalb der unmittelbaren Einflußsphäre Athens, sei es auf griechischem Gebiet oder nicht, befanden, gab es eine Reihe solcher, die auf Kosten eines ‚verbündeten' Staates eingerichtet wurden, womit offenkundig militärische oder strategische Ziele verfolgt wurden. Die folgende Inschrift enthält einen Teil des Beschlusses über die Gründung einer athenischen Kolonie in Brea in Thrakien; der Anfang der Inschrift (ungefähr 30–35 Zeilen), der Einzelheiten etwa zur eigentlichen Gründung der Kolonie und die Zahl der zu entsendenden Kolonisten enthalten haben mag, ist verloren. Die genaue Lage von Brea ist nicht bekannt; auch weiß man nicht, ob es sich bei dieser Siedlung um die von Perikles im Gebiet der Bisaltai gegründete handelt (s. Plutarch, Perikles 11,5, wo die Zahl von 10000 Kolonisten genannt wird). Die Geschichte dieser Siedlung bleibt völlig im dunkeln.

Vorderseite

... ihnen sollen die Führer der Kolonisten *(apoikistai)* Mittel zur Verfügung stellen, damit sie für die Kolonie glückverheißende Opfer darbringen, [soviel ihnen] richtig erscheint. Man soll [zehn Männer] zu Landverteilern wählen, einen aus jeder Phyle. Diese sollen [das Land] verteilen. [Dem]okleides soll mit allen Vollmachten ausgestattet die [Kolonie] gründen, so [gut] es in seiner Macht steht. Die schon ausgewiesenen [heiligen Bezirke] soll man lassen, wie [sie sind, und andere] heilige Bezirke sollen nicht geweiht werden. (Die Kolonisten) sollen eine Kuh und eine Hoplitenrüstung *(panoplia)* zu den großen Panathenäen schicken [und zu den Dionysien] einen Phallus.[2] Wenn jemand [das Gebiet] der Kolonisten mit Heeresmacht angreift, sollen [die Städte so schnell] wie möglich zu Hilfe kommen in Übereinstimmung mit den Verträgen, die man [in bezug auf die Städte] in Thrakien geschlossen hat, als [...]tos Schreiber war. [Dieser Beschluß] soll [auf eine Stele] geschrieben werden und auf der Akropolis aufgestellt werden. Die Kolonisten sollen die Stele auf eigene [Kosten zur Verfügung stellen]. Wenn jemand einen Antrag zur Abstimmung vorlegt, der im Gegensatz zu der [Stele steht, oder ein Redner] sich dafür ausspricht oder [versucht] dazu aufzurufen, daß man etwas von dem Beschlossenen zurücknehmen oder aufheben solle, sollen er und seine Kinder [ihr Bürgerrecht verlieren] und sein Besitz soll konfisziert werden und [ein Zehntel] soll der [Göttin] gehören, wenn die Kolonisten selbst ihn nicht darum bitten [...]. Diejenigen Soldaten, die sich [als Kolonisten] in die Listen eintragen, sollen innerhalb von dreißig Tagen nach ihrer Ankunft in Athen zur Ansiedlung in Brea sein. Man soll die Kolonie innerhalb von dreißig [Tagen] an ihr Ziel führen. Aischines soll mitgehen und soll das Geld auszahlen.[3]

Seite

Phantokles stellte den Antrag: betreffend die Kolonie, die nach Brea (ausgesandt wird, soll es sein), wie Demokleides beantragt hat. Phantokles aber soll die Prytanie der Phyle Erechtheis vor den Rat führen, und zwar in der ersten Sitzung. Die Kolonisten, die nach Brea gehen, sollen aus der Zahl der Theten und Zeugiten kommen.[4] *Meiggs-Lewis nr. 49*

[1] Eine Liste bei A. H. M. Jones, Athenian Democracy, Oxford 1957, 168–73; für eine neuere Erörterung über den Charakter und Status der einzelnen Siedlungen s. P. A. Brunt, Athenian Settlements Abroad in the Vth Century B. C., in: Ancient Society and Institutions. Studies presented to V. Ehrenberg, Oxford 1966, 71–92; Ph. Gauthier, Les clérouques de Lesbos et la colonisation athénienne au Ve siècle, REG 79, 1966, 64–88.

[2] Religiöse Verpflichtungen, die Athen allen seinen Verbündeten (und nicht nur den Kolonien) seit 425 und vielleicht schon früher aufzuerlegen suchte; s. allgemein dazu R. Meiggs, The Athenian Empire, Oxford 1972, Kap. 16.

[3] Ein spätantiker Autor schreibt in einem Kommentar zu den Reden des Demosthenes (Argumentum zur 8. Rede), daß „es ein alter Brauch bei den Athenern war, diejenigen unter ihnen, die arm und von Hause aus mittellos waren, als Kolonisten in die von ihnen beherrschten fremden Städte zu entsenden; und bei ihrer Abreise erhielten diese Leute Waffen und Reiseproviant aus öffentlichen Mitteln".

[4] D. h. aus den unteren zwei Vermögensklassen; das Bestreben, mittellose athenische Bürger anzusiedeln, wird bei vielen athenischen Gründungen eine Rolle gespielt haben (s. Anm. 3), aber nicht notwendigerweise das einzige und wichtigste Motiv gewesen sein, denn es ist sehr wahrscheinlich, daß eine Reihe von Kleruchien (Garnisonen im Gebiet der Verbündeten) nur zeitlich begrenzten Charakters waren.

100. Das ‚Reich' von Sinope um 400

Die große Ausdehnung des athenischen Einflusses verschleiert oft die Existenz kleinerer ‚Reiche', denen ebenfalls Tributzahlungen als Prinzip zugrundeliegen. Ein ‚Reich' dieser Art ist es, in das die griechischen Söldner und Überlebenden der ‚Anabasis' schließlich gelangen.

In dieser Zeit kamen Gesandte aus Sinope,[1] da sie für die Stadt der Kotyoriten – sie gehörte nämlich ihnen und zahlte ihnen Tribut – fürchteten wie für das Land, von dessen Verwüstung sie gehört hatten. Als sie ins Lager kamen, sagten sie – als ihr Sprecher trat Hekatonymos auf, der als ein gewandter Redner galt –: „Uns hat, ihr Soldaten, die Stadt der Sinoper hergesandt, um euch zu preisen, da ihr als Griechen Barbaren besiegt habt, und um unsere Mitfreude zu bezeugen, daß ihr, wie wir gehört haben, nach vielen Gefahren und Schwierigkeiten wohlbehalten hierher gekommen seid. Selbst Griechen, erwarten wir von euch als Griechen nur Gutes zu erfahren, jedenfalls nichts Schlimmes, um so mehr, als wir euch ja noch nie im geringsten Böses zugefügt haben. Diese Kotyoriten sind unsere Kolonisten,[2] und wir haben ihnen dieses Land, nachdem wir es Barbaren abgenommen, übergeben. Darum entrichten sie auch einen festgesetzten Tribut wie die Kerasuntier und Trapezuntier. Wenn ihr sie schädigt, so betrachtet es deshalb die Stadt der Sinoper als ein Unrecht, das sie selbst erleidet."

Xenophon, Anabasis 5,5,7–10

[1] Sinope, Kotyora und Trapezunt sind griechische *poleis* an der südlichen Schwarmeerküste.

[2] Kotyora war von Kolonisten aus Sinope gegründet worden, aber entgegen dem üblichen Verfahren bei der archaischen Kolonisation blieb es in enger Verbindung und wirtschaftlicher wie politischer Abhängigkeit von der Mutterstadt.

101. Ein attisches Dekret, das den Städten des Reichs die Verwendung athenischer Münzen und athenischer Maße und Gewichte auferlegt

Das sogenannte attische Münzgesetz, durch das allen Städten des Reichs die Münzen, Maße und Gewichte Athens aufgezwungen wurden, bietet einige schwierige Probleme. Vor allem bereitet die Datierung des Dokuments Schwierigkeiten, von dem Fragmente im gesamten athenischen Herrschaftsbereich gefunden worden sind. Die Forschung schwankt zwischen den frühen 40er Jahren und den späten 20er Jahren des 5. Jahrhunderts.[1] In den ‚Vögeln' (414) gibt Aristophanes eine Parodie dieses Gesetzes. Ein Dekretehändler schlägt ein neues vor: „Die Bürger von Wolkenkuckucksheim sollen dieselben Maße, Gewichte und Münzen haben wie die Olophyxier" (1040–41). Die politischen Implikationen des Dekretes liegen auf der Hand: Die Münzprägung zu verbieten bedeutete eine Verminderung der Selbständigkeit der Bündnismitglieder. Die angeblichen ‚wirtschaftlichen' Gründe sind sehr viel weniger offenkundig. Selbst wenn man mit einer möglichen Gebühr für das Umprägen der Münzen der Bündnismitglieder rechnet, ist damit noch nicht sicher, ob das Unternehmen gewinnbringend war; was das rein wirtschaftliche Ergebnis angeht, so konnte es nur dann positiv ausfallen, wenn es Athen gelang, den Bündnismitgliedern nicht nur die Verwendung seiner Münzen, sondern auch seines Silbers aufzuerlegen und so ein Monopol zu erlangen, das es vorher nie besessen hatte. Die Vereinheitlichung der Gewichte, Maße und Münzen allein nämlich konnte am Ende zum Vorteil aller Händler ausschlagen, nicht nur der athenischen. Es ist daher angebracht, dieses Dekret eher als ein äußerstes Mittel Athens auf dem Wege zur politischen Unterdrückung der Bündnismitglieder anzusehen.[2] Man sollte hinzufügen, daß ungeachtet dessen, für welche Datierung man sich entscheidet, angesichts der fortdauernden Prägetätigkeit der Bündner feststeht, daß den Bestimmungen dieses Gesetzes nie volle Gültigkeit verschafft werden konnte. Wie das zu erklären ist, darüber kann man nur Vermutungen anstellen.

Boten aber soll das Volk wählen (und schicken), [die den Beschluß in den Städten[3] verkünden sollen], einen in den Inselbezirk, einen in den ionischen, einen in den hellespontischen, einen in den thrakischen Bezirk.[4] [Denen, aber sollen die Strategen die Reiseroute vorschreiben einem jeden und sie sogleich] aussenden. [Tun sie es nicht, so soll ein jeder] mit 10000 Drachmen bestraft werden. [Aufschreiben] aber sollen dieses Psephisma die Archonten in den Städten[5] und aufstellen in einer Marmorstele auf der *agora* einer [jeden] Stadt und die Vorsteher [vor der] Münze. Dies aber sollen [die Athener[6] besorgen], wenn sie selbst es nicht wollen. Bitten aber soll sie der Bote, der kommen wird, um alles das, was die Athener verlangen. Mit aufnehmen aber in den Ratseid[7] soll der Schreiber des [Rats] folgendes: „Wenn einer Silbermünze schlägt in den Städten und nicht athenische Münzen oder Gewichte oder Maße gebraucht, [sondern fremde Münzen], Maße und Gewichte, [so soll er vor dem Rat angeklagt werden gemäß unserem] Psephisma, welches Klearchos[8] [beantragt hat]". [Die Privatleute in der Stadt sollen] das fremde Silber(geld), [das sie besitzen, weggeben und umtauschen ein jeder], wann er will. Die Stadt [soll ihm dafür unsere Münze geben]. Selbst soll ein jeder das Seine nach Athen bringen und einliefern in das Münzamt. Die Vorsteher indes [sollen die von den einzelnen abgelieferten Beträge aufschreiben] und eine steinerne Stele aufstellen vor dem Münzamt, damit es jeder, der will, sehen kann. [Sie sollen aber auch die Gesamtsumme an] fremdem [Silber(geld) aufschreiben], getrennt [das Gold und das Silber, sowie das gesamte athenische] Silber. *Meiggs-Lewis nr. 49, 1–14*[9]

[1] Eine Zusammenfassung der Diskussion findet sich bei Meiggs-Lewis, die der Frühdatierung zuneigen; vgl. auch R. Meiggs, The Athenian Empire, Oxford 1972, 599–601. Der gesamte Fragenkomplex ist ausführlich von neuem erörtert bei E. Erxleben, Das Münzgesetz des delisch-attischen Bundes, Archiv für Papyrusforschung 19, 1969, 96–139, 212; 20, 1970, 6–132; 21, 1971, 145–62; er neigt nach einer sorgfältigen Untersuchung zur Münzprägung der Bündnismitglieder eher zur Spätdatierung. Da aber die Auswirkungen dieses

Dekrets auf die Prägetätigkeit der Bündner zu keinem gegebenen Moment eindeutig feststellbar sind, wie die Untersuchung Erxlebens gezeigt hat, bleibt die Frage der Datierung auf der Grundlage der vorliegenden Dokumentation zunächst unlösbar.

[2] Das ist, kurz zusammengefaßt, die Darstellung von M. I. Finley, in: Second International Conference of Economic History, Aix en Provence 1962 Bd 1, Paris–Den Haag 1965, 28–9.

[3] Die ‚verbündeten' Städte.

[4] Es handelt sich um die verschiedenen Verwaltungsbezirke des Attischen Seebunds.

[5] Die Beamten und die jeweils für die Münzprägung Verantwortlichen bei den ‚Verbündeten'.

[6] Die am Ort befindlichen Athener.

[7] Der Eid, den seit dem Jahre 501 jedes Mitglied des Rates vor dem Amtsantritt leistete.

[8] Weder über diesen Mann ist irgendetwas bekannt noch über das Dekret, bei dem es vielleicht nicht um die Münzen, sondern nur um die Bestrafung bei Vergehen ging.

[9] Die hier gegebene Übersetzung folgt der von Erxleben a. O. 1969, 138 f. mit Ausnahme der Stellen, an denen sein zugrundegelegter Text von der Rekonstruktion bei Meiggs-Lewis abweicht (Anm. d. Übers.).

102. Ein athenisches Gesetz über Silbermünzen (375/74)

Diese vor einiger Zeit (1970) entdeckte Inschrift von der *agora* in Athen ist unter anderem ein interessantes Zeugnis für die Tätigkeit eines bis dahin wenig bekannten athenischen Beamten, nämlich des ‚Prüfers' *(dokimastēs)*. Er war ein Staatssklave und seine Aufgabe war es, die Qualität der athenischen Münzen zu prüfen. Wie der Inschrift zu entnehmen ist, mußte ein weiterer Prüfer für den Piräus ernannt werden. Die Inschrift kann mit Sicherheit auf das Jahr 375/74 datiert werden, doch überliefern die literarischen Quellen nichts Genaueres über die Umstände, die die Händler derartig mißtrauisch hatten werden lassen sowohl in bezug auf athenische Münzen als auch (nach der Ergänzung von R. S. Stroud in Zeile 8) in bezug auf die Nachprägungen, die zu jener Zeit in Ägypten und im Osten hergestellt wurden, daß eine Notstandsgesetzgebung notwendig wurde, wie sie aus dieser Inschrift erkennbar wird. Es muß sich um eine vorübergehende Krisensituation gehandelt haben, die vermutlich in irgendeiner Weise mit den finanziellen Schwierigkeiten Athens zu jener Zeit (s. Text 91 B und 124) zusammenhing, denn sonst waren die athenischen Münzen ja im allgemeinen für ihre gute Qualität bekannt und deswegen begehrt (s. Text 96 und 122, Anm. 12).[1]

Beschlossen durch die *nomothetai*[2] unter dem Archontat des Hippodamas (375/74), Nikophon hat den Antrag gestellt: Man soll attisches Münzgeld akzeptieren, [wenn gezeigt wird, daß es Silber ist][3] und es den offiziellen Stempel trägt. Der offizielle Prüfer, der bei den Tischen[4] sitzt, soll in Übereinstimmung mit diesem Gesetz jeden [Tag] prüfen [außer], wenn die Einzahlung der Gelder stattfindet;[5] dann soll er im [Bouleuterion] prüfen. Wenn ihm jemand [. . .][6] bringt, das denselben Stempel trägt wie das attische [. . .], soll der Prüfer es dem zurückgeben, der es gebracht hat. Wenn es aber im Kern [Kupfer] oder Blei ist oder falsch, soll er es auseinanderschneiden [. . .] und es soll der Mutter der Götter geweiht sein[7] und er soll es bei der *boulē* deponieren. Wenn der Prüfer nicht an seinem Platz sitzt oder nicht dem Gesetz entsprechend prüft, sollen ihm die *syllogeis*[8] des Volkes fünfzig Stockschläge verabreichen. Wenn jemand das Münzgeld nicht akzeptiert, das der Prüfer geprüft hat, soll er dessen, was er an [eben jenem] Tag verkauft, verlustig gehen.[9] Derartige Vergehen auf dem [Getreidemarkt] sollen bei den Aufsehern über den Getreidehandel *(sitophylakes)*[10] angezeigt werden, die auf der *agora* und in der übrigen Stadt bei den *syllogeis* des Volkes; die im Handelshafen und im Piräus sollen angezeigt werden bei den Aufsehern über den Handelshafen *(epimelētai tou emporiou)* außer denen auf dem Getreidemarkt, die auf dem Getreidemarkt aber bei den Aufsehern über den Getreidehandel *(sitophylakes).* Über die angezeigten Vergehen, soweit sie sich im Rahmen von zehn Drachmen bewegen, sollen die Beamten berechtigt sein zu entscheiden, die über zehn Drachmen aber sollen ihnen durch Los einen Gerichtshof zuweisen, wann immer sie es fordern, anderenfalls sollen sie eine Strafe von [. . .] Drachmen zahlen. Dem, der Anzeige erstattet, soll die Hälfte zufallen, wenn [der Schuldige] verurteilt wird.[11] Wenn der Verkäufer ein Sklave oder eine Sklavin ist, sollen ihm 50 Stockschläge verabreicht werden auf Veranlassung der Beamten, denen der jeweilige Fall zugeordnet ist. Wenn aber einer der Beamten nicht nach diesen Vorschriften handelt, soll ihn jeder Athener, der will und dem es erlaubt ist, vor den Rat bringen. Wenn er für schuldig befunden wird, soll er aufhören, sein Amt auszuüben, und der Rat soll ihm eine Strafe bis zu 500 Drachmen auferlegen. Damit auch im Piräus ein Prüfer für die Schiffseigner und die Kaufleute und [all] die anderen da ist, soll der Rat einen von den Staatssklaven einsetzen [. . .] oder einen einkaufen und die *apodektai* sollen den Kaufpreis [zuteilen]. Die Aufseher über den Handelshafen sollen dafür sorgen, daß er bei der Stele des Poseidon sitzt, und sie sollen das Gesetz in derselben Weise zur Anwendung bringen, wie es für den Prüfer in der Stadt formuliert worden ist. Man schreibe dieses Gesetz auf einer steinernen Stele auf und stelle es in der Stadt mitten unter den Tischen, im Piräus aber vor der Stele des Poseidon auf. Der Schreiber des Rats soll den *pōlētai* den Preis bekanntgeben. Die *pōlētai* sollen es dem Rat vorlegen. Das Gehalt für den Prüfer im Handelshafen soll unter dem Archontat des Hippodamas (375/74) gezahlt werden von dem Zeitpunkt an, an dem er eingesetzt wird; die *apodektai* sollen es wie für den Prüfer in der Stadt zuteilen; für die Zukunft soll das Gehalt für ihn aus derselben Kasse kommen, wie für die Arbeiter in der Münze. Wenn irgendein Beschluß irgendwo auf einer Stele verzeichnet ist, der im Gegensatz zu diesem Gesetz steht, soll der Schreiber des Rats sie niederreißen.

Marmorstele von der agora in Athen,
publiziert von R. S. Stroud, An Athenian Law on Silver-Coinage, Hesperia 43, 1974, 157–88

[1] Für einen detaillierten Kommentar s. die *editio princeps* von R. S. Stroud, An Athenian Law on Silver Coinage, Hesperia 43, 1974, 157–88; eine andere Interpretation gibt A. Giovannini, Athenian Currency in the Late Fifth and Early Fourth Century B. C., Greek, Roman and Byzantine Studies 16, 1975, 185–95.

[2] Ein Kollegium von jährlich aus dem Kreis der Geschworenenrichter zu wählenden Beamten mit gesetzgeberischen Aufgaben; dazu D. Mac Dowell, Law-Making at Athens in the Fourth Century B. C., JHS 95, 1975, 67–74. In der Inschrift ist von der Notwendigkeit einer Bestätigung des Gesetzes durch den Rat oder die Volksversammlung nicht die Rede, aber das muß nicht heißen, daß sie „von dem Gesetzgebungsverfahren ausgeschlossen waren" (R. S. Stroud).

[3] Der Wortlaut ist nicht erhalten, aber der Sinn ist klar.

[4] Die Tische der Bankiers und Geldwechsler auf der *agora.*

[5] Die Zahlung der öffentlichen Einnahmen an die Einnehmer *(apodektai)*; zu ihnen s. Aristoteles, Staat der Athener 47,5–48,2.

[6] Stroud schlägt folgende Ergänzung vor: [fremde Silberwährung]; dabei würde es sich um fremde Nachprägungen attischer Münzen handeln, die im Osten und besonders in Ägypten häufig auftraten; der Text wäre dann ein Beleg dafür, daß diese Münzen in Athen anerkanntes Zahlungsmittel waren; für eine abweichende Auffassung s. Giovannini a. O.

[7] Gefälschte Münzen wurden häufig aus dem Verkehr gezogen und einem Gott oder einer Göttin geweiht.

[8] Ein Kollegium von 30 Beamten, über das nur wenig bekannt ist. Seine Mitglieder rekrutierten sich aus dem Rat und versahen Aufgaben im Bereich der öffentlichen Ordnung und des Kults.

[9] Vgl. die im Gesetz von Olbia (Text 103) vorgesehenen Maßnahmen.

[10] Zu diesen und den folgenden Beamten s. Text 89 sowie auch Text 81 und 82.

[11] Der Wortlaut ist nicht erhalten, aber der Sinn ist klar.

103. Gesetz von Olbia über die Einfuhr fremden Münzgeldes (gegen 350?)

Dieser inschriftlich erhaltene Text, der in Olbia, der milesischen Kolonie im Schwarzmeergebiet (s. die Karte auf Seite 51), die alleinige Gültigkeit der lokalen Silber- und Kupferwährung festschreiben sollte (was anzuzeigen scheint, daß andere Münzen umliefen und praktisch legales Zahlungsmittel waren), darf ebensowenig wie der Text 101 im Sinne einer Handelspolitik verstanden werden.[1] Der Gewinn, den die Stadt unter Ausnutzung des bestehenden wertmäßigen Unterschieds zwischen gemünztem und ungemünztem Metall erzielen konnte, war sehr gering, und vielleicht bedeutete es auch eher einen Verlust, wenn man fremde Währung umprägen wollte. Die *polis* verlangt also aus demselben Grund eine Verwendung der eigenen Münzen, aus dem sie die Anwendung der eigenen Gesetze verlangt.

In den Hafen von Borysthenes[2] einlaufen darf, wer will, unter folgenden Bedingungen. Der Rat und das Volk haben beschlossen, Kanobos, der Sohn des Thrasydamas, hat den Antrag gestellt: die Einfuhr und Ausfuhr von allem gemünzten Gold und gemünzten Silber soll erlaubt sein.[3] Wer gemünztes Gold oder gemünztes Silber verkaufen oder kaufen will, soll es bei dem Stein auf dem Platz der Volksversammlung[4] verkaufen oder kaufen. Wer es anderswo verkauft oder kauft, wird zu einer Strafe verurteilt werden, und zwar der, der verkauft, in Höhe des verkauften Geldes, der, der kauft, in Höhe des Betrages, den er gekauft hat. Verkaufen und kaufen soll man alles gegen das Münzgeld der Stadt, das Kupfer oder Silber der *polis* Olbia.[5] Wer gegen anderes Geld verkauft oder kauft,[6] der soll als Verkäufer des Gegenwerts dessen verlustig gehen, was er verkauft hat,[7] als Käufer dessen, was er gekauft hat. Die Strafe eintreiben bei denen, die irgendwie gegen diesen Beschluß zuwidergehandelt haben, sollen jene, die die Eintreibung der Strafen gepachtet haben, nachdem sie die, die zuwidergehandelt haben, vor Gericht haben verurteilen lassen.[8] Gold aber soll man (zu folgendem Preis) verkaufen oder kaufen:[9] einen kyzikenischen Stater[10] um achteinhalb Statere,[11] nicht mehr und nicht weniger, alles andere gemünzte Gold und gemünzte Silber aber soll man verkaufen oder kaufen, wie man sich gegenseitig einigt. Keinerlei Abgabe aber soll man eintreiben von dem gemünzten Gold oder gemünzten Silber, weder von dem, der es verkauft, noch von dem, der es kauft.[12] (Der weitere Text der Inschrift ist nicht mehr erhalten).

Dittenberger, Sylloge³ nr. 218 mit einer Korrektur des Textes durch J. G. Vinogradov – P. O. Karyskovskij, Vestnik Drevnej Istorii 1976, 20–22.

[1] S. dazu den Überblick von M. I. Finley in: Second International Conference of Economic History, Aix-en-Provence 1962, Bd. 1, Paris – Den Haag 1965, 28–9 sowie ders., Die antike Wirtschaft, München² 1980, 168. G. Le Rider hat bereitwillig mit seiner Hilfe zur Kommentierung dieser Inschrift beigetragen.

[2] Unter diesem Namen war Olbia im allgemeinen in der griechischen Welt bekannt. Olbia kontrollierte das gesamte Mündungsgebiet des Hypanis (Bug) und Borysthenes (Dnjepr).

[3] Wörtlich: „Es soll von allem geprägten Gold und geprägten Silber Einfuhr und Ausfuhr geben."

[4] Bezeichnung eines Platzes, an dem vermutlich die Geldwechsler ihre Tische aufgestellt hatten; vgl. Text 102, Anm. 4.

[5] Olbia prägte zu jener Zeit keine Goldmünzen, woraus sich erklärt, daß hier nur von Silber- und Kupfermünzen die Rede ist.

[6] Jetzt geht es nicht mehr um das Wechseln von Gold- und Silbermünzen, sondern um den Handel ganz allgemein, der sich ausschließlich der lokalen Währung bedienen sollte. Die fremden Kaufleute mußten also inländische Währung kaufen. Ähnlich sollte Ptolemaios II. Philadelphos in Ägypten vorgehen; dazu Claire Préaux, L'économie royale des Lagides, Brüssel 1939, 271–75.

[7] Wörtlich: „dessen, was er verkauft hat".

[8] Die Stadt Olbia verpachtete die Eintreibung der Geldstrafen; mit anderen Worten, die Pächter übernahmen die Organisation und die Kosten der Strafverfolgung und behielten dafür die eingetriebenen Strafen.

[9] Zwischen Kauf- und Verkaufspreis besteht kein Unterschied.

[10] Kyzikos war eine große Stadt an der Südküste der Propontis (Marmara-Meer); vgl. Text 92. Vom 6. bis ins 4. Jahrhundert prägte es Münzen, die überall in der griechischen Welt bekannt waren; sie waren nicht aus Gold, sondern aus Elektron, einer in der Natur vorkommenden Legierung von Gold und Silber; der Anteil an Gold konnte unterschiedlich sein, aber er bewegte sich im allgemeinen um 45%. Da ein kyzikenischer Stater ungefähr 16 g wog und die Statere von Olbia ungefähr 12,5 g und des weiteren das Verhältnis von Gold zu Silber im 4. Jahrhundert 1 : 13,3 betrug, zeigt eine einfache Rechnung auf dieser Grundlage, daß der festgelegte Kurs äußerst günstig für die kyzikenische Währung ist

und demzufolge einen politischen Hintergrund haben muß; s. dazu J. P. Guépen, Le cours du cyzicène, Antiquité Classique 34, 1965, 199–203 und für eine ins einzelne gehende Erörterung R. Bogaert, Banques et banquiers dans les cités grecques, Leyden 1968, 121–24. Zum Geldumlauf im Schwarzmeergebiet s. Edith Schönert-Geiss, Die Wirtschafts- und Handelsbeziehungen zwischen Griechenland und der nördlichen Schwarzmeerküste im Spiegel der Münzfunde (6.–1. Jahrh. v. u. Z.), Klio 53, 1971, 105–17, die unter anderem die Beliebtheit und weite Verbreitung der kyzikenischen Statere belegt (109–11).

[11] D. h. die Goldmünze von Kyzikos (ein Stater hat zwei Drachmen) soll gegen 17 Drachmen lokaler Münzen gewechselt werden.

[12] Wie man sieht, verfolgt die Stadt keine eigenen wirtschaftlichen Interessen. Zu dieser Inschrift s. auch die Beobachtungen von Ed. Will, Les sources des métaux monnayés dans le monde grec, in: J. M. Dentzer–Ph. Gauthier–T. Hackens (Hrsg.), Numismatiques antique. Problèmes et méthodes, Nancy-Leuwen 1975, 101.

Siebentes Kapitel

Die Zeit der Krisen

104. Der Niedergang Spartas nach seinem Sieg

Die ‚Verfassung der Lakedaimonier' des Xenophon, eine politische Flugschrift zum Lobe Spartas, endet mit zwei Feststellungen in einem erstaunlichen Epilog. Nachdem er ein lebendiges Bild vom Niedergang Spartas gezeichnet hat, schließt Xenophon damit, daß er die Dauerhaftigkeit der Monarchie herausstellt. Man könnte darin eine Vorausdeutung auf die Monarchie der hellenistischen Zeit sehen.[1]

Wenn jemand mich fragte, ob mir auch jetzt noch die Gesetze des Lykurg unverrückbar Bestand zu haben scheinen, so würde ich das bei Zeus nicht mehr mit Zuversicht behaupten. Denn ich weiß, daß die Lakedaimonier es früher vorzogen, unter mäßigen Bedingungen zu Hause miteinander zu leben, statt als Harmosten[2] in den Städten umschmeichelt und so verdorben zu werden. Und ich weiß, daß sie früher fürchteten, offenbar werden zu lassen, daß sie Gold besaßen;[3] jetzt aber gibt es welche, die sogar mit ihrem Besitz prahlen. Ferner weiß ich, daß früher deswegen Fremde ausgewiesen wurden und es nicht erlaubt war, außer Landes zu gehen, damit die Bürger nicht von den Fremden mit Leichtsinn erfüllt wurden. Jetzt sehe ich aber, wie die, die die Ersten zu sein scheinen, sich bemühen, daß ihr Harmostenamt in der Fremde niemals zu Ende gehen solle. Und es gab eine Zeit, in der ihnen daran lag, daß sie würdig seien geführt zu werden; jetzt aber sind sie viel mehr damit beschäftigt, die Herrschaft zu erlangen, als ihrer würdig zu werden. Darum nun gingen die Griechen früher nach Sparta und baten es, sie gegen diejenigen zu führen,[4] die Unrecht zu tun schienen; jetzt aber ermuntern sie sich gegenseitig zu verhindern, daß es wieder über sie herrsche. Freilich muß man sich keineswegs darüber wundern, daß ihnen diese Vorwürfe gemacht werden, da sie ganz offensichtlich weder dem Gott noch den Gesetzen des Lykurg gehorchen.

Xenophon, Verfassung der Lakedaimonier 14

[1] Die genaue Datierung dieser Schrift ist nicht gesichert und sehr umstritten. E. Delebecque, Essai sur la vie de Xénophon, Paris 1957, 508 z. B. meint, daß das Bild vom Niedergang Spartas in das Jahr 369 gehört, während der Rest des Werkes schon 387 entstanden ist. Viele Herausgeber stellen das hier übersetzte Kapitel 14 (die Darstellung vom Niedergang Spartas) und das Kapitel 15 über die Könige in ihrer Reihenfolge um. Doch scheint es nicht sicher, daß Xenophon nicht doch seine Schrift mit einer Äußerung zu dem beenden wollte, was Bestand und Zukunft Spartas zu garantieren schien.

[2] Die Harmosten führten Aufsicht über die Städte, die Sparta nach dem Sieg von 404 kontrollierte; diese Einrichtung war in der Zeit des Peloponnesischen Kriegs entstanden.

[3] S. auch Text 105.
[4] Die militärische Führung zu übernehmen wie während des Peloponnesischen Kriegs.

105. Der heimliche Goldschatz der Spartaner (um 375)

Das Zeugnis Platons unterscheidet sich kaum von dem, was Xenophon sagt. Platon stellt eine Rangfolge der existierenden Städte auf in Hinblick auf ihr Verhältnis zur idealen Stadt, deren Grundlagen er umrissen hat. Von den existierenden Regierungsformen ist die spartanische die beste, und Platon beschreibt sie als ‚timokratisch', weil das Ehrbewußtsein dort vorherrscht. Doch das Gold findet schon seinen Weg ...

Solche Männer, fuhr Sokrates fort, werden nach Geld begierig sein, gleich wie die Bewohner der Oligarchien. Im geheimen werden sie Gold und Silber leidenschaftlich verehren; denn sie haben ja besondere Kammern und Schatzhäuser, wo sie es aufbewahren und verbergen können, und ihre Wohnungen sind fest umzäunt, recht wie eigene Nester, in denen sie für ihre Frauen und für wen sie sonst gern wollen, allen möglichen Aufwand treiben können.

„Das ist sehr wahr", sagte Glaukon.[1]

So werden sie auch sparsam mit ihrem eigenen Geld umgehen, weil sie es hoch schätzen und doch nicht offen erwerben dürfen; fremdes Geld dagegen geben sie gerne aus, um ihre Begierden zu befriedigen, und pflücken heimlich die Lüste, indem sie dem Gesetz davonlaufen wie Kinder ihrem Vater. Sie sind eben nicht durch überzeugende Belehrung, sondern durch Gewalt erzogen worden, weil sie sich um die wahre Muse, die von vernünftigen Reden und von Philosophie begleitet ist, nicht gekümmert und die Gymnastik höher geschätzt haben als die Musenkunst.

Platon, Staat 8,548a–c

[1] Der Bruder Platons und Gesprächspartner des Sokrates.

106. Das Gesetz des Ephoren Epitadeus

Ein weiterer Beleg für den ‚Niedergang' Spartas ist ein kurzer Bericht des Plutarch in der Einleitung zur Biographie des Agis, des Reformkönigs des 3. Jahrhunderts.

Eingesetzt hatte der Verfall und die innere Erkrankung des Staates der Lakedaimonier etwa schon, seit sie die Führerstellung der Athener beseitigt und Gold und Silber in reicher Fülle in ihr Land gelassen hatten. Solange sie jedoch die Zahl der Familien, die Lykurg festgesetzt hatte, in der Erbfolge beibehielten und der Vater dem Sohn das Landlos hinterließ,[1] hielt diese weiterbestehende Ordnung und Gleichheit den Staat trotz der sonstigen Gebrechen noch einigermaßen aufrecht. Aber ein angesehener Mann, stolz und von harter Sinnesart, Epitadeus mit Namen, brachte, als er Ephor wurde, wegen eines Streites, den er mit seinem Sohn hatte, ein Gesetz in Vorschlag, daß es jedem gestattet sein sollte, sein Haus und sein Grundstück, wem er wolle, bei Lebzeiten zu schenken oder testamentarisch zu vermachen.[2] Epitadeus brachte also den Antrag ein, um seinem persönlichen Groll Genüge zu tun; die anderen aber nahmen ihn aus Habsucht auf, machten ihn zum Gesetz und vernichteten so die vortrefflichste Ordnung. Denn die Mächtigen erwarben nunmehr Güter, indem sie die Angehörigen schonungslos aus ihrem Erbe verdrängten.[3] Da so der Reichtum schnell in wenige Hände zusammenfloß, verbreitete sich in der Stadt Armut, welche niedrige Gesinnung und Mangel an Interesse für höhere Dinge im Gefolge hatte, verbunden mit Neid und Feindschaft gegen die Besitzenden. Es blieben also nicht mehr als siebenhundert Spartiaten übrig, und unter diesen waren es vielleicht hundert, die Land und Erbe besaßen.[4] Das übrige Volk saß mittellos und gering geachtet mit in der Stadt, nahm ohne rechten Mut und Eifer an den auswärtigen Kriegen teil und lauerte nur stets auf eine Gelegenheit zum Umsturz und zur Änderung des augenblicklichen Zustandes.[5]

Plutarch, Agis 5

[1] Ob die angebliche Gleichheit in Hinblick auf Landbesitz überhaupt je gegeben war, ist durchaus umstritten; s. dazu F. W. Walbank, Commentary on Polybius, Bd. 1, Oxford 1958, 728–31.

[2] Ansonsten ist über Epitadeus nichts überliefert, aber das Gesetz über die Aufhebung jeder Beschränkung bei der Abfassung des Testaments ist bei Aristoteles, Politik 2, 1270a belegt. Plutarch faßt in diesem kurzen Abschnitt die gesamte Entwicklung Spartas im 4. und 3. Jahrhundert zusammen. S. auch J. Christien, La loi d'Epitadeus: un aspect de l'histoire économique et sociale à Sparte, Revue Historique de Droit Français et Etranger 52, 1974, 197–221.

[3] Es handelt sich also nicht nur um die Freiheit zu Schenkung und testamentarischer Verfügung, sondern auch um die Freiheit, jedwede Verfügung über den Grundbesitz zu treffen. Es erscheint zweifelhaft, daß das auf diese Weise und so ganz auf einmal zugestanden werden konnte.

[4] Jeder Spartiate mußte als solcher ein erbliches Landlos *(klaros)* besitzen. Die ‚hundert', von denen die Rede ist, sind vermutlich diejenigen, die neben diesem Landlos zugleich noch weiteren Grundbesitz besaßen.

[5] Vgl. Text 61 (die Verschwörung des Kinadon).

107. Der Krieg gestern und heute

Demosthenes, der normalerweise kein sehr großes Bewußtsein in Hinblick auf die Veränderungen entwickelt, die seine Zeit kennzeichnen, zeigt sich in dem folgenden Passus einer Rede, die er im Mai 341 hielt, aber doch tief beeindruckt von den Veränderungen in der Kriegskunst, ihren Gründen und ihren sozialen und wirtschaftlichen Folgen.

Es ist nun eine abgeschmackte Behauptung, womit man die Stadt zu beruhigen gedenkt, daß Philipp ja noch nicht so mächtig sei als es einst die Lakedaimonier waren, die über alles Land und Meer geboten, mit dem Perserkönige sich verbanden und alles vor sich niederwarfen: gleichwohl hätte die Stadt auch ihnen die Spitze geboten und sei verschont geblieben. Allein wie beinahe alles seitdem so mächtig vorwärts geschritten ist, daß die gegenwärtigen Zustände den vergangenen nicht mehr ähnlich sind, so hat meines Erachtens nichts in so hohem Grade sich verändert und solche Fortschritte gemacht als das Kriegswesen. Vor allem pflegten damals, wie ich höre, die Lakedaimonier wie alle Hellenen nur während der vier oder fünf Monate der schönen Jahreszeit mit einem Haufen schwer bewaffneter Bürger in Feindes Land einzufallen und dann wieder heimzukehren, und dabei verfuhren sie so streng und ich möchte fast sagen zivilisiert, daß sie nie Geld einsetzten, um etwas von jemandem zu bekommen, sondern der Kampf ein ehrlicher und offener war. Jetzt aber ist, wie ihr wohl selbst seht, fast alles dies durch Verrat zu Schanden geworden und in offener Feldschlacht wird nichts mehr entschieden. Auch hört ihr, es ist nicht ein Heer schweren Fußvolks, an dessen Spitze Philipp jede beliebige Bewegung ausführt, sondern ein aus Leichtbewaffneten, Reitern, Bogenschützen, Söldnern und anderem Volke zusammengesetztes Heer, das sein Gefolge bildet. Greift er dann eine Stadt an, deren Bewohner unter sich zerfallen sind und aus Mißtrauen nicht zur Verteidigung ihres Gebietes ausrücken, so läßt er Geschütz auffahren und beginnt die Belagerung, – ganz davon zu schweigen, daß ihm Sommer und Winter gleich ist und er keine Jahreszeit ungenutzt verstreichen läßt.

Demosthenes, Dritte Philippika 47–50

108. Isokrates und die Söldner

Ausgehend vom ‚Panegyrikos' (380) über die kleine Schrift ‚Der Frieden' (354?) bis hin zu seinem ‚Philippos' entwickelt und präsentiert Isokrates den am stärksten ‚realistischen' Gedanken seiner Propaganda, nämlich den Schandfleck des Söldnerwesens durch die Eroberung des Ostens auszumerzen.

A. Es ist viel rühmlicher, mit jenem (dem Großkönig) um sein Reich zu kämpfen, als daß wir untereinander um die Vorherrschaft streiten. Mit Recht sollte man den Feldzug unter der jetzigen Generation unternehmen, damit die, die an den unglücklichen Ereignissen mitgetragen haben, auch die glücklichen Umstände genießen können und nicht ihr ganzes Leben im Unglück verbringen. Denn die vergangene Zeit reicht ihnen – was an Schrecklichem hat in ihr gefehlt? Denn obgleich den Menschen von Natur aus viele Übel beschieden sind, erfinden wir doch über die notwendigen hinaus weitere, indem wir uns Kriege und innere Auseinandersetzungen bescheren, so daß die einen in ihrer Heimat widerrechtlich umkommen, die anderen in der Fremde mit Kindern und Frauen umherirren, und viele, durch den Mangel an täglichem Auskommen gezwungen, als Söldner zu dienen, im Kampf für den Feind und gegen den eigenen Freund fallen. Darüber hat sich niemand je betrübt, aber über die von den Dichtern zusammengetragenen Unglücksfälle zu weinen, das halten sie für würdig und wert. *Isokrates, Panegyrikos 166–68*

B. Herrschen wollen wir[1] zwar über alle, aber in den Krieg ziehen wollen wir nicht, und es fehlt nur wenig, daß wir gegen die ganze Menschheit den Krieg aufnehmen; aber dazu bemühen wir uns nicht etwa selbst, sondern Menschen, die sich teils als Heimatlose, teils als Überläufer, teils aufgrund anderer Missetaten miteinander verbunden haben, die, sobald ihnen jemand einen höheren Sold zahlt, mit jenem gegen uns ziehen werden. (...) Wir sind aber in unserer Torheit so weit gegangen, daß es zwar uns selbst am täglichen Auskommen fehlt, wir es aber auf uns genommen haben, Fremde zu ernähren, und daß wir unseren Bundesgenossen Schaden zufügen und Tribut von ihnen eintreiben, um den Sold für die gemeinsamen Feinde aller Menschen herbeizuschaffen. Um so viel schlimmer sind wir als unsere Vorfahren, und zwar nicht nur als die, die in gutem Rufe stehen, sondern auch als die Verhaßten, insofern nämlich jene glaubten, wenn sie beschlossen hatten, gegen jemanden Krieg zu führen, ihr eigenes Leben für ihre Beschlüsse aufs Spiel setzen zu müssen, auch wenn die Akropolis vor Silber und Gold strotzte;[2] wir aber, die wir in so große Not geraten sind und so viele Menschen sind, halten uns wie der Großkönig Söldnerheere. Und damals, wenn man eine Triere bemannte, machte man die Fremden und die Sklaven zwangsweise zu Ruderknechten,[3] die Bürger aber schickte man unter Waffen aus; jetzt hingegen bedienen wir uns der Fremden als Hopliten, und die Bürger zwingen wir zum Rudern, sodaß die Männer, die sich für würdig halten, über die Griechen zu herrschen, mit dem Ruderkissen in der Hand aussteigen, wenn sie im Gebiet des Feindes an Land gehen, während die Männer von dem Schlage, wie ich sie kurz vorher beschrieben habe, unter Waffen in den Kampf ziehen. *Isokrates, Über den Frieden 44 u. 46–48*

C. Wenn nun Jason allein durch den Gebrauch des Wortes seinen Ruhm so sehr erhöht hat, welche Meinung soll man dann annehmen, werden sie von dir hegen,[4] wenn du das in die Tat umsetzt[5] und vor allem den Versuch unternimmst, das ganze Reich des Großkönigs zu erobern, oder doch wenigstens so viel Land wie möglich davon abzutrennen und den Teil Asiens von, wie man sagt, Kilikien bis Sinope abzuteilen? Wenn du darüberhinaus versuchst, Städte in diesem Gebiet zu gründen und die anzusiedeln, die jetzt aus Mangel an täglichem Auskommen umherirren und schädigen, auf wen sie treffen? Wenn wir sie nicht daran hindern, sich zusammenzurotten, indem wir ihnen genug zum Leben geben, werden sie, ohne daß wir es bemerken, so viele werden, daß sie den Griechen nicht weniger Schrecken einflößen werden als die Barbaren. Dafür treffen wir keinerlei Vorsorge, sondern wir ignorieren einen gemeinsamen Schrecken und eine uns alle bedrohende wachsende Gefahr. *Isokrates, Philippos 120–21*

[1] Gemeint sind die Athener. Isokrates formuliert seine Rede so, als ob sie vor dem Scheitern des 2. Attischen Seebunds (Ende 355) verfaßt wäre, aber sie ist sehr wahrscheinlich danach entstanden.
[2] Da sich die Bundeskasse dort befindet; vgl. Text 87 und 90.
[3] Das ist wohl eher rhetorisch, denn im 5. Jahrhundert dienten die Bürger der unteren Klassen als Ruderer.
[4] Nachdem er an die großartigen Unternehmungen des Thessalers Jason erinnert hat, wendet sich Isokrates nunmehr an Philipp, der gerade mit den Athenern den vorläufigen ‚Frieden des Philokrates' geschlossen hat.
[5] Das Vorhaben eines Krieges gegen die Perser.

109. Nach dem Ende der spartanischen Hegemonie und dem Verlust Messeniens beschreibt ein zukünftiger spartanischer König auf seine Weise die sozialen Probleme der Peloponnes (366)

Die Spartaner haben, wie man weiß, nicht viel geredet, aber dafür haben manche andere für sie gesprochen wie z. B. Isokrates, dessen konservative Gesinnung hier zugunsten des Erzfeindes der Athener und gegen die Messenier und die von spartanischer Herrschaft befreiten Völker ausschlägt. Der Sprecher ist Archidamos, Sohn des Königs Agesilaos und selbst zukünftiger König Spartas.

Ich glaube aber, daß sich sowohl die übrige Bevölkerung auf der Peloponnes wie auch die demokratische Partei, die wie wir annehmen, uns am stärksten bekämpft, sich bereits nach unserer Fürsorge zurücksehnen. Denn es ist ihnen nach ihrem Abfall nichts von dem zuteil geworden, was sie erwarteten, sondern statt der Freiheit ist das Gegenteil eingetreten; ihre Besten nämlich haben sie verloren und sind dann den Schlechtesten unter den Bürgern in die Hände gefallen, statt der Selbstbestimmung *(autonomia)* sind sie vielen und schrecklichen ungesetzlichen Zuständen *(anomiai)* anheimgefallen. In früherer Zeit von uns gewohnt, gegen andere in den Krieg zu ziehen, sehen sie nun, wie die anderen gegen sie zu Felde ziehen, und die inneren Auseinandersetzungen, von denen sie früher hörten, daß es sie bei anderen gäbe, die entstehen nun beinahe täglich bei ihnen selbst. Sie sind aber durch die Unglücksfälle so auf das gleiche Maß reduziert, daß niemand diejenigen unter ihnen, denen es am schlechtesten geht, herausfinden kann. Keine Stadt ist nämlich unversehrt, keine die nicht Nachbarn hätte, die ihr Schlechtes zugefügt haben, so daß das Land verwüstet ist, die Städte zerstört sind, die Einwohner vertrieben sind aus ihren eigenen Häusern, so daß die Verfassungen dem Umsturz anheimgefallen sind und die Gesetze ihre Gültigkeit verloren haben, unter denen sie als Glücklichste der Griechen gelebt haben. Sie sind so mißtrauisch und feindlich gegeneinander eingestellt, daß sie mehr ihre Mitbürger als ihre Feinde fürchten. Statt der Eintracht, die unter unserer Führung herrschte, und der gegenseitigen Unterstützung sind sie zu einer derartigen Uneinigkeit gekommen, daß diejenigen, die Vermögen besitzen, ihren eigenen Besitz lieber ins Meer werfen würden, als den Bedürftigen zu Hilfe zu kommen, daß aber diejenigen, die Mangel leiden, lieber als ein Vermögen zu erwerben, es denen wegnehmen würden, die es besitzen.[1]

Isokrates, Archidamos 64–67

[1] Zum besseren Verständnis dieses Textes aus Isokrates und auch der vorangehenden Abschnitte (Text 108) können die Belege dienen, die bei A. Fuks, Isokrates and the Social and Economic Situation in Greece, Ancient Society 3, 1972, 17–44 gesammelt sind.

110. Maßnahmen zur Sicherung des inneren Friedens in einer belagerten Stadt

Aeneas Tacticus,[1] ein Experte der Kriegskunst, der um 357 eine kleine Abhandlung darüber veröffentlichte, wie man eine Festung am besten verteidigte, war sich voll dessen bewußt, daß ‚militärische' Probleme von ‚sozialen' nicht zu trennen sind und daß es sich als notwendig erweisen könne, im Interesse der Stärkung der Widerstandskraft gegen den Feind ‚revolutionäre' Maßnahmen zu ergreifen.

Mit denen in der Stadt nun, die das Gegenteil der bestehenden Verhältnisse wollen, ist zu verfahren, wie weiter oben dargelegt.[2] Die Masse der Bürger muß man so weit als möglich zur Eintracht bewegen, indem man sie durch allerlei Maßnahmen verleitet und besonders die Schuldner kurzfristig von den Zinszahlungen entlastet oder diese gänzlich unterdrückt, in sehr gefährlichen Situationen aber sogar einen Teil der Schulden streicht oder alles, wenn es notwendig ist. Denn solche Leute sind die bei weitem am meisten zu fürchtenden bereitliegenden Kräfte.[3] Man muß auch die, die sich in Not befinden, aus ihrer bedrängten Lage in angenehme Lebensbedingungen versetzen.

Aeneas Tacticus, Poliorketik 14,1

[1] Über die Bedeutung der Aussagen bei Aeneas Tacticus für die Sozialgeschichte Griechenlands im 4. Jahrhundert s. z. B. H. Bengtson, Die griechische Polis bei Aineias, Historia 11, 1962, 458–68, jetzt in: ders., Kleine Schriften, München 1974, 78–89; D. M. Pippidi, Luttes politiques et troubles sociaux à Héraclée du Pont à l'époque classique, Studii Classice 11, 1969, 235–38 und vor allem Y. Garlan, Recherches de poliorcétique grecque, Paris 1974. Eine gute Ausgabe des Aeneas Tacticus mit französischer Übersetzung haben A. M. Bon und A. Dain in der ‚Collection Budé' herausgegeben.

[2] Im Kapitel 11.

[3] Die Übersetzung des griechischen Wortes *ephedroi* ist nicht sicher.

111. Feste oder Krieg: Die Argumente eines attischen Redners (349)

Die ‚Theorika-Kasse', die ursprünglich eine Unterstützungskasse war, mit deren Mitteln den armen Bürgern der Besuch der dramatischen Feste ermöglicht werden sollte, war unter der Verwaltung des Euboulos gegen Ende der 50er Jahre des 4. Jahrhunderts zur wichtigsten Kasse des athenischen Staates geworden, und ihr Verwalter war der einflußreichste Politiker in der Stadt.[1] Andererseits ist für das Jahr 349/48 erstmals die Existenz einer besonderen Militärkasse belegt, deren Mittel im Kampf gegen Makedonien aufgewendet wurden. In der Antike und mehr noch in heutiger Zeit hat man die Schuld an der Niederlage Athens den Theorika zugeschoben, so als ob die Athener lieber Butter als Kanonen gewollt hätten. In Wahrheit ist das Problem komplizierter. In der Tat stellt Demosthenes auch nicht die Zahlung der Theorika (s. Text 115) in Frage, die im Grunde nichts anderes ist als die Verteilung der Einnahmen der Stadt unter ihre Bürger (s. Text 20). Doch bleibt es Tatsache, daß die Entscheidung, wie sie Themistokles einst herbeigeführt hatte, sich nicht wiederholte und daß der zurückhaltende Vorschlag des Demosthenes, man solle die Gelder der Theorika-Kasse im Verhältnis zur erbrachten Leistung auszahlen, erst später aufgegriffen wurde. Die dramatischen Feste haben an sich mit all dem wenig zu tun, doch sind auch sie durch den Niedergang betroffen: Die Tragödie als einmalige Schöpfung ist tot, und Gegenstand der Komödie ist schließlich nur das Privatleben.

In bezug auf das vorhandene Geld und die Angelegenheiten, um derentwillen ihr diese Volksversammlung abhaltet, Athener, scheint mir keine der folgenden Möglichkeiten schwierig: entweder ich greife die an, die die öffentlichen Gelder zuweisen und verteilen wollen, um in gutem Licht zu erscheinen bei denen, die meinen, daß der Stadt dadurch geschadet würde; oder ich spreche dafür und empfehle, daß man die Gelder bekommen soll, um mich denen gefällig zu erweisen, die in der schlimmen Notlage sind, sie empfangen zu wollen. Keine von diesen Leuten loben oder tadeln das Vorgehen mit Blick auf das, was für die Stadt zuträglich ist, sondern wie ein jeder bedürftig ist oder Überfluß besitzt. Ich würde meinerseits weder die Verteilung der Gelder beantragen, noch würde ich mich dagegen aussprechen, daß man sie nicht verteilen solle. Statt dessen ermahne ich euch, darauf zu achten und bei euch zu bedenken, daß dieses Geld, über das ihr beratet, eine Kleinigkeit ist, die Moral aber, die sich daraus ergibt, eine große Sache. Wenn ihr nun die Verteilung des Geldes damit verbinden werdet, daß man seine Pflicht tut, dann werdet ihr nicht nur keinen Schaden anrichten, sondern sogar der Stadt und euch selbst in höchstem Maße nützen. Wenn aber ein Fest und jeder Vorwand gut genug sein soll dafür, daß man Gelder verteilt, ihr dann aber nichts von dem hören wollt, was man dafür tun soll, dann hütet euch, daß ihr nicht eines Tages für einen schlimmen Irrtum halten werdet, was ihr jetzt für eine richtige Entscheidung anseht.

Meine Meinung ist – und erhebt mir kein Geschrei über das, was ich erst sagen will, sondern urteilt, wenn ihr gehört habt –, daß man ebenso, wie wir über die Verteilung des Geldes eine Volksversammlung abgehalten haben, auch über die Organisation und Vorbereitung des Krieges eine Volksversammlung abhalten soll; jeder soll zeigen, wie er nicht nur bereit ist, davon zu hören, sondern auch zu handeln, damit ihr, Athener, eure Hoffnung auf Erfolg durch euch selbst gewinnt und euch nicht fragt, was dieser oder jener tue. *Demosthenes, Über die Organisation 1–3*

[1] Dazu die Darstellung bei Claude Mossé, La Fin de la démocratie athénienne, Paris 1962, 158ff., 308ff. und G. Cawkwell, Eubulus, JHS 83, 1963, 47–67.

112. Arm und Reich in Platons ‚Staat' (um 375)

Indem er den Niedergang der idealen Stadt schildert, gelangt Platon zum Übergang von Oligarchie zu Demokratie.

Sokrates: Wenn nun Regenten und Regierte solcher Art miteinander in Berührung kommen, auf Reisen oder sonst bei gemeinsamen Anlässen, etwa bei Festgesandtschaften, oder wenn sie bei Feldzügen auf demselben Schiff sind oder im selben Heer dienen, oder wenn sie einander gar mitten in Gefahren beobachten, dann sind es durchaus nicht immer die Armen, die von den Reichen verachtet werden. Wenn dann manchmal so ein Armer, hager und sonnverbrannt, in der Schlacht neben einem Reichen steht, der im Schatten verweichlicht wurde und viel überflüssiges Fleisch mit sich trägt, und wenn er dann sieht, wie dieser außer Atem und völlig unbeholfen ist[1] – meinst du nicht, daß er sich dann sagt, daß diese Leute ihren Reichtum nur der Feigheit der Armen verdanken? Und wenn sie dann unter sich allein sind, dann wird wohl der eine dem anderen zurufen: Diese Leute sind in unserer Hand; sie sind ja nichts wert. *Platon, Staat 8,556c–e*

[1] Vgl. auch Staat 8,551d–e, wo Platon erklärt, daß die Oligarchen nicht „imstande sind, einen Krieg zu führen; denn sie sind in der Zwangslage, daß sie entweder das Volk dazu brauchen, vor dem sie sich aber, wenn es bewaffnet ist, mehr fürchten müssen als vor den Feinden, oder daß sie es nicht aufbieten und als wahrhafte Oligarchen in den Kampf ziehen müssen".

113. Klassenmentalität im Athen des 4. Jahrhunderts

Noch bezeichnender als die direkten Auseinandersetzungen zwischen Arm und Reich sind die Appelle, die die attischen Redner an ein Gemeinschaftsgefühl richten und die damit verbundenen Hinweise auf eine Tradition, die trotz aller Versicherungen, daß Armut keine Schande sei, eben doch in Wohlstand einen Hinweis auf Tugend sieht und Armut für verwerflich hält. Demosthenes ist Demokrat und Patriot. Aischines ist politisch gesehen Vertreter der gemäßigten Richtung und folgt Euboulos in seiner besonnenen Außenpolitik und der Politik finanzieller Reformen nach dem Scheitern des 2. Attischen Seebunds (356).[1] Im Jahre 330 tritt Demosthenes als *synēgoros* (privater Anwalt) des Ktesiphon, der für ihn die Ehrung durch einen goldenen Kranz beantragt hatte, vor dem Geschworenengericht der Heliasten gegen Aischines auf. Die Argumente, die er vorbringt, wenn er seine Erziehung mit der des Aischines vergleicht, sind trotz allem klassengebunden.

Mir also wurde in meiner Kindheit, Aischines, das Glück zuteil, den angemessenen Schulunterricht genießen zu können und so viel zu besitzen als nötig ist, um nicht aus Mangel Fehltritte zu begehen, mit meinem Austritt aus dem Kindesalter aber diesen meinen Umständen gemäß Chöre stellen, Kriegsschiffe ausrüsten, Kriegssteuer zahlen zu können, kurz weder im Privatleben noch im öffentlichen an Freigebigkeit zurückzustehen, sondern dem Staate sowohl als meinen Freunden mich nützlich zu erweisen; sodann aber, als ich beschlossen hatte, mich den Staatsgeschäften zu widmen, da war es mir beschieden, eine Politik zu ergreifen, die mir von Seiten meines Vaterlandes sowohl als vieler anderer hellenischer Staaten zahlreiche Kränze eingetragen hat und die unehrenhaft zu nennen selbst ihr, meine Feinde, euch nicht verstiegen habt. So war das Glück beschaffen, das mir zuteil geworden ist, um andere Einzelheiten mehr zu übergehen und nicht, indem ich mich rühme, dem und jenem weh zu tun. Und nun, du gestrenger Herr, der du jedermann für nichts achtest, vergleiche mit diesem Glücke das deinige, das dich als Knaben in drückender Armut aufwachsen ließ, indem du in der Schule deinem Vater zur Hand gehen und Tinte reiben, die Bänke scheuern, das Wartezimmer[2] auskehren mußtest – alles Geschäfte, wie sie sich für einen Sklaven und nicht für einen freigeborenen Knaben schicken[3] –, zum Manne herangereift aber deiner Mutter bei ihren Beschwörungen[4] die Formeln vorlasest[5] und sonst bei ihren Gaukeleien sie unterstütztest, des Nachts den Einzuweihenden das Kalbfell umtatest und den Weihetrank mischtest und sie mit Ton und Kleie abriebst und dann nach der Waschung aufstehen hießest und die Worte sagen: „Böses mied ich, Bessres fand ich", nicht wenig stolz auf deine unvergleichliche Virtuosität im Heulen – und das glaub' ich wohl: denn wer so laut schreien kann, warum sollte der nicht auch prächtig heulen können? –[6] (...) Nachdem du aber ins Gemeindebuch eingeschrieben warst, mag es damit zugegangen sein wie es immer will, denn das will ich unerörtert lassen, nachdem du also eingeschrieben warst, erkorst du dir sofort den herrlichsten Beruf, den nämlich, bei den unteren Behörden als Schreiber und Aufwärter zu fungieren.[7] Und als du endlich auch diesen Dienst quittiertest, nachdem du das alles, was du den anderen, vorwirfst, selbst getan, da begannst du ein Leben, das wahrlich dein bisheriges nicht beschämte, indem du dich an jene Schreihälse von Schauspielern, wie man sie nannte, Simylos und Sokrates, als dritter Schauspieler[8] vermietetest und dabei Feigen und Weintrauben und Oliven wie ein Obsthöker aus fremden Gärten zusammenstahlst, (...) Doch ich will nicht weiter von Dingen reden, die man mit deiner Armut entschuldigen könnte, und wende mich daher zu dem, was deinem Charakter zum Vorwurf gereicht. (...) So halte denn einmal unser beiderseitiges Leben gegeneinander, unbefangen und ohne Bitterkeit, Aischines, und frage dann die hier Anwesenden, wessen Glück wohl ein jeder von ihnen sich wünschen würde. Du hieltest Schule: ich besuchte sie. Du besorgtest die Weihen anderer: ich empfing sie. Du dientest als Schreiber: ich nahm an den Volksversammlungen teil. Du warst dritter Schauspieler: ich Zuschauer; du fielest durch: ich half dich auspfeifen.

Demosthenes, Rede für den Kranz 257–65

[1] Zu den Gemeinsamkeiten, die diese ‚Gemäßigten' (Isokrates, Xenophon, Aischines) miteinander verbindet, s. Jacqueline de Romilly, Les modérés athéniens vers le milieu du IVe siècle: échos et concordances, REG 67, 1954, 327–54.

[2] Das Wartezimmer für die ‚Pädagogen', d.h. Sklaven, die ihre jungen Herren in die Schule begleiteten.

[3] Demosthenes gibt in der ‚Rede für den Kranz' mehrmals zu verstehen, daß sein Gegner in Wahrheit eigentlich Sohn eines Sklaven und einer Prostituierten sei; das ist ein übliches und erwartetes ‚Argument' vor einem Geschworenengericht, das aus Bürgern besteht.

[4] Die Mutter des Aischines war Priesterin eines thrakischen Mysterienkults.

[5] Dahinter steckt wieder eine Beleidigung: Ein freier Mann läßt sich den zu entziffernden Text vorlesen und liest nicht selbst; Aischines liest hier den Initiationstext des Kultes.

[6] Das griechische Wort meint die Schreie der Frauen, die sie im Augenblick des Opfers ausstoßen.

[7] Das Verwaltungspersonal der Stadt bestand zum Teil aus Sklaven.

[8] Der dritte Schauspieler spielte die unwichtigsten Nebenrollen.

114. Gleichheit und der Ursprung von Revolutionen

Das gesamte 5. Buch der ‚Politik' des Aristoteles handelt von *stasis,* von den inneren Auseinandersetzungen in einer Stadt, ganz gleich in welche Richtung der Umsturz führen sollte. Es versteht sich, daß die Überlegungen bestimmt sind vom Erleben der Krise des 4. Jahrhunderts, auf die der Philosoph, wie schon Platon es hatte tun wollen, direkten Einfluß genommen hat;[1] und natürlich greift Aristoteles auch auf das zurück, was er aus der Geschichte der Vergangenheit weiß. Doch weder diesen Krisen, die wir heute als wirtschaftlich oder sozial bezeichnen würden, die aber alle politische Krisen waren, noch der Geschichte überhaupt versucht Aristoteles irgendwie einen ‚Sinn' zu geben. Dem Übergang von der Oligarchie zur Demokratie wird ebensowenig der Vorzug gegeben wie einer umgekehrten Entwicklung.[2] Vielmehr versucht Aristoteles herauszufinden, was plötzlichen Veränderungen zugrundeliegt, und findet die Anwort auf diese Frage in den verschiedenen Formen, wie Anspruch auf Gleichheit oder Ungleichheit erhoben wird.

Man muß nun zuallererst als Ausgangspunkt nehmen, daß eine Mehrzahl von Verfassungen daraus entstanden ist, daß zwar alle darin übereinstimmen, das Recht *(dikaion)* bestehe in der verhältnismäßigen Gleichheit *(kat' analogian ison),* daß man aber über diese letztere selbst im Irrtum befangen ist,[3] wie dies auch schon ausgeführt wurde. Denn die Demokratie entstand dadurch, daß man meinte, Leute, die in einer bestimmten Hinsicht gleich sind, seien es damit auch schon schlechthin – sofern nämlich alle, die gleichermaßen von freier Geburt sind, sich damit schon für schlechthin gleich ansehen –, die Oligarchie aber daraus, daß man annahm, Leute, die in einer bestimmten Hinsicht ungleich sind, seien es damit auch schon schlechthin – indem nämlich Leute, die an Vermögen anderen ungleich sind, eben damit auch schon schlechthin ungleich zu sein glauben –, so daß nun die einen mit Rücksicht auf ihre Gleichheit gleichen Anteil an allem verlangen, die anderen aber mit Rücksicht auf ihre Ungleichheit den Vorzug beanspruchen; denn das Mehr ist ein Ungleiches. Und so haben denn alle Verfassungen zwar ein gewisses Recht, aber im ganzen sind sie fehlerhaft. Und aus diesem Grunde schreitet man zum Aufruhr, wenn man nicht an den Verfassungsrechten teilhat, gemäß der Meinung, die jeder davon hat. In Wahrheit aber könnten mit dem allermeisten Recht diejenigen Aufruhr erregen, die es am wenigsten tun, nämlich diejenigen, welche sich durch ihre Tugend *(aretē)* von anderen unterscheiden.[4] Denn am vernünftigsten wäre es, wenn diese schlechthin ungleich wären. Es gibt aber auch einige, die durch ihre Herkunft *(genos)* hervorragen und die wegen dieser Ungleichheit die Gleichheit der Rechte für etwas ihnen Unangemessenes halten, denn adelig scheinen diejenigen zu sein, bei denen Tugend und Reichtum von den Vorfahren her sich findet. Dies sind also die Ursprünge und sozusagen die Quellen von Aufruhr, und deshalb macht man Aufstände. Daher tritt denn auch eine Umwandlung in doppelter Weise ein. Einmal nämlich trifft sie die Verfassung selbst, indem man an die Stelle der bestehenden eine andere zu setzen beabsichtigt, sei es eine Oligarchie an die der Demokratie oder eine Demokratie an die der Oligarchie oder eine Politie[5] oder auch Aristokratie an die Stelle einer von beiden oder umgekehrt. Das andere Mal trifft die Umwandlung nicht die bestehende Verfassung, sondern man will zwar dieselbe Staatsordnung, etwa die Oligarchie oder die Monarchie, aber so, daß man sie selbst in der Hand hat; oder es handelt sich um das Mehr oder Minder, z. B. eine bestehende Oligarchie noch mehr oligarchisch oder umgekehrt weniger und eine bestehende Demokratie noch mehr demokratisch zu machen oder umgekehrt weniger, und ähnlich auch bei den übrigen Verfassungen, sie entweder noch stärker anzuspannen oder ein Nachlassen von ihnen zu bewirken. *Aristoteles, Politik 5,1301a25–b18*

[1] Die Rolle, die Aristoteles als Lehrer Alexanders gespielt hat, oder die Bindungen, die er zu einem Tyrannen wie Hermias von Atarneus geknüpft hat, unterscheiden ihn deutlich von Platon und von der Rolle, die dieser sich erhoffen konnte als Angehöriger einer aristokratischen Familie, die am politischen Leben Athens teilnahm. Ebenso unterscheidet ihn das von den Schülern des Sokrates und ihrem sizilischen Abenteuer. Der Gründer des Lykeions war in Athen ein Metoike; diese Außenseiterposition erklärt zum Teil seine Unabhängigkeit und Klarsicht; s. dazu auch D. Whitehead, Aristotle the Metic, Proceedings of the Cambridge Philological Society 201, 1975, 94–99.

[2] Im Gegensatz dazu bringt die Verfassungsdebatte, die Herodot (3,80–83) drei hochgestellte Perser führen läßt, zum Ausdruck, daß in seinen Augen die Demokratie, wenigstens für die Griechen, eine positive historische Entwicklung bedeutet.

[3] Die Gerechtigkeit ist für Aristoteles (Nikomachische Ethik 5,1131a ff.) das proportionale Mittel zwischen zwei ungleichen Polen; eine gerechte Aufteilung unter zwei ungleichen Personen ist die proportionale Aufteilung, was für einen Demokraten der Antike Ungleichheit bedeuten würde, aber für Aristoteles in seiner Proportionalität ‚Gleichheit' bedeutet. Für ihn haben die Demokratien recht, nach Gleichheit zu streben, aber unrecht, wenn sie meinen, daß alle gleich sein müßten; die Oligarchien bauen auf dem Prinzip der Ungleichheit auf, aber sie vergessen, daß die Ungleichheit nur für die Ungleichen bestimmt ist und daß das Kriterium der Einteilung nicht allein der Reichtum sein darf; vgl. Politik, 3,1280a6 ff. und allgemein dazu F.D. Harvey, Two Kinds of Equality, Classica et Mediaevala 26, 1965, 101–46; 27, 1966, 99 f.

[4] Im Unterschied zu den Reichen und ‚Wohlgeborenen'.

[5] *Politeia,* was von Aristoteles oft im technischen Sinne zur Bezeichnung einer ‚Mischverfassung' gebraucht wird.

115. Die Theorika – ein Instrument der Auseinandersetzung zwischen Armen und Reichen in Athen? (340)

Nachdem wir die Schärfe der Auseinandersetzung zwischen Arm und Reich aus der Nähe betrachtet haben, können wir zur Frage der Theorika zurückkehren. Kurz vor der entscheidenden Konfrontation zwischen Philipp und Athen geht Demosthenes dieses Problem auf traditionellem Wege an. Seit der Zeit Solons tritt die *polis* als Schiedsrichter zwischen Armen und Reichen auf (s. Text 36), und Demosthenes bewegt sich weiterhin in diesen Bahnen: Es ist ganz natürlich, daß die Reichen reich sind und auch reich bleiben wollen, während die Armen, die Bürger sind und damit ‚unsere Väter' (es soll nochmals betont werden, daß die *polis* nicht ein abstrakter Staat ist), von der *polis* erwarten, daß sie für ihren Unterhalt und noch etwas mehr sorgt. Von den Reichen sei daher zu fordern, ihre Pflichten als Bürger zu erfüllen, und von den Armen sei zu erwarten, daß sie sich nicht fortwährend gegen die Reichen stellten und sie zu oft vor die Heliaia, das Geschworenengericht, zitierten. Aber war das das wirkliche Problem? Die überstürzte Entwicklung der Theorika setzt eigentlich erst nach 356 ein, als der 2. Attische Seebund gescheitert war. Diese Entwicklung ist jedenfalls keine Errungenschaft der Demokratie, sondern eher ein Mittel demokratischer Politiker, das, wenn man es wie Demosthenes sieht, den Absichten des Xenophon (s. Text 96 und 122) gar nicht so fern stand: Sie wollten auf diese Weise den Armen einen Ersatz bieten für das, was immer Ziel ihrer Politik war, nämlich die Herrschaft über andere Staaten. In einer Zeit, in der ein solches Programm für Athen nicht mehr realisierbar war, handelt es sich bei dem Vorschlag des Demosthenes um etwas, das man nicht ohne Schwierigkeiten durchsetzen konnte.

Es ist ferner auch noch ein anderer Umstand[1] vorhanden, der dem Staate Nachteil bringt, der durch ungerechte Schmähungen und ungeziemende Reden in schlimmen Ruf gekommen ist, und daher dann denjenigen, die nicht, was recht und billig ist, im Staate tun wollen, zum Vorwande dient. Von allem nämlich, was unterbleibt, wird die Schuld hierauf geschoben, da doch gerade eher alles als dies hätte geschehen sollen. Darüber will ich nun, obwohl ich es zu berühren sehr zögere, doch sprechen. Ich glaube nämlich imstande zu sein, etwas zum Heile des Staats, zu Gunsten der Bedürftigen und gegen die Reichen, und auch für die Wohlhabenden gegen die Dürftigen Etwas vorzutragen: ob man nämlich den Schmähreden wegen der Theorika, die einige und zwar widerrechtlich führen, nicht ein Ende machen und der Befürchtung begegnen könnte, daß diese Sache nicht ohne großen Nachteil Bestand haben könne, da es nichts gibt, wodurch wir so sehr unsere Angelegenheiten fördern, und wodurch man den Staat mehr kräftigen und befestigen könnte. Erwägt dies also einmal, und laßt mich zuerst über die sprechen, die als bedürftig gelten. Es gab einst einen Zeitpunkt für uns, der nicht gar zu lange vorüber ist, wo die Einkünfte unseres Staats hundert und dreißig Talente nicht überstiegen, und wo keiner unter denen, die eine Trierarchie übernehmen oder Geldbeträge für den Staat geben konnten, sich fand, der nicht aus eigenem Antrieb seine Schuldigkeit zu tun bereit war, weil kein Geldüberschuß vorhanden war. Denn die Kriegsschiffe gingen damals in See, die Gelder lagen bereit, und wir taten alle unsere Schuldigkeit. Nachher hat das Glück, welches mit Recht unsern Staat begünstigte, die öffentlichen Einnahmen vermehrt, so daß statt der 100 Talente[2] nun 400 hereinkommen, ohne daß irgend ein Druck für den Begüterten stattfindet, sondern so, daß sie sogar noch Genuß davon haben. Denn auch die Wohlhabenden finden sich alle ein, um sich ihren Teil von dem Gelde geben zu lassen, und tun ganz recht daran. Was bewegt uns denn also, deshalb einander Vorwürfe zu machen, und dies zum Vorwand zu benutzen, um unsere Schuldigkeit nicht zu tun, wenn wir nicht etwa gar die Bedürftigen um diese Unterstützung beneiden, welche ihnen das Glück zuteil werden läßt? Diesen möchte ich weder selbst deshalb einen Vorwurf machen, noch finde ich billig, daß andere dies tun. Denn ich sehe in den Privathäusern keinen von denen, die im jugendlichen Alter stehen, gegen bejahrte Personen sich so benehmen, und solche Unbilligkeit und Ungeschliffenheit zeigen, daß er, wenn nicht alle das tun, was er tut, sich darum weigern sollte, selbst das Seinige zu tun; denn ein solcher würde dann die Gesetze wegen ungebührlicher Behandlung der Eltern spüren müssen. Ich glaube nämlich, daß man den Eltern die Unterstützung, welche ihnen Beides, die Natur sowohl, als auch das Gesetz, zuerkennt, auf gerechte Weise und mit gutem Herzen reichen müsse. Wie nun ein jeder unter uns einen zum Vater hat, so muß man die Gesamtheit der Bürger als gemeinsame Eltern des ganzen Staats ansehen, und ihnen nicht nur nicht das Mindeste von dem entziehen wollen, was ihnen der Staat zukommen läßt, sondern sogar, wenn desgleichen nicht vorhanden wäre, anderweitig dafür sorgen, daß man sie in keiner Hinsicht Mangel leiden lasse und vernachlässige. Doch glaube ich auch, daß die Wohlhabenden, welche diesen Grundsatz befolgen, nicht nur gerecht handeln, sondern auch etwas Nützliches tun. Denn eine Anzahl Menschen des Notwendigen berauben, heißt viele übelgesinnt gegen den Staat machen.

Den Bedürftigen hingegen möchte ich raten, das, was den Begüterten zum Verdruß gereicht, und worüber diese mit Recht Klage führen, auszuräumen. Ich will also gerade so, wie ich soeben es machte, zu Werke gehen und auch ohne Scheu zugunsten der Reichen sagen, was wahr ist. Ich glaube nämlich, daß keiner von so verwahrloster Denkart und hartherziger Gesinnung nicht etwa nur unter den Athenern, sondern auch unter den andern Menschen sein könne, daß es ihn unangenehm berühren sollte, wenn er sieht, daß die Bedürftigen und die, welche an notwendigen Bedürfnissen Mangel leiden, diese empfangen. Woran stößt sich also die Sache, und was erzeugt den Verdruß! Das, daß man sieht, wie gewisse Leute jene Einrichtung von den öffenlichen Geldern auch auf das Privatvermögen übertragen möchten,[3] und daß, wer so Etwas vorbringt, sogleich ein großer Mann bei Euch wird, und so sicher für seine Person, als wäre er unsterblich;[4] und daß denn doch die Stimmtäfelchen, welche ohne Aufschrift des Namens abgegeben werden, anderen Inhalts sind, als der öffentlich erschallende Beifall. Das flößt Mißtrauen ein und reizt zum Zorn und Unwillen. Es müssen nämlich alle, so wie es recht und billig ist, miteinander am Staate und seinen Rechten Anteil haben, so daß die Reichen ihr Leben und ihr Vermögen gesichert sehen und deshalb nicht in Sorge zu sein brauchen, bei Gefahren aber für das Heil des Vaterlandes ihr Geld zum öffentlichen Gebrauch opfern, und die übrigen, was Gemeingut ist, als Gemeingut ansehen, woran auch sie ihren Anteil haben, das Vermögen der einzelnen aber für das Eigentum des jeweiligen Besitzers. Dadurch wird auch ein kleiner Staat mächtig, und ein großer trotzt den Gefahren und erhält sich. Dies dürfte etwa das sein, was man von beiden Teilen fordern kann. Wie aber dies nun nach regelmäßiger Vorschrift geschehen könnte, dies muß noch weiter und klarer auseinandergesetzt werden. *Demosthenes, Vierte Philippika*[5] *35–45*

[1] Der Redner hat gerade von den Beziehungen Athens zum Großkönig einerseits und andererseits zu Philipp von Makedonien gesprochen.
[2] Es fällt auf, daß Demosthenes, vielleicht um sein Argument zu stärken, die im vorangehenden Satz genannten 130 Talente durch eine niedrigere runde Zahl ersetzt. Vielleicht handelt es sich aber auch nur um einen Fehler in der Überlieferung.
[3] Es ist Pflicht eines anständigen Bürgers, diejenigen anzuzeigen, die den Wohlstand des Staates verschwenden; doch dann gibt es auch die Sykophanten, die die Reichen verleumden und so zum Teil wegen der Aussicht auf persönlichen Gewinn die Konfiskation der Vermögen betreiben; sie greift Demosthenes hier an.
[4] Aufgrund der Garantie auf Straffreiheit.
[5] Von verschiedener Seite in der Forschung wird die Echtheit dieser Rede bestritten, die offenbar niemals öffentlich vorgetragen worden ist.

116. Die Reichen heute

Nichts ist alltäglichere Erkenntnis für das 4. Jahrhundert als die folgenden Beobachtungen des Demosthenes, die er in einer im Jahre 352 vor Gericht vorgetragenen Rede anstellt: Der private Bereich ist an die Stelle des Öffentlichen getreten, privater Reichtum an die Stelle staatlichen Wohlstands. Die Bauten der perikleischen Zeit sind schon ‚klassisch' geworden.

Damals freilich war auch der öffentliche Wohlstand gedeihlich und blühend, und der einzelne ging in der Gesamtheit völlig auf. Zum Beweise seht euch nur einmal – wenn ihre Lage euch vielleicht bekannt ist – die Wohnhäuser des Themistokles und Miltiades und anderer berühmter Männer aus jenen Zeiten an: ihr werdet finden, daß sie um nichts ansehnlicher als jedes andere Bürgerhaus, dagegen aber die öffentlichen Gebäude und Anlagen so großartig aufgeführt und so reich ausgestattet sind, daß sie zu überbieten unmöglich ist für alle kommenden Geschlechter; ich meine die Propyläen dort, die Werften und Hallen, den Piräus, kurz alles, wodurch ihr die Stadt verherrlicht seht. Jetzt aber besitzen unsere Staatsmänner durch die Bank ein derartiges Privatvermögen, daß mancher von ihnen schon ein Wohnhaus sich gebaut weit stattlicher als viele Staatsgebäude, und mancher sich mehr Land zusammengekauft, als ihr hier im Gerichtshof allesamt besitzet: dagegen was ihr auf Staatskosten baut und frisch verputzen laßt, das ist so kleinlich und erbärmlich, daß man sich schämt auch nur davon zu reden. (...) Und zu verwundern ist das nicht. Hatte doch damals Aristeides bei der ihm übertragenen Feststellung der Tribute[1] auch nicht um eine Drachme sich bereichert, und als er starb, bestritt der Staat für ihn die Kosten der Beerdigung: ihr aber hattet für vorkommende Fälle mehr Geldmittel als alle Hellenen zur Verfügung, so daß es, auf wie lange ihr auch beschließen mochtet ins Feld zu rücken, euch niemals doch an Sold gebrach. Jetzt hingegen sind die Verwalter des Staatsvermögens aus armen Schluckern reiche Leute geworden und haben sich ein glänzendes Auskommen auf lange Zeit hinaus gesichert: ihr aber habt nicht einmal so viel in der Kasse, als ihr für einen einzigen Tag gebraucht, und wenn's drauf ankommt, irgend etwas auszuführen, so wißt ihr nicht woher die Mittel nehmen. Kurz damals war das Volk Herr der Verwaltungsmänner, während es jetzt ihr Diener ist.

Demosthenes, Gegen Aristokrates 206–09

[1] Die Tribute der Mitglieder des Delisch-Attischen Seebundes, die Aristeides festgesetzt hatte.

117. Innere Auseinandersetzungen in Sizilien (seit ungefähr 466)

Die sozialen und politischen Auseinandersetzungen in Sizilien konnten durch eine Reihe von Faktoren verschärft werden. 1. Die häufige Bedrohung durch den Feind Karthago begünstigte das Aufkommen der Tyrannis unter militärischen Vorzeichen. 2. Es gab eine einheimische Bevölkerung, die von Zeit zu Zeit die Forderung nach Landbesitz stellte und sich zur Verfolgung dieses Zieles sogar griechische Organisationsformen zum Vorbild nehmen konnte. 3. Durch die ersten beiden Faktoren hervorgerufen gab es eine größere Zahl von Söldnertruppen, die sich gelegentlich in Form einer griechischen *polis* zusammenschließen und ansiedeln wollten. Das sind die Gründe, warum das „demokratische Zwischenspiel"[1] in Sizilien zu kurzer Dauer verurteilt war.

In Sizilien griffen die Syrakusaner, die gegen die abgefallenen Söldner Krieg führten,[2] wiederholt Achradina und die Insel an und besiegten die Abtrünnigen in einer Seeschlacht, zu Lande aber waren sie angesichts der starken Befestigungsanlagen dieser beiden Plätze nicht in der Lage, sie aus der Stadt zu vertreiben. Später aber, als es zu einer Landschlacht gekommen war, die Kämpfenden auf beiden Seiten beherzt ihr Leben aufs Spiel setzten und auf beiden Seiten nicht wenige fielen, siegten doch die Syrakusaner. Nach der Schlacht krönten die Syrakusaner auserlesene Soldaten – es waren sechshundert, die den Sieg entschieden hatten – mit dem Siegeskranz und gaben jedem von ihnen eine Mine Silber.[3]

Zur gleichen Zeit, als das geschah, zog Duketios, der Führer der Sikuler, der gegen die Bewohner von Katane Groll hegte, weil sie den Sikulern Land genommen hatten, gegen sie mit einem Heer zu Felde. Da gleichzeitig auch die Syrakusaner mit einem Heer gegen Katane zogen, teilten diese das Land gemeinsam unter sich auf und bekämpften die Leute, die von Hieron zur Zeit seiner Herrschaft angesiedelt worden waren.[4] Nachdem die Bewohner von Katane Widerstand geleistet hatten und in mehreren Schlachten unterlegen waren, wurden sie aus Katane vertrieben und gründeten das jetzige Aitna, das vorher Inessa genannt wurde;[5] die ursprünglichen Bewohner Katanes aber kehrten nach langer Zeit in ihre Heimat zurück.[6]

Nach diesen Ereignissen kamen diejenigen, die unter der Herrschaft des Hieron aus ihren eigenen Städten vertrieben worden waren, da sie nun Mitstreiter hatten, in ihre Heimat zurück und warfen die, die zu Unrecht fremde Städte vereinnahmt hatten, aus den Städten hinaus. Unter ihnen waren die Leute von Gela, von Akragas und von Himera. Ähnlich wie diese vertrieben auch die Bewohner von Rhegion mit Hilfe der von Zankle[7] die Söhne des Anaxilas,[8] die über sie herrschten, und befreiten so ihre Heimat. Später teilten Bewohner von Gela das Gebiet von Kamarina unter sich auf, das sie ursprünglich besiedelt hatten. Aber fast alle Städte hatten den Willen, die Kriege zu beenden, und entschlossen sich gemeinsam: sie verständigten sich mit den Söldnern, die unter ihnen lebten, und nachdem sie die Vertriebenen wieder aufgenommen hatten, gaben sie die Städte den früheren Bürgern zurück; den fremden Söldnern aber, die infolge der Tyrannenherrschaft im Besitz anderen gehöriger Städte waren, gestanden sie zu, ihre Habe mit sich fortzunehmen und sich allesamt in Messene anzusiedeln.[9] Auf diese Weise beendeten sie die Bürgerkriege und inneren Unruhen in den Städten Siziliens,[10] und fast alle Städte, die die von fremder Seite auferlegten Staatsordnungen abgeschüttelt hatten, teilten dann das eigene Land unter alle Bürger auf.

Diodor 11,76

[1] So die Überschrift des Kapitels bei M.I. Finley, Das antike Sizilien, München 1979, 84–100, in dem die Ereignisse der Jahre 466–405 behandelt werden.

[2] Die Demokratie war in Syrakus im Jahre 466 nach der Vertreibung des Tyrannen Thrasyboulos, des Bruders des Hieron und letzten Vertreters der Deinomeniden, eingerichtet worden; doch die erste Maßnahme der siegreichen Demokraten soll es gewesen sein, den

vom Tyrannen Gelon angeworbenen Söldnern das volle Bürgerrecht zu verweigern. Diese Söldner rebellierten daraufhin und besetzten die Insel Ortygia und das Stadtviertel Achradina (Diodor 11,72 f.).

3 Damit lief man Gefahr, daß sich eine neue Militäraristokratie bildete.

4 Im Jahre 476 hatte Hieron die Bevölkerung Katanes vertrieben, der Stadt den neuen Namen Aitna gegeben und dort 5 000 (?) Peloponnesier und ebensoviele Syrakusaner angesiedelt. Die Bewohner von Katane waren nach Leontinoi geschickt worden (Diodor 11,49).

5 Am Fuße des Aetna zwischen Paternò und Santa Maria di Licodia.

6 Diodor erzählt nicht, wie die früheren Einwohner Katanes dazu kamen, sich mit den Sikulern unter Duketios zu verbinden, doch angeblich hat letzterer bald die Führung der einheimischen Bevölkerung in ihrem Kampf gegen die griechischen Kolonisten übernommen.

7 Reggio Calabria und Messina. Zu diesen Ereignissen s. G. Vallet, Rhégion et Zancle, Paris 1958, 337 ff.

8 Anaxilas von Rhegion hatte Zankle im Jahre 490 eingenommen, hatte seine messenischen Landsleute dort angesiedelt und hatte der Stadt den Namen Messana gegeben. Er ist 476 gestorben.

9 Man muß sich erinnern, daß diese Landschaft zu jener Zeit von den Spartanern beherrscht wurde.

10 Diodor liegt hier jede Ironie fern.

118. Alkibiades und die sozialen und politischen Unruhen in Sizilien (415)

Bei dem Versuch, die sizilische Expedition der Athener zu rechtfertigen, führt Alkibiades die soziale Unruhe, die in den Griechenstädten der Insel herrscht, als Argument ins Feld (vgl. auch Text 17). Ähnliche Argumente werden (nach Thukydides 6,38 f.) von dem syrakusanischen Demokraten Athenagoras aufgegriffen, doch glaubt er nicht an die Möglichkeit einer Expedition der Athener.

Ändert auch den Beschluß wegen des Zuges nach Sizilien nicht etwa aus Furcht, wir würden es dort mit einer gewaltigen Macht zu tun haben. Die Bevölkerung der dortigen Städte ist nicht aus einem Guß, sondern gutenteils von auswärts zugewandert, und man ist dort mit Verfassungsänderungen und Aufnahme Fremder immer leicht bei der Hand. Darum versieht sich auch niemand, wie wenn er wirklich ein Vaterland hätte, zu dessen Schutze oder auch nur für seine Person gehörig mit Waffen, und man sorgt nicht für ordentliche Einrichtungen im Lande, sondern jedem ist es an dem genug, was ihm als Redner oder Parteiführer aus dem Stadtsäckel in die Tasche geflossen und was er schlimmstenfalls mit über die Grenze nehmen kann. Es ist sehr unwahrscheinlich, daß solches Pack einem Redner einmütig zuhören oder sich zu einer gemeinsamen Unternehmung aufraffen wird. Vermutlich würden die Leute, je nachdem man ihnen etwas nach dem Munde redet, unschwer für uns zu haben sein, zumal wenn dort, wie wir hören, zwei Parteien miteinander im Streit liegen. *Thukydides 6,17,2–4*

119. Timoleon kolonisiert Sizilien von neuem (um 338/37)

Als der Korinther Timoleon sich der Stadt Syrakus bemächtigt hatte und sowohl die Tyrannen wie die Karthager besiegt hatte, da war es seine erklärte Absicht, „die Demokratie auf den Trümmern der Tyrannis wiederaufzurichten". Doch in Wahrheit siedelte Timoleon dann die Bevölkerung ganzer Städte um, wie man es in Sizilien in den vorangegangenen 150 Jahren immer wieder getan hatte, er kolonisierte das ganze griechische Sizilien von neuem (die Ergebnisse seiner Bemühungen sind archäologisch belegt), und er besiegelte das Schicksal der *polis* in Sizilien vielleicht noch gründlicher als im Mutterland sein Zeitgenosse, der Sieger von Chaironeia. In der Tat war es gerade Sizilien, wo zuerst der Übergang von der *polis* als sozialer Organisationsform zum Staat stattfand.[1] Der ‚Timoleon' des Plutarch, aus dem die folgende berühmte Passage stammt, geht zumeist auf den Geschichtsschreiber Timaios von Tauromenion (Taormina) zurück, den Sohn des Tyrannen Andromachos und Freundes und Verbündeten des korinthischen Condottiere und Reformers.

Nachdem Timoleon so die Stadt[2] genommen hatte, waren keine Städter da, sie zu bewohnen, sondern sie waren teils in den Kriegen und den inneren Wirren zu Tode gekommen, teils vor den Tyrannen geflohen; auf dem Markt in Syrakus war wegen seiner Verödung so viel dichtes Gras aufgewachsen, daß die Pferde auf ihm weideten, während ihre Hüter im Grünen lagen, und die anderen Städte bis auf ganz wenige waren von Hirschen und Wildschweinen bevölkert, in den Vorstädten und um die Mauern gingen Leute, die nichts zu tun hatten, oft auf die Jagd, und keiner von denen, die Burgen und Kastelle bewohnten, hörte auf den Ruf und kam in die Stadt herab, sondern alle waren voll Haß und Abscheu gegen Markt, Politik und Rednerbühne, die Brutstätte der meisten ihrer Tyrannen.

Daher beschlossen Timoleon und die Syrakusier, an die Korinther zu schreiben, sie sollten neue Siedler aus Griechenland nach Syrakus schicken. Denn das Land drohte unbebaut zu bleiben, und sie erwarteten einen schweren Krieg von Libyen her. (...) Als dieses Schreiben von Timoleon überbracht wurde und zugleich syrakusische Gesandte zur Stelle waren und baten, die Korinther möchten sich der Stadt annehmen und wieder aufs neue ihre Gründer werden,[3] mißbrauchten diese die Gelegenheit nicht zum eigenen Vorteil und eigneten sich die Stadt nicht zu, sondern sie beschickten zuerst die heiligen Kampfspiele in Griechenland[4] und die meistbesuchten Festversammlungen und ließen durch Herolde bekannt machen: die Korinther hätten die Tyrannenherrschaft in Syrakus gestürzt, den Tyrannen verjagt, und lüden jetzt die Syrakusier und jeden der anderen Griechen Siziliens, der dazu Lust habe,[5] ein, die Stadt als freie und unabhängige Bürger zu bewohnen und sich Land auf der Grundlage der Gleichheit und Gerechtigkeit zuweisen zu lassen.[6] Sodann schickten sie Boten rings nach Kleinasien und den Inseln, wo, wie sie erfuhren, eine große Zahl von Flüchtlingen verstreut lebten, und forderten sie auf, alle nach Korinth zu kommen; die

Korinther würden ihnen auf eigene Kosten sicheres Geleit, Fahrzeuge und militärische Führer nach Syrakus stellen. Indem sie diese Bekanntmachung erließ, erwarb die Stadt sich den gerechtesten und schönsten Ruhm und Bewunderung dazu, daß sie von den Tyrannen befreie, vor den Barbaren errette und den Bürgern ihr Land zurückgebe.

Da diejenigen, welche hierauf in Korinth zusammenkamen, nicht zahlreich genug waren, baten sie, daß sich Mitsiedler aus Korinth und dem übrigen Griechenland ihnen zugesellten. So waren es nicht weniger als zehntausend, die nach Syrakus in See gingen. Inzwischen waren auch schon aus Italien und Sizilien viele dem Timoleon zugeströmt, und nachdem ihre Zahl – wie Athanis[7] gesagt hat – auf sechzigtausend[8] angewachsen war, verteilte er das Land und verkaufte die Häuser für tausend Talente, wobei er den alten Syrakusiern das Vorkaufsrecht auf ihre ehemaligen Häuser offen hielt, zugleich aber auch reichliche Geldmittel für die Gemeinde beschaffte, die solchen Mangel litt für ihre sonstigen Bedürfnisse sowohl wie für den Krieg, daß sie sogar ihre Bildsäulen verkaufte,[9] wobei über jede eine Abstimmung stattfand und Anklage erhoben wurde wie gegen Menschen, die Rechenschaft abzulegen haben. Da sollen die Syrakusier, während die anderen verurteilt wurden, die Statue des alten Tyrannen Gelon an ihrem Platz belassen haben aus Hochachtung und Bewunderung für den Mann wegen des Sieges, den er bei Himera über die Karthager davongetragen hatte.[10]

Während so die Stadt wieder auflebte und sich durch die von allen Seiten herzuströmenden Bürger neu bevölkerte, ging Timoleon daran, auch die anderen Städte zu befreien und die Gewaltherrschaften ganz und gar aus Sizilien auszurotten. (...) Da er ferner wünschte, daß die Söldner sich im Feindesland bereicherten und nicht unbeschäftigt wären, kehrte er zwar selbst nach Syrakus zurück, (...) entsandte aber Deinarchos und Demaretos[11] ins Herrschaftsgebiet der Karthager, wo diese viele Gemeinden zum Abfall von den Karthagern nötigten und nicht nur selbst im Überfluß lebten, sondern auch aus der Beute Geldmittel für den Krieg beisteuerten.

Plutarch, Timoleon 22,4–24

[1] Zu Timoleon s. den speziellen Band der sizilischen Zeitschrift Kokalos 4, 1958 sowie die teilweise kontroversen Zusammenfassungen bei M. I. Finley, Das antike Sizilien, München 1979, 124–135; außerdem P. Léveque, De Timoléon a Pyrrhos, Kokalos 14–15, 1968–69, 135–51 und zuletzt R. J. A. Talbert, Timoleon and the Revival of Greek Sicily 344–317 B.C., Cambridge 1974.

[2] Syrakus. Plutarch schließt hier die Neubesiedlung der Stadt unmittelbar an ihre Eroberung an (343/42). Es ist jedoch eher Diodor 16,82 f. zu folgen, der die Neubesiedlung später, nämlich um das Jahr 339/38 nach dem Sieg über die Karthager ansetzt. In jedem Falle muß es sich um ein langfristiges Unternehmen gehandelt haben.

[3] Die Wiedergründung von Städten durch die ursprüngliche Mutterstadt oder eine andere Stadt sollte für die Geschichte des hellenistischen und römischen Italien kennzeichnend werden.

[4] D. h. für das 4. Jahrhundert die Olympischen, Pythischen, Nemeischen und Isthmischen Spiele.

[5] Der Aufruf richtete sich zunächst an alle Griechen Siziliens, was den Schluß zuläßt, daß es angesichts der Lage der Dinge keinen exklusiven Anspruch von seiten der Syrakusaner gab; das steht in krassem Gegensatz zu den Verhältnissen im griechischen Mutterland.
[6] Dieser Teil des korinthischen Aufrufs muß um so mehr Aufsehen erregt haben, weil das in demselben Jahr geschah, in dem der ‚Korinthische Bund' gegründet wurde, der neben anderen umstürzlerischen Maßnahmen die Neuverteilung des Bodens untersagte.
[7] Ein syrakusanischer Geschichtsschreiber des 3. Jahrhunderts.
[8] Diodor (16,82) gibt folgende Zahlen: 40000 Kolonen kamen in das Gebiet von Syrakus und 100000 in das der Stadt Agyrrhion (westlich des Aetna).
[9] Die Statuen der Tyrannen, die es reichlich gegeben haben muß.
[10] Im Jahre 480.
[11] Sie sind vermutlich dieselben Söldnerführer, die auch mit Philipp von Makedonien gekämpft haben (s. H.W. Parke, Greek Mercenary Soldiers, Oxford 1933, 173), und haben daher nichts mit den gleichnamigen Politikern zu tun, die in der Geschichte von Syrakus gegen Ende des 4. Jahrhunderts eine Rolle spielen.

120. Das Vermögen des Vaters des Demosthenes (um 380)

Das Vermögen des Vaters des Demosthenes, das der Redner, wenn auch mit einigen Ungenauigkeiten, aufzählt, besteht mit Ausnahme eines Hauses aus beweglichen Gütern: ausgebildete Sklaven, von denen einige (diejenigen, die Betten herstellen) ihm als Sicherheit für einen Kredit übereignet worden sind, Seedarlehen und Bankeinlagen. Erst kürzlich erworbene Vermögen sind zahlreich in Athen, doch als Demosthenes die Neureichen angreift, da sagt er, daß „mancher sich mehr Land zusammengekauft hat, als ihr hier im Gerichtshof alle zusammen besitzt".[1] Und in der Tat: obwohl man in der Überlieferung von einer ganzen Reihe von Vermögen hört, bei denen Kredite und bewegliche Güter eine sehr wichtige Rolle spielen,[2] ist doch das Vermögen des Vaters des Demosthenes das einzige bekannte Vermögen dieser Größenordnung, zu dem kein Landbesitz gehört. Der Wert der Sklaven, d.h. zumindest derer, von denen der Preis genannt wird, liegt wesentlich über den in Text 75 genannten Preisen; letztere allerdings waren das Ergebnis einer öffentlichen Versteigerung; des weiteren muß man die handwerklichen Fähigkeiten der Sklaven, von denen Demosthenes spricht, mit in Rechnung stellen.[3]

Mein Vater nämlich, Männer des Gerichts, hinterließ zwei Fabriken mit ziemlich lebhaftem Betrieb, die eine mit dreißig Messerschmieden, von denen zwei oder drei zu fünf bis sechs, die übrigen nicht geringer als zu drei Minen jeder zu veranschlagen waren und von denen er jährlich dreißig Minen reinen Gewinn bezog, die andere mit zwanzig Schreinern, die Betten herstellten, ihm für vierzig Minen verpfändet waren[4] und einen Reingewinn von zwölf Minen brachten; sodann an barem Gelde ein Talent zu einer Drachme (pro Mine)[5] ausgeliehen, das jährlich über sieben Minen Zinsen trug. Dies hinterließ er an ertragbringend angelegtem Vermögen, wie diese selbst es zugestehen werden.[6] Es ergibt dies ein Stammkapital von vier Talenten und fünftausend Drachmen und einen Zins von jährlich fünfzig Minen. Außerdem hinterließ er Elfenbein und Eisen zur Verarbeitung und Holz zu Bettgestellen im Wert von etwa achtzig Minen und Galläpfel[7] und

Kupfer um siebzig Minen eingekauft, sodann ein Haus im Wert von dreitausend Drachmen und Hausrat, Trinkgeschirr und Geschmeide nebst Kleidern für meine Mutter, alles zusammen gegen zehntausend Drachmen wert, und achtzig Minen an barem Geldvorrat. Dies alles hinterließ er bei sich zu Hause, an Außenständen aber auf Seezins an Xouthos ausgeliehen siebzig Minen, zweitausendvierhundert Drachmen in der Bank des Pasion, sechshundert in der des Pylades, und bei des Demon Sohne Demomeles sechzehnhundert, endlich in Beträgen von jeweils zweihundert oder dreihundert ausgeliehen nahezu noch ein Talent. Diese Gelder bilden wiederum ein Kapital von mehr als acht Talenten und dreißig Minen.[8] Alles in allem ergeben sich also, wenn ihr nachrechnen wollt, etwa vierzehn Talente als Betrag der Hinterlassenschaft. *Demosthenes, Gegen Aphobos 1,9–11*

[1] Gegen Aristokrates (23) 208 (vgl. Text 116).
[2] Z. B. das Vermögen des Kontrahenten des Phainippos in Pseudo-Demosthenes 20 (Gegen Phainippos). Übrigens unterstreicht der Redner, daß das Vermögen des Phainippos nicht den gleichen hohen Risiken ausgesetzt ist wie das seine.
[3] Dazu Claude Mossé, La Fin de la démocratie athénienne, Paris 1962, 192f.
[4] Man muß also unterscheiden zwischen 1. dem Preis der Sklaven, die Messer herstellen, der ein Marktpreis ist, und 2. der Gesamtsumme des Kredits, für den die 20 Sklaven, die Betten herstellen, als Sicherheit übereignet worden sind. Es versteht sich, daß der Wert der Sicherheiten viel höher lag als die Kreditsumme; vgl. dazu M. I. Finley, Studies in Land and Credit in Ancient Athens, New Brunswick, N.J. 1952, 116.
[5] Aus dem Zusammenhang kann man entnehmen, daß es sich um eine Drachme pro Mine monatlich handelt, also um einen Zinssatz von 1% monatlich oder 12% jährlich.
[6] Die Onkel und Vormunde des Demosthenes, die der Redner beschuldigt, sein Vermögen vernachlässigt zu haben.
[7] Sie wurden zum Färben benötigt.
[8] Die handschriftliche Überlieferung gibt diese Zahl, die viele Herausgeber korrigieren wollen, weil die Summe tatsächlich nämlich 8 Talente und 50 Minen beträgt; aber man muß nicht notwendigerweise davon ausgehen, daß Demosthenes genau gerechnet hat, denn man kommt ohnehin niemals auf die genaue Gesamtsumme von 14 Talenten, die im Text steht.

121. Ein schriftlicher Vertrag über ein Seedarlehen (um 340)

Ein in der Rede ‚Gegen Lakritos‘ überlieferter Vertrag über ein Seedarlehen ist das einzige für das 4. Jahrhundert erhaltene Dokument dieser Art, und neu daran ist, daß man sich nun eines schriftlichen Vertrags bedient. Bei dieser Art von Transaktion dienen das Schiff und seine Ladung als Sicherheit für das Darlehen. Es gibt des weiteren eine Klausel, nach der bei unzureichender Deckung durch diese Sicherheitsleistung der Gläubiger das Recht hat, andere Güter im Besitz des Schuldners zur Deckung heranzuziehen. Doch gibt es in Übereinstimmung mit einer grundlegenden Regel des antiken griechischen Pfandrechts keine Klausel für den Fall, daß das Pfand einen höheren Wert hat als die Schuld. Das Pfand, wenn es erst einmal von den Gläubigern mit Beschlag belegt ist, gehört diesen. Wie in allen Fällen dieser Art ist der Zinssatz relativ hoch (er schwankt je nach Entfernung und Jahreszeit), was angesichts der Risiken, die der Geldgeber lief, verständlich erscheint. Wie zu sehen war (Text 120), hat der Vater des Demosthenes bei seinem Tode als relativ wohlhabender Fabrikant unter anderem einen Geldbetrag hinterlassen, der bei einer Bank deponiert war, und einen weiteren, den er einem Händler geliehen hatte. Bankeinlagen und Seedarlehen haben mit bestimmten Formen der Kreditvergabe gegen Immobilien als Sicherheit (s. Text 123 und 124) ein gemeinsames Charakteristikum, nämlich daß sie auf schriftlicher Vereinbarung beruhen. Diese Gemeinsamkeit bedeutet aber in keiner Weise, daß diese drei Arten der Geldanlage sonst vergleichbar wären. Finley hat gezeigt, daß die Welt der *horoi*, d. h. die Welt der reichen Grundbesitzer, die Geld aufnehmen, um ihren sozialen Status aufrechtzuerhalten, nichts gemein hatte mit der Welt der Seedarlehen,[1] und des weiteren hat Bogaert festgestellt, daß kein Fall überliefert ist, in dem ein Bankier sich an einem Seedarlehen beteiligt.[2] Neuerer blieben Außenstehende, und so sollte es durch die ganze hellenistische Zeit bleiben.

Androkles aus dem Demos Sphettos und Nausikrates aus Karystos[3] haben dem Artemon und Apollodoros, beide aus Phaselis,[4] dreitausend Drachmen geliehen für eine Fahrt von Athen nach Mende oder Skione,[5] und von da zum Bosporos, oder wenn sie wollen, an der linken Küste entlang[6] nach Borysthenes,[7] und wieder zurück nach Athen, für Zweihundertfünfundzwanzig pro Tausend Zinsen; wenn sie aber nach Aufgang des Arktouros[8] aus dem Schwarzen Meer nach Hieron[9] fahren, dann für Dreihundert pro Tausend Zinsen. (Sie haben es ausgeliehen) auf dreitausend Amphoren Wein aus Mende, der von Mende oder Skione auf einem zwanzigrudrigen Schiff ausgeführt werden soll, das dem Schiffseigner Hyblesios gehört. Sie verpfänden das, wobei sie sonst niemandem darauf Geld schulden oder schulden werden.[10] Und sie werden die Waren, die sie im Austausch dafür vom Schwarzen Meer bringen, alle wieder auf demselben Schiff nach Athen zurückführen.[11] Wenn die Waren sicher nach Athen gelangt sind, sollen die Schuldner den Gläubigern das fällige Geld vertragsgemäß innerhalb von zwanzig Tagen nach ihrer Ankunft in Athen zahlen, und zwar die volle Summe außer in dem Falle, daß auf gemeinsamen Beschluß der Passagiere (ein Teil der Ladung) über Bord geworfen wurde[12] oder man eine Zahlung an Feinde geleistet hat; in allen anderen Fällen ist die volle Summe zu zahlen. Und sie sollen den Gläubigern das Pfand unversehrt zur Verfügung halten, bis sie das fällige Geld vertragsgemäß zahlen. Aber wenn sie nicht in der festgelegten Zeit zahlen, so haben die Gläubiger das Recht, das Pfand (ihrerseits) zu verpfänden oder zum gängigen Preis zu verkaufen. Und wenn dann etwas fehlt an der Summe, die den Gläubigern nach dem Vertrag zusteht, sollen die Gläubiger gegen Artemon und Apollodoros das Recht auf Vollstreckung haben, und zwar aus ihrem gesamten Besitz zu Lande und zu Wasser überall, wo er sich auch befindet, als ob diese eine gerichtlich anerkannte Schuld über die Frist hinaus schuldeten; dieses Recht soll jedem einzelnen Gläubiger und beiden gemeinsam zustehen. Und wenn sie nicht in das Schwarze Meer einlaufen, sollen sie für zehn Tage nach Aufgehen des Hundssterns im Hellespont bleiben, die Ladung löschen, wo man gegen

Athener das Recht auf Zugriff nicht ausübt,[13] von dort nach Athen auslaufen und sollen die Zinsen zahlen, die im Jahr davor im Vertrag festgelegt wurden. Wenn das Schiff, auf dem die Waren befördert werden, Schiffbruch erleidet, von den verpfändeten Gütern aber etwas gerettet wird, so soll das, was noch da ist, den Gläubigern gemeinsam gehören.[14] In Hinblick auf all dieses soll nichts anderes größere Rechtskraft haben als dieser Vertrag. Zeugen: Phormio aus dem Demos Piräus, Kephisodotos aus Boiotien, Heliodoros aus dem Demos Pithos. *Pseudo-Demosthenes, Gegen Lakritos 10–13*

[1] M.I. Finley, Studies in Land and Credit in Ancient Athens, New Brunswick, N.J. 1952, 27.

[2] R. Bogaert, Banquiers, courtiers et prêts maritimes à Athènes et à Alexandrie, Chronique d'Egypte 40, 1965, 140–56, und allgemein dazu G.E.M. de Ste Croix, Ancient Greek and Roman Maritime Loans, in: H. Edey-B.S. Yameley (Hrsg.), Debits, Credits, Finance and Profits, Essays in Honour of W.T. Baxter, London 1974, 41–59, besonders 44–46.

[3] Stadt auf Euboia.

[4] Dorische Stadt in Kleinasien. Man beachte, daß Kreditgeber und Kreditnehmer Bürger dreier verschiedener Städte sind.

[5] Auf der Chalkidike.

[6] D.h. entlang der Westküste des Schwarzen Meeres.

[7] B. Bravo hat uns darauf hingewiesen, daß hier von der Stadt Borysthenes die Rede ist und nicht vom Fluß (Dnjepr) oder dem Mündungsgebiet von Dnjepr und Bug.

[8] Zu Beginn des Herbstes.

[9] Am Ausgang des Bosporos ins Schwarze Meer.

[10] D.h. die Ladung, die verpfändet wird, darf nicht als Sicherheit für irgendein anderes Darlehen dienen.

[11] Die Kaufleute werden den in Skione oder Mende an Bord genommenen Wein in einem Schwarzmeerhafen verkaufen; die mit dem Erlös gekauften Waren werden als Sicherheit für die Gläubiger dienen.

[12] Die Regeln in bezug auf das Überbordwerfen von Gütern, d.h. eines Teils oder der ganzen Landung, das im Sturm notwendig werden kann, gehören zu den wichtigsten Fragen im antiken Seerecht und bis heute; dazu de Ste Croix, Ancient Greek and Roman maritime Loans 57f.

[13] D.h. in einer Stadt, die nicht aufgrund eines gegen sie als solche gerichteten Vergehens alle ihre Angehörigen (Bürger und Metoiken) aufgefordert hatte, Athen mit Piraterie zu verfolgen; des weiteren eine Stadt, in der es niemanden geben sollte, der als Gläubiger der Stadt Athen nicht zufriedengestellt war und daher das Recht besaß, sich in den Besitz jedweden athenischen Eigentums zu setzen. Zu beiden Situationen s. B. Bravo, Sulân, Annali della Scuola Normale Superiore di Pisa, ser. 3,10,1980.

[14] Im Falle des Verlustes der ganzen Ladung gehen die Geldgeber leer aus.

122. Xenophon: Fremde und Kaufleute in der Stadt

Die Vorschläge, die Xenophon unterbreitet, um die Zahl der Metoiken zu erhöhen und die Kaufleute zu ermutigen, sich in Athen und im Piräus niederzulassen, bleiben, wie auch die Vorschläge Platons (s. Text 126 und 127), im traditionellen Rahmen der *polis.* Xenophon möchte (um 355), daß die athenischen Bürger ihre militärischen Verpflichtungen wahrnehmen (das Heer besteht nämlich ganz im Gegenteil zu jener Zeit größtenteils aus Söldnern), und will den Bereich der Wirtschaft den Fremden überlassen. Er zieht damit die Konsequenz aus einer äußerst wichtigen Entwicklung: Wenn die Metoiken in Athen, wie gezeigt worden ist, im 5. Jahrhundert Griechen und eigentlich fast schon Athener waren, so waren sie ab der Mitte des 4. Jahrhunderts häufig Nichtgriechen, auch wenn sie meist sehr schnell hellenisiert waren. Doch ist sich Xenophon wahrscheinlich nicht dessen bewußt, daß manche seiner Vorschläge eine tiefgreifende, umstürzlerische Veränderung bedeuten, darunter insbesondere der Vorschlag, das Recht auf Grundbesitz auf die ‚Würdigsten' der Metoiken auszudehnen. „Man muß den Vorschlag für einen ... sehr aufgeklärten, wenn auch im eigenen Interesse stehenden Versuch halten, die rechtliche Stellung der Metoiken zu ändern und der tatsächlichen wirtschaftlichen Rolle anzupassen, die sie im Athen des 4. Jahrhunderts spielten".[1] Der Vorschlag wurde natürlich nicht in die Praxis umgesetzt, doch ist festzustellen, daß der größere Teil der Beschlüsse aus klassischer Zeit, mit denen Fremden das Recht auf Grundbesitz zugestanden wurde, in das 4. Jahrhundert gehört;[2] einige dieser Beschlüsse betreffen Kaufleute, während andere reiche Wohltäter *(euergetai)* belohnen, die zur Bereicherung Athens beigetragen hatten.[3] In Hinblick auf all dies wie in vielem anderen scheint Xenophon schon ein Mensch der hellenistischen Zeit zu sein.

All diese Vorzüge liegen, wie ich sagte, im Lande selbst begründet.[4] Aber es wäre angebracht, wenn zu diesen natürlichen Vorzügen die Fürsorge für die Metoiken käme. Denn diese Einkommensquelle scheint mir eine der vorzüglichsten zu sein, weil sie, die sich selbst erhalten und den Städten viel Nutzen bringen, dafür keinen Lohn nehmen, sondern sogar das *metoikion* zahlen.[5] Es schiene mir als Fürsorge zu genügen, wenn wir abschaffen würden, was den Metoiken ohne jeden Nutzen für die Stadt ein gewisses Maß an Minderwertigkeit[6] gibt, und abschaffen würden, daß die Metoiken gemeinsam mit den Bürgern als Hopliten dienen. Denn die Gefahr für sie ist groß und es ist auch ein großes Opfer für sie, ihr Gewerbe und ihre Häuser im Stich zu lassen. Aber auch die Stadt hätte davon wahrlich einen Nutzen, wenn die Bürger ihren Militärdienst unter sich leisteten und mit ihnen nicht, wie es jetzt ist, Lyder und Phryger und Syrer und andere Barbaren von irgendwoher in einer Reihe stünden; denn viele der Metoiken sind solche Leute. Neben dem Vorteil, daß sie vom gemeinsamen Dienst entbunden wären, würde es der Stadt auch gut zu Gesichte stehen, wenn die Athener den Anschein erweckten, daß sie in der Schlacht mehr auf sich selbst als auf Fremde vertrauen. Auch scheint mir, wenn wir die Metoiken am Dienst in der Reiterei teilnehmen ließen[7] und an anderem, woran teilzunehmen für sie ehrenvoll wäre, daß wir sie bereitwilliger stimmen und zugleich die Stadt stärken und verbessern würden. Des weiteren glaube ich: Wenn die Stadt angesichts der Tatsache, daß es viele Grundstücke innerhalb der Mauern[8] gibt, auf denen keine Häuser stehen, denjenigen, die ein Haus bauen wollen, die darum ersuchen und es zu verdienen scheinen, Baugrund als Besitz geben würde, würden auch deshalb viel mehr und bessere Leute danach trachten, in Athen zu wohnen. Und wenn wir Betreuer der Metoiken als Beamten einsetzen würden, wie es sie für die Waisen gibt,[9] und denen eine gewisse Ehrung zuteil würde, die die meisten Metoiken aufzuweisen hätten, würde auch das die Metoiken bereitwilliger stimmen, und wahrscheinlich würden alle, die heimatlos sind, Metoike in Athen sein wollen und dann unsere Einkünfte mehren.

Jetzt will ich davon sprechen, daß unsere Stadt auch für den Handel am günstigsten und gewinnbringendsten ist.[10] Erstens nämlich hat sie für die Schiffe sehr schöne und sichere Häfen, wo man vor Anker gehen und ohne Furcht vor Sturm auf Reede liegen kann. Aber in den meisten Häfen sind die Kaufleute doch irgendwie gezwungen, Rückfracht zu laden; man benutzt nämlich Währungen, die außerhalb nicht zu gebrauchen sind.[11] In Athen hingegen gibt es zwar zur Wiederausfuhr das meiste von den Dingen, die die Menschen benötigen, wenn aber jemand keine Rückfracht laden will, kann er ein gutes Geschäft machen, wenn er Silber ausführt. Wo immer man nämlich das verkauft, bekommt man mehr als das ursprünglich eingesetzte Kapital.[12] Und wenn man den Marktbeamten Preise aussetzen würde für den, der Streitigkeiten[13] am gerechtesten und schnellsten entscheidet, so daß jemand, der abfahren will, nicht aufgehalten wird, so würden auch deshalb viel mehr Leute lieber Handel treiben. Es wäre auch hervorragend, wenn man Kaufleute und Schiffseigner durch Sitze in den vorderen Reihen (des Theaters) ehren würde und man die zum offiziellen Gastmahl laden würde, die durch erwähnenswerte Schiffe und Waren der Stadt zu nutzen scheinen.[14] Denn auf diese Art geehrt würden sie nicht allein des Gewinns wegen, sondern auch um der Ehre willen[15] wie zu Freunden herbeieilen. Je mehr Leute aber sich niederlassen und herkommen würden, desto mehr würde natürlich aus- und eingeführt[16] und verkauft und um Lohn gearbeitet, und desto mehr Abgaben würden gezahlt. Zu einer solchen Steigerung der Einkünfte nun müßte man nichts weiter aufwenden als Ehrenbeschlüsse[17] und Fürsorge ...[18]

Auch weiß ich, daß oft Trieren für hohen Aufwand ausgeschickt werden, wobei nicht vorauszusehen ist, ob es gut oder schlecht ausgehen wird, hingegen klar ist, daß man[19] niemals zurückerhalten wird, was man beigesteuert hat, und auch keinen Ertrag haben wird von dem, was man beigesteuert hat. Aber man kann wohl mit nichts ein so gutes Geschäft machen, wie wenn man in den Anleihefonds einzahlt; der nämlich, der zehn Minen einzahlt,[20] bekommt wie bei einem Schiffsdarlehen[21] fast ein Fünftel in Zinsen, indem er drei Obolen pro Tag erhält;[22] wer hingegen fünf Minen einzahlt, bekommt mehr als ein Drittel in Zinsen; aber die meisten Athener werden jährlich mehr bekommen, als sie eingezahlt haben. Diejenigen nämlich, die eine Mine beigesteuert haben, werden nahezu zwei Minen Ertrag haben, und das auf Garantie der Stadt, die von allen menschlichen Einrichtungen die sicherste und dauerhafteste zu sein scheint.[23] Ich glaube, wenn sie auf ewige Zeit in die Liste der Wohltäter aufgenommen würden,[24] daß auch viele Fremde beisteuern würden, und es gibt wohl auch Städte, die nach der Aufnahme in die Liste trachten. Ich hoffe auch, daß manche Könige und Tyrannen und Satrapen den Wunsch hegen werden, an dieser Ehrung teilzuhaben.[25] Wenn der Anleihefonds ausreicht, wäre es hervorragend, wenn man für die Seefahrer Herbergen am Hafen zusätzlich zu den vorhandenen bauen würde, und es wäre auch gut, wenn man für die Kaufleute geeignete Plätze zum Verkauf und Kauf einrichten würde und für die Ankommenden öffentliche Herbergen. Wenn auch für die Händler Wohnungen und Läden bereitgestellt würden, sowohl im Piräus wie in der Stadt, würde das die Stadt zugleich schmücken und es kämen daraus viele Einkünfte herein. Es schiene mir auch einen Versuch wert, wenn man so, wie die Stadt Trieren zu ihrem öffentlichen Besitz zählt, es gleichfalls ermöglichte, Handelsschiffe in öffentlichem Besitz zu haben und diese gegen Bürgschaft zu verpachten wie den übrigen öffentlichen Besitz.[26]

Xenophon, Über die Einkünfte 2–3

1 J. Pečírka, A Note on Aristotle's Conception of Citizenship and the Role of Foreigners in Fourth Century Athens, Eirene 6, 1967, 25.

2 Dazu J. Pečírka, The Formula for the Grant of Enktesis in Attic Inscriptions, Prag 1966. Einer dieser Beschlüsse ist oben Text 72 übersetzt.

3 Z. B. der Beschluß des Jahres 329 auf Antrag des Reformers Lykurg, jenes beispielhaften Traditionalisten, durch den dem Eudemos von Plataiai die *enktēsis* gewährt wurde, der „versprochen hatte, dem Volk für den Krieg, wenn es notwendig wäre, 4 000 Drachmen zu geben, und bereits für den Bau des Stadions und des panathenäischen Theaters tausend Joch Ochsen zur Verfügung gestellt hat" (Tod, GHI Bd 2, nr. 198). Über die sich verändernde Rolle, die Wohltäter *(euergetai)* von der klassischen über die hellenistische bis in römische Zeit gespielt haben s. P. Veyne, Le pain et le cirque, Paris 1977 und oben Text 81, Anm. 1. Zu dem gesamten Abschnitt aus Xenophon s. jetzt Ph. Gauthier, Un commentaire des Poroi de Xénophon, Paris-Genf 1976.

4 Xenophon hat soeben ein idyllisches Bild von dem Klima und der Lage Athens und den sich daraus ergebenden Vorzügen gezeichnet.

5 Die bescheidene Steuer, die die Metoiken zu entrichten hatten (12 Drachmen im Jahr die Männer, 6 Drachmen im Jahr für die Frauen).

6 Damit übersetzen wir den griechischen Ausdruck *atimia* (der ursprünglich die Situation eines Bürgers beschrieb, der als Bürger ‚gestorben' war). Vermutlich denkt Xenophon hier an die Verpflichtung, die die Metoiken hatten, sich einen eigenen Schutzherrn *(prostatēs)* zu suchen.

7 Ein auffälliger Widerspruch, denn Xenophon, dem soviel daran lag, die militärische Rolle der Reiterei zu ändern, schließt die Metoiken vom Dienst im Fußvolk aus, aber läßt sie in der Reiterei zu. Es ist hier daran zu erinnern, daß die Reiterei für Xenophon eine Elite repräsentierte und auch eine Paradeeinheit war, in der die fähigsten Athener Dienst taten und sich an den Prozessionen beteiligten; die Angehörigen der zweiten Vermögensklassen hießen in Athen ja auch ‚die Ritter' *(hippeis).*

8 Die Langen Mauern, die Athen und den Piräus schützten.

9 Schutzherren der Metoiken waren einzelne private Bürger, von seiten der *polis* war der Polemarch für die zuständig. Xenophon möchte auf nicht ganz klar erkennbare Weise und trotz sich ergebender dagegen sprechender Argumente (es entstünde ein Konkurrenzstreit zwischen den *metoikophylakes* darum, wer die meisten von ihm Abhängigen habe) das System der Patronage in eine öffentlich kontrollierte Einrichtung der *polis* umwandeln. Man beachte, wie die Metoiken ähnlich behandelt werden wie die Waisen, für deren Erziehung die Stadt sorgte; zu letzterem R. S. Stroud, Theozotides and the Athenian Orphans, Hesperia 40, 1971, 280–301 im Zusammenhang mit einer neu entdeckten Inschrift. Zur Bezahlung der ‚Betreuer der Metoiken' s. Xenophon, Hieron 9.

[10] Xenophon wechselt in diesem Abschnitt das Thema und geht von den eigentlichen Metoiken, von denen er nicht mehr sprechen wird, über zu den Händlern; dieser Übergang ergibt sich ganz wie von selbst.
[11] Zu der Kontrolle, die die Stadt über das Wechselgeschäft ausübte, s. Text 102 und 103.
[12] Die athenischen Münzen waren überall im Umlauf, weil die ‚Eulen' ihrer Qualität wegen einen so guten Ruf genossen. Unter anderem bestanden auch in den Ländern des Ostens, die den Gebrauch des Geldes gar nicht kannten, viele ‚Schätze' aus athenischen Münzen als solchen oder aus ihrem eingeschmolzenen Silber. Silber war also eine äußerst kostbare Ware. Vgl. dazu die von E. Schönert-Geiss, Die Geldzirkulation Attikas, Klio 56, 1974, 377–414 zusammengetragenen Daten.
[13] Die *dikai emporikai* (‚Handelsprozesse'), die innerhalb eines Monats entschieden werden mußten, hätten (ab ungefähr 350) dieser Forderung Xenophons bis zu einem gewissen Grade entsprochen. Dazu L. Gernet, Sur les actions commerciales en droit athénien, in: ders., Droit et société dans la Grèce ancienne, Paris[2] 1964, 173–200; zu der Diskussion, die dieser Artikel ausgelöst hat, s. oben 142, Anm. 15.
[14] Wieder handelt es sich um ganz umstürzlerische Vorschläge: Die Ehrenplätze im Theater waren normalerweise den Beamten und den höchsten Priestern vorbehalten. Xenophon hingegen schlägt vor, Kaufleute allein wegen der Größe ihrer Warenladung die außerordentliche Ehre zuteil werden zu lassen, sie in das Prytaneion einzuladen. Ein Vierteljahrhundert nach der Publikation dieser Schrift des Xenophon beschließt Athen ein vierfaches Dekret zu Ehren des Herakleides, eines Händlers aus Salamis auf Zypern, der in einer schwierigen Situation, nämlich der Hungersnot des Jahres 331/30, die Stadt mit billigem Getreide beliefert hatte. Dieser Text (Dittenberger, Sylloge[3] nr. 304) enthält eine Reihe von Ehrungen für diesen Mann (ein Kranz, Vorstellung vor dem Volk etc.), aber von einer Einladung ins Prytaneion ist nicht die Rede. Der Vorschlag des Xenophon geht weit darüber hinaus, indem er sich auf rein wirtschaftliche Kriterien stützt.
[15] An dieser Stelle hingegen muß die Bedeutung nichtwirtschaftlicher Motive betont werden.
[16] Es handelt sich also keineswegs darum, Exporte zu ermutigen und Importe zu vermindern. Es findet sich in der ganzen Schrift keine Spur eines ‚Merkantilismus'.
[17] Im Griechischen heißt es hier *psēphismata philanthropa.*
[18] Hier ist ein Abschnitt ausgelassen, in dem Xenophon erklärt, daß andererseits die notwendigerweise entstehenden Ausgaben eine Bevölkerung nicht allzusehr belasten dürfen, die soviel für den Krieg ausgegeben hat.
[19] Diejenigen, die sich an einer Trierarchie beteiligten. Was Xenophon hier andeutungsweise vorschlägt, ist, daß man die Trieren durch Handelsschiffe ersetzen solle und die Liturgie der Trierarchie durch eine Liturgie für den Handel, die den Vorteil hätte, Geld einzubringen statt Kosten zu verursachen. Man sollte die Modernität dieses Vorschlags nicht zu hoch ansetzen. In Phokaia oder Massilia z.B. war der Handel eine Angelegenheit des Staatsinteresses. Neu ist hier das offen vertretene Prinzip privaten Gewinns.
[20] Das griechische Wort ist *eisphora,* das normalerweise außerordentliche Steuern bezeichnet.
[21] S. Text 121.
[22] 1 Mine entspricht 100 Drachmen oder 600 Obolen. Die Rechnung läuft auf einen Zinssatz von 18% hinaus.
[23] Xenophons Plan ist es, in Übereinstimmung mit dem traditionellen Verfahren der *polis* denen, die mit geringeren Summen beitragen, eine höhere Verzinsung zu gewähren als denen, die mit großen Summen beitragen. Man kann daran sehen, wie die *polis* bei diesem Projekt für den wirtschaftlichen Aufstieg im Zentrum des Interesses bleibt.
[24] Wenn die Stadt ein schönes Ehrendekret beschließen würde, das auf einer ‚steinernen Stele' aufgeschrieben werden sollte.
[25] Vielleicht denkt Xenophon an Leute wie Straton von Sidon (s. Text 71). Die Gunst von Herrschern war für die *polis* immer ein Element bei der Befriedigung ihres Kaufinteresses gewesen, doch auch hier bringt Xenophon einen neuen Aspekt hinein, wenn er das Wohl-

verhalten von Königen, Satrapen und Tyrannen mit einem Unternehmen der Handelsschiffahrt in Verbindung bringt.

[26] Der gesamte vorangehende Abschnitt setzt die Realisierung eines solchen Plans voraus.

123. Hypothekensteine

Im 4. und 3. Jahrhundert gab es in Athen und in einigen anderen Städten solche Pfeiler *(horoi)*, die die Vorübergehenden erkennen ließen, daß ein Immobilienbesitz, sei es ein Haus oder Land oder in außerordentlichen Fällen sogar eine Werkstatt mit den dort arbeitenden Sklaven, durch Hypotheken belastet war. Das Vorhandensein dieser Steine erklärt sich aus einer einfachen Tatsache: Es gab in Athen praktisch keine gesetzlichen Regelungen in Bezug auf Grundbesitz, gab kein Kataster und nichts, was auch nur im entferntesten einem Hypothekarregister ähnelte. Bei der Veranlagung für Steuerzahlungen wurden die eigenen Angaben als Grundlage nicht in Zweifel gezogen, es sei denn ein Athener, dem eine Liturgie auferlegt worden war, wollte vor Gericht beweisen, daß er weniger Vermögen hatte als ein anderer und daß daher dieser statt seiner die Liturgie übernehmen müsse. Die *horoi* des 4. Jahrhunderts haben nichts mit denen zu tun, die Solon hatte entfernen lassen (s. Text 36), und sie belegen ebensowenig eine Krise des Kleinbauerntums. Die Schuldner sind vermögende Leute, die z. B. in einem Fall, wo man den Zweck des Transaktion kennt, ihrer Tochter eine Mitgift aussetzen wollen. Man beachte, daß im ersten Inschriftentext auf einen schriftlichen Vertrag Bezug genommen wird; man hat die Hypthese vertreten, daß diese rudimentäre Art der Veröffentlichung, die die Hypothekensteine bedeuten, den verbreiteten indirekten Einfluß des ‚Handelsrechts' zeigen. Aber ob das so ist, kann man nicht ohne weiteres entscheiden.

A. Marmorstele aus Athen (Ende 4. Jahrhundert)

Pfeiler des Landes und des Hauses, die verpfändet sind für 800 Drachmen unter der Bedingung, daß der Gläubiger besitzen und Verfügungsgewalt haben[1] soll gemäß dem Vertrag, der bei Deinias aus dem Demos Euonymeia hinterlegt ist.[2] *Finley, Studies in Land und Credit nr. 1 (p. 119)*

B. Stele aus bläulichem Marmor, gefunden in Vari (Attika) (315/14)

Unter dem Archontat des Praxiboulos; Pfeiler des Hauses und Landes und des Hauses in der Stadt, die verkauft sind unter der Bedingung, daß sie zurückgekauft werden können,[3] 3000 Drachmen dem Mneson aus dem Demos Halai, dem Mnesiboulos aus dem Demos Halai, dem Charinos aus dem Demos Halai.[4] *Finley, Studies in Land und Credit nr. 14 (p. 124)*

C. Stele, die in der Nähe von Thorikos in einem antiken Bergwerk gefunden wurde

Götter. Pfeiler der Werkstatt und der Sklaven, die verkauft sind unter der Bedingung, daß sie zurückgekauft werden können, dem Pheidon aus dem Demos Aixone. Ein Talent.[5] *Finley, Studies in Land and Credit nr. 88 (p. 142)*

D. Marmorstele, Acharnai (Attika) (302/01)

Unter dem Archontat des Nikokles; Pfeiler der Ländereien und des Hauses und des Wasserlaufs, der an den Ländereien liegt, die zwei Lose bilden, als geschätztes Pfand *(apotimēma)*[6] gegeben den Waisenkindern, Söhnen des mit dem Privileg der *isoteleia* ausgestatteten (Metoiken) Charias, dem Chairippos und Charias. *Finley, Studies in Land and Credit nr. 116 (p. 151)*

E. Marmorstein, der in Sochoria (Attika) gefunden wurde

Pfeiler des Landes, (das als Sicherheit dient) der Mitgift der Hippokleia, Tochter des Demochares aus dem Demos Leukonoe, ein Talent. Um wieviel mehr es wert ist, ist es den Angehörigen der Phyle Kekropis verpfändet und den Angehörigen des *genos* der Lykomidai und den Angehörigen des Demos Phlyous.[7] *Finley, Studies in Land and Credit nr. 146 (p. 160)*

[1] Eine außergewöhnliche Klausel: Der Grund und das Haus, auf die die Hypothek aufgenommen wird, werden in Wahrheit dem Gläubiger als Pfand gegeben; vgl. dazu Finley, Studies in Land and Credit 12, Anm. 11 sowie 204.

[2] Ein schriftlicher Vertrag; das ist eine für das 4. Jahrhundert charakteristische Neuerung.

[3] Der Eigentümer und Schuldner hat die Möglichkeit, seinen Besitz innerhalb einer in keinem dieser Fälle genau angegebenen Frist zurückzukaufen, indem er Rückzahlung an den Darlehensgeber leistet.

[4] In diesem Fall gibt es drei Gläubiger, was zu bestätigen scheint, daß der Schuldner im Besitz der ‚verkauften' Güter bleibt und ihnen dafür Zinsen zahlt. Es fällt auf, daß in diesem Privatdokument der Name desselben Demos in dreifacher unterschiedlicher Schreibweise vorkommt; vgl. Finley, Studies in Land and Credit 199.

[5] Die Werkstatt wird inklusive der Sklaven verkauft, die dort arbeiten; ihre Zahl ist nicht genannt.

[6] Der Besitz, auf den die Hypothek aufgenommen wird, gehört dem Pächter eines unter Vormundschaft stehenden Erbguts und nicht etwa diesen Minderjährigen. Die Garantie erstreckt sich auf einen Teil des verpfändeten Besitzes, der für gleichwertig mit dem gesamten Vermögen der Minderjährigen angesehen wird. Bei diesen handelt es sich (und das macht das Besondere dieses Dokuments aus) um die Kinder eines Metoiken mit dem Status der *isoteleia,* dem vermutlich das Recht auf Grundbesitz in Attika zugestanden worden war; doch das ist nicht sicher, denn das Vermögen der Minderjährigen muß nicht unbedingt aus Haus- oder Grundbesitz bestanden haben.

[7] Der Grund dient als Sicherheit für die Mitgift der Hippokleia bis zur Höhe von einem Talent. Es ist schwierig sich vorzustellen, wofür der Rest des Grunds verpfändet wurde; vgl. Finley, Studies in Land and Credit 98 ff. und 107 f.

124. Finanzielle Schwierigkeiten des athenischen Strategen Timotheos (373/72)

Der Stratege Timotheos ist schon vorher einmal in einem Text vorgekommen (Text 91), wie er gezwungenermaßen darauf verfiel, eine Notwährung aus Kupfer zu prägen, um so seinen Soldaten den Kauf von Lebensmitteln zu ermöglichen. Sein Kontrahent in dieser Rede, die sich unter den Schriften des Demosthenes findet, ist Apollodoros, Sohn des Pasion, des einstigen Sklaven und Bankiers, der Bürger und

Grundbesitzer geworden war. Diese Familie des Pasion ist der leider einzige einigermaßen bekannte Fall, der der Theorie eine gewisse Wahrscheinlichkeit verleiht, daß sich im 4. Jahrhundert eine ‚Bourgeoisie' oder wenigstens eine bürgerliche Gesellschaft entwickelt habe, die den alten Gegensatz zwischen den verschiedenen Gesellschaftsgruppen allmählich überwunden hätte. Timotheos ist Politiker und muß sich als solcher verschulden, weil die Stadt ihre Aufgaben nicht länger erfüllt. Das vielleicht beachtenswerteste Detail in dem folgenden Text ist die hartnäckige Betonung des Umstands durch den Bankier Apollodoros, daß die Bank einen schriftlichen Beleg der mündlich geschlossenen Vereinbarung in Händen halte.[1] Das ist offensichtlich eine Neuerung: Der Gebrauch des schriftlichen Dokuments ist über den öffentlichen auch in den privaten Bereich vorgedrungen.

Denn nachdem Timotheos von meinem Vater alles, was er brauchte, erreicht hatte und von der Bank Geld bekommen hatte, als er sich in drückender Armut und größter Lebensgefahr befand, hat er dann nicht nur dafür keinen Dank abgestattet, sondern will mich sogar um das gegebene Geld bringen. Wäre es ihm freilich schlecht ergangen, dann wäre auch meinem Vater sein Darlehen[2] verlorengegangen. Denn er hat es ihm weder gegen Sicherheit noch vor Zeugen gegeben. Kam er aber heil aus seiner damaligen Lage heraus,[3] so konnte er, wann immer er wollte und wenn es ihm gut ging, an uns zurückzahlen. Aber dennoch, meine Herren Richter, stellte mein Vater den Geldgewinn nicht so hoch, als daß er nicht eher dem Timotheos in seiner Not helfen wollte mit dem, was dieser brauchte. Mein Vater nun, meine Herren Richter, glaubte, wenn Timotheos damals aus jenen Gefahren gerettet würde und vom Großkönig nach Hause zurückkehrte und dann wohlhabender geworden sei als damals vorher, daß er nicht nur sein Eigentum erhalten werde, sondern auch anderes für sich erreichen könne bei Timotheos, wenn er darum bäte. Aber es ist nicht gekommen, wie er gedacht hatte, sondern das, was Timotheos dankbar von der Bank meines Vaters angenommen hat, als er es brauchte, das glaubt er jetzt nach dessen Tod nur im Bösen und durch Gerichtsurteil zahlen zu müssen, wenn man ihm seine Schuldverpflichtung nachweist. Wenn er euch aber davon überzeugt, daß er nichts schuldet, und euch mit seinem Gerede täuscht, mit dem Ziel, uns um unser Geld zu bringen, dann scheint es mir notwendig zu sein, euch alles von Anfang an darzulegen: die geschuldeten Summen, und wozu er jede davon gebraucht hat, und die Zeitpunkte, an denen ein Darlehen gegeben wurde. Es soll sich aber keiner von euch wundern, wenn wir das genau wissen, denn Bankiers machen ja gewöhnlich schriftliche Aufzeichnungen von den Geldern, die sie auszahlen, und wofür, und von den Beträgen, die jemand einzahlt, damit sie für die Abrechnung Soll und Haben kennen.

Der Redner fährt dann fort und erzählt, wie Timotheos nach einem militärischen Mißerfolg abgesetzt wurde:

In so schlechtem Ansehen stand er also und so sehr gebrach es ihm an Mitteln. Denn sein gesamter Besitz war verschuldet und Schuldsteine standen darauf und andere konnten darüber verfügen.[4] Sein Landbesitz in der Ebene war als geschätzte Sicherheit *(apotimēma)*[5] dem Sohn des Eumelidos verpfändet und sein übriger Besitz war für die sechzig Trierarchen, die mit ihm ausgefahren waren, mit sieben Minen für einen jeden belastet, die er sie als Stratege gezwungen hatte, den Schiffsbesatzungen für die Kost zu geben. Als er abgewählt wurde, schrieb er in der Abrechnung, daß er selbst damals aus der Kriegskasse diese sieben Minen für die Schiffe gezahlt habe, aber in der Furcht, daß die Trierarchen gegen ihn aussagen würden und er des Betrugs überführt würde, nahm er bei jedem von ihnen privat eine Schuld für die sieben Minen auf und verpfändete ihnen seinen Besitz; jetzt will er sie um dieses Geld bringen und hat die Pfeiler *(horoi)* entfernt.

Pseudo-Demosthenes,[6] Gegen Timotheos 2–5 u. 11–12.

[1] Dazu Claire Préaux, De la Grèce classique à l'Egypte hellenistique. La Banque-témoin, Chronique d'Egypte 33, 1958, 243–55.
[2] *Symbolaion* bedeutet im Griechischen des 4. Jahrhunderts die Verpflichtung ganz allgemein im Unterschied zu *syngraphē* (der schriftliche Vertrag). Der mit Timotheos geschlossene Vertrag ist ein rein mündlicher, doch die Bank des Pasion hat eine schriftliche Notiz darüber aufgehoben.
[3] Timotheos hat sich zweimal Geld von der Bank des Pasion geliehen: im Jahre 373 am Vorabend einer militärischen Expedition, die scheitern sollte (er brauchte Geld, um die Schiffsmannschaften zu bezahlen); und ein zweites Mal im Jahre 372, als er in die Dienste des Großkönigs trat, der gegen ägyptische Aufständische kämpfte. Zu Beginn seiner Rede bringt der Redner diese beiden Sachverhalte durcheinander.
[4] Das heißt nicht, daß seine Gläubiger seine Güter tatsächlich in Besitz genommen hatten.
[5] Vgl. Text 123 D.
[6] Der Verfasser dieser Rede ist vermutlich Apollodoros selbst.

125. Vom Bürger und Bauern zum Grobian

Im Zeitraum eines Jahrhunderts wandelt sich das Bild vom attischen Bauern in der Literatur völlig. Im ‚Frieden' (321) des Aristophanes beklagt sich der Bauer zwar, daß er zu oft in den Krieg ziehen müsse, und er verflucht seinen Kommandanten, aber andererseits idealisiert der Dichter doch seine Lebensweise und zeigt ihn als den idealen Bürger an sich. Der ‚Grobian' in den ‚Charakteres' (319) des Theophrast hingegen ist, wie im übrigen auch die Bauern in der Neuen Komödie, ein mittelmäßiger Bürger, der seinen eigenen Sklaven ähnlicher ist als den Mitbürgern in der Stadt, und letztere machen sich über ihn nur lustig.[1]

A. *Der Chor in Aristophanes' Frieden*

Chor: Wenn im Feld lustig hell der Zikade Lied ertönt, o wie freut es mich, zu sehn nach den edlen lemnischen Reben, ob die Beeren weich: denn die kommen immer früh. Auch die Feige seh ich schon schwellen, und sobald sie reif, kost ich auf der Zunge sie, und sie schmeckt mir überaus, und ich singe: „Liebe Horen!"[2] setze drauf ein Thymiantränkchen, und dabei den Sommer durch werd ich fett und kugelrund.

Chorführer: Besser, als den gottverfluchten Hauptmann[3] rumstolzieren sehn mit drei Büschen auf dem Helme und dem schreiend roten Rock! Und er schwört drauf: „Echter Purpur, aus einer Färberei in Sardis[4]!“ Aber muß im purpurroten Rock der Mensch ins Treffen gehn, ja, dann wechselt er die Farbe – kyzikenisch[5]! Auf der Flucht ist er der erste, einem gelben Roßhahn[6] gleich schüttelt er die Büsch – indes ich lauernd steh am Vogelgarn.[7] Und daheim nun erst, da hudeln sie uns, halt's der Henker aus! Schreiben einen auf zum Kriegsdienst, löschen aus und schreiben ab, schreiben wieder, löschen wieder; morgen, heißt es, geht's ins Feld! Nichts ist eingekauft, man wußte nichts, als man von Hause ging. Und so kommt man an das Standbild Pandions[8] und sieht sich da auf der Liste und läuft in großer Not mit saurer Miene fort. Also machen sie's dem Landvolk – in der Stadt hier auch nicht viel besser, diese Schildabwerfer, Gott und Menschen gleich verhaßt! Aber einmal doch, so Gott will, rechnen wir mit ihnen ab,[9] den verruchten Missetätern, die zu Haus den Löwen spielen, aber in der Schlacht den Fuchs!

Aristophanes, Friede 1159–90

B. Der Grobian

Die Ungeschliffenheit könnte man als einen Mangel an Bildung umschreiben, der sich in unschicklicher Weise äußert, der Grobian ist aber etwa von folgender Art: Nachdem er ein Abführmittel eingenommen hat, geht er in die Volksversammlung und behauptet, Myrrhenöl rieche auch um nichts besser als Thymian.[10] Die Schuhe trägt er größer als sein Fuß ist und mit polternder Stimme redet er. Den Freunden und Verwandten mißtraut er, aber seinen Dienstboten teilt er die wichtigsten Angelegenheiten mit und den bei ihm auf dem Felde arbeitenden Taglöhnern erzählt er alles aus der Volksversammlung. Beim Sitzen hat er den Mantel über das Knie hinaufgeschoben, so daß seine Blöße zum Vorschein kommt. Auf der Straße erregt nichts sein Interesse (und Staunen), nur wenn er einen Ochsen, Esel oder Bock sieht, bleibt er stehen und glotzt ihn an. Er holt sich ohne weiteres etwas aus der Speisekammer, ißt es roh und trinkt ungemischten Wein dazu. Und mit der Küchenmagd bändelt er heimlich an, um dann mit ihr für das ganze Hausgesinde und für sich selbst das Korn zu mahlen.[11] Und mitten unterm Frühstück schüttet er dem Vieh das Futter auf. Er macht sich selbst den Hauswart und sagt, den Hund herbeirufend und ihn an der Schnauze fassend: „Der hier bewacht mir Haus und Hof.“ Und das Geld, das er von jemandem empfängt, weist er zurück, es sei zu schlecht,[12] und läßt sich anderes dafür geben. Und wenn er den Pflug oder Korb, Sichel oder Sack verliehen hat, (so fordert er) es mitten in der Nacht (zurück), wenn er nicht schlafen kann und gerade an die Dinge denkt. Und wenn er in die Stadt geht, fragt er den ersten besten, der ihm begegnet, wie teuer die Felle und das Geräucherte waren und ob er heute Neumond feiere, und sagt, jetzt wolle er sich in der Stadt gleich die Haare schneiden lassen und sich auf dem

Weg im Vorbeigehen von Archias[13] die Bücklinge mitnehmen. Im Bade singt er. In seine Schuhe schlägt er Nägel ein. *Theophrast, Charaktere 4*

[1] Dazu allgemein O. Ribbeck, Agroikos. Eine ethologische Studie, Abhandl. Sächsische Akad. Wiss., philol.-hist. Kl. 10,1,1888.
[2] Ein populäres Lied.
[3] Der Taxiarch, einer der zehn Kommandeure der Hoplitenregimenter.
[4] Wo ein Purpurstoff hergestellt wurde.
[5] Hier liegt ein unübersetzbares Wortspiel vor mit dem Namen der Stadt Kyzikos einerseits, wo eine pechfarbene Salbe hergestellt wurde (Pausanias 4, 35,8), und andererseits dem Verbum für ‚scheißen'.
[6] Ein Fabelwesen, das angeblich sehr schnell ist. Es wird von Aischylos als Galionsfigur für Schiffe erwähnt und wird auf Vasen in Gestalt eines Pferdes mit roten Flügeln dargestellt, dessen Hinterbeine und Schwanz die eines Hahnes sind. Dazu J. Tallairdat, Les images d'Aristophane, Paris[2] 1965, 136.
[7] Wie ein Jäger, der die Netze beobachten soll und dabei im Stich gelassen wird.
[8] Die Mobilmachung wurde durch Anschlag am Monument der zehn eponymen Heroen auf der *agora* bekanntgegeben. Der Bauer, von dem hier die Rede ist, gehört zur Phyle Pandionis.
[9] Im politischen Sinne des Wortes. Jeder Beamte hatte Rechnung zu legen.
[10] Der ‚Weiße Thymian' oder das Bohnenkraut. Das Bohnenkraut war und ist noch heute eine sehr verbreitete Pflanze in Attika; mit Wein, Mehl und Honig vermischt ergab es eine Suppe *(kykeōn)*, die die Bauern sehr gerne aßen, deren Geruch aber die Leute in der Stadt offenbar nicht sehr schätzten.
[11] Die Deutung des Textes ist hier stark auf Vermutungen angewiesen.
[12] Entweder weil die Münze abgegriffen ist oder weil sie ihm zu leicht erscheint (das Gewicht der griechischen Münzen konnte sehr stark schwanken; sie behielten dennoch den gleichen Geldwert).
[13] Vermutlich ein Fischverkäufer.

126. Platon: Gegen die Trennung von Stadt und Land (um 350)

Die folgenden Vorschläge, die aus jedem zugleich einen Stadtmenschen und einen Landmenschen machen wollen, sind, und das ist der wichtigste Aspekt daran, in einer Zeit formuliert, in der in der Praxis der Gegensatz zwischen Stadt und Land größer wird.[1]

Die nächste Forderung ist nun die, daß man erstens die Stadt möglichst in der Mitte[2] des ganzen Landes anlegt und dazu unter den vorhandenen Stellen diejenige auswählt, die auch im übrigen alle Vorteile für eine Stadt darbietet, über die man unschwer sich klar werden und Auskunft geben kann. Zweitens aber soll die Zwölfteilung vorgenommen werden: man soll nämlich zunächst der Hestia, dem Zeus und der Athene[3] einen Tempel, die sogenannte Akropolis, errichten und mit einer Ringmauer versehen. Diese soll den Ausgangspunkt bilden für die zwölf Teile, in welche die Stadt selbst[4] und das ganze Land zerlegt wird. Die Gleichwertigkeit dieser zwölf Teile soll dadurch erzielt werden, daß diejenigen mit gutem Boden klein, die mit schlechtem Boden größer sind. Aus ihnen werden dann durch Teilung

5040 Landlose gebildet, von denen dann ein jedes wieder in zwei Teile zerfällt, so daß immer zwei Abschnitte zusammen ein Los ausmachen und zwar so, daß der eine Abschnitt in der Nähe der Stadt, der andere fern von ihr liegt. Der unmittelbar an der Stadt anliegende Abschnitt soll mit dem unmittelbar an der Grenze liegenden ein Los bilden und der der Stadt zweitnächste mit dem entsprechend von der Grenze abliegenden wieder ein Los und nach dem nämlichen Verhältnis dann weiter. Man muß aber auch bei diesen Zweiteilungen das eben erwähnte Verfahren in Hinblick auf Minderwertigkeit und Güte des Bodens einhalten, indem man die Ungleichheit ausgleicht durch den größeren oder kleineren Umfang des zuerteilten Landes.

Platon, Gesetze 5,745b–d

[1] Dazu J. P. Vernant, Mythe et pensée chez les grecs, Paris 1965, 181.
[2] Zu den Wertvorstellungen, die im griechischen politischen Denken mit der Mitte verbunden sind, s. M. Detienne, Les maîtres de verité dans la Grèce archaique, Paris 1967, 83–98.
[3] Zeus ist der Gott der Herrschaft, Hestia die Göttin des ‚Staatsherdes' *(prytaneion)*, Athena die Göttin der *mētis* der Handwerker/Künstler und der Klugheit (s. M. Detienne-J. P. Vernant, Les Ruses de l'intelligence. La Métis des Grecs, Paris 1974).
[4] *Polis* meint hier eindeutig die Stadt im Sinne der städtischen Siedlung.

127. Platon: Die fremden Kaufleute außerhalb der Stadt empfangen und so wenig wie möglich Kontakt zu Fremden haben (um 350)

Ebenso wie Xenophon (Text 122) und in Übereinstimmung mit der spartanischen Tradition (Text 37 und 56) vertritt Platon das Prinzip, nach dem ein Teil der wirtschaftlichen Tätigkeit (nämlich der Handel zur See) den Fremden überlassen bleiben muß. Doch im Unterschied zu Sparta und zu seinem Entwurf im ‚Staat' wird das Land in der *polis* der ‚Gesetze' von vollberechtigten Bürgern bestellt. Xenophon hatte verstanden, daß die Anwesenheit fremder Kaufleute einige wichtige Zugeständnisse notwendig machte. Platon hält aufgrund der athenischen Erfahrungen an dem Gedanken ordnungsgemäßer Gerichtsbarkeit im Verkehr mit fremden Kaufleuten fest, aber er läßt sie Außenseiter in der *polis* bleiben.

Nunmehr aber gilt unsere Aufmerksamkeit der freundlichen Aufnahme derer, die in unserem Lande Aufnahme suchen.[1] Es gibt vier Arten von Fremden, an die hier gedacht werden muß. Die ersten sind die regelmäßigen Sommergäste, die meistens ihr Leben lang von Ort zu Ort ziehen und zum großen Teil über das Meer gleichsam geflogen kommen wie die Zugvögel, um durch Handel ihren Gewinn zu machen und dann zu gelegener Zeit ihren Flug fortzusetzen nach anderen Städten. Ihnen muß von den damit beauftragten Beamten ihr Platz auf den Märkten und in den Häfen und den öffentlichen Unterkunftsgebäuden in der Nähe, aber doch außerhalb der Stadt[2] angewiesen werden, wobei jedem etwaigen Versuche solcher Fremden zur Einführung von Neuerungen sorglich vorgebeugt werden muß;

auch sollen diese Beamten in gerechter Weise die Gerichtsbarkeit über sie ausüben,[3] ohne jedoch weiter als unbedingt nötig mit ihnen zu verkehren.

Platon, Gesetze 12,952d–e

[1] Platon spricht nacheinander von den Kaufleuten, dem Bildungsreisenden, dem Gesandten und dem Philosophen. Hier begnügen wir uns mit dem Abschnitt über die Kaufleute.
[2] D.h. bei Lage der Dinge in einem Grenzgebiet.
[3] Platon akzeptiert damit das Prinzip der *dikai emporikai,* wie es im attischen Recht vorgesehen ist (s. Text 122, Anm. 13).

128. Die *polis* des Aristoteles und ihr Territorium

Im Vergleich zu dem Mißtrauen Platons gegenüber dem Meer sind bei Aristoteles, dessen ‚ideale *polis*' nicht größer ist als die in Platons ‚Gesetzen' (5 040 Familien), sowohl aus militärischen wie aus wirtschaftlichen Gründen die Lösungen völlig andere.

Auch die Gestalt des Landes ist nicht schwer anzugeben, nur muß man hierbei in gewissen Stücken sich auch an das Urteil der Kriegskundigen halten, es müsse den Feinden den Einfall schwer, den Bewohnern selbst aber den Auszug leicht machen;[1] und wie wir ferner verlangten, daß die Zahl der Leute eine wohlübersehbare sein müsse,[2] so gelte ein gleiches auch vom Lande, wohlübersehbar aber heißt hier, daß zur Verteidigung des Landes nach allen Seiten hin leicht Hilfe gebracht werden kann. Was ferner die Lage der Stadt betrifft,[3] so muß, wenn man sie nach Wunsch einrichten soll, die Stadt sowohl in bezug auf die See- wie auf die Landverbindung gut gelegen sein. Eine Bestimmung nun in bezug auf ihre Lage ist die eben angegebene: es muß leicht von ihr aus zur Verteidigung gegen einfallende Feinde nach allen Punkten des Landes hin und umgekehrt Hilfe gebracht werden können.[4] Ein zweiter Punkt aber ist der: es müssen ihr leicht von allen Seiten her die Erzeugnisse an Feldfrucht sowie an Holz, und was das Land sonst etwa an Hilfsquellen für den Betrieb darbietet, zugeführt werden können.[5]

Was nun aber die Verbindung mit der See anlangt, so ist es freilich eine vielumstrittene Frage, ob diese für Staaten, die sich einer guten gesetzlichen Ordnung erfreuen, wirklich heilsam oder vielmehr nachteilig ist. Denn es wird von gewissen Seiten behauptet, daß der Verkehr von Fremden in der Stadt, die nach ganz anderen Gesetzen erzogen sind, der guten gesetzlichen Ordnung[6] unzuträglich sei,[7] und ein gleiches gelte von der übermäßigen Vermehrung der Volkszahl, die aus dem Seeverkehr, der es mit sich bringt, daß eine Menge von Handelsleuten beständig hin und her reisen, notwendig entstehe, aber einer guten staatlichen Ordnung zuwider sei. Daß es jedoch, falls diese Übelstände nicht eintreten,[8] besser ist, sowohl für die Sicherheit als auch für die reichliche Versorgung mit allem Notwendigen, wenn die Stadt nicht nur mit dem Lande, sondern auch mit dem Meer in Verbindung steht, ist klar. Denn einmal ist es ja, um feindliche Angriffe leichter abhalten zu können, erforderlich, daß die, welche sich ihrer zu erwehren haben, sich nach beiderlei Richtung hin gut verteidigen können, zu Lande und zur See; und gilt es andererseits, die Angreifer zu schädigen, so wird dies, wenn es nicht auf beiden Wegen angeht, doch auf einem von beiden denen eher möglich sein, welchen beide zu Gebote stehen. Obendrein aber gehört es zu den notwendigen Dingen, daß der Staat das, was ihm fehlt, einführe und den Überfluß seiner eigenen Landeserzeugnisse ausführe. Denn freilich nur in seinem eigenen Interesse und nicht in dem anderer soll der Staat Handel treiben,[9] und die Staaten, die sich zu einem Markt für alle Völker hergeben, tun dies auch nur um des Gewinns willen, den sie daraus ziehen; aber ein Staat, dem eine solche Habgier fernbleiben muß, darf auch einen derartigen Handelsplatz nicht besitzen.[10] Dagegen sehen wir ja aber auch in der Wirklichkeit, daß es viele Länder und Städte gibt, deren Schiffsplätze und Häfen so vorteilhaft für die Stadt gelegen sind, daß sie weder eigentliches Stadtgebiet in Anspruch nehmen, noch von ihm entlegen sind, sondern vielmehr durch Mauern und andere Befestigungen beherrscht werden; und da ist denn offenbar, daß, wenn ein Vorteil aus ihrem Verkehr mit der See entspringt, dieser auch der Stadt zugute kommt, wenn aber ein Schaden, dieser leicht sich durch Gesetze verhüten läßt, durch die man verfügt und bestimmt, welche Personen beiderseits miteinander verkehren dürfen und welche nicht.[11] *Aristoteles, Politik, 7,1326b 39–1327a40*

[1] Wenn sich die Notwendigkeit ergab, die Stadt völlig im Stich zu lassen, wie es die Athener vor der Schlacht bei Salamis (480) taten, oder wenn die Frauen und Kinder und die bewegliche Habe an einem ferneren Ort in der Fremde in Sicherheit gebracht wurden.

[2] Vgl. Politik 7,1326b24.

[3] *Polis* im Sinne von städtischem Zentrum.

[4] Vgl. Politik 7,1326b40.

[5] Wie z. B. der Transport sämtlicher Bergbauprodukte.

[6] *Eunomia,* ein Begriff, der seit Tyrtaios zur Bezeichnung des gut verwalteten Staates dient.

[7] So meint insbesondere Platon.

[8] Vor allem dank getroffener Vorkehrungen, wie Aristoteles sie anrät (s. Text 129).

[9] Ein entscheidender Punkt. Die Arbeiten Max Webers und Johannes Hasebroeks zu Wirtschaft und Gesellschaft im alten Griechenland sind nichts anderes als ein Kommentar zu dieser Formulierung des Aristoteles.

[10] Nachdem er die Notwendigkeit des Fernhandels anerkannt hat, kehrt Aristoteles zu seiner ursprünglichen Ansicht zurück und verurteilt die Einrichtung des *emporion,* die über die eigentlichen Grundbedürfnisse der politischen Gemeinschaft hinausgreift.

[11] Die durch Stadt, Hafen und Befestigungsanlagen gebildete Einheit ist typisch für eine auf Handelstätigkeit konzentrierte *polis,* für die die Verteidigung des städtischen Zentrums und des Hafens von größerer Bedeutung sind als die Verteidigung ihres gesamten Territoriums; dazu Y. Garlan, Recherches de poliocétique grecque, Paris 1974. Aristoteles macht sich nicht zum Fürsprecher der radikalen Lösung, zu der Athen im 4. Jahrhundert greift, nämlich nur das Gebiet innerhalb der langen Mauern zu verteidigen; doch er muß diese Vorstellung einer Stadt wohl vor Augen haben, wenn er der Hoffnung Ausdruck gibt, daß seine ideale Stadt eine Handelsmetropole wie Massilia sein könne, ohne jedoch den ungünstigen Einflüssen und gefährlichen Kontakten ausgesetzt zu sein, die Handel und Schiffahrt mit sich bringen.

129. In der idealen Stadt müssen die *agora*, die als Marktplatz dient, und die ‚freie *agora*' voneinander getrennt sein

Im Vergleich zu der Meinung, die in dem Abschnitt Platons zum Ausdruck gebracht wird (Text 127), ist die Position des Aristoteles etwas weniger (wenn auch nicht viel weniger) radikal. Von den Thessalern entlehnt er den Begriff einer ‚freien *agora*', die den vollberechtigten Bürgern vorbehalten ist, und bezeichnet als *agora* an und für sich das, was zumeist der öffentliche Marktplatz, d.h. das Zentrum von Handel und Wandel in der Stadt geworden ist. Die ‚freie *agora*' wird genauestens in den institutionellen Rahmen eingepaßt, der das Leben der erwachsenen Bürger bestimmt.

Unterhalb dieses Ortes dürfte sich dann die geeignete Stelle befinden für eine *agora* von der in Thessalien üblichen Art, die man dort die ‚freie *agora*'[1] nennt – das ist nämlich eine solche, die freigehalten werden muß von allen Handelswaren –, und kein Handarbeiter noch Bauer[2] noch irgendein anderer Mann von ähnlichem Schlag muß dieselbe betreten dürfen, außer auf Vorladung der Behörden. Zur Verschönerung dieses Platzes aber kann man die Gymnasien der Älteren[3] dorthin verlegen. Es schickt sich nämlich, daß auch dieser Schmuck der Stadt[4] nach dem verschiedenen Lebensalter an zwei verschiedene Stellen derselben verlegt werde und daß in der Nähe der Jüngeren einige Beamte[5] verweilen, die Älteren dagegen umgekehrt in der Nähe der Staatsbeamten.[6] Denn die sichtbare Gegenwart der Staatsbeamten flößt vorzugsweise die wahre Scham und jene Art von Furcht ein,[7] wie sie wahrhaft freie Männer empfinden müssen. Der Handelsmarkt aber muß nicht nur ein anderer sein, sondern auch eine ganz von diesem gesonderte Lage haben an einem Punkt, nach welchem leicht ebensowohl die über See als auch die vom Lande kommenden Artikel hingeschafft werden können.

Aristoteles, Politik 7,1331a30–b3

[1] D.h. der Platz, der denjenigen vorbehalten ist, die in jeder Hinsicht und im wahrsten Sinne des Wortes als Freie zu bezeichnen sind. Vgl. zu diesem Abschnitt R. Martin, Recherches sur l'agora grecque, Paris 1951, 172ff.; dieselbe Vorstellung von einer ‚freien *agora*' findet man bei Xenophon in seiner idealisierenden Darstellung der persischen Institutionen (Kyropaidie 1,2,3–5).

[2] Das griechische politische Denken schwankt stets zwischen zwei Möglichkeiten, den Bauern und seine Rolle zu definieren: entweder als den nützlichen Bürger par excellence (so Xenophon, s. Text 4) oder als eine Gruppe von Leuten, die von der politischen Gemeinschaft ausgeschlossen bleiben müssen wie die Heloten.

[3] Ein äußerstes Beispiel für die Unterteilung in Altersklassen, die genauso bedeutungsvoll ist wie die Unterteilung in soziale Klassen.

[4] Vorher hatte Aristoteles von den gemeinsam eingenommenen Mahlzeiten gesprochen.

[5] Diejenigen, die mit der Erziehung betraut sind.

[6] D.h. bei der Gesamtheit der Beamten.

[7] Die Furcht *(phobos)* und der Respekt *(aidōs)* sind zwei Verhaltensweisen, die von der archaischen Zeit an den guten Bürger kennzeichnen. Vgl. z.B. Homer, Ilias 15,657f.; Aischylos, Eumeniden 690f. (*sebas* und *phobos*) usw.

130. Der Vorschlag des Xenophon, eine Kolonie zu gründen (400)

Die ‚Anabasis' war, um mit Taine zu sprechen, ‚eine *polis* auf Rädern'. War es möglich, sie an einem Ort fest zu etablieren?

Als in dieser Zeit Xenophon sich die Menge der griechischen Schwerbewaffneten, die vielen Peltasten,[1] Bogenschützen, Schleuderer und Reiter und ihre durch die Übung nunmehr erworbene Ausbildung vergegenwärtigte, ferner daß sie am Schwarzen Meere seien, wo eine so große Heeresmacht mit geringen Mitteln nicht aufzustellen wäre, schien es ihm erstrebenswert, durch die Gründung einer Stadt für Griechenland Land und Macht zu gewinnen. Er meinte, es müßte eine große Stadt werden, wenn er die Menge der Griechen und die Anwohner des Schwarzen Meeres zusammenrechnete. In diesem Sinne ließ er, bevor er irgendeinem Soldaten etwas sagte, opfern, nachdem er Silanos, den Amprakioten, gerufen hatte, der der Seher des Kyros[2] gewesen war. Silanos aber fürchtete, das Vorhaben könnte gelingen und das Heer irgendwo liegen bleiben; darum verbreitete er im Heer, Xenophon wolle das Heer zurückhalten und durch die Gründung einer Stadt sich Namen und Macht verschaffen. Silanos selber wollte so bald als möglich nach Griechenland gelangen, da er die 3000 Dareiken[3] gerettet hatte, die er damals von Kyros empfing, als er ihm beim Opfer die zehn Tage vorhersagte. Als die Soldaten es hörten, hielten es einige für das beste, zu bleiben, die Mehrzahl aber war anderer Ansicht.

Xenophon, Anabasis 5,6,15–19

[1] Leichtbewaffnete Soldaten; die *peltē* war ein kleiner Rundschild thrakischen Ursprungs.
[2] Der jüngere Kyros, also der achaimenidische Prinz, in dessen Dienste die ‚Zehntausend' getreten waren.
[3] Eine ungeheure Summe.

131. Platon und der Krieg der Griechen untereinander

Das folgende Gespräch zwischen Sokrates und Glaukon über die Regeln der Kriegführung im idealen Staat ist eine der vielen Passagen bei den Schriftstellern des 4. Jahrhunderts, in denen Sinn und Nutzen kriegerischer Auseinandersetzung der Griechen untereinander in Frage gestellt werden, was zweifelsohne mit der wachsenden Häufigkeit und Sinnlosigkeit solcher Auseinandersetzungen zusammenhängt. Der Krieg an sich jedoch ist ein legitimes und probates Mittel, wenn er sich gegen Nichtgriechen richtet.[1]

Sokrates: Wie werden sich nun aber unsere Krieger gegen die Feinde verhalten?

Glaukon: In welcher Hinsicht denn?

Erstens in bezug auf die Sklaverei. Hältst du es für richtig, wenn hellenische Städte Hellenen zu Sklaven machen? Oder sollten sie das nicht nach Möglichkeit auch den anderen verwehren und sich zur Regel machen, den Stamm der Hellenen[2] zu schonen, aus Furcht, in die Knechtschaft der Barbaren zu geraten?

Es ist in jeder Hinsicht besser, wenn sie einander schonen, sagte er.

Sie sollten also selbst auch keine Hellenen als Sklaven halten, und das auch den anderen Hellenen anraten?

Ja, gewiß, erwiderte er. Sie würden sich dann eher gegen die Barbaren wenden und einander in Ruhe lassen.

Nachdem er sich gegen den Brauch ausgesprochen hat, den in der Schlacht Gefallenen ihre Ausrüstung abzunehmen und den Göttern als Trophäen des Sieges zu weihen, fährt Sokrates fort:

Und die Verwüstung von hellenischem Land und das Niederbrennen der Wohnstätten? Wie werden es da deine Krieger den Feinden gegenüber halten?

Ich möchte gerne deine Meinung darüber hören.

Mir scheint, sagte ich, man sollte beides unterlassen und nur gerade die Jahresernte wegführen. Soll ich dir sagen, weshalb?

Wie ‚Krieg' und ‚Zwist' zwei verschiedene Wörter sind, so scheinen sie mir auch zweierlei zu bedeuten, indem sie sich auch auf zwei verschiedene Dinge beziehen. Ich meine mit den beiden das Verwandte und Stammesgleiche einerseits, das Fremde und Ausländische andererseits. Auf die Feindschaft mit dem Verwandten wird nun der Name ‚Zwist', auf die mit dem Fremden der Name ‚Krieg' angewendet.[3]

Was du sagst, ist durchaus zutreffend, erwiderte er.

Sieh nun, ob ich es auch mit dem folgenden treffe: ich behaupte, der hellenische Stamm sei unter sich verwandt und gleicher Herkunft, den Barbaren gegenüber aber fremd und ausländisch.

Das ist richtig, sagte er.

Wenn Hellenen gegen Barbaren oder Barbaren gegen Hellenen kämpfen, so können wir also sagen, daß sie gegeneinander Krieg führen und daß sie Feinde von Natur seien, und ihre Feindschaft werden wir als ‚Krieg' bezeichnen. Wenn sich aber Hellenen mit Hellenen befehden, dann sagen wir, sie seien von Natur aus Freunde, nur sei Hellas in solchem Falle krank geworden und lebe in Zwietracht, und diese Feindschaft muß man als ‚Zwist' bezeichnen. *Platon, Staat 5,469b–c, 470a–c*

[1] Vgl. z.B. Text 108 (Isokrates); Aristoteles, Politik 7, 1324a36–1325a15; 1333d11–1334a10; Text 132. Allgemein dazu Claude Mossé, La fin de la démocratie athénienne, Paris 1962, 426–39.

[2] Auch diese Formulierung spiegelt ein wachsendes Bewußtsein des 4. Jahrhunderts in dieser Frage wieder.

[3] Vgl. Herodot 8,3,1.

132. Die Völker Asiens, Europas und Griechenlands

Das Thema eines Vergleichs zwischen den Völkern Europas und Asiens sowie Griechenlands und die Zwischenstellung wie zugleich zentrale Position, die die Griechen in diesem Gefüge einnehmen – dieses Thema taucht spätestens mit Herodot auf;[1] und ebenso alt ist die Ansicht von den Barbaren Asiens, die dazu geboren sind, Sklaven zu sein.[2] Letztere Feststellung führte aber nicht notwendigerweise zu der Vorstellung, die Griechen müßten die Gesamtheit dieser Barbaren zu Sklaven machen. Zur Zeit Alexanders hingegen kann man diesen Gedanken in der gesamten Politik des Aristoteles zwischen den Zeilen ausgesprochen finden, wie z.B. im folgenden Text (vgl. auch die Texte des Isokrates und Platons, Text 108 und 131).

Die Völkerschaften nämlich, die in den kalten Gegenden Europas wohnen, sind zwar voll Mut aber weniger mit Denkvermögen und Kunstfertigkeit begabt.[3] Daher behaupten sie zwar leichter ihre Freiheit,[4] aber sie sind zur Bildung staatlicher Gemeinwesen untüchtig und die Herrschaft über Nachbarvölker zu gewinnen unvermögend. Die Völker Asiens dagegen sind mit Denkvermögen und Kunstfertigkeit begabt, aber ohne Mut. Daher leben sie in Unterwürfigkeit und Sklaverei. Das Geschlecht der Griechen endlich, wie es örtlich die Mitte zwischen beiden einnimmt, vereinigt auch die Vorzüge beider, denn es ist voll Mut und zugleich mit Denkvermögen begabt. Daher erhält es sich nicht bloß fortwährend frei, sondern auch am meisten in staatlicher Ordnung und würde die Herrschaft über alle anderen Völker zu gewinnen imstande sein,[5] wenn es zu einem einzigen Staat verbunden wäre.

Aristoteles, Politik 7,1327b22–33

[1] Z.B. Herodot 1, 142, wo Ionien diese besondere Position zugesprochen wird.

[2] Zu diesem Thema und zu denen, die sich dieser Auffassung entgegengestellt haben, s. H.C. Baldry, The Unity of Mankind in Greek Thought, Cambridge 1965.

[3] Auch wenn Aristoteles der *technē* einen geringeren Wert beimißt als der Kriegskunst, erkennt er hier doch ihre Bedeutung an; den Barbaren Europas ist sie seiner Auffassung nach versagt, während er denen Asiens zugesteht, daß sie sie besitzen.

[4] D.h. sie sind nicht ‚von Natur aus' zu Sklaven bestimmt.

[5] Die gesamte Textpassage zeigt beispielhaft auf, wie Freisein und die Fähigkeit zu herrschen miteinander verbunden werden. Vgl. oben Text 131 und 132.

ANHANG

Abkürzungsverzeichnis

AJA	American Journal of Archaeology
BCH	Bulletin de Correspondance Hellénique
JHS	Journal of Hellenic Studies
REA	Revue des Études Anciennes
REG	Revue des Études Grecques
ZPE	Zeitschrift für Papyrologie und Epigraphik

Dittenberger, Sylloge^3	W. Dittenberger, Sylloge Inscriptionum Graecarum, 3 Bde, Leipzig^3 1915–24
FGrHist	F. Jacoby, Die Fragmente der Griechischen Historiker, Berlin 1923 ff. Leiden 1940 ff.
IG	Inscriptiones Graecae
Meiggs-Lewis	R. Meiggs-D. M. Lewis, A Selection of Greek Historical Inscriptions, Oxford 1969
Tod, GHI Bd 2	M. N. Tod, A Selection of Greek Historial Inscriptions, Bd 2, Oxford 1948

Verzeichnis der Karten

Verzeichnis der in Teil II ‚Texte und Dokumente' herangezogenen Übersetzungen

Aischylos, Sämtliche Tragödien. Übertr. v. J. G. Droysen, München 1977 – Text 67 A

Aristophanes, Sämtliche Komödien. Übertr. v. L. Seeger, Zürich–Stuttgart 1968 – Text 13, 98, 125 A

Aristoteles, Politik. Nach der Übers. v. F. Susemihl bearbeitet v. N. Tsouyopoulos – E. Grassi, o. O. 1965 – Text 2, 5 A + B, 14, 19, 34, 51 A, 64, 114, 128, 129, 132

Aristoteles, Der Staat der Athener. Übertr. v. P. Dams, Stuttgart 1970 – Text 38 A, 39 B, 89

Aristoteles, Nikomachische Ethik. Übers. u. komment. v. F. Dirlmeier, Darmstadt [4]1967 – Text 44

Aurelius Augustinus, Vom Gottesstaat. Übertr. v. W. Thimme, 2 Bde., Zürich–München 1955 (ND München 1977) – Text 16

H. Bengtson, Die Staatsverträge des Altertums, Bd. 2, München [2]1975 – Text 8

Demosthenes, Werke. Übers. v. H. A. Pabst, 3 Bde., Stuttgart 1839 – Text 115, 124

Demosthenes' Ausgewählte Reden verdeutscht v. A. Westermann, Berlin[11] o. J. – Text 12, 81, 107, 113, 116, 120

Diodor, Historische Bibliothek. Übers. v. J. F. Wurm, 4 Bde., Stuttgart 1827–31 – Text 49

E. Erxleben, Das Münzgesetz des delisch-attischen Seebundes, Archiv für Papyrusforschung 19, 1969, 91–139 – Text 101

Herodot, Historien. Hrsg. v. J. Feix, 2 Bde., München 1963 – Text 3, 15, 20 A + B, 39 A, 40, 45, 48, 80, 94

Homer, Ilias. Übertr. v. W. Schadewaldt, Frankfurt 1975 – Text 21, 22, 25

Homer, Die Odyssee. Übers. v. W. Schadewaldt, o. O. 1958 – Text 23, 24, 26, 27, 28, 29 A + B, 30

Isokrates' Panegyrikos und Philippos. Übers. v. G. E. Benseler, Leipzig 1854 – Text 83

Die erhaltenen Reden des Lysias. Übers. u. erl. v. F. Baur, Stuttgart [3]1887 – Text 84

W. Marg (Hrsg.), Griechische Lyrik, Stuttgart 1964 – Text 36

Platon, Der Staat. Übertr. v. R. Rufener, Zürich–München [2]1973 – Text 6 A, 105, 112, 131

Platons Gesetze. Übers. u. erl. v. O. Apelt, 2 Bde., Leipzig 1916 – Text 50, 126, 127

Plutarch, Große Griechen und Römer. Übers. v. K. Ziegler, 6 Bde., Zürich–Stuttgart 1954–65 (ND München 1979–80) – Text 11, 37, 38 B, 57, 90, 106, 119

Die Pseudoxenophontische ΑΘΗΝΑΙΩΝ ΠΟΛΙΤΕΙΑ. Einl. Übers. Erkl. v. E. Kalinka, Leipzig–Berlin 1913 – Text 18, 74, 85

Theophrast, Charaktere. Hrsg. v. W. Plankl, Wien [4]1947 – Text 125 B

Thukydides, Geschichte des Peloponnesischen Krieges. Übertr. v. Th. Braun, 2 Bde., Leipzig 1917 – Text 7, 17, 43, 55, 59, 60, 65, 68, 76, 79, 87, 118

Thukydides, Geschichte des Peloponnesischen Krieges. Hrsg. u. übertr. v. P. Landmann, Zürich–München [2]1976 (ND München 1973) – Text 53

Xenophon, Hellenika. Hrsg. v. G. Strasburger, München 1970 – Text 61
Xenophon, Der Zug der Zehntausend. Hrsg. v. W. Müri, München [2]1959 – Text 100, 130

Der Verlag C. H. Beck und die Autoren danken folgenden Verlagen für die Erlaubnis zum Abdruck:

Akademie-Verlag, Berlin: 44 – Artemis Verlags GmbH / Winkler Verlag, München: 3, 6A, 11, 13, 15, 16, 20A + B, 37, 38B, 39A, 40, 45, 48, 53, 57, 61, 67A, 80, 90, 94, 98, 100, 105, 106, 112, 119, 125A, 125B, 130, 131 – Insel Verlag, Frankfurt a. M.: 7, 17, 21, 22, 25, 43, 55, 59, 60, 65, 68, 76, 79, 87 – Langenscheidt-Verlag, Berlin, München, Wien, Zürich: 12, 81, 107, 113, 116, 120 – Felix Meiner Verlag, Hamburg: 50, 126, 127 – Verlag Philipp Reclam jun., Stuttgart: 36, 38A, 39B, 89 – Rowohlt Verlag GmbH, Hamburg: 2, 5A + B, 14, 19, 23, 24, 26, 27, 28, 29A + B, 30, 34, 51A, 64, 114, 128, 129, 132 – BSB B. G. Teubner Verlagsgesellschaft, Leipzig: 18, 74, 85, 101

Register